中國玉器全集

（普及版）

原始社会—春秋战国

杨伯达◎主编

河北出版传媒集团
河北美術出版社
·石家庄·

《中国玉器全集》编纂委员会

目录

原始社会—春秋战国

秦汉—明清

论文集

中国古代玉器概述

杨伯达

第一卷 原始社会

（图版及图版说明）

本卷主编

牟永抗　浙江省文物考古研究所

云希正　天津博物馆

图版摄影

郭　群　南京博物院

申少斌　河北美术出版社

李振石　辽宁省博物馆

郭林福　上海博物馆

中国古代玉器概述

杨伯达

我中华民族在与大自然的长期搏斗中，求得生存与壮大，并培育了一种天然的、浓郁的崇尚玉器的优秀传统。在这一高尚而典雅的传统观念影响下，历代治玉业经久不衰，持续高涨，碾琢了难以计数的精美玉器，给我们留下了极为丰富的宝贵遗产。

在我国古代玉器诞生与成长的全部历程中，均涉及历朝的宗教信仰、典章制度、社会道德，以及对清玩的鉴赏收藏等诸多观念意识、风尚习俗及其社会实践。“六瑞”“六器”的形成与推广，佩饰组合的完善与变化，及“君子比德于玉”“君子无故玉不去身”就是这一历史的生动写照[①]。这些学说与史实均不同程度地被著录于经史典籍及稗史杂记之中。这足以说明：玉在我们中华民族的观念意识及其社会生活中，占有不可忽视的地位。因而，我国历代文人在古玉诠释上极其重视“首德次符”[②]的原则，且贯穿于著录之首尾。

自从19世纪下半叶以来，我国古代玉器外流，也引起了外国学者和藏家的关注。他们应用矿物学方法对清代“帝王玉”进行了检验，首次揭示了和田玉和翡翠的化学成分、显微结构、物理性质等内涵与特征，并给出了科学结论。这弥补了我国古玉研究所采取的传统的考据方法之不足。至20世纪初，上述的西方新观点已传播到我国[③]。20世纪30年代，我国第一代考古学者对正式发掘出土的玉器进行了检验和研究，其撰述已公之于世[④]。特别是中华人民共和国成立以后，相继发现了从原始社会到汉代的大量的“敛葬玉”[⑤]，打开了人们的视野，开拓了人们的思路，令人耳目一新，振聋发聩，引起学术界的极大关注，并从实验考古学、地质考古学、历史学、宗教学、工艺学、美学以及文物学等角度，各自开展了调查研究，已取得了一些可喜的成绩。

继《中国美术全集·玉器》公开出版之后，河北美术出版社主动承担编辑出版《中国美术分类全集》中《中国玉器全集》的出版任务，其首册《原始社会玉器》今已付梓刊行，公之于世。笔者愿趁此机会将古代玉器的有关重大课题作概括的论述，以就正方家。

一、和田角闪石玉是我国玉材的精英

工艺美术与绘画、雕塑不同，其技术与艺术等条件固然重要，但首先是取决于材料。工艺匠师们往往根据材料的性能、特点，采用相应的技术制造出器物来，这就是工艺美术的“因材施艺”。所以，研究古今工艺美术时，首先要了解材料的性能、特征、产量、价格及运输等材料学因素，然后方能研究工具、工艺、技术、艺术以及产销等等问题。玉与金、木、革、羽、石等其他材料不同，有它的特殊条件，因而，有必要首先研究它的特性与特征。

我国玉材品种名目繁多，而又各有千秋，唯和田玉最为珍贵，最受崇爱，成为最贵重的玉材。但，它并未完全取代其他各种玉石，而是与它们长期共存。玉石来源还不断扩大，经常从国外输入翡翠、青金石等玉材，以碾琢器物。这种情况沿袭至今。这一历史背景和现实条件表明:我们的原始先民对玉的认识经历了很长的摸索过程，经过对众多玉材的筛选，终于找到了和田角闪石玉。现在我们需要简略地回顾先民对玉的认识和遴选的过程。

在中国大地上埋藏着十分丰富的人类化石和旧石器时代遗物，迄今已发现的旧石器时代早、中、晚各个时期的地点共 200 余处，其中包括距今约 180 万年前的西侯度文化和距今约 170 万年的元谋人化石，至距今一万年左右全新世开始之时，中国旧石器时代便宣告结束。现已查明:其遗址遍布我国东北、华北、华中、西南、青藏与台湾。用以制造旧石器的石材是石英、砂岩、安山岩、石英岩、水晶、燧石、玉髓、脉石英、玛瑙、岩浆岩、玄武岩、凝灰岩、流纹岩、闪长岩、蛇纹石、玉石、火山岩、角页岩、石灰岩、硅质岩、硅质灰岩、火成岩、脉岩、细砂岩、片麻岩、花岗岩和透闪石等多种岩石。其中的水晶、玉髓、玛瑙、玉石、透闪石、蛇纹石等美石，今人认为可列为广义的玉器。迄今所知距今 60 万年的“北京人”，从距居住地址二公里以外的花岗岩坡地上找到水晶以制造工具⑥。这就是我国玉器的最初萌芽。从它诞生之时即与石器共存，其功能也与石器一致。在先民眼里玉器与石器似乎没有什么区别，这就是我们过去说过的玉石俱在，玉石不分的现象。人类经历了数十万年的玉石并存、玉石不分的历史时期之后，对两者的差别慢慢地有了新的认识。至距今七八千年的原始社会后期，出现了装饰精美的玉器。比较典型的是辽宁新乐遗址出土的蛇纹石石凿。此凿型制属工具类，但其实际功能想必有异，即用于非生产的其他某种用途。距今约 5500 年吴县草鞋山的崧泽文化残玉璜 (WCM12:15) 是经鉴定确认的软玉⑦。此后，在北方内蒙古东部、辽宁西部地区的红山文化出土了蛇纹石、硅质岩、松石等的龙、勾云形器、

原始社会

（图版及图版说明）

一　玉马蹄形器　红山文化

高 14 厘米　上口径 10 厘米　下口径 8 厘米

辽宁省建平县采集

辽宁省博物馆藏

该器通体磨制光滑，椭圆筒形，由于两端口径不一，再加上端口沿为斜坡状，故称为马蹄形器。制作时，钻孔内外打磨，下端平口边沿有小孔，可穿系。（李振石 / 文）

二　玉马蹄形器　红山文化

高 11 厘米　上口径 9.2 厘米　下口径 7 厘米

天津市文物公司藏

玉质呈黄绿色，有红褐色沁斑。椭圆筒状，上端稍撇为斜坡形，边缘磨成钝刃，器表外壁琢磨光润，内壁有直线或弧线磨痕。此类奇特的玉器仅在红山文化遗址中发现，早年李文信先生曾认为它是发箍，建平牛河梁第 1 号积石冢 4 号墓此类器出土在人头骨的部位，其作为发箍使用似可以得到证实，但凌源县三官甸子 2 号墓此类器出土在人骨架胸前，因此也有人认为它不是发箍，而是护臂器或是祭祀中的乐器。（田俊荣 / 文）

三　玉马蹄形器　红山文化
高 11.5 厘米　上口径 8.4 厘米　下口径 6.8 厘米
辽宁省建平县牛河梁出土
辽宁省博物馆藏

玉质呈青绿色，遍体布满土沁褐斑。器体作椭圆形筒状，上大下小，呈倒置的马蹄形，器壁较薄，筒外光素平滑。上端呈斜坡状，口沿磨琢成刃，有缺口，似经使用所致。下端平齐，底边处有一小孔。（李振石 / 文）

四　玉外方内圆形器　红山文化
宽 10.5 厘米至 12.5 厘米　厚 0.3 厘米
辽宁省凌源县三官甸子墓葬出土
辽宁省博物馆藏

青玉质，呈外方内圆，与通常所称的璧差别很大，唯该件近边处有两圆孔，可以穿系，似为佩玉之一种。（李振石 / 文）

龙首玦、三联璧、束发器及龟、鸟等肖生玉[8]。与之大体同时，南方的太湖东南沿岸地区的良渚文化遗址出土了透闪石、阳起石的璧、琮、梯形器、纺轮等玉器及鸟、鱼、蝉、蛙、龟等肖生器。其中有不少的饰以细致的兽面纹、鸟纹、蛙纹、云雷纹以及神人兽面的复合图案[9]。关中、中原及山东地区的仰韶、龙山诸原始遗址出土了角闪石[10]、南阳玉[11]、石英质[12]的斧、铲、锛等工具型玉器，其中一件刻有阴线饕餮纹[13]。这长达 60 万年的南北广大地区出土的玉器之原材，除了个别的之外，均取自距其住地不远的地点，也就是“就地取材”之美石，不是角闪石玉。其中只有一件是例外，即陕西省西安市半坡仰韶遗址中出土了一件玉斧已被确认为用来自和田的角闪石玉制成的[14]。这说明和田角闪石玉距今 6000 年前已被运至关中，打破了原始社会就地取材的惯例。这是一件了不起的突破，值得我们认真思考。

和田玉东移早于距今 6000 年的情况，没有掌握任何资料。但从常理分析：和田玉被首次发现和利用，应当是当地的原始人群。经历若干百、千年，和田原始人群终于认识了和田角闪石玉的美感与灵感上的价值之后，便运向东西两翼之遥远地区。从现已掌握的资料可知，和田玉在原始社会向东已沿着罗布庄、罗布淖尔和库车等南北两路经河西走廊进入关中地区，此后又向东南推进到殷都（今安阳市）。距今 3300 余年的武丁妇好墓出土了大量的和田玉玉器则是有力的证明，仅经检验的已有近 300 余件，这是一个十分重要的数字，标志着殷王室对和田玉已有不同于他们前人的崭新认识和较高的价值观，且主动地向遥遥万余里之外的和田地区“征玉”了。通过直接的或间接的途径取得为数可观的和田玉，充作王室玉器的原料。虽然，查不到殷王从和田征玉、取玉及和田玉优越于其他地区“玉”的记载，仅从妇好生前掌握大量精美的和田玉肖生雕刻判断，至少是和田玉的本质美起了决定性作用，至于是否还有权、神、族、旅等实际的用途和观念上的功能，也是值得考虑的。我想这样说并不过分，殷人已真正认识到和田玉的美及其本身特有的价值。殷王室是和田玉的最大的所有者，也是“玉石之路”的保护者，纣王是它的最为富有的代表人物。

商殷、西周时期和田玉本质美以及取代地方玉的礼制、祭祀、等级、聘礼、会盟、敛尸等社会功能，与统治势力发生了密不可分的联系。到了春秋时代出现了“重玉轻珉”的争论[15]，也是上述和田玉的价值观深入到新的社会集团之后又获得了前所未有的生命与机制。不可否认：这是在上层社会崇尚和田玉而贬低其他各地玉材的反映和渗透。这种争论到了春秋晚期还扩展到儒学界内，这就是子贡向孔子请教“重玉轻珉”的社会原因及和田玉的优越性。孔子回答子贡时特别指出，不是由于玉少珉多而出现了重玉轻珉的社会风气，其重要的原因是“夫昔者君子比德于玉焉”[16]。接着以儒学诸观念与和田玉的诸本质的物理特征作了伦理的、形象的对比，以说服子贡，最后，以“诗云：言念君子，温其如玉，故君子贵之也”，作了颠扑不破的结论[17]。表明春秋时代“玉”确已成为君子的化身和代表。这是君子贵玉轻珉的理论根据。

现在让我们了解一下孔子以儒学的具体论点与和田玉化学的、物理的诸特征对应比喻的见解，归纳如下：

儒家学说的具体论点（和田玉的诸特征）：

仁：温润而泽

知：缜密以栗

义：廉而不刿

礼：垂之如坠

乐：叩之其声清越以长，其终绌然

忠：瑕不掩瑜，瑜不掩瑕

信：孚尹旁达

天：气如长虹

地：精神见于山川

德：圭璋特达

道：天下莫不贵

11点对应中的“温润而泽”“缜密以栗”“叩之其声清越以长，其终绌然”“瑕不掩瑜、瑜不掩瑕”4点均属质地、光泽、结构、声响等特点，值得注意的是上述特点也只有和田玉才具备，后世藏家及鉴赏性文献也一脉相承地引用上述语言来表达和田玉的诸种特点。从此和田玉便与中华民族的道德观连结起来，不仅为当时的重玉轻珉提出了理论根据，促进了和田玉连绵不断地进入中原大地，而且为后世以和田玉玉器为主体的历代玉器手工艺持续发展提供了丰富的原料和理论支柱，这就是我们中华民族独有的玉材观。还值得注意的是孔子以玉的诸特征与德的具体观点对应比喻时没有涉及玉的色彩，玉的颜色是青是白，对儒家是无关紧要的。这是“首德次符”的最初根据。

到了东汉时代，许慎编纂《说文解字》时概括了历史传统和儒学观点，首次提出了完整的玉的概念和定义。许慎诠释：

“玉，石之美，有五德者：润泽以温，仁之方也；䚡理自外，可以知中，义之方也；其声舒扬，专以远闻，智之方也；不挠而折，勇之方也；锐廉而不忮，絜之方也”。⑱许慎以玉比德是继承并发扬了孔子玉有九德之说。如许慎“润泽以温，仁之方也”是继承孔子“温润而泽仁也”的提法，仅在用词上稍加调整，其基本涵义是一致的。许慎以义与玉之对应诠释与孔子的说法不同，许慎以智与玉对应诠释与孔子之乐较为接近，另外许慎新提出儒家之勇、絜与玉之对应诠释则不见于孔子“玉有九德”之说。许慎之“玉有五德”说自然是与两汉时期的社会状况的变化及道德观念的更新等情况有一定联系的。在这里不必详加比较许慎“玉有五德”与孔子“玉有九德”之异同，主要用意在于说明汉人对玉的认识更加规范化，对玉的概念进行了权威性的解释，一直影响着我国传统的石材观。

许慎提出“玉，石之美”的美，既是客观存在也是主观感觉，这种诠释尚不为儒家承认。许慎承认了玉的美感价值比孔子等先儒更

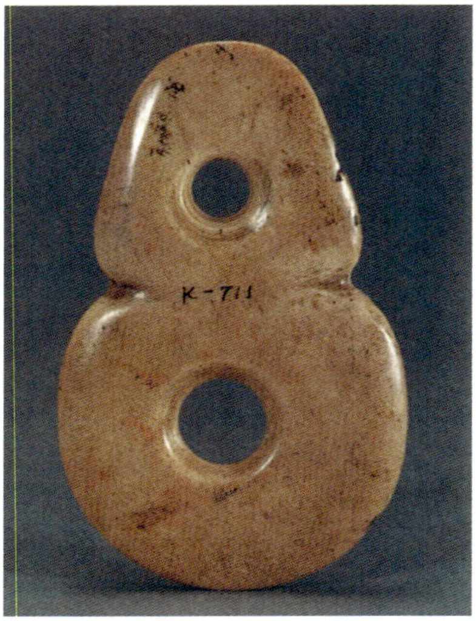

五 玉双联璧 红山文化

高13厘米 最宽处8厘米 最厚处1厘米

辽宁省建平县牛河梁墓葬出土

辽宁省博物馆藏

玉料呈青白色，局部有鸡骨白色浸蚀。体扁平，形若两个不甚圆的璧，竖向相联，上小下大，两璧皆中有圆孔，周边及孔周皆由两面磨成钝刃。（李振石 / 文）

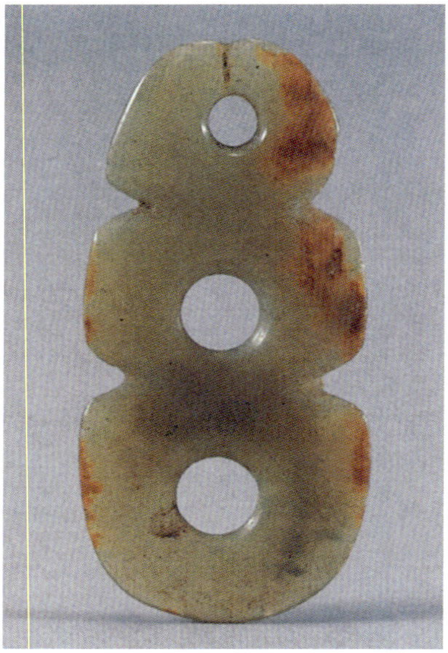

六 玉三联璧 红山文化

高6.4厘米

辽宁省阜新县胡头沟村墓葬出土

辽宁省博物馆藏

玉料呈青绿色。体扁平，形若3个不规则的璧相联，自上至下依次增大，3璧皆中有大小不等的圆孔，璧顶端磨一系沟，周边及孔周皆由两面磨成钝刃。（李振石 / 文）

为客观，有了不小的进步。虽然，还不能说许慎对玉的两重性的诠释，表明他重视玉的质、光、色等美并将其推到首位，但是对后世的影响也是不可低估的。诸如玉器的鉴赏化和陈设化的新发展无不与许慎提出的“玉，石之美”的论点有一定的联系。

许慎提出的“玉,石之美”的概念,还包含有两层意思:第一层意思是玉是石属,不同于一般的青石、油麻石、白石、砂石等石材;第二层意思是石之美者才是玉。关键在于一个“美”字。过去,对这个“美”字,一般理解为它的质地、光泽、色彩、硬度、比重等物理特征。这当然是对的,然而又是不够的。这从《说文解字》收集了126个字中隶为玉、宝玉、美玉、玉之美者、玉英华、玉属、三彩玉、赤玉、夷玉、朽玉、遗玉、三玉二石等12种。石属有石之次玉者、石之似玉者、石之有光者3种。与玉、石无关者不计。由此可知“玉，石之美”的“美”字，也就是区别玉与石的一个重要条件。

从我国玉器的原材多种多样，尤其源于远古的就地取材的传统渠道，中间虽受到和田玉涌进中原的影响而有所削弱，但未彻底泯灭。我国玉材来源甚广，名称较杂。如《说文解字》录定玉字共17类，从音韵角度推断可能是流传已久的各地方玉的最终定名。已隶定的地方玉为鲁之宝玉（玙璠）和夷玉（玗琪）。此外其他文献记载地方玉有雁门之瑛,西方之瑜,西北之缪琳琅玕,东南之瑶琨,荆山之璞,会稽、长沙及临湖之玞等。这些专用玉名究属何玉，迄今仍无定论。另外，没有专名的玉材则冠以州府县名加以区别，如钟山之玉，蓝田之玉、岫岩玉、南阳玉、蜀玉等。其实远远不止上述几例。这不过是标明产地的“玉”而已，究竟是何种玉，或是玉是石，古人从不细审，只是人云亦云，代代相沿而已。据《山海经》记载:我国玉的产地有一二百处之多[19]。《禹贡》[20]记载产玉之地限于九州中的梁、雍二州,梁州产璆（美玉名），雍州产球琳（美玉名）。同时，还记载了产美石之地，如青州产怪石（石之次玉美好者）、扬州产瑶琨（美石次玉者）及雍州产琅玕（石似玉者）。其中雍州产球琳美玉、扬州产瑶琨美石的记载与今天已发现的原始社会玉器出土情况还是相当吻合的。可知《禹贡》成书时必有实据可考，是可信的。再从考古发掘和现代玉石矿产联系起来考虑，有几处玉产地的采玉历史相当悠久，且沿袭至今，仍在开采，辽宁省鞍山市岫岩县蛇纹石矿和河南省南阳市独山绿帘纹石矿则是其中的二例。辽宁省辽东半岛蛇纹石被应用的起点，至迟在距今6000年时已经开始了。还有南阳独山玉从4000年前到现在也在不断地采集，挖掘玉

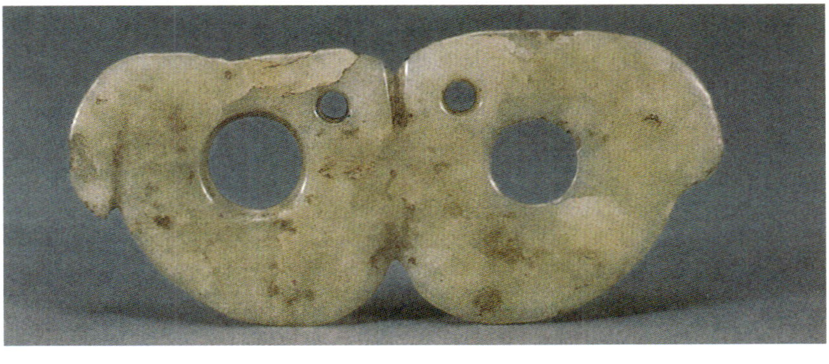

七　玉双联璧
高9.5厘米 宽4.5厘米
辽宁省博物馆藏

玉质青白色，半透明。体扁平，形若不规则的双璧，横向对称相联，连接处磨成沟状，两侧各有一圆孔，可供系挂。璧外廓一端似琢成兽首，制作精巧。（李振石/文）

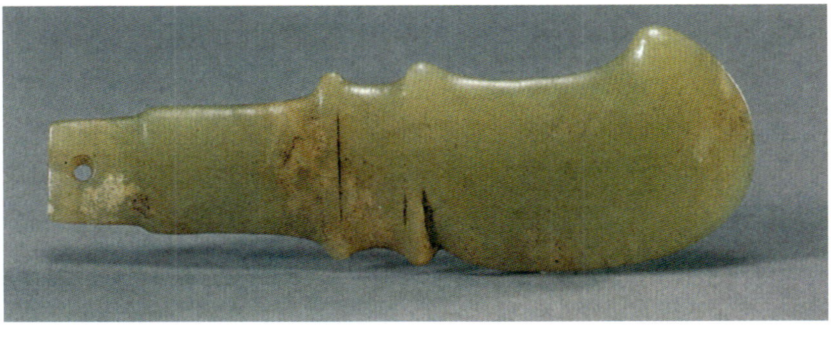

八　玉勾形器 红山文化
长9.5厘米 最宽处3.1厘米
辽宁省博物馆藏

玉料呈青绿色，半透明。锋部为弯勾刀形，体扁平，援部两侧双面磨刃，中有凹槽，内分两段，近端部的一段向内收缩，中有一孔，援与内之间有两道突脊，其间为一凹槽。（李振石/文）

石的历史也相当久远。新疆和田地区采集角闪石玉的历史不晚于距今6000年，也是一直延续至今。玉石产地和玉材品种的多样化，是我国自然资源及其赖以生存繁衍的先民这两个条件决定的。这是我国玉材的基本情况，但又必须承认在漫长的采玉历史中逐渐由因地制宜、就地取材过渡到在多种玉材中，经长期、反复地筛选，选出了一种与众不同的、来自万里之外的玉材，这就是和田昆山之玉，这正如苍穹众星拱围北斗那样，和田昆山之玉已成为众玉之魁。只有确认上述历代玉材的基本发展及其重大变化，才是客观的、正确的。

孔子等先哲以玉比德及东汉许慎隶定玉字的两层含义，必然导致对玉的诠评也提出了一条新的原则，这就是"首德次符"。我国科学地质界先驱章鸿钊云"古人辨玉，首德而次符"，其德即指管子云"玉有九德"。聘义云"君子比德于玉"及《说文解字》曰"玉，石之美，有五德者"之德，符即指玉之"色"。他坚定地主张在诠品玉材"必执是(按'首德次符')以为衡"。[21]也就是必须以"首德次符"为尺度(衡)来权衡玉，而绝不能反其道而行之。今天如何对待"首德次符"是涉及如何评价我国古代玉材以及我国玉器史的权衡准则问题。我以为对"首德次符"的标准要持客观的、公正的科学态度。我们要承认"首德次符"是我国文化史和玉器史上一定阶段的产物，有它的形成、推广、普及应用的过程。已如前述"玉有九德""君子比德于玉"的观念的形成，均不早于春秋初年，但是否可以上溯到西周，也是值得考证的。春秋战国时期是它的高潮，从秦汉以后其影响逐渐缩小，至清代其影响变得甚为微弱了。而"玉，石之美"的观点却慢慢地占据上风，尤其在帝王和收藏家、古玉爱好者之间都较多地看重美的标准，以定取舍。如果将视线转向远古，情况则完全不同，如旧石器时代，人群出于实用目的，找到包括玉材在内的可用石料打制工具，到了新石器时代，一部分或大部分玉器脱离生产功能，被应用于祭祀、军旅、权力、血缘等等社会生活领域中去。当时，尽

九　玉勾形器 红山文化

长 9.5 厘米 最宽处 2 厘米

辽宁省博物馆藏

玉料呈青绿色，半透明，锋部为弯勾刀形，援部两侧双面磨刃，中有随形凹槽。内平直，呈刀柄状，靠近端首有一圆孔，内与援之间有突脊，其间为一凹槽。(李振石 / 文)

一〇　玉勾形器 红山文化

长 10.4 厘米 宽 4 厘米

天津市文物公司藏

青绿色玉质，有褐色沁斑，扁平体，锋部为弯勾状，顶端有新月形突起，又似鸟首。援两侧边缘斜磨成钝刃。内亦呈弯勾状，中间随形磨出凹槽，援与内之间有较宽大的突脊，援近栏处有一个对穿小孔，可以穿系。此类器型，继红山文化之后，曾见于夏家店下层文化和商晚期妇好墓，可见其延续时间较长。(田俊荣 / 文 刘秉钧 / 摄影)

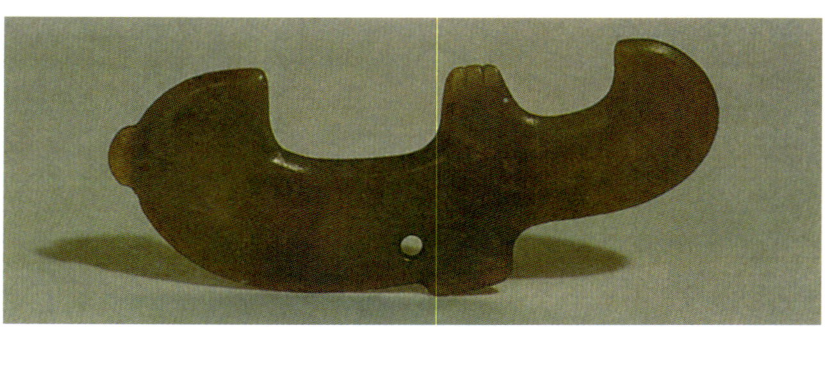

管已有了最起码的道德规范来统御整个部落、部落联合体或方圆数百、上千里的松散社会，但这种原始的道德规范是否已渗透到玉中尚无实物可查。到了夏商时代，玉器的社会功能略有扩大，其侧重点也有了变化。但其道德规范与玉器的联系仍无迹可寻，故原始社会和奴隶社会的玉器不宜用“首德次符”的标准加以衡量。所以，对古代玉材的权衡应从社会历史的具体情况出发，从其经济、政治、文化的总趋势，以及玉器本身的具体条件抽绎出与之相适应的原则和标准去衡量玉材的优劣，及其在玉业所占的具体地位。这也是本书的编辑原则和遴选玉器的标准。倘若一律以“首德次符”的原则衡量之，则不可能正确地评价从原始社会至清，包括用和田玉在内的各地出产的玉材琢制的玉器。

我们之所以要在这里首先阐明玉的概念，提出和田玉是我国玉材之精英的论点，也是从它的特殊情况出发的。工艺美术与绘画、雕塑不同，它的用材是一个先决条件。这就是工艺美术上的“因材施艺”。而其材料可分为贵重的和一般的，凡金、木、石、土、革、羽、玉等材，因其生成条件，储量分布等情况不同，便在人们心目中占据了不同的位置。一般说金、玉为贵重材料，其他各类材料也分为若干等次，价值也就不尽相同。这无需赘述。但玉确有它的特殊情况，这就是玉材本身具有美与德的双重价值，而这种双重价值是金、木、革、羽等材料不具备的。反映在经济流通方面则是高价材料。因玉的种类甚多，品位不同，价格也有差别。只有和田玉不仅有着美与德的双重价值，是玉之精英、众玉之魁，又由于采集量有限，须经长途运输，故其价格高过其他各地玉之数十、百倍。鉴于上述情况，研究鉴赏玉器时，首先要识别玉的产地与素质，是和田玉，还是其他什么地方玉，这是玉材独具的价值观。

我国古人如同我们一样，面对如此众多的玉材也有一个鉴别真伪的问题。如“重玉轻珉”之争也包含这层意思在内。所以，古人经常也不得不对流通于世的品种众多的玉材等次与真伪进行诠评与鉴别。他们往往从质地、色泽、声响等不同角度来辨证玉之真伪优劣。这里仅举以声、色辨玉之例，以便从中吸取教益。《墨庄漫录》载：李淳风论辨真玉云：“其色温润，如肥物所染，敲之其声清引，若金磬之余响，绝而复起，残声远沉，徐徐方尽，此真玉也。”[22]玉既有真则必有伪，似玉非玉的美石或彩石也混杂于玉材之中。李淳风辨玉的标准是色、声两点。可惜他未指明何处所产之玉是真玉。又据《拾遗记》载：石季伦爱婢翔风妙别玉声，悉知其产地。“言西方、北方，玉声沉重而性温润，佩服者益人性灵；东方、南方玉声轻洁而性清凉，佩服者利人精神。”[23]章鸿钊认为：“其言玉声轻洁者，明东南方产，非真玉也。”[24]所谓西方之玉则应是昆山之玉，其“玉声沉重，而性温润”，这正合我们长期观察摩挲和田玉所得印象和感觉，勿庸置疑应是真玉。而东方、南方之玉出土于新石器时代的大汶口、龙山、青莲冈、马家浜、崧泽、河姆渡、良渚等诸原始文化分布区域，所出玉器大多是用硅质、石英、透闪石、阳起石等玉材制成，尤其良渚遗址出土的透闪石玉器、阳起石玉器确与温润而泽、声响沉重的和田玉不同，其性清凉，其声轻洁，确是“非真玉”，至于用矿物学方法检验而得出与和田玉同属一族则另当别论。这是因为我国古玉材已是文化现象和观念形态上的玉，而不是指纯自然形态的或纯矿物学上的玉。这一点必须明确，否则无法理解我国玉材的一切内涵，尤其更难以正确地认识和田玉的价值观之真谛了。

总之，在我国传统的玉材观上，既要承认古今玉材的多样性、复杂性，又要肯定其中的和田玉是众玉之魁和玉之精英。只有掌握了上述两方面，才能全面、准确地理解并掌握我国古今的玉材观，以便公正地权衡玉器。

二、砣机的发明是琢玉工艺史上的一次技术革命

前面述及和田玉至迟从新石器时代晚期便向其东西两翼推进，向东已到达今陕西省西安市的距今6000余年的半坡遗址。之后，距今3300年前又大量地进入殷王室。在这里我们必须说明半坡原始社会和田玉玉器、妇好墓和田玉玉器是用何种工具和工艺加工制成的。

和田玉硬度是6—6.5度，仅次于石英，一般来说，对其加工成器可借用治石的工具与方法或直接运用砣机，即借助砣的旋转带动蘸水的金刚砂（即石英砂）以磋磨成器。在探讨治和田玉的专用工具——砣之前，先来回顾一下在玉、石工艺尚未分离的时代，人们是怎样用治石工艺来制造玉器的。

已如上述，距今60万年的旧石器时代前期中后阶段的“北京人”，已用水晶制造工具。稍晚的其他各地遗址还出土了以石英、玉髓、玛瑙、玉石、透闪石、蛇纹石等古今人认为可列为广义的玉石来制造工具。勿庸讳言，以上述玉石所制的器具与当时的旧石器是完全一致的，可知旧石器时代的玉、石器都是利用相同的工具和工艺制成的。旧石器时代制造石器的方法称作直接打击法，计有锤击法、碰砧法、砸击法和投击法，所用工具有砾石、锤子和石砧。制成的旧石器以石片石器为主，有砍斫器，刮削器，三棱大尖状器、小尖状器和石球等。分为细小石器的周口店地点（北京猿人）—峙峪系和大石片石器的匼河—丁村系两大系统。毫无疑问，目前最早的、在距今60万年的北京猿人遗址发现的玉器旧石器，揭开了我国玉器史的帷幕。

到了旧石器时代中、晚期，中国旧石器文化进入空前繁荣的发展阶段，制石工艺也有了进步，更多地应用修理台面技术和“指垫法”。华北旧石器时代晚期出现了使用间接打击法生产细石叶和使用压制法修理石质工具和武器。这种“细石器工艺”最早出现于距今约23000—16000年的下川遗址。同时，石器器型增多，有各种各样的刮削器、尖状器、雕刻器、锥、锯等，个别的遗址还出土了箭头。至晚期，遗址出现了骨针、鱼叉、骨锥、骨刀和角铲等有机质材料制成的工具。同时还出土了用兽牙、鸟类肢骨、贝壳、鱼头骨、小砾石等材料制成的装饰品，以及将氧化铁粉末铺在墓室地面。这反映了当时先进的工艺技术、朦胧的审美观念和初步的殉葬意识，对玉器的成长可能有着直接的或间接的影响。

我国中石器时代与新石器时代早期的文化状况，因受发掘所限，情况不明，暂付阙如。

我国新石器时代中期、晚期的制石工艺业已完全成熟，达到了较为完善的地步。从仰韶文化和龙山文化为代表的新石器时代中、晚两期的治石工艺确已达到了较高水平㉕。从选料、审形到截断、打击、琢磨、钻孔等工艺都积累了丰富的经验，制造了型制规正、琢磨光洁、便于使用、效率较高的各种石器。所用工具有砥、锤、磨石、石英砂、钻（实心钻、空心钻）等。这种发达的制石工艺则是原始制玉业的

一一　玉勾云形器　红山文化
长11.3厘米　宽8.9厘米　厚0.35厘米
辽宁省博物馆藏

器呈青灰色。片状雕，中间镂空一卷云形孔，四周有不规则的勾云出头，有的上卷，有的下卷，下部3个云头，其中一个折断。顶端有并排的两个小孔，可供穿绳系佩。器体边缘较中央稍薄。（李振石 / 文）

一二　玉勾云形器　红山文化
长10.8厘米　宽9.6厘米　厚0.1厘米
天津市文化局文物处藏

青绿色玉质，局部有土红色沁。片状雕，形似龟，中间镂空一卷云形孔，头、尾和四足也琢成卷勾状。正反两面均磨成血槽式沟，通体边缘磨成钝刃，顶端头部有两个钻孔，可供穿系。（施俊 / 文　刘秉钧 / 摄影）

一三　玉勾云鸟形佩 红山文化
长16厘米 宽9.8厘米
天津博物馆藏
玉料呈黄绿色。片状雕，形似一鸟（若凤），长尾上卷，洒脱飘逸，富有生机。通体随形磨出沟槽，槽内刻阴线，器边缘皆呈刃状。（徐春苓／文）

工艺基础和技术条件。现知新乐、河姆渡、马家浜、崧泽、大汶口、龙山、仰韶、马家窑、马厂、齐家、卡若等新石器时代中、晚期遗址出土的玉器有斧、铲、锛、璧、环、瑗、璜、珠、管等器。这些器形均来自石器，最初可能就是工具，用于生产或搏斗，随之演变成为礼仪用的、装饰用的玉器。但从其成型工艺分析也与治石工艺相通，仅在钻孔与琢磨上可能比石器的工艺标准与技术水平要高一些，实无任何特殊性，出土的和田角闪石玉玉斧也不例外。

红山文化、良渚文化的玉器与上述遗址出土的玉器却大相径庭，其玉器的器形与装饰均极复杂，共有几十种类型，用途也较为广泛。极明显地是出现了相当发达的“玉敛葬”。墓主人从头到脚都装饰和佩戴着各式玉器，这种厚葬说明握有统治大权的显赫人物生前使用并佩戴大量的优美玉器。与其接近的部落成员也或多或少地使用玉工具和佩戴玉饰。这告诉人们：在公元前3000—公元前2000年这1000年间是玉器盛行的时代。这是任何其他国家原始社会未曾见过的特殊现象。所以出现这种特殊现象，是由于他所统治的部落集团有着高度发达的治石工艺，生产力水平较高，财富积累并已初步集中，政治、巫术的统治已较巩固，自卫与征战的机制较强，玉石较为丰富，以及治玉工艺专业化已出现等较为优越的社会背景、物质基础和工艺条件分不开的。特别值得提出的是，不仅它的器形与装饰均极复杂，且在少数玉器上尚可观察到弧线痕、弧底凹纹、通体镂空以及精细的阴线刻等特点，都是其他原始遗址出土玉器上罕见的或根本没有的。

目前，红山文化玉器的原料尚未检验，其属性、硬度均不明晰，暂时尚不便讨论。良渚文化玉器材料业经检验，大多是透闪石和阳起石。这两种玉石的硬度在5.5—6度，虽较和田角闪石玉稍软，但是仅用腕指之力也是不易完成的。尤其是，装饰细密的单层的或双层的玉琮，其凹凸起伏、阴阳兼施的工艺，即使是手执高硬度的尖状工具也是无能为力的，有很大的可能是用砣机碾琢而成的。

从良渚文化张陵山遗址出土的玉蝉背面留有清晰的弧形琢痕，寺墩遗址出土的玉璧、玉琮上留下直径分别为11厘米、16厘米、26厘米的同心圆弧形琢痕[26]，以及故宫博物院旧藏乾隆时代收进的良渚文化玉璧[27]上也有弧度不同、长度不等的弧状阴痕，均可证明良渚文化已出现了砣机。如果今后经过模拟实验并得到证实，则更可肯定良渚原始文化部落确已创造了原始砣机。但是有的学者认为这些细密图案同样是用尖状器雕刻的[28]。目前，这两种不同看法可以并存，不急于强求统一，今后可通过实验考古学的有效途径加以论证。

关于良渚文化原始砣机的构想，笔者已在《中国古代玉器面面观》[29]里作了说明，不再赘述。在这里还须补充的一点是：1987年五六月间从余杭瑶山良渚文化祭址遗址11号墓出土的白玉圆轮和

一四 玉勾云双鸟形佩 红山文化
长 16.5 厘米 宽 5.4 厘米
天津博物馆藏

玉质呈青绿色，有褐色沁。两端各有一鸟首，鸟身呈蜷曲状，中间镂空一卷云形的孔，鸟尾相连，喙部尖长，鸟身随形磨成沟槽，上端有并排的突棱，下端单面钻一小孔。磨制技法粗朴原始，而韵味奇奥恢美，从玉质及工艺特点看，非红山文化莫属。（徐春苓 / 文 刘秉钧 / 摄影）

青玉圆杆连结一起的完整的玉杆纺轮[30]，为我们研究原始砣机提供了重要的参考资料和启示。这件玉杆纺轮很像水凳上的砣子，如果将其杆横置于架上，使玉杆运转来带动玉轮作前后的竖向旋转，这种转动与水凳的运动便完全一样，一定可用其磨玉的。这一点至关重要，它证明了原始砣机出现过程中受到纺轮或辘轳的影响的推测中，似乎纺轮更为合理。

我国在用地方玉材和治石工艺琢治的玉器，有着长达 60 万年的漫长历史。若综合玉材与工艺的两个角度来看，这 60 万年不过是砣碾和田角闪石玉玉器的准备阶段，同时也可以说是我国玉器史的序幕。所以，只有砣机的出现、完善并广泛应用，才能开启以和田角闪石玉为主要原料的玉器艺术时代。

简要地回顾了我国古代治玉的过程之后，现在让我们来考察砣机在碾玉工艺上所占的重要地位。可概括为以下三点：

（1）砣机的出现与完善终于促使玉工艺从石工艺中彻底地分离出来，成为独立的砣玉手工业

综合考察旧石器和新石器两个时代的玉器、石器工艺，便不难发现两者早已出现分离的苗头。最初的直接原因应是材料不同，即玉与石引出了分离的第一个苗头。再就是功能上的变化，如对玉器提出了新的非生产的其他社会功能的要求，接着引出器形上的变化，装饰也附加上去了。下一步又引出了加工工艺上的分离，这就是造成玉工艺与石工艺分离的原料、功能、工艺的三个基因。众多玉材慢慢被人们认识，区分出优劣的差别，另一个重要因素则是和田角闪石玉向东方渗透，到达了半坡文化圈、商殷势力范围。它的出现更加激化了功能上的分离和工艺上的革新，这就是砣机的发明与完善。如果说红山文化、良渚文化已经发明了原始砣机，而妇好墓和田玉玉器的加工非已初步完善了的砣机。

关于加工和田角闪石玉玉器的工具与工艺问题，笔者在长期的观察、摩挲和田角闪石玉玉器的过程中，参考 20 世纪 50 年代水凳的结构与原理，认为治和田角闪石玉可分为两种情况。首先是用治石的工具与技法，制造器形单纯、表面光素或作钻孔、镂空的玉器，而不能制造器形复杂、纹饰繁密的玉器。其次是用砣机碾砣器形，装饰均复杂繁密的和田玉玉器。通常是指后一种情况。其实原因极其简

一五 玉兽面纹丫形器 红山文化
长 12.4 厘米 宽 4.1 厘米 厚 0.2 厘米
辽宁省博物馆藏

器呈青绿色，体扁薄，形若“丫”字。上部琢两耳外凸，面刻阴线圆形大眼。头部两侧有相同的外凸形脊，器身以凹凸的平行线纹若干道环绕，末端有一圆孔，可供穿系。（李振石 / 文）

单，就是因为和田角闪石玉的硬度为6—6.5度。简单的玉斧经打击、修整、磋磨即可成型。但制造精巧的玉器即使用高硬度工具也是不成的。如加工的工具硬度不能低于6.5—7度，虽然6.5—7度的高硬度工具并不难找到，也不难制作，但仅用腕、指操纵高硬度工具进行雕刻是根本无法完成的。而唯一可行的办法，则是使用砣机碾磨玉材方可成器，别无其他办法[31]。目前，考古界、文博界、工艺界对妇好墓出土的和田玉玉器的制造工艺和工具的认识是一致的，都认为是用旋转的砣具带动蘸水的金刚砂磨玉成器，其细纹装饰也毫无例外的是用砣具碾磨的，而不是“雕刻”或“镂刻”的。细审妇好墓和田玉玉器的型制与装饰便不难理解：加工它的砣机已非原始砣机，而是已初步成熟的砣机。因而才能砣碾成青玉簋、玉人、玉虎等具有较高的艺术与工艺等价值的富有感染力的和田玉玉器和肖生玉。这标志着殷代玉工艺已彻底脱离治石工艺，成为完全独立的砣玉手工业，也表明了玉器工艺与石器工艺彻底分离的关键在于砣机的发明与完善。从妇好墓精美的和田玉玉器推断，玉器工艺成为独立手工业的起点，当远远早于殷武丁时代，这也是尽人皆知的。

(2) 独立的砣玉业是王室手工艺的重要组成部分

从现存玉器分析：我国原始的制玉业初步形成于大约距今5000年的北方红山文化与南方良渚文化。琢磨了大量的精美的地方玉玉器，为有权势的酋长、巫觋及军事首长等统治者掌握并使用。

商殷王室为了加强奴隶制统治和维持豪华而奢侈的物质生活，设置了以奴隶工匠为主力的王室手工业。从殷武丁妃妇好墓出土的青铜、玉、石、骨、牙、角、陶等各种器物，也足以说明殷王室确有自己的手工业。而早已与治石工艺分道扬镳、各奔前程的砣玉工艺，这时已成为王室手工业中的重要部门，堪与青铜工艺比肩而毫不逊色。遗憾的是因无铭记可证，无法查明殷王室手工业的管理体制、组织机构、工匠地位、工种分工、工具原料、工艺效率等情况，但不能因此而否定商殷王室手工业的存在及其已达到的较高工艺水平。

西周王室手工业，因受发掘工作的局限，还不能提出直接的证实资料，但宝鸡市茹家庄強伯墓出土的各类器物，对了解西周王室手工业有着一定的参考价值。研究我国先秦的古文献，一般认为成书于战国时代，记载着西周王室手工业的《考工记》[32]，也是成书于战国。我们从《考工记》可以管窥西周王室手工业的概况。

《考工记》载：“木、金、皮、设色、刮磨及抟埴等六工，而刮磨之工以玉人为首”。这正是玉、石工艺彻底分离后，砣玉工艺成为王室独立手工艺的有力证据。而此时的治石工艺可能已降为建筑业的附庸或通行于社会下层，以制造各种工具和器物，用于社会生产和日常生活，故不包括在王室六工之内。仅在王室手工业机构中保留了少数手艺较好的奴隶石匠，在刮磨工内充当专门磨治石磬的“磬氏”之职。可知西周王室手工业中玉、石两个工种已有天壤之别了。

东周王室及各地诸侯也掌握着一批玉工组成碾玉手工业，制造了大批的、精工的和田玉玉器供其享用。秦汉及其之后则有官吏可证，上述制度与做法均为历朝帝王继承并发扬。本书遴选的出土或传世的和田玉玉器中有不少是皇家帝室手工业机构的制品。如明定陵出土的玉器和故宫博物院旧藏的清宫玉器都是明清两代皇家玉作之制品。

(3) 砣机的诞生与完善是古代治玉史上的一次技术革命

现存有关原始砣机的发明及其结构、用材、功效的推测上的分歧，并不妨碍我们对砣机在琢玉工艺史上作出正确的估价。

砣机的效率主要表现在制作和田角闪石玉上，反过来说，古人为制作和田玉而完善了砣机。这从妇好墓出土的和田玉玉器可以获得充分的证明。比如玉兽面纹簋、玉跪式人，玉鸮等玉器和肖生玉，都是用初步完善了的砣机，以规格不同的圆盘形砣具旋转带动蘸水的金刚砂磋磨成器的。若用凿、磋、尖状刃形器来凿、磨、刻是绝不会成功的。这时砣机已显示了它的威力，这表现在一机可代替几种工具上。加工和田仔玉用砣机单独完成琢玉过程，可彻底取代锯、钻、磋、刃刀等工具及其全部工序。遇到大块玉材仅借锯锯料、借钻钻孔，其他的主要工序可由砣机完成。当殷王室玉匠用砣机征服了和田玉并取得丰富经验之后，再用于较和田玉硬度低的透闪石（阳起石）、蛇纹石时，则既省力又快速。做硬度高于和田玉的水晶、玛瑙时，将金刚砂换成 7.5 度者即可，也耗力不多。总之，砣机与手工工具比较，不仅可提高效率若干倍，更重要的是变不能为可能，还可以取得难以预料的成效。这一点在春秋、战国、两汉、唐、宋、元、明、清各代精美的和田玉玉器上反映得更加了然。以精的标准来要求，战国玉灯、曾侯乙玉多节佩、南越王玉角形杯、刘胜玉镂雕双螭龙纹谷璧等都是佼佼者，从大的角度来要求蒙古（元）“渎山大玉海”、清乾隆“大禹治水山子”以及“龙钵”等都是旷世巨制，气势逼人。这些无一不是由能工巧匠用完善的砣机，施展了鬼斧神工般的技艺才碾琢而成的。如果没有砣机，仅用斧凿、钻及刀刃则是望尘莫及、劳人费工，绝不会取得功效的。可以这样说：若没有砣机则不可能有妇好墓和田玉玉器，更不可能有曾侯乙玉多节佩、大禹治水山子等杰出的惊世之作。

必须肯定，从工具、工艺史角度来衡量，砣机的出现和完善确实是治玉史上的一次关键性的技术革命。以此为标志，把中国玉器史推进到砣碾玉器的新时代，而诀别了琢磨玉器的旧时代。今天我们可以看得很清楚，如果没有这次技术革命，我国古代玉器工艺不会达到如此精巧的技艺水平和高度的艺术造诣，在世界玉坛上也得不到独树一帜的显赫地位。

综观我国原始社会玉器遗存，可以了解到其治玉业及其治玉工艺的发展状况是极其不平衡的。当红山文化和良渚文化两个部落集团可能已使用原始砣机磨玉，玉器工艺已取得相对独立的地位时，其他原始部落集团的治玉业尚处于玉、石工艺合一的时代，还在使用着治石的工具和工艺来制造斧、铲、璧、环、瑗、璜、玦等直方系或圆曲系玉器，而没有出现类似红山、良渚玉器那种发达的迹象。至青铜时代，殷代玉器工艺似以王室制玉业为全国制玉业的中心，砣机也获得初步完善。此后随着政治形势的变动，制玉中心也随之转移。砣机也在不断改进，从两三人共同操作的拉弦转动的跪坐式砣机，发展到由一人操作、双足踏动的高凳式砣机——“水凳”，促使砣玉业及其工艺得到壮大和提高。可以断言：如果没有砣机的发明和完善，是不能制出精美的和田角闪石玉玉器的。即使有了政治、巫术的强烈欲望和强制压力，在和田角闪石玉面前也是束手无策的。总之，以治石之法来治和田角闪石玉是根本不能奏效的。尽管到了玉器工艺已发展到最后高峰的 18 世纪，清内廷养心殿造办处曾尝试用石匠以錾凿治“关山行旅玉

一六　玉兽面纹丫形器　红山文化
长 15.2 厘米　最宽处 2.8 厘米　厚 0.35 厘米
辽宁省博物馆藏

器呈淡绿色，局部有土沁，体扁薄修长，上部琢有两耳外凸，面部刻阴线兽面纹，通体饰凹凸不同的平行弦纹，末端有一圆孔，可供穿系。此类器物用途不详，在红山文化遗物中已发现多件，其器形之古朴、纹饰之精美，堪称红山文化玉器中的精品。（李振石 / 文）

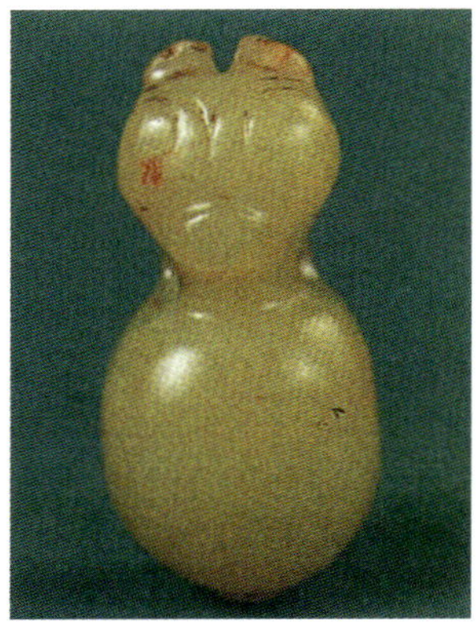

一七　玉兽形佩　红山文化
长 4.4 厘米　宽 2.1 厘米
天津市文化局文物处藏

器呈淡黄色，圆雕，圆首，圆腹，无四肢。头顶有两个小立耳，圆形大眼，吻凸起，用阴线刻画眉鼻。颈两侧对钻一贯通的圆孔，孔壁有浅螺旋纹。腹底部凸出圆形尾，器身光素无纹。此兽造型夸张概括，形象奇特，不见出土同类器物，从玉质、玉雕风格以及制作手法上看似属红山文化玉器范畴，是研究原始社会玉雕难得的实物资料。（张安鸽 / 文）

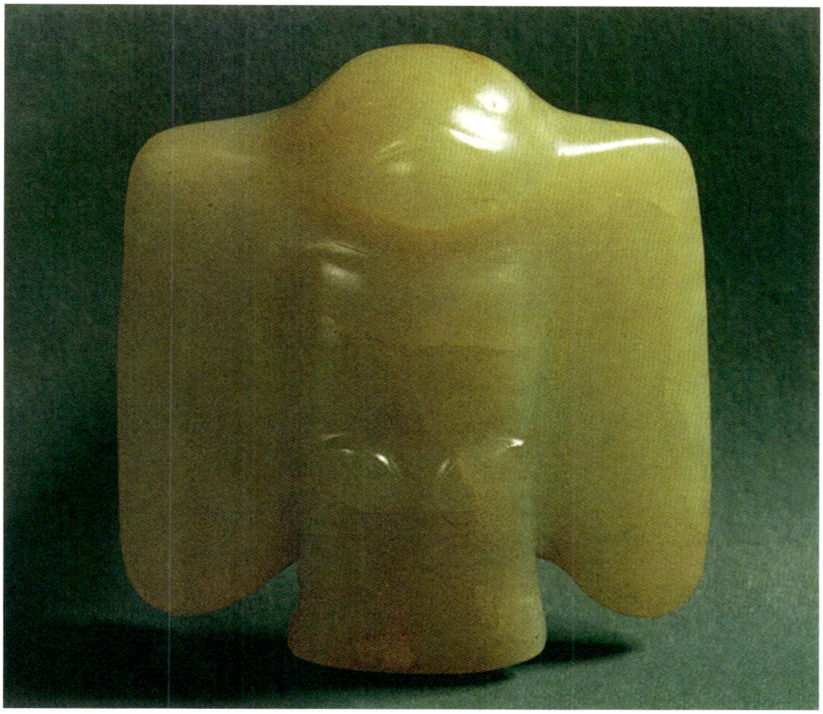

一八　玉鹰形佩　红山文化
高 5.7 厘米　宽 5.2 厘米
天津博物馆藏

鹰由黄玉琢成，作展翼状。嘴作鹰钩形，隐起双圆圈形目，两翅上浅浮雕羽毛纹，双足下部阴线刻斜方格纹，背面颈部有两对对穿的孔，其一孔钻豁。红山文化用玉琢成形体相近的鹰、鸟、鸮等，已发现多件，但此件格外精致。（徐春苓 / 文）

山”而遭到失败[33]。这个事实从另一角度说明砣机的发明与完善对治玉工艺该有多么重要啊！

三、和田角闪石玉玉器是我国古代玉器的主流

自从和田玉沿着时隐时现的一条“贡玉古道”，源源不断地进入中原，到了统治者的作坊，经砣机加工成器以来，便逐渐地改变了我国玉器的材料结构与比例关系，并推动了砣机的改进，给我国古代玉器史打上了新的烙印。以和田玉出现于我国古代玉坛为界碑，之前是就地取材的各地方玉玉器的时代，也就是“非真玉”玉器时代；其后是以和田玉玉器为主流的时代，也就是“真玉”玉器时代。

就地取材的地方玉玉器时代，可以上溯到距今 60 万年前的北京猿人的那个时代，下限可到距今约万年。地方玉玉石有水晶、石英、玛瑙、玉髓、玉石、蛇纹石、透闪石、阳起石和松石等彩石或美石，依其成型工艺又可分为直接打击玉器和间接打击玉器两种。自距今 6000 年仰韶文化半坡类型遗址出土的和田角闪石玉玉斧起，至距今 3300 年的殷妇好墓出土了大量的和田玉玉器为止的 3000 余年，就地取材的玉石情况如下：红山文化玉器材料品种较杂，从直观印象判断，有蛇纹石和石英质、硅质材料，也有类似角闪石的。估计这些都是从赤峰市、辽西锦州市一带采集的次生料，当然也不排除这些材料中有的来自今内蒙古东部和辽东地区的蛇纹石和角闪石的次生矿产地。良渚文化玉器中有一批经过检验，已查明大多是透闪石，少数是阳起石和蛇纹石，估计也是就地取材，不是来自遥远的地区。可能采自太湖周围的宜溧山地、天目山脉或宁镇山脉等附近地区[34]。这些就地取材的地方玉材构成了该文化部落集团玉器的主流。其他原始部落的玉器材料品种及其产地也大致相似。和田地区的原始部落也不例外，它也是就地采集角闪石次生料（水玉、仔玉）以治玉器。一个例外的情况就是，半坡文化遗址出土了以来自数千里外的和田玉琢磨而成的玉斧。这是一个重要信息，容下面再谈。这一时期的治玉工艺有三种：一是用治新石器之法治玉，包括钻孔、镂空的琢磨玉器；二是用原始砣机碾玉即砣碾玉器；三是先琢磨后砣碾的折中型工艺的玉器。此期玉器是从琢磨玉器向砣碾玉器转变的时期，即从就地取材的地方玉玉器为主流的时期，向从遥远的和田输入角闪石玉加工制成和田玉玉器为主流的真玉时代的过渡期。大凡就地取材的琢磨玉器，其影响所及、流布范围一般说是较为有限。但也有例外，如良渚文化玉器影响范围较宽广，现知北达

江苏省北部与山东省接壤地区，南迄广东省北部曲江石峡的南北狭长地域。它的治玉工艺中心当在长江以南、钱塘江以北、太湖的东部和南部一带的地域之内。

现在再回过头来讨论和田玉的东进问题。原始社会后期，和田玉经过南北两路穿越河西走廊到达渭河流域的仰韶文化区，该地的原始遗址曾出土了少量的用和田玉磨制的斧、铲等生产工具型玉器和非生产用的和田玉玉器就是有力的证明。它的可贵之处在于揭示了和田玉东进的早期线路，与晚了三四千年的“丝绸之路”基本吻合。这说明和田玉东进的古道是中西交流史上东段第一条最古的原始驿道。联结自和田向西经巴格达或地中海沿岸的西段原始驿道，这就是完整地沟通亚洲大陆东西两端的原始古道。此后的丝绸之路、陶瓷之道以及玻璃、宝石等贸易，甚至佛教东传等等无不沿着和田玉古道行进。这时和田玉也沿着这条古道，由沙漠之舟——骆驼载着和田玉块，行走百余昼夜到达内地，恪尽“职贡”之职守，再满载超过和田玉价值数倍的丝绸等珍贵物资，沿着玉石古道经河西走廊返回西域和田。所以，这条和田玉古道不仅是我国与西方交流的一条通道，也是我们内地各民族与西域边疆民族联系团结的一条纽带。

和田玉玉器在我国古代玉器史上的主流地位，是从殷妇好墓玉器中和田玉玉器所占的工艺、艺术的地位及数量上的优势被认识之后才确立下来的。这是和田玉东进过程中的一座里程碑。我们应该承认：相当多的精美的和田玉玉器出现于殷武丁王妃妇好墓中，不是偶然的、孤立的现象，这是有它的社会、政治、文化背景和条件的。和田角闪石玉从原始社会晚期向东输送至少已有6000余年的历史，至殷代更大量地进入王室。殷王室为获取和田玉也采取了一些主动措施，在甲骨文中留下了“取玉”“正（征）玉”的记载及“入戈五”（进贡玉器的铭记）[35]。想必殷王朝向外扩张，尤其向西征讨时所获战利品中可能包括和田玉在内。此外，还可通过索贡或贸易等手段从西北方获得和田玉材。当时各地方国贡品中也有一部分用本地玉材制造的玉器，如类似红山文化系统的玉嘴形器，用蛇纹石制成，还有用独山玉制成的玉戈和硅质板岩、大理岩的玉器[36]。目前，从妇好墓玉器为代表的殷王室玉器及其玉材的来源来看，渠道是多元的，几乎遍及四面八方。首领们均向王室进贡地方玉玉器，唯有和田仅贡玉璞。但是，各地方玉器与殷王室和田玉玉器相比只占少数或劣势。而占多数、优势、主流地位的则是和田玉玉器。以妇好墓玉器为起点，此后历朝帝王家无不千方百计地搜罗、征索和田玉并砣碾为皇家玉器。这在史籍记载中也是屡见不鲜的，所以，和田玉玉器是历代帝王玉的主流，也是我国玉器史上的总趋势。

西周时代也应如是。据记载：周人始游牧于邰（陕西武功），后迁至豳（陕西邠县）一带，过着定居的农业生活。姬昌又迁至今陕西岐山一带，再移至丰（丰京），武王定都镐京（陕西西安），遂灭殷纣建立了西周（公元前1046年）。周代统治者十分注意总结殷商灭亡

一九　玉鹰形佩　红山文化
高4.8厘米　最宽处4.6厘米　最厚处0.6厘米
天津市文化局文物处藏

鹰由白色玉琢成，通身有淡黄色沁。作展翅状，翅、尾均较宽，两翅用阳刻线表示的羽毛，或隐或现，鹰首作三角形，弯至胸部，爪部用一道阳线表示，右边翅膀下部有一穿孔。背部靠头部位置有一对斜穿孔，可供穿系。（施俊/文）

二〇　玉鸟形佩　红山文化
高2.4厘米　宽2厘米
1973年辽宁省阜新县石戈乡台吉营子村出土
辽宁省博物馆藏

玉鸟青白色。形体较简略，圆头前伸，展翅，方尾，无细部加工，腹面光滑微凸起。（李振石/文）

的教训，重新制定并建立了奴隶制的制度措施，编纂了一部礼仪法规——《周礼》，规定了不同等级玉器的质地、形制和规格，使玉器成为等级差别的标志，赋予其较强烈的政治色彩。对祭祀、礼仪等用玉也作了若干规定。《周礼·考工记》记载了王室设玉作，管理专为王室制造玉器的奴隶——玉人。但现今所掌握的西周玉器数量不多、品种单调、玉质不佳，和田玉甚少，唯其砣碾刚劲有力而富有特点。摆在我们面前的是西周时代出现了我国王室和田玉玉器的一次低谷。这种现象与文献记载不符，是令人颇为费解的。周族发迹之地和统治区域正横亘于和田玉输往东方的古道上。描写西周统治者与西域交流的《穆天子传》，记载了周穆王西游昆仑会西王母的神话，推测西周可能较早地接触到和田玉或以其制造玉器了。可是，笔者已过目的千余件西周玉器中和田玉寥寥无几，绝大多数玉器都是就地取材的地方彩石或“玉石”。这种情况显然是不正常的。该如何解释呢？笔者认为：这可能因周代王室贵族陵墓尚未正式发掘，其王室玉、贵族玉尚未暴露出来。所以，我们的视野也受到限制，而不能正确地认识西周和田玉玉器的艺术水平及其历史地位。这个课题只好留给今后的发掘来证实了。

西周晚期政治黑暗，社会动荡又受到犬戎压迫，平王被迫东迁至洛阳，史称“东周”。此后，王室式微、礼崩乐坏、五霸迭兴，继而七雄争霸。这种政治局面促进了和田玉玉器的大发展。在这长达 500 余年的时间里，东周王室和各地诸侯国和田玉玉器工艺有了飞跃的进展，其品种繁多、数量剧增，在数量与质量上均占主导地位。而以地方玉石或彩石所治之玉器则较少。此后，除了魏晋南北朝时因遗物太少、情况不明之外，两汉、隋唐、五代、宋、辽、金、元、明、清的历代帝王玉作以及各大城市玉肆都使用和田玉碾制玉器。即使契丹、女真两族建立起来的、割据一方的边疆民族政权也不例外，都是以和田玉玉器为主流的。当然，也可见到一些水晶、玛瑙等地方玉材所碾之礼制用和佩戴用的玉器。蒙元时代最大一件玉钵——“渎山大玉海”，弘历根据文献记载，定其玉出自“渎山”，即四川岷山，故称蜀玉[37]。这是一件特殊的孤证，并不妨碍和田玉玉器在元代的主流地位。元代帽顶、艓扣、押等小件玉器几乎全部都是和田玉制成。明、清两代玉器的主流也是和田玉玉器，则更不待言。明、清两代的帝王玉，只有和田玉本身的质地、等次、优劣之分，而无地方玉跻身的余地。诸如南阳玉、云南玉、蓝田玉等名贵的地方玉材，在清代《养心殿造办处各作成做活计清档》中不过偶有记载。苏州、南京、扬州、广州等城市也很少用地方玉材，而地方玉材只能通行于本地城乡，民间玉作碾砣一些市庶乡绅所用的帽花、烟嘴、手镯、戒指等小件玉器。

明、清两代玉器是以和田玉为主流地位的。但是，有一个新情况需要稍加说明，这就是西南的翡翠进入内廷和大城市，尤其 18 世纪翡翠进口剧增，帝王后妃们也深为喜爱，便命工匠从大片翡翠料上取下苍翠而透亮的翠料制成佩饰和戒指，稍大而又较次的翡翠料也仿照玉器制成陈设用的器物。但其绝对数量与和田玉玉器相比仍是微不足道的，当然也不能取代和田玉玉器的主流地位。

通过上述简况可以了解：从妇好墓出土的和田玉玉器，在其全部殉玉中占有主流地位之后，迄清代为止共 3000 余年间，和田玉玉器在历朝帝王玉器中均占据着绝对的优势地位。这是研究我国古代玉器史时必须了解的重要情况。绝对不可将和田玉玉器与诸地方玉玉器混同起来而不加以区别。必须把地方玉玉器

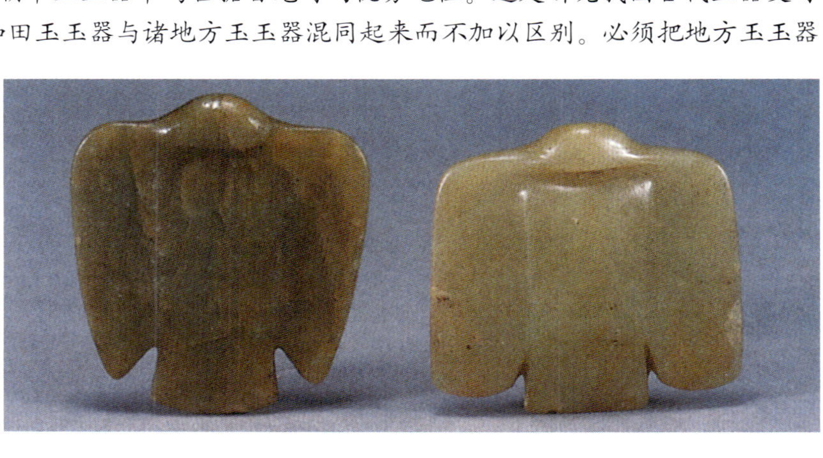

二一　玉鸟形佩　红山文化
左：高 5 厘米　最宽处 4.5 厘米
右：高 4.8 厘米　最宽处 4.9 厘米
辽宁省博物馆藏

左鸟为深青绿色玉琢成，圆头、圆肩、方尾，作展翼状，腹部有一穿孔。右鸟为青白玉琢成，体较方，颈部有明显的凹槽，双翅下垂，腹内有一横穿孔，可供穿系。（李振石 / 文）

为主流的时代和以和田玉玉器为主流的时代加以区别，认识了这两个时代玉器艺术及其工艺的距离与差别，才能掌握我国古代玉器发展史的关键。这也是我国玉器与其他国家玉器不同的根本点。

四、古代玉器艺术的发展与演变

我国古代玉器艺术的演变是一个很大的科研课题，足以草成几十万字的专著，但在本文只是一章。所以，只好概而要之，述其一般历程的若干基点。笔者曾在《中国古代玉器的发展历程》一文中，为了便于阐明一部中国古代玉器史，将其主要发展历程概括为：一、孕育期：新石器时代（公元前5000—公元前2000年）；二、成长期：夏、商、周（公元前2070—公元前771年）；三、嬗变期：春秋、战国（公元前770—公元前221年）；四、发展期：秦、汉、魏、晋、南北朝（公元前221—589年）；五、繁荣期：隋、唐、五代、宋、辽、金（公元581—1234年）；六、鼎盛期：元、明、清（公元1206—1911年）。今天看来，这种划分仍符合我国古代玉器的总进程及其突出变化。然而，不足之处是对其孕育期的起点，讲得似乎太迟了些，对中部地区玉器说明过简，也未指明对后世玉器的影响，对和田角闪石玉传入中原的重要意义及其在我国玉器史上的主流地位未加充分强调，对砣具的发明与完善在碾玉史上的划时代影响及其两大阶段的划分等重要论点也未指明。现在拟以和田玉玉器的发展过程为基本线索，按编年体例，扼要地阐明我国古代玉器艺术的发展与演变的线索及其梗概，而不求详备。

我国玉器起源于远古，若从材料、工艺、功能、艺术等若干角度去探索，便不难发现其中首要的条件是材料。所以，玉器与石器的最初区别在于两者的材料不同，其他的诸因素如工艺、功能、形制等，可能都是一样的。我们若承认玉器有它的逐步发展与完善的过程的话，那么其起点应落在玉材的被应用并制成器物之时。

如果按照古今广义的玉材观，检验现已发现的资料，应将玉器起源的出发点放在距今60万年前的“北京人”以水晶打制的旧石器上。尽管它的形制、工艺、功能与同类旧石器并无差别，但由于它是以水晶制成，即成为当今我国最早的玉器。这表明，最早的玉器孕育于旧石器之中，是原始人长期地与大自然搏斗，在寻找、选择石材及制造工具的过程中逐步发现、认识了玉材的，但他们仍用掌握的直接打击法制成了玉质器物，这就是打击玉器的最初萌芽。在距今60万年至距今10000年间，我国东北、华北、华中、西南、青藏及台湾的旧石器时代早期中、后阶段、中期、晚期以

二二　玉鳖　红山文化
长4.8厘米　最宽处2.8厘米
1973年辽宁省阜新县石戈乡台吉营子村出土
辽宁省博物馆藏

玉鳖呈淡绿色。体稍细长，首作三角形，颈前伸，鳖背椭圆，尾尖，四肢作蜷伏状，腹部正中有一竖脊，脊正中横穿一孔。（李振石 / 文）

二三　玉双兽首三孔器　红山文化
高2.8厘米　长9.2厘米　宽1.8厘米
辽宁省凌源县三官甸子村采集
辽宁省博物馆藏

玉料呈青绿色，局部有黄褐色浸蚀。器中间横列3个大小相同的圆孔。器两端各附一兽头，长脸、大耳、噘嘴，似猪头形状。器上端为弧拱形，下端平直，整个器形新奇，制作精巧，器上3圆孔，手指可穿，可作为指饰，3圆孔下部各有1—2个小孔，也可以穿系佩挂。（李振石 / 文）

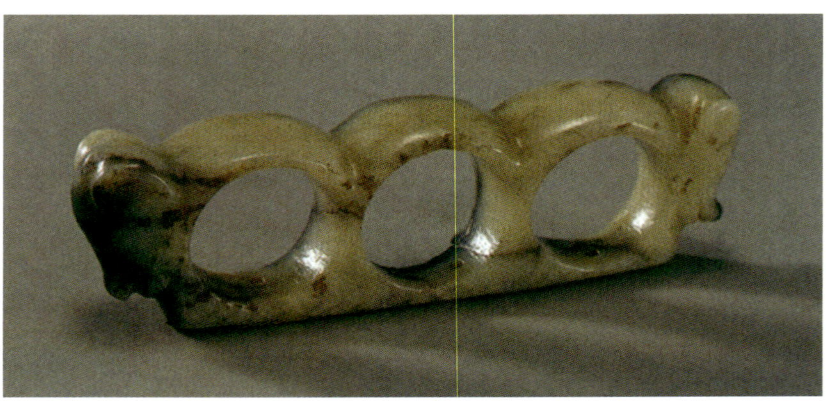

二四　玉兽形玦　红山文化
高 15 厘米　最宽处 10 厘米　断面最厚处 4 厘米
辽宁省建平县采集
辽宁省博物馆藏

器表面由于浸蚀较重，已呈牙白色。整体如C字形。兽首肥大，两耳耸立，圆睁大眼，口微张，外露獠牙，鼻间有多道阴线皱纹。兽身光素。首尾以一条缺而不断的口相隔。器中央有一大圆孔，背部近颈际有一小圆穿，皆由两面对钻而成。（李振石 / 文）

及中石器时代的原始人们用玉石、水晶、玛瑙、玉髓、透闪石、蛇纹石等漂亮的材料，用直接的或间接的打击法，制成了片状玉器，在生产和生活中使用。这长达 60 万年间的玉器萌芽期，其进步极为缓慢，形制简单，不够规则整齐，其质地、光泽、色彩之美也不能显现，其功能也仅限于生产、生活的某些侧面，故本书不加收录。

原始社会后期，即母系社会后期和父系社会，以血缘的家族关系组成了部落社会组织。石器工艺有了重大进步和发展，发明了钻孔、镂空及琢磨等新工艺，制造了器形规正、比例适宜、使用方便，光洁精致的各种新石器或沿用间接打击法制成细石器工具，大大提高了劳动效率。促使以狩猎、采集为主的经济转入驯养畜禽、种植作物为主的经济，生产增加，财富积累，分配权力出现了差别，体现平等政治的酋长、巫觋、军事首长成了有实力的人物，掌握着不少的玉器。距今 7000 年的新乐原始文化出土了玉凿，琢磨光洁。河姆渡原始文化出土了非生产用的玉璜和玉玦等新型玉器。距今 6000 年的半坡仰韶文化遗址出土了和田角闪石玉玉斧，这是迄今发现的最早的一件和田玉玉器。稍后，距今 5500—4000 年，北起内蒙古赤峰市，经过辽西、辽南、山东、江苏、浙江，南迄广东曲江，构成了一条弧形玉器带。这里是我国原始社会玉器工艺最为发达的地区，这些崇尚玉器的部落社员琢磨的玉器，足以代表当时玉器艺术的最高水平。而以雄浑质朴的红山文化玉器和秀美精丽的良渚文化玉器为其杰出的代表。还出现了不同规模的“玉敛葬”。已发现的玉材有透闪石、阳起石、角闪石、蛇纹石、水晶、玛瑙、石英和松石等多种材料。这一时期，人们仍以治石的工具和工艺琢磨玉器，但从红山文化和良渚文化玉器上留下的碾磨痕迹，足以说明原始砣机——用于制玉的旋转性工具已经发明，然其功效尚低。此时玉器有直方系（斧、铲、锛）、圆曲系（璧、环、瑗、玦、璜）、方圆合体系（琮），以及肖生系（人物、禽兽及神瑞性人、禽兽）等四大类，奠定了玉器的基本形态及其异歧发展的基础。治玉工艺有琢起、起凸等多种技巧，还出现了综合各种方法与技巧于一器的玉器。这些有着与石器不同的新器形和新装饰的玉器以及少量的肖生玉器，用以体现权力差别，沟通人与神灵的联系。这些玉器已从功能、形制与装饰的三个角度上与石器及石器工艺分道扬镳了，并一跃而居于石器之上，成为有权势的巫觋、酋长和军事首长等特殊人物不可缺少的生死伴侣。

原始公社社员以锋利的琢磨石器创造了空前的生产力，推动了玉器工艺的巨大发展，开始由琢磨玉器向砣碾玉器过渡，达到地方玉玉器艺术的至高境界，出现了中国玉器史上第一次高峰。从玉器的形制、功能分析：在当时的玉坛上，由以勾龙、龙首玦为特征的北方玉器，以琮、璧、冠、佩为代表的南方玉器，以及以斧、铲、锛等工具为主要形式的中部（包括东部、西北部）玉器等三大体系组成。为下一阶段的玉器工艺的发展打下了坚固的基础。

我国原始公社解体后进入阶级社会，建立了第一个奴隶制国家

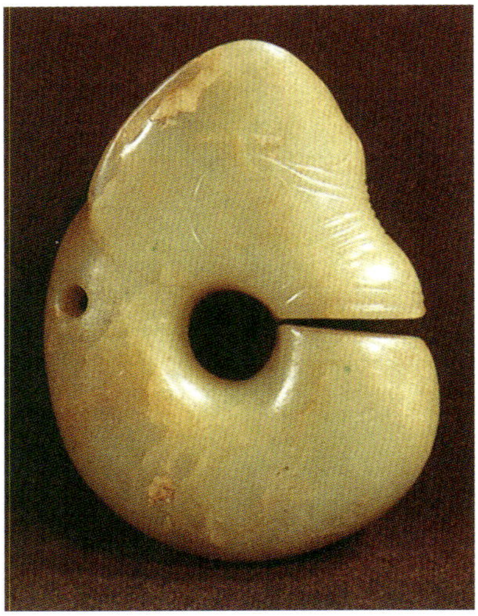

二五　玉兽形玦 红山文化

高 14.1 厘米 宽 10.4 厘米

天津博物馆藏

器由黄绿色玉琢成，质地纯润。兽首圆睁大眼，双唇紧闭，鼻间有多道阴线皱纹。兽身光素，背有一穿孔。（徐春苓 / 文）

二六　玉兽形玦 红山文化

高 14 厘米 最宽处 9.5 厘米 最厚处 2.7 厘米

天津博物馆藏

器由青绿色玉料琢成，因有部分石皮，故有杂色及不规则疤痕。器形整体肥厚，呈勾形蜷曲状，首尾衔接处缺而不断，头大，双耳竖立。眼阴刻，呈圆目。吻部前突，鼻间多道皱纹，鼻孔处阴纹较深。周身光素无纹。此种兽形玦目前仅在红山文化中发现，形体大都相同，唯此件背部对穿孔较一般为多，为两孔。（王璧 / 文）

二七　玉兽形玦　红山文化
高 4.2 厘米　最宽处 3.4 厘米　厚 1.4 厘米
辽宁省博物馆藏

器由青绿色玉琢制。体蜷曲，首尾不相联。头略向下，吻前伸，眼外突，直立双耳。下肢滚圆，尾稍尖。通体磨制光滑，器背上方有一圆孔，似穿挂用。（李振石 / 文）

二八　玉兽形玦　红山文化
高 14 厘米　最宽处 10 厘米　最厚处 3 厘米
河北省围场满族蒙古族自治县下伙房村出土
河北省　围场满族蒙古族自治县博物馆藏

兽首肥大，双耳耸立，由 3 圈阴线勾画出圆形大眼，首尾衔接处缺而不断，背有一穿孔。（郑名桢 / 摄影）

夏王朝（公元前 2070 年—公元前 1600 年），历 14 世、17 王，共 400 余年。近 30 余年在夏文化遗址中出土了圭、璋、斧、戚、钺、七孔刀、戈等新式玉器，其中玉兵较多。这显然是直接继承与发展了原始社会以生产工具型玉器为其主要形式的中部地区的玉器传统而出现的新变化。此期玉器的琢碾工艺有所提高，同时也有它的特点，如形似兵器，体薄光洁，饰细阴线几何纹，可能是服务于维护王权统治的仪仗性玉器。姑借风胡子“以玉为兵”的论点，暂称“玉兵及玉兵时代”。其玉材仍以就地取材的美石为主，尚不见有和田玉玉兵出土。商（公元前 1600 年—公元前 1046 年）继夏代建立了我国历史上第二个奴隶制朝代，故玉兵仍在继续发展。同时，还出现了饰有阳线兽面纹的方柱形饰以及各式柄形器、龙身璜等新型玉器，代表了商代玉器的典型面貌。

商第 20 王盘庚于公元前 14 世纪迁都于殷（今安阳），传 8 代 12 王，共 273 年，是为商代后期，亦称为殷。殷王室玉器以武丁妃妇好墓出土的玉器为代表，表明王室已设玉作，“玉人”专为王家制造玉器。这时，玉器的社会功能更加广泛，用于祭祀、礼仪、佩饰、陈设、生产与殉葬。玉器的装饰性较为突出，艺术性也有所提高，器形较“玉兵时代”玉器更加复杂多样。光素玉器较少，多以兽面纹（饕餮纹）饰器，与青铜器相通，肖生玉特别发达，有人物、禽兽以及神瑞性禽兽，以象征性手法突出其具有特征性部位，以显示其性格特征和精神面貌。主要图案多用双阴线勾勒或用阳线表现造成“隐起”的感觉，单阴线多用于主纹的细部或次要纹样，显示出两者已有主次之分。和田玉大量增加，和田玉玉器首次占了优势，成为王室玉器的主流。砣机逐步完善成为碾玉的主要工具。这标志玉器工艺最终从石器工艺中彻底分离出来成为王室手工艺的独立部门。仅在大块玉材上才用锯开料，以钻穿孔或用丝锯镂空，开拓了玉器的新时代，从而结束了从新石器时代传流下来的琢磨玉器的工艺及其悠久的历史。俏色玉玉器业已出现，这是巧妙地应用多色玉石的天赋而获得成功。妇好墓玉器呈现了以前不可能有的一种新趋势：以中部玉器系统为基本，又吸收了南北两大系统玉器之长，形成了具有统一格调的各式玉器，体现出我国古代玉器已由多元化过渡到一元化的文化轨道上，形成了全国玉器工艺的中心——殷都及王室玉器手工业。

公元前 1046 年，武王革命推翻了殷王朝，建立了周朝，建都镐京，史称西周（公元前 1046—至公元前 771 年）。周王采取“封诸侯、班赐宗彝”及等级制世袭领主与土地的政策，巩固了周王的统治。出土的西周玉器中最高等级的是強伯及其妻妾之玉器，尚未见王室玉器。传世玉亦类似出土玉器，故和田玉玉器极少，大多是用本地区玉石或美石制造玉器，呈现出和田角闪石玉玉器的低谷。从所见此期玉器可知：它继承殷代薄扁型玉器，而走向极端。多作扁平状，刻饰简单，善用细阴线和“一面坡”粗阴线相配合的粗细阴线双勾法，线条刚劲、形象鲜明，仍然以夸大其局部特征的艺术手法来表现全貌。代表性的精工玉器是“凤纹柄形器”。

西周平王受到“犬戎”压迫，于公元前770年迁都洛邑（今洛阳），史称东周。以公元前476年为界，其前称春秋（公元前770—公元前476年），其后称战国（公元前475—公元前221年）。东周王室式微、礼崩乐坏，诸侯蜂起、五霸迭兴，正是由奴隶制向封建制转变的动荡时代。统治阶级为了维护社会安定、巩固其国家权力而崇尚玉器，还从社会理念上提倡“君子比德于玉”“君子无故玉不去身”等观念和风习，使佩玉大大普及于上层社会人士。先哲管子、孔子提倡“玉有九德”之说，成为我国封建社会玉器之所以持续发展的精神支柱。玉佩极其繁华，由珩、璜、琚、觿、冲牙及夔龙、夔凤、龙、虎形等多种玉件组合而成。在传世玉器和出土玉器中和田玉的比重大为增加，再一次成为全社会玉器的主流。黄、楚、蔡等诸侯国玉器分别代表此时玉器的早、中、晚三期的水平与变化。晋国“载书”玉等反映了诸侯国盟誓用玉的情况。此期玉器装饰趋向细密化，由商、周的虺、虬、夔龙、夔凤等纹样的简化型或其局部纠结成四方连续图案，布满器身。还善于应用隐起处理，增加了立体感，隐起细密图案需要较高的技艺，比西周有了较大的提高。

战国是由奴隶制向封建制转变的完成时期，先后建立了一批封建制的诸侯国。出现了政治上七雄争霸和学术上百家争鸣的局面。各诸侯王国均设玉作，普遍地采用和田玉碾制玉器。东周王室和曾、魏、楚、鲁以及中山诸国治玉工艺水平都很高，所见秦国玉器精美者很少。齐国的玛瑙、水晶工艺较为发达。战国早期以曾侯乙“多节镂空玉佩”为其代表，它直接继承春秋细密图案和隐起手法，用4块仔玉随形剖解为13片，全长48厘米，堪称战国玉器的瑰宝。中期以洛阳金村出土的东周王室玉器及魏国王室玉器为代表，碾锋劲锐、技艺精湛、形制别致、图案新颖，是典型的战国风格玉器。晚期以蔡侯、鲁国贵族及中山王室玉器为代表。佩饰玉器甚精，出现了玉带钩、玉剑饰、玉耳环、玉卮、玉舞女等新型玉器。盛行谷纹、卧蚕纹、蒲纹、龙纹等新型图案，隐起的龙虎纹极为敏捷机警。此期和田玉玉器不仅在数量上占绝对优势，质地温润莹泽，而其技艺也是精美绝伦的，比春秋时期玉器有了很大的变化与提高，把我国玉器史再一次推向一个崭新的历史高峰，也是继殷代之后出现的和田玉玉器的第二个高峰期。

经过了两个半世纪的争霸战争之后，于公元前221年，秦王政灭关东六国，统一了中华，自称始皇帝，建立了强大的统一的秦帝国（公元前221—公元前207年）。他采取了一些有利于全国统一的进步措施，又迁六国宫殿于咸阳，建阿房宫，另发60万戍卒营陵墓，留下了今天气势磅礴的地下雕塑博物馆。已经问世的陪葬坑车马俑是富有现实主义精神的艺术杰作。秦王政掠取关东六国的物质财富和艺术精华，促进了秦朝文化艺术的蓬勃发展。玉器也不例外，唯出土秦朝玉器甚少，更缺乏典型性，与秦朝现实主义艺术距离甚远。因而，这些零

二九　玉兽形玦 红山文化

高8.7厘米 最宽6.4厘米

天津博物馆藏

器由灰青色玉琢成。兽首刻划简练，背部无穿孔。风格朴拙。（徐春苓 / 文）

三〇　玉兽形玦 红山文化

高5.5厘米 最宽处4.2厘米 厚1.5厘米

天津市文化局文物处藏

器由淡青色玉制成，局部玉质有土红色沁。整体扁圆厚重，大眼外突，吻部前伸略向上翘，有阴沟纹表示皱纹，嘴紧闭。体蜷曲呈C字形，背上对钻一孔。通体琢磨光洁圆润。（施俊 / 文）

三一　玉猪首形佩　红山文化
高 3.5 厘米　最宽处 4.5 厘米　最厚处 2 厘米
天津市文化局文物处藏

器形由淡黄色玉琢成。肥首大耳，眼睛所在部位由对穿大孔代替，面部有阴刻线多道，吻部前伸，略向上翘，鼻端有两个窝状鼻孔，短颈，颈下有短榫。此件系天津外贸部门辗转从东北地区收购，虽无明确出土地点，但与前述的玉兽形玦风格相似，同属红山文化遗物。（施俊 / 文）

星的秦朝玉器远远不能代表它的真实面貌。所以，我们对秦朝玉器的认识和了解还很肤浅，但可以肯定它是我国玉器史上尚待探明的一座宝库，有待今后开发。

秦朝仅仅存在了 15 年，便被刘邦领导的起义军推翻，接着建立了西汉王朝（公元前 206—公元 25 年）。西汉也是中央集权的强大帝国，武帝刘彻“废黜百家，独尊儒术”，开拓西域，保持丝绸之路畅通无阻，和田玉直接可达内地，内廷还以蓝田玉补其不足。汉代玉佩因受到几百年的战争洗礼，废除了繁杂的组合，大为简化。此时标榜孝道，提倡厚葬，有着数千年历史的葬玉至此已臻完善。此期和田玉玉器被广泛地用于礼仪、佩饰、器皿、陈设、压胜以及葬具等诸多用途。代表性玉器有玉衣、玉枕、玉纽饰璧、玉剑饰、玉玺、玉高足杯、玉人、玉羽人飞马、玉辟邪、玉熊等。玉器上线刻增多，起突处理十分成功。肖生类玉雕是继承秦代现实主义手法，而又有所夸张，气势雄伟，以其回曲蟠绕等特殊动作来表现其性格特征、肌体丰满、运动殊诡、神态生动，充满着生命的活力。小块仔玉的肖生立雕，体现了西汉博大挺拔的时代精神。

公元 6 年王莽代汉称“假皇帝”，实行变法，进一步加剧了社会矛盾，暴发了赤眉、绿林大暴动。刘秀利用农民军夺取政权，登上皇帝宝座，史称后汉或东汉（25—220 年）。东汉继续发展了封建的政治经济，但国力不够强大。孝道与厚葬之风依旧通行，谶纬之学炽盛。东汉玉器艺术在继承西汉玉器工艺的基础上又有了不少的变化。出现了山水禽兽弋射生活的东王公、西王母等神话题材的新型图案。东汉玉器比西汉玉器在刻画对象的精神状态上似有逊色，但在做工上却较精细，线刻装饰更加普遍，出现了在玉器的表面上施用细如游丝般的阴线刻饰整幅图案。葬玉的简化手法有所发展，创造了别具一格的豚、蝉等生动洗练的玉雕。压胜用的玉刚卯、严卯是我国铭刻玉器的新形式。总之，东汉玉器的雕塑性、立体性减弱，而平面性、绘画性的特色较为突出。

汉末暴发了黄巾军起义，摧毁了东汉统治，出现了分裂的三国时期（220—280 年），265 年司马氏篡魏成立晋朝（西晋），316 年愍帝被俘，西晋亡。317 年司马睿即王位于建康，是为东晋，与北方十六国对峙。420 年进入南北分治的南北朝时代（420—589 年）。曹丕黄初三年（222 年）文帝下令禁止使用玉衣，至此葬玉一落千丈，仅有趋向写实而又简括的玉豚、玉蝉之类的玉雕在有限的范围内通行。佛教自东汉时传入我国之后，乘战火烽起、生灵涂炭之机，深入民间，扩大影响，进而得到王室的大力支持，创造了光耀千古的石窟寺艺术，促使玉工艺转向新领域。据记载，佛教民族化过程中与我国尚玉的传统结合，以和田玉雕造佛像或引进玉佛，在民间以曲阳白石，晋、陕黄花石代替和田玉造“玉佛”或“玉观音”供养。但迄今尚未见和田玉造像，以及有关早期佛教题材的玉器。总之，在这长达三个半世纪的战乱繁多和局

三二　**玉龙 红山文化**
高 26 厘米 直径 2.3 厘米至 2.9 厘米
内蒙古自治区翁牛特旗三星他拉村遗址出土
内蒙古自治区 翁牛特旗博物馆藏

玉质呈碧绿色，体蜷曲，形似 C 字形。吻前伸，嘴紧闭，鼻端平齐，双眼突起，额及颚底皆刻细密的方格网纹。颈脊长鬣上卷，边缘斜削成锐刃，末端尖锐。尾向内弯曲，末端圆钝。背有一对穿圆孔，可供穿挂用。

三三　玉钺 大汶口文化
顶端：长 18 厘米 宽 6.5 厘米至 8.5 厘米
刃部：宽 9 厘米 厚 0.8 厘米
1966 年江苏省邳县大墩子出土
南京博物院藏

器呈茶绿色，玉质晶莹滋润，磨制精致，通体抛光。扁平长梯形，顶端一侧自然缺少一角，上部单面钻一圆孔，顶端中部也有一残缺的单面钻孔。刃为双面弧刃，无使用痕迹。背面靠近刃部和顶端各有一组抛物线切割痕。（苏琼 / 文）

部相对安定的社会条件下，玉器工艺比东汉似为萧条，传世或出土玉器也寥若晨星，做工也略有变化，显得简略朴素，精工者极少。现存此期玉器表明，我国古代玉器史已由高度发达的、处于一个巅峰地位的两汉玉器工艺，渐趋向它的低谷滑落。同时，又出现了向新功能、新领域转化的蠕动。

隋（581—618 年）、唐（618—907 年）是我国封建社会后期的两个强大帝国，它与东西方有着密切的政治、经济和文化交流。受到萨珊波斯文化的影响，在玉器上出现了一些新的造型和图案，如玉瓜棱器、玉带上盛行的“蕃人进宝”及“伎乐”等图案均是。佛教题材玉器有飞天，肖生玉有立人、狻猊、双鹿、寿带、凤、双凤等，都受到当代绘画与雕塑艺术的影响，砣法简练遒劲，突出形象的精神和气韵，颇有浪漫主义色彩。尤其立体的肖生形象的运动和肌肉的转折处理均能收到天然得体的良好效果。和田玉温润而莹晶的特性也得到了充分的表现，从而使其形象美与玉材美和谐地融为一体，提高了玉器的艺术性和鉴赏性。隋至盛唐玉器，不论是简练的还是精琢的，其处理一般都恰到好处，均可达到气韵生动的艺术境界。五代十国（907—960 年）是唐末藩镇割据的必然趋势，全国再度分裂。出土玉器很少，最重要的一件则是西蜀王建生前所系的云龙纹玉带，计玉銙 7 片、铊尾 1 片，共 8 片，铊尾背面阴刻楷体长篇铭文，是十分难得的，隐起云龙纹的碾砣较唐代稍繁，开了宋玉艺术之先河。

960 年赵匡胤发动兵变称帝，国号宋，是为北宋（960—1127 年），仅仅统一中原，始终与边陲的西域、西夏、辽等少数民族地方政权长期并存。1127 年金军俘宋帝北去，赵构即帝位于杭州（临安），史称南

三四　玉串饰 大汶口文化

单环直径 3 厘米至 5.1 厘米 双环长 6.8 厘米 四联环长 4.8 厘米 绿松石坠长 3 厘米

1971 年山东省邹县野店出土

山东博物馆藏

串饰由青玉、白玉琢成单环、双环、四联环及绿松石坠等 11 件组成，玉色莹润，制作不甚规整，靠近好的部位较薄，有的呈偏心圆。双环　四联环其造型模拟花朵，虽其形体略小于红山文化双联玉璧、三联玉璧，但其手法近似。（王之厚 / 文　王书德 / 摄影）

宋（1127—1279 年），仅距淮河以南半壁河山，北与金对峙。现仅掌握宋、辽、金玉器的概貌。宋代肖生玉在崇尚写实主义的院画影响下追求形体及运动的准确，以显示其内心世界，花鸟玉佩多作隐起、镂空的对称处理，富有生活气息。双勾的经文诗词等铭刻玉器盛极一时，鉴赏与收藏之风逐渐蔓延，促进仿古玉的大量制造和频繁流通。上饶出土的南宋玉带板的隐起人物，堪称形神兼备的典型。

辽（907—1125 年）、金（1115—1234 年）早已接受中原文化影响，实行南北两制，农业、手工业均靠汉人从业经营，供契丹、完颜两部统治者享用。辽、金玉器也由汉族玉工碾成，但其题材却富有边疆民族特色和游牧生活气息，以契丹、女真两族捺钵生活为主题的春水玉和秋山玉为其杰出代表，均有着形神兼备的艺术造诣[38]。宋、辽、金都出现了前所未见的有情节、有背景的景观式构图，以镂空起突等法碾琢的悬塑性或立体的肖生玉器。它是这一时代玉器的新兴形式，有着鲜明的时代特点，还出现了受道教影响的神仙题材和“龟游”一类祥瑞性玉器。总之，此期玉器的特点是：玉如凝脂、构图繁复、情节曲折、砣碾遒劲、空灵剔透、形神兼备，实已攀登上我国古代玉器艺术的最高峰。

金（1115—1234 年）、元代（1206—1368 年）开拓了横跨欧亚大陆的强大帝国，蒙古汗的巨制玉器是“渎山大玉海”，表现了中华民族的伟大气魄。金、元内廷与官办玉器手工业特别发达，因袭金与南宋的官办玉艺的既成布局，大都和杭州遂成为两大玉器工艺中心。元代继承宋、辽、金玉器形神兼备的造诣而略呈小变，其做工渐趋粗犷，不拘小节。继续碾制春水玉和秋山玉以及从南宋继承下来的汉族传统玉器。新型玉器有押、帽顶、匜、带扣等具有蒙古族特点的玉器。金统治者最重玉帽顶，曾召西域玉工碾治玉九龙帽顶，螭、虎形象的运动和曲线处理颇为灵秀细劲，均较成功，但对细部的磨光不够注意，往往留下一些砣痕。收藏古

三五　玉镯 大汶口文化
边长 6.1 厘米至 6.4 厘米 宽 2.2 厘米 内径 5.4 厘米至 5.7 厘米 肉厚 0.4 厘米至 1 厘米
1975 年山东省茌平县城关镇尚庄村出土
山东省文物考古研究所藏

镯为豆青色玉制成。镯内圈略呈椭圆形，外廓呈圆角方形，四边微外弧。镯面光滑，有一周浅凹槽。周边中部各钻一圆孔，未钻穿镯身，镯已残缺一角。（吴文祺／文 王书德／摄影）

玉之风依旧不衰，第一部古玉图录《古玉图》问世。仿古玉较为典雅，玉器图案多用螭虎、灵芝。

朱元璋领导的农民起义军推翻了元朝统治，建都南京，国号明（1368—1644 年）。永乐十九年（1421 年）成祖迁都北京。明代无力直接控制西域，以哈密王代领西域职责。通过进贡和贸易也获得了较多的和田玉，但质色纯正的优质玉较少，私贩玉较贡玉为优。明代中晚期资本主义萌芽逐渐成长，城市经济繁荣，手工业发达，商品生产增长，海外贸易频繁，整个工艺美术为商品生产和外销所支配，于是出现了追求数量、忽视艺术的不良倾向。随之，玉器艺术也出现了商品化、纤细化的趋势。玉器胎厚重，造型呆板，做工草率，装饰烦琐，定陵出土的御用玉器中质优工精者较少，往往与金银宝石镶嵌工艺结合，以补玉质做工之不足。地方豪绅所用小件玉器中却有较好的，时作玉有带板、茶酒器、文房用具等新型玉器。仿古玉“如式琢成，伪乱古制”。在宋人仿古玉的基础上创造了一整套仿古技术，有仿青铜古彝和汉代玉钩环等器皿，还有仿古肖生玉，主要是神兽与瑞禽。虽在玉质、做工、烧古上颇有可取之处，但是缺少汉代之博大和唐宋之传神的艺术魅力，而有着隐讳的、古色古香的时代烙印。明代玉器的工艺中心是苏州专诸巷，那里名工辈出，人才济济，对各地玉工艺产生了较大的影响。名师陆子刚是其杰出代表。他兼工时作仿古，无所不能，鬼斧神工，名扬四海。故仿陆之伪品甚多，现知传世陆子刚玉器不下百件，尚需认真地进行鉴定、汰伪留真，以恢复其本来面貌。

1644 年，李自成率起义军推翻了明王朝，不久败北，撤离北京。清军入关，迁都北京，统一全国，团结汉族和少数民族，发展生产，繁荣经济，出现了“康雍乾盛世”。但，清代玉器工艺的消长受到玉材来源的制约，其发展状况与清代经济盛衰并非完全吻合[39]。清代顺治、康熙、雍正及乾隆前期的 1644—1760 年，准部分裂主义首领敌

三六　玉人面形饰 大汶口文化
高 3.2 厘米 宽 3.9 厘米
山东省滕县大汶口文化遗址出土
山东省 滕州市博物馆藏

器作扁平体，略呈方形。以简练的线条勾画出五官，虽比例不甚协调，但轮廓尚清晰。背部中央有一垂直的凸脊，脊上有一横穿，可供穿系。

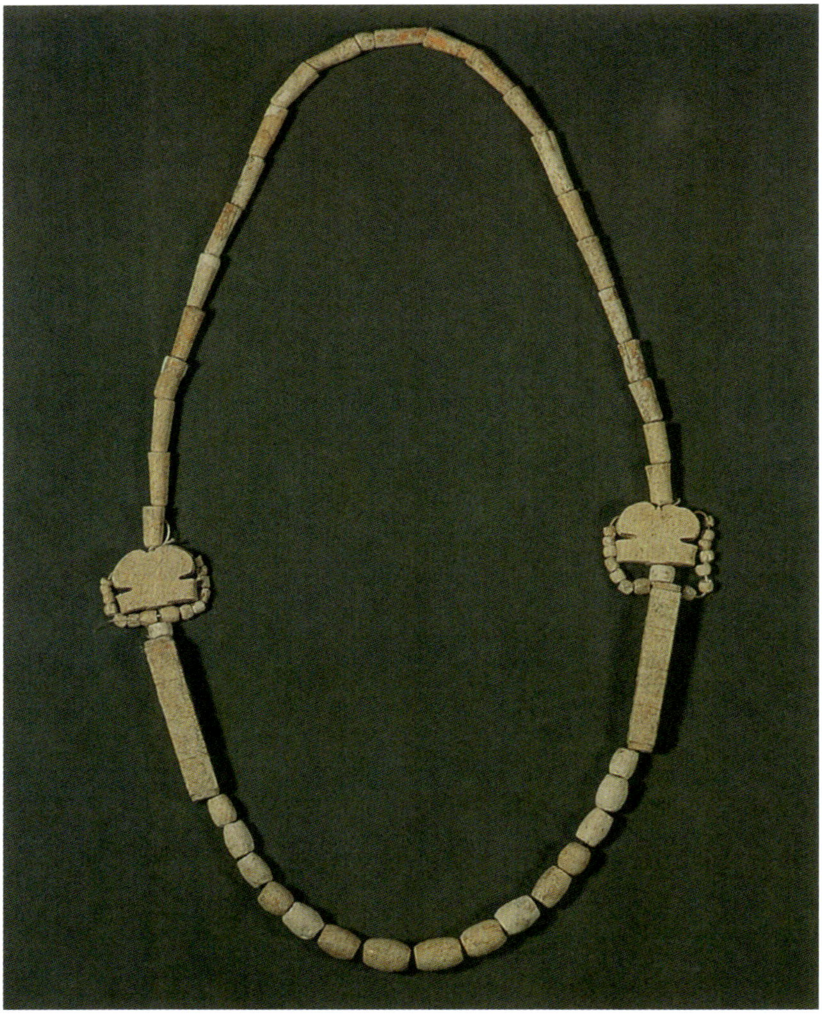

三七　玉串饰 大汶口文化

周长 92 厘米

1987 年江苏省新沂县花厅村 16 号墓出土

南京博物院藏

玉串饰呈白色，由琮形管、冠状佩、弹头形管、鼓形珠串联组成。

琮形管：外形如琮，外方内圆，长方柱体，每节长 6.8 厘米，宽 1.1 厘米至 1.3 厘米，共 4 节，其中一、三节为简化的带冠人面纹，以两组弦纹代表冠帽；二、四节为兽面纹，以椭圆形凸块为眼睑，桥形相连，眼睑中间用阴线刻成单圈小圆眼。琮形管穿挂在串饰左右两侧。

冠状佩：扁平体，腰两侧锯割有深凹槽，正反两面有相同的兽面纹。顶端圆弧，中段有凹缺，其中心有小尖状突起。中间钻一小孔，两侧斜向钻一小隧孔与中孔相通，穿缀一组 12 颗鼓形小珠，高 2.5 厘米，宽 3.35 厘米，厚 1.1 厘米。

弹头形管共 23 颗，绕挂颈部。

鼓形珠 18 颗，坠挂下方。

整组串饰洁白光润，制作精致，构思奇巧，实用美观，具有极高的艺术价值，是件难得的珍品。串饰出于正式发掘的 16 号大墓内，原有位置、组合关系等均较清楚，为其定名和了解用途提供了重要资料。（钱锋 / 文）

视清政府，叛乱频仍，和田玉不能大量运出，故玉材匮乏，价格昂贵，内廷和苏浙玉业中心的发展均受到很大影响。乾隆二十年至二十四年（1755—1759 年）清政府平息准、回两部叛乱，对西域可直接行使行政管辖权，打通了和田玉内运的通路。从乾隆二十五年（1760 年）始，每年春秋两次玉贡共计 4000 斤。当时私采私运，有禁不止，玉料大量地运进内地，故和田玉充斥帝室和大城市玉肆，促进了玉器工艺迅速发展，出现了我国古代玉器史上最为昌盛的时代。帝王玉直接受清内廷画院艺术的支配和影响，其做工严谨，一丝不苟。有的碾琢细致，如雕似画，有的在抛光上不惜工本以显示其温润晶莹之玉质美。清代重白玉，尤尚羊脂白玉。黄玉极少，也受到爱重。皇家玉作有养心殿造办处玉作和如意馆，另由苏州、江宁、杭州、扬州、长芦等 8 处织造、盐政和钞关设玉作为皇家碾玉，可知清帝御用玉器工艺的规模是相当庞大的。所以，乾隆皇帝是历史上最大的玉器占有者和古玉收藏家，对清代中期以后的玉器艺术及古玉考证都给予显著的影响。最负有盛名的碾玉中心仍是苏州专诸巷，内廷玉匠也多来自该地。扬州玉工艺后来居上，善于碾琢几千斤甚至上万斤重的特大件玉器，大禹治水图玉山即其代表作。清代帝王玉和城市玉的高潮在乾隆晚期的 1775—1795 年。仿古玉器在宫廷和大城市得到更大的发展，并有它自己的特色，宫廷仿古玉以返璞归真为宗旨，仿其大意而又有所发挥。地方仿古玉为了追逐高值，各行其是，应有尽有。新疆回部（即今维吾尔族）也有玉工，但技艺不精，仅可碾琢简单的玉件，曾进入内廷效力，似无建树。

莫卧儿玉器（乾隆称为痕都斯坦玉器）[40]，从乾隆早、中期通过进贡和交易进入宫廷，乾隆推崇备至，

三八　玉瑗　大汶口文化

外径 13 厘米　孔径 6.5 厘米　厚 0.4 厘米至 0.8 厘米

1987 年江苏省新沂县花厅村 20 号墓出土

南京博物院藏

淡绿色，有青斑。器呈扁平圆形，中有对钻圆孔。平素无纹，通体磨光，制作精致。出土时套在男性墓主人骨架的左腕上。

以上花厅所出的这批玉器，光彩斑斓，制作工艺极为高超。在玉质、器形、纹饰上与太湖地区良渚文化玉器相同，反映了南北文化的交流融合。此外，大型锥形器和精美的玉瑗，分别出自大墓内，无疑象征着墓主人的权力和财富。（钱锋 / 文）

三九　玉锥形器　大汶口文化

长 35.5 厘米　宽 1.2 厘米至 1.5 厘米　厚 1.1 厘米至 1.3 厘米

1987 年江苏省新沂县花厅村 18 号墓出土

南京博物院藏

器呈淡绿色，褐斑。器身作长条方柱体，顶端方尖，底端有长 2.1 厘米的圆柱形榫。方柱体近榫部分分 8 节，饰简化的两条平行凸横棱和一条短横档组成的戴冠人面纹。榫上套有长 7 厘米的圆管，管的孔径系对钻而成，管壁厚度仅 2 毫米，钻孔技术精确娴熟。（吴月晖 / 文）

赋诗以志其盛，并命工仿制。其造型、图案及做工对清代玉器产生了不小的影响，玉行称为“蕃作”或“仿蕃作”。这是我国古代玉器史上第一次直接受到外国玉艺的影响，也是一次重要的中外文化交流。

太平天国（1851—1864 年），建都南京（1853—1864 年）后，设“玉器营”，专门碾制官方用玉。现存天王玉玺和幼天王玉玺及太平通宝玉钩觽[41]，是现已识别的太平天国 3 件玉器，有着鲜明的标记，其做工与晚清风格相似，估计出自晚清江宁玉工之手。太平军与清军在沿长江下游区域长期较量，破坏了江南经济和城市手工艺，南方制玉业毁于这次长达 10 余年的内战。这时只有北京玉肆尚可维持生产，支撑门面，今称“北玉”，它的代表性作品是玉石仙台。晚清新疆战乱迭起，玉路不畅，地方中小城市玉肆用玉，多仰给于岫岩、南阳、云南等地，当地玉业也相应地发展起来。

清同治三年（1864 年）太平天国被清军消灭，东南地区经过复苏，出现了所谓的“同治中兴”。于是，少数苏扬玉工返回故里重操旧业，但已难以挽回颓势，有的到了上海避难做工糊口，因此促进了上海玉业的发展。广州也有小规模的玉肆，以翡翠和云片为其主要原料，碾琢各种佩饰。仿古玉出现了一种新的仿生坑玉器。这时，不论时作玉还是仿古玉，都要面向海外市场，以外养内，大搞洋庄玉器，增加出口。这些就是回光返照的晚清玉工艺的概况。

总之，清代玉工善于借鉴绘画、雕刻、工艺美术的成就，集阴线、阳线、平凸、隐起、起突、镂空、俏色、烧古等多种传统做工及其历代的艺术风格之大成，又吸收了外来艺术影响并加以糅合与变通，创造与发展了工艺性、装饰性极强的玉器工艺，有着鲜明的时代特点和较高的艺术造诣。乾隆时代玉器以其精雕细刻、典雅华丽的风格而独步于世，并波及到现代玉器工艺。

综合以上四方面所述，可以了解我国古代玉器滥觞于距今 60 万年，最初的打击玉器孕育于石器之中，石器、玉器两者的区别首先生于材料的不同，然而在功能、形制上并无实际区别。之后，在长期发展过程中，两者在社会功能上或在人们的心目中渐渐有了新的区别。至新石器时代晚期出现了玉器工艺的第一次高潮，有人称之

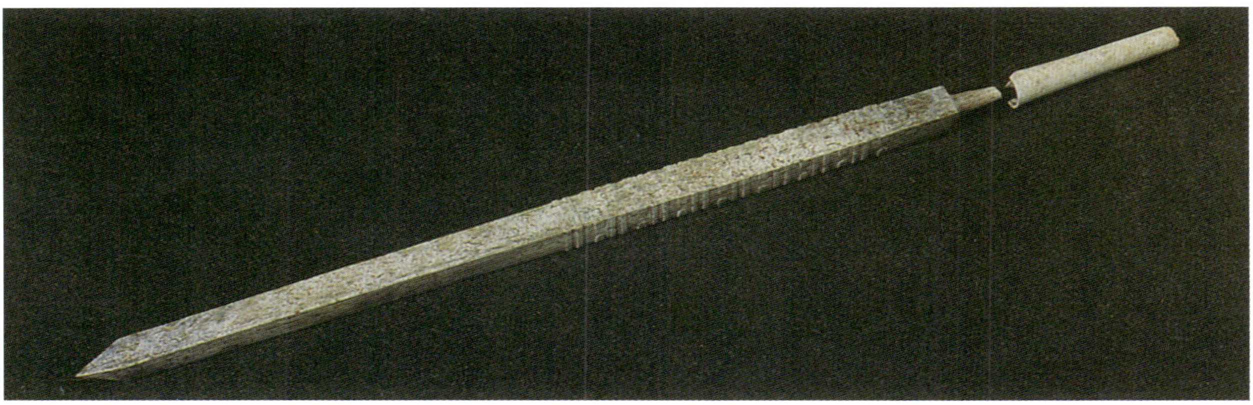

为“玉器文化时代”“玉器时代”[42]。玉料有水晶、玛瑙、玉髓、角闪石、透闪石、阳起石、蛇纹石、绿帘纹石等。除了角闪石玉来自和田之外，其余的都是就地取材的地方玉材。仍以治石的工具和技术以琢玉，制造了穿孔、镂空及雕刻的琢磨玉器。玉器工艺十分发达的地区，还用原始砣机碾琢玉器。由表现朦胧的美演进为神权、政权、血缘等统治权力的标志，还用于殉葬。从此，玉器工艺便逐步脱离石器工艺的影响，成为独立的手工艺，在功能上、技艺上已超过石器。这一段长达 60 万年的过程只不过是我国玉器的萌芽和奠基的时期，也是我国玉器史上一个漫长的序篇。我国古代玉器史的正编是从和田玉进入中原、砣机的完善为其新起点的，这时出现了以砣机制成的砣碾玉器，进而和田玉终于成为众多玉材之精英，被承认为“真玉”，并成为我国玉器的主流。王室设玉作砣碾和田玉玉器。随着先哲硕儒赋予玉以道德内涵，玉有九德之说流布寰宇，君子比德于玉、无故玉不去身，玉扮演着君子化身的重要角色，促进佩饰高度发达。这些都是我们中华民族的道德观和审美观的重要组成部分，所以对古代玉器的权衡必须重视“首德次符”传统。随着和田玉的大量传入内地及碾技的提高，殷代与战国相继出现了和田玉玉器的高峰。玉器的社会功能不断扩大，新旧形式交替频繁，如礼玉停滞，佩饰退化，而葬玉组合完备起来，肖生玉气势雄伟等一系列现象都反映了古代玉器的发展与演变。此后，在战乱、薄葬和佛教冲击下玉器工艺出现了新的转机。在绘画、雕塑艺术影响下，产生了诗情画意的玉件和有立体景观的玉器，达到了气韵生动和形神兼备的艺术境界。陈设玉得到发展。伴随着鉴赏收藏古玉的社会风气之兴起与蔓延，仿古玉器便应运而生，并有了长足的发展。明清两代玉器有着鲜明的装饰性、欣赏性，促使其社会功能更加广泛化，并深入民间。时作玉和仿古玉同步发展，尤其清代玉工集历代碾玉技艺大成，砣碾了大量的、精美的和田玉玉器，创造了中国玉器史上最后的鼎盛局面。乾隆时代开始吸收痕都斯坦玉器（莫卧儿王朝玉器）器形、装饰与碾技，创造了仿蕃作玉器影响至今。

我国古代玉器以其历史悠久、传统优秀、质地温润、色泽晶莹、功能广泛、技艺精湛而闻名遐迩，在世界玉坛上也是独树一帜的。我们中华民族的成长与玉器的发展休戚相关、紧密相联。我们古老而又年轻的中国，堪称“玉器之邦”，这样讲也是不过分的。我们因有这样光辉灿烂的古老玉器文明而感到自豪。

1989 年 8 月

四〇　玉兽面纹圭 龙山文化

长 17.8 厘米 宽 4.6 厘米 厚 0.8 厘米

1969 年山东省日照市两城镇出土

山东博物馆藏

玉料呈墨绿色，局部有白色斑和乳白色浸蚀。体扁平，原器中部断为两截。背端平直，磨制光滑，单面刃。近背部一端的两侧均阴线刻兽面纹，此兽面纹以目纹为中心，并以旋转的曲线围绕目纹展开，形象狰狞。（王之厚 / 文 王书德 / 摄影）

注释

①林尹注释《周礼·今注今译》卷第五《春官宗伯第三·大宗伯之职》“六瑞”“六器”，书目文献出版社，1985，第192—193页。《纂图互注礼记》宋刊影印本“君子比德于玉”，上海涵芬楼，1912—1948，第14—15页。《纂图互注礼记》宋刊影印本“君子无故玉不去身，君子于玉比德焉”，上海涵芬楼，1912—1948，第9页。

②章鸿钊：《石雅》再刊“古人辨玉，首德而次符”，中央地址调查所，1927，第111页。

③章鸿钊：《石雅》再刊，中央地址调查所，1927，第122页。

④李济：《殷墟有刃石器图说》，载《历史语言研究所集刊》第23本下册，1952，第526页。

⑤汪遵国：《良渚文化“玉敛葬”述略》，《文物》1984年第2期。

⑥贾兰坡：《北京人·北京人的文化》，载《大百科全书·考古学》，中国大百科全书出版社，1986，第39页。

⑦见闻广：《苏南新石器时代玉器的考古地质学研究》，《文物》1986年第10期。

⑧方殿春、刘葆华：《辽宁阜新县胡头沟红山文化玉器墓的发现》，《文物》1984年第6期。孙守道《三星他拉红山文化玉龙考》，《文物》1984年第6期。

⑨浙江省文物考古研究所反山考古队：《浙江余杭反山良渚墓地发掘简报》，《文物》1988年第1期。浙江省文物考古研究所：《余杭瑶山良渚文化祭坛遗址发掘简报》，《文物》1988年第1期。

⑩章鸿钊：《石雅》上编玉，第112页。夏鼐：《有关安阳殷墟玉器的几个问题》4页列表，昆斯（G. F. Kunz）所作关于软玉的典型化学分析，B软玉。见闻广：《考古地质学》，《地质科技参考资料》总312期，第7页。蒋壬华：《和田玉成因类型、成矿模式及分布规律的初步探讨》，《新疆地质》1986第4卷第4期，第1页。为了避免和田玉与良渚玉混而为一，姑从滨田耕作、章鸿钊之说。角闪石生成于石灰石花岗岩及火山熔岩内，分子式 CaMg〔SiO_3〕4。系钙镁硅酸盐类，比重2.9至3.1度，硬度6至6.5度。显微结构以纤维状为其主要特征，纤维的排列形式，有的是平行的，有的是簇形或扇形，还有的呈交错杂乱状。结晶两轴正交。纯正者色白，因渗入不同的金属氧化离子则呈青、白、青、绿、墨、黄等色。因其硬度略低于翡翠，亦称“软玉”。和田玉即角闪石玉，对其矿物学定名及其化学成分、分子式等看法在中外地质矿物学界颇有出入。

⑪现存河南省博物馆原始社会陈列室。

⑫山东省文物管理处、济南市博物馆：《大汶口》，文物出版社，1974，第22、23、96、101、132页。

⑬刘敦愿：《记两城镇发现的两件玉器》，《考古》1972年第4期。

⑭新疆地质矿产局第十地质大队陈葆章同志函告。1988年夏他在西安半坡博物馆看到仰韶中期（距今6600多年），也有软玉（角闪石类玉）制成的玉铲、玉斧。

⑮《纂图互注礼记》宋刊本影印，上海涵芬楼，1912—1948，第14—15页。

⑯《礼记·聘义》，胡平生，张萌译注《礼记》，中华书局，2017年。

⑰同上。

⑱汉许慎撰《说文解字·上·玉部》，中华书局，1963，影印本，第7—15页。

⑲张光直：《谈“琮”及其在中国古史上的意

义》，载《文物与考古论集》，文物出版社，1986，第252—260页。袁柯：《山海经校注》，上海古籍出版社，1980。张明华编《山海经名物索引》产玉之山有127处，第14—16页。

⑳ 尹世积：《禹贡集解》，商务印书馆，1957。

㉑ 章鸿钊：《石雅》再刊“古人辨玉，首德而次符”，中央地址调查所，1927，第112页。

㉒ 张邦基：《墨庄漫录》卷之九，载《丛书集成》，商务印书馆，1936，第97页。

㉓ 王嘉：《拾遗记》卷九，载《影印文渊阁四库全书》，台湾商务印书馆，1986，第8页。

㉔ 章鸿钊：《石雅》再刊“古人辨玉，首德而次符”，中央地址调查所，1927，第113页。

㉕ 佟柱臣：《仰韶·龙山工具的工艺研究》，《文物》1978年第11期。

㉖ 汪遵国：《良渚文化“玉敛葬”述略》，《文物》1984年第2期。

㉗ 杨伯达《中国古代玉器发展历程》，载《中国美术全集·工艺美术编9·玉器》，文物出版社，1986，第5页。

㉘ 汪遵国：《良渚文化的“玉敛葬”》，《南京博物院集刊》1984年7月。《治玉说》，《南京博物院集刊》1984年第7期。《良渚玉器三题》，《文物》，1989年第5期。关于良渚玉器的制作用具与工艺技术的不同看法，如汪遵国认为，良渚文化琢玉业“由两人拉锯的弓形锯进展为直径大小不一的轮锯（又称圆砣或转盘刀，古代又称砂碾）”，“应有固定的琢玉装置”，“估计已经出现如同本世纪上半叶还使用的水作凳一类的琢玉机”，“估计当时已有金属的管钻，其质料可能是青铜”。而周晓陆、张敏则认为：“目前我们还没有根据说新石器时代治玉工艺中已使用了哪怕是简单的脚踏式机械砣床截割玉料”，管钻是用“竹管的可能性要大一些或使用机会较多”。牟永抗主张：“到目前为止，还无法确认当时已经能够使用砣具”，“砣具的出现将是不久的事情”。

㉙ 杨伯达：《中国古代玉器面面观》，《故宫博物院院刊》1989年1期。

㉚ 芮国耀：《余杭瑶山良渚文化祭坛遗址发掘简报》，《文物》1988年第1期。

㉛ 北京玉器厂技术研究组：《对商代琢玉工艺的一些初步看法》，《考古》1976年第4期。

关于“昔周穆王时，西胡献昆吾割玉刀……刀长一尺……刀切玉如土。刀之所出，必从流洲并西海中异物也”。（东方朔《十洲记》凤麟洲二页，丛书集成初编：晁载之《绩谈肋》卷一，商务印书馆1939。）凡镂刻绝细处，难施锥刃者，以蟾酥填画，而后锲之。（宋应星：《天工开物》卷下珠玉，1954，商务印书馆，第294页。）等记载未必可靠。

㉜ 林尹：《周礼今注今译》，书目文献出版社，1985，第419—420，455—461页。

㉝ 李久芳：《赞〈关山行旅图〉玉山》，《故宫博物院院刊》，1980年第3期。

㉞ 汪遵国：《良渚文化的“玉敛葬”》，《南京博物院集刊》1984年7月。周南泉、王名时：《北京团城内渎山大玉海考》，《文物》1980年第4期。杨伯达：《女真族“春水”“秋山”玉考》，《故宫博物院院刊》1983年第2期。

㉟ 郑振香、陈志达：《近年来殷墟新出土的玉器》，载《殷墟玉器》，文物出版社，1982，第11—12页。

㊱ 郑振香、陈志达：《近年来殷墟新出土的玉器》，载《殷墟玉器》，文物出版社，1982，第11页。

㊲ 周南泉、王名时：《北京团城内渎山大玉海考》，《文物》1980年第4期。

㊳ 杨伯达：《女真族“春水”“秋山”玉考》，《故宫博物院院刊》1983年第2期。

㊴ 杨伯达：《清代宫廷玉器》，《故宫博物院院刊》1982年第1期。

㊵ 邓淑苹：《故宫所藏痕都斯坦玉器特展图录》，台北故宫博物院，1983。

㊶ 天王玉玺、幼天王玉玺现存中国革命博物馆，太平通宝玉觽扣现存山东省淄博市博物馆，1988年11月由该馆提供笔者过目，鉴定为太平天国玉器营所制。

㊷ 孙守道：《论中国史上“玉兵时代”的提出：红山文化玉器研究札记》，《辽宁文物》总第5期，1983年6月。张光直：《谈“琮”及其在中国古史上的意义》，载《文物与考古论集》，文物出版社，1986，第252—260页。

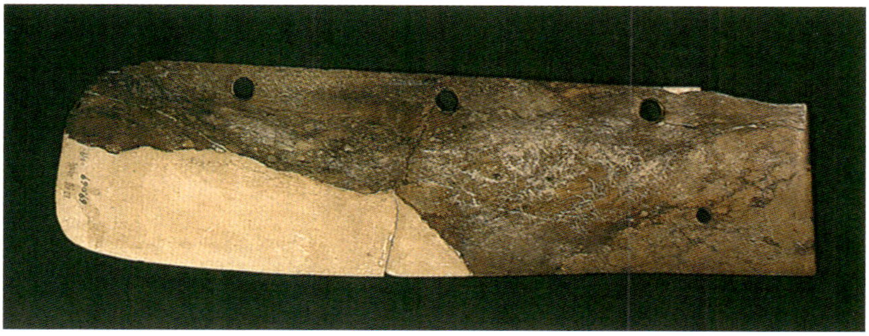

四一　玉四孔刀　龙山文化
长 48 厘米　宽 13 厘米
1969 年山东省日照市两城镇出土
山东博物馆藏

玉质呈青绿色，质地不纯，周身有褐色沁。刀作长方形，双面刃，通体磨制光滑，单面穿 4 孔。其中近刀背处 3 孔，孔径为 1.8 厘米；尾端中部一孔，孔径为 1.1 厘米。（王之厚 / 文　王书德 / 摄影）

四二　玉多齿三牙璧　龙山文化
外径 8 厘米
1978 年山东省滕县里庄出土
山东省　滕州市博物馆藏

器呈青灰色，局部有褐色沁斑。体扁平，外缘由 3 个形状相同、向同一个方面旋转的牙以及附加 3 组锯齿纹组成。旧说此器为观测天文的璇玑，经已故夏鼐先生考订，不论是简单的三牙璧或多齿三牙璧，它们的用途，都是装饰品，可能同时带有礼仪上或宗教上的意义。

四三　玉琮　龙山文化
高 4.1 厘米　外径 7.1 厘米　内径 6.4 厘米
1967 年陕西省延安市碾庄乡芦山峁村采集
陕西省　延安地区文物保管委员会藏

玉琮为翠绿色，间有墨绿色纹斑。四角琢成高 3.1 厘米的三角状，中间有直线刻划纹，上下分饰兽面纹，并具有良渚文化玉琮的某些特征，格外值得重视。（姬乃军 / 文　王沛 / 摄影）

四四　玉琮形器　龙山文化
外径 10.3 厘米　内径 6.2 厘米　厚 1.2 厘米
1967 年陕西省延安市碾庄乡芦山峁村采集
陕西省　延安地区文物保管委员会藏

玉琮形器原报告称为玉璇玑。浅绿色，间有米黄色条纹，外缘有茶褐色纹斑。全器对称琢有 4 处缺口，在缺口间的器壁上刻有较规则的长方形简化图案。（姬乃军 / 文　罗忠民 / 摄影）

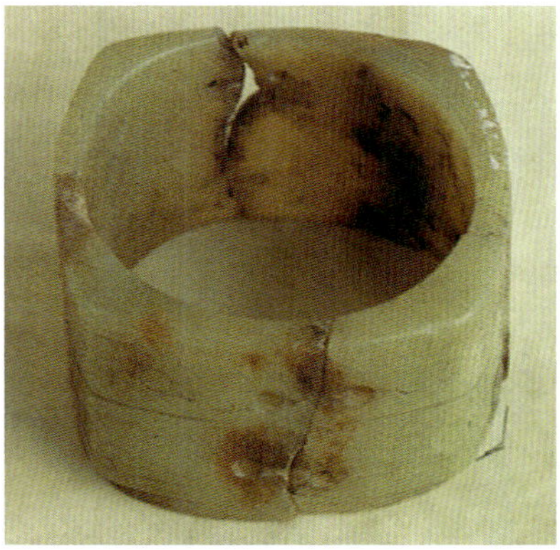

四五　玉琮　龙山文化
高 4.4 厘米　外径 7 厘米　厚 0.3 厘米
1967 年陕西省延安市碾庄乡芦山峁村采集
陕西省　延安地区文物保管委员会藏

玉琮近乳白色。表面刻划凸出的直条纹，上层 3 道，下层两道。角部上下均饰象征兽面的圆形纹饰。此琮已裂成大致相等的 4 块，每块裂线处左右各钻两个小圆孔，可以系结。（姬乃军 / 文　王沛 / 摄影）

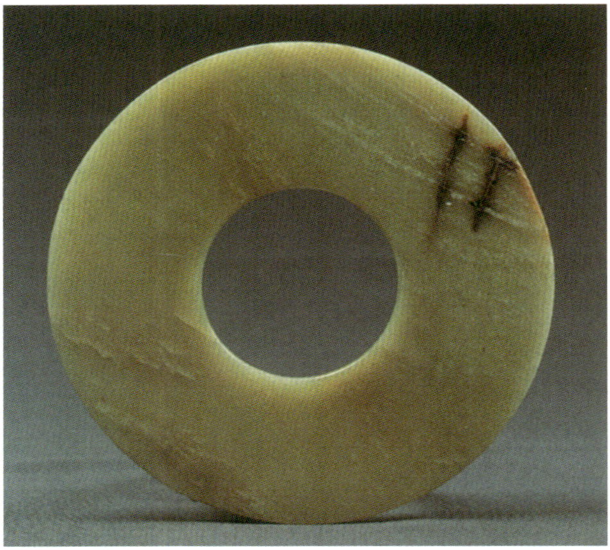

四六　玉璧 龙山文化
外径 16.9 厘米 内径 6.7 厘米 厚 0.45 厘米
1967 年陕西省延安市碾庄乡芦山峁村采集
陕西省 延安地区文物保管委员会藏

玉璧为浅绿色，间有黄白色条纹和斑点，有两道墨绿色条纹。制作较为规整。（姬乃军 / 文 罗忠民 / 摄影）

四七　玉玦 龙山文化
直径 1.2 厘米
1976 年河南省孟津县小潘沟出土
河南省 洛阳博物馆藏

玉料呈浅黄色，玉质纯洁无瑕。体扁圆，器形如环而有一缺口，边缘磨制光滑，通体光素无纹。（周军 陈新 / 文）

四八　玉钺 龙山文化
长 10.1 厘米 上端宽 4.4 厘米 下端宽 5 厘米
1967 年陕西省延安市碾庄乡芦山峁村采集
陕西省 延安地区文物保管委员会藏

玉钺原报告称斧，墨绿色。略呈长方形，下端刃部两面磨制。上端有一大孔，孔径 1.1 厘米；右下侧有一小孔，孔径 0.5 厘米。（姬乃军 / 文 罗忠民 / 摄影）

四九　绿松石饰 龙山文化

长 1.1 厘米 宽 1.2 厘米

1976 年河南省孟津县小潘沟出土

河南省 洛阳博物馆藏

此器由绿松石制成，呈梯形，上端边缘原有一孔，钻豁，另在上端中部重新钻孔，制作较精，为佩戴的装饰品。（周军 陈新 / 文）

五〇　玉三牙璧 龙山文化

外径 4.3 厘米 最厚处 0.4 厘米

天津市文化局文物处藏

器为白色玉制成，局部有红色沁斑。近圆形，周边有 3 个顺向旋转的宽齿，中间有一椭圆形孔，孔处较薄，孔缘有绳磨豁口痕迹，说明此玉原属佩饰品。此器虽无明确出土的地点，但器形与山东胶县三里河龙山文化遗址出土的三牙玉璧相近，应属同一时代。（施俊 / 文）

五一

五二

五一　五二　玉鹰纹兽面纹圭 龙山文化

长 25.2 厘米 宽 6.2 厘米

天津博物馆藏

玉质呈黄褐色。圭角残缺，似经修整。一面阴线刻展翅立鹰，一面阴线刻兽面纹，中部阴线刻两组直线纹，下部对穿一孔，孔内有台痕。此玉圭上的兽面纹与山东日照两城镇玉圭及山东日照安尧王城龙山文化遗址出土陶片上的兽面纹风格近似，当视为同一时代。（徐春苓 / 文 刘秉钧 / 摄影）

五三　玉三孔刀　龙山文化
长 36.4 厘米　宽 8 厘米
天津博物馆藏

此刀除尖部呈青灰色外，通体漆黑光洁。刀体狭长，两面刃，较锋利。上部有3孔，系单面钻成，似为与它物扎结之用。此刀玉质纯净，工艺古朴，从形制、作工及玉质看，与陕西神木县石峁龙山文化遗址所出墨玉刀相似。（徐春苓 / 文　刘秉钧 / 摄影）

五四　玉璧　齐家文化
外径 5.8 厘米　内径 2.5 厘米　厚 0.3 厘米　另一残璧外径 8.7 厘米　内径 4.3 厘米　厚 0.5 厘米
1959 年甘肃省武威市皇娘娘台出土
甘肃省博物馆藏

璧呈青绿色，另一残璧玉料上布满黑色斑点。玉料开片厚薄不匀，制作不甚规整，孔单面钻，两边的孔径大小不等。齐家文化出土玉璧较少，且形制也小，多出土大、中型石璧。（陈炳应 / 文　蔡义选 / 摄影）

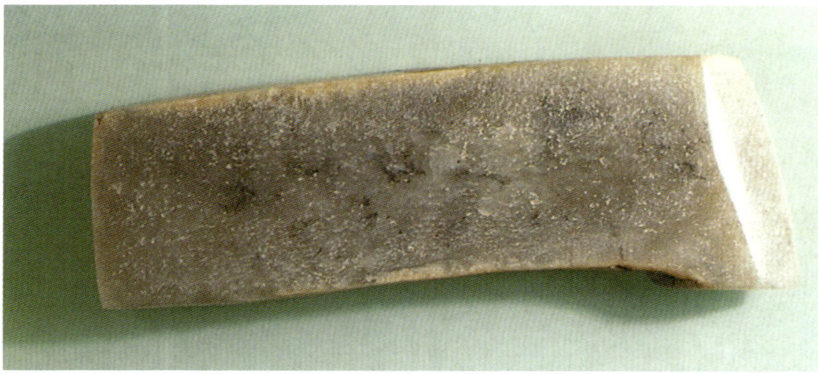

五五　玉锛　齐家文化
长 11 厘米　宽 3.8 厘米　厚 1.1 厘米
1959 年甘肃省武威市皇娘娘台出土
甘肃省博物馆藏

玉料呈青色，局部黄色，含有黑色斑点。单面刃，刃比器身宽，器形不甚规整。（陈炳应 / 文　蔡义选 / 摄影）

五六　玉斧　齐家文化
长 25.5 厘米　宽 5.3 厘米　厚 1.3 厘米
1957 年甘肃省武威市皇娘娘台砖厂工地出土
甘肃省博物馆藏

玉斧由青色玉料制成，质地较纯，光素无纹饰，琢磨平整光滑。两面刃，边棱硬直。（陈炳应 / 文　蔡义选 / 摄影）

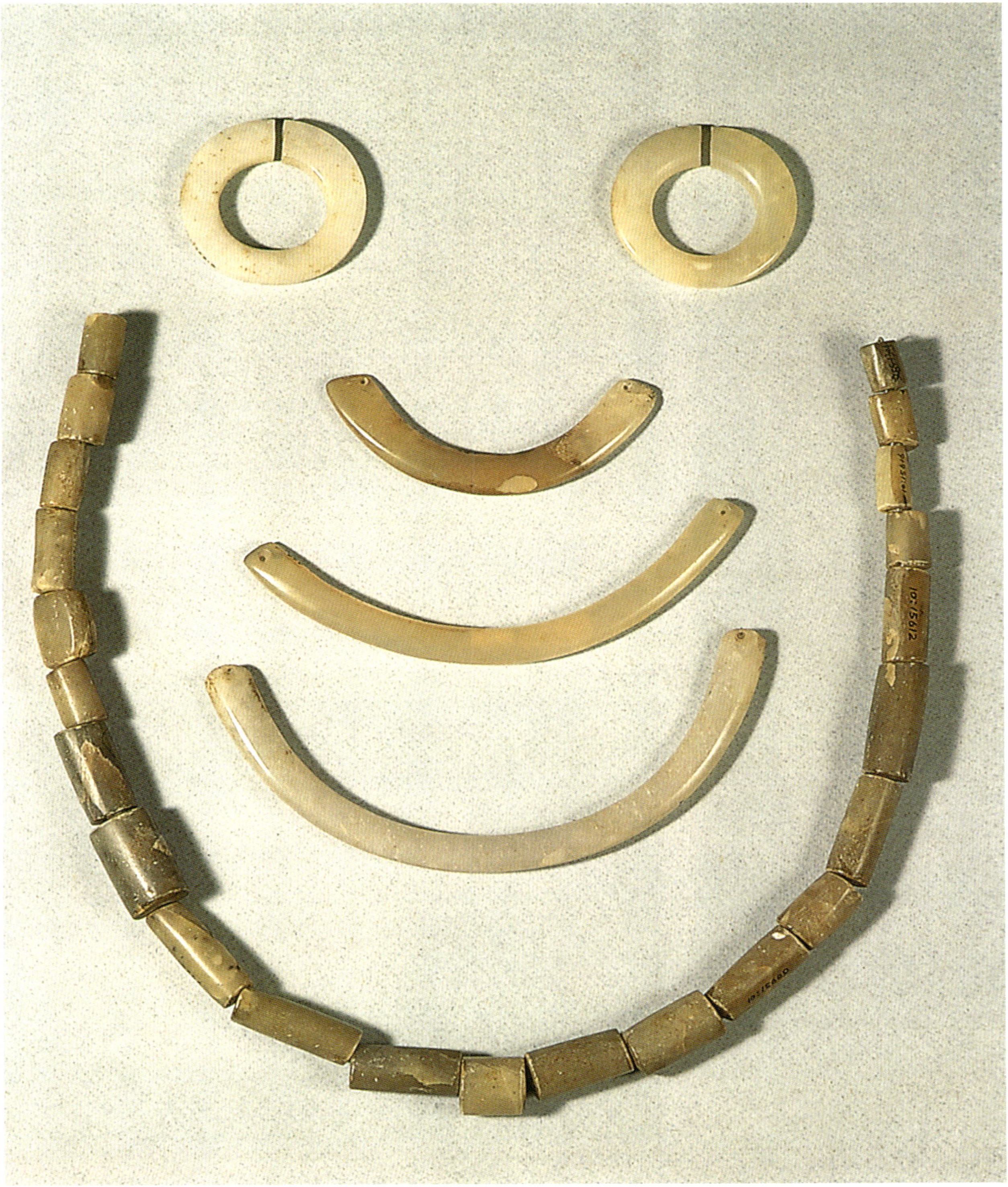

五七　玉玦　玉璜　玉管 江淮地区北阴阳营文化

玦外径 5.2 厘米 璜宽 9.3 厘米至 15.7 厘米 管长 1.4 厘米至 3.5 厘米

1955 年江苏省南京市北阴阳营遗址第四层出土

南京博物院藏

玦 2 件，璜 3 件，管 24 件，乳白、黄褐色者居多，皆出自南京北阴阳营遗址第四层新石器时代墓葬中。出土时，玦在头骨耳根处，当为耳饰；璜、管在人头骨颔下或胸部，当为项饰或胸饰。经矿物学鉴定，多为透闪石、阳起石系列的软玉，部分为玉髓或玛瑙。（蒋素华 / 文）

五八　玉人像 江淮地区原始文化

高 9.6 厘米 宽 2.2 厘米 厚 0.8 厘米

1987 年安徽省含山县长岗乡凌家滩 1 号墓出土

安徽省文物考古研究所藏

玉质灰白色。玉人呈站立状，头戴圆冠，饰以方格纹，粗眉大眼，两耳饰对钻圆孔，嘴上唇饰有胡须，两臂弯曲，十指张开置于胸前。臂上饰有臂环，腰间饰一周宽 3 厘米的腰带。此件玉人人体比例匀称，造型优美，雕刻技艺精湛，堪称为时代较早的玉雕人像精品。（张敬国 / 文并摄影）

五九　玉刻图形长方片 江淮地区原始文化

长 11 厘米 宽 8.2 厘米 厚 0.2 厘米至 0.4 厘米

1987 年安徽省含山县长岗乡凌家滩 4 号墓出土

安徽省文物考古研究所藏

玉质为牙黄色。长方形略呈弧形，周边有孔。正面阴刻原始八卦图形，有学者认为这一图形与神、太阳、山川有很大联系，并从此证明，我们的祖先早在五千年前就已有了对河图、洛书和八卦的认识。（张敬国 / 文并摄影）

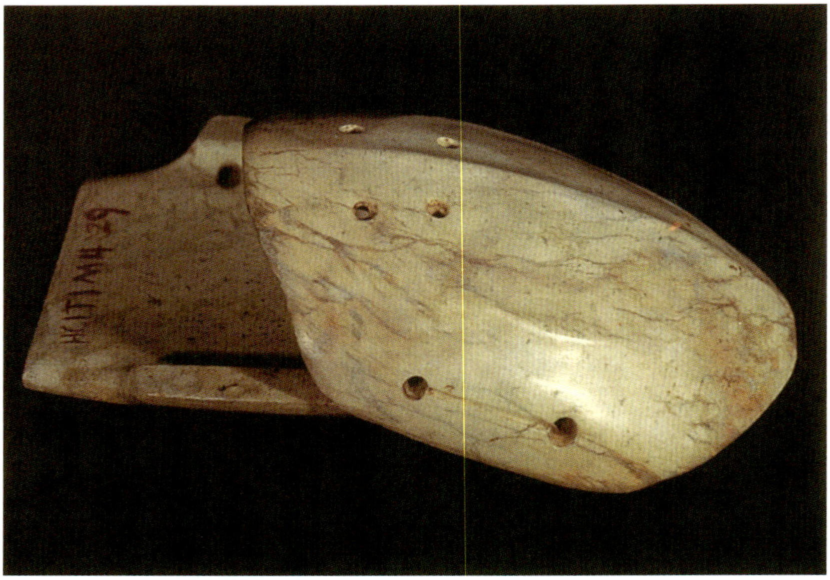

六〇　玉鳖 江淮地区原始文化

长 9.4 厘米 高 4.6 厘米 宽 7.5 厘米

1987 年安徽省含山县长岗乡凌家滩 4 号墓出土

安徽省文物考古研究所藏

玉质灰白色，分为背甲和腹甲，背呈圆弧形，中间有脊；腹甲两边对钻两个圆孔，圆孔由凹槽相联，下腹甲略呈平弧形，两边与上腹甲对应钻两个圆孔，尾中部对钻一个圆孔，这些上下对应的圆孔应为拴绳之用。（张敬国 / 文并摄影）

六一　玉条形璜 江淮地区原始文化

宽 5.8 厘米

1982 年江苏省南京市浦口区三河乡营盘山 11 号墓出土

南京博物院藏

玉料呈青白色，间有碧绿色斑点。体扁圆，形若玉镯的 1/3，呈弧形，两端由两面磨成扁平钝刃，并各有一穿孔，可供系佩。（易家胜 / 文）

六二　玉璜 江淮地区原始文化

高 2 厘米 宽 5.8 厘米

1979 年江苏省海安县青墩 47 号墓出土

南京博物院藏

器深绿色，褐斑。呈扁平不规则半圆形，倒置如拱桥形，上端平齐，中有缺口，缺口两侧各有一个对钻小圆孔，系项饰。（蒋素华 / 文）

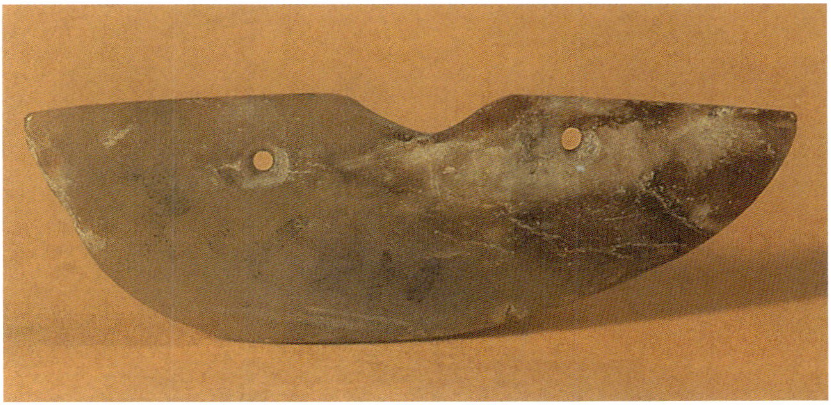

六三　玉璜 江淮地区原始文化

高 4 厘米 宽 10.3 厘米

1982 年江苏省南京市浦口区三河乡营盘山 23 号墓出土

南京博物院藏

玉料呈青白色，间有淡黄色浸蚀。体扁平，外周圆弧，倒拱桥状，由两面磨成钝刃，正面靠近上端两侧各有一穿孔，可供系佩。（易家胜 / 文）

六四　玉半璧形璜 江淮地区原始文化

高 6 厘米 宽 12.4 厘米

1982 年江苏省南京市浦口区三河乡营盘山 30 号墓出土

南京博物院藏

玉料呈碧绿色，局部浸蚀呈青白色。体扁平，形若半块玉璧，外周呈齿轮状，共有 24 个圆弧小凹槽，正面靠近上部两侧各有一穿孔，可供系佩。（易家胜 / 文）

六五　玉璜　江淮地区薛家岗文化
直径 10.6 厘米
1979 年安徽省潜山县河镇乡永岗村 32 号墓出土
安徽省文物考古研究所藏

近半圆形，边残，一端钻一孔，另一端对钻二孔。（杨德标 / 文　张敬国 / 摄影）

六六　玉环　江淮地区原始文化
大：外径 4.6 厘米　孔径 1.8 厘米　厚 0.4 厘米至 0.5 厘米
小：外径 4 厘米　孔径 1.5 厘米　厚 0.2 厘米至 0.4 厘米
1979 年江苏省海安县青墩 49 号墓出土
南京博物院藏

玉质呈青灰色。扁平圆形，中有圆孔，大件系一面钻孔，小件系两面钻孔，皆磨制光滑，均为佩饰。（蒋素华 / 文）

六七　玉璧　江淮地区原始文化
外径 5.3 厘米至 5.4 厘米
1982 年江苏省南京市浦口区三河乡营盘山 4 号墓出土
南京博物院藏

玉料呈淡青色，局部呈浓青色略发蓝。体扁平规整，中有一孔，为两面加工，周边略斜，面径略小于底径。（易家胜 / 文）

六八　玉镯　江淮地区原始文化
外径 7 厘米　内径 5 厘米
1982 年江苏省南京市浦口区三河乡营盘山 5 号墓出土
南京博物院藏

玉料呈碧绿色，间有淡黄色浸蚀。体扁圆，圆环边缘为两面加工，并打磨光滑，略带棱起，周边尖圆，略呈钝刃状。（易家胜 / 文）

六九　玉饰　江淮地区原始文化
长 4.8 厘米　宽 1.5 厘米
1982 年安徽省亳州市杨楼乡傅庄村出土
安徽省　亳州博物馆藏

玉质为墨绿色。长条形，中有3孔，两边有锯齿，与大汶口文化所出玉花朵形串饰近似。（侯永 / 文　杨瑞玖 / 摄影）

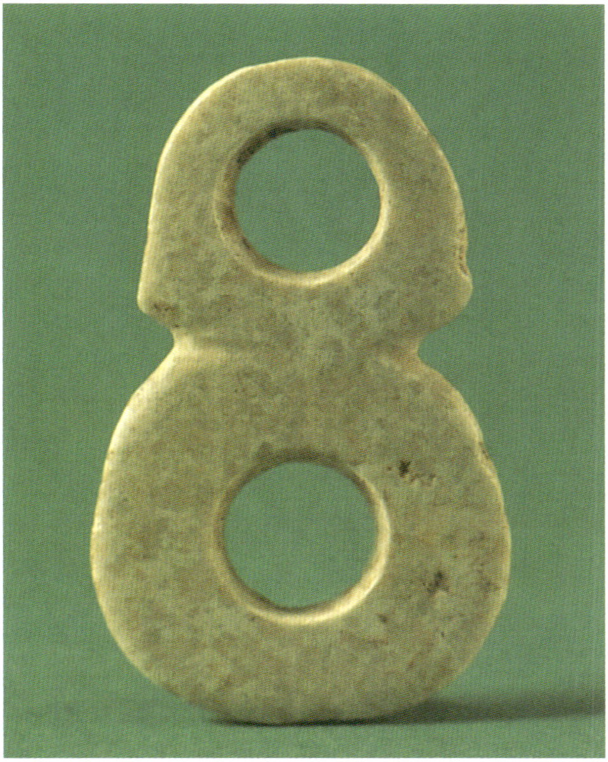

七〇　玉双联璧　江淮地区原始文化
高 5.7 厘米　最宽处 3 厘米　最厚处 0.2 厘米
1979 年江苏省海安县青墩 10 号墓出土
南京博物院藏

玉质为青绿色，带有褐斑。扁平双连环状，上环小，下环略大，两环中皆为对钻圆孔，通体磨光。此件与红山文化所出玉双连璧、三连璧相比，除形体略薄外，其造型和工艺手法近似。（蒋素华 / 文）

七一　玉双联璧　江淮地区原始文化
高 5.4 厘米
1982 年江苏省南京市浦口区三河乡营盘山 5 号墓出土
南京博物馆藏

玉料呈乳白色，间有淡黄色浸蚀。体扁平，形若两个不甚圆的璧，上下相联，上小下大。上璧孔为两面加工，孔周呈刃状，下璧孔为一面钻孔，孔周略斜，亦具刃锋，周边加工磨圆。此件与海安青墩所出玉双连璧相近。（易家胜 / 文）

七二　玉环 江淮地区薛家岗文化

外径 8.5 厘米

1979 年安徽省潜山县河镇乡永岗村 54 号墓出土

安徽省文物考古研究所藏

环呈短筒状，外壁略向内凹，光素无纹。（杨德标 / 文 李新国 / 摄影）

七三　玉环 江淮地区薛家岗文化

外径 7 厘米

1979 年安徽省潜山县河镇乡永岗村 103 号墓出土

安徽省文物考古研究所藏

环呈短筒状，内外壁平直，制作较为工整，出土于薛家岗第三期文化墓中。（杨德标 / 文 李新国 / 摄影）

七四　玉环 江淮地区薛家岗文化

外径 9 厘米

1979 年安徽省潜山县河镇乡永岗村 58 号墓出土

安徽省文物考古研究所藏

扁薄圆形，外缘稍薄，靠近孔的部位稍厚，光素无纹，但表面留有制作时旋切的痕迹。（杨德标 / 文 李新国 / 摄影）

七五　玉琮 江淮地区薛家岗文化

长 2.1 厘米 外径 1.6 厘米

1979 年安徽省潜山县河镇乡永岗村 47 号墓出土

安徽省文物考古研究所藏

玉琮形体较小，内圆外方，分上下两节。琮体四面中央有竖槽，分隔成左右两部分，每个部分又有横凹槽相隔，构成 8 个边角，边角上无纹饰。此二件玉琮出自薛家岗文化第三期墓中，是玉琮时代较早的实例。（杨德标 / 文 李新国 / 摄影）

七六　玉三角形佩 江淮地区原始文化

高 3.9 厘米

1982 年江苏省南京市浦口区三河乡营盘山 5 号墓出土

南京博物院藏

玉料呈乳白色，间有淡黄色浸蚀。体扁平，形若一等腰三角形。中有一孔，为两面加工，周边平滑。（易家胜 / 文）

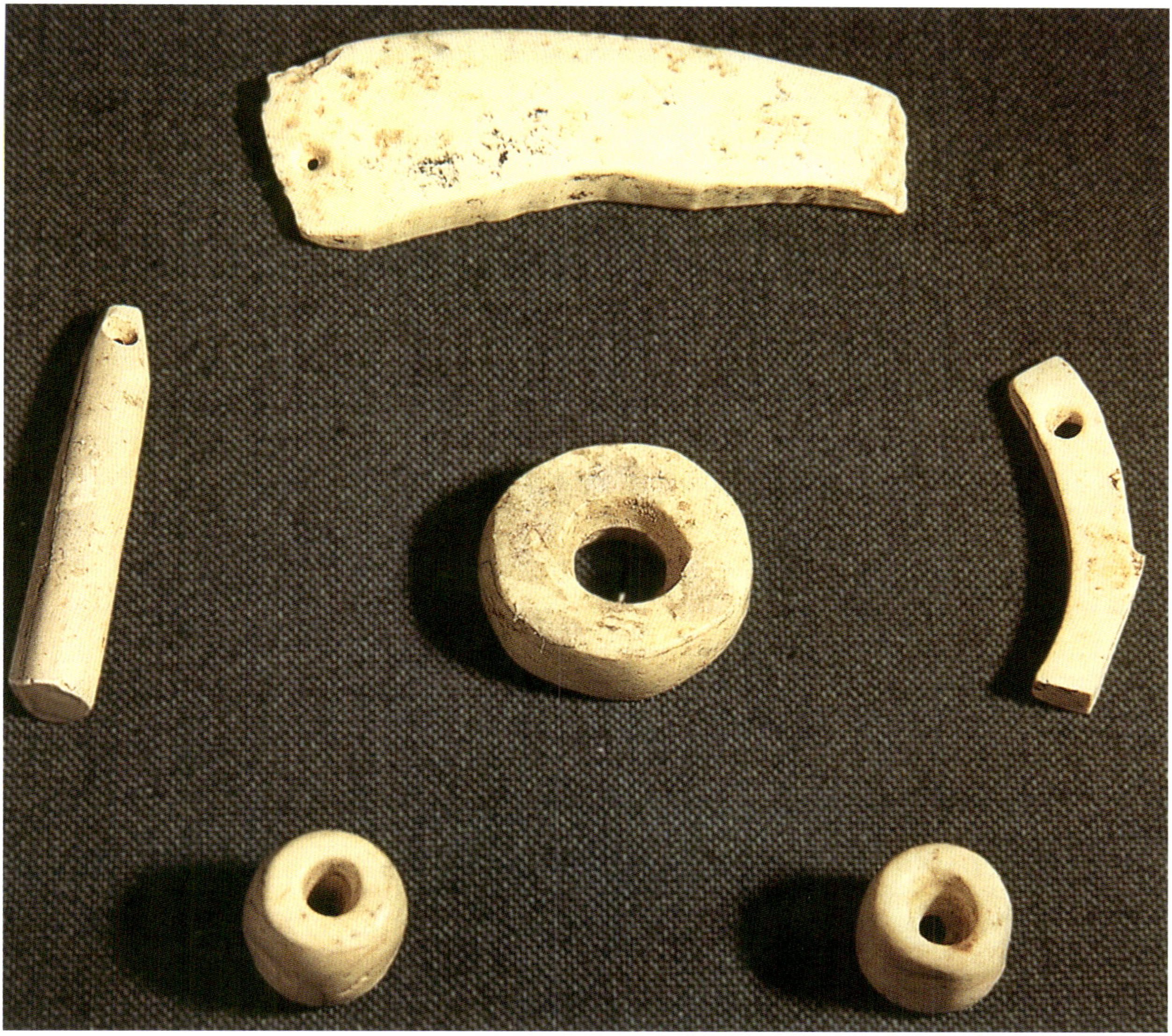

七七　玉饰 江淮地区薛家岗文化
长 2.1 厘米至 4 厘米
1979 年安徽省潜山县河镇乡永岗村 54 号墓出土
安徽省文物考古研究所藏

玉饰由 3 件算珠形玉饰和 3 件玉坠组成，算珠形玉饰由双面钻孔，有明显对接痕迹。玉坠呈圆柱体或不规则长方形、兽牙形，顶端有一孔。

七八　玉饰 江淮地区薛家岗文化
直径 2.2 厘米
1979 年安徽省潜山县河镇乡永岗村 5 号探方出土
安徽省文物考古研究所藏

玉饰呈垂球形，顶作斜面，边缘的中心位置对钻两圆孔，可以贯通穿系。（杨德标 / 文 李新国 / 摄影）

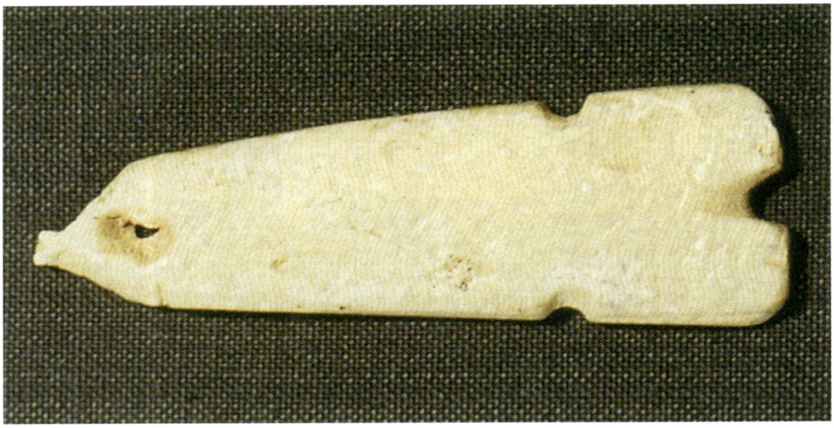

七九　玉坠饰 江淮地区薛家岗文化

长 5.7 厘米

1979 年安徽省潜山县河镇乡永岗村 6 号探方出土

安徽省文物考古研究所藏

玉坠饰呈梯形，顶端对钻一圆孔，下端左右和底部各有一个小缺。（杨德标 / 文 李新国 / 摄影）

八〇

八一

八〇　八一　玉冠状饰 江淮地区原始文化

上长 7.2 厘米 下长 6.4 厘米 厚 0.4 厘米

江苏省南京市江宁县昝庙出土

南京博物院藏

玉料呈灰白色，器面有局部钙化现象。体扁平。正反两面用阴线刻画出兽面纹，线条精练纤细。上部顶端琢出两个凹形缺口，正中一凸脊。凸脊下有一椭圆形孔，可穿系。正面上端，在两长方形凸面上各有一个斜镂直径 0.45 厘米的穿孔。下端底部作扁凸榫，其上对钻平行等距的 3 个小圆孔，可插入其他器物或可做结扎之用，此器应为良渚文化遗物。（葛玲玲 / 文）

八二　玉锥形坠饰 江淮地区原始文化
长 4.2 厘米
1975 年江苏省阜宁县板湖乡陆庄 3 号墓出土
南京博物院藏

器呈淡黄色，圆锥形，后端有圆榫，榫上有对钻一个小孔，磨制光滑，系项饰。似应为良渚文化遗物。（蒋素华 / 文）

八三　玉琮 江淮地区原始文化
高 5.1 厘米 上端射径 8.4 厘米 下端射径 8.2 厘米 上端孔径 5.4 厘米 下端孔径 5.3 厘米
1965 年江苏省涟水县三里墩出土
南京博物院藏

器呈墨绿色，带碧斑，玉质莹润。矮方柱体，内圆外方，上下对钻大孔，内壁有台痕。主体一节，四面中间各琢出一道竖槽，分出左右两凸面，以四隅为轴线，在左右相接的两凸面上，分别刻划出象征冠帽、眼睛、鼻子组成的简化人面纹图案。似应为良渚文化遗物。（刘惠英 / 文）

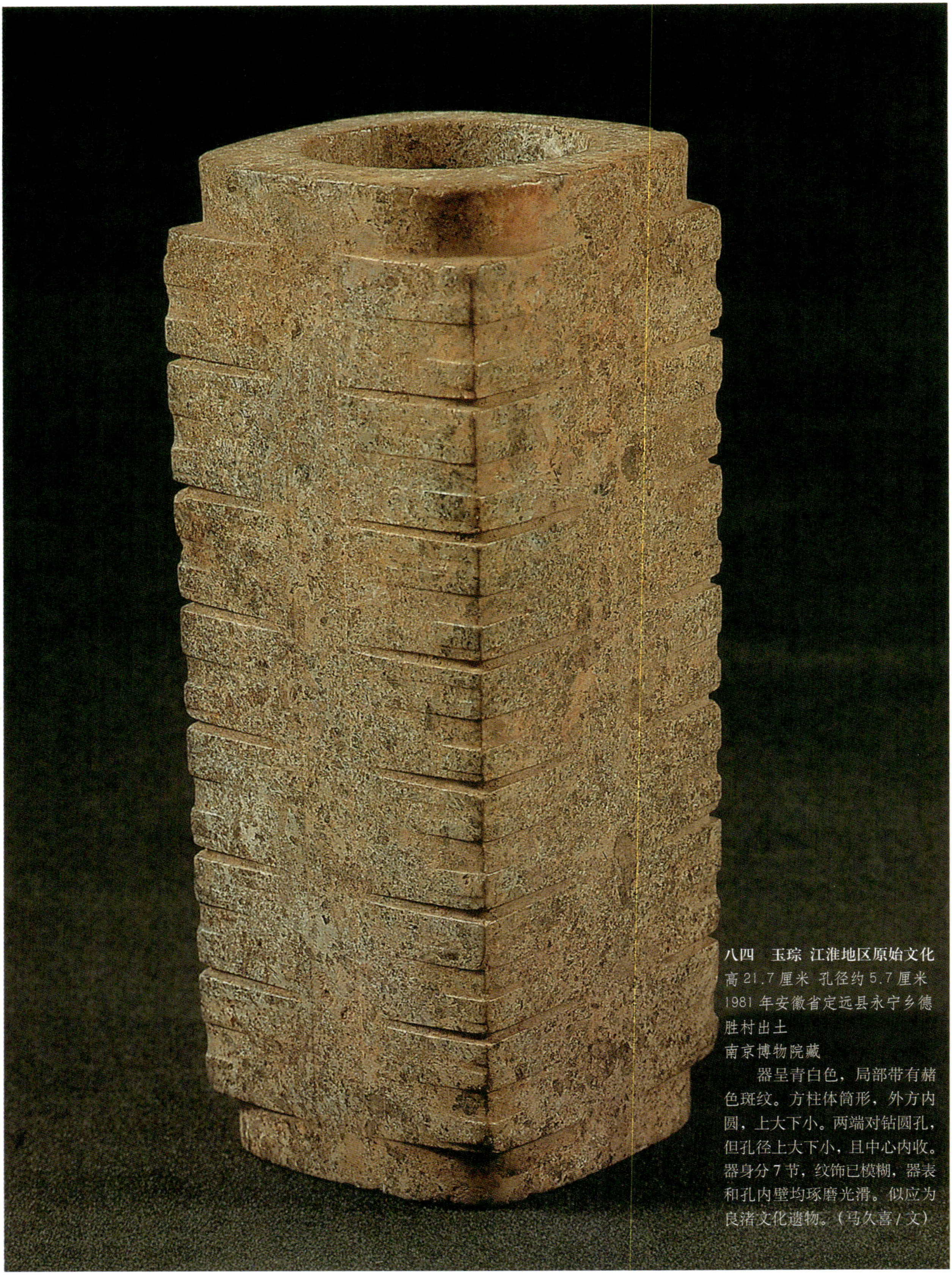

八四　玉琮 江淮地区原始文化
高 21.7 厘米 孔径约 5.7 厘米
1981 年安徽省定远县永宁乡德胜村出土
南京博物院藏

器呈青白色，局部带有赭色斑纹。方柱体筒形，外方内圆，上大下小。两端对钻圆孔，但孔径上大下小，且中心内收。器身分 7 节，纹饰已模糊，器表和孔内壁均琢磨光滑。似应为良渚文化遗物。（马久喜 / 文）

八五　八六　玉璧 江淮地区原始文化

外径 22.4 厘米 孔径 5.6 厘米 厚 1.5 厘米

1981 年安徽省定远县永宁乡德胜村出土

南京博物院藏

璧一面碧绿色，一面带有红褐色斑。呈扁平圆状，形体较大，中有对钻圆孔，孔内壁留有对钻台痕，璧面琢磨光滑，平素无纹。一面有切割时留下的凹凸痕迹。似为良渚文化遗物。（马久喜 / 文）

八七　玉琮 江淮地区原始文化

高 3.9 厘米 上端射径 6.8 厘米 下端射径 6.7 厘米

上端孔径 5.4 厘米 下端孔径 5.3 厘米

1975 年江苏省阜宁县板胡乡陆庄 3 号墓出土

南京博物院藏

器呈褐绿色，有淡黄斑。扁方柱体筒形，孔为对钻，孔壁磨光，外表两端为矮短的圆口，主体一节，四面直竖槽，分为左右两凸面，以四角为中轴线，相垂直的两凸面上饰由两条平行长横棱、重圈、短横档组成的简化人面纹一组，全器共 4 组。（蒋素华 / 文）

八八　玉人面形佩 大溪文化
高 6 厘米
1959 年四川省巫山县大溪遗址出土
四川省博物馆藏

器扁平，呈椭圆形，面部作正视状，双目作圆圈形，直鼻梁，无耳，外有阴线刻瓜子形人头轮廓，顶端有两个椭圆形穿孔，其中一孔原残缺。（陈振戈 / 摄影）

八九　玉璜 大溪文化
长 15 厘米 厚 0.3 厘米
1982 年湖南省华容县三莳乡毛家村 113 号墓出土
湖南省 岳阳市博物馆藏
玉质为白色。略呈半璧形，二穿孔，出土时在人骨架胸际间，当为佩饰。(张中一 / 文 陈美如 / 摄影)

九〇　玉镯 大溪文化
外径 7.5 厘米 厚 0.6 厘米
1982 年湖南省华容县三莳乡毛家村 104 号墓出土
湖南省 岳阳市博物馆藏
器呈乳白色，局部有土沁。出土于人骨架左手部位。(张中一 / 文 陈美如 / 摄影)

九一　玉锛 屈家岭文化
长 2.9 厘米 刃宽 3 厘米
1974 年湖南省澧县梦溪乡三元宫村 8 号墓出土
湖南博物院藏
器呈浅绿色。扁平梯形，斜刃，通体磨光，器形很小，又未见使用痕迹，可能不是实用工具。(高至喜 / 文 陈美如 / 摄影)

九二　玉锛 屈家岭文化
长 2.9 厘米 刃宽 3 厘米
1974 年湖南省澧县梦溪乡三元宫村 7 号墓出土
湖南博物院藏
器呈绿色，形状近似梯形，刃稍弧，两面刃，通体磨光，未见使用痕迹，形体甚小，可能不是实用器。(高至喜 / 文 陈美如 / 摄影)

九三　玉璜 河姆渡文化

长 3.5 厘米

1979 年浙江省余姚县河姆渡遗址出土

浙江省博物馆藏

呈琥珀色。断面为椭圆形，一件弧度大，一件弧度小，均一端有一对钻孔，可供穿系。（沈岳明 / 文）

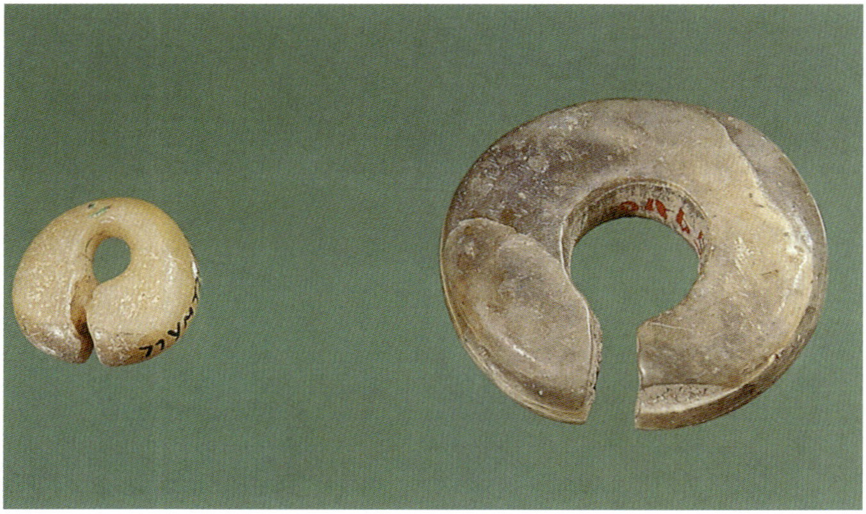

九四　玉玦 河姆渡文化

大：外径 3.2 厘米

小：外径 1.3 厘米

1979 年浙江省余姚县河姆渡遗址出土

浙江省博物馆藏

体为环形，其中大的一件玉质呈青色，有一较大缺口，中孔管钻，粗细均匀。小的一件玉质呈白色，缺口较窄，靠近缺口端厚重。（沈岳明 / 文）

九五　玉管　玉环 河姆渡文化

管：高 2.5 厘米

环：外径 2.8 厘米

1979 年浙江省余姚县河姆渡遗址出土

浙江省博物馆藏

玉管褐色，器表光洁圆滑。柱形，中钻一孔。玉环钻孔不在中心，呈偏心圆。（沈岳明 / 文）

九六　玉玦 马家浜文化

外径 3.1 厘米

1976 年上海市青浦县崧泽遗址下层出土

上海市文物管理委员会藏

块为乳白色。用硬玉玉髓制作，呈环形，乳白色间有虎黄斑纹，通体琢磨，但厚薄不匀，一侧有一缺口，表面有磨制痕迹。（孙维昌 / 文）

九七　玉玦 马家浜文化

外径 3 厘米

1959 年浙江省嘉兴市马家浜遗址出土

浙江省博物馆藏

块为白色。器如环形，两面平齐，中钻一孔，一侧开一缺口。通体光洁明亮。（沈岳明 / 文）

九八　玉玦 马家浜文化

外径 2.1 厘米 孔径 0.6 厘米至 0.9 厘米 厚 1.7 厘米

1974 年江苏省常州市圩墩出土

南京博物院藏

器呈黄褐色。算珠状，有缺口，孔系一面钻成，孔径正面小，底面大。取料硬度低，似为滑石。出土时置头部两侧，似为生前墓主系于双耳。（蒋素华 / 文）

九九　玉玦 马家浜文化

大：外径 3.5 厘米

1959 年浙江省嘉兴市马家浜遗址出土

小：外径 2.3 厘米

1957 年浙江省湖州市邱城遗址出土

浙江省博物馆藏

玦为白色，略有褐斑。两器均为玛瑙质。大者器表明亮，两面平；小者欠规整，似为利用余料制成。(沈岳明 / 文)

一〇〇　玉玦 马家浜文化

大：外径 4.5 厘米 厚 0.4 厘米

小：外径 3.5 厘米 厚 0.5 厘米

1974 年江苏省常州市圩墩出土

南京博物院藏

器由黄褐色玉髓制成。扁平圆形，如环而有一缺口，断面均作椭圆形，通体光素无纹。(蒋素华 / 文)

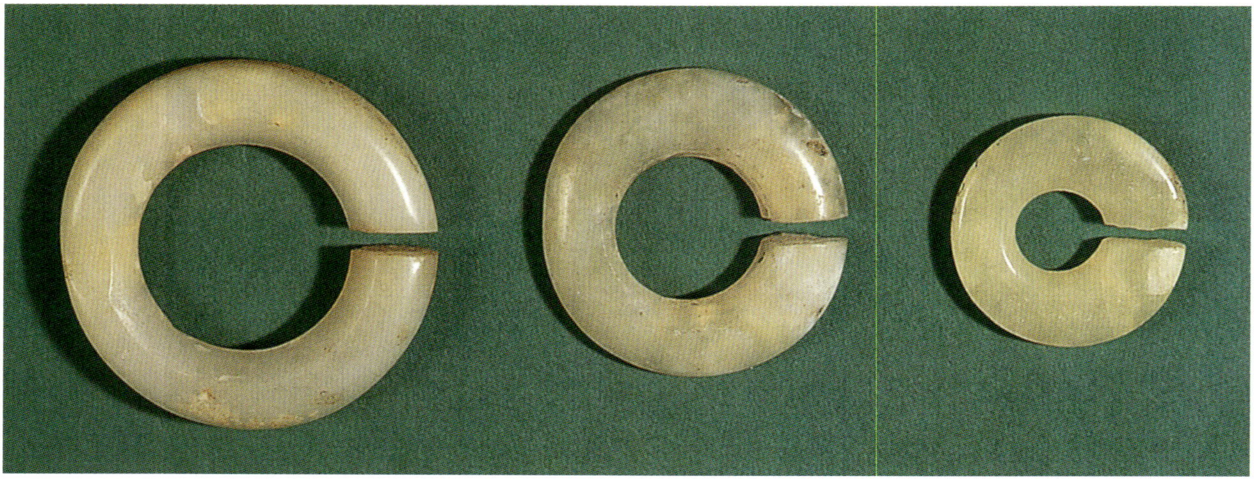

一〇一　玉玦 马家浜文化

左：外径 5.9 厘米 孔径 3.3 厘米 厚 1.1 厘米；

中：外径 4.8 厘米 孔径 2.2 厘米 厚 0.7 厘米；

右：外径 3.6 厘米 孔径 1.3 厘米 厚 0.5 厘米

1972 年、1973 年江苏省吴县草鞋山 181 号、152 号、探方 2 出土

南京博物院藏

玦分别由乳白色、黄白色玉髓制成。扁平圆环形，中部或中部偏下有一对钻大圆孔，环上方切割出缺口，通体磨光，制作精致。(苏琼 / 文)

一〇二　玉玦 马家浜文化

外径 4.8 厘米

1959 年浙江省嘉兴市马家浜遗址出土

浙江省博物馆藏

玦为淡黄色，玛瑙质，器表光亮。加工精致，中孔由两面旋钻而成。（沈岳明 / 文）

一〇三　玉玦 马家浜文化

外径 3.2 厘米

1959 年浙江省嘉兴市马家浜 21 号墓出土

浙江省博物馆藏

玦为淡黄色，玛瑙质。断面近圆形，表面光亮，加工精致。（沈岳明 / 文）

一〇四　玉玦 马家浜文化

外径 3.5 厘米

1959 年浙江省嘉兴市马家浜遗址出土

浙江省博物馆藏

玦为白色，似为石髓制品。体形扁平，中孔由两面旋钻而成。（沈岳明 / 文）

一〇五　玉玦 嵩泽文化

外径 1.8 厘米 孔径 0.6 厘米 厚 0.6 厘米

1973 年江苏省吴县草鞋山出土

南京博物院藏

玦由乳白色软玉制成。扁平环形，中有圆孔，上端切割出缺口，型制细小，制作精致，表面光滑。（苏琼 / 文）

一〇六　玉琀 崧泽文化
长 4.2 厘米
1976 年上海市青浦县崧泽遗址出土
上海市文物管理委员会藏

琀为墨绿色。鸡心形器，中穿一大孔，是以管钻从单面钻成，通体琢磨精致，置于 92 号墓葬人骨的口部出土。（孙维昌 / 文）

一〇七　玉项饰 崧泽文化
高 3 厘米 宽 7.5 厘米 厚 0.4 厘米至 0.8 厘米
1973 年江苏省吴县草鞋山 100 号墓出土
南京博物院藏

器呈草绿色，带白斑。下端两旁切割成直线，中部切割成凸出的半圆形，刃部成为上端，中有一两面对钻的斜孔，作系挂用。出土时置于 100 号墓人头骨下胸部，似为项饰。（苏琼 / 文）

一〇八　玉璜 崧泽文化
长 7.5 厘米
1961 年上海市青浦县崧泽遗址 47 号墓出土
上海市文物管理委员会藏

玉色乳白，已蚀化。半环形。两端各有一孔，且有明显的因悬挂磨损的痕迹。（孙维昌 / 文）

一〇九　玉璜 崧泽文化
长 9 厘米 宽 1.5 厘米至 1.9 厘米
厚 0.3 厘米至 0.4 厘米
1973 年江苏省吴县草鞋山 88 号墓出土
南京博物院藏

玉质为淡绿色，有褐斑。如拱倒置桥形，扁平，上端两侧有小孔。正面微弧凸，背面有竖向不等距、粗细不等切割痕 10 余道。出土时在 88 号墓人骨胸部，系胸饰。（苏琼 / 文）

一一〇　玉璜 崧泽文化
高 3.4 厘米 宽 8.4 厘米
厚 0.2 厘米至 0.5 厘米
1973 年江苏省吴县草鞋山 105 号墓出土
南京博物院藏

璜由淡黄色带绿斑的玉料琢成。倒置如扁平拱桥形。上部两侧各有一小孔，左侧一孔系对钻而成，右侧一孔系正面钻后于背面略加修整而成。顶端较厚，弧边较薄，通体磨光。出土时位于 105 号墓头骨之下，系项饰。（苏琼 / 文）

一一一　玉璜 崧泽文化
长 7.2 厘米
1976 年上海市青浦县崧泽遗址出土
上海市文物管理委员会藏

璜为淡绿色。似鱼形，用火山碧玉制成。器表磨制光滑，上端两旁各有一穿孔，系单面钻，然后再在一面稍加修整，且遗有明显的因悬挂磨损的痕迹。出土于 62 号墓内。（孙维昌 / 文）

一一二　玉璜 崧泽文化
长 6.6 厘米
1974 年上海市青浦县崧泽遗址 64 号墓出土
上海市文物管理委员会藏

璜为湖绿色，间有灰白斑纹。一端似鱼形，另一端似鸟形，造型别致。器表磨制光滑，上端两旁各有一穿孔，系单面钻，然后再在另一面稍加修整，且遗有明显的因悬挂磨损的痕迹。（孙维昌 / 文）

一一三　玉璜 崧泽文化

高 2.5 厘米 宽 7.6 厘米
厚 0.2 厘米至 0.3 厘米
1973 年江苏省吴县草鞋山出土
南京博物院藏

璜为淡绿色带褐斑软玉制成。扁平半璧形。因磨损而在上端一侧重新切割琢磨，两侧各有对钻圆孔一个。表面微弧，磨制光滑。与 112 号墓所出璜同置于死者头骨以下部位，系项饰。（苏琼 / 文）

一一四　玉璜 崧泽文化

高 4.5 厘米 宽 11.4 厘米
厚 0.2 厘米至 0.25 厘米
1973 年江苏省吴县草鞋山 97 号墓出土
南京博物院藏

璜为淡绿色带褐斑的软玉制成。倒置如扁薄拱桥形，两侧有对钻小孔，两小孔上端有系挂绳线磋磨的凹槽痕，背面有线切割不规则大小弧线十四五道，通体磨光。出土时置于 97 号墓人头骨之下，当为项饰。（苏琼 / 文）

一一五　玉璜 崧泽文化

高 3.4 厘米 宽 7.1 厘米
厚 0.2 厘米至 0.3 厘米
1973 年江苏省吴县草鞋山 112 号墓出土
南京博物院藏

璜为淡绿色带褐斑的软玉制成。扁薄半璧形，上端两侧有对钻小圆孔。正面有切割线痕 3 道，背面有切割弧线痕 3 组 8 道。磨制光滑。出土时置于 112 号墓人头骨下，当为项饰。（苏琼 / 文）

一一六　玉璜 崧泽文化

高 4.7 厘米 宽 9.4 厘米
厚 0.2 厘米至 0.4 厘米
1972 年江苏省吴县草鞋山出土
南京博物院藏

璜由淡青色带绿斑软玉制成。扁平半璧形，上端两侧有对钻小圆孔，磨制光滑，当为项饰。（苏琼 / 文）

一一七　玉璜 嵩泽文化

长 10.6 厘米 孔径 2.3 厘米
1976 年上海市青浦县嵩泽遗址出土
上海市文物管理委员会藏

璜为翠绿色。半璧形，用火山碧玉制成。是先将玉料锯割成片状后，再加以琢磨，正面磨制光滑，在另一面遗留有明显的锯割痕迹。在上端两旁各有一穿孔，且有明显的因悬挂磨损的痕迹。此件出土于97号墓内。（孙维昌 / 文）

一一八　玉璜 嵩泽文化

高 6 厘米 宽 12.7 厘米
厚 0.3 厘米至 0.5 厘米
1973 年江苏省吴县草鞋山 86 号墓出土
南京博物院藏

璜由碧绿色带有乳白斑软玉制成。扁平半璧形。上端中部半圆孔系单面钻成。两侧有单钻圆孔，正面磨光，背面有长、短凹弧槽各一道，系切割痕迹。出土时置于 86 号墓人架头骨下近胸部，系项饰。（苏琼 / 文）

一一九　玉璜 嵩泽文化

长 12.43 厘米 宽 4.45 厘米
厚 0.15 厘米至 0.4 厘米
1977 年江苏省吴县草鞋山遗址 206 号墓出土
江苏省 吴县文物管理委员会藏

璜由灰白微青色玉制成。扁平扇形，厚薄不匀，璜首两端各有一穿孔，孔沿上部有明显的浅沟形磨损痕迹，为长期佩戴所形成，器表琢磨光滑，出土于人骨架颈部。（姚德勤 / 文）

一二〇 玉璧 崧泽文化

外径 3.5 厘米 孔径 1.4 厘米 厚 0.2 厘米

1974 年上海市青浦县崧泽遗址出土

上海市文物管理委员会藏

璧呈湖绿色。扁平圆形，用火山碧玉制成，器表磨制光滑，穿孔系用单面钻，此件出土于 59 号墓内。(孙维昌 / 文)

一二一 玉环 崧泽文化

外径 4.5 厘米 孔径 3.6 厘米 厚 0.5 厘米

1973 年江苏省吴县草鞋山出土

南京博物院藏

环由淡绿色带褐斑软玉制成。扁平圆环形，中有对钻大圆孔，孔壁有台痕。环边宽仅 0.5 厘米，外边留有台痕半圈，系自大玉料钻取下来时留下的痕迹。(苏琼 / 文)

一二二 玉环 崧泽文化

外径 9.5 厘米 孔径 5.5 厘米

厚 0.2 厘米至 0.5 厘米

1973 年江苏省吴县草鞋山出土

南京博物院藏

环由黄绿色带青褐斑软玉制成。扁平圆形，中有单钻大圆孔，宽边上留有一处线切割弧痕，通体磨制抛光。(苏琼 / 文)

一二三 玉环 崧泽文化

外径 8.6 厘米 孔径 5.8 厘米 厚 1.2 厘米

1977 年江苏省吴县张陵山 1 号墓出土

南京博物院藏

器呈碧绿色，褐斑。扁平圆形，中有对钻大圆孔，磨制光滑。(蒋素华 / 文)

一二四 玉环 崧泽文化

外径 9.1 厘米 孔径 6.2 厘米 厚 1 厘米

1977 年江苏省吴县张陵山 5 号墓出土

南京博物院藏

环为白果青色。玉质细润晶莹。扁平圆环形，环截面为圆角长方形。此器制作精致，抛光细润。(蒋素华 / 文)

一二五　一二六　玉钺 良渚文化

长 17.9 厘米 上宽 14.4 厘米 刃宽 16.8 厘米 厚 0.8 厘米

1986 年浙江省余杭县长命乡雉山村反山墓地出土

浙江省文物考古研究所藏

玉质浅青色，少量褐斑。器身呈风字形，两侧有略向内的凹弧，左右不对称，弧刃，上端较粗糙，并有两道斜向的捆扎痕。上部小孔为双面钻成。两面的刃部上角均以浅浮雕加阴纹细刻琢成神人兽面图像，下角均有鸟纹，其纹样均与同墓所出的大玉琮上形象完全一致。器表抛光精致，光洁闪亮。良渚文化玉钺上雕琢纹饰，仅此一件，为同类器中罕见的精品。（王明达 / 文）

一二五

一二六

一二七　玉钺 良渚文化
长 15.6 厘米 宽 10.6 厘米至 11.9 厘米
1987 年浙江省余杭县安溪乡下溪湾村瑶山墓地出土
浙江省文物考古研究所藏

玉质青白色。扁平梯形，顶端不平整，上部有两面对钻的大、小孔各一，双面弧刃。（芮国耀 / 文）

一二八　玉钺 良渚文化
高 17.5 厘米 宽 9.7 厘米至 11.7 厘米 厚 0.75 厘米
1987 年浙江省余杭县安溪乡下溪湾村瑶山墓地出土
浙江省文物考古研究所藏

钺身为青白玉制成，有褐色斑。平面作扁平准梯形，顶端平齐。上部对钻两圆孔，双面弧刃。（芮国耀 / 文）

一二九　玉钺 良渚文化
高 18.9 厘米 顶端宽 9.5 厘米 刃部宽 12.7 厘米 厚 0.4 厘米
1984 年江苏省昆山县少卿山 1 号墓出土
江苏省 昆山县文管会藏

器呈茶绿色，半透明。扁薄长方形，上部中间有孔径 0.7 厘米的对钻圆孔，弧刃无刃口，正背面有弧线切割痕 4 组 5 道至七八道。制作精致，通体磨光。（陈兆弘 / 文）

一三〇　玉钺 良渚文化
高 19 厘米 顶端宽 9.8 厘米 刃部宽 12.5 厘米 厚 0.4 厘米
1984 年江苏省昆山县少卿山 1 号墓出土
江苏省 昆山县文管会藏

器呈青白色，绿斑。扁薄长方形，中上部有一孔径 1.8 厘米的单钻圆孔，弧刃无刃口，顶端有一圆孔残痕。背面有切割弧线痕 5 道。（陈兆弘 / 文）

一三一　玉钺 良渚文化
长 17 厘米 刃宽 9 厘米
厚 0.9 厘米
1984 年上海市青浦县福泉山 74 号墓出土
上海市文物管理委员会藏

钺为透闪石琢制，米黄色。扁平梯形，器表细致抛光。弧形刃，刃的两端略微外翘，钝口，无使用痕迹。上部中间有一圆孔，为管钻从两面对钻，孔壁留有旋痕。在钺的一面圆孔上留有半个圆孔叠痕，应是钻孔时错位遗留的痕迹。在钺的表面，均有弧形制作的旋痕。这件玉钺，在墓内人骨旁发现时，钺柄痕迹的上下端均有玉柄饰，是一件类似权杖性质的礼器。（孙维昌 / 文）

一三二　玉钺 良渚文化

高 31.3 厘米 刃宽 14.8 厘米 厚 0.3 厘米

1982 年上海市青浦县福泉山 9 号墓出土

上海市文物管理委员会藏

钺为透闪石琢制。玉色青黄相间，器身扁薄狭长。上部中间一小圆孔，为管钻从两面对钻穿孔。弧刃凸出，刃两端呈方角，并略微外翘，钝口，无使用痕迹，是钺与圭的中间型制。（孙维昌 / 文）

一三三　玉钺 良渚文化

长 16.3 厘米 宽 10.3 厘米至 13 厘米 孔径 1.5 厘米

1987 年浙江省余杭县安溪乡下溪湾村瑶山墓地出土

浙江省文物考古研究所藏

钺为青白色，有褐斑。平面作扁平梯形，上部对钻一圆孔，双面弧刃。圆孔两侧各有一道向后侧延伸的索状捆扎痕迹，表明其顶端原先嵌入钺柄之内。出土时有机质的柄已朽脱，其南端有玉质钺的冠饰——龠，其北端有玉质钺的端饰——樽（图一三五、一三六），三者组成带柄的完整玉钺形态。（芮国耀 / 文）

一三四　玉钺 良渚文化

高 10.9 厘米 刃宽 11 厘米 厚 0.1 厘米

1982 年上海市青浦县福泉山 9 号墓出土

上海市文物管理委员会藏

钺为阳起石琢制，玉色青绿，滋润透光。钺体长方扁薄，刃部微弧，并略微外翘，钝口，无使用痕迹。上端中间一圆孔用管钻从两面对钻。在圆孔上部和器身右侧，有弧形琢磨痕。整器轮廓规整，给人以刚劲有力的感觉。器表经高度抛光，光洁明亮，是一件选料和制作都极精的玉器珍品。（孙维昌 / 文）

一三五　玉龠 良渚文化

高 6.7 厘米 宽 7.7 厘米 厚 1.5 厘米

1987 年浙江省余杭县安溪乡下溪湾村瑶山墓地出土

浙江省文物考古研究所藏

扁平，近方形，顶端倾斜，作台阶形，前端尖突如角。底端中段有长方形突榫，突榫中再开直向槽口，并有横向圆孔穿透凸榫。器身两侧各有 3 道横向突脊，将该器分成上、下两部分，各刻竖向羽状纹和卷云纹。（芮国耀 / 文）

一三六　玉镦 良渚文化

高 3.5 厘米 宽 7.5 厘米

1987 年浙江省余杭县安溪乡下溪湾村瑶山墓地出土

浙江省文物考古研究所藏

侧立面近长方形，底端呈台阶状。承接器柄的一端有椭圆形榫头，并有横向凹槽，凹槽中有长方形铆孔，便于安装。俯视呈橄榄形。两侧的装饰图案与玉龠相同。（芮国耀 / 文）

一三七　玉龠 良渚文化

高 4.4 厘米 上端宽 9.1 厘米 下端宽 5.7 厘米 厚 0.5 厘米至 1 厘米

1982 年江苏省吴县张陵山东山 1 号墓出土

江苏省 吴县文管会藏

器呈乳白色，黄斑。扁平倒靴形，器身中部有横脊分为上、下两部分，上部较宽，前端外伸上翘，钻有圆孔 5 个，间以由圆孔加工扩大而成的弧形孔 4 个，下部较窄，底面中部钻挖出扁铆眼，系嵌插木柄榫头之用。（姚勤德 / 文）

一三八

一三九

一三八　一三九　一四〇　玉琮 良渚文化

高 8.8 厘米 射径 17.1 厘米至 17.6 厘米
孔径 4.9 厘米
1986 年浙江省余杭县长命乡雉山村反山墓地出土
浙江省文物考古研究所藏

器呈扁矮的方柱体，内圆外方，上下两端为圆面的射，中间的圆孔较小，留有对钻的接茬痕迹，俯视如玉璧形。这件玉琮形体宽大，重约6500克，纹饰独特，堪称“琮王”。

琮体四面中间为 5 厘米宽的直槽，其上下各琢刻一神人与兽面复合的形像，共 8 个。单个形像高约 3 厘米，宽约 4 厘米，用浅浮雕和阴刻细线两种技法相结合雕琢而成。形像主体为一神人，其脸面作倒梯形，圆眼重圈，两侧有小三角形的眼角。宽鼻，以弧线勾出鼻翼。阔嘴，内刻出两

一四〇

排平齐的牙齿。头上戴有高耸宽大的羽冠，内层为刻有连续卷云纹的帽饰，外层为放射状羽翎的大冠。脸面和羽冠均为微凸的浅浮雕，神人四肢以阴纹细刻而成，上肢作抬臂　弯肘状，五指平张。下肢作蹲踞状，脚为三爪蜷曲形。四肢上均填刻繁缛纹饰。在神人胸腹部以浅浮雕琢出兽面，重圈为眼，外框有椭圆形的眼睑，之间以桥形凸面相联。宽鼻，有鼻梁和鼻翼。阔嘴，内有尖利的牙齿，两侧有两对獠牙。兽面的眼睑、桥形凸面、鼻等部位刻填繁缛纹饰。神人和兽面复合组成一幅图像，应是良渚人崇拜的神徽。

另以琮体四角为中轴线向两侧展开对称的图样，共分四节，每两节组成简化的神人和兽面复合形象。第一节为神人面纹，重圈为眼，两侧有小尖角，象征眼角，宽鼻以凸档表示，填刻卷云纹、弧线等，上端有两条平行的凸横棱，各刻平行细弦纹，横棱之间的浅凹间刻有连续卷云纹，为羽冠的变体。第二节为兽面纹，与神徽上的形态基本相似，两侧各雕琢一鸟纹，鸟的头、翼、身均变形夸张。第三、四节的格局与第一、二节完全一致。这种以转角为中轴线向两侧对称展开的形象，基本格局未变，省略了神人的四肢，冠帽作了变形，面部略有简化，可称为简化的神人兽面像。这件玉琮选材硕大、制作精细，高超的琢玉工艺，可谓鬼斧神工，是良渚文化玉器精品中的瑰宝。（王明达 / 文）

一四一　玉琮　良渚文化

高 1.8 厘米　上端宽 1.25 厘米　下端宽 1.2 厘米　上端孔径 0.5 厘米　下端孔径 0.45 厘米

1973 年江苏省吴县草鞋山 198 号墓出土

南京博物院藏

器呈淡黄色，有褐斑。方柱体管形，中有对钻圆孔，两端有凸出的圆口，外分四面，每面中有 3 条竖弦纹分为两凸面，有一条横凹槽分为上下节，每节以四角为中线，垂直相接两凸面的空间，上部以转角上的 3 条长横线表示冠帽、中部以两个小圆圈表示眼睛，下部转角上的短横线上饰卷云纹表示鼻端，构成简化的戴冠人面纹，全器上下四角共 8 组，此器细巧精致，系微型玉雕。（苏琼 / 文）

一四二　玉琮　良渚文化

高 10 厘米　射径 8.4 厘米　孔径 6.6 厘米

1986 年浙江省余杭县长命乡雉山村反山墓地出土

浙江省文物考古研究所藏

器呈白色，略带浅黄。高柱体，分为 3 节。第一、二节组成一组简化神人兽面像，即上节为头戴变体羽冠的神人脸面，下节为神兽面纹，第三节与第一节相同。各节面纹均在下颚两侧以内弧线勾勒出脸庞。制作规整，刻纹流畅，对称和谐。（王明达 / 文）

一四三　玉琮　良渚文化

高 6.8 厘米　射径 8.5 厘米

孔径 6.2 厘米

1986 年浙江省余杭县长命乡雉山村反山墓地出土

浙江省文物考古研究所藏

器呈青色，有灰白色块斑。矮柱体，分为两节。上节为头戴变体羽冠的神人脸面，冠帽部位由两组微凸的扁方体组成，各刻八、九根平行细弦纹，中部微凹处刻饰连续卷云纹。下节为兽面纹，上端亦有变体羽冠，与上节完全相同。整器制作极其规整，光洁闪亮，构图严谨，刻纹工整。（王明达 / 文）

一四四　玉带盖柱形器 良渚文化

柱高 3.3 厘米 直径 4.7 厘米 孔径 2.8 厘米 盖高 0.9 厘米

直径 4.5 厘米

1987 年浙江省余杭县安溪乡下溪湾村瑶山墓地出土

浙江省文物考古研究所藏

玉质呈白色，有黄褐色结晶斑。盖略为球冠体，素面，底部中央有一对可供穿系的牛鼻孔。出土时叠置于正放的柱体下面。柱体与圆琮相仿，穿孔较大，外壁剔地突出3块对称的长方形弧面，其上各琢一繁复的神人兽面像，这种带盖柱形器在许多墓中均有发现，一般为素面，此器为研究这种柱形器在使用方式上提供了证据。（刘斌 / 文）

一四五　玉柱形器 良渚文化

高 6.6 厘米 外径 3.8 厘米

1986 年浙江省余杭县长命乡雉山村反山墓地出土

浙江省文物考古研究所藏

玉质呈浅黄色，有茶褐色块斑。外形如琮，较一般的琮形瘦小，中部贯孔亦较细小。分为上下相同两节，正面无直槽，每节的上端有两块未刻弦纹的微凸扁方体，管钻圆眼，极浅，部分未见，以扁横凸档象征宽鼻。亦是神人兽面像的简化形式，制作欠精。（王明达 / 文）

一四六　玉柱形器 良渚文化

高 3.3 厘米 外径 4.3 厘米

1986 年浙江省余杭县长命乡雉山村反山墓地出土

浙江省文物考古研究所藏

玉质呈白色，有浅灰色块斑。柱体有浅浮雕纹饰，两端有凸起边额，上下两排连续的圆案，各有6枚乳丁状的圆凸，玉柱以阴刻重圈，以粗细两条直线相连，再以半圈弧线在上下错位相连。柱中有双面钻成的竖向贯孔，略有大小差异。（王明达 / 文）

一四七　玉柱形器 良渚文化

高 3.3 厘米 外径 4.8 厘米 孔径 1.5 厘米

1987 年浙江省余杭县安溪乡下溪湾村瑶山墓地出土

浙江省文物考古研究所藏

玉质呈白色，夹红褐色瑕斑。矮圆柱形，中间穿孔细小而不规则，造型与圆琮相仿，外壁剔地凸出 3 块对称的长方形弧面，其上各琢一繁复的神人兽面像，其眼、鼻、口均以浅浮雕琢出轮廓，再以阴线刻画出细部，并在主题纹饰的周围琢以地纹，整器雕琢精细，为柱形器之上品。（刘斌 / 文）

一四八　玉兽面纹镯式琮 良渚文化

高 3.5 厘米 外径 10 厘米 孔径 8.2 厘米

1977 年江苏省吴县张陵山 4 号墓出土

南京博物院藏

器呈黄绿色，带有褐红斑。半透明，有凝脂感。圆筒形，有对钻大圆孔，孔壁有一周台痕，表面有 4 块对应的长方形凸弧面。每一凸弧面上琢刻一组兽面纹。兽面纹构图为粗眉、圆眼、横鼻、阔嘴，獠牙外露，系用对称象征方法，以管钻和雕刻相结合的技法制成，它是良渚文化兽面纹图案最早的代表。这件玉琮的造型与《古玉图考》上“组琮”第八、九两件相同，吴大澂称：“内外俱圆，与琮之常制不同。”也有人称之为镯，但器物厚重，圆孔甚大，不宜穿戴。（苏琼 / 文）

一四九　玉琮 良渚文化

高 5 厘米 射径 7.1 厘米至 7.4 厘米

1982 年上海市青浦县福泉山 9 号墓出土

上海市文物管理委员会藏

琮为阳起石琢制，湖绿色。矮方柱体，内圆外方，中间圆孔经过刮磨，孔大壁薄。器表纹饰用横凹槽分为上、下两节，并以四角为中线，各刻一组神像。上节是两条平行的横棱，两个线刻圆圈和一条横凸块组成简易神脸；下节是以蛋圆形的凸面作眼睑，重圈为眼，以桥形凸面和一个横凸块作鼻组成的兽面。在神脸和兽面的四角各刻一只飞鸟，并在两条横棱中间和凸起的眼、鼻部位，均填刻以横直线和云纹组成的几何形图案，刻纹细如毫发。此琮玉质好，制作精，为良渚文化玉器中的珍品。（孙维昌 / 文）

一五〇　一五一　玉琮 良渚文化

高 7.2 厘米 上端射径 8.5 厘米至 8.6 厘米 下端射径 8.3 厘米 上端孔径 6.8 厘米至 6.9 厘米 下端孔径 6.7 厘米至 6.8 厘米

1982 年江苏省武进县寺墩 4 号墓出土

南京博物院藏

器呈乳白色，带翠绿、赭红斑纹。扁方柱体筒形，外方内圆。孔为两面对钻而成。孔壁微弧，琢磨光滑。外表两头有矮短的圆口，中部分 4 面，每面由竖槽分为左右两凸块，中部由横槽分为上下两节。以四角为中线，上段饰繁缛的带冠人面纹，下段饰繁缛的兽面纹，又以细密匀称的云纹、弧线，横竖短条直线组成的曲尺形饰带，象征人的上肢和兽的前肢，并填饰各部位作底纹，以浮雕与线刻结合的方法琢刻成规整细密的象征性神人兽面纹图案。线刻工艺细如发丝，堪称微雕工艺的杰作。（吴月辉 / 文）

一五二　玉琮 良渚文化

高 5.8 厘米 射径 10.1 厘米 孔径 5.9 厘米

1987 年浙江省余杭县安溪乡下溪湾村瑶山墓地出土

浙江省文物考古研究所藏

器呈白色，带红褐色瑕斑。整器作矮方体，单节。以折角为中轴，施 4 组与鸟纹相配的神人兽面像。在顶部象征羽冠的两束弦纹之间饰以变线钩纹带，此属仅见。脸部为简化形式，其鼻尖作浮雕凸起，形象生动。饰于左右的鸟纹，鸟身省略，作回首状，笔力遒劲。（刘斌 / 文）

一五三　玉琮 良渚文化
高 4.5 厘米 射径 7.9 厘米
1987 年浙江省余杭县安溪乡下溪湾村瑶山墓地出土
浙江省文物考古研究所藏

器呈圆筒状，孔径较大，外壁环饰 4 块平面呈长方形的凸块，其上分别琢出兽面图案，上端并有象征神人羽冠的羽纹，在主体纹样之间，以卷云纹为地纹，构成了多层次的装饰纹样。（芮国耀 / 文）

一五四　玉琮 良渚文化
高 4.4 厘米 射径 7.6 厘米 孔径 6.5 厘米
1987 年浙江省余杭县安溪乡下溪湾村瑶山墓地出土
浙江省文物考古研究所藏

器呈白色，有红褐色斑。近矮方体，单节。以折角为中轴，在每块凸面上各施一神人兽面像。上部为象征羽冠的两束弦纹带，其面纹为浮雕和阴刻相结合的手法，雕琢较精细，左右下角各以弧线勾出脸庞。（刘斌 / 文）

一五五　玉琮 良渚文化
高 5.4 厘米 上端射径 6.5 厘米 下端射径 6.1 厘米 孔径 4.6 厘米
1978 年江苏省武进县寺墩 1 号墓出土
南京博物院藏

器呈碧绿色，短方柱体，中有对钻圆孔，外表分为两节，每节以四角为中轴线，饰由两条平行长横棱、圆圈、短横档组成象征冠帽、眼睛、鼻子的简化人面纹，全器 8 组。出土时大头在上，小头在下。（吴月辉 / 文）

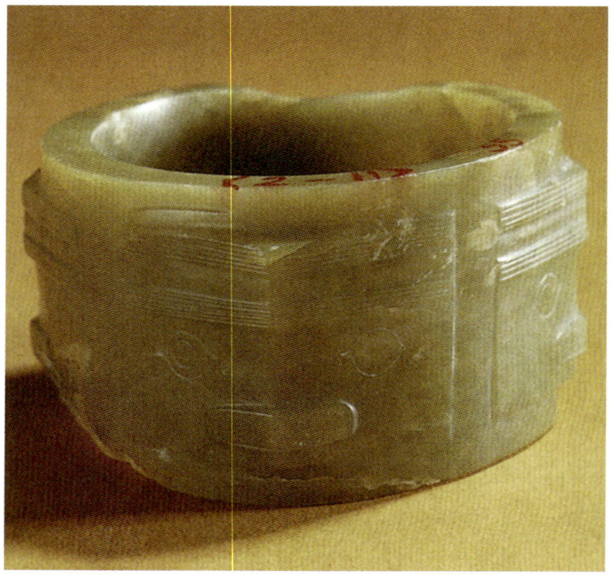

一五六　玉琮 良渚文化
高 4 厘米 射径 6.3 厘米至 6.6 厘米 孔径 5.1 厘米
1978 年浙江省平湖县瓦山乡戴墓墩出土
浙江省 平湖博物馆藏

玉质晶莹润洁，品位上乘，为良渚文化玉琮中难得之精品，全器呈矮柱体状，转角刻饰神人面纹，重圈为眼，两侧有小三角形眼角，扁方形凸块为鼻，鼻上刻有卷云纹，面纹上端有两组刻有平行细弦纹的象征性羽冠。制作规整，上侧略有残缺。（王明达 / 文）

一五七　玉琮 良渚文化

高 29.6 厘米 上端射径 6.1 厘米 下端射径 5.2 厘米 上端孔径 3.8 厘米 下端孔径 3.4 厘米
1982 年江苏省武进县寺墩 3 号墓出土
南京博物院藏

器呈黛青色，下端局部浸蚀。经多次矿物学鉴定为透闪石—阳起石软玉。长方柱体筒形。对钻孔内有突出的台痕和明显的钻槽，下端孔壁上有旋纹。分 13 节，每节以四角为中轴线，饰以由两条平行长横棱和一条垂直相接的短横档组成的纹饰，象征简化人面纹。一面有弧形锯切痕 3 组共 10 余道。(吴月辉 / 文)

一五八　玉琮 良渚文化

高 36.1 厘米 上端射径 6.8 厘米至 7 厘米 下端射径 6.2 厘米至 6.3 厘米 上端孔径 4.5 厘米 下端孔径 4.5 厘米
1982 年江苏省武进县寺墩 3 号墓出土
南京博物院藏

器呈灰白色，方柱体长筒形，外方内圆，上大下小。中有对钻圆孔，两端孔内有台痕。外表两端为方圆形的射口，琮体分为 13 节。每节以四角为中线，饰简化的戴冠人面纹，全器共 42 组。(戴先玲 / 文)

一五九　玉琮 良渚文化

上端射径 7.7 厘米 下端射径 6 厘米
上端孔径 5.6 厘米 下端孔径 5.1 厘米
1972 年江苏省吴县草鞋山征集
江苏省 苏州博物馆藏

器呈茶褐色。长方柱体，上大下小，中有对钻圆孔，器分 12 节，每面以竖槽隔断，分为左右两个凸面，每节以边角为中线，上部以较长折角两平行横线为冠，中部刻一阴线圆圈为目，下部以一较短折角横线为鼻(嘴)，组成相同的简化人面纹，共 48 组。(陈军 / 文)

一六〇　玉琮 良渚文化

高 6 厘米至 6.2 厘米 上端射径 7.1 厘米至 7.6 厘米 下端射径 6.9 厘米至 7.2 厘米 孔径 6 厘米

1982 年江苏省昆山县绰墩出土

江苏省 昆山县文管会藏

器呈淡黄色，褐斑。扁方柱体，外方内圆。孔系两面对钻而成，孔壁有弧线琢痕。表面两端为圆弧的射口，琮身两节，每节以边角为中线，饰以简化的人面纹。双圈为眼睛，外圈两侧刻出弧线三角形阴纹作眼角，短横档上刻出云纹象征鼻子，上部两道平行的长横棱表示冠帽。全器共饰象征人面纹 8 组。(陈兆弘 / 文)

一六一　玉琮 良渚文化

高 7.5 厘米 上端射径 7.6 厘米至 8.1 厘米 下端射径 7.6 厘米至 7.8 厘米

上端孔径 6.2 厘米 下端孔径 6.1 厘米

1984 年江苏省昆山县少卿山 1 号墓出土

江苏省 昆山县文管会藏

器呈湖绿色，带褐斑。扁方柱体筒形，孔系两面对钻而成，孔壁抛光呈凸弧形，琮身分两节，每节以边角为中轴线，饰戴冠象征人面纹。上部两道平行长横棱，表示冠帽，眼睛系直径 2.5 毫米的圆圈，外刻白果状眼睑，云纹作鼻子，下端转角呈尖喙状，为嘴巴。全器共饰 8 组。(陈兆弘 / 文)

一六二

一六三

一六二　一六三　玉琮 良渚文化

高 8.1 厘米 上端射径 6.2 厘米至 6.5 厘米 下端射径 6.1 厘米至 6.2 厘米

1984 年上海市青浦县福泉山 40 号墓出土

上海市文物管理委员会藏

琮由灰褐色蛇纹石琢制。长方柱形，中间圆孔经过刮磨，孔大壁薄，器表纹饰用横凹槽分为 3 节，每节以四角为中线，各刻一组以两条横棱、两个圆圈和一条横凸块组成的简易神像。相似的琮，在同一墓葬共出两件，石质、石色、形制大小与纹饰完全相同，而且其中一件第三节神像的口部有改制缺损的情况，如将这两件玉琮连接，恰好合为一件，说明这本是一件 6 节神像的琮，分割改制成为两件。（孙维昌 / 文）

一六四　玉琮 良渚文化

高 31 厘米 上端射径 7.4 厘米

下端射径 6.5 厘米 孔径 4 厘米至 4.5 厘米

故宫博物院藏

玉质深碧色，表面有皮绺斑，内闪银光点。长方柱体，下窄上宽，形体较大。上下两端对钻孔，在孔心对接处，仅穿透一小圆洞，未能全打通。从钻孔的痕迹观察，工具是较粗的圆锥体。器外壁，以四角边线为中心，各深琢等距离的 12 组横凹槽。每组内横琢 3 条粗细不等的阴沟，象征眉、嘴，恰似变形的兽面。线条粗犷有力，此器虽为传世品，但与江苏省武进县寺墩出土的玉琮相似，当属良渚文化。（张寿山 / 文 刘志岗 / 摄影）

一六五

一六五　一六六　玉琮 良渚文化

高 6.7 厘米 射径 11.5 厘米至 11.7 厘米

故宫博物院藏

玉质青色，表面皮斑较重。短方柱体，中有圆孔，短射。外壁以四边角线为中心，琢两组兽面纹。其间上下以两道弦纹相隔，上部隐起圆形双眼，外连圆弧形眼廓，上面阴刻不规则的回纹装饰，线条深浅粗细不一。下面的兽面纹刻圆环眼，眼之两侧加刻三角形阴线。其下为凸起的兽鼻，鼻上饰阴刻不规则的回纹。琮体表面低平处，刻乾隆御题诗："虽曰饰竿琳与琅，置肩虤甋孰能当。近经细绎辋头错，遂以成吟一再详。"末署"乾隆癸丑春御题"并"八徵耄念"阴文篆书小方印和"自强不息"阳文篆书小方印。镌字时未能分清玉琮上的纹饰，结果把诗文倒琢其上。琮，后人曾名辋头，认为是车饰，实谬，乾隆时将琮心配以掐丝珐琅铜胆，以盛水育花。（张寿山 / 文　刘志岗 / 摄影）

一六六

一六七　玉琮 良渚文化

高 18.1 厘米至 18.2 厘米　上端射径 7.3 厘米至 7.4 厘米　下端射径 6.9 厘米至 7 厘米　上端孔径 5.1 厘米　下端孔径 5.2 厘米

1973 年江苏省吴县草鞋山 198 号墓出土

南京博物院藏

器呈碧绿色，带有褐斑。方柱体高筒形，外方内圆，中有对穿的圆孔，外分四面，每面由竖槽分为左右两凸面，有横槽，分为6节，以边角为中轴线，每节由垂直相接的两凸面组成，饰以由两条平行长横棱，阴刻圆圈，短横档组成，表示冠帽、眼睛、鼻子的简化人面纹。全器共24组。此器制作规整，内外抛光，细洁光亮。（苏琼 / 文）

一六八　玉琮 良渚文化

高 18.5 厘米 上端射径 8 厘米 下端射径 7.8 厘米

上端孔径 5.5 厘米 下端孔径 5.3 厘米

1973 年江苏省吴县草鞋山 198 号墓出土

南京博物院藏

器呈淡绿色。方柱体高筒形，外方内圆，中有两头对穿的圆孔，孔壁有台痕和钻槽，外分 4 面，每面由竖槽分为左右两凸面，有横槽分为 7 节，以边角为中线，每节由垂直相接的两凸面组成，饰以由两条平行长横棱，阴刻圆圈，短横档组成，表示冠帽、眼睛、鼻子的简化人面纹。全器 28 组。（苏琼 / 文）

一六九　玉琮 良渚文化

高 15.8 厘米 上端射径 7 厘米 下端射径 6.5 厘米

上端孔径 5.6 厘米 下端孔径 5.2 厘米

1983 年江苏省常熟市张桥乡庙桥村嘉菱荡出土

江苏省 常熟市文管会藏

器呈黄绿色。长形管状方柱体，外方内圆，上大下小，圆孔为两面对钻，孔壁光滑。外表 4 面，每面又分左右两半，各由横槽分为 6 节。每节以四角为中线，饰简化的象征性的带冠兽面纹。兽面眼睛为圆圈中加一圆点，两侧各出横线一条，表示眼珠与眼角。转角上相接的凸横档作为嘴部，中有一横线，表示上下唇。横线两端向上刻两斜线，表示伸出一对獠牙。全器共饰 24 组简化兽面纹。（黄步青 / 文）

一七〇　玉琮 良渚文化

高 4.5 厘米 射径 8.3 厘米 孔径 6.4 厘米

1987 年浙江省余杭县安溪乡下溪湾村瑶山墓地出土

浙江省文物考古研究所藏

器呈白色，带青灰色瑕斑，整器作圆筒形，外壁浮凸出 4 块对称的长方形弧面，其上各琢一神人兽面像，此当为玉琮之雏形。神人兽面像雕琢繁复，采用浮雕、线刻和地纹三重表现手法，使图案层次分明，主题突出。反映了良渚人高超的琢玉技艺和丰富的艺术表现力。（刘斌 / 文）

一七一　玉琮 良渚文化

高 4.1 厘米 上端射径 7.4 厘米至 7.5 厘米 下端射径 7.2 厘米至 7.3 厘米 上端孔径 6.7 厘米 下端孔径 6.6 厘米

1982 年江苏省武进县寺墩 3 号墓出土

南京博物院藏

器呈青白色，褐斑。短筒形，镯式。孔为两面对钻，孔壁微弧，琢磨光滑。表面两端为矮短的圆口，中部由 4 条竖槽分为 4 块凸面，每一凸面中间都突出形成竖棱，并有横槽将凸面分为上下两段。以竖棱为中线，上段饰简化的带冠人面纹，下段饰兽面纹，合成神人兽面纹图案。（吴月辉 / 文）

一七二　玉琮 良渚文化

高 5.6 厘米 上端射径 9 厘米 下端射径 8.7 厘米

1984 年上海市青浦县福泉山 65 号墓出土

上海市文物管理委员会藏

琮为阳起石琢制。乳白色隐现淡绿斑纹。矮方柱形，琮面似在圆柱体上凸出 4 个角尺形凸块，中部有一条横槽，将凸块分为上下两节。以四角为中线，各刻一组神像。上节在两条平行的横棱下，雕刻一个神脸。眼为线刻重圈，并在两侧各出一条直线象征眼角，下边以横凸块作鼻，上刻细密的云纹和横直线图案。下节雕刻一兽面。以蛋圆形凸面作眼睑，线刻重圈为眼，中间以桥形凸面和一条横凸块作鼻，在凸块上也满刻细密匀称的横直线和云纹组成的图案。此琮制作规整，纹饰精细，器表高度抛光，光洁如镜。（孙维昌 / 文）

一七三　玉琮 良渚文化

高 5.1 厘米 射径 3.2 厘米

上端孔径 1.3 厘米 下端孔径 1.2 厘米

1972 年江苏省吴县草鞋山 199 号墓出土

南京博物院藏

器呈乳白色，带有青斑。长方柱体，中有对钻圆孔，孔壁光滑，两端有矮凸的圆口。器身 4 面，每面有竖槽一分为二，中部以横槽纹分为上下两节。以四角为中轴线，上下节刻 8 组兽面纹。兽面纹以上方平行横弦纹表示羽冠，椭圆形凸面表示眼睛，折角上的横档刻卷云纹，表示鼻子，并以横竖直线、弧线、云纹作地纹，全器磨制精致，刻纹刚劲，抛光细腻，工艺高超。（苏琼 / 文）

一七四　玉琮 良渚文化

高 4.2 厘米 射径 11.6 厘米 孔径 6.4 厘米

1987 年浙江省余杭县安溪乡下溪湾村瑶山墓地出土

浙江省文物考古研究所藏

器呈白色，夹灰褐色结晶斑。扁方体，大穿孔，器壁厚实，单节，以折角为中轴施 4 组简化神人兽面像，眼睛由阴刻的橄榄形眼睑和单圆圈的眼球组成，在两眼之间阴刻出“八”字形鼻梁，左右下角各以弧线勾出脸庞，与常见之神人兽面像略有区别，在象征羽冠的弦纹带及鼻端的下面，各剔出一凹槽，使本来阴刻的面纹显出生动的立体感。（刘斌 / 文）

一七五　玉琮 良渚文化

高 3.2 厘米 射径 9.3 厘米 孔径 7.2 厘米

1986 年浙江省余杭县长命乡雉山村反山墓地出土

浙江省文物考古研究所藏

器呈白色，有浅灰色块斑。形扁矮，圆孔较大，俯视如玉镯。单节，上方为两条微凸的横棱，各刻平行细皱纹，象征双体羽冠，神人面纹仅以单圈圆眼和凸横档的阔鼻组成，比较简洁，制作较规整，对称和谐。（王明达 / 文）

一七六　玉琮 良渚文化

高 6 厘米 宽 12.6 厘米

1987 年浙江省余杭县安溪乡下溪湾村瑶山墓地出土

浙江省 余杭县文管会藏

器呈白色，带黄褐、青蓝色斑。器外廓近方，以转角为中轴，组成 4 个画面，每一组画面由上下两节的神人兽面像组成，上节神人双圈眼，两侧有眼角，蒜头鼻；下节为一兽面，刻纹清晰流畅。（沈岳明 / 文）

一七七　玉琮 良渚文化

高 5.5 厘米 宽 7.7 厘米

1987 年浙江省余杭县安溪乡下溪湾村瑶山墓地出土

浙江省 余杭县文管会藏

玉质呈白色。矮方柱体，以转角为中轴线向两侧展开琢成对称的 4 组纹饰，每组纹饰分 3 节，第一、三节为神人图像，其上部有繁缛的纹带，神人作双圈眼，两侧有眼角，中有蒜头鼻；第二节为一兽面，椭圆形斜向眼，块状鼻，省去了口。（沈岳明 / 文）

一七八　玉琮 良渚文化

高 7.3 厘米 宽 9.6 厘米

1987 年浙江省余杭县安溪乡下溪湾村瑶山墓地出土

浙江省 余杭县文管会藏

器呈白色。分上下两节，每节为一神人像，双圈眼，两侧有眼角，蒜头鼻，神人上部各有两道弦纹带，用以代表羽冠。（沈岳明 / 文）

一七九　玉琮 良渚文化

高 5.7 厘米 宽 7.1 厘米

1987 年浙江省余杭县安溪乡下溪湾村瑶山墓地出土

浙江省 余杭县文管会藏

器呈白色。矮方柱体，以转角为中心，刻 4 组神人兽面图像，上部为神人，头上饰有竖起的羽毛，象征羽冠；下部为兽面，椭圆形斜向眼，蒜头鼻，口部简化，仅刻两上、两下 4 颗獠牙，其余部位由涡纹充填，组成了一幅既清晰又完整的神人兽面画像。（芮国耀 / 文）

一八〇　玉琮 良渚文化

高 5.6 厘米

1987 年浙江省余杭县安溪乡下溪湾村瑶山墓地出土

浙江省 余杭县文管会藏

器呈白色。矮方柱体，两节，以转角为中心，琢刻神人兽面图案，神人为双圈眼，两侧有眼角，蒜头鼻；兽面为椭圆形眼，刻纹流畅。（沈岳明 / 文）

一八一　玉琮 良渚文化

高 5.1 厘米 宽 7.4 厘米

1987 年浙江省余杭县安溪乡下溪湾村瑶山墓地出土

浙江省 余杭县文管会藏

器分两节，中有竖槽贯通。四面转角上饰有简化的神人兽面像，神人双圈眼，两边各刻有眼角，眼下为蒜头鼻，转角下饰一兽面图案。（沈岳明 / 文）

一八二　玉琮 良渚文化

高 5.6 厘米 宽 6.8 厘米

1987 年浙江省德清县三合乡羊尾巴山出土

浙江省 余杭县文管会藏

器外廓近方形，每个转角饰两组神人图像，双圈眼，大方鼻，整个画面已趋向简化。（沈岳明 / 文）

一八三　玉琮 良渚文化
高 5.1 厘米 宽 9.5 厘米
1975 年浙江省余杭县小林乡小林村出土
浙江省 余杭县文管会藏

器呈碧绿色，带有红色斑块，玉质品位上乘，透明度良好。器上为 4 个神人像，其上为两道弦纹带，上道弦纹下，似有神人羽冠之简化。下组神人为双圈眼，眼下为大方鼻。（沈岳明 / 文）

一八四　玉琮 良渚文化
高 8.8 厘米 射径 7.7 厘米至 7.8 厘米
1987 年浙江省余杭县安溪乡下溪湾村瑶山墓地出土
浙江省文物考古研究所藏

器呈白色。矮方柱体，内圆外方。上、下两节，每节各刻兽面图案一组，纹饰相同。（芮国耀 / 文）

一八五　玉琮 良渚文化
高 9.6 厘米 射径 8 厘米 孔径 7.1 厘米
1986 年浙江省余杭县长命乡雉山村反山墓地出土
浙江省文物考古研究所藏

器呈白色，有灰白色筋状条斑。方柱体，圆孔较大，4 节，每两节复合组成简化神人兽面像。第一节为神人面纹，头戴双体羽冠，第二节为兽面纹，其两侧各有一浅浮雕的鸟纹。第三、四节复合图样与上相同。全器制作工整，虽无繁缛的阴纹细刻，但图样对称和谐，极其严谨。（王明达 / 文）

一八六　玉琮 良渚文化
高 7 厘米 射径 8.4 厘米 孔径 6.2 厘米
1986 年浙江省余杭县长命乡雉山村反山墓地出土
浙江省文物考古研究所藏

玉质呈白色，有青紫色块斑。矮柱体，圆孔较大，4 节，每两节复合组成简化神人兽面像。第一节为神人面纹，头戴变体羽冠，第二节为兽面纹，其两侧各有一浅浮雕的鸟纹。第三、四节复合图样与上相同。整器规整，纹饰精细，兽面纹和鸟纹上的阴刻细线极其繁缛，为良渚文化玉琮的精品。（王明达 / 文）

一八七　玉琮 良渚文化

高 7.6 厘米 射径 8 厘米 孔径 6 厘米

1986 年浙江省余杭县长命乡雉山村反山墓地出土

浙江省文物考古研究所藏

玉质为白色，有浅灰色结晶块。正方柱体，圆孔较大，4 节，每两节复合组成简化神人兽面像。第一节为神人面纹，头戴变体羽冠，羽冠上刻饰连续卷云纹。第二节为兽面纹，各部位刻饰繁缛的纹饰。第三、四节复合图样与上述相同，全器纹饰工细，对称和谐。（王明达 / 文）

一八八　玉琮 良渚文化

高 2.3 厘米 射径 3.2 厘米 孔径 1 厘米

1986 年浙江省余杭县长命乡雉山村反山墓地出土

浙江省文物考古研究所藏

器呈浅黄色，有紫红色块斑。矮方柱体，中部贯孔较小。单节，上端有两组刻平行细弦纹的扁凸块，象征羽冠，神人的脸面以管钻的单圈表示眼睛，以两道阴刻短线表示鼻子。器体较小，制作欠规整，纹饰简练。（王明达 / 文）

一八九　玉琮 良渚文化

高 6 厘米 上端射径 8 厘米 孔径 6.4 厘米 下端射径 7.5 厘米至 7.7 厘米 孔径 6.2 厘米

1970 年浙江省桐乡县虎啸乡小桥村出土

浙江省 桐乡市博物馆藏

器呈深墨绿色，矮柱体，两节，上、下两节完全一致，均为头戴变体羽冠的神人脸面，重圈为眼，宽凸横档为鼻。玉质晶莹，制作精细，光洁闪亮，基本保持了未受沁的本色。（王明达 / 文）

一九〇　玉琮 新石器时代

高49.2厘米 上宽6.4厘米 下宽5.6厘米

中国历史博物馆藏

玉色碧绿，间有褐斑，器作方柱体，中为对穿圆孔。器身按纹饰分为19节，每节上刻3道直线纹，其两侧各有一圆圈为目，以转角方块为口，以直线纹为额，构成一形象简化的兽面纹，其形制与良渚文化玉琮几无区别，唯在玉琮上端射部刻有阴线“[illegible]”纹，与大汶口文化晚期莒县凌阳河陶文相似。此玉琮是已知方柱型玉琮中最大的一件，较台北故宫博物院所藏17节玉琮高出2厘米。

一九一

一九一　一九二　玉琮 良渚文化

高 38.2 厘米

1984 年征集

首都博物馆藏

玉琮四面各有两条垂直阴刻线，通体以减地法琢磨出凸凹规则的横棱纹。两凸一凹为一节，共 15 节。每节以四角为中线，两侧有对称的圆圈形眼，成一兽面纹。玉琮上方有一用阴线琢出的小鸟纹，侧身平视，立于柱上，栩栩如生。下连一盾形纹饰。玉琮平滑光亮，线条规整精致，细如毫发。（薛婕 / 文 王露 / 摄影）

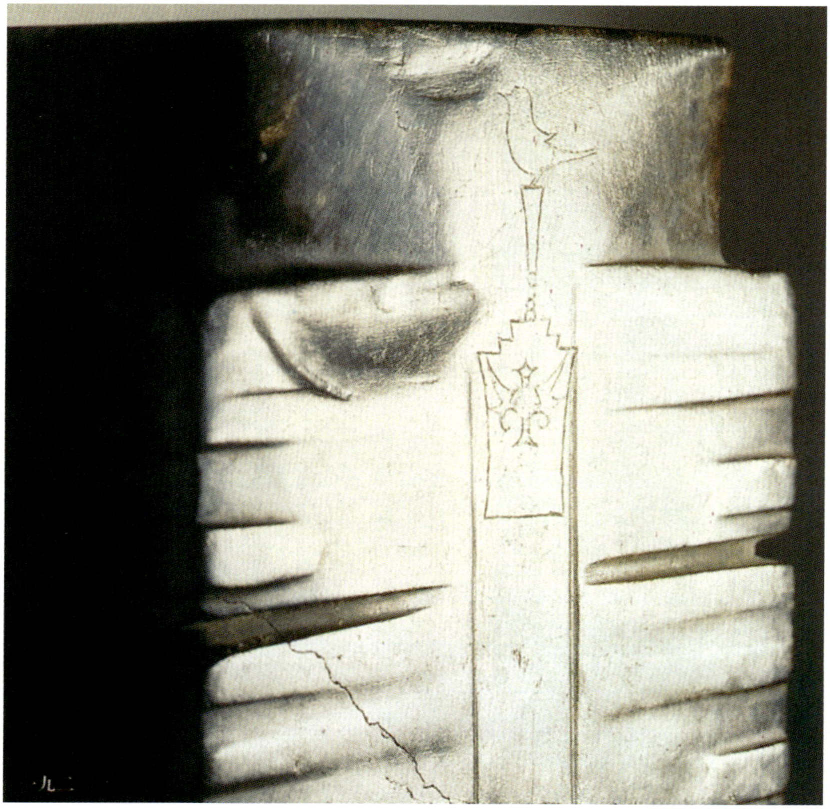

一九二

一九三　玉琮 良渚文化

高 39.3 厘米 孔径 5 厘米

上海博物馆藏

器呈青色，经浸蚀呈深褐色。长方柱形体，上大下小，中心是一个上下贯通的大圆孔。外壁共分 15 节，每节以四角边棱为中线，刻两个圆圈为目，折角长方凸块为鼻，目上方的凸弦纹为额，这是简化了的神像。此为良渚文化中长柱型琮的典型器，口沿一处所饰羽翼纹图案是良渚文化玉琮中的稀见纹饰。（朱淑仪 / 文）

一九四　玉觿 良渚文化
长 6 厘米 最宽处 1.2 厘米 厚 0.5 厘米
1977 年江苏省吴县张陵山 5 号墓出土
南京博物院藏

器呈淡绿色，褐斑。扁平角状，器身镂空花纹，系对钻出圆孔后向其他方向切割成弧形沟槽而成两组花纹，边缘也切割出大小弯直不一的 6 处缺口，是良渚文化中最早的透雕玉器。（苏琼 / 文）

一九五　玉蛙饰 良渚文化
长 4.8 厘米 宽 3.2 厘米 厚 0.2 厘米至 0.7 厘米
1977 年江苏省吴县张陵山 4 号墓出土
南京博物院藏

器呈黄绿色，有褐红斑。半透明，有凝脂感。系用玉边角料制作，与同出的兽面纹镯式琮均采自同一块玉料。形状作等腰长三角形，厚薄不一，正面是玉料原本表面，以圆点、直线阴刻蛙的眼、头、四肢，线条刚劲简朴，背面留有 10 余条抛物线状的切割痕。前端钻有两圆孔，似为系挂的饰物。（苏琼 / 文）

一九六　玉鳖　良渚文化

长 3.2 厘米

1986 年浙江省余杭县长命乡雉山村反山墓地出土

浙江省文物考古研究所藏

器呈黄色，有灰白块斑。头颈前伸，四爪作爬行状，富有动感。鳖背作纵向棱线凸起，向两侧斜下。鳖腹有一对小隧孔。（王明达 / 文）

一九七　玉鱼　良渚文化

长 4.9 厘米

1986 年浙江省余杭县长命乡雉山村反山墓地出土

浙江省文物考古研究所藏

器呈白色，头部微凸，平唇，单圈圆眼，鱼背略拱，腹部微弧，尾鳍分叉，刻有细线，腹下钻有两个小孔。整体造型逼真，极其生动。（王明达 / 文）

一九八　玉鸟　良渚文化

高 3.4 厘米　宽 4.6 厘米

1987 年浙江省余杭县安溪乡下溪湾村瑶山墓地出土

浙江省文物考古研究所藏

器呈青色，整体近似扁平三角形，上端尖突，下端两翼舒展，正面尖端用浅浮雕和阴线琢出兽面图案，如将鸟嘴向下，犹如俯冲而下的飞鸟。（芮国耀 / 文）

一九九　玉鸟　良渚文化

长 4.3 厘米　宽 5.3 厘米

1986 年浙江省余杭县长命乡雉山村反山墓地出土

浙江省文物考古研究所藏

器呈黄色，有茶褐色斑点。造型逼真，栩栩如生。尖嘴，短尾，两翼外张，作振翅奋飞状，鸟眼微凸，重圈圆眼，背部微凹。背面有一对斜向钻成的小隧孔。（王明达 / 文）

二〇〇　玉鸟 良渚文化
长 2.6 厘米　宽 4.7 厘米
1988 年浙江省余杭县长命乡雉山村反山墓地出土
浙江省文物考古研究所藏

器呈白色，有浅青和茶褐色斑点。造型与前者略同，背部微凸，背面有两对小隧孔。（王明达 / 文）

二〇一　玉鸟 良渚文化
长 3 厘米　宽 5.1 厘米
1986 年浙江省余杭县长命乡雉山村反山墓地出土
浙江省文物考古研究所藏

器呈白色，有浅灰和褐色斑点。器型与前者略同。（王明达 / 文）

二〇二　玉鸟 良渚文化
长 5.5 厘米　宽 5.8 厘米
1986 年浙江省余杭县长命乡雉山村反山墓地出土
浙江省文物考古研究所藏

器呈白色，有浅青色晶状斑。造型与前者略同。（王明达 / 文）

二〇三　玉蝉 良渚文化
长 2.2 厘米
1986 年浙江省余杭县长命乡雉山村反山墓地出土
浙江省文物考古研究所藏

器呈浅黄色。以凹凸的弧线刻画出眼、翼，线条流畅，对称和谐。截面平整，留有割痕，钻有一对小隧孔。（王明达 / 文）

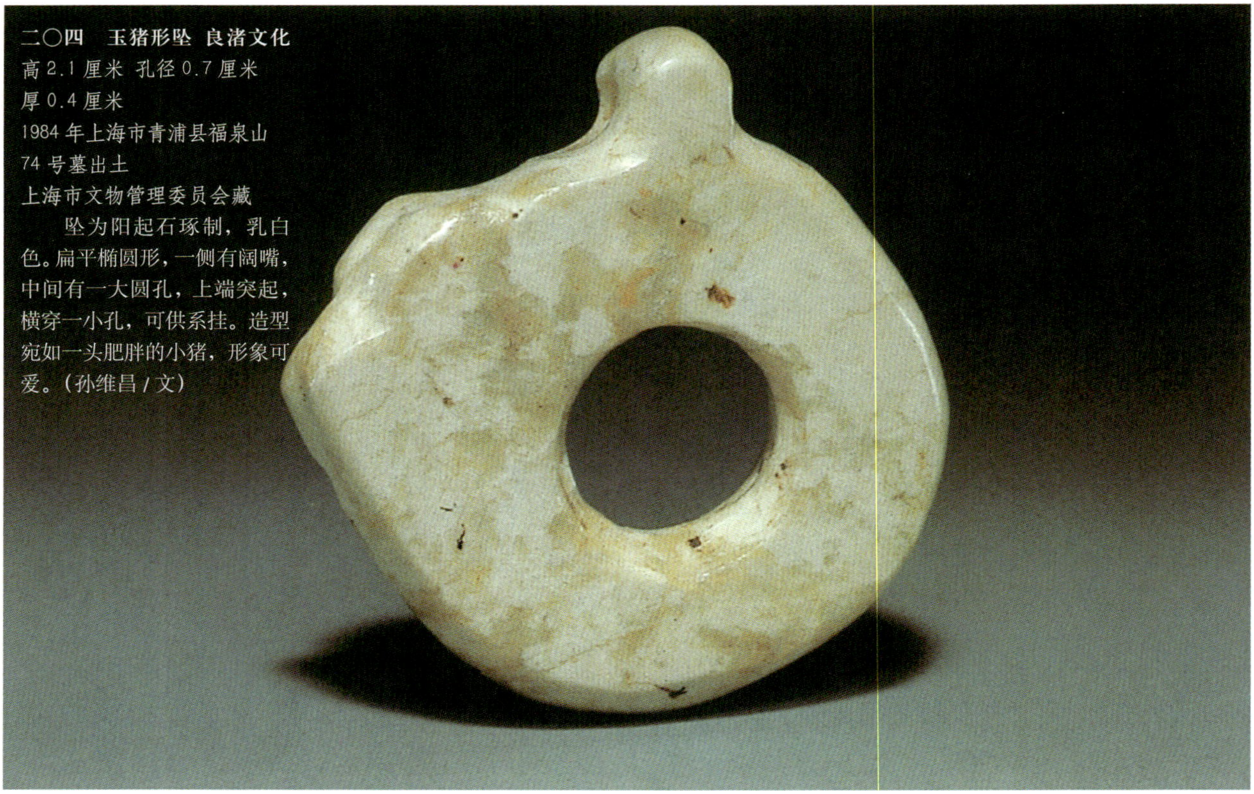

二〇四　玉猪形坠 良渚文化
高2.1厘米 孔径0.7厘米
厚0.4厘米
1984年上海市青浦县福泉山
74号墓出土
上海市文物管理委员会藏

坠为阳起石琢制，乳白色。扁平椭圆形，一侧有阔嘴，中间有一大圆孔，上端突起，横穿一小孔，可供系挂。造型宛如一头肥胖的小猪，形象可爱。（孙维昌／文）

二〇五　玉杖端饰 良渚文化
高4厘米 外径5.5厘米
1987年浙江省余杭县安溪乡下溪湾村瑶山墓地出土
浙江省文物考古研究所藏

器呈白色，有红褐斑。圆台形，上端为平面椭圆形的凸榫，凸榫中间有长方形铆孔，铆孔中间穿一小圆孔至底部，榫头横穿一小圆孔。（芮国耀／文）

二〇六　玉杖端饰 良渚文化
高2.25厘米 外径3.6厘米至3.85厘米
浙江省余杭县安溪乡下溪湾村瑶山墓地出土
浙江省文物考古研究所藏

器呈白色。圆筒状，上端略大于下端，呈弧凸面。中孔上端镶嵌青白玉质圆饼，是一件难得的玉质镶嵌器，在工艺上达到俏色玉的效果。（芮国耀／文）

二〇七　玉双孔管形器 良渚文化
长 4.55 厘米
直径 1.5 厘米至 2 厘米
1987 年浙江省余杭县安溪乡下溪湾村瑶山墓地出土
浙江省文物考古研究所藏

器呈青色。圆柱状，一端略圆，另一端呈椭圆形，有两个竖向铆孔，用途不明，可能用作端饰。（芮国耀 / 文）

二〇八　玉带钩 良渚文化
长 7.7 厘米 宽 3.2 厘米
厚 2.4 厘米
1986 年浙江省余杭县长命乡雉山村反山墓地出土
浙江省文物考古研究所藏

器呈浅青色。长方形扁平体，一端有圆孔，另一端线割成弯钩状，正面弧凹，两端微凹，均抛光闪亮。底面平整，留有清晰的弧线割痕。（王明达 / 文）

二〇九　玉带钩 良渚文化
长 5.9 厘米 宽 3.5 厘米
厚 1.8 厘米
1972 年浙江省桐乡县屠甸乡金星村出土
浙江省 桐乡市博物馆藏

器呈黄褐色，有黑条斑。长方形扁平体，一端钻有圆孔，另一端线割成弯钩状，内壁有弧线形割痕，表面抛光，底面略显粗糙。（王明达 / 文）

二一〇　玉纺轮　良渚文化

外径4.2厘米　孔径0.7厘米　厚0.5厘米

1982年江苏省吴县张陵山东山1号墓出土

南京博物院藏

玉纺轮由浅黄色带褐斑的阳起石软玉制成，半透明，扁平圆形。外缘不大圆整，中有偏于一侧的对钻圆孔，孔壁有旋纹和台痕。器表光素无纹，背面有弧线切割痕5道。玉质滋润晶莹。（姚勤德/文）

二一一　玉纺轮　良渚文化

外径4.3厘米　孔径0.6厘米　厚0.9厘米　杆长16.4厘米

1987年浙江省余杭县安溪乡下溪湾村瑶山墓地出土

浙江省文物考古研究所藏

器呈白色，圆饼状，中穿一圆孔，出土时有一根青玉圆杆穿在其中。圆杆上端旋切成锥尖状，在尖端处对钻一小横孔，便于穿系和悬吊，新石器时代出土的玉质带杆纺轮，仅见此一例，这对了解纺轮安杆方式和使用方法提供了直接的证据。（芮国耀/文）

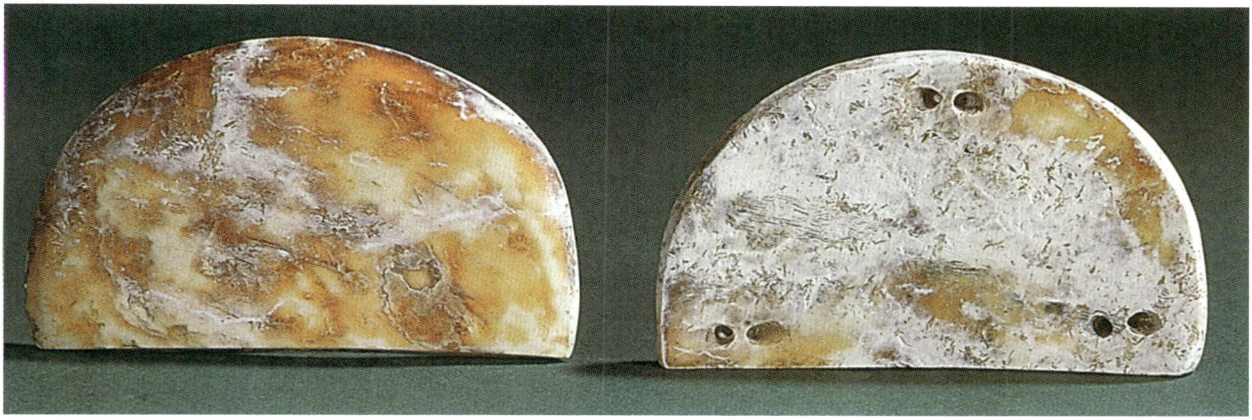

二一二　玉半圆形饰 良渚文化
高 4.2 厘米 底宽 6.9 厘米 厚 0.4 厘米
1986 年浙江省余杭县长命乡雉山村反山墓地出土
浙江省文物考古研究所藏

器呈黄褐色，有灰白色筋状条斑。四件一套中的两件，正面微弧凸，光素无纹，背面略凹弧，较粗糙，未抛光，斜向钻有 3 对小隧孔，用于穿缀。（王明达 / 文）

二一三　玉半圆形饰 良渚文化
高 3.5 厘米 底宽 5.8 厘米 厚 0.3 厘米
1986 年浙江省余杭县长命乡雉山村反山墓地出土
浙江省文物考古研究所藏

器呈浅青色，有深绿色斑点。四件为一套，玉质与大小相同。从出土位置均位于头骨上方推断，应是冠上的饰件。器如半圆，底边平直。正面微弧凸，背面相对内弧凹，斜向对钻 3 对隧孔，用于穿缀。正面以浅浮雕琢成兽面纹，重圈圆眼，椭圆形眼睑，眉心刻云雷纹，宽鼻，大阔嘴，脸面上端琢刻成冠顶状。（王明达 / 文）

二一四　玉半圆形饰 良渚文化
高 4 厘米 宽 6.4 厘米
南京博物院藏

该器呈半月形，土黄色，属透闪石软玉，玉质较差。背面内凹，其左右两边各有一对斜钻隧孔，做穿缀用。正面有浅浮雕和阴线细刻相结合方法琢刻成的羽冠神人兽面纹，系传世品中见到的最完整的图案，与反山 12 号墓琮钺上所刻大致相同。此器神人和兽合为一体，兽眼在人的双肘内侧，下为兽足，呈锋利爪状。人的五官及四肢均由浅细密集的阴刻线组成，刻工精致、细巧。此饰件系 1951 年在苏南征集，出土地点不明，因长期浸蚀磨损，正面花纹已部分模糊不清。（马久喜 / 文）

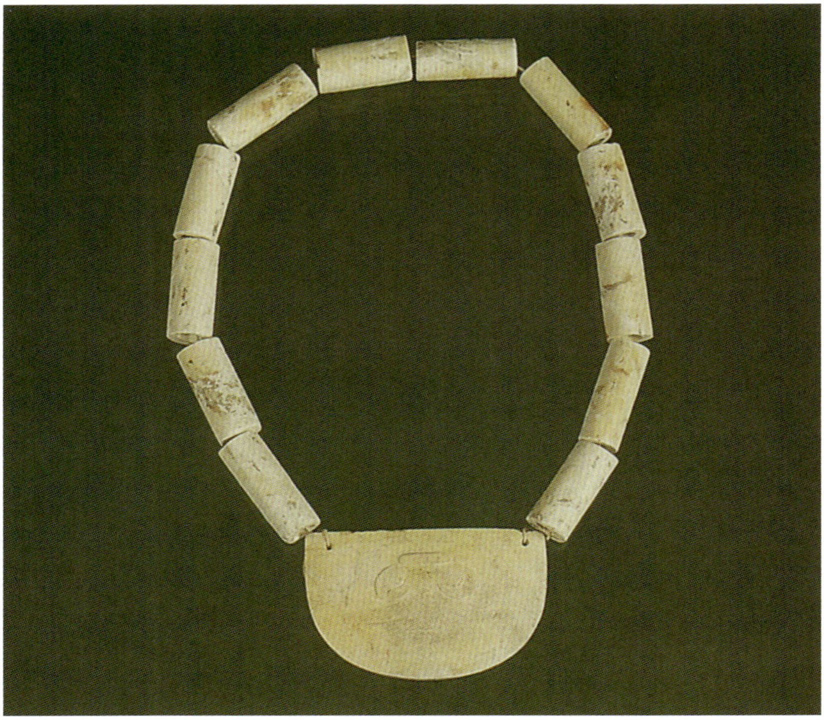

二一五　玉串饰　良渚文化
玉管长 2.7 厘米至 3 厘米
直径 1 厘米至 1.1 厘米
小璜高 4.2 厘米　宽 6.3 厘米
1986 年浙江省余杭县长命乡雉山村反山墓地出土
浙江省文物考古研究所藏

器呈白色，玉管上有茶褐斑。由 12 颗小玉管和 1 件小玉璜串挂而成。玉管均光素无纹。小玉璜正面微弧凸，雕琢简化神徽，除省略神人双手和下肢外，头戴羽冠的神人和兽面纹雕琢精细，背面平整。璜的下端两角各钻一小孔，与玉管可以串联系挂在一起。（王明达 / 文）

二一六　玉串饰　良渚文化
球形珠：直径 1.2 厘米
大腰鼓形：珠直径 1.6 厘米　长 2 厘米
管直径 0.6 厘米　长 1.4 厘米
锥形坠：直径 0.8 厘米至 1.2 厘米　长 2.6 厘米
1978 年江苏省武进县寺墩 1 号墓出土
南京博物院藏

器呈灰白色。由牛鼻孔球形珠 1 件、对穿孔腰鼓形珠 12 件、、对穿孔管 4 件、锥形坠 1 件，共计 18 件组成。（吴月辉 / 文）

二一七　玉坠饰　良渚文化

长 2.5 厘米 宽 1.4 厘米

1982 年上海市青浦县福泉山 9 号墓出土

上海市文物管理委员会藏

坠由阳起石琢制，湖绿色，形如小甲虫。上端有系，中有小穿孔，两面在两条弦纹之下，以边侧为中线，各刻一组以椭圆形凸面作眼睑，圆圈为眼，横凸块为鼻的兽面纹。（孙维昌 / 文）

二一八　玉圆牌　良渚文化

外径 4.1 厘米 孔径 1.3 厘米 厚 1 厘米至 1.15 厘米

1987 年浙江省余杭县安溪乡下溪湾村瑶山墓地出土

浙江省文物考古研究所藏

器呈白色，圆饼形，中孔对钻，外缘雕琢 3 组龙首形纹饰。（芮国耀 / 文）

二一九　玉牌饰　良渚文化

高 6.2 厘米 宽 8.3 厘米 厚 0.6 厘米至 1.1 厘米

1987 年浙江省余杭县安溪乡下溪湾村瑶山墓地出土

浙江省文物考古研究所藏

器呈白色，近倒立三角形。全器为神人与兽面的组合图形，下半部为兽面图形，牌体上端为神人头像，神人伸头探首，神态自若地凌驾于威严的兽面之上。整器上部较薄，兽面部位略厚，器背面平整，有 4 组横向隧孔，应为穿缀之用。此器神人兽面图案精美，为良渚文化玉器中的珍品。（芮国耀 / 文）

二二〇　玉牌饰　良渚文化

高 3.9 厘米 宽 7.1 厘米

1987 年浙江省余杭县安溪乡下溪湾村瑶山墓地出土

浙江省文物考古研究所藏

器呈白色，平面如倒立三角形，底角圆钝呈弧形。全器用透雕和阴线刻技法，琢出兽面图案，眼眶以下的两侧各有一个锯齿状突起，颇似蛙爪，十字形镂孔及其两侧的形态更近似蛙的后腿，故整器又如变形的伏蛙。（芮国耀 / 文）

二二一　玉琮形管　良渚文化

高 6.7 厘米　外径 1.4 厘米

1987 年浙江省余杭县安溪乡下溪湾村瑶山墓地出土

浙江省文物考古研究所藏

器呈白色，长圆柱形，上下有 3 组相同的纹饰，以浮雕和阴线刻的技法，表现了简化的兽面形象。（芮国耀 / 文）

二二二　玉琮形管　良渚文化

高 7.9 厘米　外径 1.8 厘米

1987 年浙江省余杭县安溪乡下溪湾村瑶山墓地出土

浙江省文物考古研究所藏

器呈白色，长圆柱形，器表图案分为 3 节，用浅浮雕及阴线刻技法琢出简化了的兽面图形。（芮国耀 / 文）

二二三　玉琮形管 良渚文化

高 3.6 厘米 直径 2.1 厘米

1987 年浙江省余杭县安溪乡下溪湾村瑶山墓地出土

浙江省文物考古研究所藏

器呈圆柱形，器表用浅浮雕和阴线琢出圆突及重圈，象征地表现兽面形态。（芮国耀 / 文）

二二四　玉琮形管 良渚文化

高 6.6 厘米 直径 3.6 厘米 孔径 1.7 厘米

1986 年浙江省余杭县长命乡雉山村反山墓地出土

浙江省文物考古研究所藏

器呈浅黄色，有紫红色块斑。外形如琮，器体较一般琮要瘦小，中部贯孔较小，出土时位于人骨架较高部位，分为两节，上下相同，正面无直槽，每节的上端刻有5—6 根平行细弦纹的两组凸块，每面只在正中有一单圈圆眼。（王明达 / 文）

二二五　玉琮形管 良渚文化

高 2.75 厘米 上端 1.05 厘米 下端宽 1 厘米 孔径 0.7 厘米

1976 年江苏省常熟市黄土山出土

江苏省 常熟市文管会藏

器呈乳白色，有青斑。方柱体，管形，对穿圆孔，上下分为两节，以四角为中线，上节饰简化的戴冠人面纹，共 4 组，代表眼睛的圆圈相邻两组共用；下节饰简化兽面纹，每两面为一组，共两组。上下节相结合系一简化神人兽面纹。（黄步青 / 文）

二二六　玉琮形管 良渚文化
高 6.8 厘米 孔径 0.6 厘米
厚 0.3 厘米至 0.5 厘米
1982 年上海市青浦县福泉山 9 号墓出土
上海市文物管理委员会藏

琮形管为透闪石琢制，黄白色。内圆外方，长方柱体。中间有上下对穿的圆孔，琮面纹饰分为上下两节，每节各有两条横棱，横棱下以边角线为中心，交替刻有神脸和兽面，此两件琮形管在同一墓葬中出土，应为墓主人身上的饰件。（孙维昌 / 文）

二二七　玉环 良渚文化
上下外径 7.2 厘米 左右外径 8.2 厘米
孔径 4.5 厘米至 4.7 厘米 厚 0.7 厘米至 1.3 厘米
1977 年江苏省吴县张陵山出土
南京博物院藏

器呈碧绿色。扁平圆形，中有对钻大圆孔，外缘方圆形。磨制不够规整，玉质晶莹滋润。（苏琼 / 文）

二二八　玉环 良渚文化
外径 9 厘米 孔径 5.2 厘米 厚 0.5 厘米
1977 年江苏省吴县张陵山出土
南京博物院藏

器呈绿色，褐斑。扁平圆形，对钻大圆孔，环截面呈梯形，磨制光滑。（蒋素华 / 文）

二二九　二三〇　二三一　**玉璧 良渚文化**
外径26.2厘米 孔径4.2厘米 厚1.2厘米
1989年浙江省余杭县安溪乡出土
浙江省文物鉴定委员会藏

玉质呈青灰色，杂有深色斑点。正面近外缘处有一高3.25厘米的阴线“璋形”铭刻；背面的相应部分亦有2.4厘米的另一铭刻。有铭刻的史前玉璧，以往仅见于流落国外的报道，此器背面铭刻，与现藏美国弗利尔美术馆玉璧上的铭刻甚为相似，是国内唯一的良渚文化刻铭玉璧。有学者认为此类铭刻是一种原始文字，其年代远较商代甲骨文为早，对研究中华文明的起源具有重要价值。（牟永抗/文 何海明/摄影）

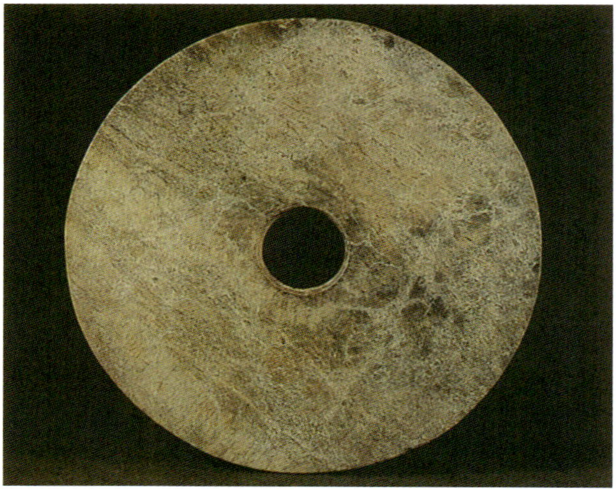

二三二　玉璧 良渚文化

外径 22 厘米　孔径 4.4 厘米　厚 0.8 厘米至 1.1 厘米

1983 年江苏省常熟市张桥乡庙乔村嘉菱荡出土

江苏省 常熟市文管会藏

器呈茶绿色，并带有墨绿斑点和白色条斑。扁平圆形，中有对钻而成的圆孔，孔壁有台痕。璧面厚薄不均，中部较厚，边缘较薄，最薄处有凹弧形琢痕，边缘切削平直。（黄步青 / 文）

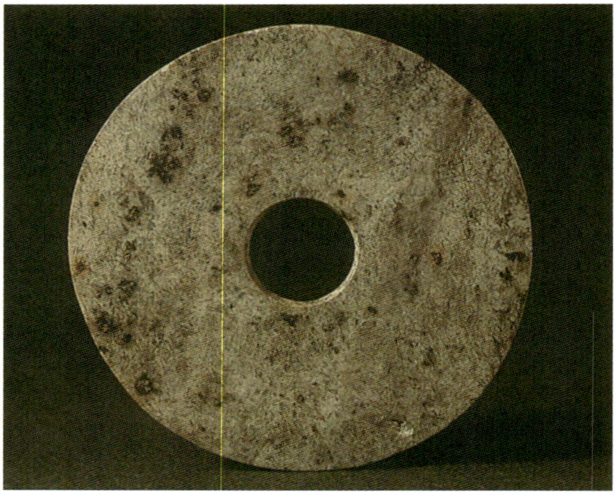

二三三　玉璧 良渚文化

外径 21.2 厘米　孔径 5 厘米　厚 0.8 厘米

1973 年江苏省吴县草鞋山 198 号墓出土

南京博物院藏

器呈碧绿色，有褐斑。扁平圆形，中有对钻圆孔，孔壁有台痕。正面有 4 条弧形切痕，背面有 5 条同样的弧形切痕，并满布纵横交错多数呈放射状的砂粒擦痕。通体经精细抛光，色泽晶莹。（苏琼 / 文）

二三四　玉璧 良渚文化

外径 23 厘米　孔径 5.6 厘米　厚 1.4 厘米

1984 年上海市青浦县福泉山 40 号墓出土

上海市文物管理委员会藏

璧为透闪石琢制，绿褐色，间有青白斑纹。扁平圆形，表面抛光，素面无纹，边沿内凹，形如滑轮，中间圆孔，以管钻从两面对钻而成，孔壁有清晰的对钻旋痕。（孙维昌 / 文）

二三五　玉璧 良渚文化

外径 16.5 厘米　孔径 4 厘米　厚 0.5 厘米

1984 年上海市青浦县福泉山 65 号墓出土

上海市文物管理委员会藏

璧为透闪石琢制，玉色淡绿，间有深绿和姜黄斑纹。扁平圆形，表面抛光，素面无纹。中间圆孔，以管钻从两面对钻而成。器表一面留有一道，另一面留有两道弧形琢痕。（孙维昌 / 文）

二三六　玉璧 良渚文化

外径 24.1 厘米至 24.55 厘米　孔径 3.6 厘米至 4.4 厘米　厚 0.85 厘米至 1.2 厘米

1984 年江苏省吴县张陵山东山遗址 1 号墓出土

江苏省　吴县文管会藏

璧淡青夹黑色，扁平圆形，体厚实，边缘不太圆整，厚薄不匀，中有圆孔，系两面错缝对钻而成，两端孔壁留有旋纹，内壁中部有台痕。器表琢磨光滑。（姚勤德 / 文）

二三七　玉锥形器 良渚文化

长 34 厘米　最宽处 1.5 厘米

1982 年上海市青浦县福泉山 9 号墓出土

上海市文物管理委员会藏

锥形器，为透闪石琢制，黄白色，长方柱体。一端作钝尖，另一端有长榫，榫下无圆孔。器表中部有 6 节简易神像，每节在两条横棱下，以边角线为中线，各刻一个以横凸块为代表的象征性神像。从神像的排列来看，是尖端朝上，插在其他器物上的原始宗教用器。（孙维昌 / 文）

二三八　玉锥形饰 良渚文化

高 5.4 厘米 最大外直径 0.9 厘米

1984 年上海市青浦县福泉山 60 号墓出土

上海市文物管理委员会藏

锥形饰，为阳起石琢制，乳白色，圆柱形。一端钝尖，另一端有小柄，并有一小孔。圆柱体上有一对浅浮雕双圆圈组成的目纹，是一种简化的神像。这类圆柱体锥形饰上有神像雕琢的较少见，此为其中精品。（孙维昌 / 文）

二三九　玉锥形饰 良渚文化

高 6.3 厘米

1973 年江苏省吴县草鞋山出土

南京博物院藏

器呈乳白色，带有黄斑。顶端圆锥形，中段作琮体，分两节，饰简化兽面纹 8 组，尾端有铤，上有对钻小孔。（苏琼 / 文）

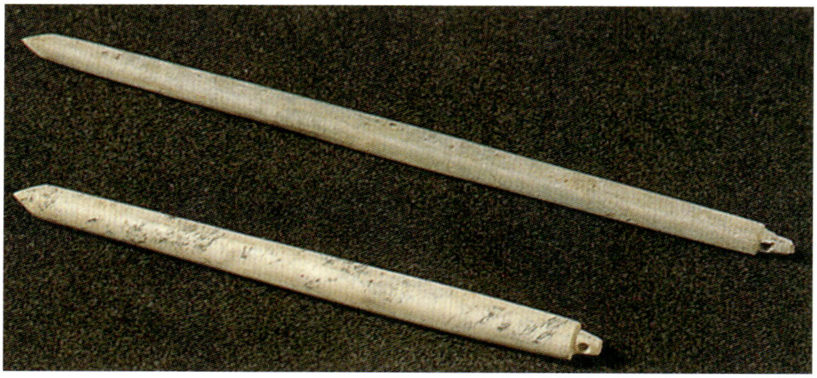

二四〇　玉锥形饰 良渚文化

下：长 11 厘米 宽 0.6 厘米至 0.7 厘米 上：长 15 厘米 宽 0.6 厘米 厚 0.4 厘米

1982 年江苏省武进县寺墩 3 号墓出土

南京博物院藏

下：上端为椭圆柱体，下段为圆锥体，尾端尖，顶端呈榫状，上有对钻圆孔一个。出土时在 3 号墓主人头骨上方，似为发笄。

上：上端为方柱体，横断面为圆角长方形，下端圆锥体，尾端尖，顶端呈榫状，上有斜向对钻圆孔一个，出土时在 3 号墓主人头骨上方。（戴先玲 / 文）

二四一　玉锥形饰 良渚文化早期

左：长 14.9 厘米 径 0.6 厘米至 0.7 厘米

右：长 14.9 厘米 径 0.8 厘米

1977 年江苏吴县张陵山 4 号墓出土

南京博物院藏

器呈淡青色，褐斑，长锥形，顶端有一对钻小孔。一件顶端为平头，截面扁圆形，孔径 1.5 毫米；另一件顶端为锥头，截面圆形，孔径 2 毫米。（苏琼 / 文）

二四二　玉锥形饰 良渚文化

长 12.2 厘米

1987 年浙江省余杭县安溪乡下溪湾村瑶山墓地出土

浙江省文物考古研究所藏

圆锥体，顶端有对钻小孔，磨制精致。(芮国耀 / 文)

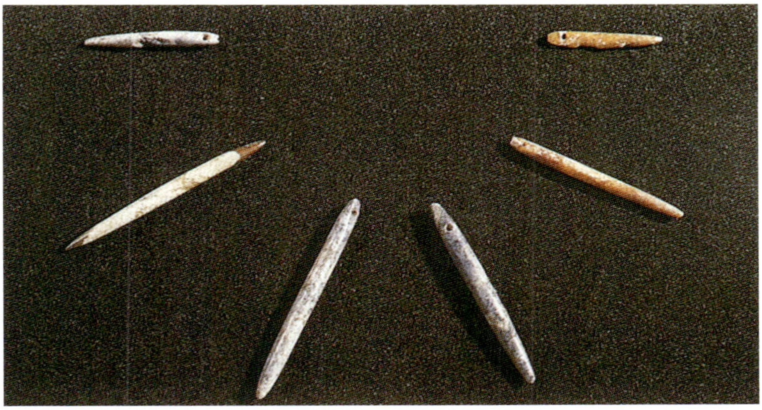

二四三　玉锥形饰 良渚文化

最长处 6.9 厘米 最短处 3.9 厘米

1977 年江苏省吴县张陵山 5 号墓出土

南京博物院藏

串饰由碧绿、红褐色玉琢成，锥形，顶端有对钻小孔，长短不一，磨制精致。出土时散布土中，应为串饰。(苏琼 / 文)

二四四　玉锥形饰 良渚文化

最长处 14.3 厘米 最短处 4.9 厘米

1973 年江苏省吴县草鞋山 198 号墓地出土

南京博物院藏

玉串饰中最长一件玉料呈淡黄色，略带褐斑，其他 5 件玉料因受沁呈灰白色。皆圆锥形，器身断面圆形，下端呈锥尖，上端有圆形榫，上有对钻圆孔。出土时有规律地排列于地，当为一组串饰。(蒋素华 / 文)

二四五　玉锥形饰 良渚文化
长 10.2 厘米
1987 年浙江省余杭县安溪乡下溪湾村瑶山墓地出土
浙江省文物考古研究所藏

器呈白色。圆柱形，一端呈圆锥状，另一端呈方柱形，用浮雕手法琢出兽面图案两组。（芮国耀 / 文）

二四六　玉锥形饰 良渚文化
长 6.1 厘米
1987 年浙江省余杭县安溪乡下溪湾村瑶山墓地出土
浙江省文物考古研究所藏

器呈白色。方柱形，上端锥尖，下端有小圆柄，对钻一孔，下半段以转角为中心，琢两组兽面图案，并以云纹为地纹。图形之上阴刻 4 组弦纹带。（芮国耀 / 文）

二四七　玉锥形饰 良渚文化
长 12.2 厘米
1987 年浙江省余杭县安溪乡下溪湾村瑶山墓地出土
浙江省文物考古研究所藏

器呈黄白色。长条方柱形，前端为方锥体，后端圆钝，对钻一横孔，后半段分为 3 节，各以转角为中心，琢出兽面图案。（芮国耀 / 文）

二四八　玉锥形饰 良渚文化
长 6.9 厘米
1987 年浙江省余杭县安溪乡下溪湾村瑶山墓地出土
浙江省文物考古研究所藏

器呈白色。方柱形，上端锥状，尾端有小圆柄。中段有卷云纹带，下半段以转角为中心刻两组简化兽面图案。（芮国耀 / 文）

二四九　玉锥形饰 良渚文化
长 18.4 厘米
1986 年浙江省余杭县长命乡雉山村反山墓地出土
浙江省文物考古研究所藏

器呈白色。有浅灰、浅青色的结晶块。锥体断面为四方形，上端为圆锥状，下端琢成小短榫并钻有一小孔。下段以浅浮雕和阴刻纹相结合技法雕琢简化神人兽面图案。共四节，一、二节和三、四节组合为相同的图像，上节为神人脸面，有 4 组；下节为兽面纹，仅两组。神人上端有弦文，象征变体羽冠。（王明达 / 文）

二五〇　玉镯形器 良渚文化

高 2.3 厘米 外径 4.1 厘米至 4.2 厘米 孔径 2.5 厘米至 2.7 厘米
1984 年江苏省吴县张陵山东山遗址 1 号墓出土
江苏省 吴县文管会藏

器呈粉白色。镯形，上下两端平齐，但孔径甚小，难以穿戴。孔壁起弧，外大内小，外缘壁面内弧，通体琢磨光滑。（姚勤德 / 文）

二五一　玉镯 良渚文化

外径 8.2 厘米 内径 6 厘米
宽 2.6 厘米
1987 年浙江省余杭县安溪乡下溪湾村瑶山墓地出土
浙江省文物考古研究所藏

器呈黄色。镯体作宽扁的环状，内壁平直光滑，外壁以浮雕加线刻琢出 4 个相同的龙首形装饰，突出于器表，为良渚文化玉器中难得之精品。（芮国耀 / 文）

二五二　玉镯 良渚文化

外径 6.9 厘米 内径 5.7 厘米 宽 2.2 厘米

1987 年浙江省余杭县安溪乡下溪湾村瑶山墓地出土

浙江省文物考古研究所藏

器呈白色。宽带环形，内壁略直，外壁有 13 道斜向凸棱纹，其装饰效果略如后世的绞丝纹镯。（芮国耀 / 文）

二五三　玉镯 良渚文化

高 0.5 厘米至 0.9 厘米 外径 10 厘米

孔径 9.3 厘米

1987 年浙江省余杭县安溪乡下溪湾村瑶山墓地出土

浙江省文物考古研究所藏

器为白玉材质，上隐现黄绿色瑕斑，镯身窄细，整器宽窄不一，加工略显粗糙，横截面呈长方形。大穿孔为两面对钻而成，内壁中部形成一周脊棱。（刘斌 / 文）

二五四　玉镯 良渚文化

直径 6.8 厘米 孔径 5.6 厘米

高 0.9 厘米至 1.45 厘米

1973 年江苏省吴县草鞋山 198 号墓出土

南京博物院藏

器呈绿色，有黛斑。短圆筒形，边沿上端有一切割痕，磨制光滑。（苏琼 / 文）

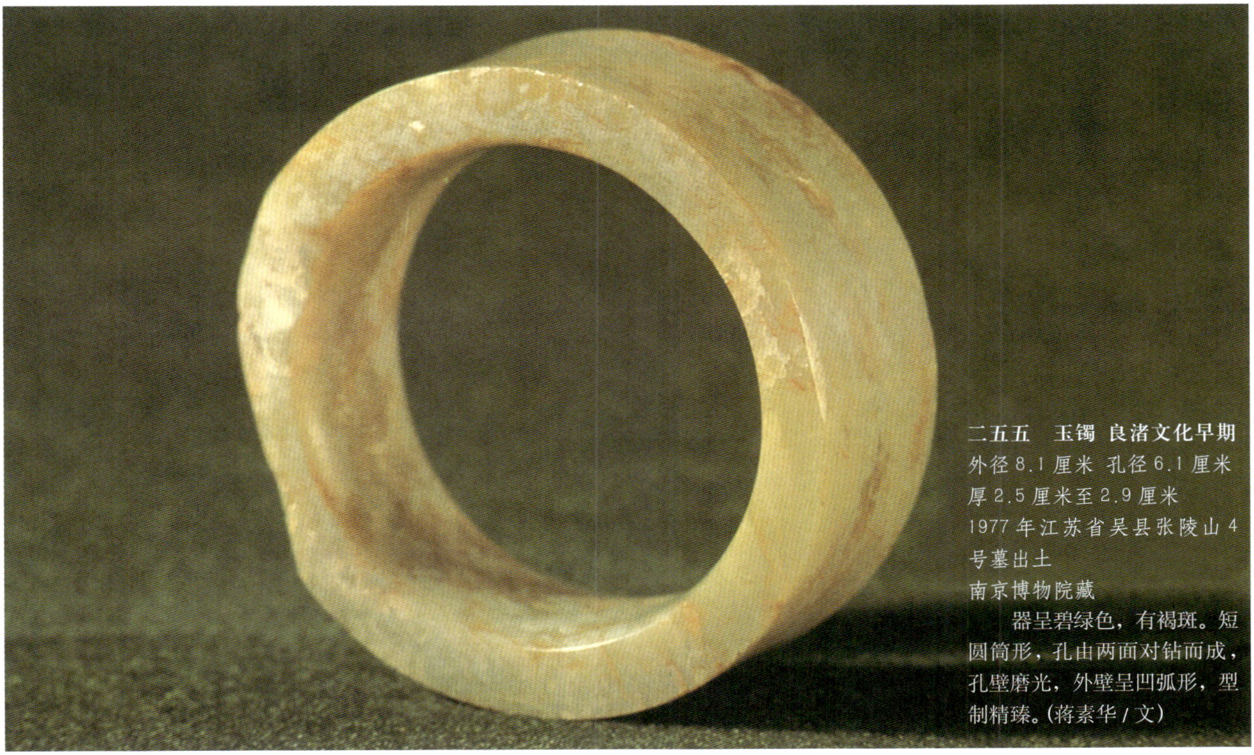

二五五　玉镯 良渚文化早期
外径 8.1 厘米 孔径 6.1 厘米
厚 2.5 厘米至 2.9 厘米
1977 年江苏省吴县张陵山 4 号墓出土
南京博物院藏

器呈碧绿色，有褐斑。短圆筒形，孔由两面对钻而成，孔壁磨光，外壁呈凹弧形，型制精臻。（蒋素华 / 文）

二五六　玉镯 良渚文化
厚 2 厘米 外径 8.1 厘米 孔径 5.9 厘米
1987 年浙江省余杭县安溪乡下溪湾村瑶山墓地出土
浙江省文物考古研究所藏

器为白玉材质，有红褐色瑕斑。镯身较宽厚，内壁平直，外壁为凸弧面，截面略呈半圆形，造型规整，抛光精细。（刘斌 / 文）

二五七　玉镯 良渚文化
高 3.3 厘米 外径 6.6 厘米 孔径 5.7 厘米
1987 年浙江省余杭县安溪乡下溪湾村瑶山墓地出土
浙江省文物考古研究所藏

器为白玉材质，带青绿色及红褐色瑕斑。镯身宽扁，内壁平直，外壁为凸弧面，整器形如鼓身。两端为尖口，口沿宽约 2 厘米，从而使宽大的镯身显得轻巧，而外凸的弧面又给人以坚实丰满之感，虽通体光素，但却蕴含莹秀，不失为艺术珍品。（刘斌 / 文）

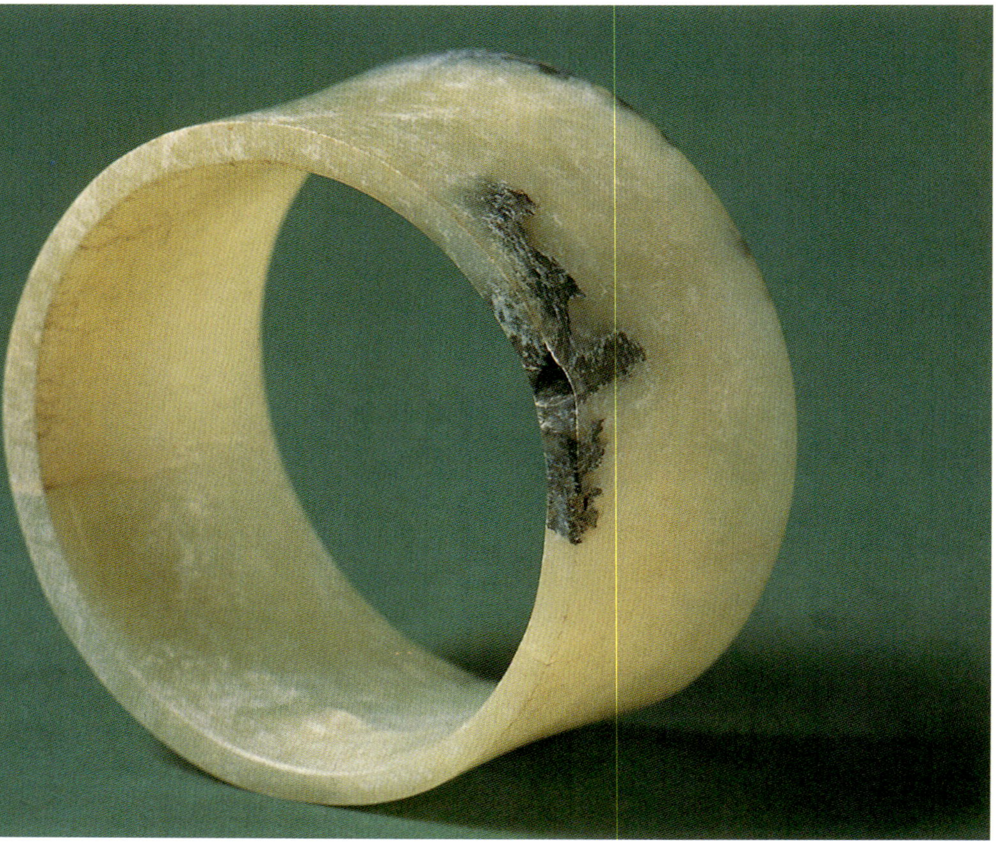

二五八　玉镯 良渚文化
高 3.4 厘米
外径 6.5 厘米至 6.6 厘米
孔径 5.8 厘米
1982 年江苏省武进县寺墩 3 号墓出土
南京博物院藏

器呈乳白色，局部有黑斑。矮筒状，孔系两面对钻，内壁弧凸，外壁呈凹弧面，通体琢磨光滑，制作精致。（戴先玲 / 文）

二五九　玉镯 良渚文化
高 3.6 厘米 外径 7.7 厘米 孔径 6.2 厘米
1977 年江苏省吴县张陵山 4 号墓出土
南京博物院藏

镯为白果青色。圆筒形，对钻大圆孔，精磨抛光，外壁磨成凹弧形，技术高超，玉质晶莹滋润。此件是良渚文化玉镯中的精品。（苏琼 / 文）

二六〇　玉镯 良渚文化
高 3.2 厘米 外径 7.1 厘米 孔径 6.1 厘米
1977 年江苏省吴县张陵山 4 号墓出土
南京博物院藏

器呈白果青色。圆筒形，对钻圆孔，孔壁抛光略存台痕，外壁凹弧，壁厚仅 5 毫米，反映了娴熟的琢磨技术，此件器物玉质晶莹滋润，制作技术高超，是良渚文化治玉工艺的精品。（苏琼 / 文）

二六一　玉冠状饰 良渚文化

高 2 厘米 宽 5 厘米 厚 0.2 厘米
1977 年江苏省吴县张陵山 4 号墓出土
南京博物院藏

器呈淡绿色。扁平倒梯形，上端两侧有两缺口，使中部呈半圆形，下端正背面均有 2 毫米宽的横槽，槽内有等距离的 3 个由两面对钻而成孔径仅 1 毫米的小孔。全器制作精细，磨制光滑，玉质晶莹。（苏琼 / 文）

二六二　玉冠状饰 良渚文化

长 6.8 厘米 高 3.6 厘米 厚 0.6 厘米
1984 年上海市青浦县福泉山 60 号墓出土
上海市文物保管委员会藏

冠形器由透闪石琢制，黄白色。扁平倒梯形，上端有两耳一角，角下有一小圆孔，下端凸出一扁榫，榫上钻两小孔，嵌插时可插销固定。（孙维昌 / 文）

二六三　玉冠状饰 良渚文化

高 2.5 厘米至 2.6 厘米 上端宽 6.25 厘米
下端宽 5.65 厘米 厚 0.2 厘米至 0.4 厘米
1984 年江苏省昆山县少卿山 1 号墓出土
江苏省 昆山县文管会藏

器呈青白色，褐斑。扁平倒梯形，上端中部切割成弧线，琢一长镂孔，下部减地成横榫，其上并列 3 个对钻的小圆孔。器面有一长条切割痕。（陈兆弘 / 文）

二六四　玉冠状饰 良渚文化

高 5.8 厘米 宽 7.7 厘米 厚 0.3 厘米至 0.4 厘米
1987 年浙江省余杭县安溪乡下溪湾村瑶山墓地出土
浙江省文物考古研究所藏

器呈乳白色。正面中段上部刻神人兽面图案，上部为戴羽状冠的神人，下部为兽面，器的两侧角各刻伫立云端引颈回首的鸟纹图案。（芮国耀 / 文）

二六五　玉冠状饰 良渚文化

高 2.8 厘米 长 4 厘米

上海博物馆藏

青玉。体扁平，面部微突，背部平素内敛，下角削去，呈内向弧弯，中有微微隆起的棱线，纹饰采用浅浮雕与线雕相结合的技法，以阴刻圆圈和浮雕之扇形构成目和眼睑。阔嘴，鼻部隆起，眼鼻上方深刻一浅槽横贯面部，以凸起的长方块为额，其上端有凸起的条状块冠帽，左右各开一对称缺口，其下钻一扁圆形穿孔，下端琢有较薄的短榫，并钻有平行的两个小孔，供嵌插和穿系结扎用。此件玉质晶润，纹饰拙朴古茂，琢工精细圆浑。此件虽是传世品，但在良渚文化遗址和墓葬中多有同类型器出土，出土部位多在头骨一侧。（庄永贵 / 文）

二六六　二六七　玉冠状饰 良渚文化

高 3.4 厘米 宽 6.4 厘米 厚 0.3 厘米

1987 年浙江省余杭县安溪乡下溪湾村瑶山墓地出土

浙江省文物考古研究所藏

器呈白色，有青斑。双面刻纹，以阴线卷云纹为地，并用阴线刻出兽面图案。（芮国耀 / 文）

二六八　玉冠状饰 良渚文化

高 6 厘米 上宽 9.15 厘米 下宽 7.5 厘米 厚 0.35 厘米

1986 年浙江省余杭县长命乡雉山村反山墓地出土

浙江省文物考古研究所藏

器为浅黄色，有浅灰筋状条斑。冠顶与上端边框在同一平面上。冠顶下方有一扁镂孔。下端锯割出短榫，榫上有双面钻成的4个等距小孔，正面雕琢简化神人兽面像，神人脸部和上肢隐没，仅有阴纹细刻的蹲踞状的下肢和鸟足。兽面纹居中，眼、鼻部为浅浮雕，阔嘴和牙齿、獠牙为阴纹细刻。各部位均刻饰卷云纹、弧线、短直线，构成繁缛的图样。背面光素无纹。（王明达 / 文）

二六九　玉冠状饰 良渚文化

高 4.2 厘米 上宽 8.35 厘米 下宽 6.8 厘米

厚 0.55 厘米

1986 年浙江省余杭县长命乡雉山村反山墓地出土

浙江省文物考古研究所藏

器呈白色，有茶褐色块斑。冠顶与上端边框在同一平面上。冠顶下方有一扁圆镂孔。两侧下端凹弧内收，并锯割出短榫，榫上钻有 3 个等距的小孔。正反两面以浅浮雕和阴纹细刻雕琢相同的图样。居中部位为兽面纹，纹饰繁缛，獠牙外露，上端的两角对称布列一对鸟纹。制作规整，纹饰精细。（王明达 / 文）

二七〇　玉冠状饰 良渚文化

高 3.9 厘米 上宽 6.8 厘米 下宽 6.2 厘米

厚 0.3 厘米

1986 年浙江省余杭县长命乡雉山村反山墓地出土

浙江省文物考古研究所藏

器呈黄色，有茶褐色斑。冠顶凸出于上端。全器以透雕镂空和阴线细刻相结合的技法，在正反两面对称雕琢相同的神人形像。神人脸面方正，带眼角的单圈圆眼，阔嘴内刻有 8 枚牙齿，头戴羽冠，冠顶即冠状饰的顶端边框。四肢和躯体以镂空技法雕琢而成，四肢外张并盘联，细刻卷云纹、弧曲线等。下端为短榫，钻有 3 个等距的小孔。（王明达 / 文）

二七一　玉冠状饰 良渚文化

高 5.2 厘米 上宽 10.4 厘米 下宽 6.4 厘米

厚 0.3 厘米

1986 年浙江省余杭县长命乡雉山村反山墓地出土

浙江省文物考古研究所藏

器呈浅黄，有浅灰色块斑。冠顶高耸，两侧微翘，整器如冠形。以透雕和阴线细刻相结合的技法，在正反两面雕琢相同的神人兽面像，中部为兽面纹，透雕圆眼，外框以重圈和弧线三角勾划眼眶和眼角。扁圆鼻，大阔嘴，内有一对獠牙。两侧各雕刻一神人像，侧身侧脸，重圈圆眼，有小三角的眼角，宽鼻，弧线勾画鼻翼，大阔嘴，头戴羽冠。四肢张开，上肢上举，下肢作蹲状，3 爪鸟足着地。下端为短榫，双面钻有 5 个等距的小孔，用于镶插固定。（王明达 / 文）

二七二　二七三　玉三叉形器 良渚文化

通高 3.65 厘米 宽 5.9 厘米

1986 年浙江省余杭县长命乡雉山村反山墓地出土

浙江省文物考古研究所藏

器呈嫩白色。下端圆弧，上端分叉为三，中间一叉略短，并有一上下贯通的小孔，两侧对称，均出土于头骨上方，应是冠帽上的饰件。此件正面微弧凸，正中部阴线刻饰简化神人兽面像，以兽面纹和蹲踞状的下肢组成，兽面上方刻羽冠外缘，两边叉上端阴刻一对神鸟。背面三叉的上端和下端的正中部位均有凸块，凸块上皆钻有上下贯通的小孔。4 个凸块上均阴纹细刻两双圆眼和卷云纹等繁细纹饰。全器刻纹纤细，肉眼极难辨认，为良渚玉器中罕见的精品。（王明达 / 文）

二七四　玉三叉形器 良渚文化

高 4.8 厘米 宽 8.5 厘米 厚 0.8 厘米

1987 年浙江省余杭县安溪乡下溪湾村瑶山墓地出土

浙江省文物考古研究所藏

器呈白色，有黄斑。左右两叉平齐，各刻侧面相向的神人头像。中叉较低，有竖向直孔一个，中叉上端饰有象征羽冠的直向羽纹，下端以阴线刻兽面图案。（芮国耀 / 文）

二七五　玉三叉形器 良渚文化
高 5.2 厘米 宽 7.4 厘米 厚 1.3 厘米
1987 年浙江省余杭县安溪乡下溪湾村瑶山墓地出土
浙江省文物考古研究所藏

器呈青白色，有褐斑。三叉平齐，中叉有竖向直孔一个。器的正面，三叉各饰3组羽状纹，下部用浅浮雕琢出兽面。(芮国耀 / 文)

二七六　玉三叉形器 良渚文化
高 5 厘米 宽 6.9 厘米 厚 1.2 厘米
1987 年浙江省余杭县安溪乡下溪湾村瑶山墓地出土
浙江省文物考古研究所藏

器呈白色。左右两叉各有一相向的眼，为简化的神人头像。中叉为正视的神人头像，用浅浮雕琢出凸起的两眼。(芮国耀 / 文)

二七七

二七八

二七七　二七八　玉三叉形器 良渚文化
高 5.05 厘米 宽 6.8 厘米 厚 0.4 厘米至 0.9 厘米
1987 年浙江省余杭县安溪乡下溪湾村瑶山墓地出土
浙江省文物考古研究所藏

器呈白色。左右叉平齐，中叉略低，三叉上端刻羽状纹及卷云纹，中部刻兽面图像，两面图案略同。(芮国耀 / 文)

二七九

二八〇

二七九　二八〇　玉三叉形器 良渚文化

高 4.75 厘米 宽 8 厘米 厚 1 厘米

香港何鸿卿藏

器表受沁呈粉白色。整器平面作 U 字形。最厚处在下端，有竖向孔贯通。下缘在贯通孔的两侧各有一未透孔。两侧的顶端各有未透孔，并与两边之孔相通。可知该器之功能与三叉形器同，为三叉形器的一种特有形态，为研究三叉形器的演变与功能提供了重要佐证。

此器两面均雕琢精美繁密的花纹。两侧的上端为向内的侧视人面纹，眼与鼻、嘴，及风字形颈饰、羽冠均清晰可见。两侧的外缘各琢一龙首形图案。下端为兽面纹椭圆形的眼睑、蒜头形鼻翼，巨大的嘴内显露出两对獠牙。一面兽纹用阴线刻表现，另一面的兽面眼睑，运用了浅浮雕的技法。在已知的良渚文化玉器中，集神人兽面与龙首形诸图形在一器者仅此一件。总观此器的雕琢技巧、手法，与余杭安溪瑶山祭坛出土玉器的风格十分相似，为良渚玉器中难得之精品。（牟永抗 / 文）

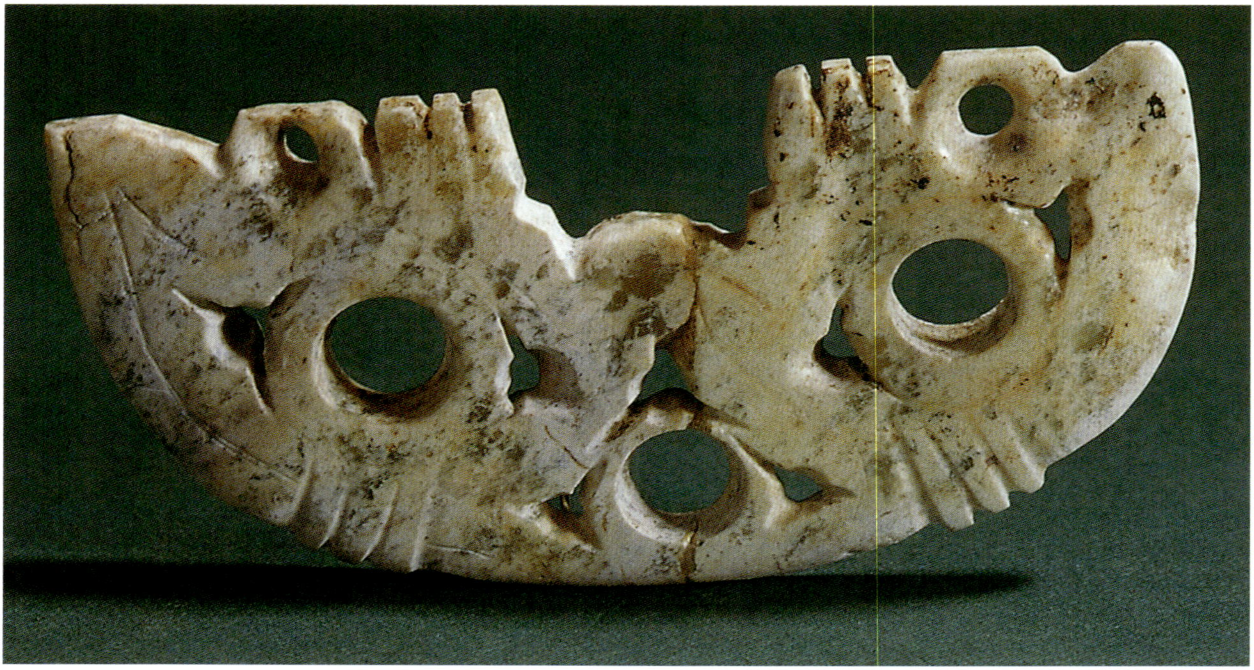

二八一　玉璜 良渚文化

高 3.7 厘米 宽 7.5 厘米

1986 年浙江省余杭县长命乡雉山村反山墓地出土

浙江省文物考古研究所藏

器呈浅青色，有灰白色块斑。半璧形，边缘略薄，上端中部有凹缺，两侧各钻一透孔，有系挂痕。两面对称以透雕和阴纹细刻技法雕琢神人面纹。双眼为管钻镂空，两侧小透孔加线刻勾出眼眶；阔嘴中部为圆镂孔，两侧为弧边三角形，加四周的刻线勾出，此面纹形象较为罕见。（王明达 / 文）

二八二　玉璜 良渚文化

高 4.8 厘米 宽 12.7 厘米 厚 0.35 厘米

1987 年浙江省余杭县安溪乡下溪湾村瑶山墓地出土

浙江省文物考古研究所藏

器呈白色。半璧形，中间半圆孔两侧各有一圆孔，用于系挂。两面用透雕及阴线技法琢出神人兽面图案。整器清晰地保留着镂孔的琢制痕迹，是研究良渚琢玉工艺的难得标本。（芮国耀 / 文）

二八三　二八四　二八五　玉璜 良渚文化
高 3 厘米 宽 7.9 厘米 厚 0.55 厘米
1987 年浙江省余杭县安溪乡下溪湾村瑶山墓地出土
浙江省文物考古研究所藏

器呈白色，带褐斑。全器平面作拱桥形，中间较厚，两端稍薄。上边的两端各对钻两小孔，可供系挂。下弧缘的窄面用浅浮雕技法琢出 4 个龙首形装饰。（芮国耀 / 文）

二八三

二八四

二八五

二八六　玉璜 良渚文化

高 5.6 厘米 宽 13.8 厘米 厚 0.7 厘米

1986 年浙江省余杭县长命乡雉山村反山墓地出土

浙江省文物考古研究所藏

器呈黄色，有茶褐斑。半璧形，上端平齐，正中有一凹形缺口，在其两侧对称钻有小孔，可以系挂；下端弧圆，略薄。正面稍显弧凸，正中部位以浅浮雕技法琢成兽面，两角对称雕琢一对鸟纹。背面平整，制作规整，饰纹精细。（王明达 / 文）

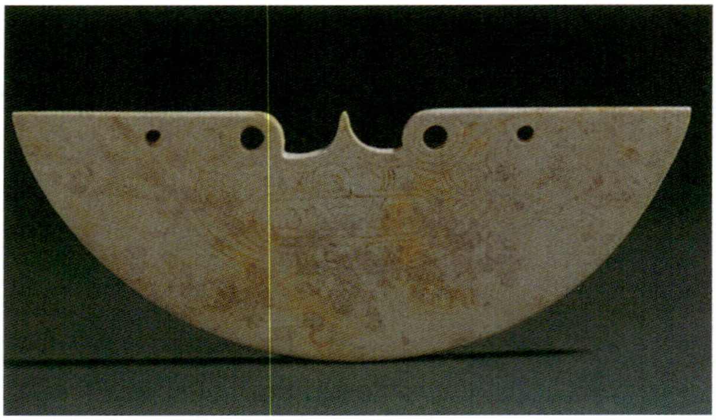

二八七　玉璜 良渚文化

高 5.7 厘米 宽 14.3 厘米

1987 年浙江省余杭县安溪乡下溪湾村瑶山墓地出土

浙江省文物考古研究所藏

器呈黄色。半璧形，上端两侧各有一小圆孔，便于系挂。背面平素，正面有线刻兽面图案。画面着重表现长方形的巨嘴及两对獠牙。（芮国耀 / 文）

二八八

二八九

二八八　二八九　玉璜 良渚文化

长 21.3 厘米 宽 8.4 厘米 厚 0.7 厘米

故宫博物院藏

玉色黄褐，下端有火烧痕。形如半璧，上部两侧各有一孔，可穿系悬挂。璜正面浮雕 3 组兽面纹，中间一组稍大，环形眼，扇形眼廓，其上饰细阴线纹，鼻方，嘴微张，上下各出一对獠牙。另两组琢于璜上部两角处，为一侧面兽面，眼与鼻较夸张。璜表面刻阴线锦地。璜背面亦刻阴线锦地，并留出 3 处空白。（张广文 / 文 刘志岗 / 摄影）

二九〇　玉璜 良渚文化

高 7.6 厘米 长 12.1 厘米 厚 0.8 厘米

1986 年浙江省余杭县长命乡雉山村反山墓地出土

浙江省文物考古研究所藏

器呈白色，有青褐斑。半璧形，上端平齐，略厚；下端弧圆，稍薄。正面正中部位以浅浮雕和阴纹细刻相结合技法雕琢一完整的神人兽面像，唯双手隐没。因局部受蚀，纹饰图案已残缺，背面上侧对称钻有一对小隧孔，用于系挂。（王明达 / 文）

二九一　玉琮 石峡文化

高 13.8 厘米 边宽 6.6 厘米至 7 厘米 孔径 4.8 厘米至 5.2 厘米

1977 年广东省韶关市曲江县马霸镇石峡遗址 105 号墓出土

广东省博物馆藏

器料近石质，灰色，间有黑斑，为矽卡岩所制。器呈长方柱体，上径略大于下径，四面中间各有一条直道，把每面的纹样分开，每角自上而下浅雕 5 组图案相同连接两面的突弦纹，象征简化的神面或兽面纹。同型的大琮在曲江区乌石镇床板岭石峡文化墓中也出土一件。石峡遗址已发掘的 100 座石峡文化的墓葬中，计有 6 座墓，每墓各出 1 件石琮，此墓为大琮，其余 5 座的均为小琮，刻一组纹样。石峡 105 号墓所出大琮，其形制和江苏省苏州市吴中区草鞋山良渚文化墓的一件几乎一模一样，表明石峡文化的琮璧与良渚文化有着密切关系。（杨式挺 / 文 梁国劲 / 摄影）

二九二　玉斧　卡若文化
上：长 22 厘米 宽 5.5 厘米
下：长 9 厘米 宽 4.5 厘米
1977 年西藏自治区昌都县卡若遗址出土
西藏自治区文物管理委员会藏

两件玉斧皆呈青色。长扁梯形，剖面作长方形，四边有棱，腰平直，长的一件两面斜磨成刃，较短的一件为一面磨刃，均有使用痕。

二九三　玉璜　卡若文化
宽 9.1 厘米 厚 0.8 厘米
1977 年西藏自治区昌都县卡若村出土
西藏自治区文物管理委员会藏

玉料呈青灰色，局部有褐色斑。体呈半瑗形，截面作椭圆形，两端各有一对穿圆孔，通体光素。

二九四　玉锛　马家窑文化
长 6.8 厘米 上宽 4 厘米 下宽 4.7 厘米
厚 1 厘米
青海省乐都县柳湾村 892 号墓出土
青海省博物馆藏

玉锛为深绿色。下宽上窄，单面斜刃，器表磨制光润，边角硬直。（王亚宁 / 文并摄影）

二九五　玉凿　马家窑文化
长 11.5 厘米 宽 2.4 厘米 厚 1.4 厘米
青海省博物馆藏

玉凿浅黄色。长条形，钝刃，通体光素。（王亚宁 / 文并摄影）

二九六　玉玦出土坑位 卑南文化

台湾省 台东县卑南遗址 B763 号单体葬石板棺内玉玦陪葬情形

台东县卑南遗址为台湾省东部新石器时代卑南文化的代表遗址。10 个碳十四测定，年代落在 4670B.P. 与 2310B.P. 之间。自 1980 年至 1989 年台湾大学考古队在该遗址做了大规模的抢救发掘，获得了大量的软玉质标本。其绝对多数为墓葬内的陪葬品。主要有用来作头饰的铃形小珠，玦形耳饰，棒形、长条管形及珠形的颈饰或胸饰，以及矛、镞、锛、凿等武器及工具。本图为 B763 号单体葬石板棺内一对玉玦从人头骨耳边出土时的情形。（宋文薰　连照美 / 文并摄影）

二九七　玉玦出土坑位 卑南文化

台湾省 台东县卑南遗址 B471 号复体墓石板棺内玉质陪葬品出土情形

从台东县卑南遗址，经抢救发掘出土的墓葬有1500多座，其绝大多数为石板棺墓。以一棺葬一个体为常态，但也有近25%比例是葬两具或两具以上的复体葬。本图为B471号复体墓葬陪葬品出土时的情形。除环形的手镯为板岩制之外，有软玉质的玦形耳饰、两端带穿的颈或胸饰及矛头等，经少些扰乱，散布在头骨附近及骨架上身。（宋文薰　连照美 / 文并摄影）

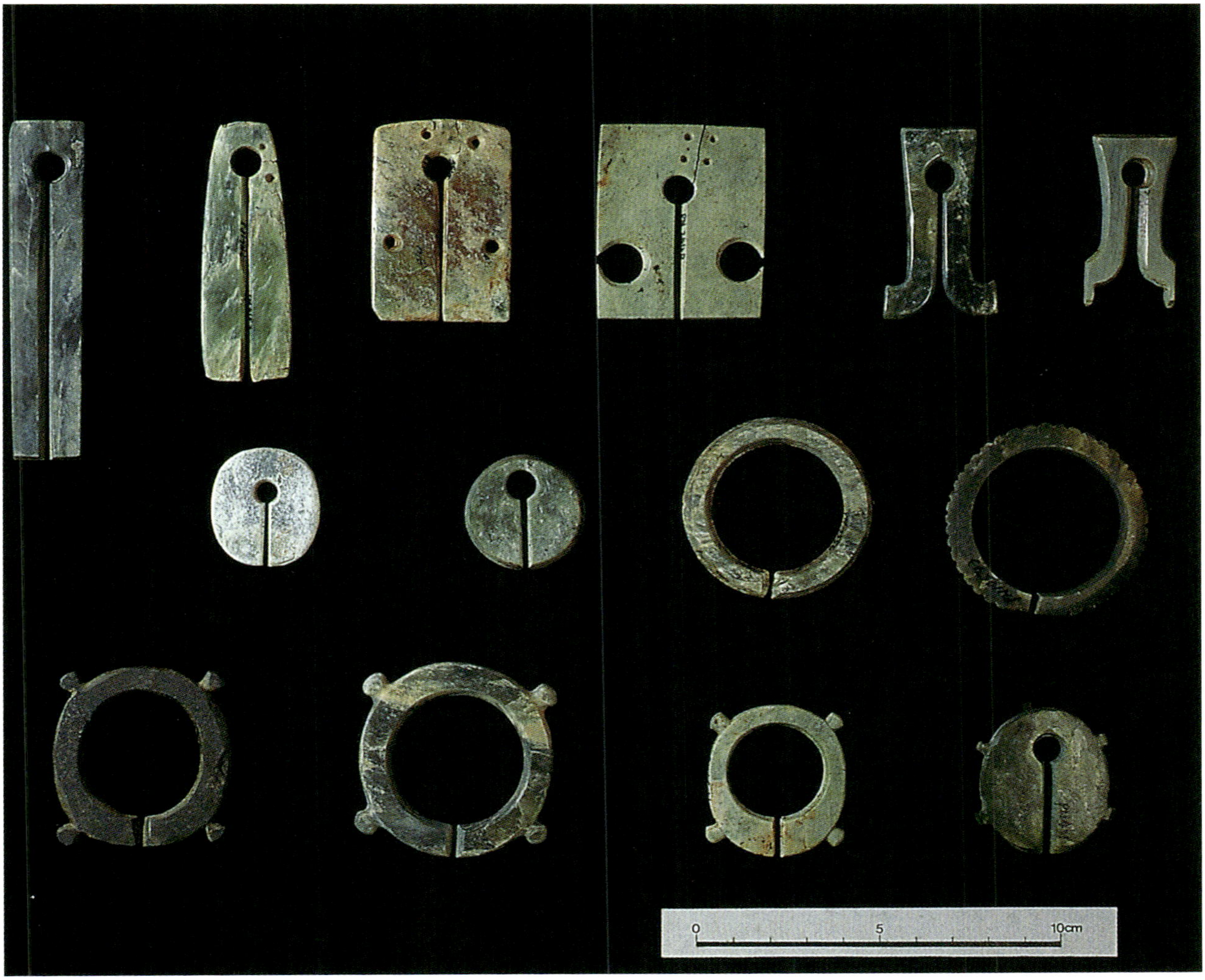

二九八　玉玦 卑南文化

台湾省 台东县卑南遗址玉玦的主要类型

自台东县卑南遗址，经由抢救发掘出土的玉玦有1300多件。从其形制构造及墓葬中的陪葬部位研究判断，可以确定是耳饰无疑。质地几乎全为软玉，大部分含有直径1毫米至10毫米的铬铁铊（Chromite）包裹物。未经风化者呈苹果绿色，经风化者呈乳白色。大致来源为台湾省花莲县知门干溪支流清昌溪，俗称西林地区。其绝大多数为带有缺口的细身环形及环外带有4个突起的两种类型，两类型件数大致相等。另有少数宽身小孔、外形长方、下端向外展开的“两翼形”者及其他类型。（宋文薰　连照美 / 文并摄影）

二九九　玉双人兽形玦 卑南文化

台湾省 台东县卑南遗址 B2413 号复体葬石板棺内出土

卑南遗址 B2413 号墓葬是一个曾经多次使用的复体葬石板棺。棺内出土了丰富而精美的陪葬品，除了本图的双人兽形玉玦一件及下图的多环兽形玉玦 1 件之外，还有带 4 个突起的环形玉玦 12 件、玉制管珠 15 件、玉棒 1 件、板岩制石环 1 件、玉制锛凿形器 9 件、玉制矛镞形器以及两块玉片。本标本完全干燥时呈半透明暗绿色，满布白色细条斑及灰色斑点。长 6.6 厘米，宽 3.9 厘米，厚 0.35 厘米。造型非常独特的这一类型玉玦极为罕见，但曾经出土于卑南遗址以及台湾北部圆山文化系统的芝山岩遗址。（宋文薰　连照美 / 文并摄影）

三〇〇　**玉多环兽形玦　卑南文化**

台湾省　台东县卑南遗址 B2413 号复体葬石板棺内出土

本标本与上文所介绍的双人兽形玉玦一齐出土于卑南遗址 B2413 号复体葬石板棺。浅绿色，透明度高，有暗灰色斑点。长 6.8 厘米，宽 2.8 厘米，厚 0.3 厘米。这一类型的玦形器仅有此一件而已。主玦器身上的兽头及兽尾造型相当明显可认出。（宋文薰　连照美 / 文并摄影）

三〇一　**玉单人兽形玦　卑南文化**

台湾省　台东县卑南遗址 B2391 号石板棺外出土

单人兽形玉玦可能为双人兽形玉玦的一种变形，至今尚未发现第二件标本。浅绿色，半透明，有灰斑。长 5.7 厘米，宽 1.8 厘米，厚 0.25 厘米。本玦器身上兽头及兽尾的造型非常简化。卑南遗址发掘出土标本将由台湾省史前文化博物馆收藏。（宋文薰　连照美 / 文并摄影）

第二卷 商周

（图版及图版说明）

本卷主编

陈志达　中国社会科学院考古研究所

方国锦　故宫博物院

图版摄影

姜言忠　中国社会科学院考古研究所

刘志岗　故宫博物院

申少斌　河北美术出版社

王　露　文物出版社

责任编辑

庚　子　王　丰

一　玉琮　中原龙山文化陶寺类型晚期

外径 7.2 厘米至 7.5 厘米　内径 5.8 厘米至 6.2 厘米　高 2.6 厘米

山西省襄汾县陶寺遗址 1267 号墓出土

中国社会科学院考古研究所藏

器呈青白色。整体近圆形，有 8 道竖向凹槽将外周隔为宽、窄相间的 8 段，前、后对称及左、右对称的 4 段稍窄而略显平直，另 4 段较宽且作弧状。在 4 段弧形面上，各有 3 道平行的横槽。无射。从纵剖面看，内壁略作弧线形，上、下口稍大，中腰微显鼓凸。

陶寺类型晚期的碳十四年代已进入夏代纪年范围，又因陶寺遗址位于古史传说的“夏墟”，联系它所反映的文化发展水平，我们和某些学者认为陶寺类型文化是探索夏文化的重要对象之一。（高炜 / 文）

二　玉璧　中原龙山文化陶寺类型晚期

外径 13.2 厘米　内径 6.8 厘米

肉的内侧厚 0.3 厘米　外周厚 0.25 厘米

山西省襄汾县陶寺遗址墓葬区出土（采集品）

中国社会科学院考古研究所藏

器呈豆绿色间浅褐色，半透明，个别处杂有黑斑。内径约近外径的二分之一。肉的内侧略厚，外侧略薄。内、外周缘皆作直边。玉质莹润细腻，表面光洁度极高。（高炜 / 文）

三　玉臂环　中原龙山文化陶寺类型晚期

外径 7.3 厘米　高 1.9 厘米　周壁厚 0.35 厘米至 0.4 厘米

山西省襄汾县陶寺遗址 1369 号墓出土

中国社会科学院考古研究所藏

豆绿间青白色，半透明。器体扁矮，圆形筒状，周壁中部微内曲。或可称镯。内、外壁表面光亮、滑润。（高炜 / 文　韩悦 / 摄影）

四　玉圭　商代早期

长 21.1 厘米　宽 6.4 厘米

1967 年河南省偃师县二里头遗址挖窖时出土

中国社会科学院考古研究所藏

鸡骨白色。扁平长条形，方首，端刃平直，首端有对钻穿孔两个，接近中部有双凸线两组。一面有不大清晰的绿色细线方格纹沁痕。（郑光 / 文）

五　玉圭　商代早期

长 17.4 厘米　宽 4.4 厘米　厚 0.6 厘米至 0.8 厘米

1980 年河南省偃师县二里头遗址 3 区 2 号墓出土

中国社会科学院考古研究所藏

牙黄色，通体磨光。扁平长条形，端刃，首部有圆穿两个，圆穿间有双凸线两组，组间夹带状菱形刻纹，立体感较强。首端有安柄痕：竖的柲痕和鸡爪式绑柲痕。（郑光 / 文）

六　玉牙璋 商代早期

长 49.6 厘米 宽 5.9 厘米至 9 厘米
厚 0.9 厘米
1974 年河南省偃师县二里头遗址出土
中国社会科学院考古研究所藏

浅绿色，杂有白斑。凹弧斜端刃，方首，首部有小圆穿一个，两侧出对称的扉牙。（郑光 / 文）

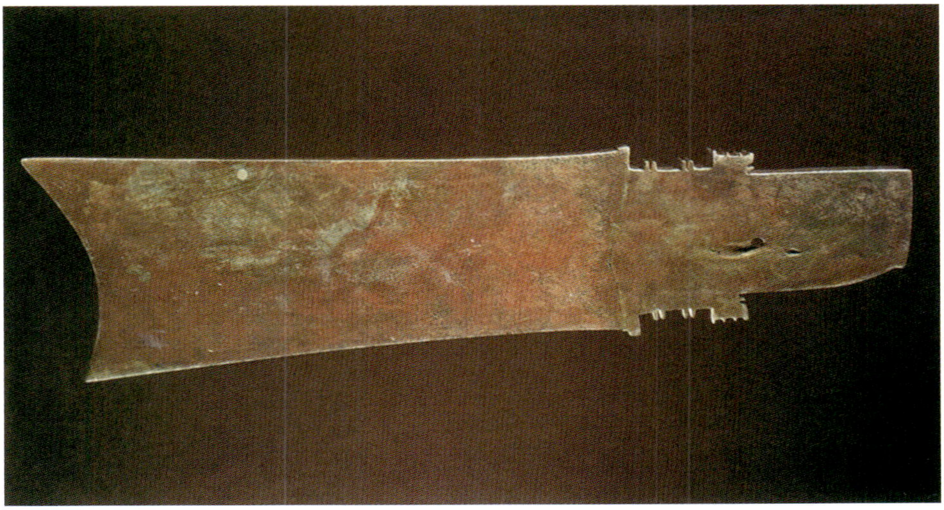

七　玉牙璋 商代早期

长 54 厘米 最宽 14.4 厘米
厚 0.8 厘米
1980 年河南省偃师县二里头遗址 5 区 3 号墓出土
中国社会科学院考古研究所藏

青灰色。通体磨光，整体似窄长铲，两侧外侈，凹弧斜形端刃。近刃部长边上穿一孔，嵌以白色圆片。柄部有一圆穿，两侧出较美观的扉牙。（郑光 / 文）

八　玉戈 商代早期

长 21.9 厘米 援宽 4.7 厘米
内宽 3.8 厘米
1967 年河南省偃师县二里头遗址挖窖时出土
中国社会科学院考古研究所藏

鸡骨白色。长援，短直内。援两侧双面刃，双刃向前聚成锋，内有一穿。（郑光 / 文）

九　玉戈 商代早期
长 30.2 厘米 援宽 6 厘米至 6.9 厘米 厚 0.5 厘米至 0.7 厘米
1975 年河南省偃师县二里头遗址 3 号坑出土
中国社会科学院考古研究所藏

绿色夹白斑，独山玉。援分两段，近内处陡然收窄，形似双重内。援一面平，一面略凹下，双面刃，刃与援界线分明，每面刃中部都有一细而工整的凸棱，刃与锋相接处又弧形高起增厚。直内，内中部有一单面穿，穿援间有若干浅刻平行细线，并有安柲痕。（郑光 / 文）

一〇　玉三孔刀 商代
长 53.5 厘米 宽 8.8 厘米 厚 0.7 厘米
1987 年河南省偃师县二里头遗址 57 号墓出土
中国社会科学院考古研究所藏

豆青色。长条梯形，长边为双面刃，近刃处与两侧陡然减薄，减薄处界限分明。背部有等距圆孔 3 个，两侧分别有齿牙 4 个。（郑光 / 文）

一一　玉戚 商代早期
长 10.8 厘米 刃宽 10 厘米 厚 0.6 厘米
1975 年河南省偃师县二里头遗址 5 号坑出土
中国社会科学院考古研究所藏

青玉。圆弧背，两侧逐渐外侈成宽刃，每侧有扉牙两组，每组 3 齿。刃呈连弧形，分 4 段，双面磨刃，刃与身有内弧界线。中部有一单面钻的大圆孔，孔上有管钻留下的螺旋纹。（郑光 / 文）

一二　玉七孔刀　商代早期
长 65 厘米　宽 9.5 厘米
厚 0.1 厘米至 0.4 厘米
1975 年河南省偃师县二里头村出土
河南省偃师县文化馆藏

墨绿色，局部被沁成黄色。呈扁长成梯形，平背，刃长于背，由两面磨成，两端有对称的齿牙 6 对。近两端处面部琢竖直阴线纹与菱形纹，其下有两条平行阴线与刃相隔。近刀背处有平行、等距的圆孔 7 个，孔由一面钻穿。

多孔石刀在新石器时代遗址中屡有发现，但 7 孔玉刀此为初见。从形制考察，似不宜实用，有可能是一种仪仗用器。（此图由中国对外文物展览公司供稿）

一三　玉铲　商代早期
长 13.5 厘米　宽 4.2 厘米
厚 0.9 厘米
1975 年河南省偃师县二里头遗址 3 号坑出土
中国社会科学院考古研究所藏

白玉，部分表皮为紫红色。略呈长方形，棱角分明，圆弧双面刃，首端有一圆穿。（郑光 / 文）

一四　玉柄形饰　商代早期
长 17.1 厘米　柄部宽 1.8 厘米
厚 1.5 厘米至 1.8 厘米
1975 年河南省偃师县二里头遗址 4 号坑出土
中国社会科学院考古研究所藏

乳白色。外形似鞭，共分 6 节。节有粗、中、细，三者相互交替。粗节雕有单线或双线的兽面纹；中节及柄部琢成花瓣纹；细节有 2 至 3 周凸弦纹；末端用线刻和浮雕法琢成兽头形，其侧面有一穿孔。柄的顶端及其正背面各穿一孔，3 孔相通。（郑光 / 文）

一五　玉琮　商代中期
高 4.2 厘米 外径 8 厘米
河南省新郑县出土
河南省 新郑县文管所藏

青灰色，局部有褐色斑沁。体呈圆形，中空，四角有弧面。通体光素无纹饰。（宋海洋 / 文并摄影）

一六　玉箍　商代早期
高 5.7 厘米 外径 7.1 厘米 壁厚 0.7 厘米
1967 年河南省偃师县二里头遗址挖窖时出土
中国社会科学院考古研究所藏

淡青色，晶莹光润。圆筒形，周壁厚度不匀，腰微内收。（郑光 / 文）

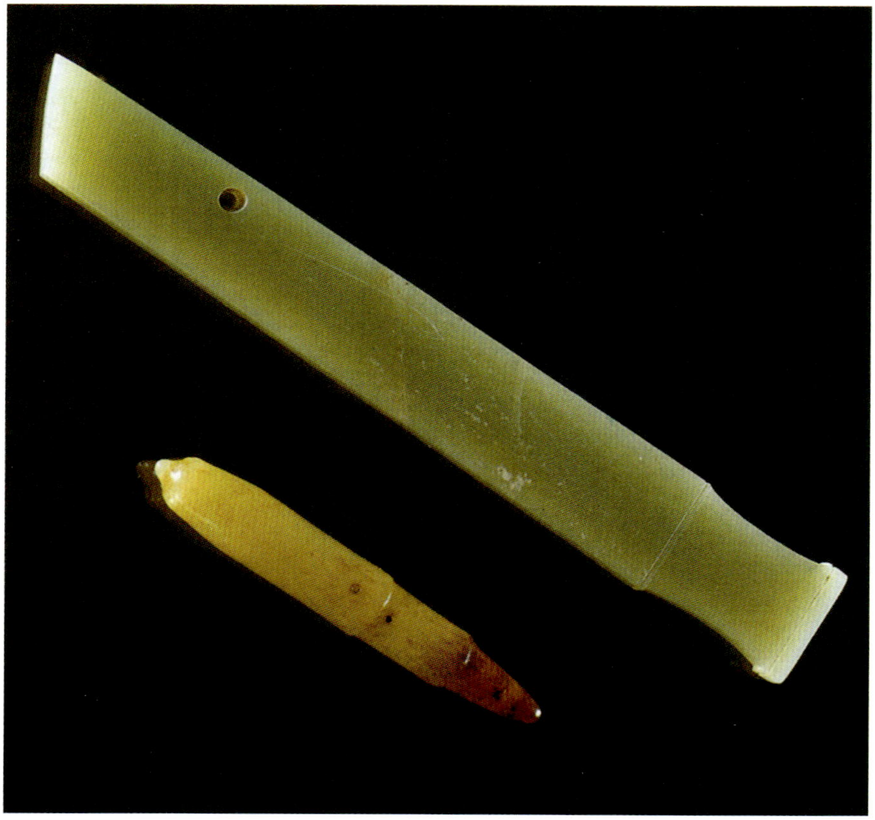

一七　玉柄形饰与玉坠　商代早期
柄形饰：长 16.2 厘米 宽 2.2 厘米 厚 0.4 厘米
玉坠：长 7.8 厘米 中部直径 1.15 厘米
分别于 1981 年、1980 年在河南省偃师县二里头遗址 5 区 4 号墓与 5 区 3 号墓出土
中国社会科学院考古研究所藏

柄形饰：色白泛青，青玉，晶莹润泽，柄部 4 面内凹，与之相对一端出一斜边，呈刻刀形，其一侧有单穿圆孔一个。

玉坠：一端呈褐红色，其余为浅黄色，晶莹光润，呈子弹形。粗端略出短尖，细端分两股后减细，其上钻圆孔两个。（郑光 / 文）

一八　玉戈 商代中期
长 57.2 厘米 宽 9.3 厘米 厚 1 厘米
1955 年河南省郑州市白家庄商代墓出土
中国历史博物馆藏

灰绿色，布满黑色斑点。长援短内，前锋和刃部锋利，戈尖及援部有长深槽。内前端中部有一个圆穿，由一面钻穿，内末端残缺。穿后一面有直线和菱形纹饰。制作工整，玉质精湛，形制之大，颇为罕见。（祁玉宽 / 文 徐海滨 / 摄影）

一九　玉戈 商代中期
长 37.9 厘米 宽 8.1 厘米 厚 0.4 厘米
1955 年河南省郑州市白家庄商代墓出土
中国历史博物馆藏

墨绿色，周身布满黑斑。援长内短，援中起脊，前锋及刃部琢磨锋利，内前端中部有一圆穿，由一面钻穿，一面孔大，一面孔小。穿前及援刻有直线纹饰。工艺精细，非实用武器，而是一种仪仗用器。（祁玉宽 / 文 徐海滨 / 摄影）

二〇　玉牙璋 商代中期
长 66 厘米 宽 13 厘米 厚 0.4 厘米
1958 年河南省郑州市杨庄村农民挖土时发现 河南省博物馆藏

淡青色。形体较大，器身前端外张，斜刃微内凹，两侧呈弧形内收，后部两侧琢出对称的齿牙两对，并涂有朱砂（但只有后部保存一点儿痕迹）。内而窄，上有一穿，后缘稍内倾。（祁玉宽 / 文 徐海滨 / 摄影）

二一　大玉戈　商代中期

长 94 厘米　最宽处 13.5 厘米

1974 年湖北省黄陂县盘龙城李家嘴 3 号墓出土

湖北省博物馆藏

灰白略呈黄褐色。援作宽长条形，有中脊和边刃，前锋薄而利，呈三角尖刀形，上下阑略外凸，长方形内，内前端有一圆穿。通体磨琢光润，制作精致。

此件是商代玉戈中最大者，对了解商代中期玉器的开料技术有一定意义。（陈善钰 / 文　郝勤建 / 摄影）

二二　玉援铜内戈　商代中期

长 32 厘米　最宽处 6.9 厘米　厚 0.4 厘米

1974 年河南省新郑县新村乡出土

河南省 新郑县文管所藏

玉援呈青白色，局部有银粉色斑沁。体扁长。内为青铜质，有上下阑，阑前呈三角形，有一穿，饰以兽面纹；后部呈磬折形，饰夔形纹。玉援略有弧度，有中脊和上下刃，前锋犀利，锋部呈三角形。（宋海洋 / 文并摄影）

二三　玉柄形饰　商代中期

长 7.6 米　厚 0.5 厘米

1950 年至 1951 年河南省辉县琉璃阁村 233 号墓出土

中国历史博物馆藏

鸡骨白色，有灰色斑点，不透明。扁平长条形，柄端刻凹弦纹一周，两侧面内敛，器身由柄部向首逐渐缩窄。首端留有切割痕迹。一侧面稍厚，一侧面略薄。表面抛光，制作较细。（马秀银 / 文　徐海滨 / 摄影）

二四　玉钺　商代中期

长 14 厘米　宽 8.3 厘米　厚 0.8 厘米

河南省新郑县望京楼新村乡出土

河南省 新郑县文管所藏

青灰色，局部有深褐色斑沁。扁平长方形，三边平直，平刃，由两面磨成。上部两孔完好，一孔残缺。两面光素无纹饰。（宋海洋 / 文并摄影）

二五　玉瑗　商代中期

直径 12 厘米　最厚处 0.5 厘米

河南省新郑县出土

河南省 新郑县文管所藏

青绿色，局部有褐色斑浸。扁圆形，边薄厚不匀，留有锯痕，光素无纹饰。（宋海洋 / 文并摄影）

二六　玉琮　商代晚期
高 2.8 厘米　外径 7.2 厘米　射径 6.7 厘米　厚 0.5 厘米
1976 年河南省安阳市小屯西北地妇好墓（以下简称“妇好墓”）出土
中国社会科学院考古研究所藏

墨绿色，半透明。圆形，经加工琢磨出 4 条弧形凸棱，略呈方体。两端有短射。4 个弧形凸棱中间各有两条平行横线，将纹饰分为上下两段。以凸棱为中线，两侧各有两个突起的圆点，其下呈弧形，略突起，构成上下相对的图案，近似简化兽面。凸棱之间，4 面各有竖直阴线两组。表面纹饰精致，射孔近直，内外抛光。（郑振香 / 文）

二七　玉璧　商代晚期
外径 18.6 厘米　孔壁处厚 1.4 厘米　边厚 0.4 厘米
1976 年妇好墓出土
中国社会科学院考古研究所藏

绿色，有褐斑，两面有灰白色沁痕。周缘和孔都较圆。孔周两面都突起呈圆口状，孔壁直而抛光，妇好墓称“璧”。两面各有 4 组同心圆刻线，每组由一条粗阳线和 3 条阴线构成。线条规矩流畅，工艺水平较高。此式璧在同一座墓中共出土 4 件，外径在 15.2 厘米至 18.9 厘米之间，有可能属同组之物。（陈志达 / 文）

二八　玉圭　商代晚期
长 22.7 厘米　宽 3.8 厘米至 4 厘米
厚 0.9 厘米
1976 年妇好墓出土
中国社会科学院考古研究所藏

深绿色。扁平长条形，上宽下窄，下端平，中部有一圆穿。上端磨出厚刃，转角圆钝。圭身两面分别琢刻竖直阴线 8 条，中间 6 条两两紧依，垂线之下又琢以 4 条横行线，两两相依。线条都较流畅。此种形制的圭与《古玉图考》著录的“琬圭”相似。（陈志达 / 文）

二九　玉环 商代晚期

外径 10 厘米 孔径 5.5 厘米 厚 0.3 厘米

1976 年妇好墓出土

中国社会科学院考古研究所藏

黄绿色。周缘与孔均较圆。孔周一面略突起，一面平。两边（肉）之和小于孔（好）。两面刻有纤细的同心圆阴线。色泽光润，制作颇精。此式环在同一座墓中共出土 10 余件，但大小差距较大，最大的直径 12 厘米，最小的直径 2.2 厘米。其中 8 件的大小似乎依次递减，色多呈绿色，有可能属同一组合。（陈志达 / 文）

三〇　玉簋 商代晚期

高 10.8 厘米 口径 16.8 厘米 壁厚 0.6 厘米

1976 年妇好墓出土

中国社会科学院考古研究所藏

白色，有黄斑。侈口圆唇，腹腔中空，腹下部微鼓，平底，圈足直矮。通体琢雕精美花纹：口下三角形纹；腹部 3 组饕餮纹，口均向下，目字形眼，大鼻巨眉，面部两侧有对称的身尾；上下夹以弦纹；近底部雕菱形纹和三角形纹一周；圈足上饰云纹和目纹。造型美观，纹样精细。出土时，腹腔内放置有两件精美骨匕和一件铜匕，当系配套之物。（陈志达 / 文）

三一　玉盘 商代晚期

高 4.3 厘米 口长 14.6 厘米 宽 8.6 厘米

1976 年妇好墓出土

中国社会科学院考古研究所藏

乳白色，有黄斑，半透明。盘口呈长方形，圆角，平沿，腹略内收，浅腹平底，圈足较高。腹部饰弦纹，圈足下部雕凸棱一周。圈足两长边各有十字形镂空 3 个，短边各有一个。长边与短边的十字形镂空分别相对应。十字镂空外壁拐角规整，但内侧镂空较小，雕琢较粗糙。（郑振香 / 文）

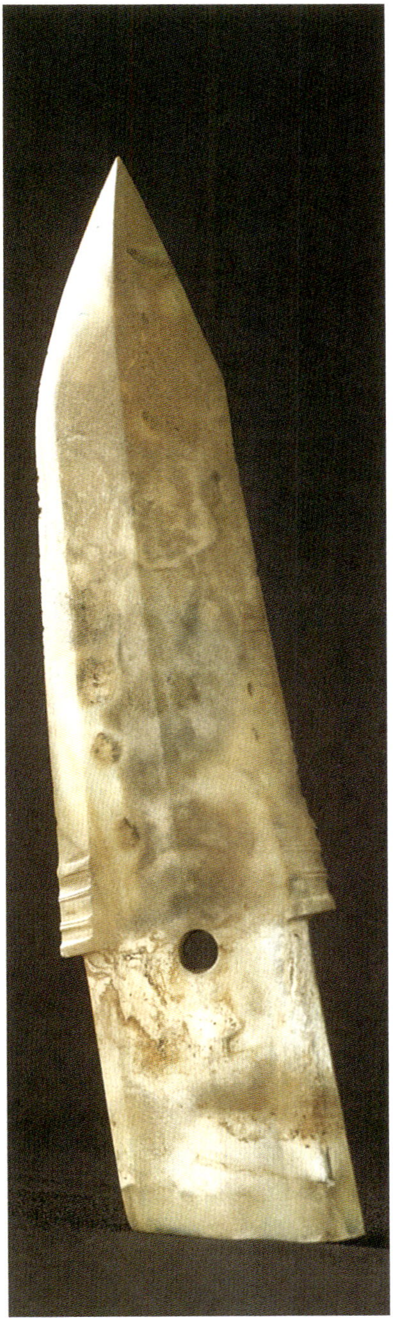

三二　玉戈 商代晚期

通长 27.4 厘米　援长 20 厘米

内厚 0.6 厘米

1976 年妇好墓出土

中国社会科学院考古研究所藏

黄绿色，有褐斑。长条三角形援，有中脊和边刃，前锋锐尖，援后两侧琢出阑。内呈长方形，后缘稍斜，靠阑处有穿，穿后内上有安柲痕迹，柲痕宽 3.5 厘米。阑前援的上下侧各刻竖直阳纹短线数条。边刃甚薄，无使用痕迹。（陈志达 / 文）

三三　玉戈 商代晚期

通长 22.2 厘米　援长 18 厘米　援宽 11 厘米　内厚 0.7 厘米

1976 年妇好墓出土

中国社会科学院考古研究所藏

墨绿色，有浸蚀形成的浅褐斑，色泽晶莹。援特宽短，宽度大于援长的二分之一，上有中脊和边刃。内短而宽，有中脊，后缘稍残。在援与内之间有圆穿，穿壁留有管钻台痕。（郑振香 / 文）

三四　玉戈 商代晚期

通长 31 厘米　内长 8.6 厘米　厚 0.5 厘米

1976 年河南省安阳市小屯 11 号墓出土

中国社会科学院考古研究所藏

一面呈灰白色，另一面援前部呈淡绿色，质较好。援窄长，锋端尖锐，有中脊和边刃，援后部雕出上下阑。援两面后部与阑上饰云纹兼目纹。内呈长方形，中部有两条竖线，其后雕琢平行阳线 4 组，直至末端，极富于装饰性。内前端有一圆穿。（郑振香 / 文）

三五　玉戈 商代晚期

通长 24.7 厘米　内长 6.5 厘米　厚 0.6 厘米

1976 年河南省安阳市小屯 11 号墓出土

中国社会科学院考古研究所藏

一面呈乳白色，另一面呈淡绿色，玉质较好。援较宽短，前锋锐尖，有中脊和边刃，援两面后部饰云纹兼目纹，纹饰精美。有上下阑，内呈长方形，中部有两条平列的竖线，后端雕琢较宽的横列阳纹 4 组，直至内末端，使之更具有装饰性。内前部有两个前后并列的圆穿。（郑振香 / 文）

三六　玉矛铜骹 商代晚期

通长 21 厘米 铜骹长 12 厘米

1986 年河南省安阳市大司空村 25 号墓出土

中国社会科学院考古研究所藏

玉矛头呈淡绿色，有线状褐色玉斑。三角形，有中脊，边锋不锐。铜骹（柄）作蛇形，张口，矛头的后缘嵌入蛇口内，深约1.5厘米。骹上细下粗，后端有深銎，銎内有朽木痕迹。骹两面饰蛇纹，三角形头，两眼凸起，身长而扭曲，遍体镶以绿松石，松石片是按原设计部位而镶嵌的，排列匀称紧密，工艺极佳。蛇纹之后饰以兽面纹，亦镶绿松石。骹由两范合铸，两侧有明显的范线。此件保存完好，殷墟少见。（陈志达 / 文）

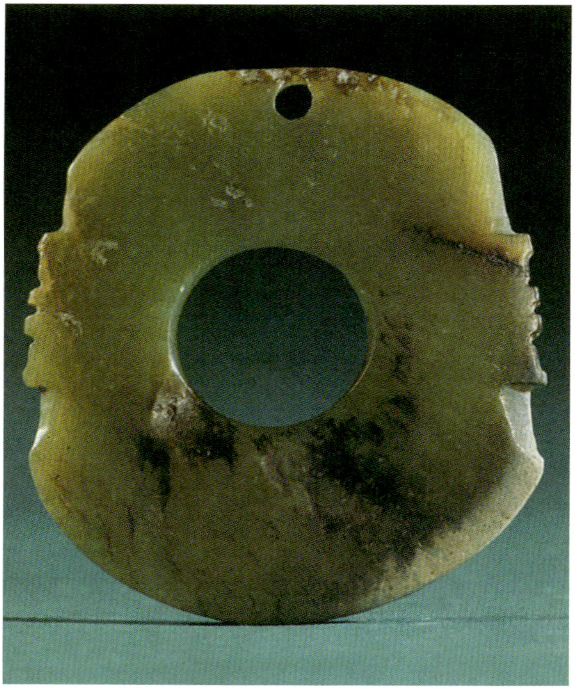

三七　玉戚 商代晚期

长 7 厘米 宽 5 厘米至 6 厘米 厚 0.5 厘米

1976 年妇好墓出土

中国社会科学院考古研究所藏

绿色，有褐斑。顶与刃均呈弧形，刃较宽，较厚，由两面磨成。两侧稍内凹，分雕戚齿 4 枚，中部有一大圆孔，系用管钻所制。顶端中部有一小圆孔，呈漏斗形，也系管钻所制，上端似有穿系的磨痕。此种玉戚的加工制作过程，似系先加工成环状雏形，再根据设计雕琢而成。（郑振香 / 文）

三八　玉钺 商代晚期

长 17.6 厘米 刃宽 10.5 厘米 内厚 0.3 厘米

1976 年妇好墓出土

中国社会科学院考古研究所藏

棕褐色。扁平长方形，弧形刃，由两面磨成，上有剥落痕迹。有上下阑，内呈长方形，中部有一穿。两面抛光。（陈志达 / 文）

三九 龙纹大玉刀 商代晚期
通长 33.5 厘米 柄长 3.2 厘米 刀身厚 0.5 厘米
1976 年妇好墓出土
中国社会科学院考古研究所藏

绿色，有褐斑，并有受沁痕迹。刀身窄长，凹背凸刃，尖略上翘，刃由两面磨成，稍残。刀背上雕出锯齿状薄棱。短柄较薄。刀身后端有一圆穿，系管钻所制。刀身靠背处两面均雕精细的龙纹，龙头朝向柄端，张口，上唇略翘，“目”字形眼，细长眉，钝角向后，长身尖尾，直通刀尖。身、尾饰菱形纹兼小三角形纹。造型与纹样均极典雅，很有特色。

此刀不宜实战，似系一种仪仗用器。（陈志达 / 文 郜玉兰 刘丽 / 摄影）

四〇 兽面纹玉斧 商代晚期
长 10 厘米 体厚 2.6 厘米
1976 年妇好墓出土
中国社会科学院考古研究所藏

深绿色，柄端呈黄绿色。长方扁圆体，上段较厚，下段两侧磨出边棱，刃部外凸呈弧形，由两面磨成。内呈长方形，较薄，中部有一圆穿，可安柄。斧身两面均雕兽面纹，口向刃部，目字形眼，长眉平分，巨角内卷，裂口。纹样精细，亦无使用痕迹，似系一种礼仪性或象征性的工具。（陈志达文 郜玉兰 刘丽 / 摄影）

四一 玉凿 商代晚期
长 15.3 厘米 厚 1.3 厘米
1976 年妇好墓出土
中国社会科学院考古研究所藏

一面深绿色，另一面黄褐色。扁平长条形，顶端略呈弧形，中部有一圆穿。平刃，由两面磨成。体两侧有边棱。研磨、抛光都较精细。无使用痕迹，非实用器。
（陈志达 / 文）

四二 玉锛 商代晚期
长 15.1 厘米 刃宽 4.1 厘米 厚 0.7 厘米
1976 年妇好墓出土
中国社会科学院考古研究所藏

灰色。扁平窄长体，顶宽刃窄，短内，近顶端中部有一穿，平刃，转角圆纯，刃由两面磨成。抛光精细，色泽鲜润。无使用痕迹，似非实用器。（陈志达 / 文）

四三　玉脊棱刀 商代晚期

长 13.2 厘米 厚 0.4 厘米

1976 年妇好墓出土

中国社会科学院考古研究所藏

墨绿色。凹背曲刃，刀尖上翘，背较厚，脊部雕出锯齿状扉棱。刃由两面磨成。柄甚短，略下垂。刀身两面琢刻以S形纹为主体的纹饰，在S形纹之间，琢有目形纹。刀身上下还琢有横行阴线。此种形制的刀在同墓中共出土两件（一对儿）。无使用痕迹，似非实用器。（陈志达 / 文）

四四　玉边刃刀 商代晚期

长 13.2 厘米 宽 3.6 厘米 厚 0.6 厘米

1976 年妇好墓出土

中国社会科学院考古研究所藏

绿色，柄有褐斑。凹背曲刃，刃由两面磨成，刀尖略翘，柄窄而短，与背相连。背较厚，上有阳纹脊线，脊线两侧刻阴线三角形纹。无使用痕迹。（陈志达 / 文）

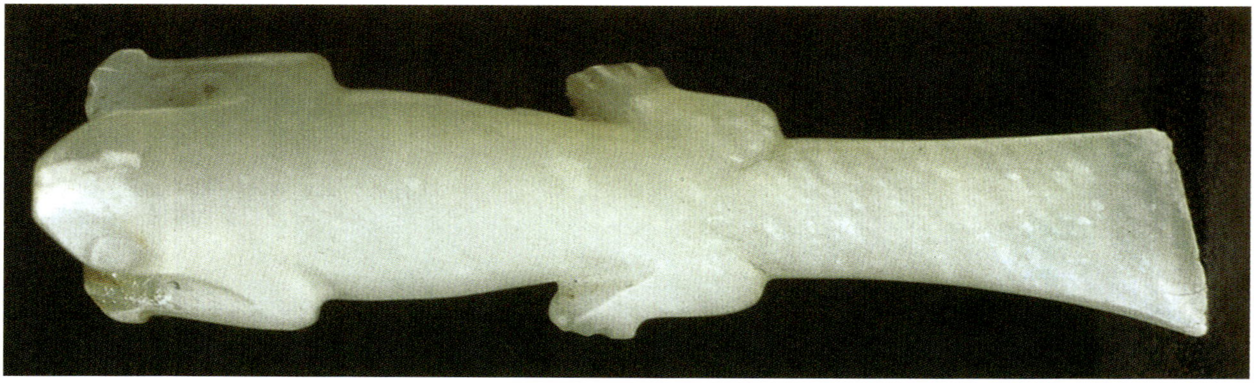

四五　壁虎形玉刻刀 商代晚期

长 5.1 厘米 刃宽 1 厘米

1976 年妇好墓出土

中国社会科学院考古研究所藏

白色，圆雕。柄端的壁虎，作昂首爬行状。圆眼微鼓，四足向前屈伸，宽尾，尾末刻出斜刃，刃由两面磨成。胸部有斜穿小孔，可佩系。小巧玲珑，有较高的艺术价值。玉质亦较精，系新疆和田白玉琢成。（陈志达 / 文）

四六　玉觿　商代晚期

通长 6.1 厘米　柄长 2.9 厘米

1953 年河南省安阳市大司空村 14 号墓出土

中国历史博物馆藏

碧绿色，半透明。长体，截面呈三角形。前段如角锥，后段为柄。柄部琢一牛首，耳、鼻、眼琢雕极精，作衔锥状。柄端一侧有一圆孔，可穿系佩戴。

觿为解结的实用器，出土物甚少，这是玉质极精的一件。（辛立华 / 文　徐海滨 / 摄影）

四七　玉纺轮　商代晚期

直径 5 厘米　厚 0.7 厘米

1976 年妇好墓出土

中国社会科学院考古研究所藏

淡绿色，玉质较好。浮雕，不甚圆，中部较厚，边缘稍薄。雕虺形纹，头呈三角形，大耳细眉，小眼上吊，身尾蟠卷，头尾衔接。身饰人字形节状纹，尾端节状纹较密，以示蜷曲。背面头部磨光，身尾雕数条弧形阴线，表示腹纹。体中部有两面钻穿的圆孔，孔径 0.9 厘米至 1.1 厘米。此件既是工具，也是精美的艺术品。（郑振香 / 文）

四八　弦纹玉刻刀　商代晚期

长 9.1 厘米　最大处宽径 0.8 厘米

刃宽 0.8 厘米

1950 年河南省安阳市武官村大墓出土

中国历史博物馆藏

碧绿色。体圆长，横截面为椭圆形，顶端齐平，斜刃，由两面磨成，刃锋利。身刻凸弦纹数组。两侧中央有一上下直凹槽，上端有一圆孔，孔由两面对钻而成；中部也有一圆孔，单面钻穿。磨制光滑，工艺精细，似为实用器。（祁玉宽 / 文　徐海滨 / 摄影）

四九　玉调色盘 商代晚期

长 11.8 厘米 宽 6.5 厘米 盘深 0.4 厘米

1976 年妇好墓出土

中国社会科学院考古研究所藏

正面灰白色，上部稍风化，背面墨绿色。盘呈方形，有裂痕，前端敞平而薄，三侧有高起的边框。盘底满染朱砂，当系实用器。盘后雕双鹦鹉，背相对，尾相连，足刚健有力，作站立状。鹦鹉钩喙大眼，锯齿状矮冠，短翅长尾，尾尖内卷。在两尾相连处，有一个高起的圆纽，纽上有孔，可悬挂。背面亦雕以双鹦鹉纹，但系单线阴刻，而正面的纹样为双线阴勾。殷人屡以朱砂书写，此调色盘起后来砚台的作用。（陈志达 / 文）

五○　玉梳 商代晚期

高 7.1 厘米 宽 4.4 厘米至 4.9 厘米 厚 0.4 厘米

1976 年妇好墓出土

中国社会科学院考古研究所藏

淡灰色，浮雕。梳身近长方形，上窄下宽，背顶正中有一个长条形纽，纽下有圆孔，可悬挂。梳面较宽，有齿 8 枚，两侧的齿稍宽于中间的，排列规整。齿的尖端较薄。梳背两面均雕兽面纹，目字形眼，细眉大角，巨鼻裂口，鼻中部饰菱形纹。兽口朝向梳齿。小巧典雅，宜于实用。（陈志达 / 文）

五一　玉匕 商代晚期

长 14.7 厘米 柄宽 2.1 厘米 厚 0.4 厘米

1976 年妇好墓出土

中国社会科学院考古研究所藏

棕褐色，有黄黑斑。扁平长条形，形似骨匕。平顶，柄两侧稍内凹，下端呈舌形，较薄。纹饰精致，其一面柄饰蝉纹，匕面饰头向下的蝉纹 4 个。大头，方目，短身，两前足外屈，双翼展开，腹下呈尖状；另一面柄饰上下两段纹饰，上段饰头相对的夔纹，下饰兽面纹。匕面花纹分 3 段，上段饰兽面纹，中段饰目雷纹，下段饰双重三角纹。柄端中部有一个小圆孔。匕面下部有经长期使用的痕迹。（郑振香 / 文）

五二

五三

五四

五二　五三　五四　腰佩宽柄器玉人 商代晚期

高 7 厘米

1976 年妇好墓出土

中国社会科学院考古研究所藏

黄褐色。圆雕。跽坐，双手抚膝，长脸尖颌，细长眉，目字形眼，平视前方，大鼻小嘴，C 形耳。头梳长辫一条，辫从右耳侧往上盘头顶一周，由左耳后侧伸向右耳侧，辫梢与辫根相接。头上戴圆箍形頍（冠），用以束发。頍前连有卷筒状饰，其上“绣”双线波形纹。头顶露发丝，上有左右对穿的小孔，靠前又有一小孔。身着衣，交领垂于胸，长袖至腕，小袖口，腰束宽带，带上有“米”字形纹样。衣下缘似及足踝。衣上“绣”云纹和目形纹，右侧下缘有蛇形纹。腹前悬“蔽膝”。似穿方头鞋。腰左侧佩一宽柄器，器的上端作卷云形，下端弯曲成蛇头形。器一面上部饰节状纹和云纹，下端为一简化蛇头纹。可能是一种礼仪性用器，以表示主人的身份。此人像神态倨傲，衣着上乘，像是贵族的形象，也可能是墓主妇好的雕像。（陈志达 / 文　孙克让　邵玉兰　刘丽 / 摄影）

五五　梳短辫玉人　商代晚期
高 8.5 厘米
1976 年妇好墓出土
中国社会科学院考古研究所藏

褐色，面部浅绿色，头顶淡黄色。圆雕。跽坐，双手抚膝，五指并拢，身略前倾，头微低，圆脸，细长眉，目字形眼，耳、鼻都较大，雕出鼻孔，闭嘴。头顶中心梳小辫一根，下垂至后额上。辫上似缚有发绳。赤脚，露出五趾。从背、臂与腿部观察，有衣纹，长袖至腕，窄袖口，衣下缘似及小腿。左、右臂及左右腿衣上“绣”蛇形纹，背部为云纹（或称几何形纹）。胸前不显衣纹。胸部雕兽面纹，像是文身的标志。头顶上有左右相通的斜孔。身下两腿之间（臀下）有一较大的圆孔，孔径 1 厘米，深 0.8 厘米，可供插嵌。左额有小裂缝。左肢下有一残孔。从形象考察，像一女性奴隶。（陈志达 / 文）

五六　五七 玉阴阳人 商代晚期

高 12.5 厘米 厚 1 厘米

1976 年妇好墓出土

中国社会科学院考古研究所藏

淡灰色。浮雕，裸体，作站立状。一面为男性，椭圆脸，双目微突，宽长眉，蒜头鼻，嘴略张，大耳，头上梳两个角状发髻，耸肩，两臂略内屈，双手放胯间，膝部刻阴线纹，表示关节；另一面为女性，形象与男性近似，唯眉较弯，双手置腹部。两面人像均雕出手指和脚趾，并用不同线条勾勒出人体不同部位的肌肉。形象比较呆板。在它们的脚下，琢出一短榫，可以插嵌在漆木器上。此件形似男女儿童，可能含有某种巫术意义。（陈志达 / 文 邵玉兰 刘丽 / 摄影）

五八　方头玉蟠龙 商代晚期

长 8.1 厘米 高 5.6 厘米

1976 年妇好墓出土

中国社会科学院考古研究所藏

墨绿色。一面微呈褐色。圆雕。方形头，微昂，张口露齿，鼻微突，目字形眼，眉细而弯，两钝角后伏。中脊雕成扉棱状，身蟠卷右侧，两短足前屈，各有4爪。下颌正中有一个对钻的小孔。身、尾饰菱形纹和三角形纹，均为双线琢出，左足外侧琢云纹。身、足着地部分有磨损痕迹。此龙质优形美，凝重端庄，是商代肖生玉雕品中最出色的作品之一。（陈志达 / 文）

五九　玉龙 商代晚期

长径 5.2 厘米 短径 4.8 厘米 厚 1.8 厘米

1976 年妇好墓出土

中国社会科学院考古研究所藏

墨绿色。圆雕。龙头与尾衔接，尾尖内卷，呈椭圆形，两钝角竖起，闭口，目字形眼，眼珠微凸，细长眉，背与尾饰鳞纹，体两侧饰云纹，腹下刻细密短道，表示腹鳞。背上部有两个未钻透的孔。（郑振香 / 文）

六〇　玉蟠龙　商代晚期
长径 5.8 厘米　厚 0.9 厘米
1976 年妇好墓出土
中国社会科学院考古研究所藏

乳白色，有黄斑。浮雕。龙作蟠屈状，头尾相接，尾尖外卷。大头，张口露齿，目字形眼，两锤形角后伏，角尖翘起。身尾饰云纹，背饰菱形纹兼小三角形纹。上下门齿内侧连接。龙口是先钻孔，再锼出牙齿的。尾端一侧有未钻透的孔。（郑振香 / 文）

六二　玉凤　商代晚期
长 13.6 厘米　厚 0.7 厘米
1976 年妇好墓出土
中国社会科学院考古研究所藏

黄褐色。浮雕。作侧身回首状，喙、冠如鸡，冠镂空，圆眼，胸部外突，短翅长尾，尾翎分开。胸下有两个小镂空，背、尾的相应部位各有一和两个长条形镂空。腰间有一突起的圆纽，上有小孔，可佩戴。翅上琢雕数条阳线浅浮雕翎纹，线条舒展，工艺精细。

此凤的形象、风格与石家河文化的玉凤的风格　雕琢手法相近，故疑为受石家河文化琢玉工艺的影响。（陈志达 / 文邵玉兰　刘丽 / 摄影）

六一　玉双角蟠龙　商代晚期
长径 7 厘米　厚 1.5 厘米
1976 年妇好墓出土
中国社会科学院考古研究所藏

墨绿色。介于圆雕与浮雕之间。龙作蟠卷形，头尾相接，中有缺口，尾较细内卷。龙头为圆雕，张口露齿，鼻梁隆起呈一直线，目字形眼，眼珠外突，双目明亮有神，细长眉，头上有两后伏的锤形角，角略上翘。腹部较厚，两面平，腹下有两短足。双角刻两组人字纹，角侧面刻人字纹兼饰云纹，身尾饰双线菱形纹，兼饰三角形纹。背部中脊突起，两侧饰小三角形纹，背上部中脊两侧有钻透的斜孔，可佩戴。尾端一面有一未钻透的圆孔。（郑振香 / 文）

六三　玉怪鸟负龙　商代晚期
高 11.3 厘米
厚 0.3 厘米至 0.5 厘米
1976 年妇好墓出土
中国社会科学院考古研究所藏

黄褐色，龙尾呈淡绿色。浮雕。呈现怪（神）鸟负龙踩云升天的画面。怪鸟作站立状，圆眼尖喙，头长两角，短尾，单足，足有四爪，爪下有座，上刻云纹，以象征云彩。鸟背上驮一龙，龙身上竖，张口，目字形大眼，尾尖内卷，独角单足，足有两爪。鸟翅雕翎纹，龙的身、尾饰菱形纹和鳞纹，胸部雕目纹和细弯的眉，两面的纹样雷同。

此件构思新颖，有可能据当时的神话设计而成。在商代玉器中目前仅此一例。
（陈志达/文 邵玉兰 刘丽/摄影）

六四　玉虎 商代晚期
长 11.7 厘米 高 4.3 厘米
1976 年妇好墓出土
中国社会科学院考古研究所藏

深绿色，有褐斑。圆雕。作行走状。体肥硕，方形头，张口露锐齿，目字形大眼，双耳竖起，背略凹，臀部隆起，四肢前屈，足上雕出利爪，尾下垂，尾尖上卷。身饰云纹，背部雕蛇形纹，尾部为节状纹，主要花纹均为阴线双勾。左前肢有疤痕。形象生动，富有生气。此器无孔眼或榫，与一般用作佩饰的肖生玉雕有别，可能是一种陈列艺术品。（陈志达 / 文）

六五　玉卷尾虎 商代晚期
长 13.3 厘米 厚 0.5 厘米
1976 年妇好墓出土
中国社会科学院考古研究所藏

绿色，有黄斑。浮雕。虎作行走状，首微昂，张口露齿，门齿尖锐，目字形眼，大耳。体肥硕，腹外突，尾略上卷，肢前屈，足雕 4 趾。颈饰鳞纹，用变形云纹勾勒出肩部与臀部，尾饰节状纹。两面纹样雷同，形象凶猛。眼角上有小孔，可佩戴。（郑振香 / 文）

六六　玉长尾虎 商代晚期
长 18.1 厘米 高 3.6 厘米 厚 0.9 厘米
1976 年妇好墓出土
中国社会科学院考古研究所藏

深褐色，背面腹部呈绿色。浮雕。虎作奔驰状，首微昂，张口露齿，圆眼，外有眼圈，中间钻孔。耳后伏。长尾，尾端呈尖状。前、后肢作前屈状，足雕 4 趾。颈饰鳞纹，腹饰斑条纹，类似虎皮，臀部饰云纹，尾饰鳞纹，两面纹样相似。前后肢与爪下磨平。尾端磨出尖状刃。颈部有一较大的圆孔，孔壁经修磨。两爪上各有一个未钻透的小孔。此虎尾似锥子，可佩系，或许也有实用价值。（郑振香 / 文）

六七　玉象　商代晚期

长 6 厘米 高 3 厘米

1976 年妇好墓出土

中国社会科学院考古研究所藏

黄褐色。圆雕。象作站立状，体肥硕，长鼻上扬，鼻尖内卷成圆孔，口呈三角形，微张，目字形眼，细长眉，大耳紧贴，四肢粗短，刚健有力，足雕四趾，尾下垂。身、肢饰云纹，背前端饰菱形纹，背中部及尾部均饰节状纹。形象稚态可掬，很像一头幼象。

同墓出土的另一件玉象（511）造型、色泽、纹样都与此件雷同，成对。有可能出自同一人之手，采用同一块玉料或色相近的玉料雕琢而成。（陈志达 / 文）

六八　虎形玉饰　商代晚期

长 5.5 厘米 宽 2.5 厘米 厚 0.2 厘米

1953 年河南省安阳市大司空村 107 号墓出土

中国历史博物馆藏

浅绿色，有灰白斑，半透明。浮雕。虎呈伏卧状，张口圆目，双耳直立，肢前屈，爪着地，长尾上卷。身前后各有一个圆孔，可穿系佩戴。（辛立华 / 文 徐海滨 / 摄影）

六九　玉熊　商代晚期

高 4 厘米

1976 年妇好墓出土

中国社会科学院考古研究所藏

绿色，一侧有黄斑。圆雕。熊呈蹲坐状，前肢抱膝，头微昂，面部呈三角形，嘴前突，口略张，露舌，大眼，小耳上竖，鼻梁隆起，下有小而浅的鼻孔。前后肢下均刻足趾，前肢趾较长，后肢趾较短。臀下有三角形短尾。背脊两侧与上肢用云纹勾出轮廓，线条简练。古朴生动。背脊上有两个上下钻透的斜孔。可佩戴或把玩。

此熊两件成对。但另一件无尾，臀下有一圆孔，孔径 1 厘米，深 1.6 厘米。（郑振香 / 文）

七〇　玉熊　商代晚期

高 8 厘米 厚 0.4 厘米

1976 年妇好墓出土

中国社会科学院考古研究所藏

黄褐色。浮雕。熊呈抱膝蹲坐姿态，头微抬，长嘴前伸，小耳上竖，目字形小眼。按照熊的生态特点，用不同的线条雕琢出臀部和前后肢。两面分别颈饰节状纹，体饰云纹。前爪较长，作弯屈状，后爪前伸。全身纹饰虽较简单，但各部位轮廓清晰。其一面后肢与臀部稍残蚀。颈部有小孔，可佩戴。（郑振香 / 文）

七一　玉鹿　商代晚期

长 6 厘米　高 4.9 厘米　厚 0.5 厘米

1976 年妇好墓出土

中国社会科学院考古研究所藏

墨绿色，头部有黄斑。浮雕。形似幼鹿，无角，短尾奇蹄。作伏卧回首状，闭口，圆眼小耳，作警觉状，前肢较长，屈于腹下，蹄朝上；后肢前屈，蹄朝下。短尾。用疏朗的云纹雕琢肩与臀部的轮廓，腹部饰较密集的云纹，类似鹿身上的斑纹。颈饰鳞纹，背脊与尾刻人字纹，前后肢则依据兽类四肢的特点用弧线和弯曲线条勾勒。两面纹样雷同。蹄磨光。此幼鹿，栩栩如生，设计颇具匠心。后肢上有小孔，可佩戴。（郑振香 / 文）

七二　玉牛　商代晚期

长 4.6 厘米　高 3.1 厘米

1976 年河南省安阳市小屯 11 号墓出土

中国社会科学院考古研究所藏

浅绿色，玉质较好。圆雕。牛作跪卧状，口微张，露舌，方形目，两角后伏，前肢呈跪状屈于颈下，后肢前屈，短尾下垂。体饰云纹，角饰人字形纹，四蹄磨光。两前蹄之间有一小孔，可穿系佩戴。（郑振香 / 文）

七三　玉马　商代晚期

长 6.3 厘米　高 2.9 厘米　厚 0.2 厘米

1976 年妇好墓出土

中国社会科学院考古研究所藏

灰色，有褐斑，浮雕。马作行走状，肢较粗壮，奇蹄，张口竖耳，目字形眼（但两面眼睛的位置稍有不同），颈有细密鬃毛，长尾，尾中部有一小节突，尾末雕出斜刃。耳后有一小圆孔，可作佩戴饰物。

此种形状的马，同墓共出土两件，成对，似为同一块玉料雕琢而成。（郑振香 / 文）

七四　玉回首牛　商代晚期

长 11 厘米　高 5.8 厘米　厚 1.5 厘米

1976 年妇好墓出土

中国社会科学院考古研究所藏

墨绿色，有褐斑。头部圆雕，体较薄，近似浮雕。作伏卧回首状，双角后伏，张口翘鼻，两鼻孔穿通，目字形眼，圆眼珠。体长，前肢前屈，后肢屈于腹下，尾下垂，造型生动。颈饰鳞纹，背饰人字形节状纹，身饰云纹，两面纹饰相同。前后肢下刻有宽约 3 厘米的浅槽，可作镶嵌饰物。从牛鼻穿孔观察，大概殷人已懂得给牛穿鼻子。

此牛系利用籽玉前高后低的自然形状巧妙雕琢而成。（郑振香 / 文）

七五　玉回首狗 商代晚期
长 5.7 厘米 高 3.5 厘米 厚 0.5 厘米
1976 年妇好墓出土
中国社会科学院考古研究所藏

墨绿色。浮雕。形似狗或狼，但系奇蹄。作伏卧回首状。圆眼，耳上竖，臀部隆起，前后肢较短，前肢屈于颈下，后肢前屈，长尾下垂。其姿态很像在伏卧回首倾听周围动静，形象生动。颈饰鳞纹，身饰变形云纹，两面纹样雷同。前后蹄磨光，尾端磨出斜刃。上唇与前蹄上各有一小孔。唇上的孔位于体中部，穿系时可使身体保持平衡。可佩戴，也可作刻刀用。（郑振香 / 文）

七六　玉兔 商代晚期
长 10 厘米 高 5.8 厘米 厚 0.5 厘米
1976 年妇好墓出土
中国社会科学院考古研究所藏

一面黄色，另一面呈浅褐色。浮雕。兔作奔跑状。口略张，露舌，圆眼长耳，体肥硕，短尾上翘，前后爪雕出 5 趾。通体抛光。虽仅简略雕琢出头部的眼、耳、口、鼻，但其形象真切。前足上有小孔，可佩戴。从形象观察，似为家兔。（郑振香 / 文）

七七　玉兔 商代晚期
长 4.3 厘米 宽 2.5 厘米 厚 0.7 厘米
1953 年河南省安阳市大司空村 157 号墓出土
中国历史博物馆藏

青绿色，半透明。浮雕。头微抬，长耳后伏，体较肥，肢蹲伏，短尾上翘，呈欲跳状，形态逼真，磨制光滑。（辛立华 / 文 徐海滨 / 摄影）

七八　玉兽面 商代晚期

高 3.5 厘米 厚 0.5 厘米

1976 年妇好墓出土

中国社会科学院考古研究所藏

浅绿色，有褐斑。浮雕。兽面呈弧形，上端弧度较大，经复原直径约 5.5 厘米，下端弧度较小，两侧雕作扉棱形。兽作张口状，头上长双角，口鼻分明，目字形眼，眼珠微凸，下眼角内弯，双目炯炯有神。兽面雕琢精致，线条流畅，表面抛光。背面作内凹的弧形，无花纹。上端两角和下端一角上各有一小孔。从造型观察，此兽面大概是镶嵌在圆形漆木杖上的饰物，3 个小孔可用以固定位置。（郑振香 / 文）

七九　玉兽面 商代晚期

长、宽各 3.1 厘米 厚 0.4 厘米

1975 年河南省安阳市小屯 11 号房子出土

中国社会科学院考古研究所藏

棕褐色。浮雕。面部下端椭圆，鼻作卷云形，目字形眼，眉似云纹，头上双角上竖。双目之间上有较大的圆孔，孔径 0.2 厘米。背面磨平，可佩系，也可用作镶嵌饰物。（郑振香 / 文）

八〇　玉猪 商代晚期

长 3.5 厘米 高 2.4 厘米 厚 1.4 厘米

1977 年河南省安阳市孝民屯南 701 号墓出土

中国社会科学院考古研究所藏

豆青色。作蜷曲体猪形。以圆雕手法刻出猪头、身形、大耳、大嘴。用浮雕手法刻出眼和鼻的形状。身上有阴线花纹。背部有凹槽一道，由头顶通至尾部。身中部有一供穿系用的圆孔。（杨锡璋 / 文）

八一　玉长颈鹤 商代晚期

高 12 厘米 厚 0.3 厘米

1976 年妇好墓出土

中国社会科学院考古研究所藏

黄褐色。浮雕。鹤作站立姿态，长颈下弯，头置于胸前。尖喙，圆眼，翅微展，尾下垂，肢粗壮，下有爪。颈饰羽毛纹，用回纹雕琢出翅的轮廓，翅饰翎纹，尾饰变形云纹。造型美观，雕琢细腻。爪上钻有小孔。

此鹤两件，成对。另一件略小，眼作圆孔，颈爪各有一小孔，可作佩戴饰物。（郑振香 / 文）

八二　玉鸮 商代晚期

高 6.5 厘米 底径 4.6 厘米

1976 年妇好墓出土

中国社会科学院考古研究所藏

绿色。玉质较好，局部有黄色玉皮，圆雕。鸮作站立状，体呈圆形，钩喙，目字形眼，眼珠微凸，小耳上竖。凸胸，双翼并拢，短尾下垂，两肢粗短，肢下有爪。胸饰羽毛纹，双翼饰云纹，背饰头向上的蝉纹。两肢后刻有横槽，两肢与尾间刻有竖槽，体下中间钻一圆孔，孔径 1 厘米，深 4.1 厘米。顶后部有上下钻通的斜孔。可悬挂，也可作为插嵌饰物。（郑振香 / 文）

八三

八四

八三　八四 玉鹰 商代晚期

高 6 厘米 厚 0.2 厘米

1976 年妇好墓出土

中国社会科学院考古研究所藏

深绿色。浮雕。俯视相，作展翅飞翔状，头扭向一侧，颈内缩，尖喙圆眼，双翼外缘雕成扉棱形，两足内弯呈钩状，雕出锐爪，尾分两歧。一面雕出脊背和翎纹，均为双线阴勾；另一面以单线勾勒出胸、腹和翎纹。喙上有小孔，可佩戴。（陈志达 / 文 邵玉兰 刘丽 / 摄影）

八五　玉长尾鹦鹉 商代晚期
高 11 厘米 厚 0.6 厘米
1976 年妇好墓出土
中国社会科学院考古研究所藏

浅绿色，有褐斑，玉质鲜润如新。浮雕。鹦鹉作站立状，钩喙高冠，目字形眼，细长眉，胸外突，短翅长尾，尾端呈人字形，腿粗短，爪有 4 趾。冠上端较薄，雕作扉棱形，颇类鸡冠。用变形云纹雕琢出翅与尾的轮廓，两面纹饰相同。造型别致，极美观。爪下有榫，可镶嵌，长尾可作支撑点。（郑振香 / 文）

八六　玉夔冠鹦鹉 商代晚期
长 12.5 厘米 厚 0.4 厘米
1976 年妇好墓出土
中国社会科学院考古研究所藏

浅绿色，有黄斑，似为沁蚀形成，浮雕。鹦鹉作站立状，头上有夔冠，夔大头，尾上卷，恰如冠形。钩喙，目字形眼，体丰满。胸外突，翅略翘，作展翅状。尾下垂内弯，肢前屈，4 趾作钩抓状。胸尾作扉棱形。钩喙刻人字形纹，胸腹饰云纹，尾刻内弯的弧线。两面纹饰相同，均甚精致，线条娴熟流畅。惜玉料欠佳，美中不足。

此鹦鹉以夔作冠，极富想象色彩，殷墟少见。（郑振香 / 文）

八七　玉双鹦鹉 商代晚期
高 8.1 厘米 宽 12 厘米 厚 0.3 厘米
1976 年妇好墓出土
中国社会科学院考古研究所藏

深褐色。浮雕。双鹦鹉尾部相对，略呈伏状。圆眼钩喙，短冠，胸脯外突，短翅，长尾内卷，肢前屈，爪有 4 趾。翅饰翎纹，尾饰变形回纹，两面纹样雷同。尾相连处有一圆孔，冠上各有一小圆孔。可穿系佩戴，也可作镶嵌饰物。（郑振香 / 文）

八八　玉鸟 商代晚期
高 4.7 厘米 厚 0.8 厘米
1976 年妇好墓出土
中国社会科学院考古研究所藏

一面绿色，有黑斑，另一面黄褐色。浮雕。鸟作站立状，钩喙圆眼，长冠上卷，胸外突，翅上翘，尾下垂内弯，肢前屈，爪粗壮。形似青铜器上的凤纹。胸腹饰回纹，翅与尾饰翎纹。两面纹样雷同。冠与肢上各有一孔，可系佩饰物。（郑振香 / 文）

八九　玉长尾鸟　商代晚期

长 7.6 厘米　高 1.8 厘米　厚 0.5 厘米

1987 年河南省安阳市郭家庄东南 1 号墓出土

中国社会科学院考古研究所藏

灰色，有斑纹。浮雕。鸟形，长身，长尾，尖喙。鸟身两面用阴线纹刻出眼及翅形。胸部有一小孔，作穿系用。（杨锡璋 / 文）

九〇　玉鸟　商代晚期

长 7.8 厘米　宽 3 厘米　厚 0.2 厘米

1953 年河南省安阳市大司空村 8 号墓出土

中国历史博物馆藏

白色，不透明。浮雕。鸟呈匍匐状，圆眼钩喙，头顶有冠，向上卷曲，肢前屈，4 趾着地，宽尾下垂，用阴曲线琢雕出翅和尾，两面纹样相同。头部有两个圆形孔，可穿系佩戴。（辛立华 / 文　徐海滨 / 摄影）

九一　玉鸟　商代晚期

长 4.2 厘米　宽 1.7 厘米　厚 0.4 厘米

1953 年河南省安阳市大司空村 24 号墓出土

中国历史博物馆藏

灰白色，不透明。浮雕。鸟作匍匐状，圆目，鹰钩嘴，双肢前屈，翅上翘，尾直呈刀形，头部有一圆孔，可穿系佩戴。（辛立华 / 文　徐海滨 / 摄影）

九二　玉雁　商代晚期

长 4.7 厘米　两翼间宽 4 厘米　厚 0.4 厘米

1974 年河南省安阳市孝民屯南 216 号墓出土

中国社会科学院考古研究所藏

浅褐色，色泽不匀。圆雕。雁形，长颈，长喙，双翼展开，尾部突出。用浮雕手法刻出两爪，用阴线纹刻出双翼。颈部有一供穿系用的小孔。（杨锡璋 / 文）

九三　玉燕雏　商代晚期

长 7.3 厘米　高 3.3 厘米

1976 年妇好墓出土

中国社会科学院考古研究所藏

乳白色，有褐斑。圆雕。作待哺状，昂头，尖喙圆眼，双翅微展，尾不显。胸下雕出双足，足呈长方形。颈下有上下对穿的斜孔，可佩戴。翅雕翎纹，背为节状纹，均双线阴勾。颈下及头部饰羽毛纹，单线阴刻。形象神似，琢雕精细，商代玉雕中少见。（陈志达 / 文）

九四　玉鹅 商代晚期

高 7.2 厘米 厚 0.6 厘米

1976 年妇好墓出土

中国社会科学院考古研究所藏

一面灰色，另一面呈灰褐色，有细小斑点。鹅作站立状，凸顶，圆眼，长扁嘴紧闭，颈向后伸，头弯于胸前，短翅并拢，腿粗短，下有趾。趾下有榫，已残损。通体纹饰雕琢精细，颈饰羽毛纹，翅饰翎纹。两面纹样基本相同，小巧生动。（郑振香 / 文）

九五　玉鱼　商代晚期

长 7.7 厘米至 7.8 厘米　厚 0.3 厘米

1959 年河南省安阳市小屯村西 103 号墓盗坑出土

中国社会科学院考古研究所藏

乳白色，表面润泽。鱼大头，体肥，尾下弯作游动状，圆眼，口微张，鳃、鳞、背鳍、胸、腹鳍和尾鳍雕琢得都很形象。纹饰精细，两面纹样雷同。口部有一小孔，可佩戴。同墓出土的另一件玉鱼，与此件的形状、玉料、纹样雷同，系成对之物。（郑振香 / 文）

九六　俏色玉鳖　商代晚期

长 4 厘米

1975 年河南省安阳市小屯北地 11 号房子出土

中国社会科学院考古研究所藏

圆雕。吻部微残，双目圆睁，眼球与眼睑分明，四足略外伸露爪，作半龟缩状。此玉鳖经精心设计，巧妙地利用玉料的色泽，头、颈与腹部为灰白色，而背作黑色，形象生动。在腹部右上方有上下对钻的小孔，可佩系。

在玉雕工艺中，这种巧妙地运用玉石料的纹理、色泽所创作的艺术品，被称为俏色作品。过去认为俏色玉石制品出现比较晚。20 世纪 70 年代初，据个别发掘品，认为可以早到唐代。1975 年，在小屯北地发掘出俏色的玉、石质动物形圆雕数件，此玉鳖即其中之一，足以证明远在商代末期就已出现俏色玉石工艺品。（郑振香 / 文）

九七　玉鸭　商代晚期

长 4.4 厘米　高 4 厘米　厚 0.4 厘米

1987 年河南省安阳市郭家庄东南 1 号墓出土

中国社会科学院考古研究所藏

乳白色。浮雕。鸭形，长颈，长尾，背部凸起。鸭形两面用阴线纹刻出眼、翅及足形。胸前有一小圆孔，可供穿系。（杨锡璋 / 文）

九八　玉双龟　商代晚期

宽 3 厘米　长 5 厘米

1975 年河南省安阳市小屯北地 11 号房子出土

中国社会科学院考古研究所藏

灰褐色，有黑斑，圆雕。双龟并排，甲桥相连，背甲上有突起的中脊，中脊两侧雕琢较形象的背甲纹；腹甲雕作 8 块，首甲、尾甲与甲桥相当形象。两龟之大小、形状及背腹纹样均基本相同。腹腔中空，留有管钻痕迹，是钻孔之后经加工而成。造型别致，可能是佩饰。据同出陶器及铜鼎盖铭文得知，其年代属帝乙、帝辛时期，在殷墟发掘品中仅此一件。（郑振香 / 文）

九九　玉螳螂　商代晚期

长 6.8 厘米　高 2 厘米

1976 年妇好墓出土

中国社会科学院考古研究所藏

浅绿色，有褐斑。圆雕。作停立状，体较细长，头向右扭，尖嘴微残，圆眼突起，双翼翕合，两刀足前屈，右足微残，尖尾。足下有小槽，两足间有小孔，可供佩戴。颈部雕四周阴线纹，翼纹为双线阴勾。造型绝妙，颇具匠心。（陈志达 / 文）

一〇〇　龙形玉玦　商代晚期

长径 5.5 厘米　孔径 1.2 厘米　厚 0.5 厘米

1976 年妇好墓出土

中国社会科学院考古研究所藏

淡绿色，浮雕。圆形，一侧有小缺口，中心的圆孔与玦面平。两面均雕蟠龙纹，首尾相接，张口露齿，方形目，独角后伏，脊背雕成扉棱形，尾尖外卷，颈部有小孔，可佩戴。龙的身、尾饰云纹。玉质与纹样均优。此式玦在妇好墓中共出土 9 件，而在殷墟其他墓中几乎未见（有些可能已被盗）。这大概和墓主的身份地位有关。（陈志达 / 文）

一〇一　龙形玉玦　商代晚期

外径 9 厘米　孔径 5.8 厘米　孔壁高 1.2 厘米　边厚 0.2 厘米

1976 年妇好墓出土

中国社会科学院考古研究所藏

米黄色。浮雕。玦雕作蟠龙形，龙张口露齿，头尾相接，中有缺口。边窄孔大，孔周两面突起，呈圆口形。周边为龙的背脊，呈扉棱形。龙身两面各有两组圆周刻线，各由两条细线构成。周线是在缺口切割前琢磨而成的。颈后部有小孔，悬挂起来，龙体平衡，头恰在一侧的中部，扉棱的雕琢与孔的位置是经精心设计的。（郑振香 / 文）

一〇二　玉龙形璜　商代晚期

长 11.7 厘米　宽 2.2 厘米　厚 0.2 厘米

1976 年妇好墓出土

中国社会科学院考古研究所藏

淡绿色。浮雕。龙张口露齿，方形眼，独角后伏，体呈弧形，背脊雕成扉棱状，较薄，尾尖上卷，尾端有小孔。身、尾饰鳞纹，间节状纹。两面纹样雷同，线条都采用阴线双勾。（郑振香 / 文）

一〇四　虺形玉玦　商代晚期

长径 4.5 厘米　孔径 1 厘米　厚 1.5 厘米

1976 年妇好墓出土

中国社会科学院考古研究所藏

棕色，微泛绿。圆雕。虺作蟠卷形，头尾衔接，外侧有豁口作玦形。口微张，露舌，鼻梁隆起，圆眼，小耳上竖，无角。身尾粗短，尾端稍薄。身尾饰云纹，背饰节状纹。中部有椭圆形孔，由两面钻穿。（郑振香 / 文）

一〇三　玉鱼形璜　商代晚期

左：长 10.4 厘米　右：长 10.5 厘米　宽 2.4 厘米　厚 0.3 厘米

1976 年妇好墓出土

中国社会科学院考古研究所藏

米黄色。璜雕作鱼形，鱼身呈弧形，作跳跃状，嘴微张，嘴后有一小孔。尾略内弯，颇形象。胸鳍与腹鳍向两侧展开，形成浮雕与圆雕的巧妙结合。体两面各刻弧形线 3 条。尾上、下侧各有一小孔，可与口上的小孔并系佩戴，保持饰品的平衡，设计颇巧妙。

另一件鱼形璜，形制、色泽、纹样基本相同，两件成对。右下侧鳍上多一个小圆孔。（郑振香 / 文）

一〇五　玉长方牌形饰　商代晚期

长 8.9 厘米　宽 4.8 厘米　厚 0.5 厘米

1959 年河南省安阳市高楼庄后岗 1 号墓出土

中国社会科学院考古研究所藏

深绿色，玉质晶莹。扁平长方形，上端窄，下端较宽，两端均有刃。表面上下端各饰一兽面，头向相反，上端的头向上，口鼻清晰，目字形大眼，有眉有角，两角尖上翘，刻人字形纹。下端的头向下，口、鼻、双目与上端的兽面相似，唯有眉无角，略有差异。背面平，无纹饰。两侧有扉，上有对称的狭小镂空 6 对，上端中部有孔，可穿系悬挂。此件玉器仅一面雕琢纹饰也很少见。（郑振香 / 文）

一〇六　玉圆箍形饰　商代晚期

高 3.6 厘米　外径 6.7 厘米　壁厚 0.6 厘米

1976 年妇好墓出土

中国社会科学院考古研究所藏

深绿色。上下口面很平，表面雕花纹 4 组，每组各分为上、下两段，以横的平行弦纹为框架，中间饰突起的卷云形纹，近似简化兽面，但不甚形象。孔壁上下近直。表面似未抛光。（郑振香 / 文）

一〇七　玉圆箍形饰　商代晚期

高 4.1 厘米　口内径 5.1 厘米

1977 年河南省安阳市小屯 18 号墓出土

中国社会科学院考古研究所藏

蓝色，有褐斑，较少见，其质地经鉴定为石英夹高岭石。形似圆箍，两端外侈，中部稍内收，中有大圆孔，口面平，腰部向外突出宽而薄的棱一周，似盘状，两端表面饰凸弦纹，表面光亮。类似的器形妇好墓曾出土一件，确切用途不甚清楚。（郑振香 / 文）

一〇八　玉饰与玉螺　商代晚期

玉饰（左）：长 3.6 厘米　玉螺（右）：长 3 厘米

1975 年河南省安阳市小屯北地 11 号房子出土

中国社会科学院考古研究所藏

玉饰：乳白色。浮雕。形似石镞，上端有 3 对突起的齿牙，中间齿牙下方有一小圆孔，下端呈三角形，通体抛光，当是佩饰。

玉螺：灰色有黑斑。圆雕。螺作锥状体，上雕螺旋纹 4 周，虽纹饰简单，但形象生动。唇上有小孔，系佩饰。（郑振香 / 文）

一〇九　玉柄形饰　商代晚期

长 15.3 厘米　宽 1.1 厘米　厚 1 厘米

1976 年妇好墓出土

中国社会科学院考古研究所藏

乳白色，半透明，羊脂白玉，鲜润如新。长条形，平顶，向下稍内收。横断面近方形。柄端饰凸弦纹两周，往下 4 面雕莲瓣形花纹 5 段。下端有尖状短榫。（郑振香 / 文）

一一〇 玉笄 商代晚期
右：长 16.7 厘米 厚 0.4 厘米
左：长 16.5 厘米 厚 0.5 厘米
1977 年河南省安阳市小屯 18 号墓出土
中国社会科学院考古研究所藏

乳白色。笄头较长，顶一侧呈弧形，似卷云纹，其下雕凸棱 3 对；另一侧顶部表面雕人字形纹两组，其下雕凸棱 4 对。笄杆扁圆，上粗下细，下端较圆，呈尖状。表面抛光。右边一件细部略有差别，即一面笄头与杆留有开料痕迹。（郑振香 / 文）

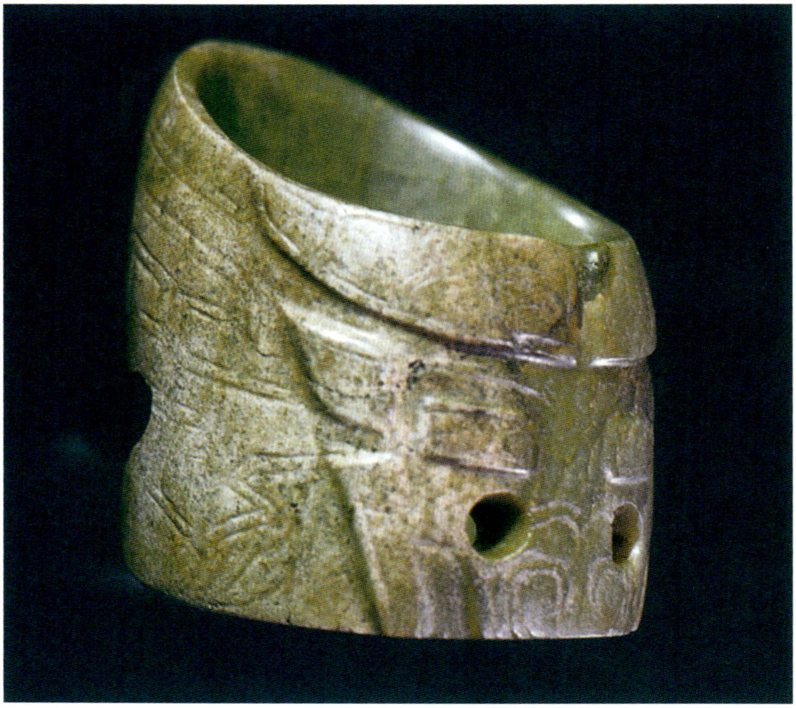

一一一 玉韘 商代晚期
高 2.7 厘米至 3.8 厘米
1976 年妇好墓出土
中国社会科学院考古研究所藏

淡绿色，少部分呈淡褐色。下部较平，上端呈斜面形，全形似半截壶嘴，中空，可套入成年人拇指。背面下部有一条横向的浅槽，槽由窄而宽。正面雕兽纹，兽口向下，细长眉，方形眼，双角如牛角，两耳后贴，双目下各有一圆孔，面部两侧分别雕以身、尾和足。纹样精细。《说文解字》段玉裁注谓《诗·卫风·芄兰》中所称的“童子佩韘”的“韘”，即今扳指，射时作钩弦之用。此件的发现，证明我国早在武丁时代已有扳指的应用。这是我国已知的最早的一件扳指。（陈志达 / 文）

一一二 玉斧 商代晚期
长 7.3 厘米 刃宽 1.4 厘米 厚 0.8 厘米
1950 年至 1951 年河南省辉县琉璃阁 141 号墓出土
中国历史博物馆藏

灰色，局部有黑色斑纹，不透明。扁平长条形，一侧平直，另一侧留有切割痕迹，端刃，由两面磨成。上端有一两面钻穿的圆孔。此玉斧可实用，但作为佩戴装饰品的可能性更大。（马秀银 / 文 徐海滨 / 摄影）

一一三　玉镞 商代晚期
长 5.2 厘米 厚 0.4 厘米 翼宽 3.4 厘米
1950 年至 1951 年河南省辉县琉璃阁 141 号墓出土
中国历史博物馆藏

灰色，有深褐色斑痕，不透明。扁平等腰三角形，底边内凹成小弧状，两刃向上收成锋，中脊较厚，两面中脊底部磨出小沟槽，便于用来夹入箭杆上。此墓共出土形制略有差异的玉镞5件，商代墓中少见。

（马秀银 / 文 徐海滨 / 摄影）

一一四　玉鸟 商代晚期
长 5.1 厘米 厚 0.35 厘米
1950 年至 1951 年河南省辉县琉璃阁村 150 号墓出土
中国历史博物馆藏

白色，有褐斑。半透明，浮雕。鸟呈栖息状，尖嘴，圆目，头顶有冠，身较肥，长尾上翘，爪弯曲。胸部有一圆孔，孔旁刻两道弧线，可穿系佩戴。此件琢刻精细，巧妙地把褐斑用在冠、爪和尾上，使玉鸟更加生动传神。

（辛立华 / 文 徐海滨 / 摄影）

一一五　鱼形玉饰 商代晚期
长 4.7 厘米 厚 0.3 厘米
1950 年至 1951 年河南省辉县琉璃阁 150 号墓出土
中国历史博物馆藏

淡绿色，半透明。浮雕。扁平弧形，两面刻纹相同。圆目张口，背、腹部用细斜线刻出鳍，尾分两歧。身略弯，作游水状。头、尾处共有小孔3个。制作简单古朴，是商周时期盛行的佩戴装饰品。（马秀银 / 文 徐海滨 / 摄影）

一一六　玉斧　商代晚期

长 12 厘米　刃宽 7.1 厘米

厚 0.6 厘米至 0.9 厘米

1974 年河北省藁城县台西村 18 号探方出土

河北省文物考古研究院藏

乳白色，质粗，上有瑕。平面呈梯形，平顶，弧刃微凸，局部有崩疤。中部有一穿，系两面对钻而成。（戴淑田 / 文　张羽 / 摄影）

一一七　玉蝉　商代晚期

长 3.3 厘米　最厚处 1.3 厘米

1974 年河北省藁城县台西村 13 号探方出土

河北省文物考古研究院藏

表面黄色，内为灰白色，质粗。俯视相，伏状。蝉头与体比例适当，两大眼外凸，双翼掩合，尖尾。口部有一穿孔，孔倾斜对钻，已残。（戴淑田 / 文　张羽 / 摄影）

一一九　锤形玉饰　商代晚期

长 4.1 厘米　孔径 0.6 厘米

1974 年河北省藁城县台西村 95 号墓出土

河北省文物考古研究院藏

黄色，质粗，表面光滑，局部有磕碰痕。锤形，正面圆鼓，背面较平。短柄，上有横穿孔，孔系两面对钻。

（戴淑田 / 文　张羽 / 摄影）

一一八　人面形玉饰　商代晚期

长 3.6 厘米　宽 2.6 厘米至 2.8 厘米

1974 年河北省藁城县台西村 85 号墓出土

河北省文物考古研究院藏

青绿色。浮雕。平面近似长方形，正面雕人面纹，方脸，大口，高鼻，凸眼球，细眉，额上雕出细密发丝。背面内凹，无纹饰。

出土时，握于墓主人右手，可能是套在手指上的装饰品。（戴淑田 / 文　张羽 / 摄影）

一二〇　玉斧　商代晚期

长 10.4 厘米　宽 4.3 厘米　厚 0.7 厘米

1974 年河北省藁城县台西村 79 号墓出土

河北省文物考古研究院藏

青绿色，有灰白色绺，质粗，局部风蚀剥落。平面近长方形，顶近平，弧刃，转角圆钝。近顶端正中有一小穿孔，孔由一面钻穿。（戴淑田 / 文　张羽 / 摄影）

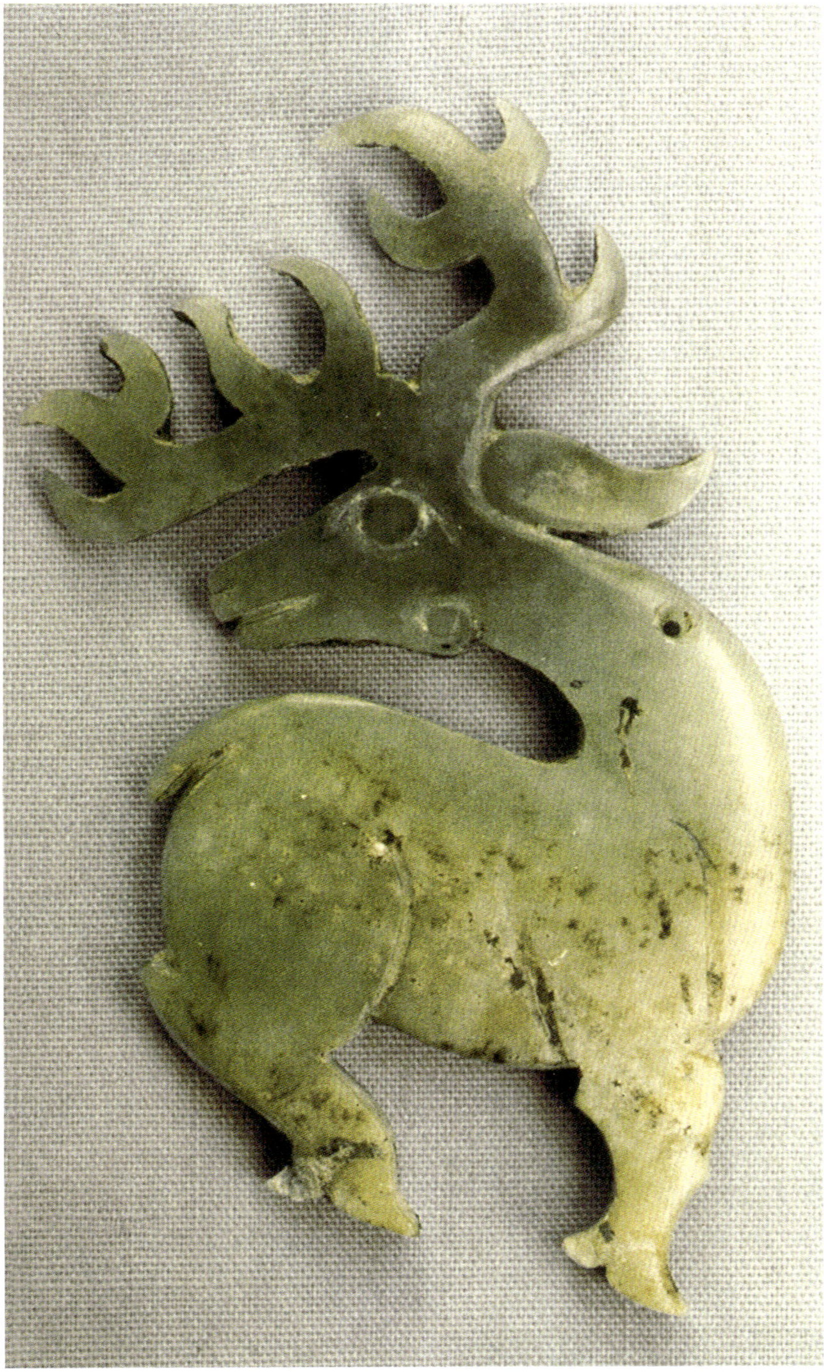

一二一 **玉鹿 商代晚期**

高 5.4 厘米 宽 4.3 厘米 厚 0.5 厘米

1991 年山东省滕州市前掌大商代遗址 3 号墓出土

中国社会科学院考古研究所藏

豆绿色兼微黄，两面平雕纹饰相同。两角枝杈突出，弯颈回首状，翘首，圆眼，上下颌、鼻、嘴分明，颈间有涡纹，圆臀小尾，后腿微弯。颈间有一穿孔。具有写实、夸张之美，系佩戴饰品。（胡秉华 / 文 薛玉尧 / 摄影）

一二二 **玉鸮 商代晚期**

残高 4.2 厘米 宽 2.3 厘米 厚 1.25 厘米

1991 年山东省滕州市前掌大商代遗址 3 号墓出土

中国社会科学院考古研究所藏

浅豆青色。圆雕。圆头，翘喙，鼓胸，两翼收拢，以 3 道弧线表示羽毛层次，尾下垂，腿微弯。翼胸间有涡纹。喙下、前胸各有一穿孔，系佩戴饰品。（胡秉华 / 文 薛玉尧 / 摄影）

一二三 **玉蝉 商代晚期**

长 3.1 厘米 宽 1 厘米至 1.4 厘米 厚 0.65 厘米

1991 年山东省滕州市前掌大商代遗址 4 号墓出土

中国社会科学院考古研究所藏

青灰色。嘴尖突出，两侧圆眼微鼓，颈部刻两道平行线，居中刻三角纹并以直线延伸分出双翼，两翼并拢。以直线分出腹背两面。腹部前端两侧刻圆角三角纹，之间以 V 形纹相连，腹间至尾有 5 道弧形纹。刻纹间涂有朱彩。形象较逼真，为装饰品。（胡秉华 / 文 薛玉尧 / 摄影）

一二四　玉鹿首　商代晚期

长 3.6 厘米

1985 年山西省灵石县旌介村 2 号墓出土

山西省考古研究所藏

墨绿色，不透明。圆雕。为一鹿的头部，角分枝杈，特征明显，眼、嘴、耳各部琢雕清晰。颈部有一圆孔，可以穿系佩戴。形象真切，工艺较精。（陶正刚 / 文　敦竹堂 / 摄影）

一二五　玉燕　商代晚期

长 3.3 厘米

1985 年山西省灵石县旌介村 2 号墓出土

山西省考古研究所藏

月白色，半透明，浮雕。形体轮廓清楚，嘴、翅、尾用阴线勾出，圆眼，肢前屈。琢雕精细。嘴有孔，可佩戴。形象生动活泼。（陶正刚 / 文　敦竹堂 / 摄影）

一二六　玉虎　商代晚期

长 3.7 厘米

1985 年山西省灵石县旌介村 2 号墓出土

山西省考古研究所藏

浅绿色，不透明。三棱状半立体浮雕。俯卧状，嘴、眼、耳琢雕清晰，四肢屈伏，尾向下卷，作觅食状。体小而生动。（陶正刚 / 文　敦竹堂 / 摄影）

一二七　玉鸟　商代晚期

长 6.9 厘米

1985 年山西省灵石县旌介村 1 号墓出土

山西省考古研究所藏

浅绿色，不透明。浮雕。由大小不同的两个三角形相连而成。大三角为头，上有孔为眼，下部有半孔为嘴，小三角为尾。制作简朴，表面抛光。（陶正刚 / 文　敦竹堂 / 摄影）

一二八　玉鱼 商代晚期

长 5.3 厘米

1985 年山西省灵石县旌介村 1 号墓出土

山西省考古研究所藏

浅绿色，不透明。浮雕。弯曲状，头、尾清晰，背上有鳍，前端有孔为眼，尾部偏大。雕刻刀法简练古朴。

（陶正刚 / 文 敦竹堂 / 摄影）

一二九　玉蝉 商代晚期

长 1.9 厘米

1985 年山西省灵石县旌介村 2 号墓出土

山西省考古研究所藏

白色，半透明。圆雕。俯视相，呈三角形，双目突起，用阴线勾勒出头和两翼。嘴有一孔，可佩戴。

同墓中共出土两蝉，略有区别。

（陶正刚 / 文 敦竹堂 / 摄影）

一三〇　玉璜 商代晚期

长 3.7 厘米

1985 年山西省灵石县旌介村 1 号墓出土

山西省考古研究所藏

月白色，透明度差。半圆形，两端有孔，素面抛光。（陶正刚 / 文 敦竹堂 / 摄影）

一三一　玉琮 商代晚期

通高 7 厘米 射高 0.5 厘米 孔径 6.3 厘米

射壁厚 0.8 厘米至 1.2 厘米

1989 年江西省新干县大洋洲乡商代墓出土

江西省博物馆藏

牙白色，有紫斑，密玉。矮圆筒体，有短射，分为两节，两节的四角都有突棱形成对称的方弧面，其上浮雕蝉纹，蝉尾相对。两端上下各刻阴弦纹 3 周，中间各刻阴弦纹两周，中腰横刻 0.6 厘米宽的凹槽一周。表里经抛光。此器形制独特，应是内圆外方琮的变体。（刘林 / 文）

一三二　玉璧 商代晚期

直径 18.3 厘米 孔径 7.5 厘米

孔壁高 2.4 厘米 壁缘厚 0.5 厘米

1989 年江西省新干县大洋洲乡商代墓出土

江西省博物馆藏

浅绿色，大部风化呈乳黄色，和田玉。制作规整，体扁薄而匀称，中心有一大圆孔，孔径略大于一侧边。孔壁两面有凸棱口，孔口光滑，周缘两面有等距离的同心圆弦纹多组，每组弦纹 3 周。破裂 3 块粘合，两面抛光。（刘林 / 文）

一三三　玉长条扉棱片 商代晚期

长 7.5 厘米 宽 2.2 厘米 厚 0.3 厘米

1989 年江西省新干县大洋洲乡商代墓出土

江西省博物馆藏

牙白色，洛翡玉。扁平长条形，一端宽平，一侧平齐，一侧镂空成 7 字形，边薄。4 件相同。从实物和玉夔扁足观察考虑，应为镶嵌在漆木鼎腹上的扉棱。（刘林 / 文）

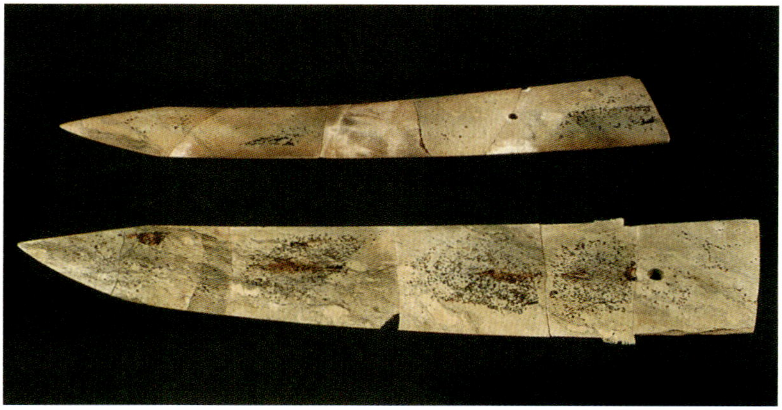

一三四　玉戈 商代晚期

上：长 27.5 厘米 援宽 4.5 厘米 厚 0.7 厘米

下：长 42 厘米 援宽 7 厘米 厚 0.7 厘米

1989 年江西省新干县大洋洲乡商代墓出土

江西省博物馆藏

灰绿色，有棕褐斑，和田玉。两件均属直内戈，内上有圆穿并有穿系痕，穿径 0.6 厘米。前锋尖锐，两侧边刃，一侧微拱，一侧微凹。小的一件无阑，中脊、援内分界不明显，内后缘斜直；大的一件有阑，前锋至阑中脊明显，阑两侧挑突，有齿槽，阑部阴刻 3 重线曲尺纹，上下阴刻 3 平行线边额。两件均断数块粘合，并大部分风化成乳黄色。（刘林 / 文）

一三五 彩石羽神 商代晚期
通高11.5厘米 身高8.7厘米
前胸厚0.8厘米
1989年江西省新干县大洋洲乡商代墓出土
江西省博物馆藏

枣红色，类似玛瑙，唯硬度不足，实为冻石属。圆雕。神像作侧身蹲坐状，两侧面对称。身表用浅浮雕法，凤眼，粗眉，大耳，高长鼻内勾，似象鼻；头顶上有钩状羽冠，冠后部用镂雕法制出3个相连环链；臂屈于胸前，握拳，膝勾屈上耸，脚底与臀部平齐，脚底部有横凹槽的短榫，双脚并拢，靠内钻有一斜孔向后跟穿出。腰背至臀部刻鳞片状羽毛，肋下至腿部刻云雷状羽翼。环链与羽神用同一块料制成，足残。（刘林/文）

一三六

一三六　一三七　玉神人兽面形饰　商代晚期

高 16.2 厘米　下宽 5 厘米　厚 0.4 厘米

1989 年江西省新干县大洋洲乡商代墓出土

江西省博物馆藏

牙白色，浮雕，洛翡玉。扁平长条形，正面中段琢出浅浮雕的神人兽面像。梭形眼，外眼角上挑成内钩形，内眼角下收成外钩形，大圆眼，两道卷云眉，其间由两条竖直线构成粗宽的鼻梁，鼻线过眉脊左右外展为额，向下内卷成两圆点，成为蒜头形鼻头，脸面两侧有向上卷曲的角状扉棱作装饰。下面部分为兽面，长方阔口，嘴角各有一对钩状獠牙，头顶上为高耸左右卷曲的羽冠，羽冠由竖刻 11 组作放射状的羽翎组成。（刘林 / 文　敦竹堂 / 摄影）

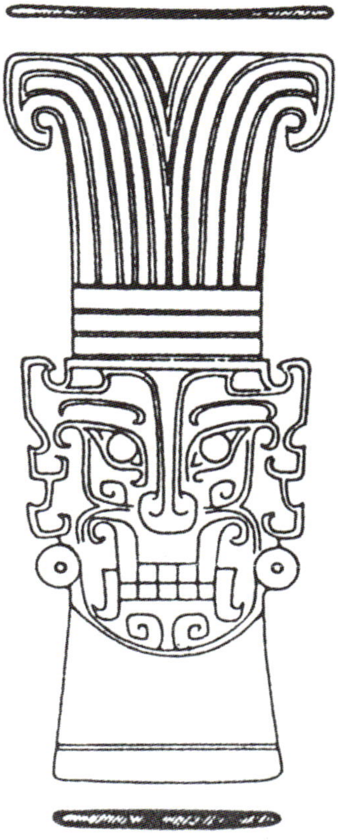

一三七

一三八　玉坠 商代晚期

高 2.8 厘米　3.2 厘米

孔径 1.9 厘米 壁厚 1.4 厘米

1989 年江西省新干县大洋洲乡商代墓出土

江西省博物馆藏

右，墨绿色，有灰斑；左，牙白色，有黄褐斑，青田玉。两件近似，上端为斜面，下端面平齐，中腰由凹弦纹分为两节。右边一件刻阴线蝉纹 4 组，两蝉尾相对；左边一件为浅浮雕变形云纹 4 组，刻线简练。两端面均对钻穿孔，孔内侧有坠痕并有台痕。（刘林 / 文）

一三九　玉坠饰　商代晚期

高 6.5 厘米 小端外径 2.3 厘米

孔径 0.8 厘米至 1.1 厘米

1989 年江西省新干县大洋洲乡商代墓出土

江西省博物馆藏

牙白色，有墨绿斑，岫岩玉。体呈喇叭形，两端平齐，一端较直且小，另一端喇叭形口略大，中束腰，饰凸弦纹 3 周。两端中心对钻穿孔，孔内有台痕，孔内侧边有坠痕。（刘林 / 文）

一四〇　玉柄形器 商代晚期

长 20 厘米 宽 2.2 厘米 厚 1.8 厘米

1989 年江西省新干县大洋洲乡商代墓出土

江西省博物馆藏

茶绿色，岫岩玉。长条方体，两端平齐，中心对钻穿孔。上端两侧面内敛成柄，柄面上有凹弦纹多道，器身以四角为中轴线，浅浮雕蝉纹，分 3 节 6 组，每组蝉头相对，下端有圆形榫头，头有豁口一处。器身中部交叉断裂。（刘林 / 文）

一四一　玉柄形器 商代晚期

长 16.3 厘米 宽 2 厘米 厚 1.5 厘米

1989 年江西省新干县大洋洲乡商代墓出土

江西省博物馆藏

白色，有蓝黄斑，和田玉。长条扁方体，两端平齐，中心对钻穿孔。上端两侧内敛，素面。四角漫圆，用凹弦纹将器分为 3 节，每节上部右侧转角处浮雕简化蝉纹；下端较小为榫头。两件近似。（刘林 / 文）

一四二　玉夔龙扁足 商代晚期

长 18 厘米 最宽处 5.5 厘米 厚 0.8 厘米

1989 年江西省新干县大洋洲乡商代墓出土

江西省博物馆藏，

牙白色，共 3 件，形制大小相同。扁长条呈夔的轮廓，两侧边镂空，上端有一圆穿，足尖上卷。两面边缘刻阴线，勾勒出夔龙的形象，线内填红朱。从实物观察和 4 块玉扉棱（一三三图）考虑，当是镶嵌在漆鼎上的器足。（刘林 / 文）

一四三　绿松石蝉与泡 商代晚期

蝉：长 4.6 厘米 高 1.5 厘米

大泡：直径 2.7 厘米 高 1.1 厘米

小泡：直径 0.6 厘米 高 0.3 厘米

1989 年江西省新干县大洋洲乡商代墓出土

江西省博物馆藏

翠绿色。蝉为圆雕，头前两侧突起，竖椭圆形眼睛，背有脊棱，颈部为横刻凹槽，有凸弦纹一周。双翼并拢，尾部刻人字形纹。头前端中有一圆孔，直通腹部穿出，应是佩饰。大小泡均底面平且粗糙，呈半球形，面部均经抛光，应是镶嵌装饰用品。（刘林 / 文）

一四四　玉璧　商代晚期
直径 17.5 厘米
1986 年四川省广汉市三星堆遗址 2 号祭祀坑出土
四川省文物考古研究所藏

淡绿色，微透明。璧面（肉）平，侧缘呈圆弧形，孔壁两面突起呈圆口状。璧面碾琢出数组同心圆凸纹。（陈德安 / 文并摄影）

一四五　玉牙璋　商代晚期
通长 25 厘米　柄长 7.4 厘米　厚 0.6 厘米
1986 年四川省广汉市三星堆遗址 1 号祭祀坑出土
四川省文物考古研究所藏

粟黄色，一侧的两面经火烧成鸡骨白色，微透明。形体较小，器身前端薄而宽大，两侧略呈弧形内收，射端成凹弧形叉口刃，末端两侧有对称的琢齿 6 对，上下琢齿较长，成歧冠状，中间 4 齿略短。两侧琢齿之间的两面有和琢齿对应的平行阴线。窄长柄呈长方形，柄身之间有一圆穿。（陈德安 / 文）

一四六　玉牙璋　商代晚期
长 38.5 厘米　柄宽 5 厘米至 5.3 厘米　厚 0.6 厘米
1986 年四川省广汉市三星堆遗址 1 号祭祀坑出土
四川省文物考古研究所藏

黑灰色，被烧成鸡骨白色。射前端从两面刻成弧形大叉口刃，身末端两侧各有齿牙 3 组，上组 2 齿，下组 5 齿，均向外突出，中间 4 齿凹进。柄呈长方形，柄身之间有一圆穿。在两面与两侧齿牙对应处刻有平行阴线。（陈德安 / 文）

一四七　玉牙璋　商代晚期
通长 38.5 厘米　柄长 6.8 厘米　厚 0.6 厘米
1986 年四川省广汉市三星堆遗址 1 号祭祀坑出土
四川省文物考古研究所藏

浅黄色，上有黑灰色斑纹。体窄长，一侧微拱，另一侧呈弧形内凹状。前端两侧向中间折收成锐三角形，射端呈鱼嘴形叉刃，末端两侧琢出齿牙 3 组，上组 3 齿浅小，中组 4 齿凹进，下组齿牙呈鸡冠形。在两侧齿牙对应处的两面都刻有平行阴线。身柄之间有一个直径 1.2 厘米的圆穿。柄作长方形。（陈德安 / 文）

一四八　玉牙璋　商代晚期

通长 38 厘米 柄长 6.8 厘米 厚 0.6 厘米

1986 年四川省广汉市三星堆遗址 1 号祭祀坑出土

四川省文物考古研究所藏

全器被火烧成鸡骨白色，一侧呈黑灰色，不透明。形似戈，射部镂刻成鸟形，略残。器身一侧外弧，另一侧内曲，两面各刻出一相同的璋形图案：璋的射部内凹，呈弧形，从柄至射两侧各有瑑饰 6 组。阑部上端两侧各有二齿，阑中间两侧凹进，琢出 4 齿，阑下近柄部两侧各琢出一组瑑饰。柄部呈长方形。阑部正中有一圆穿。在两侧瑑饰之间留有起稿瑑齿的平行阴线。（陈德安 / 文并摄影）

一四九

一五〇

一四九　一五〇　玉牙璋　商代晚期

长 54.5 厘米 射宽 8.8 厘米

柄宽 6.8 厘米

1986 年四川省广汉市三星堆遗址 2 号祭祀坑出土

四川省文物考古研究所藏

黑色，不透明，射端被火烧成鸡骨白色，另一端被火烧成猩红色。平面略呈平行四边形，身柄两边线并行。柄窄短，上端中部有一圆穿。璋两面均有相同的人像图案，图案分上、下两幅成对称分布。每幅图案相同，分上下两组。下组为：下方有两山，山上有云气纹，云气纹之间有⊙形纹，应代表日。两山靠外侧置一璋，两山之间悬置弯钩状物。上方有 3 人，戴穹窿顶帽，耳上有珥饰，身着无袖短裙，两手为作揖状，跽坐。上组为：下方也为两山，山上云气纹和云气纹之间的⊙形纹不同于下组图案。山外侧有两手按于山腰上，可能与司地之神“黎抑下地”（《国语·楚语》）的传说记载有关。两山之间有船形符号，“船中”似立有人。上方有 3 人（柄端一组只刻两人），戴平顶帽，耳上有铃形耳饰，身着无袖短裙，手为作揖状，两脚成八字形站立。在两组图案之间有几何形图案相隔。（陈德安 / 文并摄影）

一五一　玉瑗　商代晚期

外径 8.3 厘米

1986 年四川省广汉市三星堆遗址 2 号祭祀坑出土

四川省文物考古研究所藏

一面为绿色，另一面呈乳白色。制作规整。孔壁两面突起呈圆口状，边两面都琢有两周同心圆阴线，线条流畅。（陈德安 / 文并摄影）

一五二　玉瑗　商代晚期

外径 8 厘米　孔径 5.4 厘米　边宽 1.3 厘米

1986 年四川省广汉市三星堆遗址 1 号祭祀坑出土

四川省文物考古研究所藏

灰色，局部有灰白色斑点，不透明。体薄，磨琢精致，大孔窄边，孔壁两面突起呈圆口状。（陈德安 / 文）

一五三　玉戈　商代晚期

通长 39.6 厘米　援长 30 厘米　内厚 0.6 厘米

1986 年四川省广汉市三星堆遗址 1 号祭祀坑出土

四川省文物考古研究所藏

援部黄褐色，有流水状纹理；内为黑褐色，中夹以豆沙状斑点。窄长三角形援，前锋犀利，有中脊和边刃，中脊直贯前锋，边刃亦犀利。援末两侧琢出 6 组平行齿饰，每组两齿。在两侧齿饰之间刻有 4 重回纹，回纹中，一面填以交叉线纹，另一面填以网纹。长方形内，上有一穿。（陈德安 / 文）

一五四　玉戈　商代晚期

长 59 厘米　厚 0.7 厘米

1986 年四川省广汉市三星堆遗址 2 号祭祀坑出土

四川省文物考古研究所藏

黑色，不透明。窄长三角形援，有上下刃，上刃微拱，下刃呈弧形内凹，前锋收杀较甚。长直内，内中部有一圆穿。（陈德安 / 文并摄影）

一五五　玉戈　商代晚期

通长 47 厘米　内长 9.4 厘米　内厚 0.7 厘米

1986 年四川省广汉市三星堆遗址 1 号祭祀坑出土

四川省文物考古研究所藏

器中部呈粟黄色，四周有灰黑色斑纹。援呈细长三角形，有上下刃，上刃直，下刃微内弧，前锋收杀，锋尖较锐。援末中部有一圆穿。长方形直内，后缘略内倾。（陈德安 / 文并摄影）

一五六　玉锛　商代晚期

长 13 厘米　宽 3.1 厘米至 3.3 厘米
厚 0.5 厘米
1986 年四川省广汉市三星堆遗址 1 号祭祀坑出土
四川省文物考古研究所藏

正面为青色，背面为猩黑色，不透明。扁平长方形，体较薄，单面宽弧刃。柄端背面刻有两条平行线。（陈德安 / 文并摄影）

一五七　玉锄　商代晚期

长 20.5 厘米　宽 9.6 厘米
1986 年四川省广汉市三星堆遗址 1 号祭祀坑出土
四川省文物考古研究所藏

灰白色，不透明。上宽下窄，似舌形。体薄，两面平，周边无刃。器中部有一高起的圆銎，銎直径 4.3 厘米，可安柄。（陈德安 / 文）

一五八　玉匕　商代晚期

长 20 厘米　宽 4.4 厘米至 5.8 厘米
厚 0.7 厘米
1986 年四川省广汉市三星堆遗址 2 号祭祀坑出土
四川省文物考古研究所藏

黑色，不透明。扁平长条形，上段较窄，自腰部向刃端呈弧形渐外张，单面，宽弧刃，柄端中部有一圆穿。（陈德安 / 文并摄影）

一五九　玉铲　商代晚期

长 25 厘米　宽 11 厘米　厚 1 厘米
1976 年四川省广汉市高骈乡出土
四川省博物馆藏

表面呈牙黄色，内呈浅灰色，通体磨光。略呈梯形，刃部内弧，双面刃，甚锋利。顶端圆，并有 3 个直径为 0.8 厘米的小孔，3 孔呈三角形排列。（袁曙光 / 文）

一六〇　玉戚 商代晚期

长 18 厘米 宽 8 厘米 厚 1 厘米

1979 年四川省广汉市高骈乡出土

四川省博物馆藏

青灰色，表面呈大理石纹理，通体磨光。略呈长梯形，两侧较薄，各琢出齿牙状扉棱 5 个，近顶端处有一圆穿，穿径 0.7 厘米。弧形刃，刃圆无锋。（袁曙光 / 文）

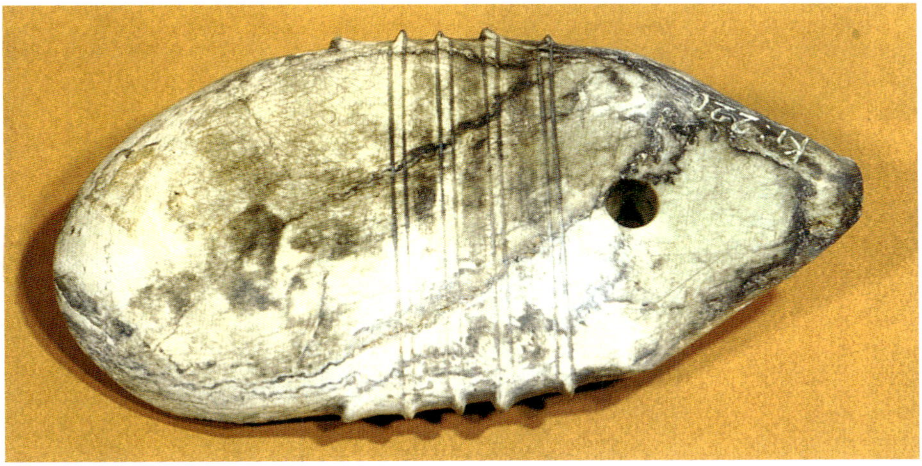

一六一　玉佩 商代晚期

长 12 厘米 宽 6.7 厘米 厚 1.5 厘米

1986 年四川省广汉市三星堆遗址 1 号祭祀坑出土

四川省文物考古研究所藏

白色，不透明。身扁平微弧，上端呈三角形，中有一穿；下端呈烟荷包形，圆弧刃，两侧琢出对称的 5 齿，上 4 齿之间分别有 4 组平行线相连。（陈德安 / 文）

一六二　青玉琮　商代晚期

外径 7 厘米 高 3.9 厘米

1980 年陕西省西安市东郊老牛坡商代遗址出土

西安市文物局藏

青绿色。直筒状，外壁一周有 3 个凸起方弧形。这件琮与历代的琮有所不同，一般是外方内圆，或圆筒状，外有四个凸起。因此，也有人称该器为玉镯。是由玉镯向琮型礼器演变的器物。（王长启 / 文 罗忠民 / 摄影）

一六三　玉戈　商代晚期

长 33.2 厘米　宽 9.5 厘米

1977 年陕西省西安市东郊老牛坡商代遗址出土

西安市文物局藏

土褐色，青玉。援宽而微曲，中有脊，前锋有尖，一侧曲，另一侧较直，内作长方形，中部有一穿，在内与援相接处的两侧有阑。(王长启 / 文　罗忠民 / 摄影)

一六四　玉戈　商代晚期

长 23.5 厘米　宽 7.5 厘米

1980 年陕西省西安市老牛坡商代遗址出土

西安市文物局藏

土黄褐色。援宽而长，中有长脊，前锋尖锐，刻出上下阑，内作长方形，有一穿，后缘雕成扉牙状。(王长启 / 文　罗忠民 / 摄影)

一六五　玉鸮　商代晚期

高 5.3 厘米　宽 2.5 厘米

1980 年陕西省西安市毛西乡毛西村出土

西安市文物局藏

淡黄泛褐，青玉，浮雕。作站立状，圆目长喙，高卷冠，双翅勾勒云纹。翅与足以夸张手法，显示凶猛有力。构思巧妙，形态生动，雕刻技艺精湛，使外轮廓与细部有机的融合，构成完美的艺术品。(王长启 / 文　罗忠民 / 摄影)

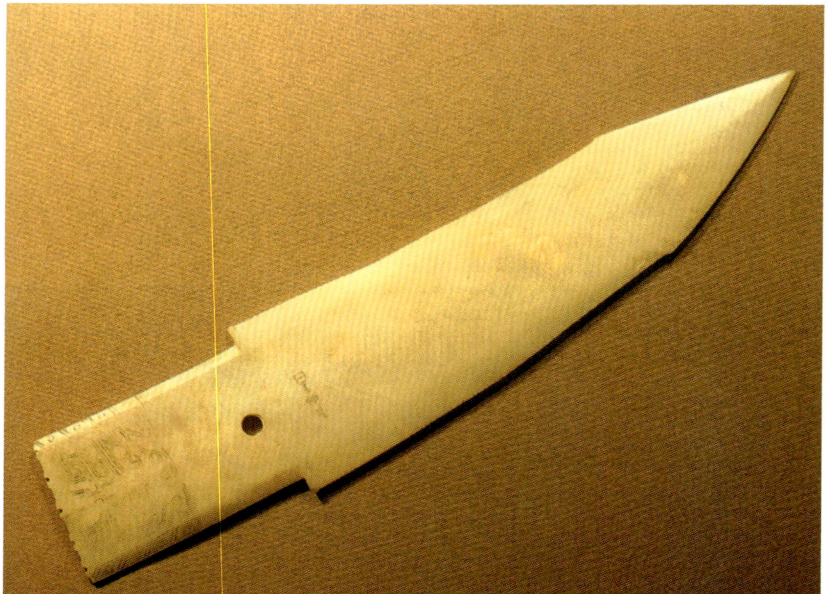

一六六　玉兽面铭文戈　商代晚期

长 38.6 厘米　最厚处 0.6 厘米

1977 年甘肃省庆阳县野林村出土

甘肃省　庆阳博物馆藏

乳白色，局部有褐斑，半透明。援前锋呈三角形，微下倾，锐利，有中脊和上下刃。内呈长方形，后缘琢出齿牙 5 组，正反两面分别阴刻臣字眼兽面纹，内的上下缘各刻斜行双线短道和圆圈纹 4 组。近阑处中央有一单面钻的圆穿，穿的右侧中部竖行阴刻“乍册吾”3 字（“吾”或释为“吾”）。

此戈玉质较纯，纹饰精美，又有少见的铭刻，是商代玉戈中的珍品。(陈炳应 / 文　蔡义选 / 摄影)

一六七　青玉龙纹璧　商代晚期

直径 7.9 厘米　厚 0.3 厘米

传河南省安阳市出土

天津博物馆藏

青灰色。双面阳线雕蟠龙纹，首尾相接。龙首有蘑菇形角，弯眉，菱形眼眶，圆眼珠，张口。身刻勾云纹，一足，孔缘阴刻一鱼形尾，属龙鱼形象。（尤仁德 / 文　刘士刚 / 摄影）

一六八　玉兽面纹戈　商代晚期

长 16.3 厘米　宽 7.4 厘米　厚 0.3 厘米

故宫博物院藏

青灰色，局部有青白色斑沁。援较宽，有中脊和边刃，锋呈三角形，锋尖犀利。长方形短内，靠后缘中部有一圆穿，穿一侧有小豁口。援与内之间雕兽面纹，纹样精细。（宋海洋 / 文）

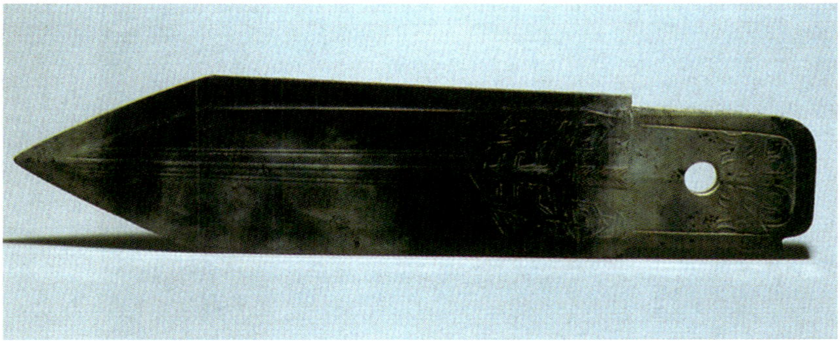

一六九　玉兽面纹戈　商代

长 25.3 厘米　宽 5.8 厘米　厚 0.6 厘米

上海博物馆藏

青色，青玉琢成。前锋尖锐，援前端呈三角形，两边斜磨成利刃，内及援的正反两面各饰一浮雕阳线兽面纹，形象规整，富有装饰趣味。援的中部起脊，上饰 3 条平行凸弦纹，内中部有一小圆穿，便于缚扎。无使用痕迹，作仪仗陈设用。（蒋树成 / 文　郭林福 / 摄影）

一七〇　玉戈　商代

长 28.5 厘米　宽 7.5 厘米　厚 0.6 厘米

故宫博物院藏

青玉，局部沁成白色。长条三角形援，有中脊和边刃，刻出上下阑。长方形内，内的后缘琢出齿牙 5 组。援与内相交处有一个圆穿。（张广文 / 文）

一七一　大玉戈　商代

长 47.7 厘米　宽 10.5 厘米　故宫博物院藏

青玉，沁成鸡骨白色。长条三角形援，前锋锐尖，援两面起脊，有边刃和上下阑，内呈长方形，前端中部有一圆穿。琢磨较精。（张广文 / 文）

一七二　兽面纹玉戚　商代

长 15 厘米　宽 14.7 厘米　孔径 6.3 厘米

故宫博物院藏

青玉，沁色较重。略呈椭圆形，弧顶弧刃，刃部琢出 7 个连弧，两侧各雕两组凸齿，中部为一大圆孔。顶部饰兽面纹，纹样由一面坡阴线勾出。戚为兵器，出现于商代以前，是权力的象征。商时，戚用作礼器或仪仗器。（张广文 / 文）

一七三　兽面纹玉戚　商代晚期

长 8.3 厘米　宽 5.4 厘米　厚 1 厘米

上海博物馆藏

青黝色，间杂黄褐色，有灰白土沁。扁平长方形，两侧对称出扉棱 6 齿，内狭，宽刃，两面斜磨成弧刃。正背面纹饰相同，均浮雕一兽面纹，大角内卷，斜长方目，细长绳索纹眉，宽鼻，下有一列 4 组漩涡纹，再下饰 4 片三角形垂叶纹。眼眉之间有一圆穿，便于缚扎。全器琢制较精。

戚为斧的一种，一般用作礼仪之器。此件兽面图案与殷墟妇好墓所出玉斧上之兽面纹近似，当为商代晚期作品。（张尉 / 文　郭林福 / 摄影）

一七四　兽面纹玉刀　商代

长 10.2 厘米　宽 2.7 厘米　厚 0.2 厘米

故宫博物院藏

青玉深碧色，有白色沁及土斑。形似镰刀，援部略呈弧形，尖锋利，有上下对称锐刃，援末两面雕兽面纹，臣字形眼。内较狭，两面均雕鸟首纹，末端钩形为鸟嘴。援、内相交处有一圆穿。

此刀饰有兽面及鸟首两种花纹，且形制亦较别致，商代玉刀中少见。（杨捷 / 文）

一七五　青玉龙首纹　商代晚期

长 7.5 厘米　宽 3.8 厘米　厚 0.4 厘米

传河南省安阳市出土

天津博物馆藏

黄灰色。形如倒置之兽角，上部阳线雕龙首纹，龙首有蘑菇形角，尖耳，张口，一足，并穿孔。中部为三角纹，精美罕见。（尤仁德 / 文　刘士刚 / 摄影）

一七六　兽首玉觿　商代晚期

长 10.8 厘米　宽 2.2 厘米　厚 2 厘米

故宫博物院藏

暗绿色，局部有赭色沁。圆柱状，上端琢成兽首状，兽口微张，吞一短角，角为四棱形，近兽口部有密排的斜人字形纹一周，稍下四面各雕双阴线刻的两层大三角纹。角端尖锐。觿的上部有一穿孔，以备穿系。觿为解结之器，又可作佩戴饰物。（张广文 / 文）

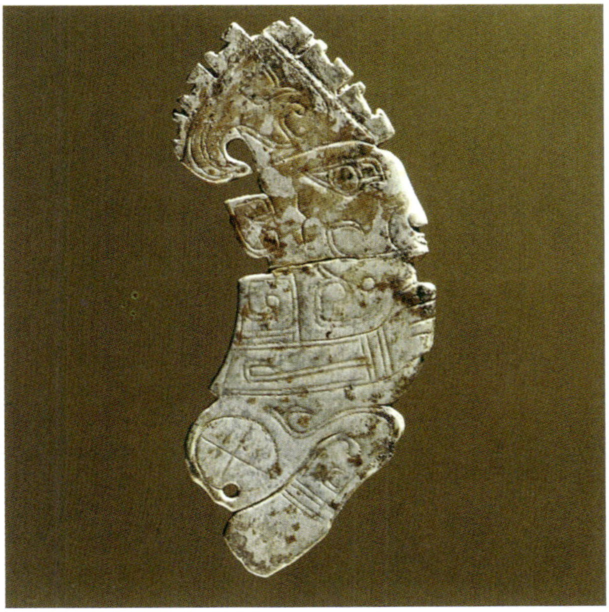

一七七　玉人　商代晚期

长 10.2 厘米　宽 3.5 厘米　厚 0.5 厘米

1953 年文物局拨给

中国历史博物馆藏

白色，局部粘有腐蚀物，不透明。浮雕。作蹲踞状，侧身，头微扬，高鼻，大耳，鹰眼，张口，头戴高冠，臂上举，屈于胸前，握拳，股上有一圆孔，脚下琢榫，似镶嵌用。两面纹饰相同。纹饰多用双线，线条流畅，工艺讲究。（辛立华 / 文　徐海滨 / 摄影）

一七八　人面纹玉饰　商代

高 6.2 厘米　宽 3.6 厘米　厚 3 厘米

上海博物馆藏

青色，青玉琢成。圆雕人面像，头戴华冠，方脸大耳，双耳戴耳环，巨口獠牙，犬齿交叉，蒜头鼻，臣字形眼睛，面部形象极为狰狞，十分威严。长颈，颈背琢有鸟形图案，作展翅飞翔状，用阳纹凸线技法琢成，线条卷曲流畅，自然生动。整体玉饰雕琢精细，造型别致。自冠至颈中部穿有一孔，可穿挂佩戴。（蒋树成 / 文　郭林福 / 摄影）

一七九　黄玉龙纹饰　商代晚期

长 3.5 厘米　宽 4.1 厘米　厚 0.4 厘米

传河南省安阳市出土

天津博物馆藏

淡黄色，浅浮雕。正平视蟠龙，龙有蘑菇形角，菱形眼眶，圆眼珠，宽鼻，露齿，器边缘有龙之脊背纹，其中间出一 4 趾爪，下部出一鱼形尾。背面光素，有二穿孔，系镶饰玉。此龙为古代神话传说中的龙鱼形象。（尤仁德 / 文　刘士刚 / 摄影）

一八〇　黄玉鹰攫人首佩　商代

高 9.1 厘米　宽 5.2 厘米　厚 0.9 厘米

故宫博物院藏

淡黄色，有较大面积的赭色沁。镂雕鹰攫人首画面，鹰在上，展翅，头扭向右侧，身饰浅浮雕翎纹，头两侧镂雕诡异图案，鹰爪下各攫一人首，额部短发，脑后披长发，眼、耳、鼻、嘴皆以阳线雕出，但明显图案化。（张广文 / 文）

一八一　透雕玉凤　商代

高 10.2 厘米　宽 4.9 厘米　厚 0.6 厘米

上海博物馆藏

黄褐色间黝黑色，玉质细润。浮雕。两面纹饰相同，透雕双凤，大小各一，大凤口叼一兽，足攫一人头，冠作龙蛇形，小凤伫立在大凤背上，方向与大凤相背，凤之冠、足等部位为透雕，身上纹饰为阳纹凸线浅浮雕。纹饰流畅华美，雕琢古朴浑厚，造型生动，是商代透雕玉饰中十分难得的精品。（蒋树成 / 文　郭林福 / 摄影）

一八二　黄玉蜥蜴形佩　商代晚期

长 10.4 厘米　宽 3 厘米

传河南省安阳市出土

天津博物馆藏

黄灰色。浮雕双眼，张口，下颌穿一孔，每足分 4 趾，长宽尾，光素。（尤仁德 / 文　刘士刚 / 摄影）

一八三　牛面玉佩　商代晚期

长 3.7 厘米　宽 4.2 厘米　厚 0.4 厘米

天津博物馆藏

牙黄色，多朱砂痕。浮雕。正平视牛面，尖角，额头有两组似羽毛状纹，菱形眼眶，圆眼珠，方鼻。背面平素，唇部与底面间斜穿一孔。（尤仁德 / 文　刘士刚 / 摄影）

一八四　黄玉牛形璧与牛形佩　商代晚期

左：长 4.2 厘米　宽 1.7 厘米　右：长 2.2 厘米　宽 3.3 厘米

传河南省安阳市出土

天津博物馆藏

淡黄色。均为圆雕。牛形璧，卧式。尖角，斜方眼，线刻双唇，四肢屈，口至尾穿直孔。牛形佩，卧式。尖角，有眉，方眼，屈四肢。背至腹及尾共 4 孔相通。风格古简粗犷，是典型的商代动物玉雕。（尤仁德 / 文　刘士刚 / 摄影）

一八五　双鸟纹玉璜　商代晚期
高 9.2 厘米　宽 16.8 厘米　厚 0.3 厘米
故宫博物院藏

鸡骨白色。浮雕，两面纹样相同。近似半圆形，雕尾部相连的双鸟，臣字形眼，尖喙矮冠，胸部外突，肢前屈，雕出3趾，尾下垂，尾尖上卷，短翅，翅上饰双阴线勾出的翎纹。下部边缘琢平行的凸齿一行，其上有小孔可穿系，是商代佩玉中的精品。（张广文/文）

一八六　青玉燕式佩　商代晚期
高 3.2 厘米　宽 3.8 厘米　厚 0.6 厘米
故宫博物院藏

深碧色，青玉，片状。尖喙，圆凸眼，短尾，双翅左右平展，呈飞翔状，饰双勾技法琢出的方折纹。背通腹有一两面对钻穿孔。腹下雕双爪。商代人对玉鸟有特殊的喜爱，琢雕了大量的玉鸟，玉燕是其中的一种，此燕饰方折纹，是一种夸张了的装饰手法。用于佩戴。（杨捷/文）

一八七　黄玉螳螂形佩　商代晚期
长 9.6 厘米　宽 2.3 厘米　厚 0.7 厘米
传河南省安阳市出土
天津博物馆藏

黄褐色。浮雕。形似觿，圆眼，嘴穿孔，前肢有芒刺，腹部有勾云纹。造型简约，形象逼肖，十分难得。（尤仁德/文　刘士刚/摄影）

一八八　玉螳螂　商代
长 8.4 厘米　宽 1.2 厘米　厚 0.5 厘米
故宫博物院藏

青玉，有沁色。体长，大腹宽尾，肢向前屈，作欲扑状。双眼凸起前视，颈及腹下有双阴线横条纹共8道。两肢弯曲处有一穿孔。工艺精细，形态生动。（杨捷/文）

一八九　玉龟　商代
长 5.7 厘米　最宽处 4.3 厘米　厚 1.5 厘米
故宫博物院藏

青玉，有红色朱砂斑，头、背颜色甚重。圆雕。头微翘起，张口，圆凸眼，背略隆起，短尾，四足前屈，各雕4趾，颈上有4条阴线为皱褶。形象生动，似观望，又似等待时机捕获猎物。口通下有一两面对穿系孔。（杨捷/文）

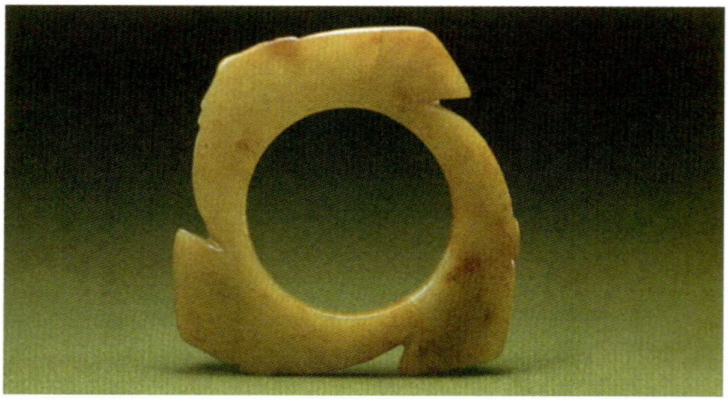

一九〇　玉璇玑　商代早期
最大径 12.2 厘米　孔径 6.4 厘米　厚 0.8 厘米
故宫博物院藏

黄色，有绺及褐黄沁。片状，出戟环形，孔边厚，边沿薄，孔为不规圆，外缘琢出不等距、不规则3巨齿，在每一齿上又雕出一宽凸脊。刀法粗犷有力，时代约为商代早期。（张寿山/文）

一九一　兽形玉璺　商代晚期

长 6.6 厘米　宽 2.3 厘米　宽 2.5 厘米

故宫博物院藏

青玉，有白色水沁。雕作筒状卧兽，兽为大嘴，臣字形眼，C状鼻，双角贴于颈部，尾长而回曲，身饰双阴线重环纹，四肢屈于腹下，一深孔贯通于兽嘴及尾，孔径两端大，中间窄，嘴部也有一小孔，可穿系。（张广文 / 文）

一九二　玉龟腹甲　商代晚期

长 4.7 厘米　宽 3.3 厘米　厚 0.5 厘米

故宫博物院藏

青玉，沁成红黄色，浮雕。龟腹甲形，一面微凸，一面光素无纹。正面琢 4 横 3 竖阴线，形成方格纹，似腹甲的天然纹路。头端平，稍下钻有一孔，可穿系。尾部分两歧，似甲尾。左右两侧有外凸的长条形甲桥。此件有孔，当系佩戴饰品。

玉龟和玉龟壳，在安阳殷墟遗址中都有发现，但此件形象更为概括，代表了另一种艺术风格。（杨捷 / 文）

一九三　兽首玉佩　商代

高 8 厘米　宽 3.8 厘米　厚 0.5 厘米

故宫博物院藏

黄玉，稍有土斑。浮雕，两面雕纹，上宽下窄，周边琢出齿牙，顶部镂雕高冠，方形眼，卷鼻，张口，竖耳位于眼后。面以下以双勾技法琢勾云纹。下部中央有一圆孔，底部又有一向上未打通的深坑。设计夸张，刀法有力，为商代优秀作品。（杨捷 / 文）

一九四　青玉龙形玦　商代晚期

直径 4.5 厘米　厚 0.4 厘米

传河南省安阳市出土

天津博物馆藏

灰青色，多朱砂痕。蟠龙首尾相对。龙首为蘑菇形角，菱形眼眶，圆眼珠。上唇上卷，有齿，下唇内敛。身刻勾云纹，背出齿脊纹，尖卷尾。是殷墟型龙纹玦的代表作品。（尤仁德 / 文　刘士刚 / 摄影）

一九五　青玉甲子表残版 商代晚期
长 7.4 厘米 宽 2.9 厘米 厚 0.2 厘米
传河南省安阳市出土
天津博物馆藏

灰青色。正面阴刻双勾文字。陈邦怀《商玉版甲子表跋》著录。据考证，甲子表原件由 6 片组成，此残版为第 3 片，文字属第二行。玉版存“庚寅辛”3 字，“庚”“辛”泐伤，即庚、寅、辛卯之残存。陈文说：“考殷墟出土的甲子表多刻于兽骨，或刻于龟甲，用玉版刻甲子表此为初见，至可珍贵。”（尤仁德 / 文 刘士刚 / 摄影）

一九六　玉铲 西周早期
长 24.5 厘米 宽 18.5 厘米 厚 0.6 厘米
1966 年甘肃省岷山县东山出土
陕西历史博物馆藏

玉料青黄色，器长方形，片状，3 面有刃，铲刃由两面磨成，靠近铲上端和一侧刃居中处各有一圆孔，通体光素无纹。（师小群 / 文）

一九七　玉凿 西周早期
长 15.6 厘米 厚 1.4 厘米
1974 年 5 月陕西省长武县出土
陕西历史博物馆藏

玉料黄褐色，有浸蚀。器长条形，不甚规整，顶端平齐，刃部由两面斜磨而成，光素无纹。（师小群 / 文）

一九八　玉铲 西周早期
长 18.8 厘米 宽 7.2 厘米
1961 年 2 月陕西省凤翔县崔木镇出土
陕西历史博物馆藏

玉料黄色泛灰，器扁平，长方形，铲背平直，铲刃由两面斜磨而成，刃中凸起，靠近铲背处居中有一圆孔。（师小群 / 文）

一九九　玉鸟纹刀 西周早期
长 13.6 厘米 最宽 3.8 厘米
1980 年山东省济阳县刘台子征集
山东省 德州市文化局藏

玉料青绿色。体扁，长条形，顶和两侧有对称的齿牙，下端由两面斜磨成刃。两面饰纹相同，皆以双勾琢上下两只直立鸟纹，高冠，圆目，钩喙，长尾。玉刀饰纹精致，为西周玉器中罕见的精品。（师小群 / 文）

二〇〇　**玉兽形刻刀　西周早期**

长 8.4 厘米　宽 1.4 厘米

1955 年陕西省西安市客省庄出土

中国历史博物馆藏

玉料为铁锈色。器呈扁长形。兽张口，立目，双耳后并，尾上卷，双爪弯曲，趴伏在地。尾斜磨成刃。口部有一圆孔，可系佩戴。（辛立华 / 文　徐海滨 / 摄影）

二〇二　**玉龙纹觿　西周**

长 5.8 厘米　最宽 1.5 厘米　厚 0.5 厘米

1983 年陕西省长安县张家坡村 60 号墓出土

中国社会科学院考古研究所藏

透闪石玉，青绿色。形似"冲牙"。器表以双勾线雕龙纹，鼓鼻，突睛，口微张，体部饰卷云纹，尖尾。两面花纹相同。颌下及尾端各有一小穿孔，均在侧面，孔由两面钻透。（张长寿 / 文）

二〇四　**玉双龙纹璧　西周中期**

外径 16.1 厘米　孔径 5.9 厘米　厚 0.4 厘米

故宫博物院藏

青玉有沁色。片状，圆形，中心有孔，两面纹饰相同，琢阴线双龙，龙头较短与身同粗，厚唇　张口　尾长上卷，龙肢由双阴线方折纹圈成，两龙首尾相对，呈前后追逐状，周代璧中饰双龙纹的极罕见，这件玉璧较大，纹饰流畅。边有缺不甚规整。（张广文 / 文）

二〇一　**玉夔形觿　西周早期**

长 11 厘米　宽 2.8 厘米　厚 1 厘米

1964 年河南省洛阳市庞家沟出土

洛阳市文物考古研究院藏

青玉。器呈长条形，端尖，柄部作夔形，尾上卷，夔口有一孔，可系佩戴。（岳金合　程永建 / 文）

二〇三　**玉牛调色器　西周早期**

长 11 厘米　宽 5 厘米

1964 年河南省洛阳市庞家沟出土

洛阳市文物考古研究院藏

玉料灰白色。牛卧状，头前伸，两侧有耳，上端浅浮雕双角，牛躯体作方形，背部宽平，上有 4 个圆孔，为调色之用。玉牛雕刻精美细腻。（岳金合　程永建 / 文）

二〇五　**玉璧　西周早期**

外径 3.3 厘米　孔径 0.7 厘米　厚 0.5 厘米

1979 年 3 月山东省济阳县姜集乡刘台子出土

山东省　济阳博物馆藏

白玉泛浅黄色。器圆形，光素无纹。圆周不甚规整，中有圆孔，系管钻所制。此璧可作佩饰。（熊建平 / 文　敦竹堂 / 摄影）

二〇六　玉琮 西周早期

高 7.6 厘米 孔径 4 厘米

1978 年陕西省西安市山门口出土

陕西省 西安市文物局藏

玉料青绿有白色。方柱体，外方内圆，两端有射，通体素面无纹。（王长启 / 文 罗忠民 / 摄影）

二〇七　玉鸟纹琮 西周

长 5.5 厘米 宽 4.3 厘米

孔径 3.3 厘米 高 0.5 厘米

1985 年陕西省长安县张家坡村 170 号墓出土

中国社会科学院考古研究所藏

透闪石玉，青褐色。方筒形，两端琢成圆口，一端口部略有缺损，中心有大圆孔上下穿透，呈“外方内圆”形。在器表方体四面，各以双勾线雕一鸟纹，尖喙，垂冠，扬翅，钩爪，长尾垂地。此类鸟纹是西周玉雕工艺中最常见的装饰纹样之一。（张长寿 / 文）

二〇八　玉琮 西周早期

高 6.4 厘米 宽 5.8 厘米

孔径 4 厘米

陕西省西安市北关董家窑厂出土

陕西历史博物馆藏

玉料黑色，不透明。器外方内圆，两端有短射，光素无纹。（师小群 / 文）

二〇九　玉璋 西周早期

长 56.1 厘米 四川省广汉县中心乡出土

四川省博物馆藏

玉料呈青灰色，有白斑，通体磨光。器长条形，长射首端呈叉状，一尖略长，中间开凹弧刃。柄部长方形。射与柄之间两侧分别有两组突出齿状扉棱，两组扉棱之间两面刻线多道。亦称之为牙璋。（袁曙光 / 文）

二一〇　**玉戚　西周早期**

长 4.4 厘米　宽 3.5 厘米　厚 0.2 厘米

1979 年 3 月山东省济阳县姜集乡刘台子出土

山东省　济阳博物馆藏

青玉，局部有褐色。椭圆形，顶与刃均呈弧形，双面刃，较薄而锋利。两侧稍内凹，各有齿牙形突起一排。中部有一大圆孔，为管钻所制，顶端中部亦有一小圆孔。（熊建平王红旗 / 文　敦竹堂 / 摄影）

二一一　**玉戚　西周早期**

长 4.4 厘米　宽 3.5 厘米　厚 0.2 厘米

1979 年 3 月山东省济阳县姜集乡刘台子出土

山东省　济阳博物馆藏

与二一〇图玉戚造型基本一致，或为一对。只是玉材颜色略有差异。（熊建平王红旗 / 文　敦竹堂 / 摄影）

二一二　**玉戚　西周早期**

长 12.9 厘米　宽 6.3 厘米　厚 0.2 厘米

1983 年 12 月山东省济阳县姜集乡刘台子出土

山东省　济阳博物馆藏

青玉泛黄。长方形，两侧近顶处各有齿牙形突起一排，双面刃，刃部较薄且锋利，中间有一小豁口。器磨制光亮，顶部中央有一孔。（熊建平 / 文　敦竹堂 / 摄影）

二一三　**玉戈　西周**

长 31.4 厘米　宽 7.5 厘米　厚 0.5 厘米

1983 年陕西省长安县张家坡村 36 号墓出土

中国社会科学院考古研究所藏

透闪石玉，牙黄色。长援有中脊，前锋聚成三角形，两刃薄而锋利，长方形内，近阑居中有一小穿孔，孔由一面钻透。（张长寿 / 文）

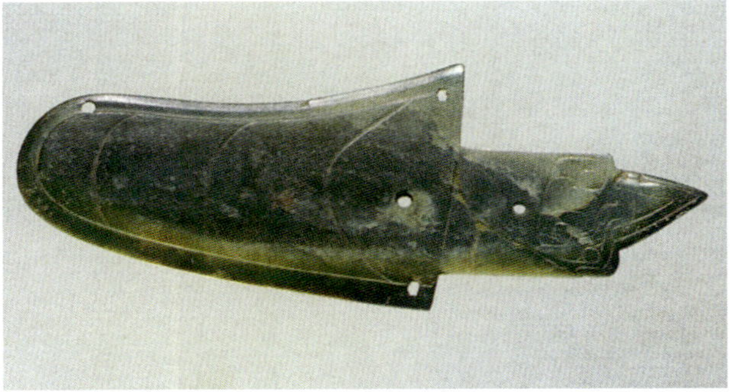

二一四　玉戈 西周

长 22.9 厘米 最宽处 9.1 厘米 厚 0.5 厘米

1985 年陕西省长安县张家坡村 170 号墓出土

中国社会科学院考古研究所藏

透闪石玉，浅褐色，局部泛灰绿色。援宽而长，圆弧锋，长方形内后突出圭角。援边减地，形成锋刃。上下阑各有一圆形穿孔，内部、本部和锋下端各有一小穿孔，孔均由一面钻透。援身雕出 3 道弧线，内后端以单线雕兽面纹，圭角上饰三角纹。两面花纹相同。此种形制的玉戈很少见。（张长寿 / 文）

二一五　玉戈 西周中期

长 13.8 厘米 宽 3.9 厘米

河南省洛阳市机瓦厂出土

河南省 洛阳博物馆藏

玉料白色，有暗斑。器长方形，两端呈刃状，靠近阑部有一小孔，通体光滑，造型俊美。（周军 陈新 / 文）

二一六　玉戈 西周早期

长 25.5 厘米 宽 6.1 厘米

陕西省西安市东四道巷出土

陕西历史博物馆藏

玉料青铜色，局部有白色浸蚀。器呈扁长形，锋部三角形，尖端锐利。援与内边宽相等平直，援两边磨刃，两侧琢有平行的 3 道凸纹和两道血槽，近阑处有一圆孔，内作长方形，两面各有平行等距的凸弦纹 5 道，凹弦纹 4 道。（王建荣 / 文）

二一七　玉戚 西周

长 9.6 厘米 刃宽 8 厘米 厚 0.5 厘米 孔径 5.4 厘米

1986 年陕西省长安县张家坡村 273 号墓出土

中国社会科学院考古研究所藏

透闪石玉，青灰色，局部受沁呈灰白色。器略作梯形，平顶，弧刃，两角略外侈，两侧有扉齿装饰。素面无纹。中部有大穿孔，孔由一面钻透。（张长寿 / 文）

二一八　玉人 西周早期

大：高 17.6 厘米 宽 2.3 厘米 厚 1 厘米

小：高 7.9 厘米 宽 1.1 厘米 厚 0.8 厘米

大者 1967 年、小者 1972 年于甘肃省白草坡 1 号、2 号墓出土

甘肃省博物馆藏

玉料均为浅黄色。圆雕立像。大者高螺髻，顶端虎头形。长脸宽颊尖颏，大鼻头，贴耳，眉凸起，大眼。裸体，瘦骨嶙峋。两手捧腹，双足下端为铲形，刃薄坚硬，两耳上各有一个圆孔。小者下部呈尖锥形，不露脚。头戴歧角高冠。广额巨目、大鼻、小口、扁脸。身着袍服。上下各有 4 道阴刻线，并交叉于背面中部，似作被捆绑状。胸上部有一个单面钻小圆孔。两件玉人神态各异，是难得玉雕珍品。（陈炳应 / 文 蔡义选 / 摄影）

二一九　二二〇 玉透雕龙凤人物饰 西周

高 6.8 厘米 宽 2.4 厘米 厚 0.5 厘米

1984 年陕西省长安县张家坡村 157 号墓出土

中国社会科学院考古研究所藏

透闪石玉，青绿色。此器透雕出 3 龙 1 凤和两个人头。中部为一卷龙，其下为一卷尾伏龙和倒立的垂尾尖喙凤鸟，上部一侧也有一龙，其上有一人头，粗眉深目，头上有螺形单髻，脑后结发；另一侧为一较大的人头，也是粗眉深目，头上有双螺髻，垂发。两面花纹相同。有两个小穿孔，一个在人物发际，两面钻孔；一个在下部龙尾，孔由侧面钻透。（张长寿 / 文）

二二一　青玉人形佩　西周
长 8.6 厘米　宽 1.7 厘米
天津博物馆藏

青玉，泛黄色。器片状，长条形。双面阴线刻蹲踞人形，头有冠饰，面部省略，耳、手、臂各有龙首纹。单面钻二孔。（尤仁德 / 文　刘士刚 / 摄影）

二二二　青玉夔纹人首佩　西周
高 8.3 厘米　宽 1.5 厘米　厚 0.4 厘米
故宫博物院藏

玉料泛黄，有褐色沁。器片状，不规则长条形。两面雕，纹饰相同，人首在一侧，五官清晰。其后琢一头向下的夔龙，张口吞物状，圆眼，卷尾，云形耳，尾端一孔可穿系佩挂。人首和夔龙下又一站立夔龙，其尾端卷起成钩状。此佩构思新颖别致。（张寿山 / 文）

二二三　玉镂雕人首龙形佩　西周

长 6.9 厘米　宽 2.6 厘米　厚 0.5 厘米

故宫博物院藏

青玉，有沁色。器片状，镂雕弯曲人身，人头较小，胸部出一向下龙头，脑后亦饰一龙，长尾后卷，人身饰双阴线纹，龙身。此玉佩造型为人、龙合体，形象奇特，与周代其他人、龙合体图案不同，又用镂雕技法，实为少见。（张广文 / 文）

二二四　玉鹿　西周晚期

高 8.8 厘米　宽 5 厘米

1990 年河南省三门峡市虢国墓地出土

河南省　三门峡市文管会藏

玉料褐色。器片状，站立形，抬头前视，橄榄眼，耳后向，头顶角，中枝上伸右侧 3 枝角向上弯曲，左一枝向上弯曲，鼻部穿一孔，鹿身躯以粗阔轮廓线显出鹿的轻盈神态。（王光尧 / 文）

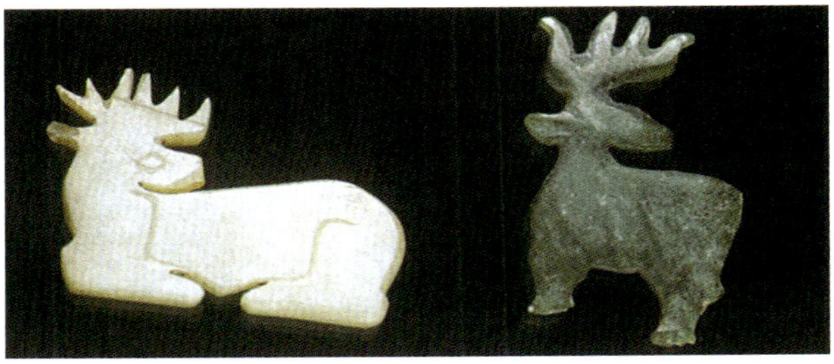

二二五　玉鹿　西周

左：长 4.3 厘米　高 2.8 厘米　右：长 2.7 厘米　高 4.1 厘米

1983 年、1984 年陕西省长安县张家坡村 163 号墓（左）和 44 号墓（右）出土

中国社会科学院考古研究所藏

透闪石玉，一件灰白色（左），一件灰青色（右）。两鹿均作回首状，一立一卧。立者通体无纹。伏者仅以单线勾勒出眼睛和前后肢轮廓。（张长寿 / 文）

二二六　玉鹿　西周中期

大者高 8.4 厘米

1974 年陕西省宝鸡市茹家庄強伯墓出土

陕西省　宝鸡市博物馆藏

两件鹿皆青玉质，体扁，一大一小，大者昂首前视，小者回首顾盼。大者角长枝繁，小者角枝短且枝杈不茂。大者饰臣字目，小者饰圆目，大者于角根钻一圆孔，小者于角中钻一圆孔，均可供佩系。

玉鹿纹饰简洁，但形态逼真，栩栩如生，为西周玉鹿之精品。（张长寿 / 文）

二二七　青玉鹿　西周

长 4.8 厘米　高 2 厘米

上海博物馆藏

青玉，淡褐沁，有朱砂残痕。呈卧伏状，俯首，引颈，翘尾，椭圆眼，单阴线刻出嘴、鼻，小字形角，耳上竖，根部穿一孔，可系佩。造型简朴生动。（张尉 / 文　汪雯梅 / 摄影）

二二八 玉猪 玉牛 西周

猪：长 4 厘米 高 3.4 厘米 厚 0.5 厘米

牛：长 3.8 厘米 高 2.5 厘米 厚 0.4 厘米

1984 年、1986 年陕西省长安县张家坡村 390 号墓(左)和 163 号墓(右)出土

中国社会科学院考古研究所藏

均为透闪石玉。玉猪浅褐色。圆雕，阔嘴大耳，项有鬃毛，四蹄短，细尾，形象逼真。背有一小穿孔，孔由两面钻透。玉牛灰白色，足部浅褐色。以单线条勾出耳、目、角、尾，刀法简朴。中部有一小穿孔，孔由两面钻透。(张长寿 / 文)

二三〇 玉牛面 西周晚期

高 11.2 厘米 宽 9.8 厘米

1990 年河南省三门峡市虢国墓地出土

河南省 三门峡市文管会藏

玉料浅黄色。器片状，正牛头面，双牛角弯曲对称，角根宽扁，上为尖状，立耳，臣字眼，腮两侧外鼓，嘴端有一圆孔。(王光尧 / 文)

二二九 玉牛 西周中期

高 2.4 厘米 长 4.2 厘米

1974 年陕西省宝鸡市茹家庄強伯墓出土

陕西省 宝鸡市博物馆藏

青玉，局部有白斑。圆雕。昂首前视，四足直立，尾下垂，通体无纹。肌体肥硕，从角形看，当系水牛。玉牛在殷墟妇好墓中已见，但均作卧式，此件为迄今所知最早一件立式玉牛。(张长寿 / 文)

二三一 青玉马面 西周

高 5.6 厘米 宽 3.5 厘米

1990 年河南省三门峡市虢国墓地出土

河南省 三门峡市文管会藏

青玉泛绿色，嘴及右侧有沁。器片状，头面长方似马，双眼圆瞪，两鼻端凸起，头顶饰透雕卷曲角状物，脸面饰宽带纹，雕琢尚精。(王光尧 / 文)

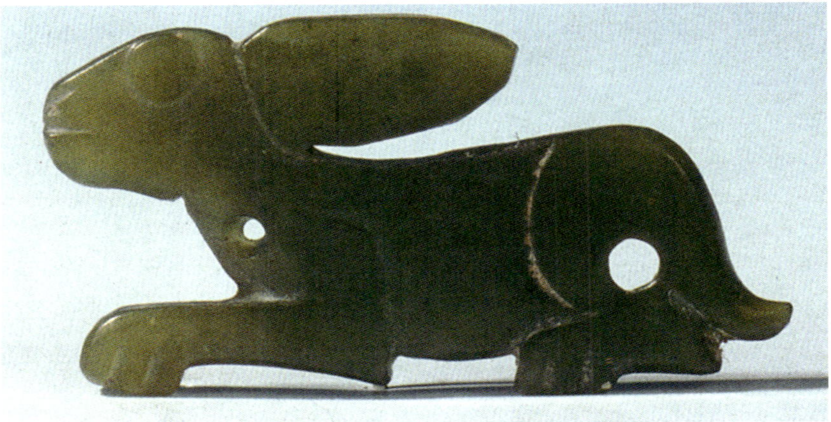

二三二　碧玉兔　西周早期
长 4.9 厘米　高 2.1 厘米　厚 0.3 厘米
1979 年 3 月山东省济阳县姜集乡刘台子出土
山东省　济阳博物馆藏

碧玉，兔作蹲伏欲跃状，抬头，双目洞视前方，长耳向后，前、后足蹬地，尾稍卷，似乎警觉周围发生什么情况，真实刻画出兔静中寓动的神姿。(熊建平 / 文　敦竹堂 / 摄影)

二三三　玉兔　西周中期
大件高 3.2 厘米　长 4.7 厘米
1974 年陕西省宝鸡市茹家庄強伯墓出土
陕西省　宝鸡市博物馆藏

两件玉料呈深绿色。体扁平，两面饰纹相同，皆圆目，大耳后摆，嘴微张，短尾，作跳跃前的蹲伏状。其中一件于前爪处钻一孔，可系佩。

二三四　玉伏虎　西周早期
长 16.5 厘米　宽 3.8 厘米　厚 2 厘米
1964 年河南省洛阳市北瑶乡庞家沟出土
洛阳市文物考古研究院藏

玉料灰白色。虎四腿弯曲伏卧状，垂头，张口露齿，长尾上卷。背部刻饰平行波折纹，背部利用自然黑斑巧作虎背纹。(岳金合　程永建 / 文)

二三五　玉虎　西周中期
长 8.1 厘米
1974 年陕西省宝鸡市茹家庄強伯墓出土
陕西省　宝鸡市博物馆藏

玉料呈深碧色。体扁平，虎昂首前视，呈捕物前的伏卧状，云形耳外凸，长尾上翘，以单阴线饰足。

此器虽饰纹简朴，但形象生动，表现了西周中期琢玉水平和艺术风格。

二三六　青玉虎　西周

长 6.4 厘米

河南省信阳地区出土

河南省信阳地区文管会藏

玉料青灰色，局部有黄褐色斑沁，器片状弓形，虎头部阴线刻卷云纹。虎身光素无纹，尾回卷翘起。两面纹饰相同，头、尾各有一圆孔。此器似半成品。（宋海洋 / 文并摄影）

二三七　玉夔龙佩　西周早期

长 8.9 厘米　厚 0.2 厘米

1979 年山东省滕州市庄里西村出土

山东省　滕州市博物馆藏

玉料青白色。体扁，身体弯曲，两边有齿牙，作游动状。两面以双勾饰两尾相交的夔龙纹，两端凸脊处各有一小孔，可供佩系。通体线条流畅，做工精细。此器于东西周出土物中尚属初见，十分珍贵。（万树瀛 / 文）

二三八　玉龙　西周

最大径 6.5 厘米　厚 0.7 厘米

1983 年陕西省长安县张家坡村 60 号墓出土

中国社会科学院考古研究所藏

透闪石玉，碧绿色。器作屈体龙形，卷鼻，张口，头上有角，腹下有爪，尖尾内卷，首尾相接，如“玦”状。器表以勾线雕出臣字形眼睛和身上的波纹，两面花纹相同。背上有中脊，两侧作鳞片状。身上有两个小穿孔，孔由一面钻透。（张长寿 / 文）

二三九　玉龙　西周

最大径 6.5 厘米　厚 0.7 厘米

1983 年陕西省长安县张家坡村 60 号墓出土

中国社会科学院考古研究所藏

透闪石玉，碧绿色。器作屈体龙形，卷鼻，张口，头上有角，腹下有爪，尖尾内卷，首尾相接，如“玦”状。器表以双勾线雕出臣字形眼睛和身上的波纹，两面花纹相同。背上有中脊，两侧作鳞片状。身上有两个小穿孔，孔由一面钻透。（张长寿 / 文）

二四〇　玉曲体龙　西周

最大径 5.1 厘米　内宽 1 厘米　厚 0.3 厘米

1954 年陕西省长安县普渡村出土

中国历史博物馆藏

玉料淡绿色，躯体向内弯曲，呈 C 形，圆目，口微张，身细长，尾尖，头部有一圆孔，孔由两面对磨而成，可穿系佩戴。器身两面为阴刻云纹，有褐色斑，器表光滑。（祁玉宽 / 文　徐海滨 / 摄影）

二四一　玉夔龙圆形佩　西周

直径 2.5 厘米

1982 年陕西省长安县出土

西安市文物局藏

白玉，有斑点，口与尾连接呈圆形，夔龙长眼，宽鼻，张嘴，体尾内屈，细部以阴刻细线勾勒。用夸张手法，突出首部，眼、鼻、耳、口，特别是前腿屈蹬，表现了威武、凶猛的气势。雕琢采用透雕和阴线刻画相结合的技艺。（王长启 / 文　罗忠民 / 摄影）

二四二　玉龙凤纹饰　西周中期

长 9.2 厘米　宽 3.7 厘米　厚 0.3 厘米

故宫博物院藏

青玉有浅褐色沁，片状，长方形，两面雕，底部一角原有伤缺。两面纹饰相同，龙在上，凤在中部。以阴雕双勾法，将龙凤身躯连为一体。（张寿山 / 文）

二四三　玉凤纹佩　西周中期

长 5.3 厘米　宽 3.3 厘米　厚 0.5 厘米

故宫博物院藏

青玉，有沁色，近长方形，片状，边缘有齿牙，中心钻一椭圆孔，疑为后钻。两面纹饰相同，琢阴线凤纹，凤头位于中部，高昂。顶部有一小冠，身躯丰满，长尾自身后上卷，尾端于头顶之上，无足爪，凤身饰有弧线纹。（张广文 / 文）

二四四　青玉龙纹佩　西周中期

长 7.2 厘米　宽 2.2 厘米　厚 0.5 厘米　故宫博物院藏

玉料泛青黄色，局部有褐浸点。片状，弧形，似璜。两面雕，纹饰相同，一端雕龙首，张口，卷翘鼻，臣字眼。躯体蜷曲。只施一肢及爪，尾纹卷起，上唇前端钻一孔，可系佩戴。（张寿山 / 文）

二四五　玉鸟饰　西周

长 4.4 厘米　宽 2.6 厘米　最厚处 1.5 厘米

故宫博物院藏

青玉有沁色，局部含墨点。器片状，上宽下窄，似长方拱形，背面光素，上部中央凸雕一大耳，阴环眼，嘴向内勾状的鸟首，鸟首下部阴琢翅、足、尾纹，其下为座饰减地凸弦纹两道，底部为 6 个齿纹，上有褐沁，刀法有力，纹饰简练。该饰件极为罕见，亦未见出土者。（张寿山 / 文）

二四六　玉兽面纹饰　西周

高 4.7 厘米　宽 4 厘米

上海博物馆藏

青玉，玉质温润。采用浮雕与线刻结合手法，正面琢刻一兽面，上部为一对内弯的大角，下部方形目，双眉，宽鼻，阔口，嘴角上弯又下勾，脸两侧有云形耳，额、鼻中线凸起，眉眼之间有一钻孔，可供悬佩之用，背面光素内凹。（张尉 / 文　郭林福 / 摄影）

二四七　青玉双凤纹佩　西周

长 6.9 厘米　宽 6 厘米

天津博物馆藏

玉料黑褐色沁斑。片状，呈长方形。两面线刻蹲式相背对称式双凤纹。二凤首合观，又成一兽面，上部边缘一行 6 孔，下部边缘一行 10 孔，一凤眼旁有穿孔。形制奇异，纹饰精美。

（尤仁德 / 文　刘士刚 / 摄影）

二四八　玉镂空兽面饰　西周晚期

高 3.2 厘米　宽 4.95 厘米　厚 0.4 厘米　故宫博物院藏

青玉有褐黄色沁。片状，面鼓。用镂雕、双勾和阴琢法琢刻。兽面纹以 4 个夔龙纹相对称而构成。上部两侧的夔龙首，各琢单角，上唇卷起，深雕椭圆眼，长舌下垂，与下面之夔龙身相连。器中间有一圆孔，其两侧各有一水滴形孔，既可穿系，又可作为兽面之目。中部下端饰鼻，两侧雕足，足饰为 4 夔龙合组为一兽面，当为装饰件。

（张寿山 / 文）

二四九　玉龙　西周晚期

大者长 6.5 厘米　小者长 5.5 厘米

1990 年河南省三门峡市虢国墓地出土

河南省　三门峡市文管会藏

左边龙青玉泛灰绿色。器片状，长形，龙张口，后爪与下嘴唇相连，呈伏地状，头顶一蘑菇柱，长卷尾，有一小孔，阴线刻画后臀部。右边龙玉料褐色，器片状，长形，龙扬头，张口向前，收后腿，作前扑状，头顶有一蘑菇柱，长尾向上卷曲，有一小孔。（王光尧 / 文）

二五〇　**玉雀　西周早期**

长 2.7 厘米　高 1.9 厘米　厚 0.9 厘米

1979 年 3 月山东省济阳县姜集乡刘台子出土

山东省　济阳博物馆藏

白玉。雀为屈脚蹲状，喙尖且突出，圆眼，双翅微展，垂尾，双足屈缩，胸部有一孔，器素面无纹。（熊建平 / 文　敦竹堂 / 摄影）

二五一　**玉鸮　西周早期**

长 7.8 厘米　宽 5 厘米　厚 2.4 厘米

1964 年河南省洛阳市兆瑶乡庞家沟出土

洛阳市文物考古研究院藏

青玉泛灰色。鸮双爪蹲立状，勾嘴，两角弯曲，尾向下卷曲，嘴尖，爪及翅尖为浅黄色，身刻有粗翅羽纹。也是难得的西周立体玉雕。（岳金合　程永建 / 文）

二五二　**青玉鸬鹚　西周早期**

长 5.1 厘米　高 3.6 厘米　厚 0.6 厘米

1979 年 3 月山东省济阳县姜集乡刘台子出土

山东省　济阳博物馆藏

青玉泛黄。鸬鹚作站立回首状，喙衔一小鱼，屈足，垂尾，头部有一孔，腹饰羽纹，运用粗、细阴线相结合的雕琢技法。鱼尾上翘，挣扎欲脱，造型生动，匠师们利用一块玉的自然色泽，雕琢出两个不用颜色的传神作品。鸬鹚为青黄色，光洁细腻；小鱼呈赭色，两者色泽分明，是少见的西周俏色艺术珍品。

（熊建平 / 文　敦竹堂 / 摄影）

二五三　**玉鹅　西周早期**

长 3.3 厘米　高 3.2 厘米　厚 1 厘米

1979 年 3 月山东省济阳县姜集乡刘台子出土

山东省　济阳博物馆藏

玉料上黄下青。鹅为屈脚蹲状，昂首向前，凸胸弓背，双翼下垂尾，屈足作划水状，胸部饰波浪纹，似在水中游玩，胸前有一孔，可穿系，也是不可多得的西周圆雕饰件。（熊建平　王红旗 / 文　敦竹堂 / 摄影）

二五四 玉鹰 西周早期

高 7.6 厘米 厚 0.4 厘米

1979 年山东省滕州市庄里西村出土

山东省 滕州市博物馆藏

青玉质，经轻度浸蚀，略显鸡骨白。体扁，两面饰纹相同，皆以阴线琢成。鹰作伫立状，足翘起，长颈前伸，圆目钩喙，弯背垂翅，羽尾下收，颌及颈根处各有一圆穿，可供佩系。玉鹰造型奇特，世不多见。

二五五 玉鸟 西周

上：长 6.5 厘米 宽 2.6 厘米

中：长 4.8 厘米 宽 4.1 厘米

下：长 5.8 厘米 宽 3.1 厘米

1983 年、1985 年陕西省长安县张家坡村 50 号墓（上、下）和 170 号墓中出土

中国社会科学院考古研究所藏

透闪石玉，上面一件青灰色，下面二件青绿色。以单线条雕出圆睛，头飘冠羽，双翅上扬，尾或下垂，双脚匐伏，两面花纹相同。胸前各有一小穿孔。上面一件在翅上另有一圆孔，孔由一面钻透。（张长寿 / 文）

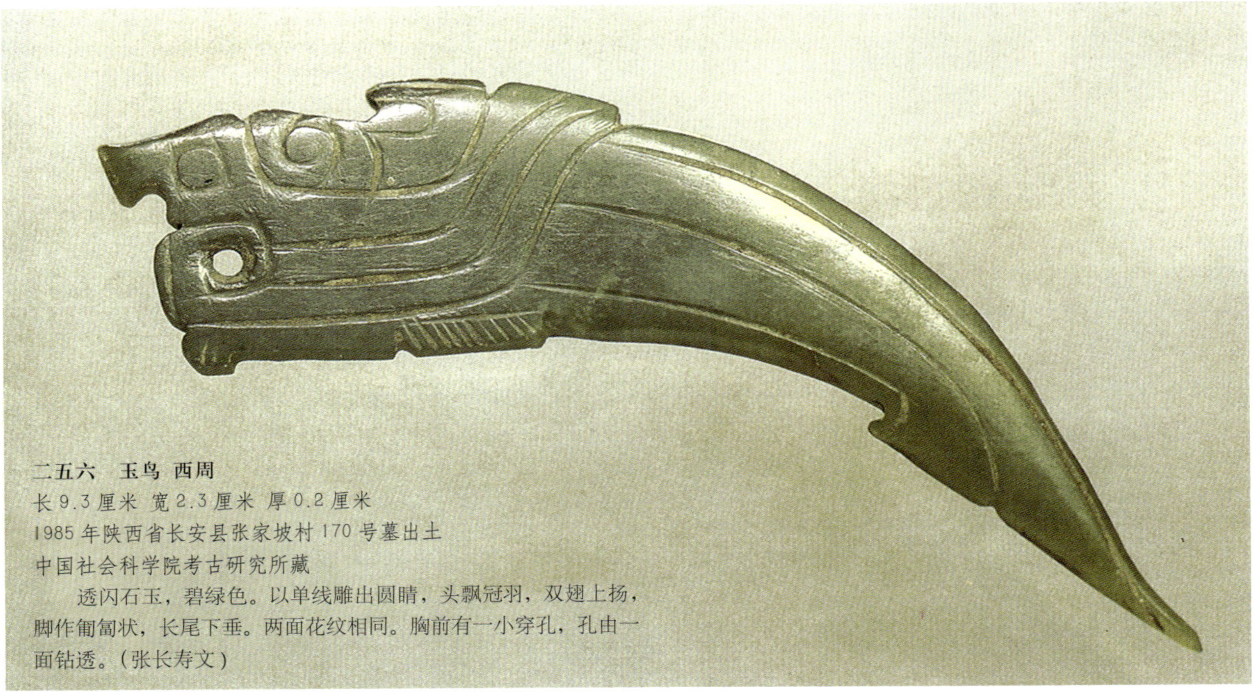

二五六 玉鸟 西周

长 9.3 厘米 宽 2.3 厘米 厚 0.2 厘米

1985 年陕西省长安县张家坡村 170 号墓出土

中国社会科学院考古研究所藏

透闪石玉，碧绿色。以单线雕出圆睛，头飘冠羽，双翅上扬，脚作匍匐状，长尾下垂。两面花纹相同。胸前有一小穿孔，孔由一面钻透。（张长寿文）

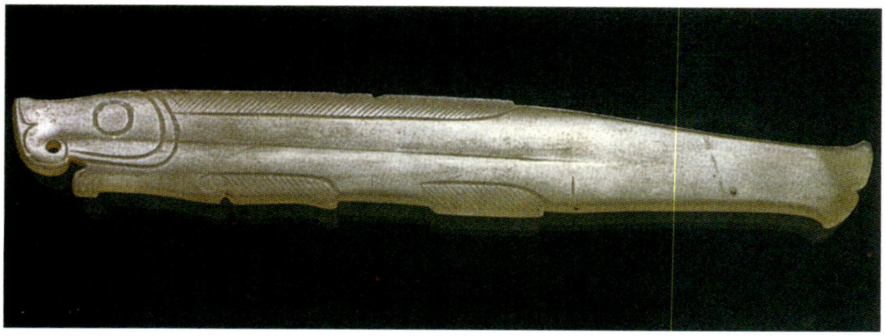

二五七　玉鱼 西周

长 14.5 厘米 宽 2.2 厘米 厚 0.2 厘米

1983 年陕西省西安市长安区张家坡村 44 号墓出土

中国社会科学院考古研究所藏

透闪石玉，青绿色，有灰色条状斑痕。器作长条形，以单线雕出鱼头、鱼睛、背鳍和腹鳍，前腹下多鳍，作匍匐状，分尾。嘴上有一小穿孔，孔由一面钻透。（张长寿 / 文）

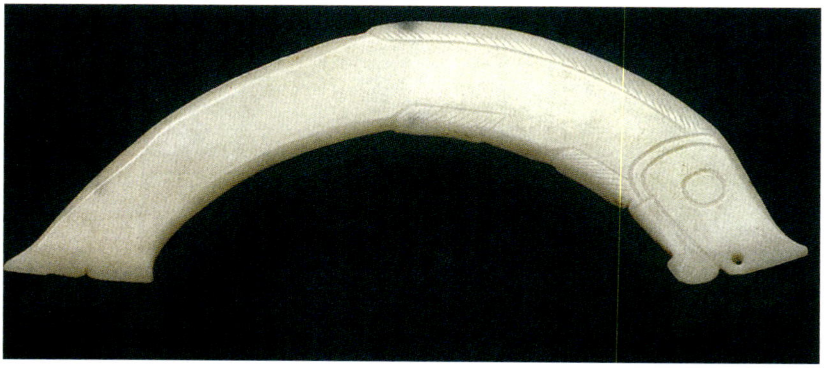

二五八　玉鱼 西周

长 11 厘米 宽 1.9 厘米 厚 0.2 厘米

1983 年陕西省西安市长安区张家坡村 50 号墓出土

中国社会科学院考古研究所藏

透闪石玉，乳白色，背部有一黑色斑点。器作鱼跃状，以单线雕出鱼头、鱼睛、背鳍和腹鳍，分尾。嘴上有一小穿孔，孔由一面钻透。西周墓葬中出土的玉鱼数量较多，形态各异，除作为佩饰外，也用作葬具之饰物，所谓“鱼跃拂池”者也。（张长寿 / 文）

二五九　玉鱼 西周中期

均长 11 厘米

1974 年陕西省宝鸡市茹家庄強伯墓出土

陕西省 宝鸡市博物馆藏

玉料皆呈深绿色，局部有褐色浸蚀。玉鱼均扁平，其中两件如璜，一件平直。皆以阴线饰鱼目和鳍。3 件玉鱼皆有穿孔，可佩系。

二六〇　玉鱼 西周

长 10.6 厘米 宽 2.5 厘米

1981 年陕西省长安县沣镐遗址出土

西安市文物局藏

青玉，有土沁。长条形。鱼嘴有孔，眼为圆形，上部刻斜直平行线表示鱼背鳍，体刻鳞纹，尾分两歧外撇，鱼尾中部有一圆孔，为两端钻，供穿系用。（王长启 / 文 罗忠民 / 摄影）

二六一　玉鱼 西周

长 8.2 厘米 宽 2 厘米

1980 年陕西省长安县沣镐遗址出土

西安市文物局藏

玉质黄褐色。长条形，片状。头窄尾宽，圆目，嘴部有一圆孔，唇上翘，下唇呈尖角，体直，上刻平行斜直线的背鳍，下刻三角形鳍，鱼尾宽，带刃，中间刻一缺口。（王长启 / 文 罗忠民 / 摄影）

二六二　玉鱼 西周

长 12.2 厘米 宽 3.7 厘米

1980 年陕西省长安县沣西张家坡出土

西安市文物局藏

玉质浅绿灰色。长条形，边缘圆滑，嘴扁平，眼、鳃、尾为阴刻细线，在另一面留有锯料痕迹。鱼形雕刻简练概括。（王长启 / 文 罗忠民 / 摄影）

二六三　玉鱼 西周

长 9 厘米 宽 2 厘米

1972 年陕西省长安县沣镐遗址出土

西安市文物局藏

长条形，平头。斜直短线为脊与鳍，尾宽带刃，中有缺口。（王长启 / 文 罗忠民 / 摄影）

二六四　玉蝗 西周

长 7.7 厘米 宽 1.2 厘米 厚 0.4 厘米

1975 年北京市昌平县白浮村出土

首都博物馆藏

玉料黄褐色。器呈扁体，背平直，凸眼，两道弦纹勾勒出的头部有圆孔，胸部有一道浅阴刻纹似翅，腹下鼓，尾部呈斜面，较尖锐。（薛婕 / 文 梁刚 / 摄影）

二六五　玉蚕 西周
长 7.5 厘米
1981 年 4 月陕西省扶风县黄堆乡强家村出土
陕西省 宝鸡周原博物院藏

青玉显黄绿色。躯体弯曲，呈半环状。圆嘴，身躯有节纹，尾端扁平，腮两侧有对穿的小孔，形象逼真。（罗西章 / 文 罗忠民 / 摄影）

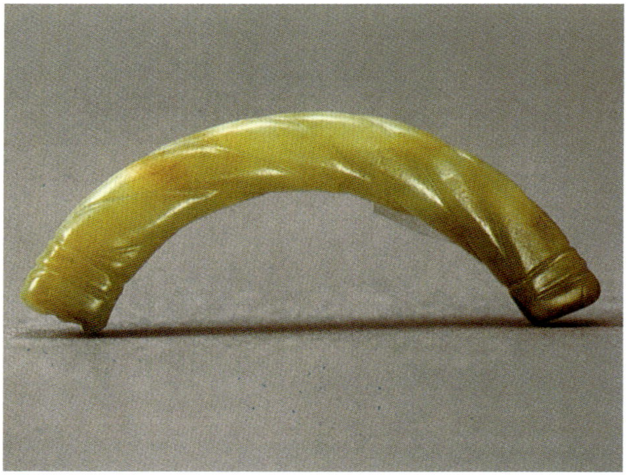

二六六　黄玉丝束纹蚕形佩 西周
长 3.1 厘米 宽 7.7 厘米
天津博物馆藏

黄玉，局部呈铁沁。形如璜，身刻丝束纹，两端为蚕头，圆眼，各穿一孔。二蚕一身及身作丝束纹之造型，实属罕见。（尤仁德 / 文 刘士刚 / 摄影）

二六七　青玉玦　西周
外径 10.1 厘米 孔径 7.2 厘米 厚 0.5 厘米
故宫博物院藏

玉料微有沁色。器圆形，缺口较窄，两面雕纹饰相同。肉中间琢刻线一周，外缘琢 25 瓣鳞纹。为玉环改制，在周代玉中极少见。（张寿山 / 文）

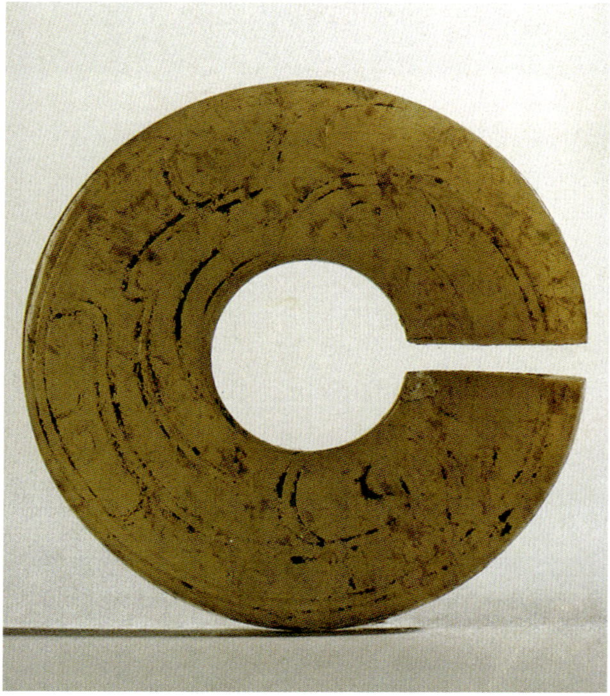

二六八　玉鸟纹玦 西周
外径 4 厘米
上海博物馆藏

青玉。正面以婉转流畅的线条琢蟠环的鸟纹，圆眼，尖长喙，身饰云纹。背面光素无纹。此件玉玦系玉璧改制而成。（张尉 / 文 汪雯梅 / 摄影）

二六九　青玉箍　西周

高 5.4 厘米　口径 6.6 厘米至 6.65 厘米

故宫博物院藏

玉料呈鸡骨白色。器呈圆筒形，微束腰，上下圆口，厚唇外侈。内壁光滑，外壁等距施凸弦纹 5 道、凹弦纹 8 道，腰部一侧中央琢一长方孔。在另一侧白色沁下部琢有 9 个模糊的篆字。（张寿山 / 文）

二七〇　玉龟串饰　西周早期

大小不一

1979 年 3 月山东省济阳县姜集乡刘台子出土

山东省　济阳博物馆藏

青玉。器皆正面中有脊，刻龟甲纹，腹平，饰旋涡纹对称图案。器中间有孔，可穿系。（熊建平 / 文　敦竹堂 / 摄影）

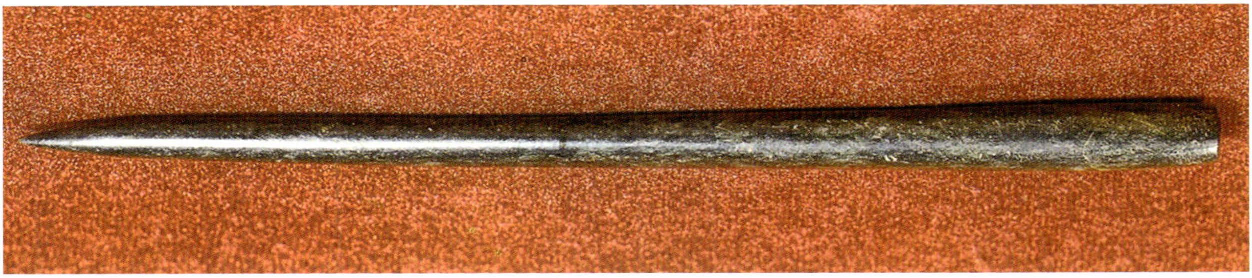

二七一　玉笄　西周

长 18 厘米

1950 年政府拨交陕西历史博物馆藏

玉料泛绿。器细长，圆锥形，顶端平齐，下端尖锐，表面光滑，此器系固定发髻的装饰物。（师小群 / 文）

二七二　玉笄　西周

长 13 厘米

1950 年政府拨交陕西历史博物馆藏

玉料泛绿。笄呈圆柱形，顶端扁圆，下端尖锐。此笄用来固定发髻，光素无纹。（师小群 / 文）

二七三　玉三璜串饰 西周

大：长 12.2 厘米 宽 3.3 厘米

中：长 10.8 厘米 宽 2.1 厘米

小：长 9.4 厘米 宽 1.7 厘米

1983 年陕西省长安县张家坡村 58 号墓出土

中国社会科学院考古研究所藏

此串饰由 3 件玉璜、4 件玉管及玛瑙珠等组成，通长约 70 厘米。璜和管均为透闪石玉，青灰色或乳白色。珠为肉红玉髓。3 件璜上都有双勾线雕出的龙纹，两面花纹相同。4 件管的形状各异，只有 3 件有花纹，且各不相同。璜和管上的穿孔，有一面钻透的，也有两面钻透的。(张长寿 / 文)

二七四　玉饰 西周

长约 40 厘米

1981 年 8 月陕西省扶风县黄堆乡强家村出土

陕西省 宝鸡周原博物院藏

玉料有淡黄、淡绿、白三色。由玉兽面、玉龙、玉鱼、玉蚕和玛瑙管、珠等组成，玉质晶莹。(罗西章 / 文 罗忠民 / 摄影)

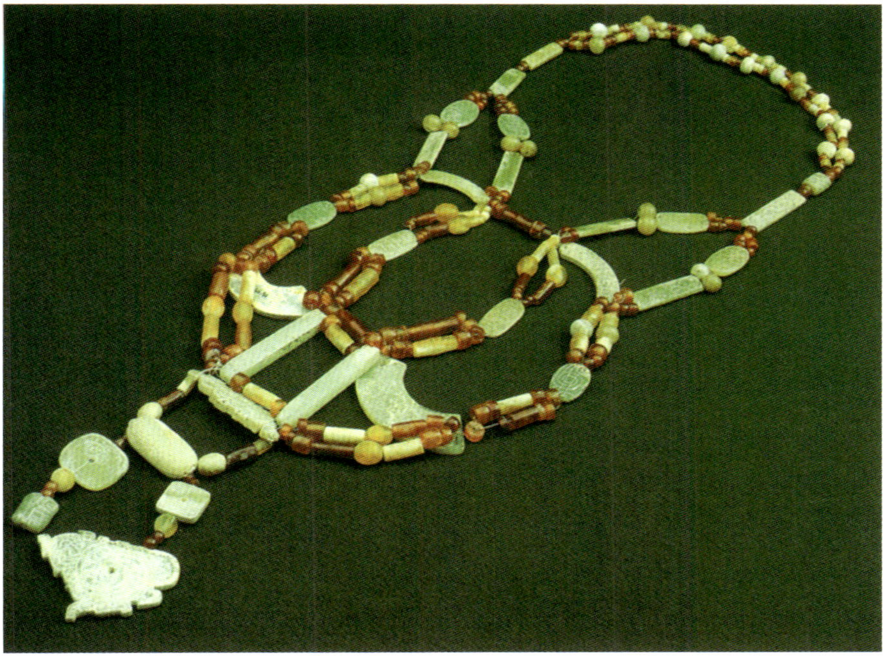

二七五　玉项链　西周

长约 50 厘米　宽约 30 厘米

1981 年 8 月陕西省扶风县黄堆乡强家村出土

陕西省　宝鸡周原博物院藏

项链由淡黄、淡绿、白 3 色玉璜、玉管、玉兽面和红、黄玛瑙等组成，大小不一。出土于死者的头颈部，该项链保存完整，是件难得装饰珍品。（罗西章 / 文　罗忠民 / 摄影）

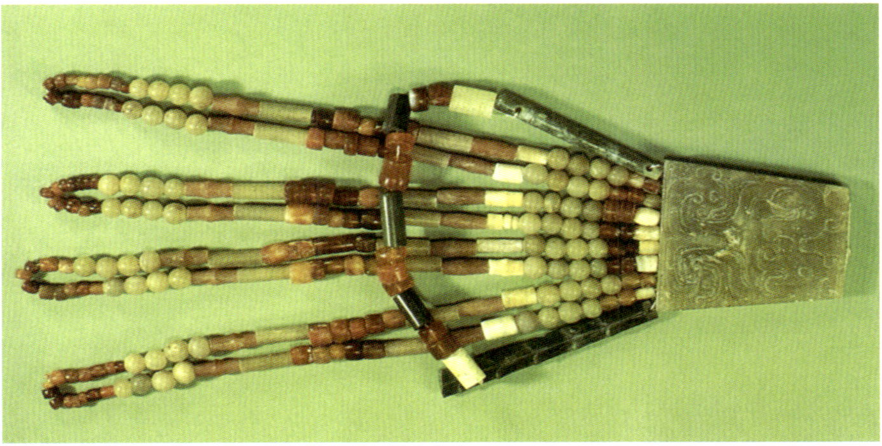

二七六　玉佩饰　西周

长 35.5 厘米　最宽处 9 厘米

1990 年河南省平顶山市西周墓出土

河南博物院藏

佩饰整体可分为泛黄的青玉板饰和缀在玉板下面的 5 个各自成串的碧玉、青玉与红玛瑙管、珠小件饰串几部分。玉板上微刻有对称的勾连形云纹，其形如两仙人对坐，整个图案可视为一个突出的兽面纹样。作为饕餮纹，它具有协通上下、以承天体的神化功用。玉板下缘有小孔 10 处，用以系连串饰。下连的串饰除最外两边的两孔对连成串外，饰件也是较其他串显长的碧玉管组成主件，中部连以珠饰，横断其他串饰腰部。中部 8 个小孔均以相紧邻的两个为组缀出串饰，该 4 组饰物彼此之间的长短、颜色、数量等方面差别不大。从其整体造型看，当系于主人胸部，玉板下面所缀诸串饰，有协调、美观的功用。（王光尧 / 文）

二七七　玉件饰　西周晚期

长 5.8 厘米　宽 1.9 厘米　厚 0.2 厘米

河南省信阳地区出土

河南省　信阳地区文管会藏

玉料呈青灰色，局部有白褐色斑沁。体扁，长方形，四边均有扇棱形齿牙，两面饰双线阴刻云纹。（宋海洋 / 文并摄影）

二七八　玉双鸟纹柄形饰　西周

长 17.1 厘米　宽 3.7 厘米　厚 0.7 厘米

故宫博物院藏

青玉泛绿色。孔壁及上部两侧有土斑。器呈片状，长条形，两面雕纹饰相同。上部微敛如柄状。上端，中间有一上宽下窄的凹槽，上部两外侧有粗细对称凸戟线纹，中央有上下大小两个心形孔，孔两侧勾相对鸟纹，尾下垂，尾尖呈钩状，其下琢展翅夔凤单足踏夔龙首纹。刀法有力，纹饰清晰。下端有一宽凸榫。此器为柄形器中的之珍品。（张寿山 / 文）

二七九　青玉鸟兽纹柄形饰　西周

长 11.5 厘米　宽 2.1 厘米　厚 0.5 厘米

故宫博物院藏

玉料有墨斑色。长方形，上部微缩，两面雕刻纹饰相同。鸟纹上面为兽纹，兽臣字眼，云耳在脑后，一绺发上冲，呈跪姿。鸟喙尖弯，环耳，顶翎前冲，尾向上卷起，底端为一短榫。（张寿山 / 文）

二八〇　青玉龙纹柄形饰　西周

高 14.7 厘米　宽 3.4 厘米　厚 1.2 厘米

故宫博物院藏

玉料青绿色。长方形，上端微凸，下端为短榫并有一小孔。器两面琢阴线龙纹，器两头各有一龙纹，中部又有一龙头。龙均卷鼻，身短，方折S形，双阴线勾边，并有细线与龙身勾连，纹饰十分流畅。（张广文 / 文）

二八一　玉鸟纹柄形饰 西周

长 8.3 厘米　宽 2 厘米 上海博物馆藏

青玉。器扁平，长方形，两面纹饰相同。用斜切线与一较细的阴线相配合的技法，琢出一只展翅独立的凤形图案，圆眼、钩喙、高冠，背上羽翅弯曲上卷，蟠曲至凤冠上部，凤尾向下蟠曲回旋，上端中有一小圆孔，用以穿系悬佩。（蒋树成 / 文 郭林福 / 摄影）

二八二　玉柄形饰 西周

全长 11.3 厘米

1984 年陕西省长安县张家坡村302号墓出土

中国社会科学院考古研究所藏

柄形饰为透闪石玉，青绿色。小片饰物为蛇纹石和绿松石。这类玉饰多以一件柄形玉饰为主体，下端缀以长条形或带扉齿的小玉石饰，并嵌以绿松石。这种玉饰多无穿孔，应是附在丝织物上或系在丝绦上供佩戴用的。（张长寿 / 文）

二八三　玉柄形饰 西周

长 16 厘米

河南省洛阳市机瓦厂出土

河南省 洛阳博物馆藏

青玉。长方形，器中部雕饰 5 道鳞纹，柄上部有两道弦纹。下端呈刃状，玉质上乘。（周军 陈新 / 文）

二八四　白玉柄形饰 西周

长 11.2 厘米

河南省洛阳市机瓦厂出土

河南省 洛阳博物馆藏

玉料白色。器呈长锥形，前端尖状，柄部凹腰，光素无纹。玉质洁白无瑕，透明度好。（周军 陈新 / 文）

二八五　玉方柱柄形饰 西周

长 14.4 厘米 宽 1.7 厘米 厚 1.3 厘米

1985 年陕西省长安县张家坡村 170 号墓出土

中国社会科学院考古研究所藏

透闪石玉，青绿色，杂有一条褐色斑痕。扁方柱形，连柄首共分 5 节，柄首中部束腰，有两条弦纹，以下 4 节各以弦纹间隔，每节 4 面各以双勾雕出云纹，而细部略有变化。类似的方柱柄形饰也曾见于河南省洛阳市偃师区二里头村的商代墓葬中。（张长寿 / 文）

二八六　玉柄铁剑　西周晚期
通长 12.5 厘米
1990 年河南省三门峡市出土
河南省文物研究所藏

青玉。该器分为圆柱、截锥式方台座两部分，其内均中空，为铜心柱穿连。上部圆柱部分斜刻阴线条纹，下部台座底边长 2.5 厘米，四角对琢饰出变形饕餮纹。（王光尧 / 文）

二八七　玉龙纹璜　西周早期
最宽处 8 厘米　厚 0.4 厘米
1982 年山东省滕州市庄里西村出土
山东省 滕州市博物馆藏

青玉，有灰白色沁。体扁，若半环形。两面饰纹相同，皆以双勾和阴线琢成。龙作臣字目，头有须发，身尾相交，周边有牙脊外凸，两端各有一圆孔，可供佩系。

二八八　玉鸟纹璜　西周
长 9.1 厘米　宽 3 厘米
1978 年陕西省长安县配件厂内出土
西安市文物局藏

青玉，泛白，有土沁。身上下出脊，表示喙、冠、项羽，为一只鸟的外形轮廓。细部阴刻细线与斜偏刀线，雕刻繁密平行线与不同形状的云雷纹。一端有孔，顶部也有一孔，似凤鸟，体部简略，具有图案化效果。（王长启 / 文　罗忠民 / 摄影）

二八九　玉鸟纹璜　西周
长 7.8 厘米　宽 2.7 厘米　厚 0.6 厘米
1985 年陕西省长安县张家坡村 152 号墓出土
中国社会科学院考古研究所藏

透闪石玉，青绿色。外脊背上有棱齿装饰，两端各有一小穿孔，孔由两面钻透。器表以粗线条雕一鸟纹，尖喙，圆睛，头飘冠羽，尾向上卷，其下为云纹，两面花纹相同。此器纹饰线条粗犷，别具风格。（张长寿 / 文）

二九〇　玉凤纹璜　西周
长 8.7 厘米　宽 1.9 厘米　厚 0.6 厘米
1986 年陕西省长安县张家坡村 273 号墓出土
中国社会科学院考古研究所藏

透闪石玉，青绿色。形若半环，两端各有一小穿孔，孔由两面钻透。器表以双勾线雕一凤鸟，引吭高歌，长尾迤逦，两端各雕一兽头，一端完整，一端不完整。两面纹饰相同。从纹饰布局的情况看，此器或是用玉环改制而成的。（张长寿 / 文）

二九一　青玉龙纹璜　西周

长 16.6 厘米　宽 3.5 厘米　厚 0.75 厘米

故宫博物院藏

玉料褐黄色。片状，若半环形，两面雕琢，纹饰相同，以双勾和阴雕的技法，琢刻出双龙缠绕，两端的龙首呈相望形，龙臣字眼，眼角线拉长且有勾，云形耳。每条龙只饰单肢双趾爪，身躯施阴线间饰目纹，两端各有两面钻孔，两端均有齿牙。（张寿山 / 文）

二九二　玉龙纹璜　西周

长 13.6 厘米　宽 2.4 厘米　厚 0.5 厘米

故宫博物院藏

青玉，有紫色沁。片状，弧形，两面雕双龙纹，两端以勾彻法隐起相对龙首纹，发毛后披，臣字眼，勾云耳，张口，翘鼻。器中部雕身躯、肢、爪，两龙身体盘绕，器端顶尖处均有对穿孔，以利系挂。（张寿山 / 文）

二九三　玉虎纹璜　西周

长 7.6 厘米　宽 2.3 厘米

1981 年陕西省长安县沣西出土

西安市文物局藏

青玉泛黄。两端各有一孔，一端为头，另一端为尾，通体刻卷云纹，宽鼻巨目，张口龇牙，尾部上卷，用夸张与抽象雕刻，突出虎首与虎口，表现出虎的凶猛特性，弯曲的体形，虽然没有雕刻四肢，却刻画出虎正在追赶猎物的态势，以静示动，宽斜阴线流畅有力，概括简练。（王长启 / 文　罗忠民 / 摄影）

二九四　青玉双夔璜　西周

长 9.7 厘米　宽 2.4 厘米　厚 0.5 厘米

故宫博物院藏

玉料紫褐沁甚重，一面一半有被浸蚀的小槽坑。片状，弧形，两面雕纹饰相同。器外缘两侧有齿牙，两端各琢夔首，其身躯卷连，并间饰勾云纹。双夔口以钻孔代替，以利佩挂。（张寿山 / 文）

二九五　玉夔龙纹璜　西周

长 8.5 厘米　宽 2.4 厘米

陕西省长安县出土

西安市文物局藏

青玉。片状，弧形，器两端的孔为眼，凸出的牙为口。一角缺。饰双勾阴斜线，雕刻变形夔龙纹，纹饰流畅，玉质上乘。（王长启 / 文　罗忠民 / 摄影）

二九六　金玉面罩　佩饰　西周

面罩部分中最大者径 10.7 厘米

1990 年河南省三门峡市西周虢国贵族墓出土

河南省文物研究所藏

饰物整体可分为面罩、胸饰、腰饰几部分。面罩均为稍微泛黄的青玉质构件，有形象的印堂、眉毛、眼、耳、鼻、嘴、腮、下颏、髭须等大小13片，并伴以梯形、长方形、三角形、玦形及不规则形的玉片和大小玉环，玉珠组成。从大多数构件上都有穿孔看，它们在当时可能是缀饰于衣物织品上或用线相连结到一起，形成两周文献中所说的“瞑目”。胸饰由 7 块玉玦间缀以 200 多个绿松石质地的枣核形珠和红玛瑙的管、珠饰组成主体，并配有数块玉璧分置于胸饰上下端对称的两侧。所有玉玦均刻有反向的大尾鸟纹，当胸处两件则饰以鳞尾状龙凤纹或饕餮鸟纹。腰部以几枚金质的圆环、方环和 3 个饕餮纹样的动物饰件组成带状腰饰，其下缀以三角状凸起的蝉形饰件一枚。同时还出土有青玉质的玉刀、玉戈各一、野猪獠牙两枚。再下，两腿延伸处有长方形玉尺两柄，其一形如玉琮切面且刻有常见于玉琮上的纹饰。所有饰件布局错落有秩，自头部、胸部、腰部到四肢，合乎人体的规律。大致可以轻重有别地把死者的身上全部覆盖起来。

该面罩、胸饰是目前业已发现时代最早的、由如此众多构件组成的玉质随葬品，明显继承了新石器时代以玉器随葬的风俗，并加以发扬光大，一定程度上开启了两汉玉匣（玉衣）随葬之风，可以说是玉衣制度的滥觞。把它们和蝉形饰件联系起来，并考虑到后世文献对玉衣功用的记载，它们当是墓主用来保护自己的尸体不腐与灵魂转世复生的礼仪性随葬品。（王光尧 / 文）

二九七　玉贝　西周晚期

长 3 厘米　宽 2.2 厘米　最厚处 0.8 厘米

河南省新郑县出土

河南省　新郑县文管所藏

玉料呈青白色，局部有灰色沁斑。体扁平棱形，上部有一对穿圆孔，中间有一道凹槽，两面均光素无纹。（宋海洋 / 文并摄影）

二九八　玉管　西周中期

均长 7 厘米　外径 2 厘米

1974 年陕西省宝鸡市茹家庄強伯墓出土

陕西省　宝鸡市博物馆藏

两件玉料皆呈深褐色。两端略粗，中腰稍细。中心各有一上下对穿的圆孔。器外以两道阴线圈将管分为 3 节，每节以双勾饰相似的装饰性几何纹。

三〇〇　白玉兽面纹扁璧　西周早期

长 5.4 厘米　宽 2.3 厘米

天津博物馆藏

白玉显青色。长方形，上窄下宽。两面浮雕以唇相接，为对称式兽面纹。器中央穿通孔。形制少见，造型仍有商玉遗风。（尤仁德 / 文　刘士刚 / 摄影）

二九九　玉瑗　西周

外径 10.5 厘米　内径 7.2 厘米　高 3.4 厘米

1929 年四川省广汉县中心乡出土

四川省博物馆藏

玉料紫褐色，带粉斑。器璧形，肉较宽，好呈圆筒状，上下口沿外侈，近口沿处各有两道阴线弦纹。在广汉三星堆遗址出土有形体相似的大量玉瑗、石瑗、铜瑗，有的瑗穿挂在“神树”枝干上，为祭祀的礼器。（袁曙光 / 文）

三〇一　青玉璇玑　西周

外径 13.8 厘米　内径 7.4 厘米

1974 年 5 月陕西省长武县出土

陕西历史博物馆藏

青玉。椭圆形，中央有一圆孔，形似变形的环。外缘有 3 组形状相同的齿牙；其中两组均有大小齿牙 8 个，另一组现存大小齿牙仅 7 个，疑一牙残缺，大小相同，等距分饰。此器椭圆形实属少见。（王建荣 / 文）

第三卷 春秋战国

（图版及图版说明）

本卷主编

贾　峨　河南省文物研究所

图版摄影

申少斌　河北美术出版社

徐海滨　中国历史博物馆

李建生　山西省考古研究所

郝勤建　湖北省博物馆

责任编辑

张建斌

一　玉兽面 春秋早期
高 2.4 厘米 宽 2.2 厘米
1954 年至 1955 年河南省洛阳市中州路 2415 号墓出土
中国历史博物馆藏

玉料呈青黄色，半透明。体扁平，上宽下窄，似倒梯形。下部雕琢阴线纹的眉、目、口、鼻、须和向左、右伸张的角。兽面上端琢阴线双勾云纹。两侧中间近边处，各钻一孔，以便缀附。（祁玉宽 / 文）

二　玉璧 春秋早期
外径 11.6 厘米 内径 6 厘米 厚 0.2 厘米至 0.3 厘米
1983 年河南省光山县宝相寺黄君孟夫妇墓出土
河南博物院藏

玉料呈黄黑色，有黑色沁斑。扁平体，圆形。器表饰细密阴线蟠虺纹，另一面光素无纹饰。（贾峨 / 文 敦竹堂 / 摄影）

三　玉虎 春秋早期
长 12.7 厘米 宽 6.2 厘米 厚 0.3 厘米
1983 年河南省光山县宝相寺黄君孟夫妇墓出土
河南博物院藏

玉料呈黄黑色，半透明，有光泽。扁平体后翘卷。虎口和尾部各钻一孔。虎的前后足作向前伏卧状，虎爪勾卷。虎头、虎身和虎尾均雕琢勾云纹虎皮斑纹。两足的上面皆雕垂鳞纹，虎耳刻细密的阴线纹。此器周边雕双阴线纹。玉虎的另一面光洁无纹。（贾峨 / 文 敦竹堂 / 摄影）

四　玉虎　春秋早期

长 5.5 厘米　宽 3.1 厘米　厚 0.1 厘米

1983 年河南省光山县宝相寺黄君孟夫妇墓出土

河南省 信阳地区文物管理委员会藏

玉料呈青白色，局部有深褐色沁斑，半透明，有光泽。体扁平。虎头的一端宽大，尾端颇细而向上旋卷。虎背有齿脊。口微张。环器身周边雕琢双阴线轮廓。器身雕琢单或双阴线虎纹。口与尾端各有一穿，虎背钻一小孔。（宋海洋 / 文并摄影）

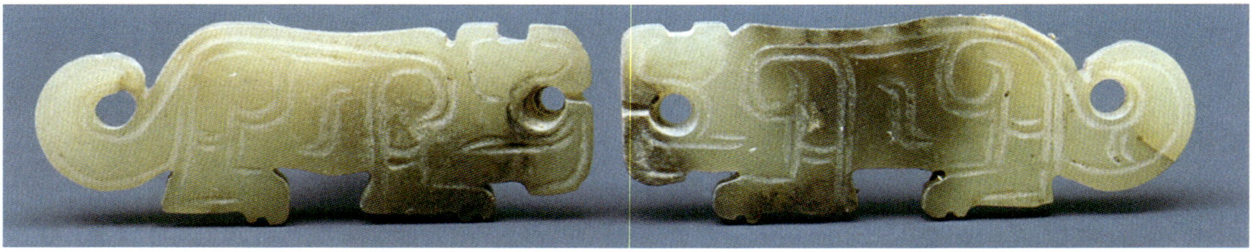

五　玉虎　春秋早期

长 2.5 厘米　宽 1.3 厘米　厚 0.3 厘米

1983 年河南省光山县宝相寺黄君孟夫妇墓出土

河南省 信阳地区文物管理委员会藏

玉料呈青白色，局部有深褐色沁斑，半透明，有光泽。体扁平，呈长方形，两件成对。虎呈伏卧状，虎身表面篆刻并列的阴线勾云纹虎斑。虎头和卷尾处各钻一孔。（宋海洋 / 文并摄影）

六　玉兽面　春秋早期

长 6 厘米　宽 5.5 厘米　厚 0.2 厘米

1983 年河南省光山县宝相寺黄君孟夫妇墓出土

河南省 信阳地区文物管理委员会藏

玉料呈青灰色，局部有深褐色沁斑，半透明。体扁平，作倒梯形。残缺一角，左右两斜边琢出齿脊，顶端琢出双角，从右上角可以看出原来左右两上角雕向背的双鹰。鹰体雕双勾阴线云纹和圆圈纹，鹰的轮廓线系用骈列的两条阴线雕成。兽面的下半部雕琢饕餮纹。眼、鼻、角及面部皆雕阴线勾云纹、圆圈纹和平行短线。花纹比较繁缛。下部中央有一钻孔。（宋海洋 / 文并摄影）

七　玉玦　春秋早期

外径 3.2 厘米　高 2.65 厘米

1983 年河南省光山县宝相寺黄君孟夫妇墓出土

河南省 信阳地区文物管理委员会藏

玉料呈青白色，局部有深褐色沁斑。体呈圆柱形，中空。立面有 0.1 厘米宽的缺口。通体饰阴雕双勾变形饕餮纹。（宋海洋 / 文并摄影）

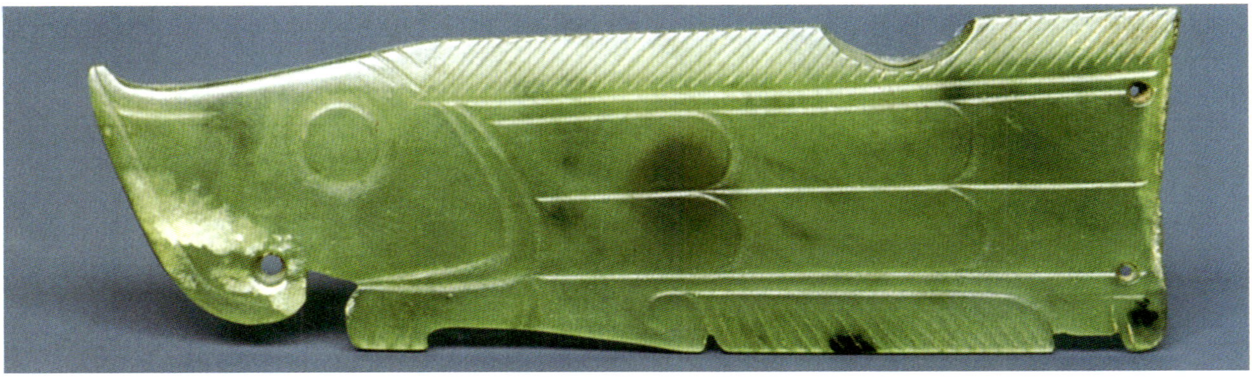

八　玉鱼　春秋早期
长 5.9 厘米 宽 2.4 厘米 厚 0.15 厘米
1983 年河南省光山县宝相寺黄君孟夫妇墓出土
河南省 信阳地区文物管理委员会藏

玉料呈翠绿色，有少量的黑色沁斑，半透明，质地莹润。体扁平，长条形。鱼头前端微向上翘。以阴刻的细线纹琢出鱼头、鱼鳃、鱼嘴和两行并列的环带纹鳞甲，背鳍、腹鳍和尾鳍皆以并列的细密阴线琢成。玉鱼的嘴部钻一孔，供垂系用。（宋海洋 / 文并摄影）

九　玉鱼　春秋早期
长 5.9 厘米 宽 3.1 厘米 厚 0.15 厘米
1983 年河南省光山县宝相寺黄君孟夫妇墓出土
河南省 信阳地区文物管理委员会藏

玉料呈翠绿色，局部有黑色沁斑，半透明。与上述玉鱼的玉料相同，器形亦相似，唯纹饰略有差异。鱼腹除有双勾云纹外，鳞甲较前器略小，共 8 片，分成 4 行排列。背鳍与腹鳍靠近鱼的尾部。（宋海洋 / 文并摄影）

一〇　玉鱼　春秋早期
长 6.1 厘米 宽 1.2 厘米 厚 0.15 厘米
1983 年河南省光山县宝相寺黄君孟夫妇墓出土
河南省 信阳地区文物管理委员会藏

玉料呈青褐色，局部有深褐色沁斑，半透明，有光泽。体扁平，近半月形。背与腹雕琢有齿脊形鳍。鱼头前雕有鱼嘴。琢有单阴线周边，器表琢有双阴线勾云纹和鳞纹。鱼的背鳍下方钻一孔，以供系佩。与此器形制、花纹、尺寸相同的另一件，与其成对儿。故可推知两器系一副玉佩中的一对儿玉鱼形璜。（宋海洋 / 文并摄影）

一一　玉两头龙饰　春秋早期

长 4.6 厘米　宽 2.5 厘米

1956 年至 1957 年河南省三门峡市上村岭虢国墓地 1657 号墓出土

中国历史博物馆藏

玉料呈淡绿色，半透明，有光泽。体扁平，近长方形。镂雕成 S 状两首连体的虬龙。虬龙首呈斜角对称布局。虬龙有长角，张口，上唇向上卷，下颚与龙体相连。足作伏卧状。此器的边沿琢以单阴线和勾云线作轮廓线。两龙的眼睛作阴线椭圆形，身躯中段雕一个与龙眼大小相当的椭圆形阴线纹，并且以平行的双阴线纹将两龙的眼睛与龙体中段的椭圆纹饰连接起来。此器造型自然，纹饰线条流畅，背面光素无纹。除镂空外，并无钻孔，与佩饰不类，疑系镶嵌于他器上的装饰品。（辛立华 / 文）

一二　玉虬龙形饰　春秋早期

长 7.6 厘米

1956 年至 1957 年河南省三门峡市上村岭虢国墓地 1662 号墓出土

中国历史博物馆藏

玉料呈浅绿色，半透明，有光泽。体扁平，呈 C 字形。龙首宽大，独角。头顶起脊，圆角，方眼，张口。上唇上卷，下唇呈顺时针方向下旋。龙躯体呈钩状，尾端平齐。虬龙的周边雕逐单阴线轮廓线。身躯中部逐勾云纹。眼为双阴线纹。此器造型古拙，保持殷墟妇好墓玉龙的风格，但器形有一定的变化。殷墟妇好墓玉龙见《殷墟妇好墓》[①]图八三，五；图版一三八，四。（辛立华 / 文）

①中国社会科学院考古研究所：《殷墟妇好墓》，文物出版社，1980。

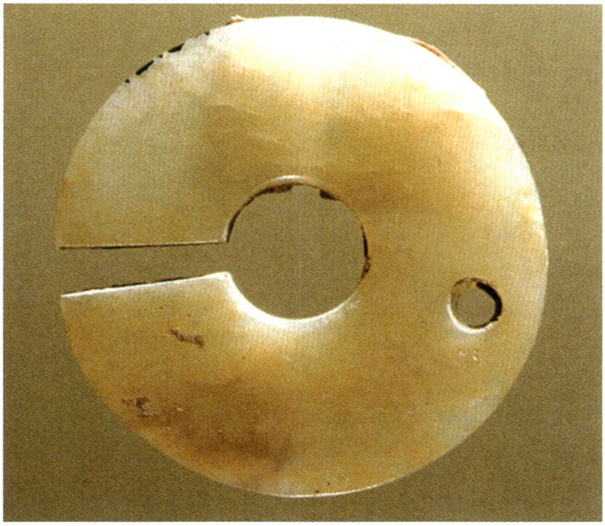

一三　玉玦 春秋早期

外径 3.2 厘米 内径 0.9 厘米 厚 0.2 厘米

1956 年至 1957 年河南省三门峡市上村岭虢国墓地 1665 号墓出土

中国历史博物馆藏

玉料呈淡黄色，半透明，有光泽。体扁平，呈圆形。中央有一圆形孔，一侧有缺口，与缺口对应的一边肉上钻有一孔。器表碾磨光滑，光素无纹。此器当为墓主人的耳饰。（祁玉宽 / 文）

一四　玉玦 春秋早期

外径 3 厘米

1956 年至 1957 年河南省三门峡市上村岭 1651 号墓出土

中国历史博物馆藏

玉料呈淡绿色，有白斑。体扁平，圆形，厚薄不均匀。中心有圆孔，一侧有缺口，缺口外宽内窄，口边琢有内弧，缺口对内圆处有凹槽，疑为琢磨缺口时遗留的痕迹。器表光素无纹。此器为墓主人耳饰。（祁玉宽 / 文）

一五　玉蚕 春秋早期

长 1 厘米 宽 0.4 厘米

1956 年至 1957 年河南省三门峡市上村岭虢国墓地 1704 号墓出土

中国历史博物馆藏

玉料呈白色，纯洁莹润，器表光洁。上圆粗而下细尖，躯体弯曲，呈家蚕形。头部有外突的双目，尺寸从头部起向下逐渐收缩，躯体雕琢 7 条周线纹，愈往尾部阴线纹愈密。此器上部有一个两面对钻的小孔，可供佩系。

我国是世界上最早的饲养家蚕和织造丝绸的国家，并且在相当长的时间内是世界上唯一的生产丝绸的国家。1958 年在浙江吴兴钱山漾遗址的发掘中，发现了一批盛于竹筐中的丝织物，包括绢片、丝带和丝线等[①]，经鉴定原料是家蚕丝。1953 年在安阳殷墓发现玉蚕[②]，证明古代中国人的养蚕和丝织文化是源远流长的。三门峡的这枚玉蚕形态逼肖，由此联系到近期上村岭 2001 号墓出土的丝绸残片，这些实物史料说明，中原地区在西周和春秋时期仍有生产丝绸的重要手工业部门。我国古代饲养家蚕和丝织业仍然处于发展阶段。（祁玉宽 / 文）

①浙江省文物管理委员会：《吴兴钱山漾遗址第一、二次发掘报告》，《考古学报》1960 年第 2 期。

②夏鼐：《我国古代蚕、桑、丝、绸的历史》，《考古》1972 年第 2 期。

一六　玉珠、玉片项饰 春秋早期

玉珠直径 0.3 厘米 玉片厚 0.2 厘米

马蹄形玉饰长 2 厘米 宽 2.5 厘米

1956 年至 1957 年河南省三门峡市上村岭虢国墓地 1634 号墓出土

中国历史博物馆藏

玉珠呈球形，其一白色，半透明，另一灰色。马蹄形玉片 6 枚，正面琢有阴线双勾云纹。另有扁圆形玉饰 6 枚，颜色深浅不一。上述各种珠子与片饰皆有钻孔，以双线串连成项饰。出土于墓主人的颈部。（祁玉宽 / 文）

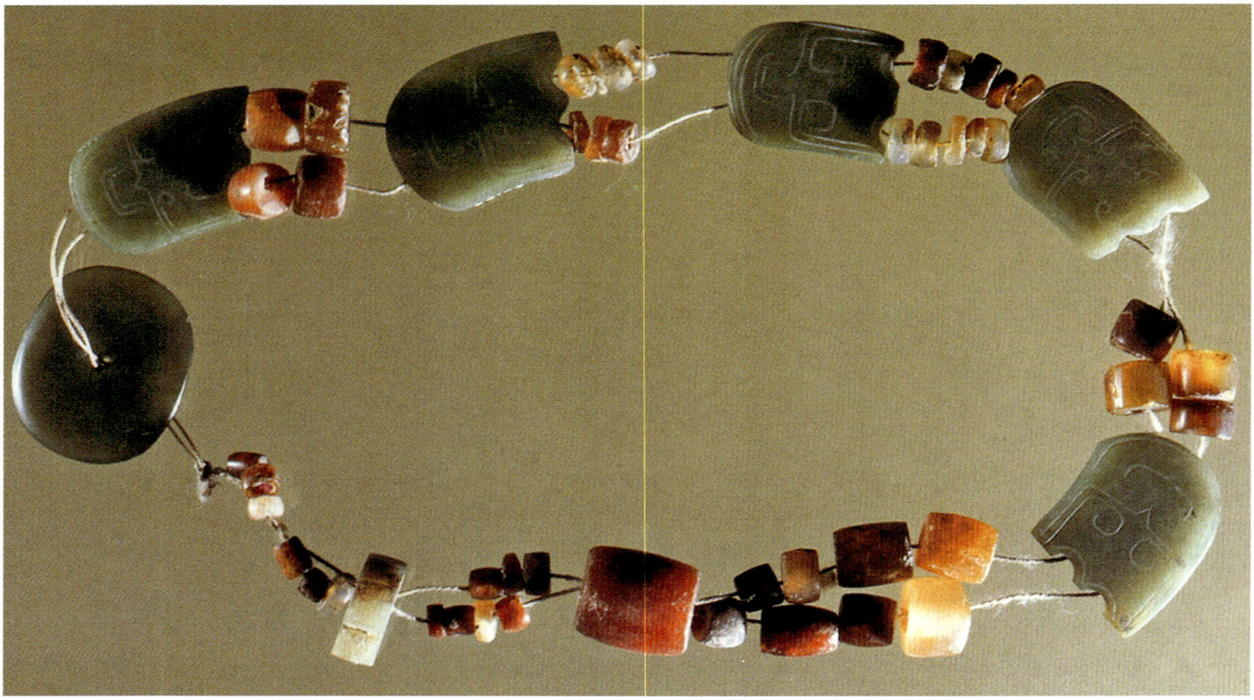

一七　鸡血色石珠、马蹄形玉石饰串饰 春秋早期

鸡血色石珠直径 0.3 厘米 玉马蹄形饰长 2 厘米 宽 2.5 厘米

1956 年至 1957 年河南省三门峡市上村岭虢国墓地 1662 号墓出土

中国历史博物馆藏

采用双线将鸡血色石的管形珠串成并列的两行，每隔数枚或十数枚珠子，双线贯入玉、石质的马蹄形饰孔眼中，组成一组项饰。上述马蹄形玉饰正面雕琢勾云纹，两端各雕一横凹槽，槽内有两个圆孔，与底面两孔相通。鸡血色石珠大小不一，制作不精。此串饰出于墓主人颈部，当为项饰。（祁玉宽 / 文）

一八　鸡血色石、绿松石串饰　春秋早期

鸡血石珠直径约 0.3 厘米 石管形珠长约 0.4 厘米 绿松石管形珠直径约 0.4 厘米

1956 年至 1957 年河南省三门峡市上村岭虢国墓地 1780 号墓出土

中国历史博物馆藏

采用鸡血石管形珠 45 枚、石管形珠 1 枚、绿松石管形珠 10 枚、绿松石方形珠 6 枚、不规则形石饰 1 枚，夹杂串成单行串饰。器表光滑，制作不甚规整。当系墓主人的饰物。（祁玉宽 / 文）

一九　玉料、鸡血色石腕饰　春秋早期

鸡血色石管珠长 0.5 厘米至 0.4 厘米 玉蚕形饰长约 4.5 厘米 玉珠形饰直径约 0.6 厘米 料珠饰直径 0.5 厘米

1956 年至 1957 年河南省三门峡市上村岭虢国墓地 1647 号墓出土 中国历史博物馆藏

由鸡血色石管珠 23 枚、石管珠 3 枚，玉料制管形珠 2 枚，玉球形珠 1 枚，玉料制菱形珠 7 枚，玉蚕形饰 1 枚组成腕饰。出土时围绕着墓主人骨架的腕部，犹如今人的手镯。（祁玉宽 / 文）

二〇　玉片、鸡血色石项饰　春秋早期

椭圆形玉饰：长 2.4 厘米 宽 2 厘米 厚 0.3 厘米

马蹄形石片饰：长 2.2 厘米 宽 2.2 厘米 厚 0.3 厘米

鸡血色石珠：长 0.9 厘米 直径 0.8 厘米

1956 年至 1957 年河南省三门峡市上村岭虢国墓地 1820 号墓出土

中国历史博物馆藏

这组玉项饰由 101 枚鸡血色石珠、10 枚马蹄形石片、1 枚椭圆形玉片和 2 枚小石饰组成。鸡血色石珠用双线串成 2 行，每隔若干枚（最多者 14 枚分作两行骈列，最少者 6 枚分作两行骈列，其他界于二者数量之间，但多寡不等，亦分两行串连）珠子，双线并穿入一枚马蹄形玉片中。椭圆形玉片垂于整组项饰的下方。上述鸡血色石珠的形状和大小皆不一致。马蹄形玉片皆以璞玉制成，正面雕琢双阴线勾连纹。背面平齐，两端壁上钻有两个圆孔，与底面孔相通，用于贯线串联。椭圆形玉片上刻双阴线周边和勾云纹。此项饰出土于墓主人的颈项间，当系墓主人生前享用的项链，因受到死者的珍爱，死后用于陪葬。它红白相间，色彩绚丽，出土时排列有序，有利于重新串联，因此这种工艺品既具有历史价值，又具有珍贵的艺术价值。（祁玉宽 / 文）

二一　石玦与石片　春秋中期

石玦：外径4厘米至4.2厘米

石片：长3.7厘米　宽2.7厘米至3.3厘米

1955年河南省洛阳市中州路1号墓出土

中国历史博物馆藏

石玦和石片皆青灰色璞玉（俗称玉根）磨制。石玦两件，出土时位于墓主人的耳部。齿边长方形石片亦由青灰色璞玉制作，每片4隅皆钻孔，共11片，皆无光泽，出土于墓主人颈部附近，有的重叠，有的被颈骨叠压着。这种两长边琢成齿边、两短边平直的石片大小也不统一，有3件略小于其他8件。石片4隅的钻孔与短边之间皆雕细阴线槽。这显然是便于用细线将这些石片连缀于一种叫作“瞑目”的织物上，在墓主人入殓时，用以掩遮他的面颜的。（马秀银/文）

二二　玉人　春秋中期

高 3.6 厘米

1978 年河南省淅川县下寺 8 号墓出土

河南省文物研究所藏

玉料呈白色，质地细润，有光泽。圆管状体，一侧雕琢成浮雕人像。玉人头顶扁平，圆头，短颈，细目，鼻梁及鼻翼宽阔，双耳外凸长大，闭口。胸部可见双乳。袖手置于胸腹间。下身著蔽膝，下及双膝。短腿，双足岔立。跣足，足趾裸露。此玉人当为组玉佩的重要部件。（赵世纲 / 文）

二三　玉牌饰　春秋中期

长 3.5 厘米　宽 2.5 厘米

1978 年河南省淅川县下寺 8 号墓出土

河南省文物研究所藏

玉料呈乳白色，有光泽。扁平长方体，周边琢有对称的牙脊。器表饰卷云纹。两短边附近各钻两孔，以便穿缀。（赵世钢 / 文）

二四　玉玦　春秋中期

外径 5.1 厘米　厚 0.2 厘米

1978 年河南省淅川县下寺 7 号墓出土

河南省文物研究所藏

玉料呈乳白色，有少许黑斑。半透明，有光泽。体扁平，正圆形。中部琢磨一穿，一侧有缺口。中部穿孔周边有两周弦纹。玦面雕琢隐起的变形蟠虺纹，非常美丽。另一面光素无纹。（赵世钢 / 文）

二五　石片　春秋晚期

圆形石片径 3.3 厘米至 2.6 厘米

1954 年至 1955 年河南省洛阳市中州路 467 号墓出土

中国历史博物馆藏

石片呈灰色，是以璞玉琢磨而成的，然制作不精，属葬玉。扁平体。出土时置于墓主人头顶下的是一件圆角长方形石璧，长 5.3 厘米，宽 5 厘米，孔径 1.9 厘米；脸上及其两侧有两件片状有穿的石块和 8 件有孔的圆形石片；胸部有 8 件齿边有穿的梯形石片。上述各种石片边缘皆有浅细的缺口，似可用细线缀附于织物之上，覆盖于死者的脸上。（马秀银 / 文）

二六　玛瑙　玉珠　春秋晚期

玛瑙珠：最大径 1.1 厘米 厚 0.7 厘米；最小径 0.45 厘米 厚 0.3 厘米

玉珠：最大径 0.9 厘米 厚 1.1 厘米；最小径 1.6 厘米 厚 0.5 厘米

1978 年河南省淅川县下寺 1 号墓出土

河南省文物研究所藏

玛瑙珠 85 枚，肉红色，有透明感。珠多作扁圆球珠状，少数作管状，大小不一。玉珠 8 枚，作圆球状，亦有作长圆形。其中 4 枚呈乳白色，1 枚呈黄色，3 枚呈灰色。珠粒大小不一。本图版中的影像系出土后串连在一起拍摄的。（王与刚 / 文）

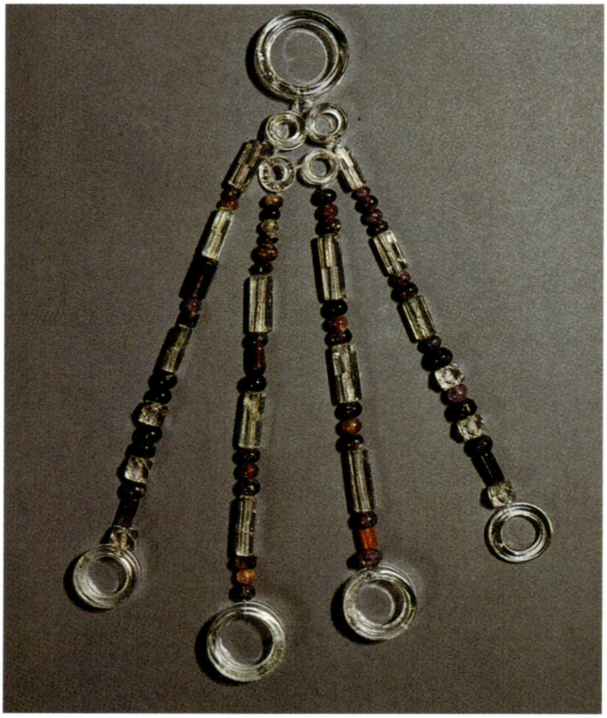

二七　水晶佩饰　春秋晚期

长 38 厘米

1971 年山东省淄博市临淄故城郎家庄 1 号墓陪葬坑 4、10、13 出土

山东省　淄博市齐故城博物馆藏

水晶环系无色透明体，玉髓珠呈肉红色，石珠呈橘红色，表面皆极光洁。除坑 10 出两组外，坑 4 及坑 13 各出一组。摄影时将它们拍摄于同一张照片上。每组的串法是以水晶环为挈领和尾饰，中间串以各种水晶珠，或加少数橘红石株或肉红石髓珠（玛瑙珠）。虽各种珠的配合有一定的规律，但是不很严格。珠子的数量多寡亦稍有差异。其中坑 13 佩饰出土于殉人头顶部，余皆出于殉人足旁。（王之厚 / 文　王书德 / 摄影）

二八　玉髓管饰 春秋晚期

全长 250 厘米，管长 5.5 厘米至 3.7 厘米不等

1972 年山东省淄博市临淄故城郎家庄 1 号墓出土

山东省 淄博市齐故城博物馆藏

玉髓管为白色半透明体，器表光洁。由 58 颗有棱的玉髓管依次串成。出土于 2 号陪葬坑。殉人系女性，年龄约当 22 岁至 26 岁。坑内除陪葬此组串饰外，另有玉髓佩饰一组、水晶佩饰两组、滑石制的璧、环、璜等。这种玉髓管在主室中也有发现，可见是比较贵重的饰物。（刘学连 / 文 敦竹堂 / 摄影）

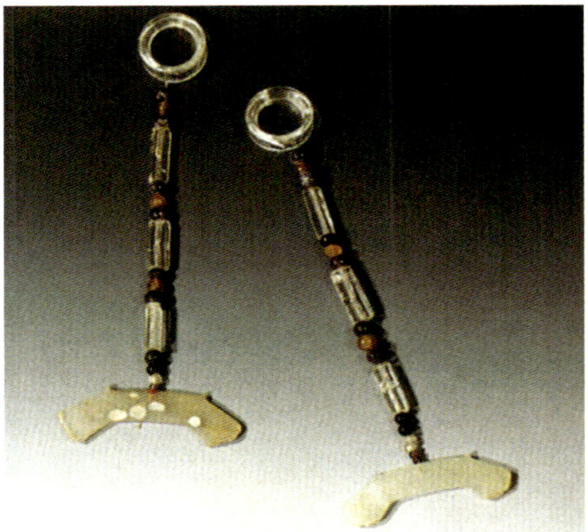

二九　水晶佩饰 春秋晚期

全长 26 厘米

1972 年山东省淄博市临淄故城郎家庄 1 号墓出土

山东省 淄博市齐故城博物馆藏

以水晶环为挈领，玉髓璜为饰尾，中间贯穿着水晶和紫晶管以及少量其他颜色的珠子组成串饰。这两件串饰形制及串法相同，但管珠数量略有差异。它们骈列着放置于 8 号陪葬坑的死者胸部附近。死者为女性，年龄在 20 岁至 22 岁间。上身与下肢已折成两段，两腿朝下，似将腿和上身绑在一起而殉者。（刘学连 / 文 敦竹堂 / 摄影）

三〇　玉环 春秋晚期

外径 2.9 厘米 内径 1.9 厘米

1988 年山西省太原市金胜村晋卿赵氏墓出土

山西省考古研究所藏

玉料呈乳白色，玉质温润，局部有深褐色沁斑。半透明，器表光洁。扁平体，圆环形。内外轮廓皆有突起的弦纹宽边，通体雕琢较大的涡纹。制作工艺极精。（侯毅 / 文）

三一　玉环 春秋晚期

外径 3.4 厘米 内径 1.4 厘米 厚 0.55 厘米

1988 年山西省太原市金胜村晋卿赵氏墓出土

山西省考古研究所藏

玉料呈红褐色，半透明，经过碾磨处理使表面光亮。肉的两侧有割切时留下的毛茬，肉的表面上可以看到雕琢前起的部分勾云纹底稿，在底稿上已将两行勾云纹镌琢成功，肉的大部分光素无纹，此环内外沿雕有单阴线轮廓。从此环遗留下来的花纹遗迹，可以给我们提供晋国琢玉业的玉人对璧、环类玉器加工的工艺流程大体是：选料—切片—成型—钻孔—器表磨碾光滑—雕刻内外边缘轮廓线—在肉面起纹样底稿—雕琢纹样。此器当为一件没有完成最后工序的半成品。（侯毅 / 文）

三二　玉璜 春秋晚期

长 13.5 厘米 厚 0.5 厘米

1988 年山西省太原市金胜村晋卿赵氏墓出土

山西省考古研究所藏

玉料呈青褐色，半透明，偶有沁斑，质地温润，器表有光泽。扁平体，约相当于圆的三分之一，两端各雕琢出若干齿脊，器表雕琢隐起的蟠虺纹。璜的顶端钻一孔。（侯毅 / 文）

三三　玉璜 春秋晚期

长 11.5 厘米 厚 0.4 厘米

1988 年山西省太原市金胜村晋卿赵氏墓出土

山西省考古研究所藏

深青色，半透明，玉的质地莹润，有光泽。两端皆琢成龙首形，龙口微张。玉璜的表面琢出两道凹槽，将其分作 3 区，位于两端的区域，边缘雕琢出齿脊。此器通体雕琢隐起的蟠虺纹。（侯毅 / 文）

三四　玉璜 春秋晚期

长 11 厘米 厚 0.4 厘米

1988 年山西省太原市金胜村晋卿赵氏墓出土

山西省考古研究所藏

玉料呈青褐色，半透明。此璜约相当于圆的四分之一。器形短宽，似以玉璧或玉环改制，因此两端无边缘轮廓线。玉璜中部以绹索纹两道将表面界为 3 区，中区以蟠虺雕琢出兽面纹，上钻一孔，以供系佩。左右两区，边缘雕作齿脊形，以蟠虺纹构成侧看的兽面。靠近边缘各钻一孔，以便垂饰其他的玉饰。（侯毅 / 文）

三五　玉璜 春秋晚期

长 12.5 厘米 厚 0.45 厘米

1988 年山西省太原市金胜村晋卿赵氏墓出土

山西省考古研究所藏

玉料呈青色，有褐斑。半透明，器表光洁。一角有残损。此璜约圆的三分之一左右，素面无纹饰。两端各钻一孔。（侯毅 / 文）

三六　玉龙形佩　春秋晚期

长 11.7 厘米　厚 0.35 厘米

1988 年山西省太原市金胜村晋卿赵氏墓出土

山西省考古研究所藏

玉料成青白色，间有褐斑，半透明。扁平体，龙首独角，圆眼，上吻向上旋卷。龙体作屈曲状，尾端上翘。龙爪作凤首形，颇尖锐。周边琢成突弦纹，通体雕隐起的虺纹。脊背顶端钻一穿，以供悬佩。（侯毅 / 文）

三七　玉龙形佩　春秋晚期

长 2.7 厘米　厚 0.3 厘米

1988 年山西省太原市金胜村晋卿赵氏墓出土

山西省考古研究所藏

玉料呈青色，半透明。扁平体，龙首向上弯曲，上吻向上卷曲，下吻与龙的躯体相连接，中有镂空。独角，身体作蜷曲状，尾端右旋，足作伏卧状。器表满饰勾云纹阴线，龙足雕骈列阴线纹多条。（侯毅 / 文）

三八　玉龙凤合体佩　春秋晚期

长 10.3 厘米　厚 0.35 厘米

1988 年山西省太原市金胜村晋卿赵氏墓出土

山西省考古研究所藏

玉料呈青褐色，半透明，有光泽。龙首向上，椭圆形眼睛，上吻向上旋卷，下吻短，向下旋卷。独角，躯体作S形回旋，前足尖细，向后回旋，后足向后延伸，尾端勾卷成凤首。通体雕单阴线勾云纹。脊背顶端钻一孔，以供系佩。（侯毅 / 文）

三九　玉龙凤合体佩 春秋晚期
长 12 厘米
1988 年山西省太原市金胜村晋卿赵氏墓出土
山西省考古研究所藏

玉料呈青褐色，透明度较差，表面光洁。玉龙作伏首拱曲身躯，尾巴上卷状。龙足向外回卷，尾端分歧凤首与冠饰，分别向左右回旋。以阴线沿玉龙的外轮廓琢出边饰，表面雕琢阴线勾云纹，凤体尾雕琢并列的 4 条阴线。龙的背部钻一孔，以供系佩。（侯毅 / 文）

四〇　玉龙形佩 春秋晚期
长 10.3 厘米 厚 0.4 厘米
1988 年山西省太原市金胜村晋卿赵氏墓出土
山西省考古研究所藏

黄褐色玉料，半透明，有褐色斑疵。扁平体，龙首向后回卷，躯体作 S 形，尾部向前回卷。龙的一足向上伸，然后左旋，下足前伸，作伏卧状。躯体雕隐起的卧蚕纹。背部钻有一孔，用于系佩。（侯毅 / 文）

四一　玉双系拱形起脊饰 春秋晚期

高 5.8 厘米 宽 3.2 厘米 厚 0.3 厘米

1988 年山西省太原市金胜村晋卿赵氏墓出土

山西省考古研究所藏

玉料呈青白色，半透明，质地莹润，有光泽。器身拱起作盾形，正面中部起十字脊，都以隐起的直线雕成正交叉的十字宽带，把器表分成 4 区，每区内雕琢卧蚕纹。此器周边除十字脊所占有的部分外，雕琢隐起的宽带纹周边。两长边的中部雕琢成突出于轮廓线的长方形穿孔，可供系佩。与此器相类似的玉佩饰，曾出土于江苏省苏州市吴中区严山春秋晚期窖藏坑。两器的器形非常接近，不过，它们的纹饰不同。曾侯乙墓出土的一件，系战国早期的器物，器形与此器不完全相似。缺少两个突出于器壁的长方穿孔。不过，从曾侯乙墓出土的情况分析，此器当为玉组佩中的一件饰物。（侯毅 / 文）

四二　玉佩饰 春秋晚期

上宽 4 厘米 下宽 4.8 厘米 高 3.1 厘米

1988 年山西省太原市金胜村晋卿赵氏墓出土

山西省考古研究所藏

玉料呈青色，质地晶莹，制作光滑工整。扁平体，作梯形，四边皆琢出对称的齿脊，器表界分 8 区，每区雕隐起的蟠虺纹，某些蟠虺纹的表面，琢有细密的绹索纹。此器四隅钻有小孔，可以缀附于织物上作装饰品。（侯毅 / 文）

四三　玉佩 春秋晚期

长 12.5 厘米 宽 6.1 厘米

1988 年山西省太原市金胜村晋卿赵氏墓出土

山西省考古研究所藏

玉料呈浅褐色，质地属蛇纹岩，不透明。扁平体，近长方形，不够规整。此器的两长边和两短边琢有齿脊。器表界以素面棱线，棱线内雕琢细密的人字纹，将器表画为 3 区，表面雕饰蟠虺纹。此器四角各钻一小孔，另一角残留钻孔边缘。（侯毅 / 文）

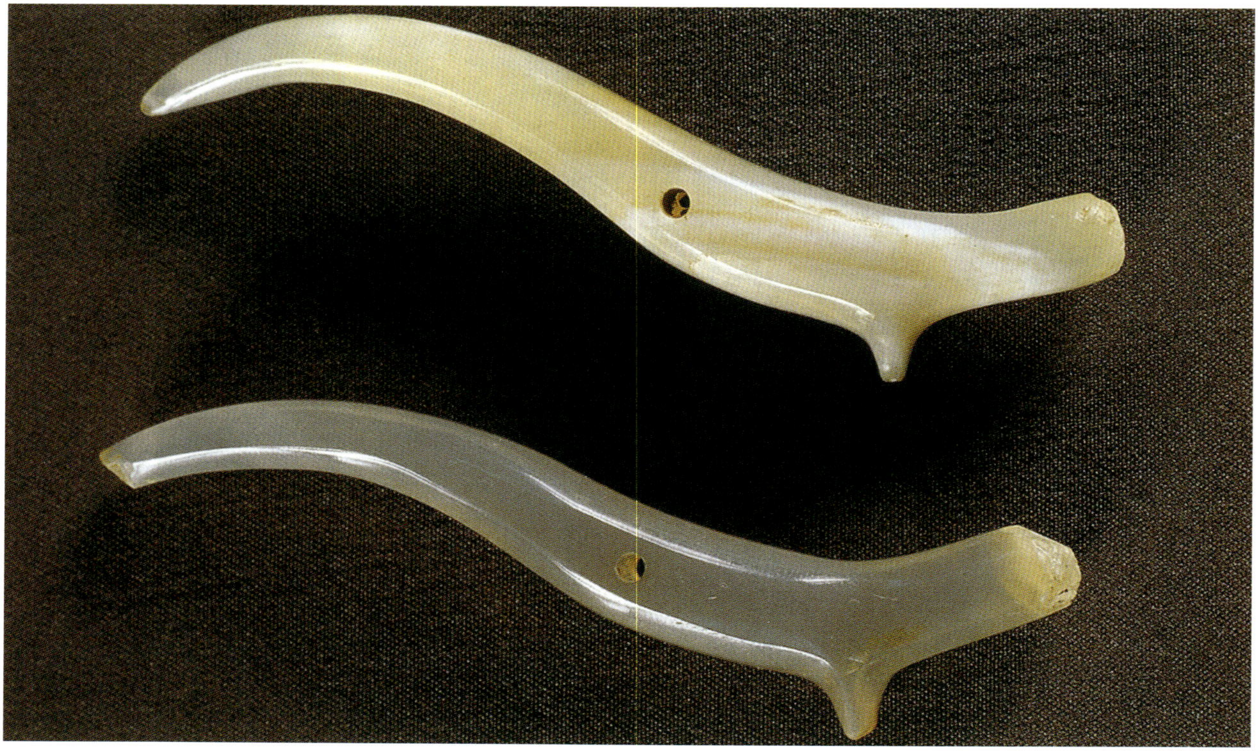

四四　玉髓龙形佩饰　春秋晚期

长 8.6 厘米　宽 1.5 厘米

1988 年山西省太原市金胜村晋卿赵氏墓出土

山西省考古研究所藏

玉髓呈乳白色，半透明体。两件器形相同。体形修长，似龙，曲体尖尾，颈部略有残损痕迹，头部突出一角，身体中部钻一穿，以供系佩。与此二器的质地与器形完全相同者，曾于 1972 年 5 月出土于山东省临淄市郎家庄 1 号东周墓。此墓的玉髓佩 6 组串法可分两种，其中一种由环和龙组成，与赵卿墓所出的相似。临淄郎家庄墓的环和龙的数量多少不一致，似乎说明此种佩饰的穿结还无定制。不过玛瑙环和龙形饰的形状规整，大小有序，似乎又说明这种佩饰已有比较固定的形式。不过，它们的确切串法现在还无从了解，但参照洛阳中州路的所出土的玉佩，推测这种佩饰的上端可能是用环作挈领的。又从每组龙形饰多成偶数（仅一奇数），而且两两成双，它们的头端无例外地都有碰破的痕迹，故推测这种佩饰在提环下可能是双行的。它们出土于骨架、腿、足旁，或腿足部位的棺椁间，似系挂于下身的。可见赵卿墓出土的这种玉髓龙形饰亦应与郎家庄所出的玉髓佩饰相似。（侯毅 / 文）

四五　水晶珠串饰　春秋晚期

水晶珠最长 2.1 厘米　最短 0.8 厘米

1988 年山西省太原市金胜村晋卿赵氏墓出土

山西省考古研究所藏

水晶珠，透明体，质地莹润光滑。共 45 枚，每枚的两端稍细，中间略粗，其中有紫晶管珠两枚，另外还有白色和烟色水晶与无色水晶合串成器。它们的顶端钻孔（两面钻孔），以纳线绳。这套水晶串饰的顶端皆钻较大的孔，可纳线绳，组成漂亮的串饰。（侯毅 / 文）

四六　玉长条形饰　春秋晚期

长 10.6 厘米

1988 年山西省太原市金胜村晋卿赵氏墓出土

山西省考古研究所藏

玉料呈深褐色。扁体，长方形，两侧雕琢成齿脊状。通体琢平凸的卷云纹。此二器成对，皆纵钻一穿。（侯毅 / 文）

四七　玉剑珌 春秋晚期

长 5.2 厘米 宽 4.2 厘米 厚 3.1 厘米

1988 年山西省太原市金胜村晋卿赵氏墓出土

山西省考古研究所藏

玉料呈青褐色，有的地方半透明，有的地方不透明，质地上乘。扁长方形剑珌，即剑鞘末饰。此器表面雕琢多种动物形象：最上雕一蟠虺纹，蛇首伸向左上方，嘴端俏色，稍后琢出一对隐起的圆形眼睛。蛇颈细圆，向下曲折。颈后化作鹅身，翅翼雕琢隐起的 5 条并列的弦纹，其下有横向椭圆形镂空，镂空似鹅身，尾部向上翘起，亦雕 5 道骈列的隐起弦纹并与鹅翼后端相交。鹅体琢较大的蟠虺纹，向后刻琢鱼尾，尾端雕琢细密的阴线。上述蛇首下雕琢龙首，椭圆形的眼睛，嘴与蛇口相吻合。此龙独角下垂，角的表面琢 4 道隐起的弦纹。龙体向右下方蜷曲，龙足前伸，爪作伏卧状。龙的躯体前腹作屈曲状，饰以旋涡状云纹；后段直至龙尾雕琢两行阴线鳞纹，并随龙尾向上旋转。此器构图极其考究，雕琢工艺精湛，为春秋时期玉剑饰中的精品。（侯毅 / 文）

四八　玉扳指 春秋晚期

长 4.2 厘米 宽 2.8 厘米 孔径 2.1 厘米

1988 年山西省太原市金胜村晋卿赵氏墓出土

山西省考古研究所藏

玉料呈白色，半透明，有光泽。椭圆形。扳指，又名玉韘，外侧有一扳突，用于控弦，大孔用纳拇指。此器表面碾琢光洁。《诗经・芄兰》：“芄兰之叶，童子佩韘。”吴闿生云：“能射御则佩韘，以象骨为之，著右巨指以钩弦，或作禶。”[①]田野考古所见，多以玉为之。洛阳中州路 904 乙　2403　2415 墓各出土一枚骨韘，年代皆属东周。出土时，位置皆在人骨架的手部。它们皆无纹饰，器形与玉韘相同。山东省曲阜县鲁国故城曾出土 3 件玉韘，其 52 号墓出土的一件，饰线刻兽面纹，另一面饰卷草纹。（侯毅 / 文）

①吴　生：《诗义会通》，中华书局，1959，第 47 页。

四九　玉剑璏 春秋晚期

长 4.4 厘米 宽 2 厘米 厚 2 厘米

1988 年山西省太原市金胜村晋卿赵氏墓出土

山西省考古研究所藏

玉料呈青白色，半透明。长方形，一侧平滑，另一侧有突棱，中空，有带弧度的长方形孔。器表饰卧蚕纹，周边琢有周线。这件玉器实际上就是剑鞘上的带扣，俗称“昭文带”。（侯毅 / 文）

五〇　玉剑珌 春秋晚期

长 4 厘米 高 2.7 厘米 厚 0.9 厘米

1988 年山西省太原市金胜村晋卿赵氏墓出土

山西省文物研究所藏

玉料呈青褐色，局部有酱色斑疵，半透明，有光泽，玉质莹润。此器呈扁长方形，上端两角各钻一穿孔，孔内穿 3 道金丝与剑鞘下端相连接。中部有两个凹坑，可纳剑鞘下端。器表饰较大的卧蚕纹和勾云纹，上口有一圈突弦纹边饰。此器制作工艺非常精湛。（侯毅 / 文）

五一　玉管　春秋晚期

高 5.3 厘米　孔径 1.5 厘米　深 3.5 厘米

1988 年山西省太原市金胜村晋卿赵氏墓出土

山西省考古研究所藏

玉料为乳白色，不透明。此器上粗下细，柱状体。钻有半透孔，径 1.5 厘米，深 3.5 厘米。器表光洁，玉质莹润。（侯毅 / 文）

五二　玉柱状饰　春秋晚期

高与最大直径皆为 3.2 厘米

1988 年山西省太原市金胜村晋卿赵氏墓出土

山西省考古研究所藏

玉料呈红褐色，不透明。圆柱形体，上细下粗，顶面钻一圆窝。器的外壁雕阴线云纹。（侯毅 / 文）

五三　玉管饰　春秋晚期

高 3.3 厘米　直径 2.9 厘米至 2.35 厘米

1988 年山西省太原市金胜村晋卿赵氏墓出土

山西省考古研究所藏

玉料呈青褐色，半透明。器体呈上粗下细的圆柱状，顶面有一圆窝，窝内置宝蓝色圆玻璃珠一颗。器表上、中、下雕突弦纹各一周，通体雕琢卧蚕纹。（侯毅 / 文）

五四　玉三棱形饰　春秋晚期

高 3.4 厘米

1988 年山西省太原市金胜村晋卿赵氏墓出土

山西省考古研究所藏

玉料呈乳白色，半透明，质地莹润，表面光滑平整。三棱形体，剖面呈等边三角形。通体饰蟠虺纹，中有穿孔，可以贯系。（侯毅/文）

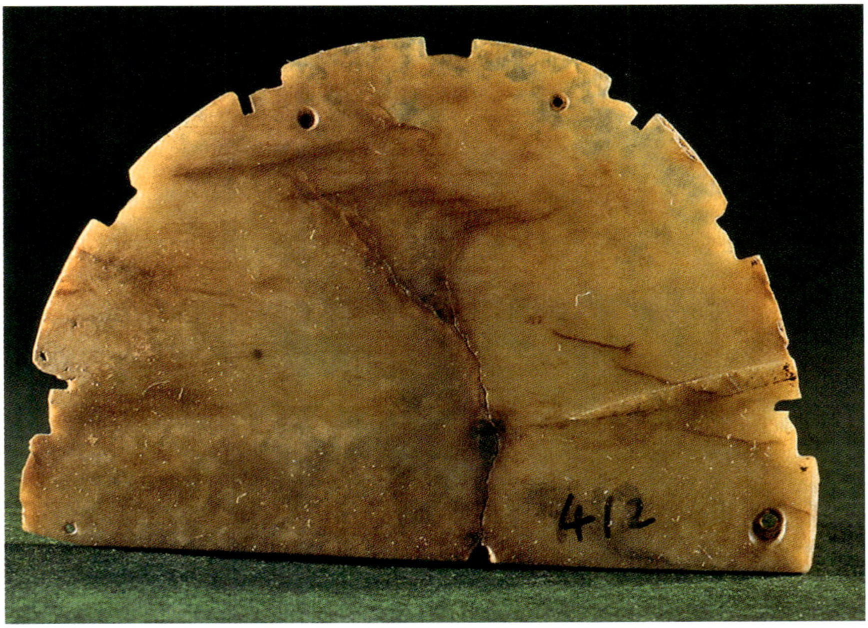

五五　玉半圆形佩饰　春秋晚期

长 5.2 厘米　高 3.7 厘米　厚 0.15 厘米

1988 年山西省太原市金胜村晋卿赵氏墓出土

山西省考古研究所藏

玉料呈青褐色，透明度较差，有褐斑。扁平体，半圆形，颇似龟腹甲的一半，周边琢有 7 个齿状缺口。在此器的右下角钻一大孔，上缘及左下角共钻 3 小孔，以便系缀。通体光素无纹饰。（侯毅/文）

五六　玉髓管　春秋晚期

左一：长 3.5 厘米　最大直径 0.75 厘米

左二：长 1.6 厘米　最大直径 0.6 厘米

左三：长 1.6 厘米　直径 0.45 厘米

左四：长 2.15 厘米　最大直径 0.8 厘米

1978 年河南省淅川县下寺 1 号墓出土

河南省文物研究所藏

以上4件皆以石髓为原料，呈枣核形。磨光后显出石髓的自然纹样，绚丽多彩。左一中间为乳白色，两端作棕褐色。左二端为棕褐色，另一端有棕白相间的彩色5周。左三系黄色，一端已残。左四中段为乳白色，两端为棕色。这些石髓磨制的管珠，表面碾磨极精，具有漂亮的艳丽色彩，而且无例外地皆为纵钻穿孔，有可能系佩饰的组成部分。（王与刚/文）

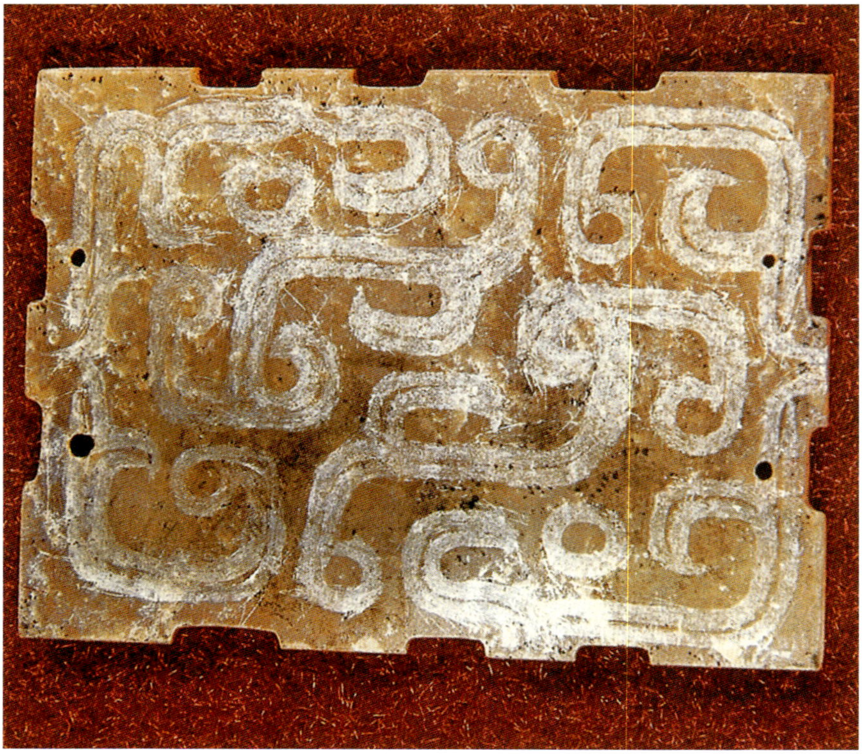

五七　玉牌　春秋晚期

长 3.8 厘米 宽 2.8 厘米 厚 0.1 厘米

1978 年河南省淅川县下寺 1 号墓出土

河南省文物研究所藏

白色，微黄，半透明，有光泽。长方形，四边均有对称的齿脊。器表饰双勾阴线夔龙云纹。靠近上下两边处钻有对称的两对小孔，应系缝缀于织物上的装饰品。出土时共计 6 件。（王与刚 / 文）

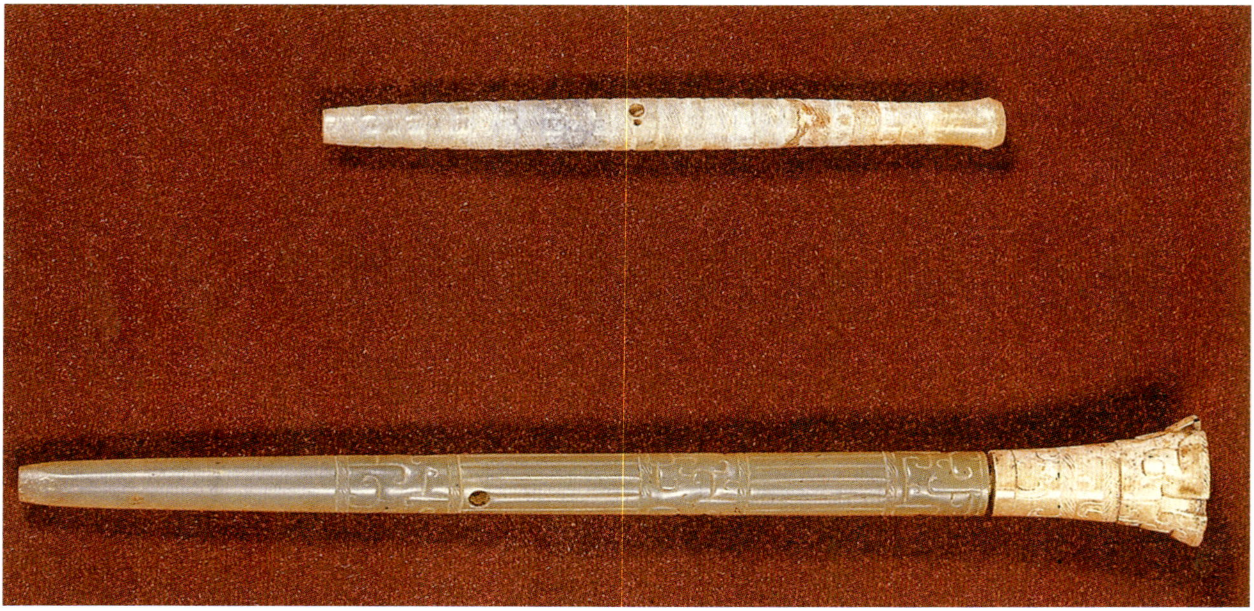

五八　玉簪二件　春秋晚期

大：长 16 厘米 直径 0.9 厘米 帽颈径 1.9 厘米

小：长 9.5 厘米 直径 0.6 厘米

1978 年河南省淅川县下寺 1 号墓出土

河南省文物研究所藏

有玉簪帽者玉料为棕青色，有透明感。圆锥体。簪帽呈螺钉形，上粗下细，顶面中部下凹，中部有穿孔。上端刻勾云纹，下端界以绹索纹周线两周，绹索纹间所夹空白刻以双勾云纹。簪身呈圆锥状，雕 3 周勾云纹带，并夹以两周竖阴线纹，靠近下一周竖阴线纹处横钻一孔。簪身最下的勾云纹带至锥尖处。碾磨光滑，不加纹饰。确为玉器之佳作。

较小的玉簪呈灰白色。圆柱状，中段略粗，两端略细。器身有绹索纹 13 周。玉簪中段横钻一孔。（王与刚 / 文）

五九　玉环　玉绞丝纹环　春秋晚期

玉环：外径 2.7 厘米　孔径 1.5 厘米　厚 0.4 厘米

玉绞丝纹环：外径 2.8 厘米　孔径 1.2 厘米

厚 0.25 厘米

1978 年河南省淅川县下寺 1 号墓出土

河南省文物研究所藏

玉环白色，扁平体。正圆形，好大于肉。表面琢阴线勾云纹。玉绞丝纹环玉料白色微黄，有透明感。正圆形，通体雕琢成绞丝纹，俗称蚩尤环。（王与刚 / 文）

六〇　玉玦　春秋晚期

右：外径 5.9 厘米　孔径 2.8 厘米

左：外径 5.85 厘米　孔径 2.8 厘米

1978 年河南省淅川县下寺 1 号墓出土

河南省文物研究所藏

玉料为白色，微黄。质地细润，有光泽。玉玦内外缘均雕琢阴凹的轮廓线，两面皆雕琢阴线蟠虺纹。两件尺寸相近，应是一对。（王与刚 / 文）

六一　玉冲牙　春秋晚期

高 4.5 厘米　宽 5.5 厘米　截面直径 0.5 厘米

1978 年河南省淅川县下寺 1 号墓出土

河南省文物研究所藏

青灰色，有透明感。截面作梅花形。一端尖细，一端平齐，有穿孔。器身雕琢左旋绹索纹。（王与刚 / 文）

六二　玉冲牙　玉觿　春秋晚期

玉冲牙长约 5.6 厘米　玉觿长 4.5 厘米

1978 年河南省淅川县下寺 1 号墓出土

河南省文物研究所藏

玉冲牙玉料作青黄色。一端雕琢成兽首状，钻有一孔。躯体雕琢成蚕身状。尾部呈钝角状，难以解结，故系佩饰下端的冲牙。成对出土。玉觿青黄色，有沁斑。器身上宽下尖，器身略弯。顶端作兽首形，口微张。口下钻一穿，以便佩戴。《诗经·卫风·芄兰》：“童子佩觿。”吴闿生云：“觿，所以解结，成人之佩也。人君虽童子犹佩觿，早成其德。”此器下端尖锐，与玉冲牙的钝角有所不同，其功能当用以解结，故正其名为角觿。（王与刚 / 文）

六三　玉虎　春秋晚期

长 14.6 厘米　厚 0.4 厘米

1978 年河南省淅川县下寺 1 号墓出土

河南省文物研究所藏

玉料呈黄色，略有棕红色沁斑。半透明，玉质细润，有光泽。两件玉虎系采用同一块玉料做成，所以颜色、形体完全相同。也有人认为原先制作一件玉虎，随后从中分割为二，因此一件上仍留有割切痕迹。虎呈卧姿，身体蜷曲。虎口闭合，尾部卷曲，尾尖上旋。玉人以剔地的技法雕琢虎的身躯上的纹饰。又以粗细不同的阴线纹装饰虎的头尾和耳目。虎的口、尾处各钻一孔，以备系佩。虎的背面磨光。此二器雕工颇佳，造型优美。（王与刚 / 文）

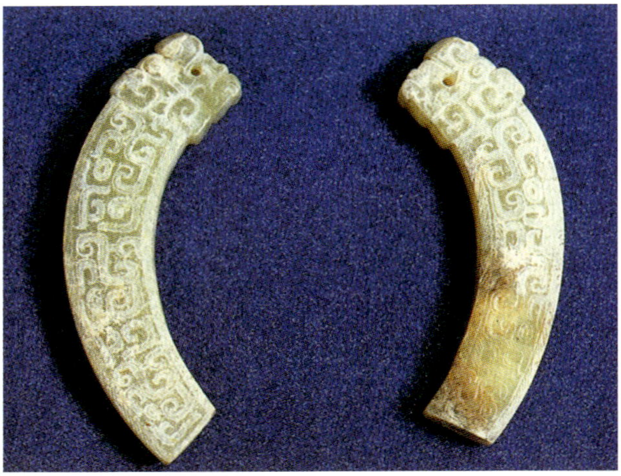

六四　玉冲牙　春秋晚期

长 5.3 厘米　宽 0.7 厘米　厚 0.65 厘米

1978 年河南省淅川县下寺 1 号墓出土

河南省文物研究所藏

青灰色，半透明。扁平体，弧形。一端作兽首形，通体雕琢蟠虺纹。下端截去尖端，兽首钻一孔，可以穿系。此器出土时皆两两成对。（王与刚 / 文）

六五　玉半环形器　春秋晚期

高 5.3 厘米　宽 7 厘米　厚 0.1 厘米

1978 年河南省淅川县下寺 1 号墓出土

河南省文物研究所藏

青色，玉质温润，表面有光泽。半环状，截面近长方形。背上及两侧各有突出的兽首，器表刻蟠虺纹。背上的兽首钻一穿。（王与刚 / 文）

六六　玉牌　春秋晚期

长 7.1 厘米　宽 7.5 厘米　厚 0.2 厘米

1978 年河南省淅川县下寺 1 号墓出土

河南省文物研究所藏

玉料经浸蚀后呈鸡骨白色。扁体，上宽下窄，若倒梯形。四边有对称的牙脊。正面下方中部隐起一兽面纹，其外以同样技法雕琢若干组对称的变形蟠虺纹。位于左右两侧的蟠虺纹皆系侧面，位于中部的确为多歧长角的饕餮纹。除左上角的蟠虺纹无细小的鳞纹、绹索纹和勾云纹外，其他部分皆有上述装饰。此器雕碾极精，造型极为生动，纹饰繁密，工艺难度颇大。其中线上下两端各钻一孔，背面平素无纹，应为嵌饰用品。（王与刚 / 文）

六七　玉梳　春秋晚期

长 7.7 厘米　宽 5.5 厘米　厚 0.5 厘米

1978 年河南省淅川县下寺 1 号墓出土

河南省文物研究所藏

玉料呈黄色，有少量棕红色斑纹。体扁平，长方形，正面略外鼓起，两侧外突。上部正背两面皆以阴线刻变形的蟠虺纹。下部有 18 根梳齿，颇尖细，其中 6 根残断。此梳背面平整，雕琢精细。以玉为梳，始见于山西省襄汾县陶寺龙山文化晚期墓葬，河南省安阳殷墟妇好墓也曾出土两件，唯梳齿较此疏朗而短粗，工艺也较粗糙。妇好墓出土玉梳顶端皆钻有圆孔，可以随身携带。（王与刚 / 文）

六八　玉璧　春秋晚期

外径 6.3 厘米至 6.8 厘米　孔径 2 厘米

厚 0.2 厘米

1978 年河南省淅川县下寺 2 号墓出土

河南省文物研究所藏

玉料作浅黄色，部分泛白，略有黑斑，半透明。两件成对，形制相同。其上方及左右两边琢有齿脊，璧的外缘略呈扁圆状，好作正圆形，肉面琢有阴线蟠虺纹。此种玉璧与春秋时期所见玉璧形制不同，这种玉璧外缘雕琢齿脊的做法应为战国、西汉时期的风格，开创玉璧外缘雕琢螭龙、铺首的先河。（王与刚 / 文）

六九　蚀花石髓管　春秋晚期

长 1.95 厘米　外径 0.8 厘米　孔径 0.5 厘米

1978 年河南省淅川县下寺 2 号墓出土

河南省文物研究所藏

肉红色，枣核形，两端截平。器表有白色纹带3周：其一周带宽0.1厘米；另两周带宽各0.15厘米。凡腐蚀显花的部分不透明。未腐蚀的部分迎光亮处有透明感。此器曾经夏鼐先生鉴定，认为它的白色纹带系用某种药剂腐蚀出来的花纹，微微下凹，无光泽，手感粗糙，故定名为“蚀花石髓管”[①]。这件肉红色蚀花石髓的年代约在公元前6世纪中叶，早于培克（H. C. Mackay）蚀花石珠分期[②]的第二期两个半世纪。从地理分布而言，也应当是目前这种蚀花石髓珠分布最东的极限。至于这种蚀花石髓珠管是否为本地所制造，抑或是从境外输入的，有待更多的材料出土和进一步加以研究。（王与刚 / 文）

①河南省文物研究所，河南省丹江库区考古发掘队，淅川县博物馆：《淅川下寺楚墓》，文物出版社，1991，第 201 页。

②夏鼐：《考古学和科技史》，科学出版社，1999，第 133 页。

七〇　玉牌　春秋晚期

大：长 3.4 厘米　宽 2.8 厘米　厚 0.1 厘米
小：长 3.3 厘米　宽 2.5 厘米　厚 0.1 厘米
1978 年河南省淅川县下寺 2 号墓出土
河南省文物研究所藏

玉料为浅绿色，有透明感。共出土 12 枚，皆长方形，片状体。两短边各有两个齿脊，齿脊近旁各钻一孔。两长边各有 4 个齿脊。玉牌正面刻双勾蟠虺纹。它们的尺寸大小相同的各 6 枚。（王与刚 / 文）

七一　玉簪帽饰　春秋晚期

上：高 1.7 厘米　顶径 1.4 厘米　底径 1.3 厘米
下：高 1.8 厘米　顶径 1.4 厘米　底径 1.5 厘米
1978 年河南省淅川县下寺 2 号墓出土
河南省文物研究所藏

上件：浅黄色。顶端截平，束腰，下端宽大。侧面钻一小孔。周身刻勾云纹。不见簪身。下件：浅黄色，帽顶较大，圆柱形，下端较小。周身雕琢勾云纹。下端横钻一孔。不见簪身。（王与刚 / 文）

七二　玛瑙珠串饰　春秋晚期

最大者：直径 1 厘米　厚 0.5 厘米　最小者：直径 0.6 厘米　厚 0.2 厘米
1978 年河南省淅川县下寺 2 号墓出土
河南省文物研究所藏

肉红色，有透明感，器表有光泽。扁圆形，大小不一。也有圆形的。可以组成串饰。（王与刚 / 文）

七三　玉长方形穿孔饰　春秋晚期

长 3.4 厘米　宽 2.6 厘米　厚 1.6 厘米
1978 年河南省淅川县下寺 2 号墓出土
河南省文物研究所藏

白色，半透明，有光泽。两件器形基本相同，尺寸相近。扁平长方体，周边雕琢成对称的齿脊。两端正中钻大圆孔。两侧各钻有 3 个小圆孔。通体雕琢勾云纹。此器背面中部均雕长条形沟槽，沟槽两旁各雕琢两对长方形的孔眼，并且与上述大圆孔相通。这种玉器恐系穿缀于某种织物或器物上的装饰。（王与刚 / 文）

七四　玉管　春秋晚期

长 8.1 厘米　外径 0.7 厘米　内径 0.4 厘米
1978 年河南省淅川县下寺 2 号墓出土
河南省文物研究所藏

玉料为浅黄色。器身为细长管状体，中段一侧横钻一孔，器表琢成多节状，并雕琢勾云纹和并列细线纹。（王与刚 / 文）

七五　玉两头兽饰　玉兽鸟合体饰 春秋晚期

两头兽饰：长 2.9 厘米　高 1.3 厘米

兽鸟合体饰：长 3.1 厘米　高 6 厘米

1978 年河南省淅川县下寺 2 号墓出土

河南省文物研究所藏

两头兽饰浅黄色，有光泽。此器作扁平体，扇面形。中部有凹槽，将器表一分为二。其两端各雕琢兽的前半身形象：一兽首低垂，口微张，靠近兽口处钻一孔；另一兽首闭口，头向下垂。上述两兽的上下缘皆雕有齿脊，表面琢阴线勾云纹。

玉兽鸟合体饰浅黄色，有光泽。体扁平，兽头后上方突出一角尖，作半环状，有一钻孔，可供悬佩。兽尾端向下弯曲，垂作鸟首形，分作 3 片弧出，造型极其生动。此兽通体饰阴线勾云纹。口部钻有一孔，以供系佩。（王与刚 / 文）

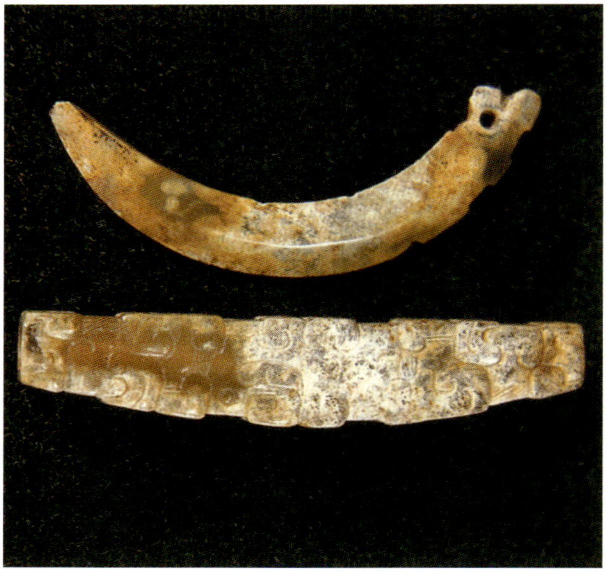

七六　玉觿　玉饰 春秋晚期

玉饰：长 4.4 厘米　宽 0.5 厘米至 0.8 厘米　厚 0.5 厘米

玉觿：长 4 厘米　宽 0.6 厘米

1978 年河南省淅川县下寺 2 号墓出土

河南省文物研究所藏

玉饰灰白色，质地温润，有光泽。扁条形，3 面平直，一面微鼓。两端稍细，中段较粗，截面近方形，由上至下纵钻一孔。此器表面雕琢蟠虺纹。

玉觿玉料浅褐色，有黄褐色斑纹，半透明。弧形，一端作兽首状，另一端尖锐。头部钻一孔，以利系戴。（赵世纲 / 文）

七七　玉虎 春秋晚期

左：长 2.9 厘米　高 1.9 厘米

右：长 2.7 厘米　高 1.3 厘米

1978 年河南省淅川县下寺 2 号墓出土

河南省文物研究所藏

玉料呈浅黄色。扁平体，两虎尺寸大小不同，器形、纹饰相似。虎首低垂，口微张，躬身卷尾。虎身雕琢云纹。虎背及头尾均有穿孔，可以缀附于他器作为装饰。（王与刚 / 文）

七八　玉饰 春秋晚期

长 4.5 厘米　宽 2.1 厘米至 1.7 厘米　厚 0.4 厘米至 0.7 厘米

1979 年河南省淅川县下寺 3 号墓出土

河南省文物研究所藏

玉料呈棕黄色，有褐色斑纹，器表有光泽。扁平体，倒梯形，横剖面呈梯形。顶边与左右两边有齿脊，宽厚的一端雕有隐起的蟠虺纹组成的兽面纹，通体饰蟠虺纹，蟠虺纹间的空隙填以羽状地纹。窄薄的一端有方銎，可插于他器之上的子榫作为饰物。（赵世纲 / 文）

七九　玉兽 春秋晚期

长 2.2 厘米　高 1 厘米　厚 0.23 厘米

1978 年河南省淅川县下寺 3 号墓出土

河南省文物研究所藏

棕褐色，半透明，有光泽。体扁平，雕琢成伏卧回首勾角状，弓背，卷尾，前、后肢皆向前屈伸。通体雕琢阴线勾云纹。此玉兽耳尖钻一孔。器表遗留有朱砂痕迹。玉兽形象祥和，纹饰华美。（赵世纲 / 文）

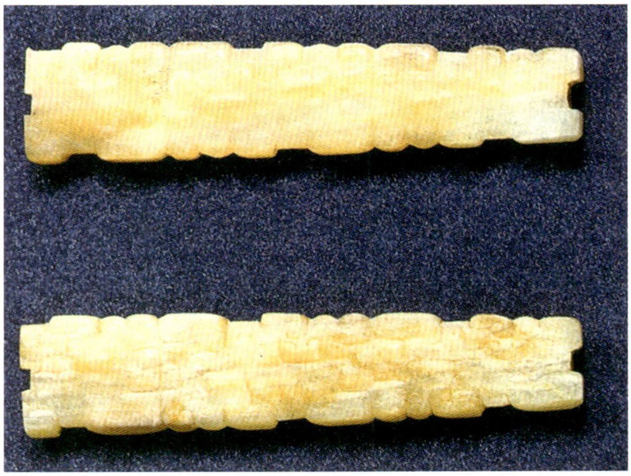

八〇　玉长条齿边形饰 春秋晚期

长 7.3 厘米　宽 1.6 厘米　厚 0.6 厘米

1978 年河南省淅川县下寺 3 号墓出土

河南省文物研究所藏

玉料呈白色，器表光洁。长条状扁梯形，两件。左右两长边琢出齿脊，两面雕琢隐起的蟠虺纹，上下两缺口位于中部。由上向下纵钻一孔，以便贯系，并与他器合成一组玉佩。（赵世纲 / 文）

八一　玉冲牙 春秋晚期

长 7 厘米　中宽 2 厘米　厚 0.1 厘米

1978 年河南省淅川县下寺 3 号墓出土

河南省文物研究所藏

玉料棕褐色，半透明，表面有光泽。两件成对，器形、尺寸相同。扁平体，弯作牛角状，其较宽的一端雕琢虎头状，并钻有小孔。器身两面琢有蟠虺纹。此二器佩戴时垂于由环、衡、璜和琚、瑀组成的组玉佩之最下端。佩玉的人行走时两牙相击，可以发出玱玱的清脆声音。（赵世纲 / 文）

八二　玉玦 春秋晚期

长 3 厘米　外径 2 厘米　孔径 0.9 厘米　缺口宽 0.32 厘米

1978 年河南省淅川县下寺 3 号墓出土

河南省文物研究所藏

棕黄色。圆管状，中钻圆孔，一侧琢出缺口。器表琢有变形夔纹，顶端平面琢有双环纹。此器略有残缺，器形巧小，雕琢精致。（赵世纲 / 文）

八三　玉饰　春秋晚期

长 6 厘米　宽 1.5 厘米至 1.8 厘米　厚 1 厘米至 1.5 厘米

1978 年河南省淅川县下寺 3 号墓出土

河南省文物研究所藏

玉料呈乳白色，质地细润，半透明，有光泽。横立体长方形，一端细窄，一端较粗大，并凿有长方形卯眼。卯眼的两壁钻有相对应的孔眼，细的一端凿有凹槽。通体雕琢隐起的蟠虺纹。此器似为某种器物的饰物，卯眼可纳他器，同时可从圆孔中横贯钉子，予以固定。（赵世纲/文）

八四　玉饰　春秋晚期

长 3.4 厘米　宽 1.4 厘米

1978 年河南省淅川县下寺 3 号墓出土

河南省文物研究所藏

棕褐色。体扁平，圆角长方形，正面及两侧中部凿出一道细腰。细腰内光素无纹，细腰外的器表雕琢隐起的蟠虺纹。此器背面光平，很显然它是某一器物的装饰品，通过细腰凹槽镶嵌于他器之上。（赵世纲/文）

八五　玉饰 春秋晚期

长 5.8 厘米 宽 2.9 厘米 厚 0.4 厘米

1978 年河南省淅川县下寺 3 号墓出土

河南省文物研究所藏

玉料呈乳白色，质地细润，有光泽。体扁平，长方形，一端呈圆角。表面雕琢隐起的蟠虺纹组成的饕餮纹。下方中部凿有圭形穿孔，另一端保持素面。此器也应是固定于他器上的饰物。（赵世纲 / 文）

八六　玉璧 春秋晚期

外径 12.5 厘米 孔径 4.1 厘米至 4.4 厘米

厚 0.1 厘米至 0.32 厘米

1978 年河南省淅川县下寺 3 号墓出土

河南省文物研究所藏

玉料呈棕红色，素面无纹，无光泽。出土时断成两半，已修复。（赵世纲 / 文）

八七　玉虎 春秋晚期

左一左二：长 6.4 厘米 宽 1.7 厘米

左三：7.5 厘米 宽 1.9 厘米

左四：长 8 厘米 宽 2 厘米

1978 年河南省淅川县下寺 3 号墓出土

河南省文物研究所藏

上述 4 件玉虎，玉料皆棕红色，个别虎身上涂有朱砂。它们的尺寸虽有差异，但其器形几乎完全一致，皆扁平体，作伏卧状，俯首，口微张，圆睛，耳朵向后屈曲，虎尾向上回旋，前后足作前伸伏卧状。虎身雕琢勾云纹，并雕刻密聚的平行细线作地纹。虎背、虎口和虎尾钻有直径大小不等的小孔，以供穿系。从其尺寸大小看，可以成对佩戴。（赵世纲 / 文）

八八　铁匕首玉柄 春秋晚期

通长 22 厘米 匕身长 12 厘米 宽 2.2 厘米 玉柄长 10 厘米
两端宽 3.8 厘米 中宽 2.1 厘米 厚 0.5 厘米
1978 年河南省淅川县下寺 10 号墓出土
河南省文物研究所藏

玉柄呈青白色，半透明，表面有光泽。体呈工字形，左右两边和底边皆雕琢有对称的齿脊。表面饰窃曲纹和卷云纹，皆隐起于器表。此器顶端琢有銎眼，以纳匕首下端于銎内。由于匕首器身锈蚀，出土时尚能见到柳叶状锋刃，因不断损耗，致使原来的长度不能保存下来，今仅存蚀余的一小段。由于在墓内埋藏日久，铁锈沁入玉柄上部，因此表面有褐色沁斑。又由于春秋时期铁金属比较贵重难得，这种名之为“恶金”的铁刃具极为珍贵。所以，玉人配以美玉制成的把柄，更使此器锦上添花。（赵世纲 / 文）

八九　玉环 春秋晚期

外径 2.8 厘米 内径 1.2 厘米 厚 0.5 厘米
1978 年河南省淅川县下寺 11 号墓出土
河南省文物研究所藏

玉料呈青灰色。体为正圆形，扁平薄片状。中有一孔。肉面光平，两面饰云纹。（赵世纲 / 文）

九〇　玉石饰 春秋晚期

长 6.4 厘米 宽 1.6 厘米 厚 0.6 厘米
1964 年江苏省南京市六合区程桥 1 号墓出土
南京博物院藏

橘黄色，有褐色、灰白色带黑点的斑纹，表面光滑。疑为以璞玉作原料雕制。长条形，两端呈六角形，中段的一侧有磨光的直角缺口。此器光素无纹。出土于戟首的右上方，其用途待考。（刘惠英 / 文 郭群 / 摄影）

九一　玉剑首　玉剑格　春秋晚期

玉剑首：高 4.8 厘米　宽 3.5 厘米　厚 3.8 厘米
玉剑格：高 1.2 厘米　宽 3.6 厘米
1972 年江苏省六合县程桥 2 号墓出土
南京博物院藏

玉剑首玉呈青色，质地温润，有光泽。立体长方形，两侧各有 3 道凹槽。凹槽所夹的凸面皆雕琢蟠虺纹。上下两端呈梯形，其装置剑柄的一端表面中部凿有銎眼，用于纳入剑柄，另一端的表面凿有 3 道凹槽，形成的 4 个凸面雕琢有卷云纹。这种形制的剑首，在东周时期颇少见。它与下述的玉剑格，共同组成一柄青铜短剑的玉具剑。出土时不见玉璏和玉珌，虽青铜剑茎、剑锷已残断，仍然可以看出其不失为春秋晚期吴国的一柄漂亮的利兵。

玉剑格玉料呈青色，有铁锈色沁斑。两端平齐，呈椭圆形立体。顶端阴刻弦纹两周，内雕卷云纹。剑格周围雕琢连续的长方形，其中皆雕卷云纹。此器中部纵凿菱形透孔，以纳青铜剑身。（刘惠英 / 文　郭群 / 摄影）

九二　玉璧　春秋晚期

外径 7.5 厘米　孔径 2.37 厘米　厚 0.3 厘米
1986 年江苏省吴县严山出土
江苏省　吴县文物管理委员会藏

玉料为淡绿色，质地温润。玉璧内缘经过修磨，十分圆整。肉的正背两面均雕琢蟠虺纹，并夹有羽状细花纹。纹饰繁缛，雕琢精工。（姚勤德 / 文　郭群 / 摄影）

九三　玉璧　春秋晚期

外径 6.6 厘米　孔径 2.8 厘米　厚 0.35 厘米
1986 年江苏省吴县严山出土
江苏省　吴县文物管理委员会藏

玉料呈乳白色，有棕红色沁斑。扁平体，正圆形。肉宽大于好的半径，璧面与周缘经过修磨，显得十分圆整。璧面雕琢浅浮雕蟠虺纹，其间雕以羽状细画纹。（姚勤德 / 文　郭群 / 摄影）

九四　玉虎形佩 春秋晚期

长 11.9 厘米 宽 3.8 厘米 厚 0.1 厘米至 0.3 厘米
1986 年江苏省吴县严山出土
江苏省 吴县文物管理委员会藏

玉色灰白，夹有黑斑，器表有光泽。体扁平，厚薄不均匀。虎作伏卧状，身躯向上蜷曲，头部向上昂，尾上翘然后下卷，腹下虎足屈蹲，脊背琢出齿脊。虎的头部和尾部各钻一圆孔。虎的正面雕琢隐起勾云纹，并填以羽状地纹和阴雕周线。背面遗留有 4 道直线锯痕。此种痕迹系玉人将一器割切成两器所遗留痕迹，故与此器同时出土的另一器可以与其合为一体。（姚勤德 / 文 郭群 / 摄影）

九五　玉璜 春秋晚期

长 8.75 厘米 宽 2.4 厘米
厚 0.1 厘米至 0.2 厘米
1986 年江苏省吴县严山出土
江苏省 吴县文物管理委员会藏

玉色微绿，半透明。扁平体，扇面形。弧度近圆的三分之一弱。两端平齐，有孔与小缺口相近。璜的上下边缘琢有对称的齿脊。顶端钻一穿，已残破。两面纹饰相同。弧背一侧饰细密阴线纹。内区饰双阴线勾云纹，还有圆圈纹。一面器表遗留有直线锯痕一道。（姚勤德 / 文 郭群 / 摄影）

九六　玉璜　春秋晚期

长 12.2 厘米　宽 5.6 厘米　厚 0.45 厘米
1986 年江苏省吴县严山出土
江苏省　吴县文物管理委员会藏

玉料灰白，微泛青色，有光泽。扁平体，扇面形，弧度约当圆的三分之一。璜的两端琢成对称的夔龙纹，龙头上有对称的齿脊。龙口微张，卷唇，口角处各钻一圆孔，以供系佩。璜的表面雕琢蟠虺纹，夹以细密的阴线纹。璜的边缘雕细线组成的绹索纹。此器略有残缺。（姚勤德 / 文　郭群 / 摄影）

九七　玉璜　春秋晚期

长 9.5 厘米　宽 2.13 厘米　厚 0.32 厘米
1986 年江苏省吴县严山出土
江苏省　吴县文物管理委员会藏

玉料呈淡青色，有光泽。体扁平，长弧形，弧长近圆周长的三分之一。两端雕琢成对称的夔龙首形，躯体向中间伸延。头部琢有齿脊，张口，卷唇，两端和脊部顶端各钻一孔。器身两面皆琢隐起的勾云纹和羽状纹，此器周边琢有弦纹轮廓线。（姚勤德 / 文　郭群 / 摄影）

九八　玉璜　春秋晚期

长 8.6 厘米　宽 2 厘米　厚 0.25 厘米
1986 年江苏省吴县严山出土
江苏省　吴县文物管理委员会藏

玉料呈灰白色，有褐斑。扁平体，弧圆形，弧长约圆周的三分之一强。中部琢成扇面形，周边雕弦纹轮廓线，表面雕隐起的勾云纹，顶端钻一小孔。它的两边各雕成龙首形，上下缘雕琢齿脊，表面琢有隐起的勾云纹。靠近龙口处各钻一小孔，以供系佩。（姚勤德 / 文　郭群 / 摄影）

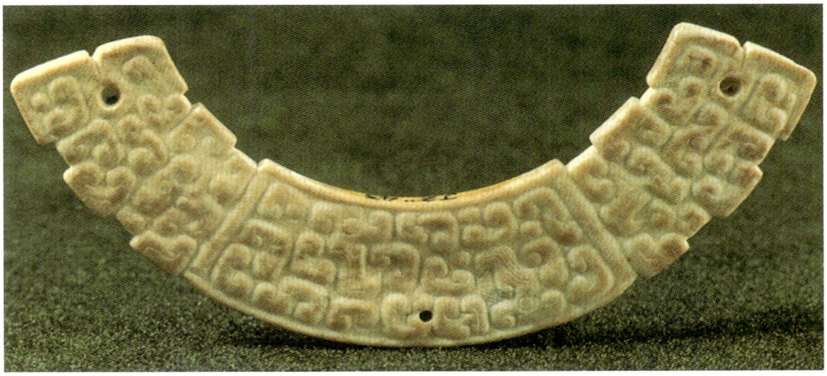

九九　玉鹦鹉首拱形饰　春秋晚期

弧长 8.4 厘米　宽 3 厘米　厚 0.5 厘米
1986 年江苏省吴县严山出土
江苏省　吴县文物管理委员会藏

淡绿色，半透明，有光泽。其主体作扁体横长方形，横剖面作弧形，弧度将近半圆。两端琢成对称的鹦鹉首。鹦鹉首有高冠，尖喙下垂作钩状。长颈与器身连为一体。头部钻 0.4 厘米的圆孔，作为鹦鹉的眼睛。头部和高冠及尖啄皆雕以细密的阴线绹索纹为装饰。器表以田形阴线界为 4 区，每区皆雕琢同样的蟠虺纹、羽状纹作装饰。这些纹饰隐起于器表，有浮雕感。此器内壁无纹饰。外壁纹饰繁缛，造型奇特，为春秋时期玉器中罕见的佳作。（姚勤德 / 文　郭群 / 摄影）

一〇〇　**玉双系拱形起脊饰　春秋晚期**

高 5.65 厘米　宽 8.2 厘米

1986 年江苏省吴县严山出土

江苏省　吴县文物管理委员会藏

玉料呈牙白色，有褐斑，器表光洁。器身拱起，作盾形，正面中部起脊，呈长方形。中脊两边的中部雕琢隐起的对称兽面纹。兽面有横椭圆形的眼睛，吻部上卷，双眉雕琢细线组成的索纹，分别左右伸展，然后向内卷曲。兽面纹外边的空隙雕琢凤鸟纹。凤鸟垂喙高冠，凤身向上卷曲，尾部垂于兽面纹的眉宇间。双凤布局对称，圆目，身饰羽状地纹。上述两组纹饰皆隐起于器表，其所夹的空间剔地。器物的周边雕琢阴线，使外围形成突弦纹。背面琢有十字形隔栏，将器里区分为 4 区，每区各雕一组蟠虺纹、鸟纹，其纵向隔栏上，琢有阴刻麦穗纹。此器左右两边各琢有系耳：一边琢成兽头形，圆目突起，宽鼻，阔嘴，口部中央斜镂一直径 0.3 厘米的穿孔；另一系琢成互相平行的双环，两者间距 0.9 厘米。另琢一小型零件套插于环内（圆柱状轴已断），可以自由转动。此器系整块玉材琢成，纹饰构图新颖，造型奇特，用途不明，当为春秋时期罕见的工艺品。（姚勤德 / 文　郭群 / 摄影）

一〇一　**玉竹节形饰　春秋晚期**

长 6.1 厘米　宽 1.2 厘米　厚 1 厘米　孔径 0.5 厘米

1986 年江苏省吴县严山出土

江苏省　吴县文物管理委员会藏

玉料呈牙黄色。略呈长方体，中贯孔，孔系自两端对钻而成。器表起 3 周突弦纹，将器身分作 4 节。每节均饰双线变体夔龙纹和 S 形双阴线纹。其最下端的一节较其他 3 节稍作收煞，不过其整体亦不类殷周时习见的玉柄形器。此器用途待考。（姚勤德 / 文　郭群 / 摄影）

一〇二　**玉圆管形饰　春秋晚期**

长 4.9 厘米　最大外径 1.9 厘米　孔径 0.65 厘米

1986 年江苏省吴县严山出土

江苏省　吴县文物管理委员会藏

玉料呈大黄色。上粗下细，呈不规则的圆管形，较细的一端有对穿的小孔，上端微鼓，逐渐收缩成圆嘴状。此器纵贯一孔，系自两端对钻而成。下部饰弦纹，上部饰变形虺纹。此器的下端似残断。由于琢磨精细，推测其原型相当珍贵。（姚勤德 / 文　郭群 / 摄影）

一〇三　玉冲牙 春秋晚期

长 8.5 厘米 宽 2.85 厘米 厚 0.2 厘米至 0.3 厘米

1986 年江苏省吴县严山出土

江苏省 吴县文物管理委员会藏

玉料呈灰白色，有黑斑。体扁平，呈弯角形。上宽，下作尖锥状，角尖迟钝，不宜解结。根部有小孔，可以系佩。边缘琢出小缺口，两面各以绳纹栏相隔，可区分为上下两部分，上部琢有变形蟠虺纹，下端碾磨光素，尚遗留有弧线锯痕。由于锥体不尖锐，不类解结的觿，因疑其为玉佩下端的冲牙。（姚勤德 / 文 郭群 / 摄影）

一〇四　玉弧形饰 春秋晚期

长 5.6 厘米 宽 1 厘米 厚 0.25 厘米

1986 年江苏省吴县严山出土

江苏省 吴县文物管理委员会藏

玉料呈微青色，器表琢磨光滑。共出一对，体扁平，长弧形。外缘镂雕出钩状突起 5 对，颇似虫类之足。与此器同时出土者尚有两件无多足突起的弧形玉饰，通体光素无纹。不类佩系之器，其确切用途尚待研究。（姚勤德 / 文 郭群 / 摄影）

一〇五　玉长条齿边形饰 春秋晚期

长 10.35 厘米 宽 2.2 厘米 厚 0.55 厘米

1986 年江苏省吴县严山出土

江苏省 吴县文物管理委员会藏

玉料呈淡绿色，半透明，器表有光泽。体扁平，长方形，两面微隆起左右两长边有对称的齿脊。两面雕琢变形蟠虺纹和网状纹。此器自两端纵钻一孔，清理时在孔内发现一段麻线遗物，显然是系佩此器绳索的残段。（姚勤德 / 文 郭群 / 摄影）

一〇六　玉长条齿边形饰 春秋晚期

长 10.6 厘米 宽 2.2 厘米至 2.5 厘米 厚 0.6 厘米

1986 年江苏省吴县严山出土

江苏省 吴县文物管理委员会藏

玉料呈牙白色，有暗绿色斑点。扁平体，平面呈梯形，周边琢出对称的齿脊。两面琢有变形蟠虺纹和羽状纹。一端有两面对钻的小孔，另一端碾磨成楔形。（姚勤德 / 文 郭群 / 摄影）

一〇七　玉长方形饰 春秋晚期

长 4.25 厘米 宽 1.65 厘米 厚 0.65 厘米

1986 年江苏省吴县严山出土

江苏省 吴县文物管理委员会藏

玉料呈墨绿色，半透明，有光泽。扁体长方形，正面略隆鼓，中部琢出横向的凹槽，宽约 0.6 厘米，把纹饰界分为两组。纹饰为对称略呈隐起感的兽面纹填以羽状地纹和网格纹。此器似镶嵌于他器上的饰物。（姚勤德 / 文 郭群 / 摄影）

一〇八　玉镯 春秋晚期

外径 7.5 厘米 内径 5.3 厘米 粗 0.6 厘米

1986 年江苏省吴县严山出土

江苏省 吴县文物管理委员会藏

玉料呈白色，夹有绿斑，有光泽。正圆形，断面为扁圆形，通体呈绞丝状。（姚勤德 / 文 郭群 / 摄影）

一〇九　玉圭 春秋晚期

长 20.3 厘米 宽 4.3 厘米

1966 年山西省侯马市秦村盟誓遗址出土

山西省考古研究所藏

玉料呈深灰色，透明度较差，器表平整光滑。体扁平，尖首，两边斜直，底边平整。原为礼器，盟誓时以其作为“玉币”与牺牲同埋于一坎。（陶正刚 / 文 敦竹堂 / 摄影）

一一〇　玉璋 春秋晚期

长 36.1 厘米 厚 0.5 厘米

1965 年山西省侯马市秦村盟誓遗址 269 坎出土

山西省考古研究所藏

玉料呈灰色，透明度较差。扁平体，器身颇薄，近半圭形。锋端呈锐角状，颇尖锐。器身有解玉时遗留的割切直线横贯玉璋全身。长方形内与璋身相接处钻一孔。内部较璋身稍窄，器表光素无纹。应系祭祀用的礼器。（陶正刚 / 文 敦竹堂 / 摄影）

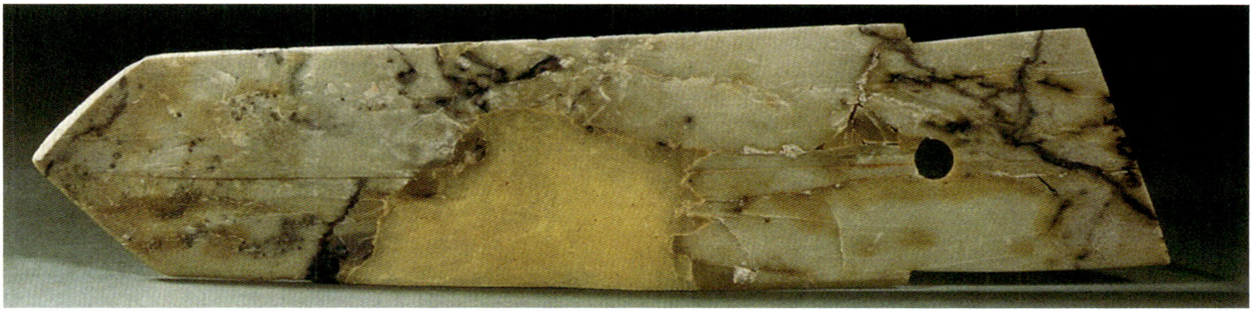

一一一　玉戈 春秋晚期

长 23.2 厘米 厚 0.12 厘米

1966 年山西省侯马市秦村盟誓遗址 284 坎出土

山西省考古研究所藏

玉料呈青色，透明，质地细润，器表有光泽。锋呈锐角状，援的上下刃颇锋利。下刃略弧起，上刃较直，援有中脊，稍隆起于援身，内窄于援的后部，下边长于上边。内的末端向下斜，内接近阑处中间钻一孔。此器雕琢精细，表面碾琢光洁。这件玉戈当为仪仗用器，当晋人盟誓时，作为“玉币”埋于坎内。（陶正刚 / 文 敦竹堂 / 摄影）

一一二　玉圭 春秋晚期

长 13.5 厘米 厚 0.5 厘米

1965 年山西省侯马市秦村盟誓遗址 355 坎出土

山西省考古研究所藏

玉料呈深灰色，透明度稍差。扁平体，近长方形，上宽下窄，顶端两角弧圆。表面光洁，中部有割切时遗留的痕迹。素面，中部偏下有一圆孔。此圭又名琬圭。（陶正刚 / 文）

一一三　玉璋 春秋晚期

长 22.8 厘米 厚 0.4 厘米

1965 年山西省侯马市秦村盟誓遗址 267 坎出土

山西省考古研究所藏

玉料呈浅豆绿色，透明度较好，质地温润，器表有光泽。体扁平，近长条形，两短边由上而下向外倾斜。玉璋的表面偏下雕琢成横向的斜面，似边刃器。此器琢制精工，素面无纹饰，器表极其光洁。（陶正刚 / 文 敦竹堂 / 摄影）

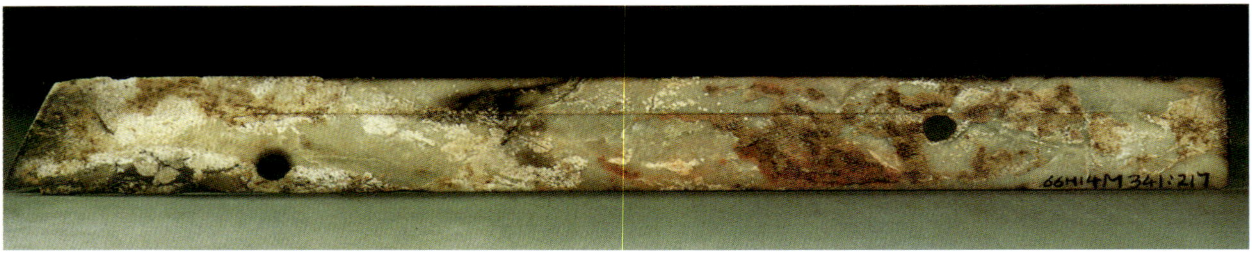

一一四　玉璋 春秋晚期

长 26.5 厘米 厚 0.5 厘米

1965 年山西省侯马市秦村盟誓遗址 341 坎出土

山西省考古研究所藏

玉料呈浅灰色，透明度较差，表面光洁。扁平体，半圭形，一端有斜角，左右各钻一孔。（陶正刚 / 文 敦竹堂 / 摄影）

一一五　玉璧 春秋晚期

外径 20.6 厘米 内径 4 厘米 厚 1 厘米

1956 年山西省侯马市秦村盟誓遗址 187 坎出土

山西省考古研究所藏

玉料呈深灰色，透明度较差。扁平体，宽肉，好的直径较小。器表碾磨颇光洁，素面无纹饰。（陶正刚 / 文 敦竹堂 / 摄影）

一一六　玉珑 春秋晚期

长 14.5 厘米 宽 5.4 厘米 厚 0.4 厘米

1982 年河南省温县西张计春秋盟誓遗址 37 坎出土

河南省文物研究所藏

玉材呈碧绿色，半透明，碾琢得不够光滑，工艺比较粗糙。体扁平，玉珑作蜷曲状。龙首向上回卷，有双角，张口，卷尾下垂。四足作蜷曲状。玉珑表面雕琢 3 条龙纹：其一雕琢在头颈间，作蜷曲状；另一较短小，处于尾部，头下尾上。上述两龙间，雕琢一龙共首双身，向左右分歧。这 3 条龙纹与玉龙的轮廓线皆系阴线纹，它们所夹的空间，皆雕琢阴线勾云纹。就此器造型及纹饰而言，颇为美观。此器出土于东周的州城东北隅外侧西张计的盟誓遗址第 37 坎内。春秋时晋国韩氏在此举行一种具有制约作用的礼仪时，其参与盟誓者将“载书”（即书写有誓词的圭形石片）连同这种叫作“玉币”的祭玉和牺牲一同埋入坎内，以示诚心。（贾峨 / 文）

一一七　一一八　玉带钩 春秋晚期

长 2.1 厘米 宽 1.7 厘米 厚 1.3 厘米

1979 年河南省固始县侯古堆 1 号墓出土

河南省文物研究所藏

玉料为羊脂白玉琢制，器表有光泽，半透明，表面遗留有朱砂痕迹。器形较小，当为挂钩。正面作鸭首状，其一端琢有扁方孔与纽部相通。器表琢蟠虺和 S 形云纹。此器碾琢得小巧玲珑，非常别致。（赵青云 / 文）

一一九　一二〇　玉人 春秋晚期

高 2.5 厘米

1979 年河南省固始县侯古堆 1 号墓出土

河南省文物研究所藏

玉呈乳白色，略泛青色，半透明，有光泽。玉人头梳双髻，圆脸，面色穆然，双手交置于腹前，作跽坐状。由头顶中部纵钻一穿直至两胫骨之间，以供穿系。（赵青云 / 文）

一二一 玉璧 春秋晚期

外径 11.9 厘米 孔径 5.5 厘米

厚 0.15 厘米至 0.3 厘米

1979 年河南省固始县侯古堆 1 号墓出土

河南省文物研究所藏

玉料呈蜡黄色，灰褐斑，半透明。体扁平，正圆形。器表光滑，碾磨不均匀，素面。好略偏向一边，肉的宽度不一，制作不够精细。（赵青云 / 文）

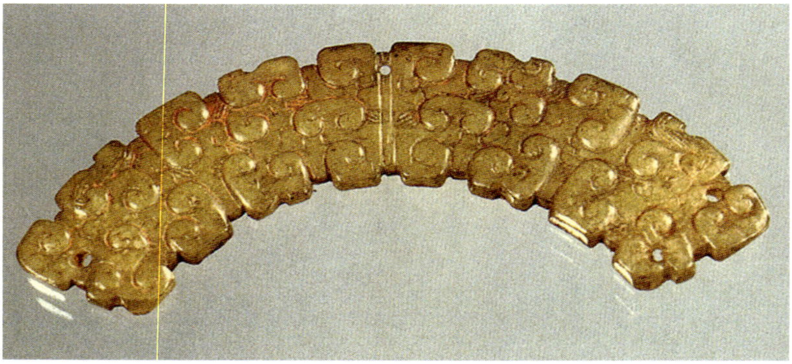

一二二 玉璜 春秋晚期

长 7.8 厘米 宽 1.7 厘米 厚 0.2 厘米

1979 年河南省固始县侯古堆 1 号墓出土

河南省文物研究所藏

乳白色中泛青色，玉质细润，有光泽。正面雕琢隐起的勾云纹和骈列的多条细阴线纹，背面光素无纹。周边琢有对称的牙脊。此璜顶端钻一穿，左端钻一穿，右端钻二穿。（赵青云 / 文）

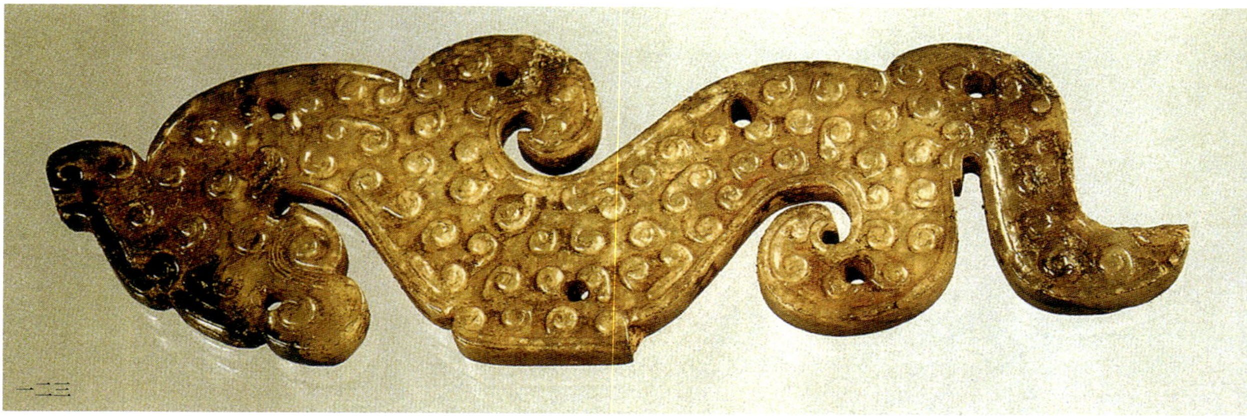

一二三

一二四

一二三 一二四 玉佩 春秋晚期

长 10.9 厘米 宽 3 厘米 厚 0.2 厘米

1979 年河南省固始县侯古堆 1 号墓出土

河南省文物研究所藏

玉料呈乳白色，偶有褐斑，透明度较大，器表遗留有朱砂痕迹。体扁平，龙身蜷曲，龙首与龙尾均上翘，龙足分别向上下旋转。龙体表面雕琢卧蚕纹。龙体上下共钻 8 个小孔，以供系佩之用。（赵青云 / 文）

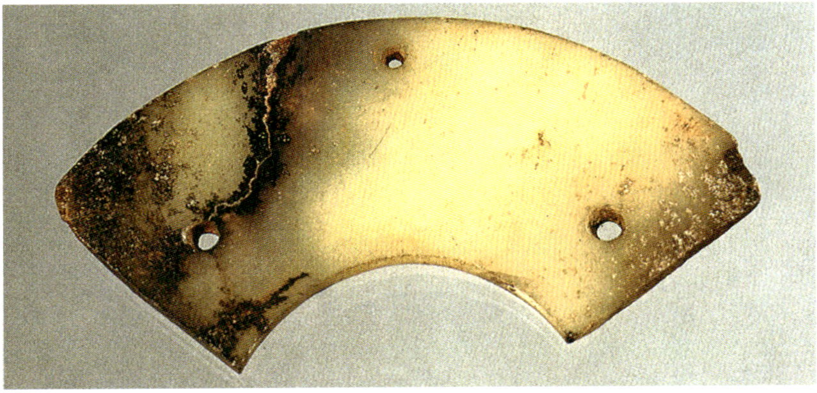

一二五　玉璜 春秋晚期

长 9 厘米 宽 3.5 厘米 厚 0.3 厘米
1979 年河南省固始县侯古堆 1 号墓出土
河南省文物研究所藏

玉料呈乳白色，有青褐色沁斑。扇面形，扁平体，两端并不完全对称。整体不足正圆形璧的三分之一。两面光素无纹，一角略残。（赵青云 / 文）

一二六　玉双龙首璜 春秋晚期

长 10.5 厘米 宽 0.6 厘米 厚 1.5 厘米
1979 年河南省固始县侯古堆 1 号墓出土
河南省文物研究所藏

玉料为黄褐色，半透明，器表有光泽。体扁平，扇面形，但面积不足正圆形璧的三分之一，上下缘琢对称的齿脊。两面纹饰相同，布局可分 3 段，中间作横长方形，其内雕有隐起的云雷纹；两端琢成龙首形，以致密的细线组成绹索纹衬托着云雷纹浮雕构成的龙首形主纹。玉璜的顶端及两端的龙口处钻有小孔，以供系佩。（赵青云 / 文）

一二七

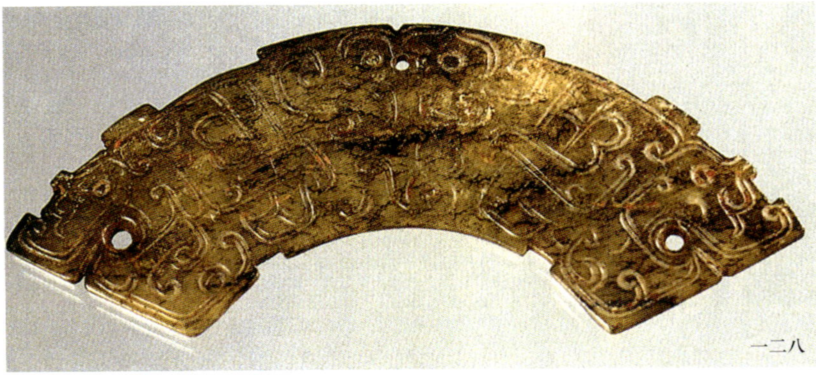

一二八

一二七　一二八　玉双龙首璜 春秋晚期

长 10.9 厘米 宽 3 厘米 厚 0.2 厘米
1979 年河南省固始县侯古堆 1 号墓出土
河南省文物研究所藏

玉料为黄褐色，半透明，器表有光泽。体扁平，但不足正圆形璧的三分之一，上下缘琢对称的齿脊。面纹饰不同，琢工有别，正面隐起，背面双勾，布局可分 3 段：中间作横长方形，其内琢有隐起的云雷纹，两端琢成龙首形，以致密的细线组成绹索纹衬托着云雷纹浮雕构成的龙首形主纹。玉璜的顶端及两端的口钻有小孔，以供系佩。（赵青云 / 文）

一二九　玉环 春秋晚期

外径 1.7 厘米 内径 1 厘米

1979 年河南省固始县侯古堆 1 号墓出土

河南省文物研究所藏

玉料为墨玉，有光泽。表面琢成由细密的阴线组成的绞丝纹。器形小巧，打制难度较大。（赵青云 / 文）

一三〇　玛瑙管 春秋晚期

左：长 1.2 厘米 最大径 0.4 厘米

中：长 2.6 厘米 最大径约 0.4 厘米

右：长 1.4 厘米 径 0.3 厘米

1979 年河南省固始县侯古堆 1 号墓出土

河南省文物研究所藏

上述最长的一件玛瑙管呈红色，透明，器表有光泽。其左右的玛瑙管均呈黄褐色，有透明感，器表光亮。这 3 件玛瑙管皆自上而下各钻一穿，用于贯线，与其他玉器组成串饰，悬挂于墓主人的颈项间。（赵青云 / 文）

一三一　玉环 春秋晚期

外径 10.7 厘米 内径 6.4 厘米 厚 0.5 厘米

1979 年河南省固始县侯古堆 1 号墓出土

河南省文物研究所藏

玉料呈乳白色，沁有黑斑，半透明，器表有光泽。肉的内外缘雕琢有齿脊。玉环表面琢有勾云纹，并以羽状纹作衬地。另一面纹饰与其相同，但微较其有浮雕感。（赵青云 / 文）

一三二　玉瑗 春秋晚期

外径 9.2 厘米 内径 5.9 厘米 厚 0.3 厘米至 0.2 厘米

1979 年河南省固始县侯古堆 1 号墓出土

河南省文物研究所藏

玉料呈乳白色，质地温润，半透明，器表碾磨颇光洁。体扁平，正圆形。瑗内外缘雕琢有绹索纹轮廓线各一周，表面有 3 重勾云纹组成的装饰。两面纹饰相同，不过有一面纹饰隐起，具有浅浮雕感。（赵青云 / 文）

一三三　玉璧 春秋晚期

左：外径 3.6 厘米 内径 1.3 厘米 厚 0.35 厘米

右：外径 3.6 厘米 内径 1.4 厘米 厚 0.4 厘米

1979 年河南省固始县侯古堆 1 号墓出土

河南省文物研究所藏

玉料呈乳白色，部分有黑斑，半透明，有光泽。璧的内外边缘有阴刻周线。两面均琢有勾云纹。另一面的纹饰突起，具有隐起感。另一件玉料青白色，有黑斑。体扁平，正圆形。璧面内外缘琢有阴线条轮廓线。两面皆为勾云纹，但一面剔地，使勾云纹突出于璧面。（赵青云 / 文）

一三四　玉人首　春秋

高 6.9 厘米　宽 3.7 厘米　厚 1.4 厘米

故宫博物院藏

玉料呈青白色。通体有小黑斑。体扁平，人首形，平顶。两上角各雕琢一兽。长耳，各佩一环。面部雕出双眼及隐起的勾云纹。颈部作圆筒形，可套入他器。背面略凹，并饰以蟠虺纹。从头顶中央至颈部中心纵钻一孔,作为佩系之用。此器与 1983 年河南省光山县宝相寺黄君孟夫妇墓所出土的一件玉雕人头的形象有某些相似之处，唯后者面部的五官颇清晰。（宋海洋 / 文　刘志岗 / 摄影）

一三五　玉兽面　春秋

长 4.6 厘米　宽 3.9 厘米　厚 0.4 厘米

故宫博物院藏

玉料呈青色，表面布满紫褐色沁斑。长方形，扁片状体，左右雕作齿边形。运用双阴线雕琢兽面纹。兽面纹上下两重，位于上面的双目雕琢作圆形，两眉及双耳突出于两上角；位于下面的兽面双目雕成菱形，眉间刻一圆形，其下琢出鼻梁和鼻翼，下边雕琢宽扁大嘴，脸庞的边沿雕琢细密的短阴线作为边饰。兽面的双颊皆雕有卷云纹。此器无钻孔，当附贴于他器作为饰物。（张广文 / 文　刘志岗 / 摄影）

一三六　玉蟠龙纹戚　春秋

长 9.8 厘米　宽 4 厘米

天津博物馆藏

玉料呈黄褐色，有铜绿色沁斑。戚身长方形，表面雕隐起的龙纹，龙身琢有丝束纹。刃部较钝，另一端原来嵌入青铜柄内。此器应为仪仗用器。（尤仁德 / 文　刘士刚 / 摄影）

一三七　组玉佩　战国早期

大玉髓环外径 5.5 厘米　小玉髓环外径 3 厘米

玉璧外径 3.6 厘米　石夔龙长 7.1 厘米

1955 年河南省洛阳市中州路 1316 号墓出土

中国历史博物馆藏

组玉佩是由玉髓环 2 件、玉环 1 件、石夔龙 1 件、绿松石 5 件和紫晶珠 3 件组成串饰，佩戴于墓主人的胸部。其组合方式是：最上是一件较大的玉髓环，器表光洁明亮，截面呈六棱形。中间分为两行：一行是一颗钻孔的小绿松石珠、两颗钻孔的小紫晶珠作为琚瑀，下面是雕琢有勾云纹的玉璧，再下有两颗钻孔的绿松石与最下方的石夔龙背部小孔相连接；另一行是钻孔的小绿松石和紫晶珠各一，其下是一件小玉髓环。此环琢制规整，光洁明亮，截面呈七棱形，其下有一件钻孔的紫晶珠和一件绿松石珠。最下面连接石夔龙背的穿孔，串连成一套完整的组玉佩，夔龙回首，曲身，尾略向上卷翘，器表雕阴刻的轮廓线和虺纹。《诗经·郑风·有女同车》云“将翱将翔，佩玉琼琚”即是描写这种佩饰之美。（辛立华 / 文）

一三八　石人面形片饰 战国早期

最大石片长 3 厘米左右

1954 年至 1955 年河南省洛阳市中州路 1316 号墓出土

中国历史博物馆藏

墓主人面部覆盖一组人脸形有穿璞片，用眉、眼、鼻、口等形状的石片排列成人的五官。在头骨下放 1 件圆角长方形石璧，在两耳的地方各放 1 件圆形石片，在两颊的地方排列 6 件兽形石片，在这些石片的两侧和下边排列 10 件长方形石片，其下再放 2 件兽形石片。上述 26 件石片及 1 件方璧上有 1 至 4 个圆孔，可以穿缀于织物之上。《仪礼・士丧礼》云："瞑目用缁。"（注："瞑目覆面者也"）又云："商祝掩填设瞑目。"所谓瞑目，就是以上述玉石片缀于绢帛的面幕，此图下方的两件玉石片出土于墓主的足端，不属瞑目范畴的遗物。墓主头下的方璧长约 7 厘米，宽约 5 厘米，中部为 3 厘米直径的孔，当属另有用意的葬玉。（祁玉宽 / 文　孙克让 / 摄影）

一三九　玉璧 战国早期

外径 32.8 厘米 孔径 11.6 厘米

1978 年山东省曲阜县鲁国故城乙组 52 号墓出土

山东省 曲阜市文物管理委员会藏

玉料呈深绿色。扁平体，正圆形。肉上纹饰分为 3 层：内外两层饰双尾龙纹；内层纹饰 3 组，有隔栏；外层纹饰 5 组，有的有隔栏，有的无隔栏。中层饰卧蚕纹。在上述 3 层纹饰之间有绹索纹相隔。此器形较大，雕琢亦精，在战国玉璧中亦属精品。（王金环 / 文 王书德 / 摄影）

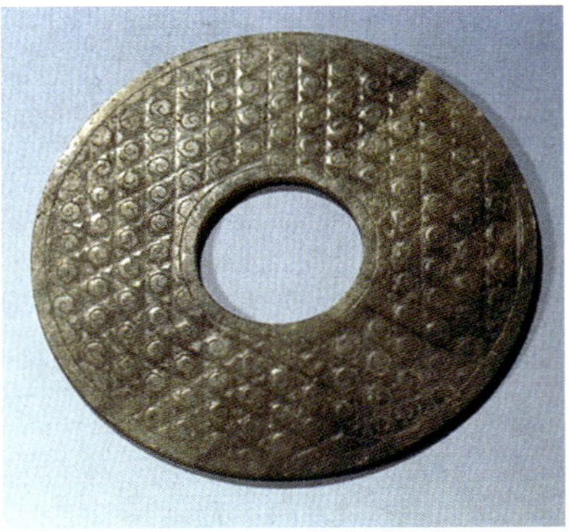

一四〇　玉璧 战国早期

外径 13.4 厘米 内径 4.4 厘米

1978 年山东省曲阜市鲁国故城乙组 52 号墓出土

山东省 曲阜市文物管理委员会藏

玉料为青白色花玉，有光泽。内外缘有阴线纹轮廓线。表面阴琢蒲格，每格内雕有隐起的涡纹。（刘薇 / 文 敦竹堂 / 摄影）

一四一　玉璧 战国早期

外径 19.9 厘米 内径 6.9 厘米

1978 年山东省曲阜市鲁国故城乙组 52 号墓出土

山东省 曲阜市文物管理委员会藏

玉料呈青色，质地纯净温润，有光泽。两面纹饰相同。玉璧内外缘有阴线刻轮廓线。肉上纹饰用一周隐起的绹索纹分隔成两重纹带：内区满饰卧蚕纹；外区 4 组双尾龙纹，双尾龙纹之间有弦纹隔栏，龙纹在隔栏内互相蟠绕，画面对称，具有浅浮雕的美感。（刘薇 / 文 敦竹堂 / 摄影）

一四二　玉龙纹佩 战国早期

长 17.3 厘米 宽 6 厘米

1978 年山东省曲阜市鲁国故城乙组 52 号墓出土

山东省 曲阜市文物管理委员会藏

玉料呈青色，微透明，器表有光泽。体扁平，龙体呈多曲状，独角，闭口，尖爪。器表满饰勾连涡纹。腹部钻一穿孔，可以与他器合成佩饰。此器略有残缺。（刘薇 / 文 敦竹堂 / 摄影）

一四三　玉龙纹璜 战国早期

宽 8.7 厘米 半径约 4 厘米

1978 年山东省曲阜市鲁国故城乙组 52 号墓出土

山东省 曲阜市文物管理委员会藏

玉料青色，泛黄，半透明，有光泽。玉璜周边琢有阴线纹轮廓线，表面饰阴勾卷云纹。璜背钻一孔，可供系佩。玉璜下透雕双龙相向而视，龙独角，张口，身躯蜷曲，尾向下垂，龙足上下相连，龙体雕阴线鳞甲纹，尾部雕琢细密的阴线纹。此器出于墓主人的腹部，应是其珍爱的佩饰。（刘薇 / 文 敦竹堂 / 摄影）

一四四　玉环　战国早期

外径 7.4 厘米　孔径 6.7 厘米

1978 年山东省曲阜市鲁国故城乙组 52 号墓出土

山东省　曲阜市文物管理委员会藏

玉料呈黄褐色，不透明，器表有光泽。环壁较高，无纹饰。（刘薇 / 文　敦竹堂 / 摄影）

一四五　玉马　战国早期

高 5.7 厘米　宽 1.6 厘米

1978 年山东省曲阜市鲁国故城乙组 3 号墓出土

山东省　曲阜市文物管理委员会藏

玉料呈青色，杂有棕色斑纹，半透明，有光泽。马为立姿，昂首竖耳，口微张，举目前视，鼻有双孔，马鬃突立，马尾绾髻；四肢略短，但腿部肌肉清晰。前腿直立，后退微屈，立于方座之上。此器形象生动逼真、雕琢细致，艺术手法相当简洁，堪称战国时期玉雕工艺的珍品。（刘薇 / 文　敦竹堂 / 摄影）

一四六　玉龙形饰　战国早期

长 15.5 厘米　厚 0.5 厘米

1978 年山东省曲阜市鲁国故城乙组 52 号墓出土

山东省　曲阜市文物管理委员会藏

玉料呈青色，半透明，有光泽。龙的头端较小，而尾端宽大。独角闭口，躯体作横向蜷曲，上方有小翼，躯干下方雕琢镂空，足作伏卧状。龙的后身向后上方旋转，尾端作镂空状，后身下方有一足。此器雕琢工整，身躯表面雕琢细小的卧蚕纹。背部钻有一孔。（王金环 / 文　王书德 / 摄影）

一四七　玉博具　战国早期

2.1 厘米见方

1978 年山东省曲阜市鲁国故城乙组 52 号墓出土

山东省　曲阜市文物管理委员会藏

玉料呈青色，含棕色，半透明。共6枚，均正云面体，皆磨去棱角，器表光素无纹。这种玉博具与象牙博具 6 枚、筷形牙筹与筷形银筹各一束同出一墓，皆属墓主人的博具。（刘薇 / 文　敦竹堂 / 摄影）

一四八　玉龙形饰 战国早期

长 12.3 厘米 厚 0.2 厘米

1978 年山东省曲阜市鲁国故城乙组 3 号墓出土

山东省 曲阜市文物管理委员会藏

青色，微透明。龙体作曲身回尾形，张口，独角。周边琢有阴线，器表饰有细小的卧蚕纹。近尾端处雕出两小足。此龙躯体中部钻有一穿。（王金环 / 文 王书德 / 摄影）

一四九　玉虎 战国早期

长 2.7 厘米 宽 1.7 厘米 厚 0.5 厘米

1964 年山西省长治市分水岭 84 号墓出土

山西博物院藏

玉料青色，泛黄，半透明，有光泽。玉虎作昂首伏卧状，上颚上卷，下颚向下回旋，虎背躬屈，尾巴呈螺旋状。前后足皆向前屈曲，虎身雕琢隐起的勾云纹。这件玉虎是一件立体圆雕，器形巧小，然雕琢的艺术手法非常简洁，所以这件玉虎的形象显得虎虎有生气。它的腹下钻有一个小圆孔，可供插于某种器物上作为饰物。（李勇 / 文）

一五〇　玉兽 战国早期

长 2.2 厘米 宽 1.4 厘米 厚 0.5 厘米

1964 年山西省长治市分水岭 84 号墓出土

山西博物院藏

青玉有褐斑，半透明，玉质莹润。体扁平，似虎，作回首伏卧状，口微张，竖耳，四肢蜷曲伏地。玉人采用“俏色”技法将褐色斑纹雕琢于颈脊上，通体雕隐起的涡云纹。此兽圆目，颇有生气。下腹有圆孔。（李勇 / 文）

一五一　玉环 战国早期

外径 5.2 厘米 内径 2.8 厘米 厚 2.7 厘米

1961 年山西省长治市分水岭 53 号墓出土

山西博物院藏

玉料呈白色，器表有光泽。扁圆体。内外边缘雕成突起的弦纹，两面皆雕琢隐起的 6 组象首纹和蟠虺纹。（李勇 / 文）

一五二　玉琮 战国早期

大：长 3.8 厘米 宽 3.8 厘米 高 1.8 厘米 孔径 1.5 厘米

小：长 2.5 厘米 宽 2.5 厘米 高 2.5 厘米 孔径 1.9 厘米

1961 年山西省长治市分水岭 53 号墓出土

山西博物院藏

玉料呈青绿色。大者呈正六面体，中心钻一圆孔，形成外方内圆的琮。此器上下平整，无射。但上下两面正方形的每边都琢有两道等分的折角凹槽，上下左右对称分布。此器光素无纹，暂名曰琮。小琮的器形与大者略有差异。此琮的一面琢出圆形的短射，而琮面的四边不琢凹槽。器表碾磨光洁，不加修饰。（李勇 / 文）

一五三　玉兽形佩 战国早期

长 3.9 厘米 宽 3.1 厘米 厚 0.7 厘米

1965 年山西省长治市分水岭 126 号墓出土

山西博物院藏

玉料呈青色，半透明，有光泽。扁平体，横长方形，兽面下俯，身躯作伏卧状。以单阴线琢成圆眼，口部钻镂蟠虺纹穿孔。鬣毛向后卷扬，尾部向下垂卷。此器通体雕琢隐起的蟠虺纹，鬣毛雕成骈列的细线纹。脊背和兽足雕成齿脊状。（李勇 / 文）

一五四　玉龙形佩 战国早期

长 9.3 厘米 宽 3.5 厘米 厚 0.4 厘米

1961 年山西省长治市分水岭 53 号墓出土

山西博物院藏

玉料呈白色，半透明，有光泽。龙的躯体作蜷曲状，俯首。用阴线纹同心圆雕琢龙眼，上颚向上旋卷，口微张。颈部宽于龙身，表面雕琢隐起的虺云纹。龙身雕有凸弦纹边线，尾巴上卷。龙身残断，器表光洁。（李勇 / 文）

一五五　玉龙形佩 战国早期

长 8.5 厘米 宽 2.2 厘米 厚 0.4 厘米

1961 年山西省长治市分水岭 53 号墓出土

山西博物院藏

玉料呈白色，半透明，有光泽。龙首向后回卷，琢隐起扁圆眼睛和 S 形的龙口以及独角。龙的身躯作横卧状，尾端上翘。龙体边缘雕凹弦纹周线。器身表面雕琢隐起的蟠虺纹，背的顶端钻一孔，以供系佩。（李勇 / 文）

一五六　玉璜 战国早期

长 11.9 厘米 厚 0.6 厘米

1985 年河南省叶县旧县 1 号墓出土

河南省文物研究所藏

碧玉，半透明，有光泽，表面有棕色沁斑。体扁，扇面形。周边有阴刻周线，两面皆雕琢有卧蚕纹。靠近玉璜的顶端钻有一孔。（贾峨 / 文）

一五七　玉璜 战国早期

长 15.6 厘米 厚 0.5 厘米

1985 年河南省叶县旧县 1 号墓出土

河南省文物研究所藏

玉料、器形、纹饰与一五六玉璜相似，唯器的弧度较大。（贾峨 / 文）

一五八　龙形玉佩 战国早期
长 13 厘米 厚 0.55 厘米
1985 年河南省叶县旧县 1 号墓出土
河南省文物研究所藏

玉料呈碧绿色，半透明，有光泽。体扁平，透雕。龙头略残。龙体蜷曲，尾端上翘，前足位于龙的躯体拱曲部分，分别向前、后蜷曲，后足靠近尾端，亦作蜷曲状。龙身表面雕琢极细的网纹、细线纹和卷曲的勾云纹。整体造型较精美。（贾峨 / 文）

一五九　玉佩 战国早期
长 9.9 厘米 宽 5.5 厘米 厚 0.4 厘米
1985 年河南省叶县旧县 1 号墓出土
河南省文物研究所藏

出土于棺内，当是墓主人生前的佩玉。碧绿色，半透明，质地细润。通体透雕，体扁平，由 4 龙、4 凤、2 蛇蟠绕构成一个整体，同时雕以纤细的网纹、线纹、变形云纹组成地纹以衬托上述主纹。这件玉佩玲珑剔透、造型优美，玉质精莹鲜润，应属一件难得的艺术珍品。（贾峨 / 文）

一六〇　水晶　骨珠项饰 战国早期
周长约 25.2 厘米 珠粒长 1.2 厘米 径 0.6 厘米
1985 年河南省叶县旧县 1 号墓出土
河南省文物研究所藏

这件项饰出土于棺内，应系墓主人生前的佩饰。出土时，珠粒已经散乱，但尚可看出原来位置遗迹。它是以磨光的紫晶珠、水晶珠和细圆的小骨管共同连缀成一件项饰。不过紫晶珠和水晶珠的数量以 5 紫 3 白的组合形式与骨管反复串连成环形整体。珠子的总数为 96 枚。根据上述各种珠子的遗迹重新加以组贯的项饰，色彩斑斓，光辉夺目。（贾峨 / 文）

一六一　玉璧 战国早期
外径 11.5 厘米 内径 5 厘米 厚 0.8 厘米
1978 年湖北省随州市擂鼓墩曾侯乙墓出土
湖北省博物馆藏

玉料呈青黄色，有褐色沁斑，表面有光泽。内外缘皆雕琢细密的绹索纹轮廓线，两面雕琢平凸的虺纹。（陈善钰 / 文）

一六二　玉璧 战国早期
外径 7.6 厘米 好径 4 厘米 厚 0.3 厘米至 0.5 厘米
1985 年叶县旧县 1 号墓出土
河南省文物研究所藏

碧玉，半透明，器表有光泽。璧的内外周边有阴刻轮廓线，内面雕琢整齐而密聚的卧蚕纹。（贾峨 / 文）

一六三　玉琀 战国早期

长 2.4 厘米至 1.2 厘米 高 0.8 厘米至 0.5 厘米之间

1978 年湖北省随州市擂鼓墩曾侯乙墓出土

湖北省博物馆藏

玉料呈青白色，略带黄色，有光泽。21 件皆出于墓主人的口腔和颅腔内，其中是否包括耳塞和鼻塞，目前尚难辨别。器小如豆，皆仿生圆雕，形体有牛、羊、猪、犬、鸭、鱼。本图版只收其典型器物 12 件，其中玉牛翘首，弯角，张口，挺胸收腹，腰脊微突，四足分立。玉羊昂首竖角，臀部略高，四足直立，玉猪昂首噘嘴，躯体窄长，颈部阴刻鬃毛，腹部下垂；玉犬昂首张口，坚耳挺胸，作吠叫状；玉鸭扁嘴微张，翅、尾雕阴线翎毛，双足分立。上述各器只雕琢出粗略的立体形态，不刻细部。正因为诸器形体颇小，玉人在琢制时难以控握予以精工细做，在这种情况下反而使这组雕刻群体在艺术效果上达到栩栩如生的境地。

以往发现的玉琀形式甚繁，多为碎玉，或用玉仿制的贝，亦有仿蝉者。例如安阳大司空村有两座殷墓的墓主人以玉蝉为琀，洛阳西周墓亦有以玉蝉为琀的现象。到了汉代，墓内以玉蝉填塞墓主人口中的现象才逐渐广泛。瞿中溶《奕载堂古玉图录》说：“《说文解字》云：‘蜕，蛇、蝉所解皮也。’则人之死，其尸有似蝉之蜕，而又不能食，古人或因即用为含玉耳。”夏鼐先生认为：“它们所以取形于蝉，可能是因为蝉这昆虫的生活史的循环，象征变形和复活，而放在舌上的舌形玉器，易于使人联想到蝉形。这些含在口中的玉蝉，据瞿中溶和罗振玉的意见，都应是没有孔的。考古发现证明，确是这种情况。”[1]曾侯乙口中的玉琀雕琢成仿生肖的微型玉雕，是否象征财富的含义，亦未可知。（陈善钰 / 文）

①夏鼐：《汉代的玉器》，《考古学板》，1983 年第 2 期。

一六四　金缕玉璜 战国早期

长 11.8 厘米 宽 2.7 厘米 厚 0.25 厘米

1978 年湖北省随州市擂鼓墩曾侯乙墓出土

湖北省博物馆藏

玉料呈青白色，有褐色沁斑，质地细润，有光泽。体扁平，两残片合成半璧形。以三条金缕将断裂为两段的玉璜缀合成一器。其缀合方法是，将玉璜断开处各钻 3 孔，以金缕分别穿缀之。玉璜边缘有对称的齿脊，两端各琢成龙首，并有圆目，张口。璜身以绹索纹界作 3 区，每区皆雕琢隐起的不规则云雷纹和蚕纹。除玉璜两端各钻 2 孔、中央缀以金缕的 6 孔外，尚有直径大小不同的孔眼 6 个，用以穿缀其他饰件，共同组成花样繁多的珩佩，以供墓主享用。（陈善钰 / 文）

一六五　玉璜 战国早期

长 5.4 厘米 宽 4.3 厘米 厚 0.5 厘米

1978 年湖北省随州市擂鼓墩曾侯乙墓出土

湖北省博物馆藏

青白色，有褐色沁斑，器表有光泽。周边有对称的齿脊，两面雕琢虺纹，中部上下边缘刻斜线纹。玉璜中部顶端钻一孔，另一器与此器成对。由于它们与另两对同形制的玉璜和一个单一的小玉璜同出于内棺，表面钻孔的部位也有一定的差异，估计似是同一组玉佩饰的构件。（陈善钰 / 文）

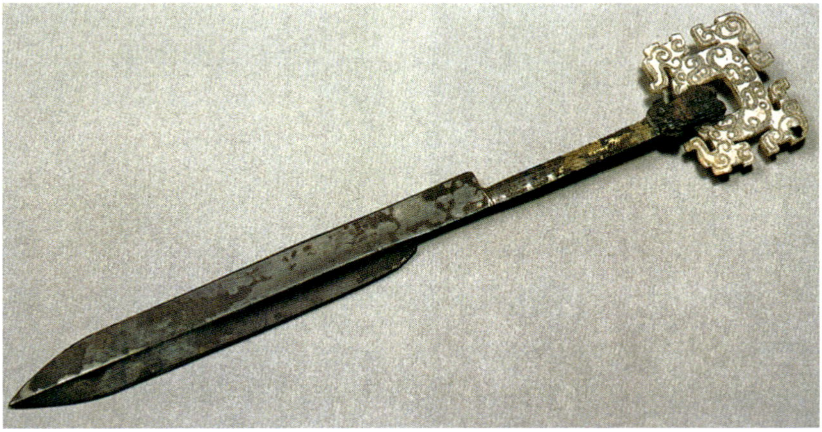

一六六　玉首铜刀 战国早期

通长 22.3 厘米 玉首长 4.2 厘米

宽 3.4 厘米 厚 0.3 厘米

1978 年湖北省随州市擂鼓墩曾侯乙墓出土

湖北省博物馆藏

刀茎与刀身为青铜质。刀身双刃，下刃长于上刃，刀茎表面有金黄色块斑，与方形玉环首相接处呈龙身形，两面各一，共衔住玉环柄。玉环柄呈青色，夹带蓝点，四角夹有酱黄色的杂质，有光泽，略有缺损。它是圆角长方环形，四角各伸出一透雕的龙首形装饰，表面阴刻窃曲纹。（陈善钰 / 文）

一六七　玉人 战国早期

高 2.5 厘米 宽 1 厘米 厚 0.7 厘米

1978 年湖北省随州市擂鼓墩曾侯乙墓出土

湖北省博物馆藏

玉料为青黄色。圆雕。此器为人面相背的立体雕刻，上小下大。身着长裙，裙口平齐，头、肩清楚，嘴、鼻、手全缺。面型上阔下尖，面部中央凸起一脊，琢出双眼、双眉。其中一面人眼睑涂黑，另一面无。双面玉人有两耳，对钻有横向小孔。自玉人头顶中部纵钻一孔以供穿系。玉人雕琢不精，造型亦欠真实，恐系迷信用品。（陈善钰 / 文）

一六八　玉梳 战国早期

长 9.6 厘米 上宽 6 厘米 下宽 6.5 厘米 中厚 0.4 厘米

1978 年湖北省随州市擂鼓墩曾侯乙墓出土

湖北省博物馆藏

玉料呈灰白色，质地温润，通体有光泽。器边缘有酱黄色的杂质。扁平体，梯形，齿口略大于梳背，厚度自梳背至齿尖渐减，梳齿颇密，共计 23 枚，齿尖相当锐利，梳背的长度约占梳长的二分之一多。两面雕刻勾云纹，其周边刻密聚的斜线。梳背上端中央钻一孔，以供穿绶随身携带。此梳雕琢极精，碾磨颇细，较河南省淅川县下寺楚墓出土玉梳设计合理，虽梳齿细密，迄今无一残断。（陈善钰 / 文）

一六九　玉龙形佩 战国早期
左：长 11.5 厘米 宽 8.7 厘米 厚 0.6 厘米
右：长 11.3 厘米 宽 8.7 厘米 厚 0.6 厘米
1978 年随州市擂鼓墩曾侯乙墓出土
湖北省博物馆藏

玉料呈青黄色。两件，器形大同小异。龙作俯首张口状，独角，躯体作S状回旋，龙身伸出4足。龙佩周边雕弦纹斜线轮廓周线，两面雕琢平凸虺纹。龙体中腹钻一孔，可供系佩。（陈善钰 / 文）

一七〇　玉兽面琮 战国早期
高 5.4 厘米 宽 6 厘米
中部直径 6.6 厘米 孔径 5.5 厘米
1978 年湖北省随州市擂鼓墩曾侯乙墓出土
湖北省博物馆藏

玉料呈青色，有褐色沁斑，半透明，有光泽。内圆外方，两端作圆环形，中间有两端对钻的大圆孔，器表四面各刻一个狰狞的兽面纹，但兽面纹样大同小异，皆以阴线琢出。玉琮两端口沿阴线雕弦纹一周。射上阴刻横ᘓ形纹，并简饰阴刻网纹。此器平置于墓主头顶左侧。（陈善钰 / 文）

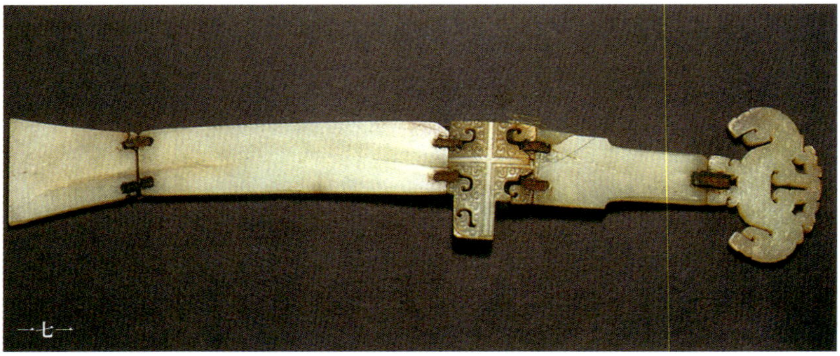

一七一　一七二　玉具剑 战国早期
通长 33.6 厘米 宽 5.1 厘米 中厚 5 厘米
1978 年湖北省随州市擂鼓墩曾侯乙墓出土
湖北省博物馆藏

玉料呈青白色。出自墓主的腰腹间。由首、茎、格、璏、鞘、珌等构件组合成一套完整玉具剑，各玉构件皆钻有孔眼，以金属丝缕穿连。这件剑首与习见的不同，它呈扁平体，镂雕作小型玉佩状，两端琢成向下回卷的龙首，圆目，张口，龙的躯体作弧形蜷曲。两前足向前直伸，化作对称的龙头；两后足雕琢一双相对的凤首，圆睛，垂喙，其高冠作∩形连接。表面刻菱形细线方格纹和细密阴线绹索纹。双龙的躯体的下边，雕琢相背双凤，凤首向外，与龙身连体，其间琢镂长方形的孔眼与剑茎顶端的方孔对应，并以金属物相贯连。这件剑首两面阴刻出龙的细部，并以阴刻单线或双线勾云纹、绹索纹和菱形格纹作为装饰。同时配以镂空，造型极其生动。璏位于格的一面，作勾形，与格同属一节，并采用同一块玉琢雕而成。一面以十字形线条将其表面界作4区，以阴线勾云纹装饰其间。剑格的上部镂二孔，与剑基下端的两孔对应，并以金属丝相贯连；剑璏下方有两孔，与剑鞘上端的二孔对应，亦以金属丝相贯连。剑鞘和剑珌皆素面，其连接方法同上。

由于此剑剑茎和剑格间以金属物相连接，可证此剑非实用器。这种形制的剑见于湖南省长沙市子弹库战国楚墓出土的帛画《驭龙升天图》上的男子所佩的短剑。河南省三门峡市上村岭虢国墓地曾出土一件西周晚期与此器相似的完整的玉具剑，它应系此器的先型。（陈善钰 / 文）

一七三　玉四节佩 战国早期

长 9.5 厘米 宽 7.2 厘米 厚 0.4 厘米

1978 年湖北省随州市擂鼓墩曾侯乙墓出土

湖北省博物馆藏

玉料呈青白色，局部有褐色沁斑。体扁平，系一块玉料透雕成3环4节而成一器。其中间一环是活动的，上下两环皆不能自由折转。3环首尾相接，组成龙纹。各节雕镂龙凤布列左右：其第一节刻双凤对首；第二节雕双龙，呈相反的S形蟠绕，其尾端化而为凤；第三节刻两龙作对称的卷体状，分置于横长方形镂空环的两侧；第四节系两小龙，龙身向左右曲伸，尾部向下旋转。此佩最上端的中部钻一小孔，可以穿绶系佩。它的两面均以细线刻出龙、凤的眼、角、冠、嘴、爪、鳞甲和羽毛。第二节上刻有4条龙纹。

此器出自曾侯乙的腹部，器形与其他玉佩不类，可能系单独佩戴之饰物。这种雕琢精巧、镂空技术娴熟的玉佩的出现，从某一侧面反映了战国时期曾国王室在艺术领域中的新爱好和新追求。（陈善钰 / 文）

一七四　透雕玉璜 战国早期

长 16 厘米 宽 4.6 厘米 厚 0.4 厘米

1978 年湖北省随州市擂鼓墩曾侯乙墓出土

湖北省博物馆藏

玉料呈青黄色。体扁宽而稍厚。透雕成 4 条对称的夔龙，龙作曲身。另有 6 条龙，皆蟠绕屈曲，其间多镂空。器表雕琢勾云纹、绹线和涡纹。另一面平素无纹。此器出土一对，可能与另一透雕玉璜合组成一套，佩戴使用。（陈善钰 / 文）

一七五　玉双龙璧 战国早期

长 7.2 厘米 宽 3.8 厘米 厚 0.4 厘米

1978 年湖北省随州市擂鼓墩曾侯乙墓出土

湖北省博物馆藏

玉料呈青黄色，半透明，有光泽。扁平体。玉璧两侧各透雕一龙，素面。两龙相背，皆作 S 形的回卷，龙头向外，上有独角，尾部向内两歧，下垂，一歧上翘弯。器的一面残留一道割痕。（陈善钰 / 文）

一七六

一七七

一七六　一七七　玉多节龙凤纹佩 战国早期

长 48 厘米 宽 8.3 厘米 厚 0.5 厘米

1978 年湖北省随州市擂鼓墩曾侯乙墓出土

湖北省博物馆藏

玉料呈青白色。全器呈长带形，由 5 块玉料打制而成，共 26 节（一说 16 节），分 5 组主体构件套扣成一个似长龙形的整体。其中有 4 个活环，利用金属榫插接，因此可以拆开；8 个活环系采取镂空技法制作，不可拆卸。不过，金属可以自由卷折。各节构件的主纹是龙、夔龙、凤和兽面，其形象正面和侧身兼备。也有集龙、凤鸟于一体的形象。上述主纹表面再饰以蚕纹，杂以弦纹、云纹、绹索纹，所以纹饰繁缛。同时，此器集切割、平雕、分雕、阴刻、剔地、透镂、接榫、碾磨等多种玉雕技艺于一器，工艺复杂，难度绝世。这件玲珑剔透的玉雕佳作，虽微有残损，亦难掩遮全器的艺术光辉。我们若将其称为战国时期治玉工艺史上的一枝独放的奇葩，绝不为过。

至于它的用途，学者的观点不一，由于出土时被卷折着置于曾侯乙的下颌附近，有人认为是佩饰，也有人认为它是“玉缨”（帽带）。其功能究竟如何确定，尚待进一步深入研究。（陈善钰 / 文）

一七八　玉璧 战国早期

外径 8 厘米 内径 3.4 厘米 厚 0.6 厘米

1978 年湖北省随州市擂鼓墩曾侯乙墓出土

湖北省博物馆藏

玉料呈青白色，有棕色斑疵，半透明，有光泽，质地细润。体扁平，正圆形，孔壁直。此璧的纹饰的特点是：勾云纹均作双头式，两头大，中间小。3 周云纹中，内、外两周的纹向相对，并相错位；中间的一周，按璧的 4 等分，每分上的纹向各自相反。每周云纹中，各有一个形似逗号的虺纹作为补白。与此器情况相同者，还有一件。此器雕琢精致。（陈善钰 / 文）

一七九　玉玦 战国早期

左：外径 3.2 厘米 厚 0.3 厘米

右：外径 5 厘米 厚 0.35 厘米

1978 年湖北省随州市擂鼓墩曾侯乙墓出土

湖北省博物馆藏

两件皆青色玉料，大的略带黄色，小的泛白。扁平体，圆环形。各有一缺口，中心有一单向钻孔。小的一件单面雕琢云纹，外缘雕有单斜线；大的一件两面雕琢勾云纹，内外周边刻阴斜线。（陈善钰 / 文）

一八〇　玉双鸟纹拱形佩 战国早期

长 5.9 厘米 宽 4.2 厘米 拱高和厚皆为 0.5 厘米

1978 年湖北省随州市擂鼓墩曾侯乙墓出土

湖北省博物馆藏

玉料呈青白色，局部有酱色瑕疵和裂痕，半透明，有光泽，玉质莹润。此佩作圆角长方形，透雕出向背的两只凤鸟，立姿。头部向下弯曲，椭圆眼睛，尖喙，凤身作 S 形回旋卷曲，凤尾向下回旋。两凤的长冠向头后连接，其下的尾翎也连接成一个整体。此二凤的表面雕琢虺纹、卧蚕纹，凤身雕琢勾形镂空，两凤间琢有两个纵长的箭头形镂空。此器出土于曾侯乙墓内棺第三层器物群中，从器物分布图看，它夹在玉环、玉璧、玉璜、玉带钩的中间，其位置在内棺的一侧中部。据此，可以判断这件玉佩是一套组玉佩中的一枚重要构件。与此器大同小异的一件拱形佩出土于江苏省苏州市吴中区严山窖藏坑，时代属于春秋，用途大概与此器相同。（陈善钰 / 文）

一八一　玉透雕双龙佩 战国早期

长 12.9 厘米 宽 4.9 厘米 厚 0.3 厘米

1978 年湖北省随州市擂鼓墩曾侯乙墓出土

湖北省博物馆藏

玉料呈黄色，有酱色的瑕疵，玉质温润，半透明，器表有光泽。体扁平，近横长方形。透雕成对称的两条卷龙形，两龙躯体相接处上方雕变形饕餮纹，表面刻网状三角纹，左右刻双勾云纹。双龙连接处阴雕同心圆 3 周。两龙的身躯皆作横向的 S 形，龙首朝上，张口，圆目，独角，曲身，卷尾。龙口内雕琢细密的阴线纹，吻部、独角和龙体表面雕琢阴线勾云纹构成的纹样，龙身边沿刻单阴线。两龙的上吻，咬着与龙身相连接的两条小龙，小龙的龙身亦以阴线勾云纹为装饰。此器造型奇特，雕琢工艺精湛，是一件不可多得的玉雕工艺美术品。（陈善钰 / 文）

一八二　玉虎形佩　战国早期

长 9.6 厘米　宽 2.7 厘米　厚 0.1 厘米

1978 年湖北省随州市擂鼓墩曾侯乙墓出土

湖北省博物馆藏

玉料呈青黄色，半透明。扁平体，颇薄，器形作伏虎状，圆目，凹背，卷尾，口部和尾端各钻较大的圆孔。以平行的双阴线纹雕出虎的轮廓线，虎耳、前后足以及虎斑纹皆以双勾曲线纹琢成。另一面阴刻鸟首、鸟的圆眼及尖勾状的喙和羽毛等纹饰。此器厚度极薄，而阴线纹饰又系两面雕刻。因此工艺极精，雕琢难度较大。（陈善钰 / 文）

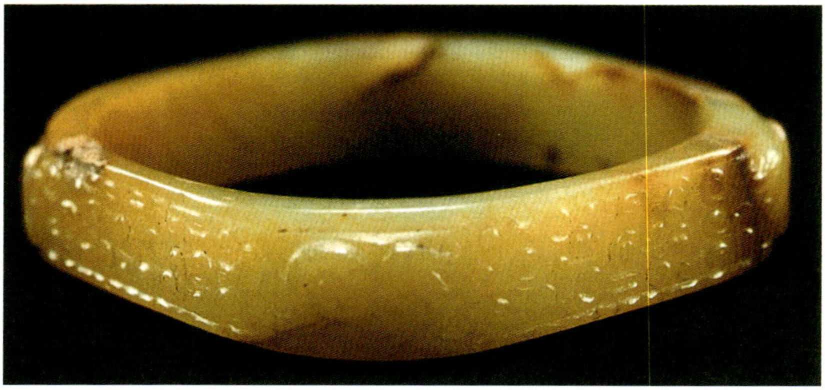

一八三　玉方镯　战国早期

最宽处 7.2 厘米　厚 1.5 厘米　孔径 6.2 厘米

1978 年湖北省随州市擂鼓墩曾侯乙墓出土

湖北省博物馆藏

玉料呈青黄色，半透明，玉质温润。有酱色瑕疵和裂痕。器作圆角方形。曾出土一对，放置在墓主人的腰间。四隅各浮雕蟠虺纹，蛇首位于中央，躯体作顺时针方向回旋，两足外伸，尖尾上翘。蟠虺纹所夹的镯面，各雕两行卧蚕纹。此器色如新剥蒸栗色，可谓稀世之珍。（陈善钰 / 文）

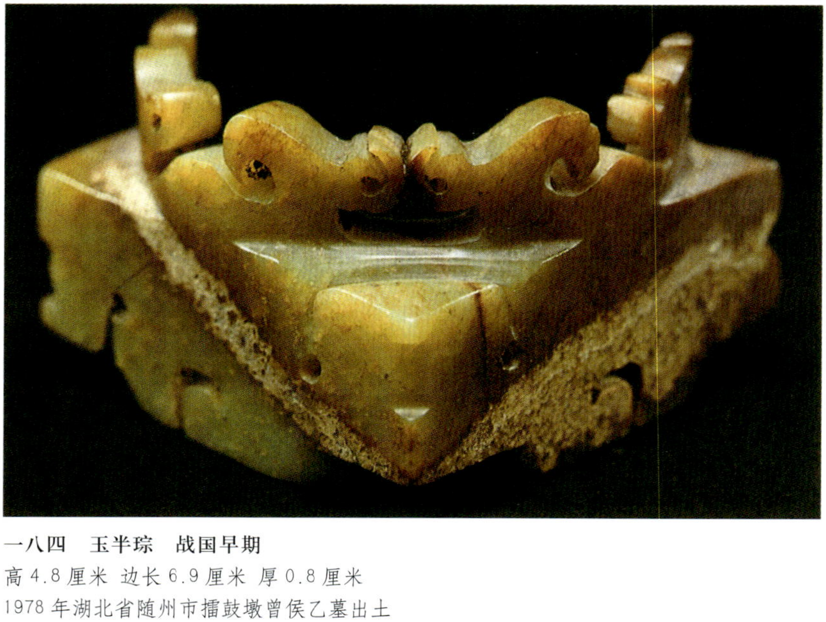

一八四　玉半琮　战国早期

高 4.8 厘米　边长 6.9 厘米　厚 0.8 厘米

1978 年湖北省随州市擂鼓墩曾侯乙墓出土

湖北省博物馆藏

玉料呈黄褐色，有瑕疵。器呈 V 形，器形自不平沿射的两侧交汇于琮一角，恰为外方内圆的矮体琮的二分之一。两射和琮体透雕成动物形，素面。其中一射为平沿，另一射不平。琮体 3 个角各刻一近似方形的小缺口。侧视琮体拐角处，若将平沿射朝下，不平沿射朝上放，不平沿的一射上的透雕动物，颇似两只对首相抵的虎形；若倒置，这对动物与拐角处的小缺口及其两旁的未穿透的孔连为一体，整个成为一个兽形，那对角抵动物则成为它的两爪。此器正置于墓主人的背部。像这样的半琮，实为先秦墓葬出土文物中所罕见。（陈善钰 / 文）

一八五　玉蟠龙饰　战国早期

长 9 厘米　宽 7.1 厘米　厚 0.4 厘米

1978 年湖北省随州市擂鼓墩曾侯乙墓出土

湖北省博物馆藏

玉料呈黄绿色，有酱色沁斑。此龙独角，张口，上吻长于下吻，龙体较细窄，蟠卷成螺旋状的圆形，脊背雕琢齿脊状的 3 足，略向外曲伸。通体光素无饰。龙眼处钻一小穿，以供系佩。（陈善钰 / 文）

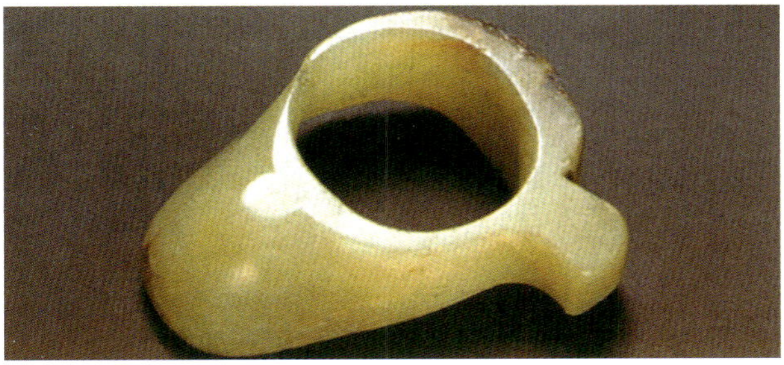

一八六　玉扳指　战国早期

长 4.3 厘米 宽 3.4 厘米 高 1.1 厘米

1978 年湖北省随州市擂鼓墩曾侯乙墓出土

湖北省博物馆藏

玉料呈灰黄色，半透明，器表有光泽，局部含酱色杂质。体作椭圆形，上下平齐，平面呈前尖后圆的椭圆形。中间有一个椭圆形穿孔，可套入成年人的拇指；后壁横钻一小孔，用于穿缀线绳；侧面突出一小钩，用于控弦。此器光素无纹饰。出土于墓主人左手掌附近。（陈善钰 / 文）

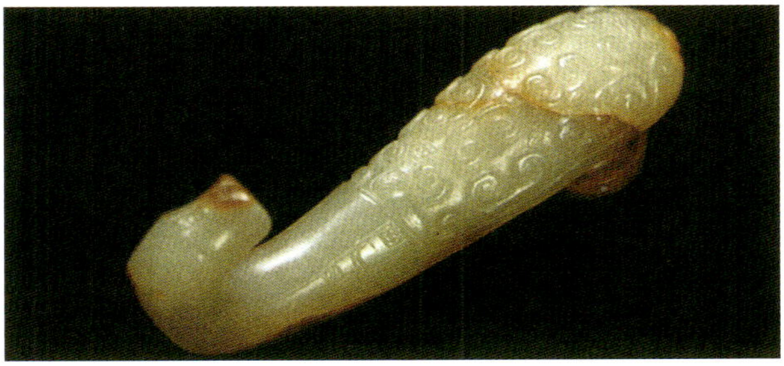

一八七　玉带钩　战国早期

高 6 厘米 腹宽 1.5 厘米 腹厚 0.9 厘米

1978 年湖北省随州市擂鼓墩曾侯乙墓出土

湖北省博物馆藏

玉料呈青色，有棕色斑疵，表面磨光，有光泽。侧视呈鹅首形，长颈扁喙，颈腹正面刻涡纹，两侧、背面及纽面刻阴方格纹和圆圈网纹。（陈善钰 / 文）

一八八　玉琚　战国早期

高 4.8 厘米 上径 1.8 厘米 下径 2.1 厘米

1978 年湖北省随州市擂鼓墩曾侯乙墓出土

湖北省博物馆藏

玉料呈灰白色，质地纯净，有较好的光泽。分别出土于墓主人的左、右手处。圆柱形，两端平齐，磨光，一端小一端较大。器身上下两段各刻阴线云纹，中段琢斜线纹两周，其间夹雕阴线弦纹一周。两器大小相同。（陈善钰 / 文）

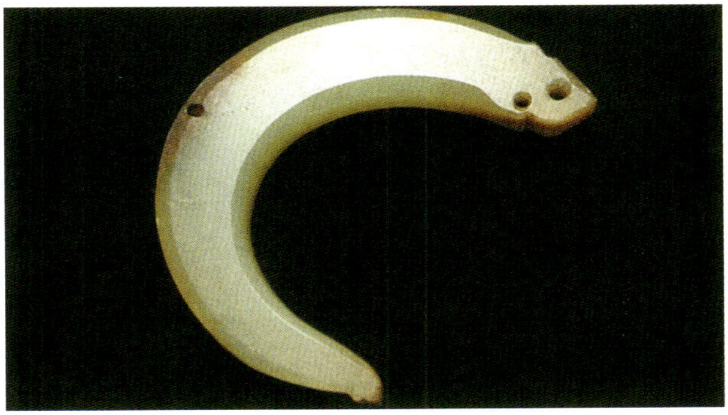

一八九　玉鱼形佩　战国早期

首尾长 6.6 厘米 身中宽 1.8 厘米 孔径 0.3 厘米至 0.4 厘米

1978 年湖北省随州市擂鼓墩曾侯乙墓出土

湖北省博物馆藏

玉料呈黄白色，半透明。器形弯曲如钩，颇似一条跳跃的鱼。鱼头尖斜，嘴旁钻有一孔。鱼身两面平直，边缘呈斜坡状，故横断面作八棱形。鱼尾尖锐，眼部钻一孔，中腰另钻一孔。（陈善钰 / 文）

一九〇　玉鸟首形佩　战国早期

长 9.3 厘米 宽 2.9 厘米 厚 0.4 厘米

1978 年湖北省随州市擂鼓墩曾侯乙墓出土

湖北省博物馆藏

玉料呈青白色，半透明。扁平体，近长方形。前端作鸟首形，后端平齐，尖喙，以阴线刻绹索纹一周为眼圈，中部雕琢隐起的圆眼。鸟的背部钻有6眼透孔，中间的一孔较大，以供系佩。玉鸟的下边雕镂3足，足爪卷勾。后下方有垂尾，向前卷曲。鸟形的周边雕琢绹索纹边线，眼、喙间琢有圆点纹。鸟身琢有双勾云纹。（陈善钰 / 文）

一九一　玉琮 战国早期

高 3.4 厘米 边长 5.3 厘米至 5.4 厘米 内径 3.6 厘米

1971 年湖南省长沙市浏城桥 1 号墓出土

湖南博物院藏

玉料呈青灰色，不透明，内圆外方，短射，表面光素无纹。自新石器良渚文化出现玉琮以来，至商周已盛极一时，春秋时期已进入衰退阶段，战国时期的玉琮罕见。（高至喜 / 文 陈美如 / 摄影）

一九二　玉璧 战国早期

外径 10.6 厘米 内径 3.9 厘米 边厚 0.45 厘米

1971 年湖南省长沙市浏城桥 1 号墓出土

湖南博物院藏

玉料呈青色，略带灰色，不透明。出土于内棺中墓主人头部。另两件平素无纹。此器两面的肉部皆饰阴勾云纹，在长沙楚墓中以玉璧随葬甚为少见。此器琢磨甚精。（高至喜 / 文 陈美如 / 摄影）

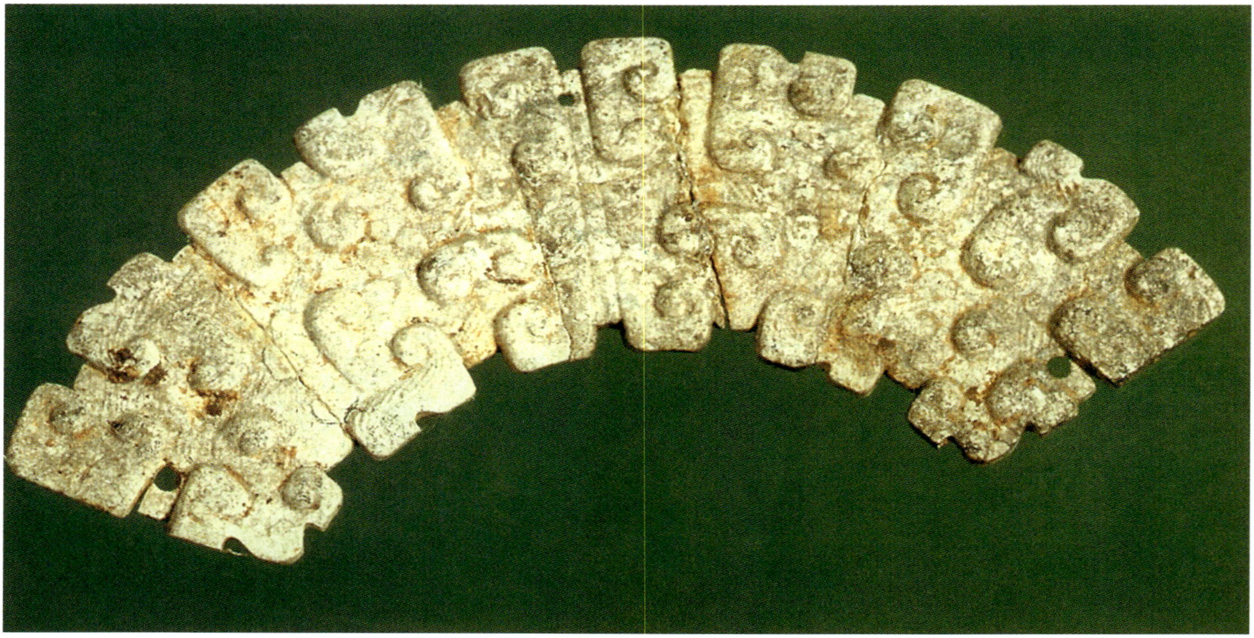

一九三　玉璜 战国早期

长 9 厘米 宽 2.6 厘米

1982 年浙江省绍兴市坡塘 306 号墓出土

浙江省文物考古研究所藏

玉料呈白色。扁体，扇面形，上下边缘有齿脊。表面雕琢隐起蟠虺纹。中脊和两端中部各钻一孔。同形制的出土两件，可与他器组合成佩饰。（哲燕 / 文）

一九四　石片 战国中期

最大者长约 5 厘米 宽约 4 厘米

1954 年至 1955 年河南省洛阳市中州路 1723 号墓出土

中国历史博物馆藏

这组石片皆以灰色璞玉磨制，器表无光泽。扁平体，共计 23 片(本图缺少一片)，发现于墓主人的面部。其在墓主人额头处有一近圆形带齿边有钻孔的石片（本图未收）和一件三角形镂孔石片；在相当于耳部的地方有两件圆形石片；在相当于人的面部处有一组像人脸形的石片，即以眉、目、鼻、嘴等形状的有孔石片组成人的五官；在上述石片的下边两侧有 7 件 4 边或 5 边无钻孔的石片。这些有钻孔的石片原来都缝缀于一块方形的外黑内红色的织物上，是在墓主人入殓时用于掩遮面颜的。此外，还有两件镂空的兽形石片置于墓主人的胸部。这些石片是专门为保存尸体而入葬的。（马秀银 / 文）

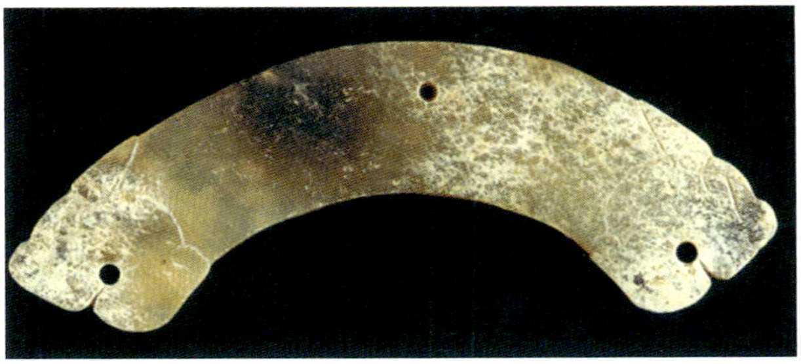

一九五　玉璜 战国中期

长 7 厘米 宽 1.4 厘米

1950 年河南省辉县固围村 1 号墓出土

中国历史博物馆藏

玉料呈绛白色，半透明，体光素。两端刻边牙，略具龙头形态而无耳目。三穿在背及两端。（辛立华 / 文）

一九六

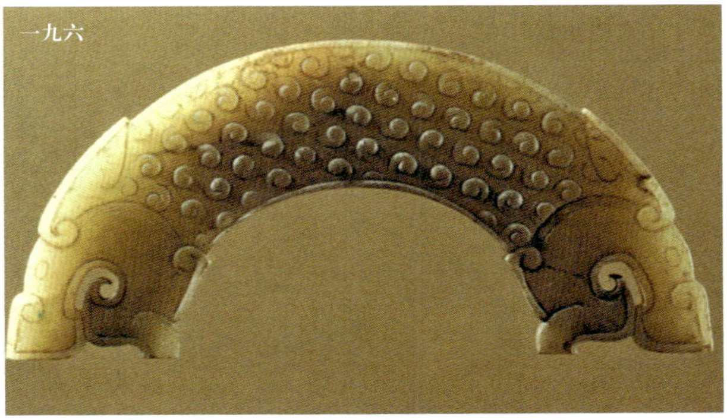

一九七

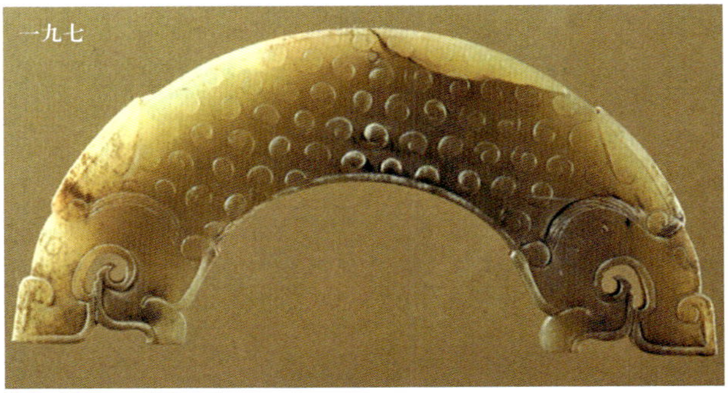

一九六　一九七　玉璜 战国中期

长 9.4 厘米 宽 2.1 厘米

1950 年河南省辉县固围村 1 号墓祭祀坑出土

中国历史博物馆藏

玉料呈黄绿色，中有白斑。体扁平，弧形。两端作龙首形，以龙口为孔，背亦有一孔，可供穿系。龙吻前探，向上弯曲，嘴唇紧闭，口部镂空，龙首琢有尖角。表面篆隐起卧蚕纹。璜体碾琢工整，两面纹饰相同。

形制、色泽与一九六玉璜成对，应是一组玉佩中的两件饰物。（辛立华 / 文）

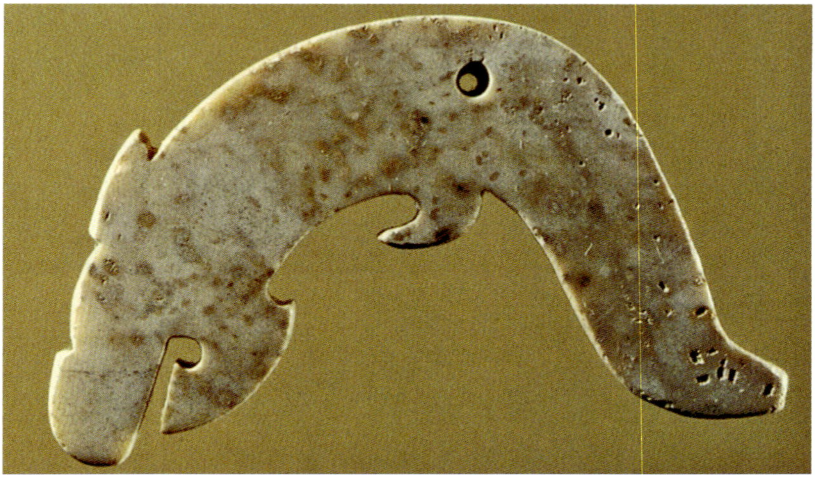

一九八　玉佩 战国中期

长 5.2 厘米　宽 1.2 厘米

1950 年河南省辉县固围村 1 号墓祭祀坑 2 出土

中国历史博物馆藏

玉料呈淡黄色。器体如璜而边牙琢成卷龙形，背上拱，有一孔。一端为首较宽，一端为尾略细。两面琢磨光滑，体态极富动感。（辛立华 / 文）

一九九　玉圭 战国中期

长 18.8 厘米　宽 5.8 厘米

1950 年河南省辉县固围村 1 号墓祭祀坑 2 出土

中国历史博物馆藏

玉色灰白色，杂以黑斑。扁平长方形，锐首平柢。一边磨平，另一边留有切割痕迹。基部钻一小孔。通体光素无纹。器表遗留有绢帛残片，作朱白相间的条纹，可知此器系先用绢帛包裹而埋入祭祀坑内的。（马秀银 / 文）

二〇〇　玉册 战国中期

简长约 22.5 厘米　宽约 1.2 厘米　厚 0.11 厘米

1950 年河南省辉县固围村 1 号墓祭祀坑 2 出土

中国历史博物馆藏

玉料呈青色，有白斑，半透明，质薄而匀。出土时 50 枚简相次成卷，发掘者依次取出，重新编组，集以成册，宽约 62 厘米。简面无字，亦无墨痕，或年代久远颜色剥落；或原本无字，仅具形式。（祁玉宽 / 文）

二〇一　玉鹦鹉佩 战国中期

长 7.6 厘米　厚 0.5 厘米

1951 年河南省辉县固围村 2 号墓出土

中国历史博物馆藏

玉料呈白色，有墨斑。体扁平，两面透雕做鹦鹉形，此鸟俯首，钩喙，圆目，长冠，扬爪垂尾，翅微上扬。鸟身雕琢云纹、曲线纹，并有镂空。制作精细，形象优美。（祁玉宽 / 文）

二〇二　包金嵌玉银带钩　战国中期

长 18.7 厘米　宽 4.9 厘米

1951 年河南省辉县固围村 5 号墓出土

中国历史博物馆藏

琵琶形，底为银托。器表为包金组成的浮雕兽面，两侧蟠绕着两条夔龙，倒向钩端，合为一首，口中衔一雕琢细致的状若鸭头形的白玉弯钩。与两侧夔龙的相反方向蟠绕着两只鹦鹉。脊背正中，嵌入 3 块白玉玦，玦面琢有卧蚕纹，前后两块的中心，各嵌一个蜻蜓眼玻璃珠。此器纹饰复杂，玲珑剔透，包金镶玉，色调和谐，实可代表战国时代工艺技巧的顶峰。（辛立华 / 文）

二〇三　玉鸟　战国中期

长 3.7 厘米　宽 1.8 厘米

1951 年河南省辉县固围村 6 号墓出土

中国历史博物馆藏

玉料呈黄褐色，半透明。体扁平，两面雕琢成孔雀形的花纹。圆目向前凝视，尖喙闭嘴，缩首高冠，长尾上扬。腹下有突出的一片，为折断痕，可能系鸟足，似嵌于他器上。因口腹各有一圆形穿孔，可以穿系佩戴。此器磨碾光滑，造型亦佳。（祁玉宽 / 文）

二〇四　玉人骑兽佩　战国中期

高 3.1 厘米　长 3.3 厘米　宽 1.4 厘米

1957 年河南省洛阳市小屯村 1 号墓出土

中国历史博物馆藏

玉料呈灰白色，有黑色微斑，晶莹，泛油漆光泽。小儿头梳双髻，短发梳向脑后呈环状。圆脸尖颌，鼻梁隆起，小口微张，眉目清秀，双耳弯曲，双手前伸执兽耳。兽似伏虎，头略宽大，昂首，双目前视。身侧雕琢卷云纹，背臀部雕琢有双线斜格云纹，腹下有细如毫发的卷云纹，流畅生动。自小儿头顶至虎腹纵钻一个穿孔，可贯组绶随身佩戴。此器小巧玲珑，造型极精。它出土于洛阳东周王城北墙附近的积石积炭大墓，应是战国时期玉雕中的杰作。（祁玉宽 / 文）

二〇五　玉人骑兽佩 战国中期
高 2.5 厘米 长 1.8 厘米 宽 0.8 厘米
1957 年河南省洛阳市小屯村 1 号墓出土
中国历史博物馆藏

玉料为白色，质地细润，晶莹润泽，细致无瑕。器作一小童屈膝骑于伏虎之状，小童梳单偏髻，头微向后扬，大耳，脸形有如鸡蛋，双目前视，眉目厚重，小口，双手前伸执猛虎双耳。虎首宽大，圆眼前视，额中有细线斜格纹，虎四足前伸，尾巴向前卷曲。自小童头顶至虎腹纵钻一孔，供穿系佩戴。此器质地精良，造型优美，雕琢精细，堪称佳作。（祁玉宽 / 文）

二〇六　玉带钩 战国中期

长 8.3 厘米 宽 6.8 厘米

1978 年山东省曲阜县鲁国故城 58 号墓出土

山东省 曲阜市文物管理委员会藏

玉料呈黄色，有褐色沁斑，半透明，有光泽。钩端雕琢成兽头形，眉目清晰；器身雕琢出隐起的兽面形，双角向上卷曲，双目皆作隐起的菱形，兽面外缘雕正反相背的细线勾云纹，再向外是⑨形的突起边饰，其两端皆向内旋转，镂琢成透雕。由钩端通向器身的钩脊琢有平行中线，其间刻正反≚纹线作装饰，平行中线两侧，刻正反双勾云纹，带钩背面的圆纽表面雕圆形火焰纹，器身外缘雕琢细线勾云纹，向上内旋的镂空处，雕双阴轮廓线。此钩造型奇特，雕琢工艺极精，出土于墓主人的腹部，应系他的实用器物。（白云哲 / 文 王书德 / 摄影）

二〇七　组玉佩 战国中期

通长 31 厘米 玉环外径 5.2 厘米 龙形饰长 10.7 厘米

1978 年山东省曲阜县鲁国故城乙组 58 号墓出土

山东省 曲阜市文物管理委员会藏

由茶褐色玉环、玉鼓形管、玉扁圆形珠、玉圆柱形管和玉夔龙形饰等共 11 件玉饰组成。半透明，有光泽。最上方以一枚玉环为挈领，此环顶部琢出方形齿突，中央钻一穿，用于系佩。玉环下方外缘左右各雕有夔凤纹透雕装饰，环的表面满饰卧蚕纹，环下的管珠分两行串系，最上是玉鼓形管，其次是玉扁圆形珠，再下是玉圆柱形管，它们的表面皆雕琢卧蚕纹。上述两行玉管珠贯串入一件稍长的表面雕琢卧蚕纹的玉管。此管左右各透雕两龙，头上尾下，附丽于管壁。上述各种管珠皆纵钻透穿，以绳贯连。再下垂系一件横向蜷曲的玉龙。龙独角张口，头部向后回转，身体向上屈曲，尾部向后上方旋回，龙身下方和近尾端处各见一足。龙的躯体表面满饰涡纹，靠近中腰上方钻一透孔，用于贯线垂坠于组佩最下端。此器雕琢精致，结构巧妙、合理。随葬时置于墓主人的棺底，当为墓主人生前心爱的佩饰。（白云哲 / 文 王书德 / 摄影）

二〇八　玛瑙环 战国中期

外径 10.6 厘米 孔径 6.6 厘米

1978 年山东省曲阜县鲁国故城乙组 58 号墓出土

山东省 曲阜市文物管理委员会藏

此器系以蓝绿色玛瑙制作，半透明。内壁较厚，有双层抹角，外壁扁平，环肉剖面呈棱锥状。纹理如海草缠绕，有人称其为“杂草玛瑙环”。（刘薇 / 文 敦竹堂 / 摄影）

二〇九　玉龙形佩 战国中期

长 15.4 厘米 宽 5.8 厘米

1978 年山东省曲阜县鲁国故城乙组 58 号墓出土

山东省 曲阜市文物管理委员会藏

玉料呈青黑色，半透明，有光泽。体扁平，作蜷曲的龙形。龙有独角，回首，曲身，尾部向后延伸、旋转，足作伏卧状，尾巴后端下曲，歧分为二，并向左右旋卷。沿着龙的躯体刻有阴线轮廓线，龙身两面琢有卧蚕纹。这种玉佩共两件，出于墓室北部。（刘薇 / 文 敦竹堂 / 摄影）

二一〇　鎏金嵌玉铜带钩 战国中期

长 11 厘米

1978 年山东省曲阜县鲁国故城乙组 58 号墓出土

山东省 曲阜市文物管理委员会藏

钩端作兽首形。全器如带翅的飞兽，通体鎏金。钩身中部嵌玉鸟和绿松石圆泡。玉鸟的下边有鎏金的鸟翅，它与带钩前端的兽头合成一体。带钩的背面有圆纽。此器系用多种材料合成，通过鎏金、镶嵌技术组成一体。整个器形色彩富丽，工艺难度颇大，堪称战国时代创新的艺术佳作，值得予以珍视。（刘薇 / 文 敦竹堂 / 摄影）

二一一　玉镂空双鸟纹佩 战国中期

外径 4.4 厘米 孔径 1.5 厘米

1978 年山东省曲阜县鲁国故城乙组 58 号墓出土

山东省 曲阜市文物管理委员会藏

玉料呈棕青色，质地细润，半透明，有光泽。主体结构是一件玉璧。沿着玉璧边缘雕琢阴线轮廓线，肉面琢有疏朗的卧蚕纹。玉璧上方突出一小齿脊，中央钻一透孔，以备系佩。玉璧两侧偏下的外缘透雕双鸟（鹦鹉？），相背而立，背部与玉璧相连接。鸟的姿态是：鸟冠修长，圆目，尖喙，身体作 S 形的蜷曲，鸟翼下垂，尾翎卷曲，形象非常生动。根据此墓墓主人胸腹间出土的由玉环、玉扁圆形珠、玉长鼓形管、玉圆柱形管和玉夔龙形饰等 11 件玉器组成玉佩，可知此器应是此墓出土的另一组玉佩中作为挈领的一件。它在组玉佩所处的位置应与上述组玉佩中的玉环相当，且其形制大同小异。（刘薇 / 文 敦竹堂 / 摄影）

二一二　玉璧 战国中期

外径 13.9 厘米

1974 年河北省平山县南七汲中山国 1 号墓陪葬墓出土

河北省文物考古研究院藏

玉料呈青色，半透明，器表有光泽。扁平体，正圆形，肉宽大于好。两面都雕卧蚕纹，内外边缘都琢有弦纹轮廓线。外缘略有残损。（张羽 / 文并摄影）

二一三　玉透雕三龙环形饰 战国中期

通径 6.4 厘米

1974 年河北省平山县南七汲中山国 1 号墓出土

河北省文物考古研究院藏

玉料呈黄褐色，半透明。体扁圆，镂雕而成。两面纹饰相同。中央一环，内外边缘雕琢突弦纹轮廓周线。环的表面刻细密的绹索纹，环外雕镂 3 条姿态相同的龙，皆作顺时针方向爬行状，颇富动态感。龙独角，圆眼，回首，张口，屈身翘尾，前后足作蜷曲状。躯体表面雕琢有鳞甲纹和云纹。此环制作工艺的难度颇大，雕镂琢磨极精，堪称战国玉器一绝。（张羽 / 文并摄影）

二一四　玉虎形佩 战国中期

长 1.1 厘米 宽 4.8 厘米

1974 年河北省平山县南七汲中山国 1 号墓出土

河北省文物考古研究院藏

玉料呈黄褐色，表面有黑斑，且有光泽。体扁平，虎张口圆目，屈身卷尾，作伏卧状。虎身雕琢绹索纹边线，并以阴刻细线和隐起的蟠虺纹雕饰虎身斑纹。虎的口、须、耳、足、尾皆镂雕成齿脊状。虎背及尾部各钻一孔，用于佩系。（张羽 / 文并摄影）

二一五　玉龙佩　战国中期

长 23.2 厘米 宽 11.4 厘米

1974 年河北省平山县南七汲中山国 1 号墓陪葬墓出土

河北省文物考古研究院藏

玉料呈黄褐色，半透明，器表有光泽。体扁平，通体雕镂而成。两面纹饰相同。龙作回首状，独角，张口，身体蜷曲，尾端作下垂状。龙足作伏卧状，足端尖细，向左、右旋。龙体周边雕琢阴线轮廓，通体雕隐起的虺纹。此器上方钻一孔，可以系佩。由于其形体较大，镂雕较精，在战国玉器中应属精品。它出土于战国时期中山国国王誓之陪葬坑，可见应是非常珍贵的工艺品。（张羽 / 文并摄影）

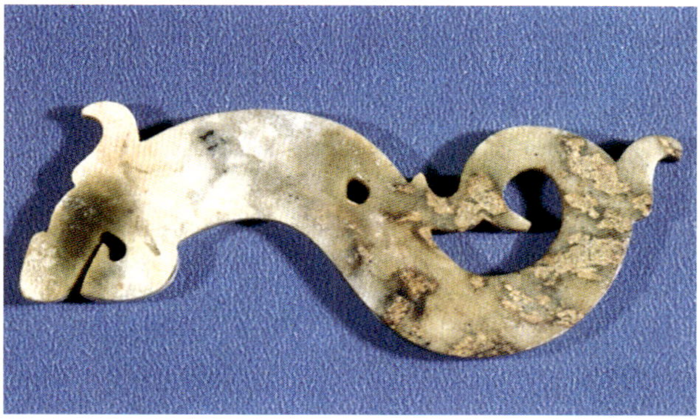

二一六　玉龙佩　战国中期

长 8.8 厘米 宽 2.2 厘米 厚 0.5 厘米

1974 年至 1978 年河北省平山县南七汲中山国 1 号墓出土

河北省文物考古研究院藏

玉质呈青灰色，器表光素无纹饰。体扁平，玉龙呈S形，俯首，前身上拱，后身下曲，尾端上卷。此龙上唇圆长，下唇向内勾，口微张。尾部内外侧各有尖状突起。中腰处钻有孔一，可供佩系。器表有墨书“它玉珩”3字。此器及其他二器墨书文字的出现，使我们确知这些玉器的名称。《史记·陆贾传》中有“橐中装”，《集解》张宴曰：“珠玉之宝也。”是否有“橐中装”之意，需进一步研究。“玉珩”，珩也作衡，如《毛诗·小雅·采芑》云：“葱衡”。《说文》云：“珩，佩上玉也。”说明玉珩在佩玉的组合连缀中位于上面。《礼记·玉藻》云：“佩玉之制，上曰珩，下系三绶，贯以蠙珠。”这件带字的玉珩应是垂于组玉佩下端之饰物。（刘来成 / 文 张羽 / 摄影）

二一七　玉双龙佩　战国中期

长 6.6 厘米 宽 3.6 厘米 厚 0.2 厘米

1974 年至 1978 年河北省平山县南七汲中山国 1 号墓出土

河北省文物考古研究院藏

玉料呈淡青灰色，半透明，有光泽。器形为两只呈弧形的龙，从中腰处作斜向交叉。龙尾皆向上旋卷，尾端与龙身连接，此二龙皆独角，张口，沿着龙身的周边雕琢单阴线。两龙相交的背部各有一小足相连接，中央镂空，构成系鼻，以供系佩。另有二小龙身躯被透雕作X状，首尾倒置，尾端与上述两龙尾部连接成一体。龙首向下并分别向外作对称旋回。二小龙头上有角，尖嘴弯成钩状。龙身雕琢鳞纹。器表的一面有墨书文字：“公全一吉玉”。公，当为诸侯及国君的通称。全，《周礼·冬官·玉人》云：“天子用全。”郑玄注云：“郑司农云：‘全，纯色也。……玄谓全，纯玉也。’吉，《逸周书·武顺》云：“礼义顺祥曰吉。”（刘来成 / 文 张羽 / 摄影）

二一八

二一九

二一八　二一九　玉虎　战国中期

长 9.9 厘米 宽 4.4 厘米 厚 0.7 厘米

1974 年至 1978 年河北省平山县南七汲中山国 1 号墓出土

河北省文物考古研究院藏

玉料呈绿色，半透明，有光泽。整个器形作伏虎形，虎头上琢椭圆形眼睛，闭口，下颚上卷。虎背雕琢有较宽的绹索纹带，其下雕琢勾云纹。采用单阴线勾云纹雕出前足和短粗的后足。虎尾向上旋卷，中镂一孔。虎背顶端钻一穿，用于系佩。虎口与尾和后足间各钻一较大的圆孔，可用于垂缀饰物。此器一面琢有纹饰，另一面平素无纹，但有墨书“集玉”二字。集，当为搜集或聚集之意。（刘来成 / 文 张羽 / 摄影）

二二〇　**玉双夔龙长方板　战国中期**

长 14.8 厘米　宽 12.5 厘米

1975 年河北省平山县七汲村中山国 3 号墓出土

河北省文物考古研究院藏

墨玉，不透明，表面光洁。长方形，对角各雕琢一兽，其形象与大小相同。采用隐起雕法，故画面有浮雕感。夔龙回首，独角上翘，枣核形眼，用单阴线S纹雕琢上下吻。兽颈饰环带。兽身蜷曲，作伏卧状。身躯表面雕琢细密的方格纹、人字纹、曲线纹。兽足刻勾云纹和方格网状纹。两爪尖锐，握作环状。修尾向上翘卷，尾尖指向兽首。两兽的侧面雕琢较大的变形饕餮纹，双目圆睁，上吻作ᔕ纹，采用骈列的多条细线纹构成的胡须向上作S形旋转，双目间用骈列的多条细线纹组成的鼻梁呈对应的倒钩形。左右脸庞采用隐起式的勾云纹勾出轮廓。上方生出两角，角端向内平伸上旋。这两个变形饕餮纹的鼻间、吻下和两颊皆雕琢细密的网状方格作地纹，将隐起的饕餮主纹衬托得非常醒目。使这件用墨玉雕成的双夔龙变形饕餮纹长方板成为具有较高艺术价值的文物珍品。（张羽 / 文并摄影）

二二一 玉透雕双龙板 战国中期

长 14.7 厘米 宽 11.5 厘米

1975 年河北省平山县七汲村中山国 3 号墓出土

河北省文物考古研究院藏

玉料呈灰黑色，不透明，器表光洁。扁平体，长方形薄板状。首先在玉板上雕出较宽的十字隔栏，将其界开为 4 个横长方形空间。这隔栏及长方板的周边表面左右两短边皆雕琢有长方形或三角形装饰花纹。在这些三角形和长方形的表面，有的雕琢有细密方格纹，有的光素无纹。然后在上述隔栏所界出的横长方形中镂雕动物纹样。上面的两方雕对夔龙，它们的形象是：夔龙头向后旋回，独角，扁圆眼睛，上吻长于下吻。颈部刻有环带。此夔龙屈身，前足伸向右下角，尾尖与长方形左上角相连接，后足作立姿，其下端向前作伏卧状。夔龙的周边雕琢阴线纹，偶见云纹装饰，夔龙身分节雕琢成细密的菱形格和人字纹，颈下、中腰和股部光素无纹。与此夔龙对应的长方框内，雕琢与它的形象相同、大小近似、方向相反的镂空夔龙纹。上述两夔龙足下各钻一孔。其下的两个横长方形内，镂雕艺术形象完全相同，并且在构图上有互相对应的龙纹。扁平的龙头向上，雕单阴线琢成的双目。龙的身躯蟠绕呈横 S 形。随着龙身的曲线雕琢骈列的阴线二条，两线所夹的空间雕绹索纹，绹索纹的外边，各刻一行鳞甲纹（另一龙各雕琢两行鳞甲纹）。龙尾两歧，和同龙足与边框相连，构成许多镂空装饰。此玉板上的龙、夔龙纹饰构图简练合理，讲究对称的艺术手法，镂雕龙、夔龙形象富有生气。（张羽 / 文并摄影）

二二二 玉龙纹饰板 战国中期

长 10.6 厘米 宽 6.3 厘米

1975 年河北省平山县七汲村中山国 3 号墓出土

河北省文物考古研究院藏

玉料呈灰黑色，透明度较差，器表雕琢光洁。扁平体，长方形。玉板琢出较宽的突起的边缘。花纹可分两区：一、在玉板一端将近三分之一的地方，雕出隐起的横向隔栏，隔栏上雕有细密菱形和素面相间的装饰纹样。隔栏上方的横长方形中，雕琢隐起的一首双身的龙纹。龙首位于中下部，以单阴线纹雕出龙的双眼及双角。此龙的双身向两侧分歧，向左右伸展，作 S 状蜷曲。尾端指向长方板的两上角。龙的身躯满饰谷纹，唯龙足部饰阴线纹和云纹。龙纹上方雕隐起的阴线勾云纹。二、长方板另一端从左上角到右下角雕有对角线，此线由细密的平行短线条组成，将长方板的下部分为两区：一是右上角的三角形区，雕隐起的夔龙纹。它的头部向上，可见椭圆形的双目。夔龙的上吻前伸，然后上旋。闭口。夔龙角修长，向后伸延，其表面雕琢密细的方格纹。夔龙的躯体雕琢有细密的鳞纹、勾云纹和骈列的单阴线纹。龙足位于身躯下方的小三角空隙处。二是在左下方的三角区内，雕琢隐起的龙纹。龙首由阴线雕成双眼。龙身作顺时针的方向扭曲，尾端伸入三角形的左上角处。龙身周边雕有单阴线，表面雕琢鳞纹。龙足雕云纹阴线和细密的云纹。（张羽 / 文并摄影）

二二三 玉夔龙纹佩 战国中期

长 10 厘米 宽 3.2 厘米

1977 年河北省平山县七汲村中山国 1 号墓出土

河北省文物考古研究院藏

玉料呈黄褐色，半透明，有光泽。夔龙作横 S 状屈曲，头在身躯之下。扁圆眼睛，独角，张口，沿着头角及上、下吻雕有阴线纹，上颚雕细密的绹索纹。后段身躯向上回旋，近尾处分歧为二：其一向左下方弯曲，尾端雕骈列的曲线纹；另一尾端与上述尾部作反方向回卷，尾尖再次分歧，作鱼尾状。身躯中部雕二足。整个夔龙身皆琢有两行云雷纹。中背钻一孔。（张羽 / 文并摄影）

二二四　玉透雕四凤饰 战国中期
长 5.6 厘米 宽 2.6 厘米
1974 年至 1978 年河北省平山县七汲村中山国 3 号墓出土
河北省文物考古研究院藏

玉料为黄色，半透明。体扁薄，略呈长方形布局。透雕双凤，相向而立。尖喙相连，圆目修冠，曲身振翼，尾翎修长，凤足立于卧蚕纹璜上。凤翼及凤翎上皆雕琢阴线纹。上述双凤下雕琢对称的凤鸟，皆仰姿，尖喙向上，长冠垂下，圆眼。前爪与上面的凤身相连接，后爪连接于卧蚕纹璜的两端。这对凤鸟的羽翼下垂，作飞翔状。此器形体不大，但通过艺人的精雕细琢，将其制作为拥有不同形象的 4 只凤鸟，尤其是采取镂空的艺术手法，突出地塑造了凤鸟飞翔时的动态感，以及其既平衡又对称的艺术形象。（张羽 / 文并摄影）

二二五　玉龙纹佩 战国中期
长 2.3 厘米 宽 1.6 厘米
1975 年河北省平山县七汲村中山国 3 号墓出土
河北省文物考古研究院藏

玉料呈灰白色，半透明。扁平体，长方形。龙蜷曲于长方形的边框内，躯体呈 S 状。它的头、尾和龙足与边框相连接的空间雕琢有镂空。边框四角、四边饰斜方格纹。（张羽 / 文并摄影）

二二六　玛瑙串饰 战国中期
最大者径 1.3 厘米 最小者径 0.5 厘米
1976 年河北省平山县七汲村中山国 3 号墓出土
河北省文物考古研究院藏

珠子可分为红色、橘红色、紫晶色、白色、蓝色，表面碾磨光滑，形体呈扁圆形。单面钻孔，孔壁光滑。各种颜色的珠子交叉穿连，彩色斑斓，大方美观。（张羽 / 文并摄影）

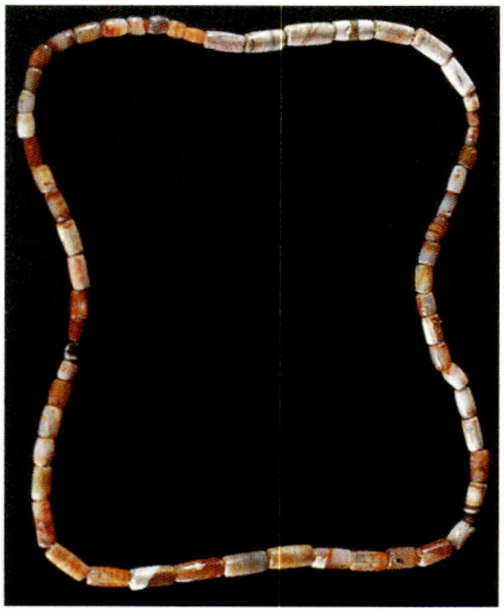

二二七　玛瑙管珠串饰 战国中期
大管长 2 厘米 小管长 0.8 厘米
1976 年河北省平山县七汲村中山国 3 号墓出土
河北省文物考古研究院藏

串饰由 62 枚珠管组成。珠管呈红、橘红等多种颜色。有的珠管半透明，但表面磨碾极光洁。珠管呈圆柱状，两端略细。单面钻孔，孔壁规整无滑。以绳穿系，可作项饰。（张羽 / 文并摄影）

二二八　玉璧 战国晚期
外径 13.9 厘米
1974 年河北省平山县七汲乡南七汲中山国 6 号墓陪葬墓出土
河北省文物考古研究院藏

玉料呈青色，半透明，有光泽。体扁圆，肉大于好，内外两缘皆雕出突起的宽边，通身饰卧蚕纹。两面纹饰相同，尚属精工。（张羽 / 文并摄影）

二二九　玉人 战国中期

最大者高 4 厘米 最小者高 2.5 厘米

图左一个是 1976 年河北省平山县七汲村中山国 6 号墓出土

图右三个是 1976 年河北省平山县七汲村中山国 3 号墓出土

河北省文物考古研究院藏

从左向右，玉人一玉料呈黄色，半透明。从其形象看，应系一立姿孩童。头顶梳有圆形小髻，耳、目、鼻、口系以阴线雕出，比较清晰。圆脸，穿无领圆口长袍，窄袖。此童子袖手于胸前。胸部与两腋处琢有螺旋纹。腰间系有蔽膝，垂及足部。蔽膝由3块方形图案组成，上下二方无纹饰，中间的一块雕极细密的菱格纹。童子两腿伫立，胫足间可见斜方格裤脚。此童袍服下部以大方格图案为饰，方格内填以细小的菱格纹。

玉人二为墨灰色的玉料雕成，半透明。系青年女性造型，立姿。头上梳有尖角状双髻，上刻阴线细发。圆脸，耳、目、口、鼻皆以单阴线刻成，比较清晰。身着无领圆口右衽小袖长袍，胸与两腋间琢勾云纹。此女袖手于胸腹间。腰系大带，不见带钩。腹膝间可见蔽膝，蔽膝图案作方格形，3层，上下两格素面，中间的有细密的菱格纹。袍服的两下角有光素无纹的大方格装饰，其下可见裤脚。

玉人三为青褐色石料雕成立姿女性，身材窈窕，亭亭玉立。头梳一对角髻，圆脸。以单阴线琢出眉、目、口、鼻。双耳外张。身着无领袍服。胸与两腋间雕勾云纹。窄袖，袖手于胸前。袍服的纹饰分作3副，每副由5个大方格组成。方格中有素面的，也有雕细密的菱格纹的。不过它们都是交叉出现。长袍下缘有窄边。

玉人四玉料呈黄褐色，半透明。雕琢成身材矮小的女性，立姿。头梳角形双髻，表面琢有象征发丝的细阴线纹多条。圆脸，以单阴线琢出眉、目、口、鼻。身着圆口无领长袍，肩下隐起螺旋纹。右衽，小袖。玉人袖手。腰系大带，带面上雕绞丝纹。袍服以 9 块大方格为装饰，有的方格中雕有细密的菱格纹。有些方格保持素面。从袍服的下角可见开叉的衣襟。袍下可见裤脚。（张羽 / 文并摄影）

二三〇　玉龙纹长方板 战国晚期

长 21.5 厘米 宽 5.4 厘米

1975 年河北省平山县七汲村中山国 6 号墓出土

河北省文物考古研究院藏

玉料呈黑灰色，不透明，器表雕琢光洁。体扁平，长方形。采用 3 条横向的隔栏将长方形玉板界成 3 区，每区又以较宽的对角线隔栏界成两个对应的直角三角形。在三角形中分别雕琢龙和夔龙纹。例如右端的的三角形中雕琢伏卧的夔龙，头向上举，上吻长于下吻，闭口，头后生有长角，伸向三角形的一个锐角。夔龙体躬屈，尾端指向一角。夔龙角、中腰和尾部皆琢有细密的鳞甲纹和人字纹。在与上述对应三角形内，雕琢隐起的龙纹，龙头居中，可见单阴线刻的双目。龙身作反时针方向旋转，尾端伸向三角形的一个锐角。龙身满饰阴线雕成的鳞甲纹，龙足雕有细密的方格纹和云纹。长方板的中、左端的纹样与右端的重复，唯夔龙和龙纹的位置互相交错。长方板的左端雕有部分纹饰，可与其他玉板纹样拼接成完整的画面。（张羽 / 文并摄影）

二三一　玉龙纹板　战国晚期
长 14.8 厘米　宽 11.3 厘米
1975 年河北省平山县三汲乡七汲村中山国 6 号墓出土
河北省文物考古研究院藏

黑灰色的墨玉，不透明。扁平体，长方形。画面雕琢 4 龙纹作对称蟠绕的形象，其构图非常精妙。龙纹皆系隐起雕刻，有浅浮雕的感觉。由于其纹饰具有明鲜的对称性，所以先叙述画面一半的龙纹形象：两条形体较大的龙皆蟠绕作横 8 形，龙头相向，交叉于龙身屈曲的空当间。扁圆的龙头上雕出双目，额头雕短密的阴线纹。龙身的边缘篆刻有较粗的隐起边线。它的前后足附丽于躯体两旁，足端可见利爪。龙尾两歧并分别向上勾卷。龙的身躯上再雕琢小龙，其躯体与大龙的身躯相重合，只是小龙躯体上的纹饰不同，其一雕绹索纹，另一雕鳞甲纹。玉板的另一半图案的构图与上述纹样相同，然龙身的纹饰相反，即对角线上的两龙身躯纹饰一致。这块玉板上的龙纹的设计颇具匠心，在没有增加画面的空间情况下，龙的数量增加一倍。这种设计给以人一种新颖奇巧的感受。(张羽 / 文并摄影)

二三二　玉璧 战国中期
外径 11.5 厘米
1977 年河北省平山县七汲村中山国 1 号墓出土
河北省文物考古研究院藏

玉料呈黄褐色，半透明，表面莹润光洁。璧的内外缘雕突起的周边，肉面刻有疏朗较大的卧蚕纹。（张羽 / 文并摄影）

二三三　玉璧 战国中期
外径 14.6 厘米
1977 年河北省平山县七汲村中山国 1 号墓出土
河北省文物考古研究院藏

玉料呈黄褐色，有小面积的灰色沁斑，半透明，器表光洁。内外缘周边都琢有阴纹周线。璧肉雕琢 5 周勾连云纹。然勾连云纹分布不规整。这种现象证明碾玉的匠师并不是事先将云纹设计于璧肉的表面上的。他所留出的空白，不够雕琢一枚云纹或双勾云纹的面积，所以璧肉上才显示出一条未琢纹饰的光面。在这条光素无纹的璧肉两侧，可见用半个谷纹补齐文饰的现象，其目的是为了尽力地将空缺纹饰的部分补齐，以突出显示未雕琢纹饰的部位。（张羽 / 文并摄影）

二三四　玉环 战国中期
外径 4.8 厘米
1977 年河北省平山县七汲村中山国 1 号墓出土
河北省文物考古研究院藏

玉料呈黄褐色，质地细润，半透明，表面有光泽。内外壁雕单阴线周线，环的表面阴琢较大的勾云纹。（张羽 / 文并摄影）

二三五　玛瑙环　战国中期
外径 4.5 厘米
1977 年河北省平山县七汲村中山国 1 号墓出土
河北省文物考古研究院藏

以玛瑙为原料，雕琢成环，剖面作三角形。半透明，表面碾磨得极为光洁。（张羽 / 文并摄影）

二三六　水晶环　战国中期
外径 13.6 厘米
1977 年河北省平山县七汲村中山国 1 号墓出土
河北省文物考古研究院藏

以微带紫色的透明水晶为原料，雕琢成环形。其剖面内壁平直，外缘呈弧形。表面碾磨得极其光洁。（张羽 / 文并摄影）

二三七　玉冲牙　战国中期

长 6.8 厘米

1977 年河北省平山县七汲村中山国 1 号墓出土

河北省文物考古研究院藏

玉料呈黄色，质地莹润，半透明，有光泽。器形似蚕，头部钻一孔，以便系坠。蚕头雕琢弧形阴线，蚕身雕琢隐起的虺纹。（张羽 / 文并摄影）

二三八　玉双龙首玦　战国中期

外径 3.9 厘米

1977 年河北省平山县七汲村中山国 1 号墓出土

河北省文物考古研究院藏

玉料为黄褐色，半透明。器呈环形，有缺口，缺口的两端雕作龙首形，扁圆眼睛，独角，张口。内外周边雕出阴线纹轮廓线，玦的表面雕琢卧蚕纹。背部钻一孔，以便系佩于耳部。（张羽 / 文并摄影）

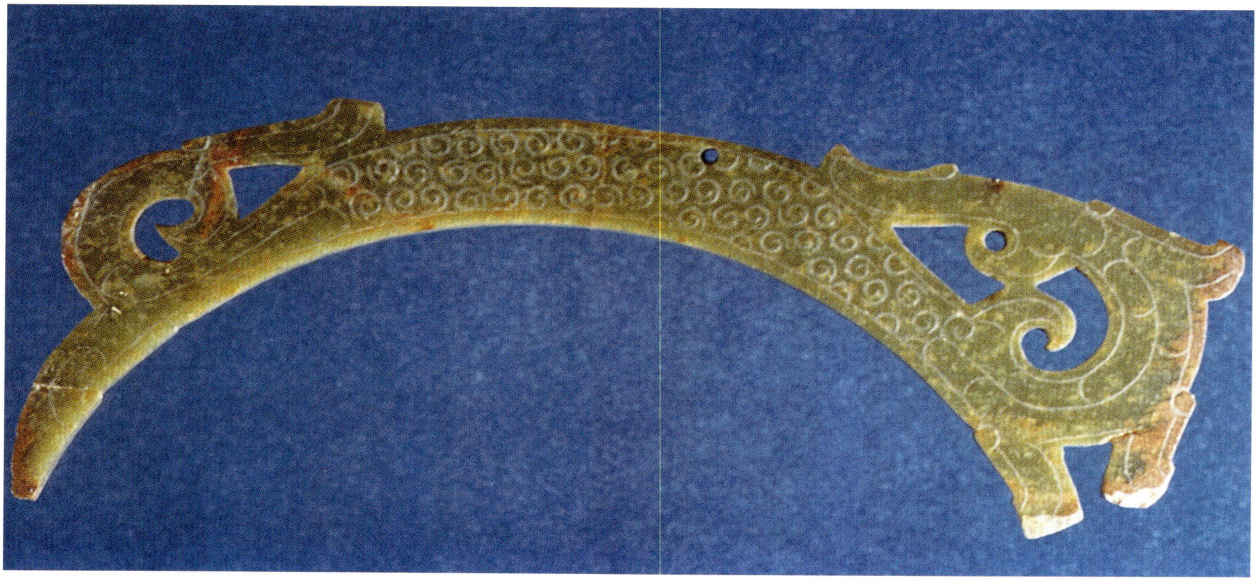

二三九　玉夔龙纹觿　战国中期

长 22 厘米

1977 年河北省平山县七汲村中山国 1 号墓出土

河北省文物考古研究院藏

玉料作青灰色，半透明。龙作回首状，独角，上吻颇长，口钻一牙。颈部刻单阴线纹，向后旋卷与下吻相交，构成镂空。颈侧有前足伸出，略残缺。身躯作半环圆形，并较颈、尾粗壮，一面饰云纹。尾部分歧为二：一支向前回卷与龙体相交，形成镂空；另一支尾端向下弯曲，颇尖锐，用以解结。背部钻一小穿孔，用于系佩。（张羽 / 文并摄影）

二四〇 **玉蟠龙椭圆形璧 战国中期**
长 8.9 厘米 宽 4.3 厘米
1977 年河北省平山县七汲村中山国 1 号墓出土
河北省文物考古研究院藏

玉料呈黄褐色，半透明，有光泽。玉璧呈椭圆形的“璧羡”，内外缘琢出弦纹周线。璧面琢出疏朗的卧蚕纹。透雕蟠龙附丽于璧的左右。玉璧右侧龙首朝上，独角，闭口，身向下蟠曲，下端一分为二：其一身向上顺时针方向旋转，尖尾回环，中钻一穿；另一身躯向左下方回环，龙身分歧处另钻一孔。玉璧左侧的蟠龙纹与上述的形象一致，但其布局对称，方向相反。此器器形颇似螃蟹。在发掘品或传世品中，颇为罕见。（张羽 / 文并摄影）

二四一 **玉双凤饰璧 战国中期**
高 4 厘米 横宽 7.6 厘米
1977 年河北省平山县七汲村中山国 1 号墓出土
河北省文物考古研究院藏

玉料呈白色，有铜绿色沁斑。右侧凤鸟尾部呈棕褐色。透明度较强，质地温润，雕琢工艺精细。玉璧的周边琢有单阴线周线。肉面雕琢疏朗的卧蚕纹。此璧左右透雕相背而立的双鸟，凤冠修长，与璧边相连。凤首外向，尖喙连胸。凤身作S状的弯曲，细颈挺胸，翼尖向后，上卷。一足前伸，尾翎的末端与璧的边缘连接。玉人以单阴线纹雕出两凤的轮廓。表面偶见云纹阴线装饰。除玉璧与凤鸟形体相接处有镂空外，凤喙与凤身相连接处也有镂空，此器透雕颇精。（张羽 / 文并摄影）

二四二　玉璜 战国中期
长 5.4 厘米 宽 1.6 厘米
1977 年河北省平山县七汲村中山国 1 号墓出土
河北省文物考古研究院藏

玉料呈白色，一端有小片茶褐色沁斑，质地温润，半透明，疑为和田籽玉。器形约当璧面的三分之一强，上下边缘多齿脊，左右两端边各有齿脊二。器表雕琢隐起的蟠虺纹，两端各钻一孔，以供穿系。从其两端钻孔、中背无穿的现象看，此璜的佩戴颇似河南省三门峡市虢国墓地 2001 号墓主人胸部玉璜的穿系方法，即以绳索贯串蠙珠，然后分别自玉璜两端钻孔穿过，形成组玉佩。其最上的一璜为挈领，其他的璜皆仰着贯串。此璜表面琢磨光洁，工艺极精。（张羽 / 文并摄影）

二四三　玉璜 战国中期
长 4.9 厘米 宽 1.5 厘米
1977 年河北省平山县七汲村中山国 1 号墓出土
河北省文物考古研究院藏

玉料呈黄褐色，质地温润，半透明，有光泽。此璜约璧的二分之一，两端雕琢成龙首形，独角，眼作菱形，上吻长于下吻，闭口，中钻一穿。吻部和颈下雕卷云纹，颈部刻绞丝纹，龙的身躯雕突弦纹。中央钻一穿，以备系佩。龙的躯体雕琢有勾云纹和细密的网格纹。（张羽 / 文并摄影）

二四四　玉团夔饰 战国晚期
高 4.7 厘米 宽 5.8 厘米
1975 年河北省平山县七汲村中山国 6 号墓出土
河北省文物考古研究院藏

质地似灰色的璞，不透明，有光泽。体扁平，略呈椭圆形。夔作方璧形，中央钻镂一穿。左上角伸出夔首，张口，缩颈，尾微上翘，下方雕出前后二足。夔身边缘雕阴纹，表面雕琢阴线刻成的云雷纹。（张羽 / 文并摄影）

二四五　玉环 战国中期

外径 5.5 厘米 内径 3 厘米 厚 0.2 厘米

1957 年河南省信阳县长台关 1 号墓出土

中国历史博物馆藏

白色，表面有褐斑，质地细润，琢制精细。体扁平，正圆形，好大于肉。两面雕琢卧蚕纹，内外边缘有弦纹各一周。（马秀银 / 文）

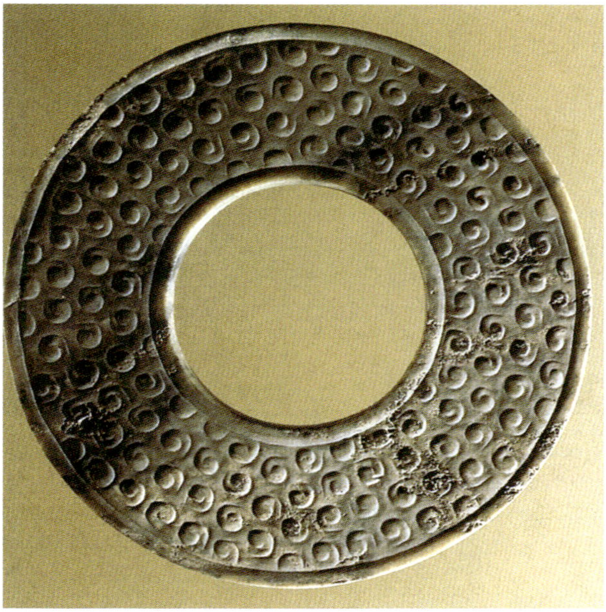

二四六　玉璧 战国中期

外径 5.9 米 厚 0.65 厘米

1957 年河南省信阳县长台关 1 号墓出土

中国历史博物馆藏

玉料呈灰绿色，有黑斑，半透明，有光泽。扁平体，正圆形。中央有一穿。两面饰卧蚕纹，内外周边饰弦纹。（马秀银 / 文）

二四七　玉佩 战国中期

长 7.8 厘米 宽 2.2 厘米 厚 4 厘米

1957 年河南省信阳县长台关 1 号墓出土

中国历史博物馆藏

玉料呈淡绿色，偶有黄褐斑痕，质地莹润，有光泽。扁平体，呈扇面形，实为缕空 4 凤连体璜。下弧中部有尖的拱起缺口。此器周边雕阴线，器表主纹是透雕凤首纹，镂空外缘雕隐起的勾云纹。此佩上弧中央和左右两下角处钻有穿孔，可供佩系。（马秀银 / 文）

二四八　二四九　玉璜 战国中期

长 15.2 厘米 宽 3 厘米 厚 0.4 厘米

1957 年河南省信阳县长台关 1 号墓出土

中国历史博物馆藏

玉料呈淡绿色，半透明。体扁平，长弧形，两端稍宽，中腰略细。器表雕琢卧蚕纹，周边有凸弦纹。四边有对称的牙脊。中腰钻一圆穿，可供系佩。颜色、形制花纹和佩戴方式与二四八玉璜相同，故两者成对。（马秀银 / 文）

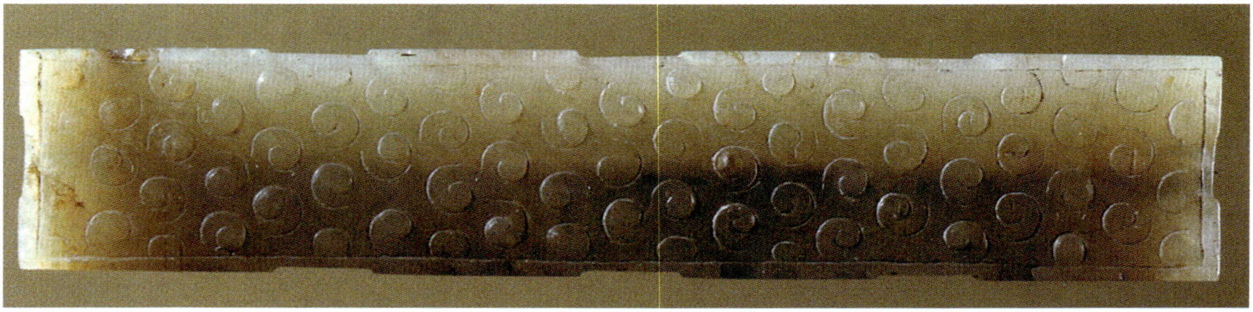

二五〇　玉长条齿边形饰 战国中期

长 8.8 厘米 宽 1.8 厘米 厚 0.5 厘米

1957 年河南省信阳县长台关 1 号墓出土

中国历史博物馆藏

玉料呈淡绿色，质地细润，半透明，表面有光泽。体呈长条形状，周边有规整对称的长方形脊牙。器表琢有卧蚕纹。上下两端的缺口处钻有直径 0.3 厘米的透孔。（马秀银 / 文）

二五一　玉双夔龙纹佩 战国中期

长 8.6 厘米 宽 4 厘米 厚 0.3 厘米

1957 年河南省信阳县长台关 1 号墓出土

中国历史博物馆藏

玉料呈白色泛黄，偶有褐色斑痕，半透明，有光泽，质地温润，雕琢颇精。扁平体，扇面形。主纹由连体的双夔龙和牛首纹构成。双夔龙相背连尾，躯体蜷曲。夔龙首分别向左右回卷，上昂，并以其嘴与躯体连接。夔龙冠修长，向外斜伸。夔龙爪卷曲，并与夔龙冠连接。牛首位于凤身下方，以嘴衔夔龙身，面部琢细密的网纹，双角自头顶分向左右，角尖向下弯曲。夔龙爪和牛首的双目皆镂空，可供穿系。玉人以隐起的技法使玉佩表面具有浅浮雕感，并以阴线雕出曲线纹、勾云纹和细小的方格纹装饰夔龙的颈侧和牛首的脸面，使此器显得分外华丽。（马秀银 / 文）

二五二　玉龙佩　战国中期

长 10 厘米 宽 5.3 厘米 厚 0.55 厘米至 0.53 厘米

1957 年河南省信阳县长台关 1 号墓出土

中国历史博物馆藏

以碧玉制作而成，半透明，器表碾琢光洁。体扁平，龙的躯体呈弯曲形，多镂空。龙独角，张口，卷尾，一足前伸。通体雕琢阴线卷云纹。中腰有一穿，可供悬佩。出土时两两成对。（马秀银 / 文）

二五三　玉双龙佩 战国中期

长 7.7 厘米 宽 3.5 厘米 厚 0.3 厘米

1957 年河南省信阳县长台关 1 号墓出土

中国历史博物馆藏

玉料呈青绿色，质地细润，有光泽。体扁平，作双龙相背蜷曲状。龙首向上蟠绕，张口，并以上唇舔吻龙身。它的下吻向上卷曲，贴附于龙身。龙口镂空，形成左右两穿。在双龙躯体构成的拱形空档处，采用镂空技术雕琢仰置的兽面。兽面的嘴咬龙身，它的鼻子、双目及龙身中央镂空。双角向左右伸张，角尖向下弯曲，兽面左右伸出须状物与龙身连接为一体。双龙及兽面的雕琢皆具浮雕感。又以阴线雕琢单或双曲线卷云线和斜方格纹作为此器表面装饰。因此，此佩造型别致，应是楚玉中的上乘之作。（马秀银 / 文）

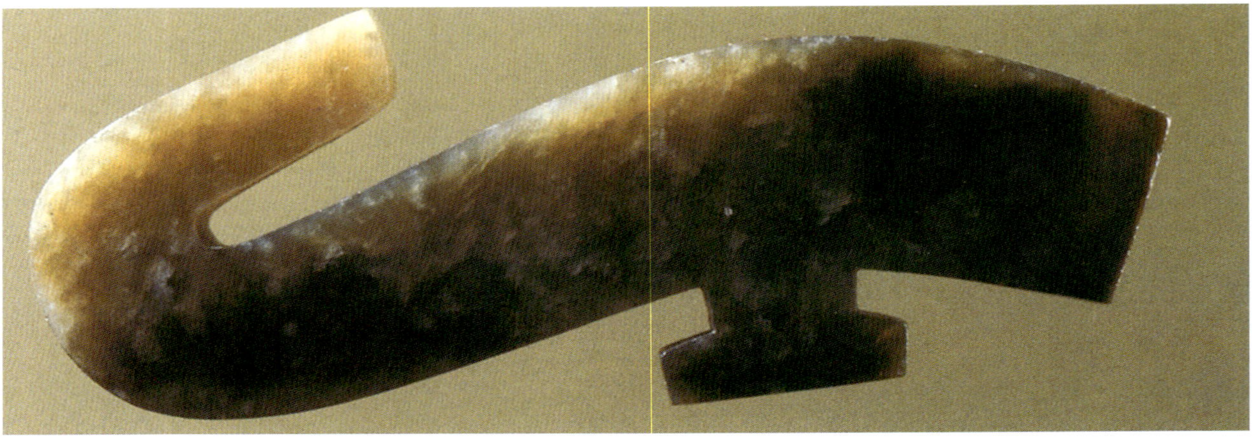

二五四　玉带钩　战国中期

长 6.9 厘米　上宽 1 厘米　下宽 0.85 厘米　厚 2.2 厘米

1957 年河南省信阳县长台关 1 号墓出土

中国历史博物馆藏

玉料呈棕黄色，深浅不一，半透明，有光泽。素面，碾磨光洁。断面作四棱形。钩的一端作鸭首状。钩身内壁有圆纽，可纳入革带。（马秀银 / 文）

二五五　错金嵌玉铁带钩　战国中期

长 21.5 厘米　身宽 2.4 厘米

1957 年河南省信阳县长台关 1 号墓出土

中国历史博物馆藏

扁条形。钩端有错金鸟首，器身镶嵌蟠虺纹金质浮雕 4 块，其中一块作三角形，表面铸有两螭一首浮雕；另有 3 块作方形，表面铸蟠螭盘绕，旁立一兽。另有 3 块青色卧蚕纹方玉，分别嵌镶在金块之间。带钩的周边饰以金银错细线、菱形、三角勾云纹和云纹等装饰。不过，带钩的主体材料系铁质。上述带钩系运用金、玉、铁等不同材料，以错金、镶嵌、碾琢、铸造等极其复杂的工艺流程，通过工师精工细作，巧妙地制成如此熠熠生辉的艺术杰作，堪称楚文物中之精绝作品。（辛立华 / 文）

二五六

二五七

二五六　二五七　玉璜　战国中期

长 14 厘米　宽 3 厘米　厚 0.3 厘米

1957 年河南省信阳县长台关 1 号墓出土

中国历史博物馆藏

玉料呈淡绿色，局部有褐色斑痕。体扁平，呈弧形，中腰较窄，两端略宽。器身周边起突棱，外缘有对称的牙脊。两面皆琢有排列紧密的卧蚕纹。靠近弧背中部钻一穿，可供悬佩。此器与上述玉璜成对。（马秀银 / 文）

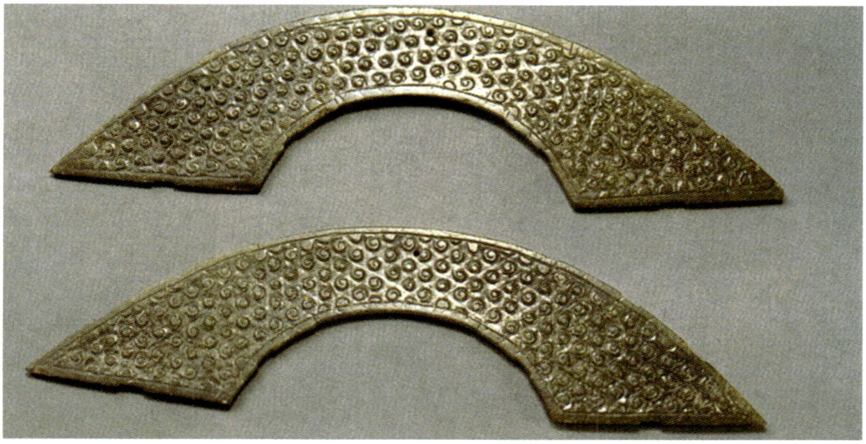

二五八　玉璜（一对）　战国晚期

长 15.5 厘米　中宽 3.3 厘米　厚 0.6 厘米
1965 年湖北省江陵县望山 1 号墓出土
湖北省博物馆藏

玉料呈青色，器表有光泽。璜的弧度较大，中窄而两端较宽，且有较小牙脊。周边刻阴线，器表雕琢卧蚕纹。璜背中部钻一孔，以便系佩。两件成对，同形同纹。（陈善钰 / 文）

二五九　玉龙形佩（一对）　战国晚期

长 18 厘米　宽 14 厘米　厚 0.5 厘米
1965 年湖北省江陵县望山 2 号墓出土
湖北省博物馆藏

玉料呈碧绿色，质地温润，表面有光泽。两器大小相近，造型大同小异，龙身呈 S 形蜷曲，扁平体。龙首张口，尾向右旋，龙足向外屈曲，作爬形状。外轮廓雕弦纹周线。两面皆雕卧蚕纹。中腹顶部钻一孔。另一器龙的前足钻一孔。（陈善钰 / 文）

二六〇　玉龙形佩（一对）　战国晚期

长 28 厘米　宽 5.6 厘米　厚 0.4 厘米
1965 年湖北省江陵县望山 2 号墓出土
湖北省博物馆藏

玉料呈碧青色，表面有光泽。两件成对，体扁平，透雕，龙身蜷曲呈 S 形，龙首反曲作回顾状。独角，龙尾上旋，龙一足向腹部屈展，分歧为二：一端前伸，另一端向左旋转。后足向后伸展，作奔驰状。此二器的外轮廓皆琢有单阴线。龙的躯体中段雕阴线云纹，首尾雕阴线纹。龙脊背中部和龙口各钻一孔，以供系佩。（陈善钰 / 文）

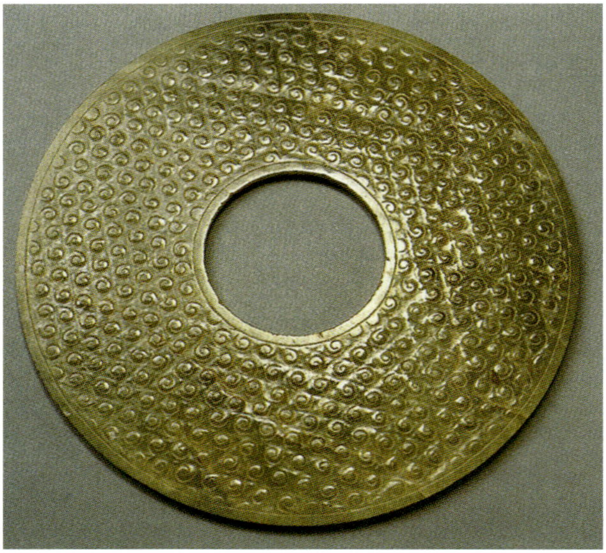

二六一　玉璧 战国晚期

外径 21.7 厘米 内径 8 厘米 厚 0.8 厘米

1965 年湖北省江陵县望山 2 号墓出土

湖北省博物馆藏

玉料呈青黄色。体扁平，正圆形，肉宽大于好。虽然两面雕琢菱形格，因为菱形格中雕隐起的卧蚕纹，故仍不类蒲璧。璧的内外缘雕琢略宽的弦纹轮廓线。（陈善钰 / 文）

二六二　玉璧 战国晚期

外径 7.3 厘米 内径 3.2 厘米

1985 年湖南省澧县新洲 1 号墓出土

湖南省文物考古所藏

玉料呈绿色，有黄褐色斑点。周边近三角形，肉的表面饰隐起的卧蚕纹。（裴安平 / 文 陈美如 / 摄影）

二六三　玉璜 战国晚期

长 5.6 厘米 宽 1.7 厘米 厚 0.42 厘米

1985 年湖南省澧县新洲 1 号墓出土

湖南省文物考古所藏

玉料呈青色。扁平体，约当璧周的二分之一。龙首位于玉璜的两端，五官极简略，仅可看出张着的龙口。龙的躯体弓曲，上下以阴线纹雕琢出轮廓线，靠近龙首附近的外缘琢成对称的齿边。玉璜表面饰阴线云纹。龙背上方钻一孔，以备系佩。（裴安平 / 文 陈美如 / 摄影）

二六四　玉璜 战国晚期

长 5.3 厘米 宽 1.5 厘米 厚 0.5 厘米

1985 年湖南澧县新洲 1 号墓出土

湖南省文物考古所藏

玉料呈淡茶色，有黑、白色疵斑。扁平体，约当璧周的二分之一。龙首皆侧面，分置于玉璜的两端，以双阴线雕琢出轮廓。龙角短小，张嘴，椭圆形眼睛。龙身饰卧蚕纹，背部顶端钻一孔。（裘安平 / 文 陈美如 / 摄影）

二六五　玉佩 战国晚期

长 9.6 厘米 宽 4.2 厘米 厚 0.4 厘米

1985 年湖南省澧县新洲 1 号墓出土

湖南省文物考古所藏

玉料呈白色。器形略有残缺。扁平体，半圆形，透雕连体龙形。龙首位于两端，用阴线纹刻出龙的轮廓和细部。表面雕琢隐起的卧蚕纹，并有 8 个钻孔，可供佩系。（裴安平 / 文 陈美如 / 摄影）

二六六　玉龙形佩 战国晚期

长 14.2 厘米 宽 4.7 厘米 厚 0.4 厘米

1985 年湖南省澧县新洲 1 号墓出土

湖南省文物考古所藏

玉料呈青色，有黑色疵斑。体扁平，龙体作伏卧蜷曲状，回首，龙吻与躯体连接，尾巴向上回旋，前后足皆向前屈伸。龙首有较长的独角，向前出伸并向上旋。龙角、足、尾皆以平行的阴线作为装饰，龙身除雕以阴线纹轮廓外，满饰勾云纹。此器多处镂空，龙头和背部各钻一孔，可供系佩。此墓出土此种玉佩两件，与他器合成组玉佩。（斐安平 / 文 陈美如 / 摄影）

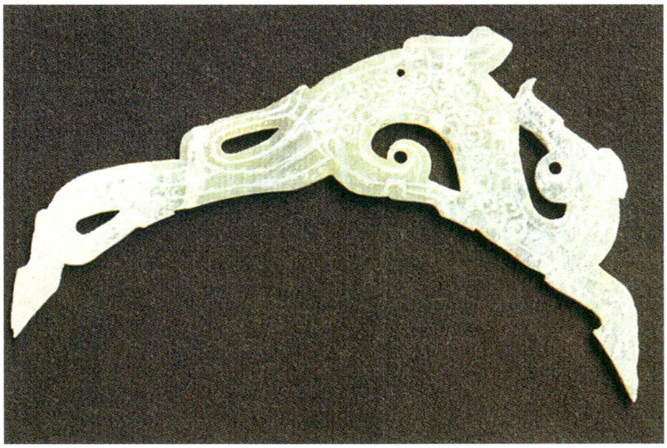

二六七　玉龙形佩 战国晚期

长 19 厘米 宽 12.5 厘米 厚 0.42 厘米

1985 年湖南省澧县新洲 1 号墓出土

湖南省文物考古所藏

玉料呈青色，有白色斑疵。体扁平。龙首低垂，独角，上吻外伸，下唇短而卷曲。龙的躯体边缘用单或双阴线雕刻轮廓线，或以多条阴线纹装饰龙的足爪。龙的全身作蜷曲伏卧状，其一足向上伸出，另一足向身后延伸，一足作伏卧状，另一足于尾端向颈部伸出，并与其连接。此龙四肢皆以艺术夸张的手法予以雕琢，不受其主体与肢体比例的限制。龙的躯体表面雕琢勾云纹。除镂空装饰以外，龙头、龙身和龙尾各有一个钻孔，可供系佩。此器共出两件，可与他器合成组玉佩。（斐安平 / 文 陈美如 / 摄影）

二六八　玉环 战国晚期

外径 9 厘米 孔径 6.4 厘米 厚 0.4 厘米

1979 年至 1980 年河南省淮阳县平粮台 16 号墓出土

河南省文物研究所藏

玉料呈黑褐色，部分黄褐色，部分近白色，半透明，有光泽。好宽于肉。肉饰疏朗的卧蚕纹，做工甚精。（贾峨 / 文）

二六九　玉双鸟双兽璧形器 战国晚期

高 3.4 厘米 宽 3.2 厘米 厚 0.4 厘米

1979 年至 1980 年河南省淮阳县平粮台 16 号墓出土

河南省文物研究所藏

玉料呈茶色，半透明，质地细润。下部为相背伏卧的连尾双兽，其上雕琢正圆形的小型玉璧，两侧各雕相向的立鸟，鸟冠、喙、羽尾皆清晰可见。双兽首承玉璧，且有上扬的飞翼。此器整体形象颇似信阳楚墓出土的虎座鼓。由于双虎的连尾处钻有一穿，可以推知它不是“鼓形佩”，而应是铆钉于其他器物上的装饰品。（贾峨 / 文）

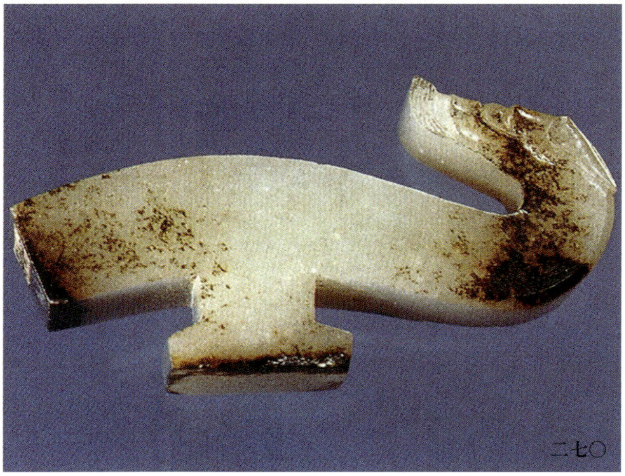

二七〇

二七一

二七〇　二七一 玉带钩 战国晚期

长 5.7 厘米 厚 2.2 厘米

1979 年至 1980 年河南省淮阳县平粮台 16 号墓出土

河南省文物研究所藏

白玉，有棕色沁，半透明，碾磨颇光洁。钩首作龙头形，器身作四棱形，钩纽方扁。（贾峨 / 文）

二七二

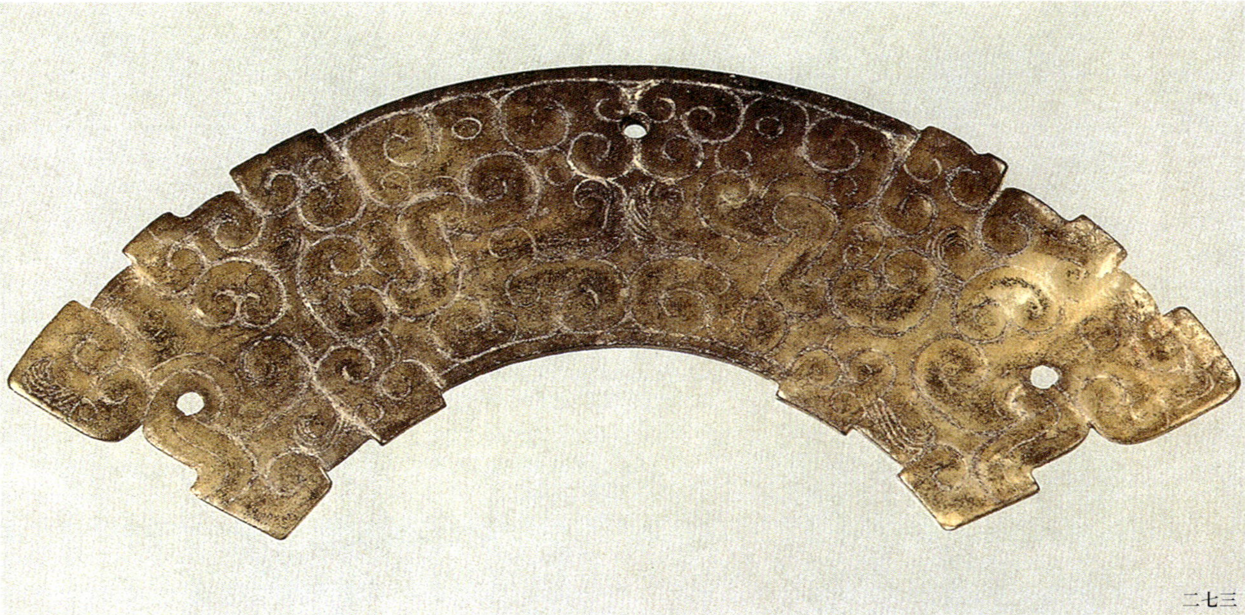

二七三

二七二　二七三　玉璜 战国晚期

上：长 8.8 厘米 宽 2.5 厘米

下：长 9.4 厘米 宽 2.5 厘米

1979 年至 1980 年河南省淮阳县平粮台 16 号墓出土

河南省文物研究所藏

玉料呈茶色，半透明，器表有光泽。扁平体，扇面形。两端雕成兽头形，周边雕对称的牙脊。器表雕隐起的蟠虺纹。器身顶端和两端的兽头各钻一穿，用以悬佩。

玉料呈茶色，有白斑，玉质温润，有光泽。璜的两端雕琢成兽首状，周边有对称的牙脊。器表雕琢蟠虺纹，具有浮雕感。身躯的顶端及两兽头处各钻一穿。（贾峨 / 文）

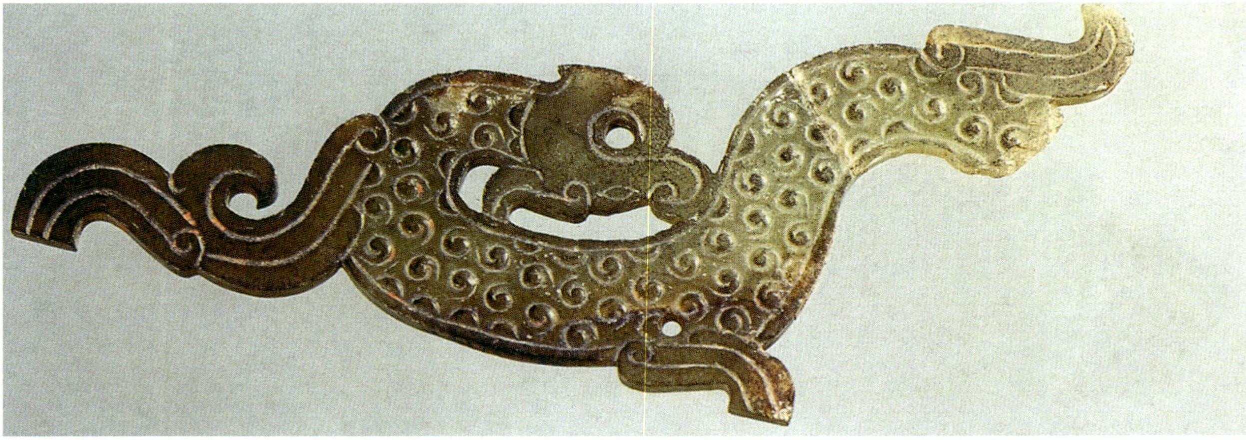

二七四　玉佩 战国晚期
残长 14 厘米 宽 0.3 厘米
1979 年至 1980 年河南省淮阳县平粮台 16 号墓出土
河南省文物研究所藏

碧玉，半透明，有光泽。此器作飞龙形。龙独角、吻部与龙体相连接，形成镂空。下颚上卷，形成一穿。龙的躯体向上回卷并伸向龙首前方，一足向右下方旋卷，又别出一支向右上方回转。其一足突出于腹间向上伸出，一后足向左下方屈伸。龙尾残缺。此龙周边饰阴线纹、阴线勾云纹，通体雕卧蚕纹。龙腹钻一穿，以供悬佩。（贾峨 / 文）

二七五　玉佩 战国晚期
长 2.2 厘米 宽 6.2 厘米
1979 年至 1980 年河南省淮阳县平粮台 16 号墓出土
河南省文物研究所藏

碧玉，半透明，器表有光泽。此佩呈蜷伏的龙形。龙首独角，圆目，躯体蜷曲，尾部向前回卷。两足向前伸展作伏卧状。一后足向身后伸出，另一足前伸与躯体连接。龙口、龙足与龙身连接处皆雕琢成镂空。其脊背上钻有一穿，可供系佩。沿此龙轮廓的边缘雕琢阴线纹，腹部表面饰阴线云纹。造型生动。同形器物出土 5 件，置于墓主人右股骨下部。（贾峨 / 文）

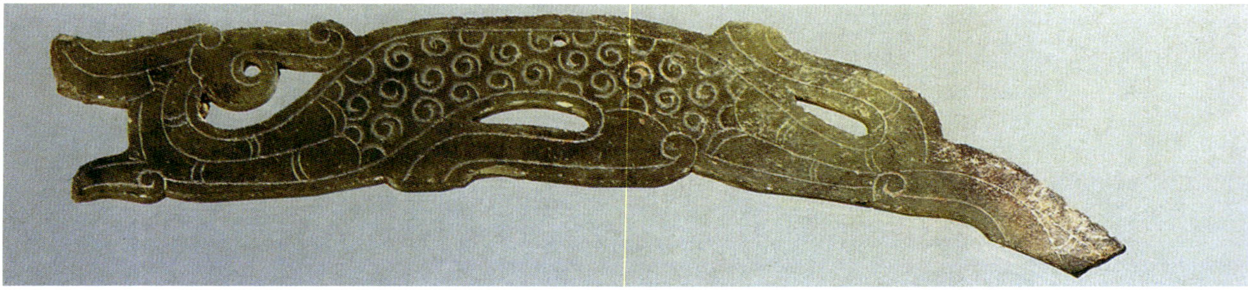

二七六　玉佩 战国晚期
长 22 厘米 宽 3.5 厘米 厚 0.4 厘米
1979 年至 1980 年河南省淮阳县平粮台 16 号墓出土
河南省文物研究所藏

玉料呈青色，半透明。龙作伏卧状，回首独角，躯体蜷曲，尾部向后斜伸。一侧两足前伸作爬行状（另一例一足与龙体相连接）。此龙蜷曲处镂空，形成透雕。龙形佩的周边有用阴线纹雕琢的轮廓线，通体雕琢阴线云纹。靠近脊背处雕钻一穿，以供悬佩。（贾峨 / 文）

二七七

二七八

二七七　二七八　玉佩 战国晚期

长 11.7 厘米 宽 3 厘米 厚 0.5 厘米

1979 年至 1980 年河南省淮阳县平粮台 16 号墓出土

河南省文物研究所藏

玉料呈青色。龙扁平体，半月形，回首屈身翘尾，一足前伸。首、尾、足与龙身连接处镂空，形成透雕的龙体。龙角及两足和尾部以线刻出龙形，龙身雕阴线云纹。龙的躯体上部钻一孔，用于贯绳系佩。两件成对，分别置于墓主人股骨下端。（贾峨 / 文）

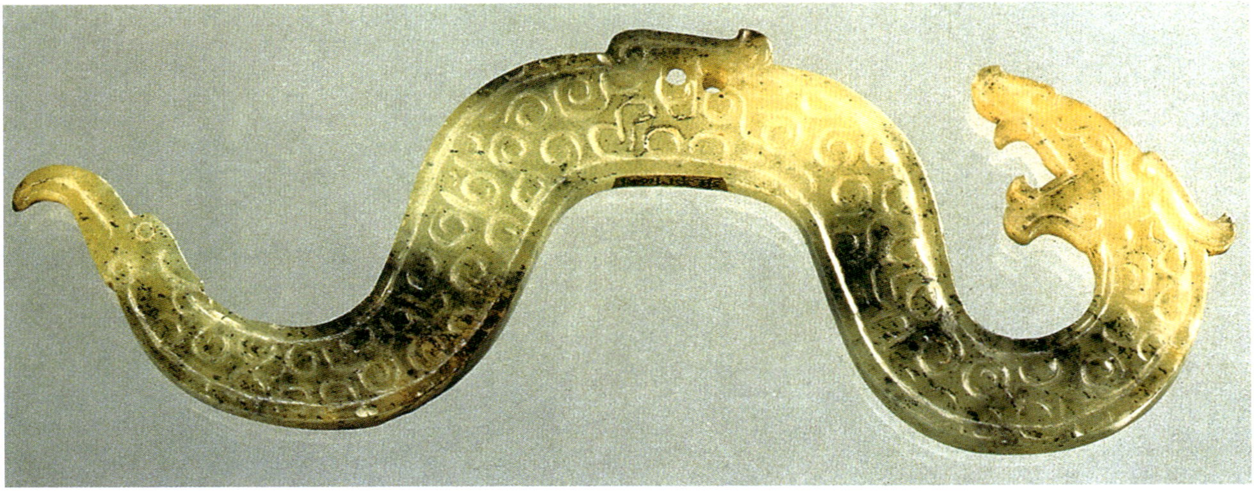

二七九　玉佩 战国晚期

长 11.7 厘米 厚 0.4 厘米

1979 年至 1980 年河南省淮阳县平粮台 16 号墓出土

河南省文物研究所藏

玉料呈白色，有淡青色斑沁，半透明，有光泽。扁平体，龙的躯体作蜷曲状。独角，张口，躯体边缘琢有阴线纹，龙身表面饰阴线云纹。尾端尖细，龙的中腰上缘有齿状突起，稍下钻一孔，以供系佩。（贾峨 / 文）

二八〇　**玉牌 战国晚期**

长 3.7 厘米 宽 3.2 厘米 厚 0.2 厘米

1979 年至 1980 年河南省淮阳县平粮台 16 号墓出土

河南省文物研究所藏

玉料呈乳白色，制作较精。扁平体，方形。上下边各有 3 个缺口，左右两边各有 2 个缺口及 5 个穿孔。器表两面雕勾云纹。这种牌饰是缀附于织物上的玉饰。（贾峨 / 文）

二八一　**金柄玉环首 战国晚期**

器：长径 3.5 厘米 短径 2.7 厘米

孔：长径 2.1 厘米 短径 1.2 厘米

厚 0.4 厘米

1979 年至 1980 年河南省淮阳县平粮台 16 号墓出土

河南省文物研究所藏

玉料呈淡青色，有棕黄色斑沁，半透明，有光泽。扁平体，椭圆形。雕琢颇精。玉环内外边缘雕琢阴周线，两面皆琢有双阴线勾云纹。金柄剖面呈长方形，套扣于玉环首的一侧。金柄向外伸延的一端可见残断的铜削遗迹。据此可以推知此器应是铜削（书刀）的金柄玉质环首。（贾峨 / 文）

二八二　**镶玉鎏金铜镜架 战国晚期**
高 6.2 厘米　宽 3 厘米
1979 年至 1980 年河南省淮阳县平粮台 16 号墓出土
河南省文物研究所藏

此器呈梯形，顶端作成兽首形。采用两枚细小的料制绿色圆珠镶嵌于铜架上端兽面上，做为双眼。然后用梯形白玉薄片镶嵌于青铜镜架上。白玉片的边缘雕阴线纹周线，表面雕阴线勾连纹。白玉镶嵌物外的青铜镜架两侧鎏金，构成一件造型奇特的铜镜附属物。此器顶端的兽首向上作张口状，以纳一面圆形铜镜的下缘。这个镜架是目前我国发现的最早的铜镜附属物，也是汉晋时期镜台的祖型。此器出土附置于棺外南侧，叠压在铜镜之下，可见两者是配套使用的。（贾峨 / 文）

二八三　**玉条形饰 战国晚期**
长 6.5 厘米　宽 2.4 厘米　厚 0.6 厘米
1977 年安徽省长丰县杨公 2 号墓出土
安徽省文物考古研究所藏

玉料呈青色，有光泽。体扁平，长条形，一端略向外突出。通体雕琢卧蚕纹。两长边外缘雕琢桥形孔，有可能是镶嵌于他器上的饰物。此器造型别致，用途待考。（李德文 / 文　李新国 / 摄影）

二八四　**玉条形觿 战国晚期**
长 11.5 厘米　最宽处 3 厘米　最厚处 0.6 厘米
1977 年安徽省长丰县杨公 2 号墓出土
安徽省文物考古研究所藏

玉料呈青色，半透明，器表有光泽。此器上宽，下端尖锐。顶端雕琢身体弯曲的鸟，此鸟尖喙，长冠，圆目，鸟翼向上卷扬，尾翎向下垂弯，表面以细密的阴线表示尾翼上的羽毛。尾端呈锥状体，颇锐利。古人随身佩带此器，用以解结。（李德文 / 文　李新国 / 摄影）

二八五　玉管 战国晚期
长 5.3 厘米 宽 3.2 厘米
1977 年安徽省长丰县杨公 2 号墓出土
安徽省文物考古研究所藏

玉料呈青色，质地细润，表面有光泽。主体呈圆筒状，中空，外壁中段雕琢有突起的宽弦纹和勾云纹，其上下的管壁雕阴线勾连卧蚕纹。管的一侧雕镂一凤鸟。若将此器倒置，可见这只凤鸟为立姿，凤首高冠与器壁相连接，凤鸟圆眼，张喙，曲颈，头向右下回旋，凤身蜷曲，足爪与器壁连接。长尾修翎，向右上方旋转。管壁另一侧雕镂卷草式凤尾，呈多曲状附丽于器身。此器多镂空，造型生动美观，惜顶端一侧稍残。（李德文 / 文 李新国 / 摄影）

二八六　玉瓶形饰 战国晚期

高 3.2 厘米　上宽 4.2 厘米　下宽 1.8 厘米　厚 0.5 厘米

1977 年安徽省长丰县杨公 2 号墓出土

安徽省文物考古研究所藏

玉料呈青色，半透明，有光泽。体扁平。主体似小口细颈鼓腹平底瓶。除雕琢单阴线轮廓纹外，器表琢有勾云纹。由中腹两侧向左右上方伸展的草叶纹，向下雕琢旋转的勾云纹。此器由上方向下直钻一孔，可以贯系佩戴。（李德文 / 文　李新国 / 摄影）

二八七　玉镂空龙纹佩 战国晚期

长 13.6 厘米　宽 3.7 厘米　厚 0.3 厘米

1977 年安徽省长丰县杨公 2 号墓出土

安徽省文物考古研究所藏

玉料呈黄色，质地细润，有光泽。体扁平，主体似璜。两端雕琢成龙首形，两龙分向左右回首，独角，其一足向后蜷曲，另一足伸出于器身外侧。龙的躯体上下雕琢阴线纹轮廓线，表面雕琢勾云纹地谷纹。龙体顶脊琢云纹，颇似相背二鸟，尾翼修长而下垂，将龙身区分为二，直达两龙所夹的空档处，并分别向左右旋回。它的两侧雕镂勾云纹，颇似相背的两龙，蟠绕于主纹的空当儿内。此佩雕工细致，构图新颖，讲究对称，为战国时代不可多得的佩饰。双龙背部透雕云纹中间有菱形小孔，可供穿系佩戴。（李德文 / 文　李新国 / 摄影）

二八八　玉镂空龙凤纹佩 战国晚期

高 6.8 厘米　横长 15.4 厘米　厚 0.3 厘米

1977 年安徽省长丰县杨公 2 号墓出土

安徽省文物考古研究所藏

玉料呈青灰色，局部有深褐色浸蚀，质地细润，半透明，器表有光泽。体扁平，主体部分呈璜形。两端雕对称的龙首形，其一端龙首残缺，另一端龙眼圆睁，独角上旋，张口，曲颈，两前足作向前行进状。通体饰云雷纹。龙身上下雕琢弦纹轮廓线。双龙之下雕镂相背而立的双凤。凤鸟长冠尖喙，挺胸玉立，凤尾向后旋卷，下垂于火纹（旧称皮球纹）上。凤爪立于勾云纹上，前与龙爪相连，后与火纹下勾云纹相接。勾云纹下方中央雕琢成心形装饰。此佩上方有一孔，双龙腹下各有一穿，可以贯系其他玉饰，合成组玉佩，供贵族佩用。此器设计奇巧，通过雕、琢、镂、刻、切、磨、钻、磋等各种工艺程序，制作成玲珑剔透的龙凤双全的玉佩，工艺难度颇大，其纹饰的精细、造型之完美，为战国时代美玉中所罕见。（李德文 / 文　李新国 / 摄影）

二八九　玉璜 战国晚期

长 10.6 厘米　宽 1.7 厘米　厚 0.3 厘米

1977 年安徽省长丰县杨公 2 号墓出土

安徽省文物考古研究所藏

玉料呈黄灰色，质地细润，半透明。体扁平，整个器形约当璧周的三分之一。一端雕琢龙首，独角，圆目，张口，龙体向后弯曲。弧下另雕琢一倒置的龙首，张口，前吻向上屈曲。菱形眼睛，独角向后卷扬，并与上述一龙同体。此龙前方镂雕云纹，身后镂雕透孔蛇身，几经缠绕，形成透雕。此璜一端略残缺。通观此器，构图精巧，花样翻新，突破了殷周时期玉璜的呆痴风格，一改其固有的扇面形形式。（李德文 / 文　李新国 / 摄影）

二九〇　玉双凤纹璜 战国晚期

长 13.5 厘米 宽 3.7 厘米 厚 0.3 厘米

1977 年安徽省长丰县杨公 2 号墓出土

安徽省文物考古研究所藏

玉料呈黄色，质地细润，半透明，有光泽。扁平体，弧面约当璧周的二分之一。此璜弧背两端雕琢齿脊，两齿脊所夹的弧背外侧雕琢镂空的回首双凤，皆作伏卧状，翅翼向前卷曲，双凤凤冠修长，尾翎向后旋卷。此璜内弧及两端各雕齿脊，靠近周边雕琢单阴线轮廓线。表面有较宽的锦地纹装饰，其所夹的空间刻画菱形地纹。每个菱形中雕琢一枚谷纹。这种玉璜外缘雕琢镂空双凤纹的作品，在战国晚期的玉器创作中，应属一种全新的艺术形式，它给人们一种新颖的艺术感受，为楚国贵族的佩饰增添了新的光彩。（李德文 / 文 李新国 / 摄影）

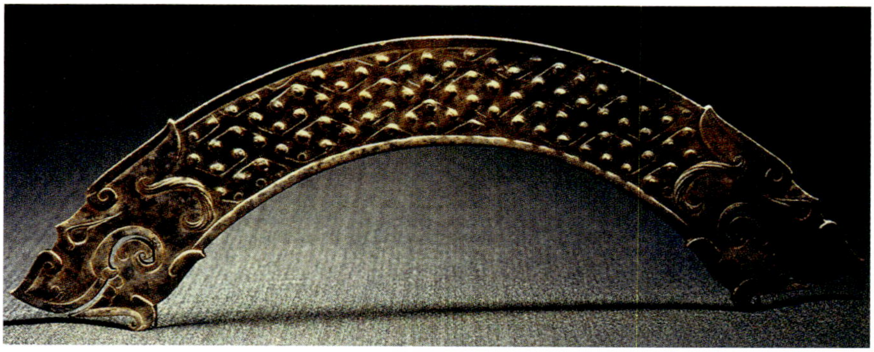

二九一　玉璜 战国晚期

长 17.5 厘米 宽 3 厘米 厚 0.4 厘米

1977 年安徽省长丰县杨公 2 号墓出土

安徽省文物考古研究所藏

玉料呈青色，质地细润，有光泽。体扁平，弧度约璧周的三分之一。两面纹饰相同。两端雕琢独角龙首纹各一，并以单阴线或双阴线雕琢璜的轮廓线和龙的口部纹饰。此器表面雕有细密的阴线勾连卧蚕纹。中部顶脊钻有一孔。（李德文 / 文 李新国 / 摄影）

二九二　玉璜 战国晚期

长 11.1 厘米 宽 2.3 厘米 厚 0.5 厘米

1977 年安徽省长丰县杨公 2 号墓出土

安徽省文物考古研究所藏

玉料呈青灰色，半透明，有光泽。体扁平，扇面形。两端雕琢作夔龙首状，独角，下颔卷曲，有须，夔龙首及玉璜周边以阴线纹界出轮廓线。璜的表面琢卧蚕纹。此璜背部顶端钻一孔，以供系佩。（李德文 / 文 李新国 / 摄影）

二九三　玉镂空龙形佩 战国晚期

高 11.5 厘米 长 21 厘米 厚 0.9 厘米

1979 年安徽省长丰县杨公 8 号墓出土

安徽省文物考古研究所藏

玉料呈黄色，有褐色沁斑，半透明，有光泽。体扁平，多镂空，两面纹饰相同，其主体为一回首曲身的龙形。龙有独角，张口，多足蜷曲，尾部化作凤首。此凤俯首垂喙，修尾展翼。玉佩周边雕琢弦纹轮廓线，通体饰卧蚕纹，唯凤的翼尾饰骈列的阴线纹。龙的脊背顶端钻一小孔，以供系佩。此器在工艺技巧上采用雕镂兼施手法，造型奇巧，堪称佳作。（李德文 / 文 李新国 / 摄影）

二九四　玉镂空龙凤佩 战国晚期

高 11.5 厘米 长 21.4 厘米 厚 0.9 厘米

1979 年安徽省长丰县杨公 8 号墓出土

安徽省文物考古研究所藏

玉料呈黄色，有褐斑，质地温润，有光泽。同时出土形制相同者两件。此器与上述一器形制近似，唯龙的颈部左右和尾部各雕琢雏鸟一只；龙的前两足较宽大。从杨公 8 号墓平面图上可以看出此二器置于墓主盆骨两边。墓主胸部置一玉璧，双膝盖处分置二璧。据此可以推知上述 5 器共合成一套组佩饰，与蔽膝共系于墓主人胸膝间。（李德文 / 文 李新国 / 摄影）

二九五　玉带钩　战国晚期

长 4.4 厘米 宽 1.1 厘米

1972 年广东省肇庆市北岭松山 1 号墓出土

广东省博物馆藏

玉料呈白色，不透明。器身作扁四棱形，钩端琢成鸭首状，向内的一面琢有圆纽。器表光素无纹。（胡小明 / 文）

二九六　金柄玉环 战国晚期

玉环：外径 4.7 厘米 内径 1.7 厘米

金柄：长 2.5 厘米 宽 0.8 厘米

铜条：残长 2.6 厘米

1972 年广东省肇庆市北岭松山 1 号墓出土

广东省博物馆藏

玉料呈白色，半透明，有光泽。玉环呈圆形，内外缘皆有齿脊。齿脊附近琢有阴线，玉环表面雕琢阴线涡云纹。雕工精细，花纹整齐。金柄系长四棱扁条形，嵌于玉环的一侧。它的柄端有銎眼，其中纳入三棱铜条，现已残断。此器似是铜削的环首，据此可见墓主人对这种书刀的重视。（胡小明 / 文 敦竹堂 / 摄影）

二九七　玉猛虎食人佩 战国

长 6.2 厘米 宽 3.8 厘米 中国历史博物馆藏

玉料呈纯白色，质地细润，器表残存朱砂，颜色鲜艳。主体作一猛虎，身躯蜷曲呈环状，伏于赤裸的男子身上，正吞噬人的腹部。虎以其右爪扑抓人的左臂，另一爪抓扑人的左小腿。人奋臂伸足作挣扎状，造型极其恐怖。虎的躯体两旁，镂雕舞伎，皆屈体，振臂，跷足，作对舞状。足下各有一蜷尾翘首的蛇形动物，体形呈૭状，作为装饰。此器构图荒诞，艺术形象残暴。然两面加工，雕琢精细，亦难掩遮当时统治阶级在美学上存在着一种残暴的威慑心态。（祁玉宽 / 文）

二九八　玉剑首　战国

直径 4.8 厘米 厚 0.6 厘米

1955 年四川省成都市羊子山 172 号墓出土

四川省博物馆藏

玉料呈黄白色，微透明。体扁平，圆形。正面内圈略突出作圆形，琢旋涡纹。外圈以绹索纹为地纹，其上饰 5 个凤纹，周边又饰弦纹二周，背面中部阴刻圆圈一周，圈外琢 6 孔，两两相通，用以穿贯丝绦固定于青铜剑茎的项端，故此器系剑茎之首。（湛友芳 / 文）

二九九　玉鱼形冲牙 战国

长 6.9 厘米 宽 1.7 厘米

1955 年四川省成都市羊子山 172 号墓出土

四川省博物馆藏

玉料呈灰白色，带青斑，不透明，表面光滑。体扁平，呈鱼形。琢出上、下鱼鳍，鱼尾上翘。鱼的头部钻一孔，以供系佩。此器出土于墓主人头后侧银器的旁边，可能是一种佩饰。《成都羊子山第 172 号墓发掘报告》中将其定名为玉觿[1]，因锋刃迟钝，不类。（湛友芳 / 文）

①四川文物管理委员会：《成都羊子山第 172 号墓发掘报告》，《考古学报》1956 年第 4 期。

三〇〇　龙纹饰 战国

长 5 厘米 宽 11.5 厘米

1979 年陕西省西安市八里村出土

陕西历史博物馆藏

玉料呈灰白色，偶有灰色沁斑。体扁平，透雕成龙形。龙头回卷，身躯蜷曲，尾巴上卷，足作伏卧状。器表以阴线琢出龙嘴、龙角和尾、足部纹饰及和周边的轮廓线。龙身刻卧蚕纹，龙背中央钻一孔。龙眼及龙身、足、尾等部位钻有 3 个小孔和一个大孔。此器当与其他玉饰共同组成佩饰，供人系佩。（王建荣 / 文）

三〇一　玉透雕双龙佩 战国晚期

长 7.8 厘米 宽 4.5 厘米 厚 0.4 厘米

故宫博物院藏

玉料呈白色，有黄色沁斑，主体纹饰为镂雕的相背双龙。龙体呈 S 状蜷曲，龙头较大，独角，圆眼，龙嘴如同鸟喙。采用∩形装饰将两龙连接成一器。龙身饰细密的网格纹。双龙两侧各雕琢一小螭虺，蜷身，头部与双龙头部衔接，构成透雕的双龙双虺佩。此器花纹繁复富丽，造型相当奇巧。

（张广文 / 文 刘志岗 / 摄影）

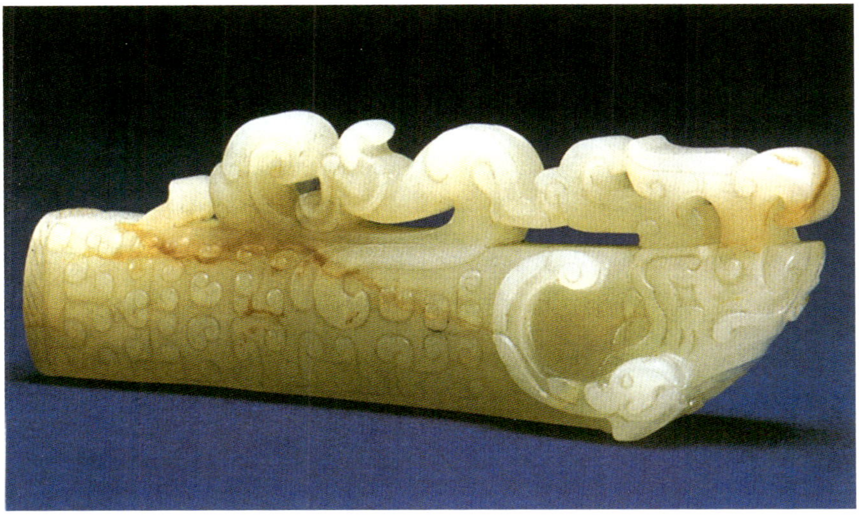

三〇二　玉透雕龙凤饰 战国晚期

长 7.1 厘米 故宫博物院藏

玉料呈洁白色，有赭色沁斑，半透明，质地温润，器表有光泽。形体近圆柱形。一端略宽，雕琢成龙头形，菱形眼睛，闭嘴，头后雕一鸟，圆眼尖喙，鸟身和尾翎向上作顺时针方向旋回，窄端饰绹索纹，在绹索纹与鸟纹间的器表雕琢隐起双勾云纹。在上述方柱体的一侧，镂雕一只玉凤，圆眼尖喙，修冠上卷，突胸，双翼下卷，双足直立，尖爪，尾翎向身后卷扬。其上有一鸟首，高冠圆眼，长喙向嘴中旋卷与凤首衔接。上述凤鸟立于勾云纹透雕装饰之上。这件玉饰当为别的器物上的饰件。雕工如此细腻，实为战国玉器中的杰作。（张广文 / 文 刘志岗 / 摄影）

三〇三　玉兽面形饰 战国

高 3.5 厘米 宽 3.3 厘米

天津博物馆藏

玉料呈黄色，透明度较强，玉质温润而纯净，璧有光泽。扁平体，呈倒梯形。器表琢成兽面形。此器下半部雕出兽面的双目圆睁而隐起于器表，眼睑雕菱形阴线一周。鼻有双翼，左右各一圆窝。鼻脊向上直伸，然后分歧，向左右斜伸，周边琢阴线轮廓。上吻隐起，并且作卷曲状，下颚与两耳间雕隐起勾云纹。兽面上部雕双角，中部雕琢并列的双勾纹装饰，角尖向内旋曲。上边与左右两边皆琢有齿脊。背面光素无纹。兽面额间钻一孔。另有5孔，钻于隐蔽的侧面。此器造型奇特，雕琢极精，当为佩饰。（尤仁德 / 文　刘士刚 / 摄影）

三〇四　玉透雕龙纹璧 战国

外径 12.8 厘米

故宫博物院藏

玉料为新疆和田碧玉，局部有黄色沁斑。扁平体，圆形。好内镂雕一螭虎，张口，竖耳，躯体蜷曲，尾巴向后回卷，足作行进状。玉璧两面皆满饰整齐的谷纹，内外缘饰弦纹周线，外缘各雕镂相背凤鸟纹。凤鸟修冠尖喙，曲身，尾翎修长而下垂。凤翼绕过凤身作飘弋状。此器雕镂精细，玉质温润，琢碾光洁。玉人运用夸张的艺术手法，故意将双凤的身躯拉长，通过飘逸的凤冠和下垂的尾翎，使凤鸟在静态之中，有向上飞翔的动感。而好部的螭虎，首尾相连，蜷曲的躯体，填满好内，它的四足作向前奔驰状，与玉璧外缘双凤的动态感相协调，增添了玉璧美的效果。（宋海洋 / 文　刘志岗 / 摄影）

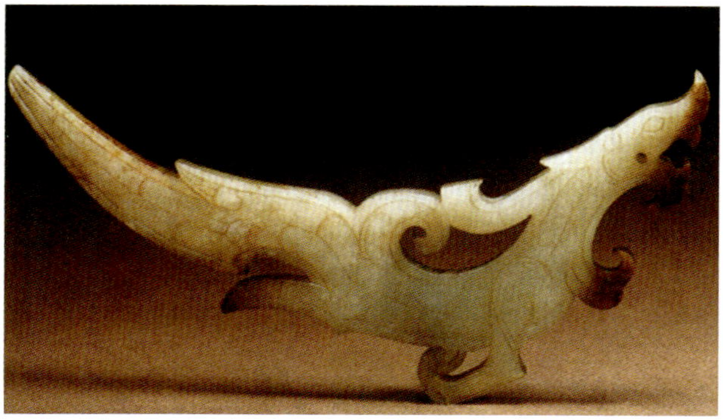

三〇五　玉凤鸟形佩 战国晚期

长 11.6 厘米 厚 0.5 厘米

故宫博物院藏

玉料洁白，有赭色沁斑，质地温润，半透明，器表有光泽。体扁平，镂雕成一双凤鸟状。此凤长冠，尖首，张口，喙极尖锐，菱形凤眼，双足后屈，羽翼向后扬并向前旋转。胸前的羽毛向上旋回，修长的尾翎向身后伸展。此器表面刻以阴线纹轮廓线，并以骈列的阴线纹刻出凤身与凤尾的翎毛，线条婉转自如，把整个凤鸟装饰得大方美丽。凤首钻一孔，可以与他器组合悬佩。故推知此器的功能应与冲牙相近。（张广文 / 文　刘志岗 / 摄影）

三〇六　玉双龙双虎佩 战国

长 12 厘米 宽 5.6 厘米 厚 0.5 厘米

故宫博物院藏

玉料呈青色，有褐色沁斑，体扁平，有光泽。两端雕琢对称的龙首，皆向龙的躯体回旋，并与其连接。龙有独角，圆眼，张口，龙身拱起。表面雕琢疏朗的卧蚕纹。龙的躯体正下方，镂雕相对的屈蹲连体的双虎。双虎圆目，独耳，两前肢、胸部及下肢连成一体，形成镂空。另两前肢转向身后与龙体相连接，亦形成镂空装饰。双虎的另外两下肢向后伸展，作屈蹲状。虎尾向后卷成环状。此器顶端及两下角各钻一孔，以供系佩。（张广文 / 文　刘志岗 / 摄影）

图书在版编目(CIP)数据

中国玉器全集：普及版. 原始社会-春秋战国 / 杨伯达主编. -- 2版. -- 石家庄：河北美术出版社，2024.9
ISBN 978-7-5718-2374-0

Ⅰ. ①中… Ⅱ. ①杨… Ⅲ. ①古玉器—中国—原始社会-春秋战国时代—图集 Ⅳ. ①K876.8

中国国家版本馆CIP数据核字(2023)第178837号

中国玉器全集

（普及版）

秦汉—明清

杨伯达◎主编

河北出版传媒集团
河北美术出版社
·石家庄·

第四卷 秦汉—南北朝

（图版及图版说明）

本卷主编

卢兆荫　中国社会科学院考古研究所

图版摄影

敦竹堂　河北美术出版社

郭　群　南京博物院

方　文

邓名桢　河北博物院

一　玉卧蚕纹璧　秦

外径 16.4 厘米　孔径 5.2 厘米　厚 0.5 厘米

1957 年湖南省长沙市左家塘 1 号墓出土 / 湖南博物院藏

玉色青中泛黄，两面所饰卧蚕纹是由谷纹演变而来。边沿刻“四百十七”，当系器物编号。原简报释为“四百十一”，其中“一”字显系误释，璧上“七”字横笔长竖笔短很清楚。纹饰风格继承了楚国的传统。（高至喜 / 文　陈美如 / 摄影）

二　玉剑首　秦

直径 4 厘米　厚 0.6 厘米

1957 年湖南省长沙市左家塘 1 号墓出土

湖南博物院藏

玉白色，表面有深绿色浸蚀。体扁圆。正面以阴线将纹饰分成内外两区，内区为勾连云纹，外区为卧蚕纹。背面正中有阴刻圆形沟槽。（丁送来 / 文　陈美如 / 摄影）

三　玉剑璏　秦

长 6.3 厘米　宽 3.1 厘米　高 1.4 厘米 /1957 年湖南省长沙市左家塘 1 号墓出土 / 湖南博物院藏

玉色灰白，局部有黄色浸蚀和粘附的铁锈。俯视呈长方形，璏面有阴刻线一周，内饰以勾连谷纹。侧视上部呈拱形，下部一端有长方形穿孔。（丁送来 / 文　陈美如 / 摄影）

四 玉卧蚕纹璧 秦
外径 5.7 厘米 孔径 2.1 厘米
河北省易县高陌乡高陌村 39 号墓出土
河北省文物考古研究院藏

玉黄褐色。两面饰卧蚕纹，内外有阴刻弦纹各一周。（路遥 / 文并摄影）

五 玉瑗 秦
外径 7.9 厘米 孔径 4.7 厘米 厚 0.4 厘米
河北省易县高陌乡高陌村 39 号墓出土
河北省文物考古研究院藏

玉呈浅黄褐色，边缘局部有浸蚀的白斑。两面纹饰相同，皆为卧蚕纹，内外有阴刻弦纹各一周。（张羽 / 文并摄影）

六 玉鸟 秦
长 5.1 厘米 厚 0.5 厘米
河北省易县高陌乡高陌村 39 号墓出土
河北省文物考古研究院藏

青玉琢成。体扁平，中间略有隆起，素面光洁如镜。鸟身略呈 V 形，首尾相接，生动地表现出鸟的形象。（路遥 / 文并摄影）

七 玉杯 秦

高 14.5 厘米 口径 6.4 厘米
足径 4.5 厘米
1976 年陕西省西安市西郊东张村秦阿房宫遗址出土
陕西省 西安市文物局藏

青玉琢成，局部呈赤褐色。直口，深腹，腹壁较直，微斜收，高圈足呈喇叭形。腹外壁分 4 层纹饰，口沿下浅浮雕四蒂叶纹与云纹一周，腹部为谷丁勾连云纹，下腹部为浅浮雕几何形勾云纹。近足处为花瓣纹。圈足上部以阴刻细线分成 5 组，每组内有交叉的 S 形纹饰。全器雕琢精细，构思新颖，纹饰华丽。（王长启 / 文 罗忠民 / 摄影）

八 玉人(男) 秦

高 12.2 厘米 宽 2.5 厘米

1971 年陕西省西安市北郊联志村出土 / 陕西省 西安市文物局藏

碧玉琢成。片状，男性，刻出头部和上身轮廓，头顶偏斜有一发髻，面部以阴刻细线勾勒眉、眼、鼻、口，并刻有胡须，腰部系带，刻三角形纹饰。(王长启 / 文 罗忠民 / 摄影)

九 玉人(女) 秦

高 11.8 厘米 宽 2.5 厘米

1971 年陕西省西安市北郊联志村出土 / 陕西省 西安市文物局藏

碧玉琢成。片状，女性，刻出头部和上身轮廓，面部以阴刻细线勾勒头发、眉、眼、鼻、口等，腰部以细线表现腰带。(王长启 / 文 罗忠民 / 摄影)

一〇 玉虎 秦

长 11.5 厘米 高 4 厘米

1971 年陕西省西安市北郊联志村出土

陕西省 西安市文物局藏

碧玉琢成。片状，两件。虎作行走状，大嘴，高鼻，菱形眼，耳后抿，长尾上卷。两面以阴刻细线勾勒细部。（王长启 / 文 罗忠民 / 摄影）

一一 玉兽纹璜 秦

长 11.5 厘米 宽 2.5 厘米

1971 年陕西省西安市北郊联志村出土 / 陕西省 西安市文物局藏

碧玉琢成。两端雕出兽头，以阴线刻出长嘴、龇牙、菱形眼等细部。两面纹饰相同。（王长启 / 文 罗忠民 / 摄影）

一二 一三 玉“皇后之玺”印 西汉前期

高 2 厘米 宽 2.8 厘米 /1968 年陕西省咸阳市韩家湾狼家沟出土

陕西历史博物馆藏

玉白色，为新疆和田玉。正方形，上凸雕螭虎纽，四侧阴刻勾连云纹，印文为阴刻篆书“皇后之玺”4 字。

此印出土在汉高祖和吕后的长陵附近，可能是吕后的玉玺，是迄今所知汉代帝后玉玺仅有的一件出土遗物。

一四 玉蝉 秦

长 4.8 厘米 宽 2.5 厘米 1983 年陕西省西安市南郊北池头村墓葬出土 / 陕西省 西安市文物局藏

玉白色。蝉体略呈椭圆形，仅刻出头部、背部及腹部。背部凸起，双眼位于头部两侧，两眼间饰锯齿纹，以阴刻细线勾勒双翼。雕刻简单而形象，颇为生动。（王长启 / 文 罗忠民 / 摄影）

一五 玉韘形佩 西汉前期

长 5.8 厘米 宽 4.5 厘米

1987 年江苏省徐州市北洞山楚王墓出土 / 江苏省 徐州博物馆藏

玉呈青白色。体略扁，一面弧凸，一面内凹，作不规则的椭圆形，中央有一圆孔。面饰勾连云纹，周缘镂雕龙、凤各一。

此器形如鸡心，俗称玉鸡心佩，是由钩弦射箭的韘演变而来，当名韘形佩。（宋海洋 / 文并摄影）

一六 透雕玉饰 西汉前期

直径 5.4 厘米至 5.9 厘米 厚 0.3 厘米

1978 年湖南省长沙市象鼻嘴 1 号墓出土 / 湖南博物院藏

玉黄白色，表面有黑色浸蚀。呈扁体椭圆状，正面中心镶嵌绿松石，外圈透雕双龙、双凤及双虎，并用浮雕手法，刻饰细部，纹饰繁缛，形象栩栩如生。背面中部有一圆柱形柄，中有一小圆穿孔。（丁送来 / 文 陈美如 / 摄影）

一七 玉螭虎纹佩 西汉前期

长 5.2 厘米 宽 3.8 厘米

1987 年江苏省徐州市北洞山楚王墓出土 / 江苏省 徐州博物馆藏

玉料呈青白色。体略作扁平形，通体以透雕、圆雕、浅浮雕和阴线刻纹等手法琢饰 6 条形态各异、宛转盘曲的螭虎纹。（宋海洋 / 文并摄影）

一八 玉螭凤纹珌 西汉前期

长 6.8 厘米 宽 8.4 厘米

1987 年江苏省徐州市北洞山楚王墓出土 / 江苏省 徐州博物馆藏

玉呈青白色。体略作两腰内收的梯形，上下两端呈橄榄形，器以透雕、浅浮雕和阴线刻纹等手法琢饰 6 条形态各异的螭纹和一只展翅欲飞的凤鸟纹。（宋海洋 / 文并摄影）

一九 玉杯 西汉前期

高 11.3 厘米 口径 4.5 厘米
足径 3.3 厘米
1976 年广西壮族自治区贵港市罗泊湾 1 号墓出土
广西壮族自治区博物馆藏

玉呈褐色。杯身圆筒形，直口，深腹，圈足中空。杯身饰谷丁勾连云纹，上下为勾连云纹带。雕琢精细，纹饰优美。

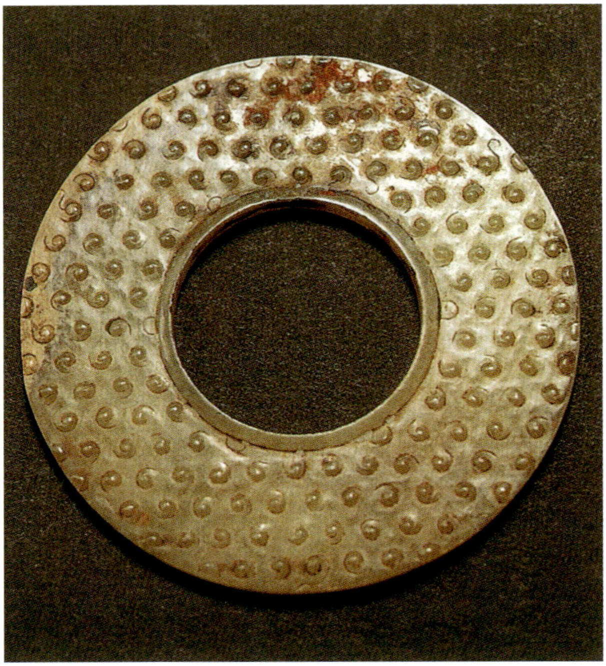

二〇 玉卧蚕纹璧 西汉前期

外径 7.7 厘米 孔径 3.5 厘米 厚 0.3 厘米至 0.5 厘米

1972 年湖北省云梦县大坟头 1 号墓出土

湖北省博物馆藏

玉青白色。壁孔周略厚，边缘稍薄，两面纹饰相同，均为卧蚕纹。表面残留部分朱砂。（陈善钰 / 文 郝勤建 / 摄影）

二一 玉剑璏 西汉前期

高 4.2 厘米 上宽 4.3 厘米 下宽 5 厘米 中厚 1.2 厘米

1972 年湖北省云梦县大坟头 1 号墓出土

湖北省博物馆藏

玉青色。略呈梯形，上端侧面有 3 个小圆孔。两面均阴刻几何形云纹。（陈善钰 / 文 郝勤建 / 摄影）

二二 玉剑璏 西汉前期

长 4.6 厘米 宽 1.5 厘米 高 1.3 厘米 /1972 年湖北省云梦县大坟头 1 号墓出土 / 湖北省博物馆藏

玉白色。器呈长方形，两端向下卷曲。表面饰 3 排勾连谷纹。（陈善钰 / 文 郝勤建 / 摄影）

二三 玉卧蚕纹璧 西汉前期

外径 9.6 厘米 孔径 3.4 厘米 厚 0.5 厘米

1982 年四川省涪陵县黄溪乡墓葬出土

四川博物院藏

玉青黄色，雕琢精细，两面均饰卧蚕纹。（袁曙光 / 文 申少斌 / 摄影）

二四 玉蝉饰卮 西汉前期

高 4.7 厘米 直径 2.3 厘米

1951 年安徽省芜湖市月牙山墓葬出土 / 安徽博物馆藏

玉白色，局部有黄褐色沁斑。体圆，直身，平底。盖中部隐起，阴刻 8 花瓣，边有 3 穿孔。器周身饰隐起加阴线的云纹，上有凸雕的 3 蝉，蝉以极细的阴线刻出双翅和头部，十分生动。口沿上部和边各有一相通的穿孔，可与盖上穿孔吻合。

此器造型别致，纹饰精美，琢磨细润，在玉制品中是十分罕见的。（苏芸 / 文 杨瑞玖 / 摄影）

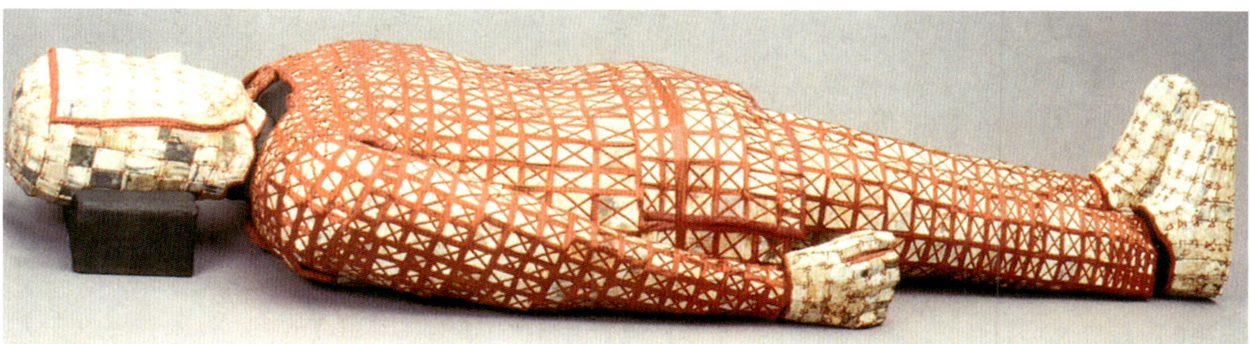

二五 丝缕玉衣 西汉前期

通长 173 厘米 肩宽 44 厘米 /1983 年广东省广州市象岗南越王赵眜墓出土 / 广东省广州市 西汉南越王墓博物馆藏

玉衣由头套、衣身、袖筒、手套、裤筒和鞋组成，共用玉片2291 片。外貌如人形，其中头套有鼻无耳，由头罩、面罩两部分扣合而成；上衣分前后两片，为对襟式。整件玉衣的玉片，其形状和大小根据人体各部位的不同形状而设计。头套、手套和鞋所用的玉片加工较细致，厚薄均匀，两面光滑润泽，边角有穿孔，以便丝线穿缀，里面再用丝绢衬贴加固。躯干部位所用玉片多为废料或边角料，厚薄不一，无孔，系粘贴在麻布衬里上，表面用窄的朱丝带作对角粘贴，组成菱形网格状的地纹，四边再以宽带粘贴成纵横方格，其图案显得规整华丽。同时各部位的边缘处都以丝织物缝合包边，做工十分讲究。（王文建 / 文）

二六 玉角形杯 西汉前期

长 18.4 厘米 口径 5.8 厘米至 6.7 厘米 壁厚 0.2 厘米至 0.3 厘米

1983 年广东省广州市象岗南越王赵眜墓出土

广东省广州市 西汉南越王墓博物馆藏

玉色青白，局部有赭斑。杯身截面呈椭圆形，往下渐收束，底部向上转折成索形，回缠于器身下部。器内琢磨光滑，底部有管钻痕；器外浅浮雕一夔龙，尖嘴圆眼，独角竖耳，躯体修长，环绕满布于杯身。杯体上还浮雕卷云纹，隙地浅刻勾连涡纹。全器集圆雕、高浮雕、浅 浮雕、阴刻等技法于一体，造型奇特，纹饰层次分明，布局巧妙，碾琢技艺精湛，是汉玉中难得的珍品。（王文建 / 文）

二七 铜承盘高足玉杯 西汉前期

通高 17 厘米 玉杯高 11.75 厘米 口径 4.15 厘米

1983 年广东省广州市象岗南越王赵眜墓出土

广东省广州市 西汉南越王墓博物馆藏

全器由青玉杯、杯座、杯托、铜托架、承盘等组成。玉杯圆筒形，平底，杯身饰 3 区不同纹饰，上部为两组云纹间花瓣纹，中部饰勾连谷丁云纹，下部为 5 组花瓣纹，各以圈带纹隔开；座足饰花瓣纹，下呈喇叭形，足底内凹。杯身与座足连接处各有一对环形小孔，可用竹条插榫贯连；杯托是一组花瓣形玉片，其孔径正好与玉杯下部吻合；托架为一扁圆铜圈，上嵌 3 条金头银身的龙，龙口各衔一片杯托上的小花瓣；托架平放在铜承盘上。出土时，盘内尚存有一块垫木，是用来填塞承盘与杯座之间的空隙的。全器由玉、金、银、铜、木等 5 种不同材料精制组合而成，设计奇巧新颖，突出了群龙拱托玉杯的气势，显得高贵神奇。（王文建 / 文）

二八 玉盒 西汉前期

通高 7.7 厘米 盖高 3.55 厘米 盒身高 4.35 厘米 口径 9.8 厘米

1983 年广东省广州市象岗南越王赵眜墓出土

广东省广州市 西汉南越王墓博物馆藏

青玉琢成，局部有褐斑。盒身与盖子母口扣合，盒圆底圈足；盖面隆起，顶有桥纽活环。盖面外沿分布 4 个小圆孔，纹饰分为 3 区，内区为 8 瓣浅浮雕柿蒂形纹，中区为凸起的谷丁勾连云纹，外区是 4 组勾连雷纹与 4 组花蒂形纹相间排列；盖里面单线勾勒双凤纹。盒身纹饰与盖面相似，中区为阴刻勾连云纹，近圈足处是一圈绚纹，盒内无纹饰。盒盖原破裂一角，其部位适在一对小孔旁，故加钻二孔以便于连缀。整器构图严谨，雕琢精细，打磨光洁。（王文建 / 文）

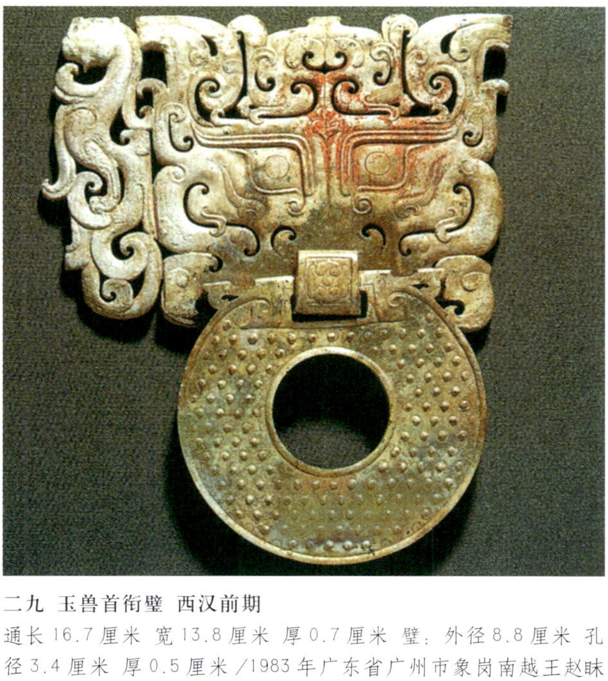

二九 玉兽首衔璧 西汉前期

通长 16.7 厘米 宽 13.8 厘米 厚 0.7 厘米 璧：外径 8.8 厘米 孔径 3.4 厘米 厚 0.5 厘米 /1983 年广东省广州市象岗南越王赵眜墓出土 / 广东省广州市 西汉南越王墓博物馆藏

玉色浅黄，大部分受沁呈鸡骨白色。整体由一兽首和一卧蚕纹璧组成，整玉雕成。兽首近方形，类似铺首，左侧透雕一直立状的螭虎，右侧无，形成不对称布局。兽鼻方桥形，上琢花瓣纹，中有銎，衔璧，可上下摆动。璧饰卧蚕纹。全器采用镂空、浅浮雕、线雕等技法，线纹流畅，雕琢精细。（王文建 / 文）

三〇 玉游龙卧蚕纹璧 西汉前期

外径 8.8 厘米 内径 4.3 厘米 厚 0.4 厘米

1983 年广东省广州市象岗南越王赵眜墓出土

广东省广州市 西汉南越王墓博物馆藏

青玉琢成，湖绿色，有白斑。两面浅刻卧蚕纹，中心透雕一游龙，昂首挺胸，张口卷尾，作奔腾状，肢体遒劲，形态优美，内外沿有斜面凸棱。（王文建 / 文）

三一　玉重圈璧　西汉前期

外径 9.6 厘米　孔径 4.4 厘米　厚 0.6 厘米 /1983 年广东省广州市象岗南越王赵眜墓出土 / 广东省广州市　西汉南越王墓博物馆藏

青玉琢成，呈湖绿色，有乳白色斑。造型别致，肉部透雕成两圈，外圈饰卧蚕纹，内圈饰 3 条双体龙纹，龙身互相缠绕，龙首口衔外圈，成为内外两圈的连接点。出于南越王墓玉衣内，盖在墓主阴部位置处。（王文建 / 文）

三二　玉龙凤纹璧　西汉前期

外径 7.6 厘米　孔径 3 厘米　厚 0.3 厘米

1983 年广东省广州市象岗南越王赵眜墓出土

广东省广州市　西汉南越王墓博物馆藏

玉青白色，部分受沁发灰，有褐斑。通体透雕对称的双龙双凤，相互缠绕，玲珑剔透，刚直有力。（王文建 / 文）

三三　玉璧　西汉前期

外径 33.4 厘米　孔径 9 厘米　厚 0.7 厘米至 1.1 厘米 /1983 年广东省广州市象岗南越王赵眜墓出土 / 广东省广州市　西汉南越王墓博物馆藏

玉色深绿，有白斑。3 区纹饰以 3 道绹纹相隔，内区 3 组双身龙纹，每组之间饰双 S 形交叉纹；中区为蒲格涡纹；外区为 7 组双身龙纹，是该墓所出土龙纹璧中龙纹组数最多者。璧面厚薄不一，但琢工精细，表面有丝带痕。此器是目前所知出土玉璧中最大者。（王文建 / 文）

三四　玉璧　西汉前期

外径 28.1 厘米　孔径 6.2 厘米　厚 0.6 厘米至 0.8 厘米

1983 年广东省广州市象岗南越王赵眜墓出土

广东省广州市　西汉南越王墓博物馆藏

玉墨绿色，边缘微损。外区和内区均为双身龙纹，外区 6 组，内区 3 组，中区为蒲格涡纹，3 区之间各以一道绹纹分开。两面纹饰相同，其中一面外区有一小块未抛光，琢痕清楚，抛光部分光亮夺目。（王文建 / 文）

三五 玉璧 西汉前期

外径 30.3 厘米 孔径 4.75 厘米 厚 0.5 厘米

1983 年广东省广州市象岗南越王赵眛墓出土

广东省广州市 西汉南越王墓博物馆藏

玉深绿色，有白斑。纹饰分为 3 区，各以一道绹纹隔开。内区浅刻 3 个凤鸟纹，中区饰涡纹，外区为 5 组双身龙纹。整器雕琢后未完全抛光，故琢痕清晰可见。（王文建 / 文）

三六 玉璧 西汉前期

外径 26.7 厘米 孔径 9 厘米 厚 0.7 厘米

1983 年广东省广州市象岗南越王赵眛墓出土

广东省广州市 西汉南越王墓博物馆藏

玉深绿色，璧面有三道绹纹，将纹饰分为二区，内区为卧蚕纹，外区为四组龙蛇合体纹，以双身龙纹为主体，龙身蜷曲，尾端为昂首张口的蛇形。琢痕清晰可见，似未完全抛光。（王文建 / 文）

三七 玉璧 西汉前期

外径 28.5 厘米 孔径 9.6 厘米 厚 0.5 厘米至 0.7 厘米

1983 年广东省广州市象岗南越王赵眛墓出土

广东省广州市 西汉南越王墓博物馆藏

玉墨绿色，有黄褐斑，质温润有光泽。纹饰分为两区，以一圈绹纹和一圈宽带纹相隔，内区为蒲格涡纹，外区为 4 个龙和 4 个牛头纹，牛头较小，圆眼竖耳，双角特别长大，纹饰颇为特别。璧的边缘微损。（王文建 / 文）

三八 玉璧 西汉前期

外径 25.5 厘米 孔径 4.25 厘米 厚 0.6 厘米至 0.7 厘米

1983 年广东省广州市象岗南越王赵眛墓出土

广东省广州市 西汉南越王墓博物馆藏

玉深绿色。纹饰分为两区，内区为蒲格涡纹，外区为双线勾勒的凤鸟纹，两区纹饰以绹纹为界。表面有丝带缠绕痕迹。（王文建 / 文）

三九 组玉佩 西汉前期

组饰通长 60 厘米 /1983 年广东省广州市象岗南越王赵眜墓出土

广东省广州市 西汉南越王墓博物馆藏

由玉璧、玉璜、玉人和金饰、玉饰、玻璃饰、煤精珠饰等 32 件不同质地的饰物组成，出土于墓主胸腹间的组玉璧之上。因穿系饰物的丝带、丝线已朽，故饰物的位置多已散乱，但上下层位基本保持未乱。（王文建 / 文）

四〇 玉双连璧 西汉前期

通宽 12.4 厘米 通高 7.4 厘米 璧：外径 6.2 厘米 孔径 2 厘米 厚 0.4 厘米 /1983 年广东省广州市象岗南越王赵眜墓出土

广东省广州市 西汉南越王墓博物馆藏

玉黄色，有白斑。形为两圆璧外切相连，两璧结合部上下方均有对称的透雕卷云纹附饰，下方的卷云纹两边各雕一鹦鹉，展翅相对。两璧大小、纹饰相同，皆饰卧蚕纹，内外缘起斜面凸棱。两孔间有宽约 2 厘米的丝带痕迹。出土时置于墓主玉衣双鞋的下方。（王文建 / 文）

四一 玉璧 西汉前期

直径 15.8 厘米 孔径 4.3 厘米 厚 0.3 厘米

1983 年广东省广州市象岗南越王赵眜墓出土

广东省广州市 西汉南越王墓博物馆藏

玉湖绿色，有白斑。两面饰三角形勾连谷纹，其连线为阴刻，谷纹凸起，内外沿有斜向凸棱。（王文建 / 文）

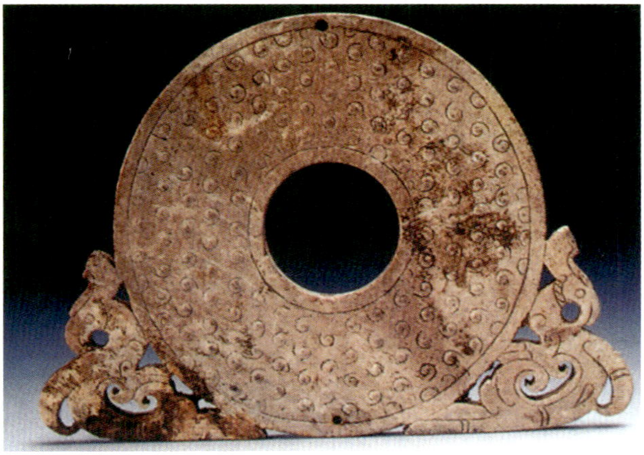

四二 玉双凤卧蚕纹璧 西汉前期

长 9.1 厘米 高 7 厘米 璧：外径 6.9 厘米 孔径 2.2 厘米 厚 0.35 厘米

1983 年广东省广州市象岗南越王赵眜墓出土

广东省广州市 西汉南越王墓博物馆藏

玉灰黄色，有褐斑。璧两面饰卧蚕纹，内外缘起棱，下方两侧各透雕一凤，正中的上下方边缘各有一圆孔。此器位于南越王组玉佩之首，上孔可用于佩挂，下孔用以串连其他佩饰。（王文建 / 文）

四三 玉龙凤饰璧 西汉前期

通宽 10.2 厘米 璧径 7.2 厘米 孔径 4.1 厘米 厚 0.25 厘米

1983 年广东省广州市象岗南越王赵眜墓出土

广东省广州市 西汉南越王墓博物馆藏

玉色灰黄。好内透雕一龙，昂首挺胸，尾部卷曲，作前行状；两侧各透雕一凤，作攀援状。璧饰谷丁勾连云纹，龙凤皆以阴线勾勒细部。其中一凤，翅羽有缺损。（王文建 / 文）

四四 玉犀形璜 西汉前期

长 8.5 厘米 高 4 厘米 厚 0.45 厘米

1983 年广东省广州市象岗南越王赵眜墓出土 / 广东省广州市 西汉南越王墓博物馆藏

玉色黄白透青，玉质坚致，透雕作犀形。犀弓身低头，前后肢蹲曲，长尾下垂回卷。作蓄劲前冲状。器身边缘起棱，中饰卧蚕纹，背部有一圆形小孔，细部以粗、细阴线勾画，表面有丝带痕迹。（王文建 / 文）

四五 玉双龙蒲纹璜 西汉前期

长 14.2 厘米 中宽 5.6 厘米 厚 0.35 厘米

1983 年广东省广州市象岗南越王赵眜墓出土

广东省广州市 西汉南越王墓博物馆藏

玉黄白色，两面浅雕蒲纹，两端为龙首，口部镂空，眼、耳、鼻等细部用阴线刻出；璜上透雕云纹，顶部当中有一小穿孔；下透雕双鸟，勾头卷尾，似在梳理羽毛。（王文建 / 文）

四六 组玉佩 西汉前期

1983年广东省广州市象岗南越王赵眛墓出土

广东省广州市 西汉南越王墓博物馆藏

由连体双龙佩1件、玉环2件、三凤涡纹璧1件、玉璜5件以及玻璃珠1粒、金珠10粒等器物组成，出土于南越王墓东侧室右夫人棺位处。在9件玉饰中只有连体双龙佩质地坚致，稍有光泽，其余均受沁呈灰白或黄白色。这组器物每件都有穿孔，可系线串佩。（王文建 / 文）

四七 玉连体双龙佩 西汉前期

长10.2厘米 宽6厘米 厚0.4厘米

1983年广东省广州市象岗南越王赵眛墓出土

广东省广州市 西汉南越王墓博物馆藏

玉黄白色。平面略呈椭圆形，以二龙连体构成。龙首透雕，龙身饰勾连卧蚕纹，周缘分布5个穿孔。两龙张口露牙，昂首对视，各伸一爪共托兽面形饰。整体构图新颖，是一件完美的艺术品。（王文建 / 文）

四八 玉三凤饰璧 西汉前期

通宽7.8厘米 璧：外径5.7厘米 孔径3.2厘米 厚0.3厘米

1983年广东省广州市象岗南越王赵眛墓出土

广东省广州市 西汉南越王墓博物馆藏

玉黄白色。璧两面饰勾连卧蚕纹，内外周缘有斜向凸棱，周边饰透雕3凤，上面一凤仰首朝天，尾部缺失；下面两凤如璧座。细部均以阴线刻出。（王文建 / 文）

四九 玉龙纹环 西汉前期

直径 7.4 厘米 孔径 3.8 厘米 厚 0.35 厘米

1983 年广东省广州市象岗南越王赵眛墓出土

广东省广州市 西汉南越王墓博物馆藏

玉黄白色，双面透雕 3 枚龙纹，首尾衔接成圆环。龙体皆作绞索纹，龙头造型各异，一龙张口露出獠牙，颏下有须，另两龙只琢出眼睛，鳍与爪均作卷云纹。（王文建 / 文）

五〇 玉龙螭纹环 西汉前期

直径 9 厘米 孔径 4.8 厘米 厚 0.4 厘米 /1983 年广东省广州市象岗南越王赵眛墓出土 / 广东省广州市 西汉南越王墓博物馆藏

玉浅绿色。双面透雕两龙、两螭，相互缠绕成一环。龙身瘦长呈弯曲状，螭尖嘴竖耳。龙体螭身交错，浑然一体，玲珑剔透。龙螭细部以浅浮雕和阴线刻出，线条流畅，雕工精巧。（王文建 / 文）

五一 组玉佩 西汉前期

1983 年广东省广州市象岗南越王赵眛墓出土

广东省广州市 西汉南越王墓博物馆藏

由环、璜、舞人和管等 7 件玉饰组成，出土于南越王墓东侧室右夫人棺位西侧。出土时环、璜相叠，管在璜上。（王文建 / 文）

五二 玉舞人 西汉前期

高 4.8 厘米 宽 2.2 厘米 厚 0.5 厘米

1983 年广东省广州市象岗南越王赵眜墓出土

广东省广州市 西汉南越王墓博物馆藏

玉色灰白，受沁严重。舞人用扁平玉片透雕而成，身着开襟长袖连衣裙，腰带上系一串玉佩饰，上环下璜，下垂流苏，右手高扬于头顶，左手置于细腰前，长裙曳地，体态轻盈，作漫舞状。面部五官、脑后长发和衣纹等，皆用阴线刻出。头顶至脚底有一孔贯穿。（王文建 / 文）

五三 组玉佩 西汉前期

1983 年广东省广州市象岗南越王赵眛墓出土

广东省广州市 西汉南越王墓博物馆藏

由玉璧、椭圆形玉片、龙首玉璜、花蕾形玉佩、韘形玉佩和另外两件玉璜组成。组玉佩的上下顺序是参考出土情况复原的。(王文建 / 文)

五四 花蕾形玉佩 西汉前期

长 6.3 厘米 宽 2.2 厘米 厚 0.4 厘米 /1983 年广东省广州市象岗南越王赵眛墓出土 / 广东省广州市 西汉南越王墓博物馆藏

为五三组玉佩饰件之一。玉青灰色，有白斑。整体由一扁平玉片镂雕成花蕾形，梗上有一横穿孔。花蕾两面均阴刻勾连云纹；一侧透雕一凤，昂首挺胸卷尾，立在花叶上。造型别致新颖，花鸟结合，尚属首次出土。(王文建 / 文)

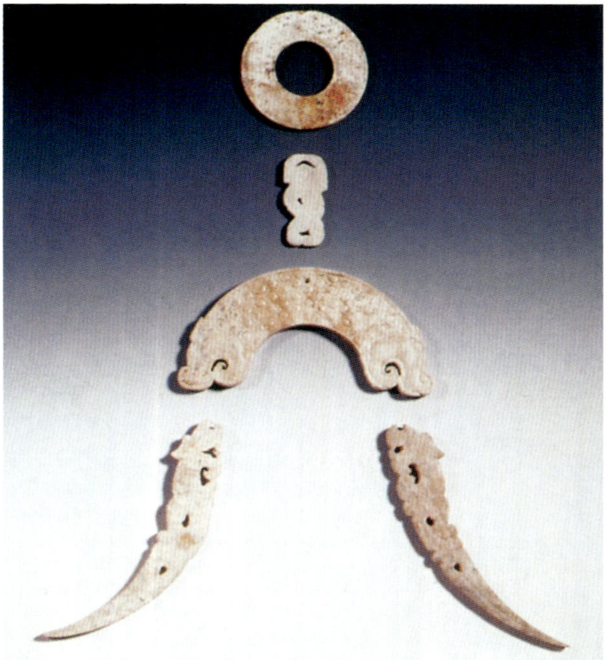

五五 组玉佩 西汉前期

1983 年广东省广州市象岗南越王赵眜墓出土

广东省广州市 西汉南越王墓博物馆藏

由璧、舞人、璜和觿等 5 件佩玉组成。（王文建 / 文）

五六 五七 玉璜 西汉前期

长 7 厘米 宽 1.6 厘米 厚 0.4 厘米 /1983 年广东省广州市象岗南越王赵眜墓出土 / 广东省广州市 西汉南越王墓博物馆藏

玉黄白色，受沁严重。周边有齿脊，中间及两端各有一穿孔，两面纹饰有别，一面饰勾连雷纹，一面为卷云纹。（王文建 / 文）

五八 玉龙凤纹重环 西汉前期

外径 10.6 厘米 内径 5.2 厘米 厚 0.5 厘米

1983 年广东省广州市象岗南越王赵眜墓出土

广东省广州市 西汉南越王墓博物馆藏

玉色淡黄透青，有褐斑。器作璧形，以圆环分隔为内外两区，环上分别琢刻双 S 形和竹节形游丝纹饰。内环中间透雕一龙，前后足及尾伸向外区，呈腾空飞奔状；外区透雕一凤鸟，立于龙爪上，回首与龙对视，凤冠和尾羽上下延伸成卷云纹状，将外区空间填满。整件器物构图奇巧，充满着生命的活力。（王文建 / 文）

五九 玉龙形佩 西汉前期

长 19 厘米 宽 13.2 厘米 厚 0.6 厘米

1983 年广东省广州市象岗南越王赵眜墓出土

广东省广州市 西汉南越王墓博物馆藏

玉青灰色。两件造型、纹饰相同，体扁平，透雕成弓身回首的龙形，龙身布满阴刻涡纹，龙头、爪、尾部以粗犷的线条随形雕出。（王文建 / 文）

六○ 玉凤纹牌形饰 西汉前期
长 14 厘米 宽 7.4 厘米 厚 0.4 至 0.5 厘米
983 年广东省广州市象岗南越王赵眜墓出土
广东省广州市 西汉南越王墓博物馆藏

玉呈象牙黄色。全器扁平，双面透雕，当中为一牌形长方框，框内透雕一变形凤鸟纹，框上端连着一朵卷云纹。两侧及下面均有雕饰，下面雕一高冠卷尾的变形凤鸟。方框下部原已折断，特铸制两个 H 形的小金襻将其接合，复原为一体。金襻双面都有针刺图案花纹。方框右侧雕一昂首挺胸的凤鸟，双足踩一璧，长尾下垂，末端回卷以托玉璧。左侧透雕一串璎珞，上有一变形小鸟，中间如一珰，两侧有流苏，下边倒悬一花蕾。通体除主要轮廓起棱外，细部均以精细阴线作点缀。

全器构图精巧，布局疏密得宜，突破传统的对称、均衡手法，令人耳目一新。(王文建/文)

六一 玉觿形佩 西汉前期

长 11.6 厘米 宽 2.9 厘米 厚 0.25 厘米

1983 年广东省广州市象岗南越王赵眜墓出土

广东省广州市 西汉南越王墓博物馆藏

玉黄绿色。器形扁平修长，两面雕刻，上部透雕变形双凤纹，下部为椭圆心形，中有一大圆孔，一面稍凹下，一面呈龟背形。两面均阴刻卷云纹。此器与常见的觿形佩造型不同，应为单件佩饰。（王文建 / 文）

六二 玉觿形佩 西汉前期

长 5.4 厘米 宽 3.6 厘米 厚 0.3 厘米 孔径 1.5 厘米

1983 年广东省广州市象岗南越王赵眜墓出土

广东省广州市 西汉南越王墓博物馆藏

玉色黄绿，局部受沁剥落。主体椭圆形，顶尖缺失，中有圆孔，器中厚边薄如龟背状，一面光素，另一面浅刻云雷纹。一侧有透雕的变形鸟纹。（王文建 / 文）

六三 玉觿形佩 西汉前期

长 7.2 厘米 宽 4 厘米 厚 0.4 厘米 孔径 1.6 厘米

1983 年广东省广州市象岗南越王赵眜墓出土

广东省广州市 西汉南越王墓博物馆藏

玉受沁呈白色。体形修长，一面稍凹，另一面微拱似龟背，中有一圆孔，顶尖。两边附饰一大一小，为两只透雕的变形凤鸟。器表及附饰上均刻有单线云纹，表面粘有朱砂和丝绢。（王文建 / 文）

六四 玉觿 西汉前期

长 9.6 厘米 宽 1.8 厘米 厚 0.1 厘米至 0.2 厘米

1983 年广东省广州市象岗南越王赵眜墓出土 / 广东省广州市 西汉南越王墓博物馆藏

玉黄绿色。器形扁薄，龙形，体圆弧上弯，尾稍残，两面纹饰大同小异，均为卷云纹，一面为浅浮雕，另一面为线刻。(王文建 / 文)

六五 玉觿 西汉前期

长 7.2 厘米 宽 1.1 厘米 厚 0.4 厘米 /1983 年广东省广州市象岗南越王赵眜墓出土 / 广东省广州市 西汉南越王墓博物馆藏

玉浅黄色。龙形，呈弯月状。龙尾细长如锥，躯体阴刻云纹，耳部有一小穿孔。(王文建 / 文)

六六 玉舞人 西汉前期

高 3.5 厘米 宽 3.5 厘米 厚 1 厘米 /1983 年广东省广州市 / 象岗南越王赵眜墓出土 / 广东省广州市 西汉南越王墓博物馆藏

玉黄白色。圆雕舞女，局部有缺损。头右侧有一螺髻，身着右衽长袖衣裙，扭腰并膝，右手向侧后甩袖，左手上扬至脑后，长袖曳地，口微张，似在边歌边舞，其袖口和下摆均线刻卷云纹，从头顶至腿部，有一贯穿小孔，面部有丝绢痕迹。整器雕工精细，姿态生动，为汉代出土玉舞人中首见的圆雕作品。（王文建 / 文）

六七 金钩玉龙 西汉前期

通长 14.4 厘米 玉龙长 11.5 厘米 宽 1.6 厘米 厚 0.5 厘米

1983 年广东省广州市象岗南越王赵眜墓出土

广东省广州市 西汉南越王墓博物馆藏

玉灰白色，受沁较严重。整器由透雕玉龙和金带钩组成，呈猛虎噬龙的形象。玉龙体扁平，似S形，两面饰卧蚕纹，龙头向上，回首张口，尾回卷，下半折断，断口的两边各钻3个小孔，用丝线联缀。金带钩系铸成，钩首和钩尾都作虎头形，玉龙尾部套在金带钩的銎孔中。（王文建 / 文）

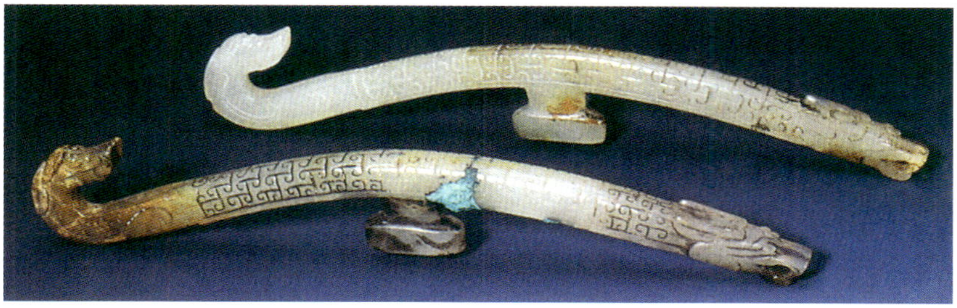

六八 玉龙形带钩 西汉前期

长 15 厘米 宽 0.8 厘米 厚 0.7 厘米

1983 年广东省广州市象岗南越王赵眜墓出土

广东省广州市 西汉南越王墓博物馆藏

玉青黄色，局部有褐斑。钩体微拱，细长条形，首尾均雕作龙头，钩身正面及两侧阴刻勾连云纹，底部有椭圆形纽。两件大小、纹饰上同。（王文建 / 文）

六九 玉龙虎并体带钩 西汉前期

长 18.9 厘米 宽 6.2 厘米 厚 0.6 厘米 环：外径 2.5 厘米

983 年广东省广州市象岗南越王赵眜墓出土 / 广东省广州市 西汉南越王墓博物馆藏

玉青白色，有褐斑。钩体扁形，钩首雕作虎头，钩尾雕成龙首，虎龙双体并列。龙仰身昂首，张口咬一圆环，虎亦伸一爪攫环。钩体表面和圆环都饰谷丁勾连云纹。背面平素，有扁圆形纽。全器晶莹光洁，构图奇妙，雕琢精致。（王文建 / 文）

七〇 玉龙虎合体带钩 西汉前期

长 19.5 厘米 宽 1.6 厘米 厚 1.6 厘米

1983 年广东省广州市象岗南越王赵眜墓出土

广东省广州市 西汉南越王墓博物馆藏

玉青白色，局部因铁锈沁染而呈深褐色斑。通体圆雕，龙虎合体，由8节组成。钩首为瘦长形龙头，两后爪搭在虎背上；钩尾为虎头，左边两爪向前，右边两爪向后蹬。首尾两节中心有圆銎，中间6节有圆孔贯通，用一根铁条相连接。背面有圆柱体纽，纽面饰三组S形纹。因铁芯锈蚀膨胀，器表有多处裂痕。（王文建 / 文）

七一

七二

七一 七二 玉剑珌 西汉前期

高 4.2 厘米 上宽 7.1 厘米 下宽 8.2 厘米 中厚 1.8 厘米

1983 年广东省广州市象岗南越王赵眜墓出土

广东省广州市 西汉南越王墓博物馆藏

玉青黄色，局部受沁，有白斑。器体硕大厚重。一条高浮雕的螭龙，攀踞于侧端，身躯跨越珌的两面，下半身蜷曲于珌的一面，上半身攀援到另一面，龙首悬空，体态矫健。珌的另一面还浅浮雕一张口怒目的龙，二龙均以云气纹相衬托。珌的一端有一长方形孔，孔壁排列着整齐的如连弧的管钻痕，分 3 行，每行 5 钻。（王文建 / 文）

七三 玉剑首 西汉前期

面径 6 厘米 底径 5.4 厘米 边厚 1.85 厘米

1983 年广东省广州市象岗南越王赵眜墓出土

广东省广州市 西汉南越王墓博物馆藏

玉青黄色，局部受沁。器形厚重，两面有纹饰。正面中部圆鼓，中心饰菱格形线纹，外绕 4 组云涡纹，外沿高浮雕双螭，从侧壁攀附至器面。背面中部凸起圆形台面。中有一圈浅槽和斜穿孔，外区浅刻勾连云纹。（王文建 / 文）

七四 玉剑首 西汉前期

面径 5.6 厘米 底径 5.5 厘米 边厚 1.05 厘米

1983 年广东省广州市象岗南越王赵眜墓出土

广东省广州市 西汉南越王墓博物馆藏

玉青黄色，细腻有光泽。圆形，中心凸起。纹饰分为两区，内区中央饰一菱形花纹，周围浅浮雕 4 组卷云纹，外区饰卧蚕纹。底部中间有一圈凹槽以纳剑茎。（王文建 / 文）

七五 玉剑格 西汉前期

通高 6.6 厘米 边高 3 厘米 横宽 6 厘米 中厚 2.7 厘米 边厚 0.4 厘米

1983 年广东省广州市象岗南越王赵眜墓出土 / 广东省广州市 西汉南越王墓博物馆藏

玉青黄色，有黄白色斑。器体较大，平面为一箭镞形，上端内凹，下端尖状伸出较长，中脊凸起，两面浮雕兽面卷云纹，周缘刻边线。（王文建 / 文）

七六 玉剑璏 西汉前期

长 11.1 厘米 宽 1.5 厘米 銎孔长 4.3 厘米 壁厚 0.3 厘米

1983 年广东省广州市象岗南越王赵眜墓出土

广东省广州市 西汉南越王墓博物馆藏

玉青黄色。正面高浮雕群兽，以一只身躯细长的螭虎为主体，左侧边沿处一小虎正伸爪紧攫一根长绳，右侧为一小螭虎和一小熊，熊亦握绳，与回首螭虎相视，构图活泼，形态生动。侧边饰浅浮雕云雷纹。背面銎孔较长，孔内还存有捆缠于剑鞘上的残绢，与鞘面所缠的绢带相同。由此可知装璏时除用胶漆粘合外，还要再加丝带绑扎，使之更加牢固。（王文建 / 文）

七七 玉剑首 西汉前期

面径 4.6 厘米 底径 4.1 厘米 厚 0.6 厘米 /1983 年广东省广州市象岗南越王赵眜墓出土 / 广东省广州市 西汉南越王墓博物馆藏

玉青黄色，温润有光泽。正面有两组纹饰，内区凸起，上饰 5 瓣蒂形纹，中心作圆泡形，刻 3 朵云纹；外区高浮雕两只螭虎，作嬉逐状，背面内区中心有一对斜穿孔，外区饰谷丁勾连云纹，两区之间以一凹槽为界。造型生动，雕琢精致。（王文建 / 文）

七八 玉剑格 西汉前期

横宽 5.5 厘米 中长 0.8 厘米 中厚 1.9 厘米 边厚 0.5 厘米

1983 年广东省广州市象岗南越王赵眜墓出土

广东省广州市 西汉南越王墓博物馆藏

玉青黄色。器形窄长，横断面为扁菱形。两面高浮雕兽纹，正面为一只长尾螭虎，背面饰两只尖嘴小兽。（王文建 / 文）

七九 玉剑首 西汉前期

面径 5.1 厘米 底径 4.9 厘米 边厚 0.6 厘米

1983 年广东省广州市象岗南越王赵眜墓出土

广东省广州市 西汉南越王墓博物馆藏

玉黄白色。圆形，正面高浮雕两只螭虎和一只尖嘴兽，三兽各伸一爪共攫一带状物，形神各异，盘旋嬉戏于一圆框内。刻工细腻，造型生动。背面阴刻勾连云纹，纳柄处尚存一筒形铁箍。（王文建 / 文）

八〇 玉剑格 西汉前期

横宽 6 厘米 中高 1.6 厘米 中厚 1.95 厘米 边厚 0.6 厘米

1983 年广东省广州市象岗南越王赵眜墓出土

广东省广州市 西汉南越王墓博物馆藏

玉黄白色，莹润有光泽。两面纹饰不同，一面浅刻兽面纹，另一面高浮雕一螭虎，被一小兽紧攥着尾巴向后拉，构图活泼生动。（王文建 / 文）

八一

八二

八一 八二 玉剑珌 西汉前期

上宽 6.8 厘米 下宽 5.5 厘米 高 4 厘米 中厚 1.2 厘米至 1.7 厘米

1983 年广东省广州市象岗南越王赵眜墓出土

广东省广州市 西汉南越王墓博物馆藏

玉青黄色。器作不规则梯形，通体有朱绢痕。使用圆雕、高浮雕和浅浮雕的手法，雕出螭虎与小熊嬉闹的形像。另一面一螭虎攀缘探头与之相呼应，其尾巴被一小熊咬住，似乎要把它拉回。两面均点缀浅浮雕云纹。顶端饰勾连方纹，纳鞘一端有 3 个连环钻孔，其两侧各有一个小斜穿孔。（王文建 / 文）

八三 玉剑格 西汉前期

横宽 6.2 厘米 中高 4.1 厘米 边高 3.7 厘米 中厚 2.4 厘米 边厚 0.4 厘米

1983 年广东省广州市象岗南越王赵眜墓出土

广东省广州市 西汉南越王墓博物馆藏

玉黄白色，质地致密。全器运用透雕与浮雕手法，以中脊为轴，中部饰圆眼兽面纹；两侧各透雕一只鹦鹉，单脚立于兽耳上，回首对视。两面纹饰相同，中有长圆形銎孔贯穿。雕镂精绝，是南越王墓所出玉剑饰中最精巧者。（王文建 / 文）

八四 玉剑珌 西汉前期

上宽 4.9 厘米 下宽 6.4 厘米 高 7.1 厘米 中厚 1.3 厘米至 1.7 厘米

1983 年广东省广州市象岗南越王眜墓出土

广东省广州市 西汉南越王墓博物馆藏

玉色黄白闪青。束腰梯形，两面纹饰相同，中部饰卧蚕纹，四周为 T 形勾连云纹带。纳鞘一端并列 3 个圆孔，另一端平素。（王文建 / 文）

八五 镶玉盖杯 西汉前期

通高 16 厘米 杯高 14 厘米 口径 7.2 厘米
座足径 5.5 厘米 厚 0.2 厘米
1983 年广东省广州市象岗南越王赵眜墓出土
广东省广州市 西汉南越王墓博物馆藏

玉浅绿色，晶莹透亮。杯体呈八棱圆筒形，上广下敛，喇叭形座足，带盖。杯身为一窗棂形铜铸框架，表面鎏金，框内有浅槽，分上下两截，上截镶嵌 8 片素面玉片，下截嵌入 5 片花瓣形玉片。盖圆形隆起，外沿亦为鎏金铜框，出直唇，与杯口扣合。盖顶嵌一整玉，雕琢成螺纹形，中心如一乳丁。出土时有多层丝织物裹缠。（王文建 / 文）

八六 镶玉卮 西汉前期

通高 14 厘米 卮高 12.7 厘米 口径 8.6 厘米 厚 0.3 厘米
1983 年广东省广州市象岗南越王赵眜墓出土
广东省广州市 西汉南越王墓博物馆藏

玉青白色，温润有光泽。呈九棱柱面体，由 9 块玉片镶嵌在一鎏金铜框架构成。卮平底，底为一圆玉片，附 3 蹄足，一侧有圆环形扁尾玉鋬。长方形玉片上浮雕勾连谷纹，铜框上铸有兽纹和几何图形，因锈蚀严重，纹样模糊不清。卮盖髹黑漆，盖上原有两个玉雕纽饰（可能是凤鸟），但已脱失，只存纽座痕迹，边沿还有 3 枚镶嵌的弯月形玉饰。出土时裹缠丝绢多层。（王文建 / 文）

八七 金缕玉衣 西汉中期

通长 1.88 米 /1968 年河北省满城县陵山 1 号墓出土 / 河北博物院藏

玉衣的外观和人体形状一样，可以分为头部、上衣、裤筒、手套和鞋 5 大部分。头部由脸盖和头罩构成，上衣由前片、后片和左右袖筒组成，裤筒、手套和鞋都分为左右两件，脸盖上做出眼、鼻和嘴的外形，上衣的前片制出宽阔的胸部和鼓起的腹部，后片的下端做成人体臀部的形状，左右裤筒也按人腿的形状做出，手套作握拳状，鞋为方头平底高腰形。全套玉衣都由玉片组成，玉片之间以金丝加以编缀，共用 2498 片玉片，所用金丝共重 1100 克左右。这套金缕玉衣是考古工作中第一次发现的保存完整的玉衣。（卢兆荫 / 文）

八八 玉透雕双龙谷纹璧 西汉中期

通高 29.9 厘米 璧：外径 13.4 厘米
孔径 4.2 厘米 厚 0.6 厘米
1968 年河北省满城县陵山 1 号墓出土
河北博物院藏

玉灰白色，光洁莹润。璧两面满布细密的卧蚕纹，周缘起棱。璧上端饰透雕双龙卷云纹附饰，双龙头顶有双股卷云纹，龙相背昂首挺立于璧缘上，脑后鬣毛呈索形向上卷扬，体态丰腴矫健。附饰顶部有一小穿孔。雕琢精致，纹饰流畅，为汉代玉璧中的珍品。（卫慧 / 文）

八九 玉璧 西汉中期

外径 21.2 厘米 孔径 2.6 厘米 厚 0.6 厘米

1968 年河北省满城县陵山 1 号墓出土

河北博物院藏

青玉琢成，呈青灰色。两面纹饰相同，皆分为内外两区。内区饰蒲纹，外区为双身合首的夔龙纹，内外区之间以一周绹纹相隔。（卫慧 / 文）

九〇 玉圭 西汉中期

长 18.6 厘米 宽 7 厘米 厚 1.35 厘米 孔径 0.35 厘米 /1968 年河北省满城县陵山 1 号墓出土 / 河北博物院藏

碧玉琢成，有灰白色斑。上端尖锐，下端平直，近底部有一小圆孔。素面。（卫慧 / 文 张慧 / 摄影）

九一 玉圭 西汉中期

长 20.8 厘米 宽 7 厘米 厚 1.2 厘米 孔径 0.7 厘米 /1968 年河北省满城县陵山 1 号墓出土 / 河北博物院藏

青玉琢成，呈灰绿色，有灰白色斑。上端尖锐，下端平直，近底部有一圆形小孔。素面。（卫慧 / 文 张慧 / 摄影）

九二 玉人 西汉中期

高 5.4 厘米 /1968 年河北省满城县陵山 1 号墓出土 / 河北博物院藏

白玉琢成，洁白晶莹。作王公凭几而坐的形象。玉人正襟危坐，双手置于几上，头戴小冠，冠带束于颔下，身着右衽宽袖长衣，腰间系菱格纹带。底部阴刻铭文 5 行 10 个字——维古玉人王公延十九年，具有辟邪厌胜的意义。（卢兆荫 / 文）

九三 玉龙形饰 西汉中期

长 6.2 厘米 宽 4.2 厘米 厚 0.2 厘米

1968 年河北省满城县陵山 1 号墓出土

河北博物院藏

玉白色，光洁晶莹。饰卷云纹。龙体细长蜿蜒弯曲，形象栩栩如生。躯体中部有一小孔。（卫慧 / 文）

九四 玉凤鸟形饰 西汉中期

高 2.5 厘米 宽 4.2 厘米 厚 0.2 厘米

1968 年河北省满城县陵山 1 号墓出土

河北博物院藏

玉白色。凤鸟透雕而成，昂首曲身，细颈长尾，嘴衔作蜷身挣扎状的小虫。形象生动，雕琢精致。（卫慧 / 文 张慧 / 摄影）

九五 玉韘形佩 西汉中期

长 10 厘米 宽 4.1 厘米 厚 0.3 厘米

1968 年河北省满城县陵山 1 号墓出土 / 河北博物院藏

玉白色。主体略呈椭圆形，上端中间起脊，中部有一圆孔。两面皆饰细线卷云纹，两侧有不对称的透雕流云纹附饰。纹饰优美，线条流畅。（卫慧 / 文）

九六 玉凤鸟形饰 西汉中期

高 3.9 厘米 宽 2.5 厘米 厚 0.2 厘米

1968 年河北省满城县陵山 1 号墓出土 / 河北博物院藏

玉白色。透雕作形象化的凤鸟形，凤鸟长尾高翘与鸟冠相连。造型别致，雕琢精细。（卫慧 / 文）

九七 玉圆管形饰 西汉中期

管：长 5.2 厘米 外径 2 厘米至 2.2 厘米 孔径 0.8 厘米至 1.2 厘米

1968 年河北省满城县陵山 1 号墓出土 / 河北博物院藏

白玉，有光泽。作圆管形，中腰微束，内有圆形穿孔，下端孔径略大于上端。饰浮雕涡状卷云纹，上端阴刻云纹。（卫慧 / 文 张慧 / 摄影）

九八 玉笄 西汉中期

残长 19.3 厘米 宽 1.5 厘米

1968 年河北省满城县陵山 1 号墓出土 / 河北博物院藏

玉乳白色，光洁无瑕。首部透雕凤鸟、卷云纹；笄身微呈弧形，饰细线卷云纹；末端刻饰鱼首，有圆孔，已残。雕琢精美，笄首有涂朱痕迹。（卫慧 / 文）

九九 玉带钩 西汉中期

左：长 6 厘米 厚 1.3 厘米 中：长 4.2 厘米 厚 0.6 厘米 右：长 5.8 厘米 厚 1.8 厘米

1968 年河北省满城县陵山 1 号墓出土 / 河北博物院藏

皆白玉琢成。左：玉质温润有光泽，背部鼓起，阴刻卷云纹，腹部有一椭圆形纽。中：钩体较短，背部饰兽面纹，腹部有一圆纽。右：玉质细腻温润，钩部作兽头形，背部浮雕一兽，两侧阴刻卷云纹，表面有朱红痕迹，腹部有一圆纽。（卢兆荫 / 文）

一〇〇 **玉印 西汉中期**
高 2.2 厘米 长宽各 2.7 厘米
1968 年河北省满城县陵山 1 号墓出土
河北博物院藏

玉灰白色，光洁明亮。印方形，印纽为一雕琢精致的螭虎，未刻印文。(卫慧 / 文 张慧 / 摄影)

一〇一 **玉印 西汉中期**
高 2.3 厘米 长宽各 2.8 厘米
1968 年河北省满城县陵山 1 号墓出土
河北博物院藏

玉灰白色。印方形，印纽为一雕琢精致的螭虎，座缘阴刻卷云纹。未刻印文。(卫慧 / 文 张慧 / 摄影)

一〇二 玉剑首 西汉中期
直径 5.7 厘米 高 1.2 厘米
1968 年河北省满城县陵山 1 号墓出土
河北博物院藏

白玉琢成，玉质细腻温润。圆形，中央为一圆形突起。上阴刻卷云纹，周围浮雕两只身躯修长的螭虎。底部中心有两个相通的小孔，孔外为一圈凹槽，槽外有 3 小孔。纹饰华丽流畅。（卫慧 / 文 张慧 / 摄影）

一〇三 玉剑珌 西汉中期
长 3.8 厘米至 5.9 厘米 宽 6 厘米至 7.2 厘米
1968 年河北省满城县陵山 1 号墓出土
河北博物院藏

玉白色。作不规则梯形。两面浮雕五只活泼的螭虎，翻腾嬉戏于云海间。上端有三小孔，两侧小孔斜向中心，三孔相通。雕琢精美，纹饰生动。（卫慧 / 文 张慧 / 摄影）

一〇四 玉剑璏 西汉中期
长 9.7 厘米 宽 2.3 厘米
1968 年河北省满城县陵山 1 号墓出土 / 河北博物院藏

玉白色，细润。长方形，表面浮雕一只雄健修长的螭虎。背面有长方形銎。（卫慧 / 文 张慧 / 摄影）

一〇五 玉剑珌 西汉中期

长 5.9 厘米 宽 5.4 厘米至 6.8 厘米
1968 年河北省满城县陵山 1 号墓出土
河北博物院藏

白玉琢成，玉质晶莹细腻。珌作梯形，两面饰浮雕的螭虎，并缀以流云纹，其中一面在螭虎身侧伸出一鸟首。珌的上端有一孔，下端饰阴线流云纹。（卢兆荫 / 文）

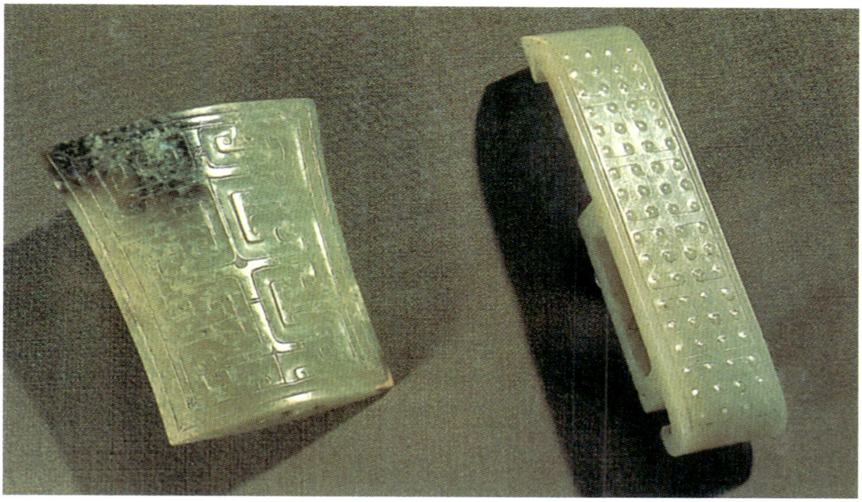

一〇六 玉剑璏 玉剑珌 西汉中期

右：长 9.7 厘米 宽 2.3 厘米
左：长 6.7 厘米 宽 4.8 厘米至 6.2 厘米
1968 年河北省满城县陵山 1 号墓出土
河北博物院藏

青玉琢成，浅绿色，晶莹光洁。璏的表面饰谷纹。珌的两面皆饰图案化卷云纹，上端有 3 小孔，两侧的小孔斜向，和中间小孔相通。（卢兆荫 / 文）

一〇七 镶玉铜枕 西汉中期

长 44.1 厘米 高 17.6 厘米宽 8.1 厘米
1968 年河北省满城县陵山 1 号墓出土
河北博物院藏

枕身长方形，两端饰以高昂的龙首。枕面和枕的两侧镶嵌的玉片，饰透雕和阴线花纹，枕面为图案化云纹，枕侧为怪兽纹。龙首亦镶嵌各种形式的玉饰，多数饰透雕花纹。枕底镶嵌玉片。（卢兆荫 / 文）

一〇八 镶玉铺首 西汉中期

通长 12.4 厘米 铺首宽 9.4 厘米

1968 年河北省满城县陵山 1 号墓出土

河北博物院藏

铺首镶嵌白玉，浮雕卷云纹，由对称的卷云纹组成图案化的兽面纹饰。（卢兆荫 / 文）

一〇九 玉璧 西汉中期

外径 20.4 厘米 孔径 3.8 厘米 厚 0.45 厘米

1968 年河北省满城县陵山 2 号墓出土

河北博物院藏

璧呈青黄色，两面纹饰相同。纹饰分为内外两区，内区饰蒲格涡纹，外区饰阴线夔龙纹。内外区之间以一周绹纹相隔。（卫慧 / 文）

一一〇 金缕玉衣 西汉中期

通长 1.72 米 /1968 年河北省满城县陵山 2 号墓出土 / 河北博物院藏

玉衣的外观和人体形状相吻合，可分为头部、上衣、裤筒、手套和鞋 5 大部分。头部由脸盖和头罩构成，上衣由前片、后片和左右袖筒组成，裤筒、手套和鞋分为左右两件。脸盖上做出眼、鼻和嘴的外形，头罩两侧刳出精致的圆形耳罩。全套玉衣都由玉片组成，除上衣的前片、后片外，其他部分的玉片都以金丝加以编缀。共用 2160 片玉片，所用金丝共重 700 克左右。上衣前、后片的玉片原系粘贴在麻布衣片上，然后用细薄丝织物顺对角线作交叉的形式粘贴在玉片上，同时每片玉片的四周也用织物粘贴。经过织物粘贴后的衣片，既牢固又华丽。（卢兆荫 / 文）

一一一 玉璧 西汉中期

外径 16 厘米 孔径 1.9 厘米 厚 0.5 厘米

1968 年河北省满城县陵山 2 号墓出土

河北博物院藏

璧呈青绿色，两面纹饰相同。纹饰分为内外两区，内区饰蒲纹，外区饰阴线凤鸟纹，内外区之间以一周绹纹相隔。（卫慧 / 文）

一一二 玉韘形佩 西汉中期

长 5.2 厘米 宽 4.1 厘米 厚 0.3 厘米

1968 年河北省满城县陵山 2 号墓出土 / 河北博物院藏

玉色微黄，质润光滑。略呈椭圆形，中部有一圆孔，一端略尖，一端圆浑，正面微鼓，背面略凹。两面皆阴刻细线流云纹，两侧透雕对称纹饰，作鸟兽相搏状。琢磨精巧，表面有涂朱痕迹。（卫慧 / 文）

一一三 玉圭 西汉中期

长 9.2 厘米 宽 2.3 厘米 厚 0.6 厘米

1977 年山东省巨野县红土山汉墓出土

山东省 巨野县博物馆藏

玉青色。尖首，折肩，方底，素面，磨制光滑。（周建军 / 文）

一一四 玉璧 西汉中期
外径 23.4 厘米 孔径 5 厘米 厚 0.7 厘米
1977 年山东省巨野县红土山汉墓出土
山东省 巨野县博物馆藏

玉绿色。纹饰分为内外两区，内区为涡纹，外区饰 4 组兽面纹。(周建军 / 文)

一一五 玉韘形佩 西汉中期
长 14 厘米 宽 9 厘米 厚 0.2 厘米 /1977 年山东省巨野县红土山汉墓出土 / 山东省 巨野县博物馆藏

玉白色。扁平，心形，上尖下圆，两侧透雕卷云纹。雕琢精致，已残。(周建军 / 文)

一一六 玉马 西汉中期
长 3.1 厘米 高 1.5 厘米
1977 年山东省巨野县红土山汉墓出土
山东省 巨野县博物馆藏

玉白色，润泽光滑。造型生动，后足残缺。(周建军 / 文)

一一七 玉韘 西汉中期
长 3.4 厘米 宽 2 厘米 孔径 1.4 厘米
1977 年山东省巨野县红土山汉墓出土
山东省 巨野县博物馆藏

玉浅黄色。略呈椭圆形，上尖下圆，中有圆孔，一侧有翼。一面微鼓，另一面略凹。(周建军 / 文)

一一八 玉猪 西汉中期
长 12 厘米 宽 2 厘米 高 2.6 厘米 /1977 年山东省巨野县红土山汉墓出土 / 山东省 巨野县博物馆藏

玉白色间淡茶色。一对。长条形，两件大小相同，琢磨光滑。阴线刻，线条简练，形象逼真。(周建军/文)

一一九 玉剑首 西汉中期

长 6.5 厘米 宽 5 厘米 厚 1.6 厘米

1977 年山东省巨野县红土山汉墓出土

山东省 巨野县博物馆藏

玉淡茶色。采用浮雕、透雕和线刻相结合的手法，雕出 5 只螭虎盘绕于云中。雕琢精致，纹样优美，是汉代玉剑饰中的珍品。一端有 3 孔，以插剑茎。（周建军 / 文）

一二〇 一二一 玉剑珌 西汉中期

长 6.3 厘米 宽 3.8 厘米 厚 2.2 厘米

1977 年山东省巨野县红土山汉墓出土

山东省 巨野县博物馆藏

玉淡茶色。浮雕螭虎，卷云纹，螭虎盘绕于珌的两面。一端有 3 孔，两侧小孔斜穿，与中孔相通，用于接鞘。（周建军 / 文）

一二二 玉剑璏 西汉中期

长 9 厘米 宽 3 厘米 厚 2 厘米 / 1977 年山东省巨野县红土山汉墓出土 / 山东省 巨野县博物馆藏

玉青绿色。长方形，浮雕两只螭虎，一大一小。（周建军 / 文）

一二三

一二四

一二三 一二四 玉剑珌 西汉中期

长 8.1 厘米 宽 5.2 厘米 厚 2.6 厘米 /1977 年山东省巨野县红土山汉墓出土 / 山东省 巨野县博物馆藏

玉青绿色。扁方形，一面浮雕两只螭虎，并缀以平雕云纹，雕琢精细，形象生动，另一面平雕兽面纹。一端有銎孔，用于接鞘。(周建军/文)

一二五 玉双凤饰系璧 西汉中期

长 6.7 厘米 宽 3.6 厘米

1973 年河北省定州市 40 号墓出土

河北省文物考古研究院藏

玉青褐色。体扁平，两面饰纹相同。中间是云纹小玉璧，外套卧蚕纹大玉璧，最外边有一对透雕凤鸟。出土时在墓主人颔下。（路遥 / 文并摄影）

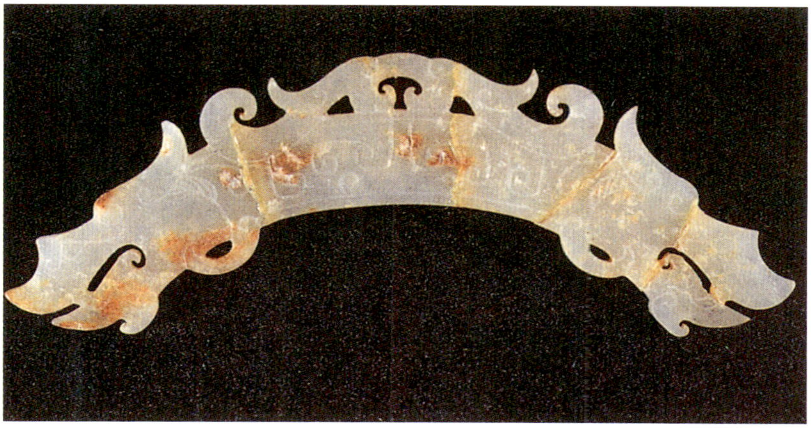

一二六 玉龙首璜 西汉中期

长 10.8 厘米

1973 年河北省定州市 40 号墓出土

河北省文物考古研究院藏

玉青褐色。体扁平，镂空成双龙合体形。龙张口露齿，上下唇呈钺形，眼作水滴状，眼尾加长，角贴于头部。出土时在墓主人右手处。（路遥 / 文并摄影）

一二七 玉夔龙纹环 西汉中期

外径 7 厘米 内径 5 厘米

1973 年河北省定州市 40 号墓出土

河北省文物考古研究院藏

玉黄褐色。体扁，镂雕而成，两面饰纹相同。夔龙呈环形，张口露牙，衔其尾。龙身饰竹节纹与卷云纹。出土时在墓主人左胸部。（路遥 / 文并摄影）

一二八 玉韘形佩 西汉中期

长 8 厘米 宽 3.5 厘米

1973 年河北省定县(今定州市)40 号墓出土

河北省文物考古研究院藏

玉黄褐色。体扁平，呈心形。中间有一椭圆形孔，一端尖，一端略圆。外侧透雕凤鸟纹，有华尾。(路遥 / 文并摄影)

一二九 玉璧 西汉中期

外径 20.4 厘米 孔径 4.3 厘米 厚 0.5 厘米

1972 年江苏省铜山县小龟山汉墓出土

南京博物院藏

玉青色，质温润，局部受沁。两面纹饰近似，从外至里为：阴刻弦纹一周；4 条形式相同的合首双身变形龙凤纹；线刻绳纹一圈；在浅刻的蒲纹上加刻阴线涡纹，阴刻弦纹一周。图案繁缛复杂、交织于一体。(刘惠英 / 文)

一三〇 玉瑗 西汉中期

外径 19.7 厘米 孔径 10.2 厘米 厚 0.7 厘米

1972 年江苏省铜山县小龟山汉墓出土

南京博物院藏

玉青色，质细腻滑润，稍有白斑。两面纹饰相同，皆为卧蚕纹，内外有弦纹各一周。(刘英 / 文)

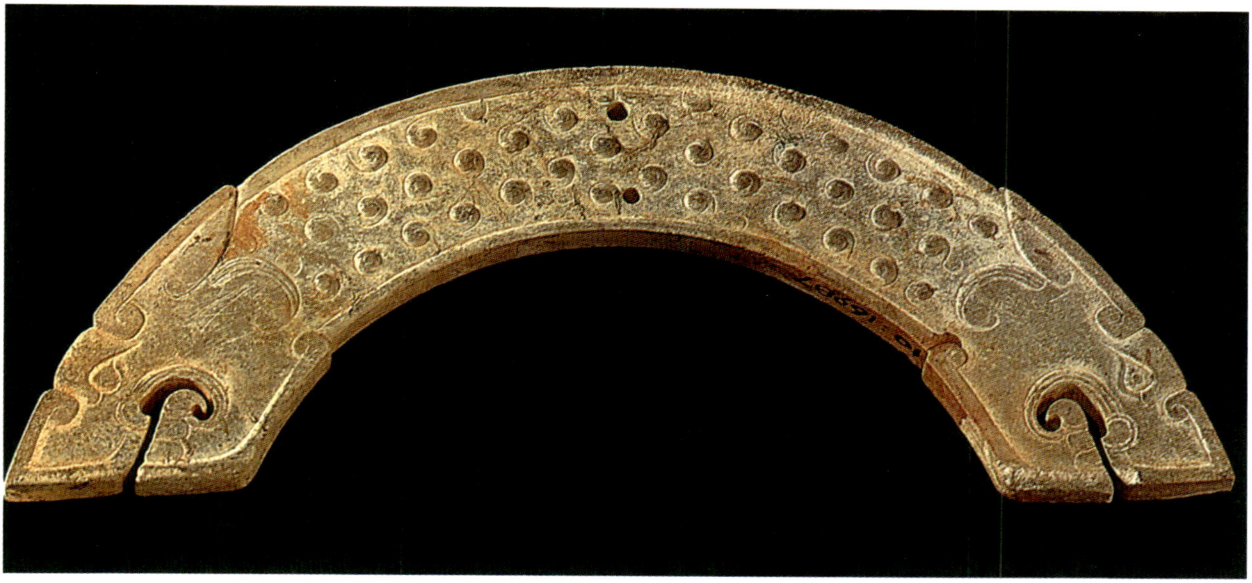

一三一 玉璜 西汉中期

长 11.3 厘米 宽 1.7 厘米至 1.9 厘米 厚 0.5 厘米至 0.55 厘米

1972 年江苏省铜山县小龟山汉墓出土／南京博物院藏

玉黄白色，质温润。扁平弧形，两面纹饰相同。两端透雕龙首，龙身饰卧蚕纹，上下边沿饰阴线弦纹，中部上下各有一圆孔。(刘英／文)

一三二 玉韘形佩 西汉中期

长 5.1 厘米 1972 年江苏省铜山县小龟山汉墓出土

南京博物院藏

玉白色泛黄，质光滑晶莹。正面微鼓，背面稍凹，中有圆孔。两侧透雕凤鸟卷云纹。(刘惠英／文)

一三三 玉韘形佩 西汉中期

长 4.5 厘米 最宽处 3.8 厘米 厚 0.3 厘米

1972 年江苏省铜山县小龟山汉墓出土／南京博物院藏

玉灰白色，质温润。呈鸡心形，中有圆孔，一端尖，一端弧圆。两侧透雕变形凤鸟纹。(刘惠英／文)

一三四 玉觿 西汉中期
长 11.2 厘米 宽 2.9 厘米 厚 0.25 厘米
1972 年江苏省铜山县小龟山汉墓出土
南京博物院藏

玉黄色，质温润。扁平弧形尖角状，正反面纹饰相同。宽端雕作龙首。身部饰勾连云纹，背脊上有透雕的变形凤鸟、螭虎纹。纹饰构图精美，为玉觿中罕见的珍品。（刘惠英 / 文）

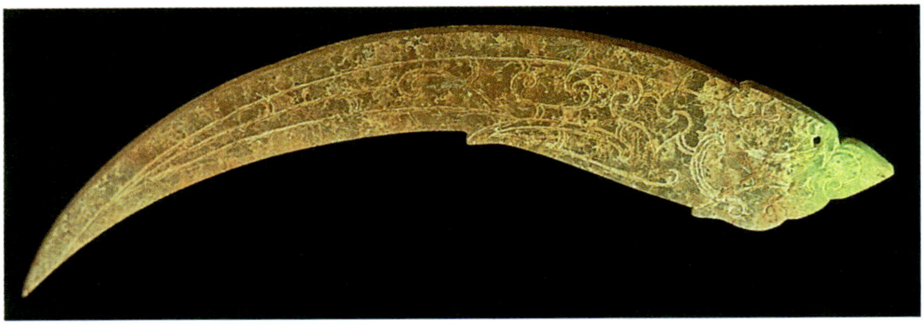

一三五 玉觿 西汉中期
长 11.8 厘米 宽 2 厘米 厚 0.3 厘米
1972 年江苏省铜山县小龟山汉墓出土
南京博物院藏

玉黄色，光滑温润。扁平角状，两面纹饰相似。宽端阴线浅刻兽头形，身部饰卷云纹。兽头有一小圆孔。（刘惠英 / 文）

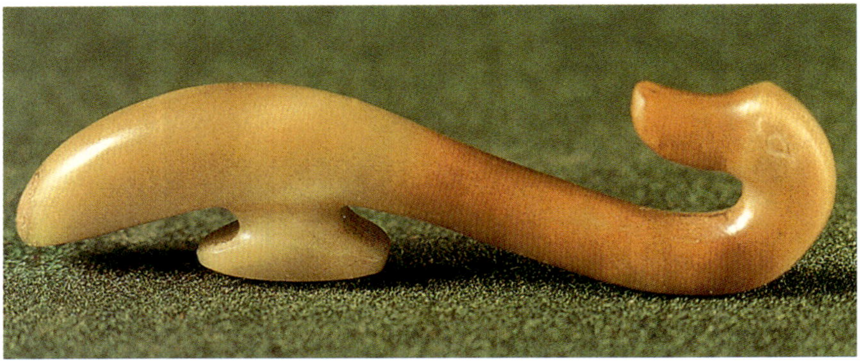

一三六 玉带钩 西汉中期
长 6.2 厘米
1972 年江苏省铜山县小龟山汉墓出土
南京博物院藏

玉青白色，部分呈橘黄色，温润光滑。长条形，钩首为鸭头状。下有长方形纽。（刘英 / 文）

一三七 玉带钩 西汉中期
长 4.4 厘米
1972 年江苏省铜山县小龟山汉墓出土
南京博物院藏

玉灰白色泛黄，质晶莹。钩首雕作兽头形。钩身宽短，中有节，尾呈三岔状。下有椭圆形纽，造型颇为别致。（刘英 / 文）

一三八 玉舞人 西汉中期

长 4.7 厘米 宽 2 厘米 厚 0.2 厘米

1972 年江苏省铜山县小龟山汉墓出土

南京博物院藏

玉黄色。扁平片状，采用透雕加线刻的技法，雕作翘袖折腰的舞女形象。制作简朴，下方有一椭圆形小孔。(刘英 / 文)

一三九 玉璧 西汉中期

直径 16.8 厘米 厚 0.5 厘米

1975 年湖南省长沙市咸家湖曹嫘墓出土

湖南省 长沙博物馆藏

玉青色。两面雕琢相同的纹饰。内区为蒲纹；外区为双线阴刻三凤纹，三凤大小相等，形状相同，突出凤头和凤爪，形象已近图案化。(黄纲正 / 文 申少斌 敦竹堂 / 摄影)

一四〇 玉瑗 西汉中期

外径 13.1 厘米 厚 0.6 厘米

1975 年湖南省长沙市咸家湖曹嫘墓出土

湖南省 长沙博物馆藏

玉青色。双面浮雕勾连卧蚕纹，近沿及好部均起凸棱为廓。纹饰简而不疏，卧蚕分布均匀，大小匀称适当，色泽晶莹悦目，实为玉瑗中的上品。(黄纲正 / 文 申少斌 敦竹堂 / 摄影)

一四一 玉半璧形璜 西汉中期

外径 16.6 厘米 厚 0.4 厘米

1975 年湖南省长沙市咸家湖曹嫘墓出土

湖南省 长沙博物馆藏

玉青色。半圆形，两面雕琢相同的纹饰。纹饰分为两部分，内为蒲纹，被磨损，仅隐约可见；外为阴刻双线凤纹，突出凤的头、爪，一凤完整，另一凤仅见尾部，似原器为璧，对剖为璜。(黄纲正 / 文 申少斌 敦竹堂 / 摄影)

一四二 玉长方形龙马纹饰 西汉中期

长 8.8 厘米 宽 4.4 厘米 厚 0.3 厘米

1975 年湖南省长沙市咸家湖曹氏墓出土

湖南省 长沙博物馆藏

白玉琢成。共两件，形制、纹饰相同，均为透雕。纹饰以龙马为主纹，周围饰流云纹。图案布局严谨，形象生动。出土于棺的中部，左右对称放置。（黄纲正 / 文 申少斌 敦竹堂 / 摄影）

一四三 玉韘形佩 西汉中期

长 4.5 厘米 宽 2 厘米 厚 0.35 厘米

1975 年湖南省长沙市咸家湖曹氏墓出土

湖南省 长沙博物馆藏

玉白色。扁形，主体为心形，中部有一圆孔，单侧附一凤鸟，空出凤头和尾，表面阴刻细卷云纹。造型简练，别具匠心。（黄纲正 / 文 申少斌 敦竹堂 / 摄影）

一四四 玉韘形佩 西汉中期

长 4.6 厘米 宽 3.3 厘米 厚 0.4 厘米

1975 年湖南省长沙市咸家湖曹氏墓出土 / 湖南省 长沙博物馆藏

玉白色。扁平心形。中部有一圆孔，两侧饰透雕卷云纹，表面饰阴刻细线卷云纹。（黄纲正 / 文 申少斌 敦竹堂 / 摄影）

一四五 玉贝 西汉中期

长 1.6 厘米 宽 1 厘米 /1975 年湖南省长沙市咸家湖曹氏墓出土

湖南省 长沙博物馆藏

白玉琢成。共 12 件，形同海贝，中部雕出一条窄长的缝隙，两边琢成齿状纹，两端各有一穿孔，似为穿系之用。（黄纲正 / 文 申少斌 敦竹堂 / 摄影）

一四六 玉铺首 西汉

长 34.2 厘米 宽 35.6 厘米 厚 14.7 厘米 重 10.6 千克 /1975 年陕西省兴平市茂陵附近出土 / 陕西历史博物馆藏

青玉琢成，似为蓝田玉。铺首略作长方形。中部浮雕大眼、长鼻、露牙的兽面纹；两侧为透雕的青龙、白虎、朱雀、玄武；上部为卷云纹。细部点缀以纤细的阴线纹。鼻梁延伸用于衔环，惜已残缺。背面有铆孔，孔内残存金属物，经光谱分析，主要成分是铅。

一四七 玉仙人奔马 西汉

高 7 厘米 长 8.9 厘米

1966 年陕西省咸阳市新庄汉元帝渭陵西北汉代遗址出土

陕西省 咸阳博物院藏

白玉圆雕而成。作仙人骑奔马状。马张口露牙，两耳竖立，双目前视；身饰羽翼，以阴线刻饰细部，作奔驰前进状。骑者头系方巾，身穿短衣，两手扶着马颈。马足踏着刻饰云纹的长方形托板，象征仙人骑飞马遨游于天空。

全器造型优美，雕琢精细，形象生动逼真，是难得的艺术珍品。

一四八 玉辟邪 西汉

高 5.4 厘米 长 7 厘米

1966 年至 1976 年陕西省咸阳市新庄汉元帝渭陵西北汉代遗址出土

陕西省 咸阳博物院藏

玉青白色，角及部分背部为天然紫红色。辟邪圆雕而成，作爬行状，张口露牙，头有一角，身饰羽翼，以阴线刻饰细部。

一四九 玉牛 西汉

长 21 厘米 宽 7 厘米 高 7 厘米

1972 年陕西省蒲城县贾西乡出土

陕西历史博物馆藏

玉牛上部青色，中部呈黑色，底部为灰白色。牛卧姿，短颈，阔额，头平伸，眼前视，双角紧贴头顶，耳后抿，作静卧休息状。雕琢技法简练、概括，形态传神、逼真。(师小群/文 申少斌/摄影)

一五〇　玉鹰　西汉

长 7 厘米　宽 5 厘米

1966 年至 1976 年陕西省咸阳市新庄汉元帝渭陵西北汉代遗址出土

陕西省　咸阳博物院藏

玉白色，部分呈棕红色。圆雕而成。钩喙，短尾，双翼平伸，以阴线刻饰细部。形象颇为生动。

一五一　玉熊　西汉

高 4.8 厘米　长 8 厘米

1966 年至 1976 年陕西省咸阳市新庄汉元帝渭陵西北汉代遗址出土

陕西省　咸阳博物院藏

玉白色，玉质温润，局部呈棕红色。圆雕而成。细部以阴线刻出，作缓慢行走状，体态笨拙，形象逼真。

一五二　玉龙形佩　西汉

长 14 厘米　宽 5.3 厘米　厚 0.5 厘米 /1974 年陕西省西安市北郊龙首村汉墓出土 / 陕西历史博物馆藏

青玉，有土沁。片状，双面雕饰。龙首反曲作 S 形，尾端亦雕作龙首，构思精巧新颖，形体遒劲飘逸。用阴线勾出边线，佩身满饰勾连云纹，龙口有锯痕，背部有 3 个穿孔。（师小群 / 文　申少斌 / 摄影）

一五三 玉龙凤纹瑗 西汉后期

外径 7.9 厘米 孔径 4.1 厘米 厚 0.3 厘米

1982 年江苏省徐州市石桥村 2 号墓出土

江苏省 徐州博物馆藏

玉白色，两面饰纹相同，皆以镂雕和线刻琢饰一龙二凤纹，其中龙作瑗的外形和主体，二凤附于龙身，相互交接环绕，间饰流云纹。（宋海洋 / 文并摄影）

一五四 玉龙形觿 西汉后期

长 10.9 厘米 厚 0.4 厘米

1982 年江苏省徐州市石桥村 2 号墓出土 / 江苏省 徐州博物馆藏

玉白色。体呈扁平的角形，两面饰纹相同，以镂雕加阴线刻饰出一龙形体，身饰线纹，首宽尾尖。（宋海洋 / 文并摄影）

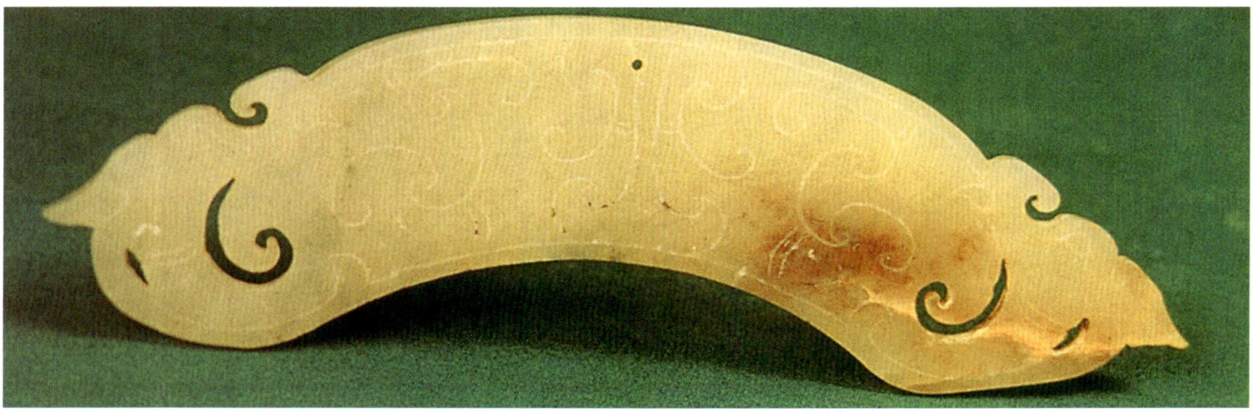

一五五 玉双龙首璜 西汉后期

长 11.5 厘米 宽 2.5 厘米 厚 0.35 厘米 /1982 年江苏省徐州市石桥村 2 号墓出土 / 江苏省 徐州博物馆藏

玉呈青色。体扁平，璜两面纹饰相同，两端皆透雕成兽首，形式相同，朝向相背。龙身饰细小的阴刻流云纹，器中央上部有一圆孔，可供系佩用。两龙首的镂空孔亦可作系佩穿挂用。（宋海洋 / 文并摄影）

一五六 玉韘形佩 西汉后期

长 7.1 厘米 宽 4.3 厘米 厚 0.4 厘米 /1982 年江苏省徐州市石桥村 2 号墓出土 / 江苏省 徐州博物馆藏

玉白色。体扁平，两面饰纹相同，中部为一有阴刻卷云纹的心形 中有一椭圆形孔，两侧透雕变形夔龙和凤纹。(宋海洋 / 文并摄影)

一五七 玉舞人 西汉后期

长 4 厘米 宽 2.1 厘米 /1982 年江苏省徐州市石桥村 2 号墓出土
江苏省 徐州博物馆藏

玉白色，局部有微黄色沁。体扁平，略呈两腰有弧度的不规则长方形。器两面饰纹相同，皆以阴线刻饰一身着长袖衣裙的仕女，舞姿呈翘袖折腰式。舞人上下各有一圆孔，以供穿系佩挂之用。（宋海洋 / 文并摄影）

一五八 玉舞人 西汉后期

长 3.8 厘米 宽 1.9 厘米
1982 年江苏省徐州市石桥村 2 号墓出土
江苏省 徐州博物馆藏

玉呈青灰色。体扁平，略作一端弧圆、一端方角的长方形。两面饰纹相同，皆以阴线和局部镂雕一身着长袖长裙的仕女，舞姿呈翘袖折腰式。上下皆有小孔以供系佩之用。（宋海洋 / 文并摄影）

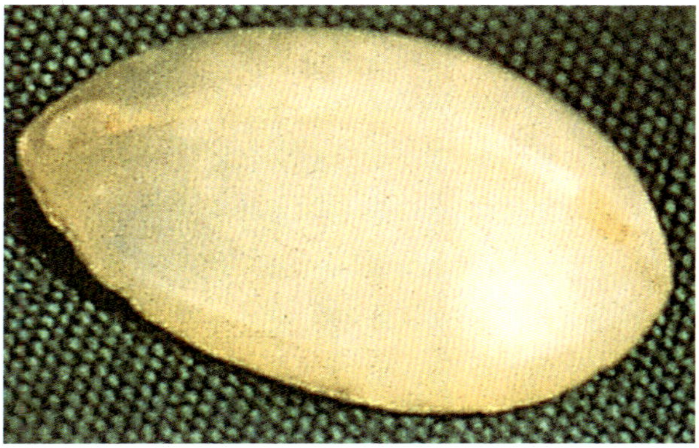

一五九 玉贝 西汉后期

长 1.9 厘米 宽 1.4 厘米 厚 0.25 厘米

1982 年江苏省徐州市石桥村 2 号墓出土

江苏省 徐州博物馆藏

玉白色。背面平，正面凸弧，中有浅槽，两端各有一小孔。(宋海洋 / 文并摄影)

一六〇 玉璧 西汉后期

外径 16.9 厘米 孔径 5 厘米 厚 0.3 厘米

1970 年山东省曲阜市九龙山汉墓出土

山东博物馆藏

玉青色，有白色及黑褐色斑。两面满饰突起的涡纹，碾磨光亮。(王之厚 / 文 王书德 / 摄影)

一六一 玉猪 西汉后期

长 9.5 厘米 高 3.2 厘米

1982 年山西省太原市尖草坪汉墓出土

山西博物院藏

玉青绿色，经浸蚀大部呈土黄色。猪作伏卧状，系圆雕而成，身体肥胖，双目圆睁，嘴部突出，双耳向后，短尾上卷。线条简练，形象生动。(李勇 / 文 李建生 / 摄影)

一六二 玉戈 西汉后期

高 20.2 厘米 宽 8.2 厘米 厚 0.1 厘米至 0.2 厘米

1970 年山东省曲阜市九龙山汉墓出土

山东博物馆藏

青玉琢成，已残，戈援前段呈青色，后段为黑灰色。一面有纹饰，自前往后依次为：减地浮雕二龙盘绕纹、卧蚕纹、阴线刻花果纹、凸雕双龙纹。另一面平素，有切磨痕。戈内方形，穿二眼。(王之厚/ 文 王书德/ 摄影)

一六三 玉龙形佩 西汉后期

长 19.8 厘米 厚 0.3 厘米

1970 年山东省曲阜市九龙山汉墓出土

山东博物馆藏

青玉琢成，玉质温润。龙身弯曲，一面雕刻纹饰。龙身满饰谷纹，以阴线刻饰细部。另一面为素面。(王之厚/ 文 王书德/ 摄影)

一六四 玉蝉 西汉

长 4.4 厘米 宽 2.7 厘米 厚 0.3 厘米

1951 年至 1952 年湖南省长沙市伍家岭汉墓出土 / 中国历史博物馆藏

玉白色，有褐斑。体扁平，正面呈弧形略凸起，琢刻呈蝉形。前面两侧有外凸双目，后面为蝉身和双翼。背面齐平，刻有线纹。雕琢简朴，磨制光滑。（祁玉宽 / 文 徐海滨 / 摄影）

一六五 玉剑首 西汉

直径 4 厘米

1964 年江西省南昌市老福山汉墓出土

江西省博物馆藏

玉暗绿色，局部有褐斑。扁圆形，纹饰分为内外两区，内区为勾连云纹，外区饰卧蚕纹。背面有圆槽，并有对称的 6 个小孔。（王玉兰 / 文）

一六六 玉蝉形琀 西汉

长 5 厘米

1964 年江西省南昌市老福山汉墓出土

江西省博物馆藏

青玉琢成，光洁细腻。造型简单，略具蝉的外形，素面。（王玉兰 / 文）

一六七 玉璧 西汉后期

直径 9.2 厘米 厚 0.3 厘米 /1974 年北京市西南郊大葆台 1 号墓出土 / 北京市 大葆台汉墓博物馆藏

玉青白色，局部有深褐色斑。两面透雕龙凤纹，龙凤纹之间为心形，其上阴刻变形云纹，在肉和好的边缘各刻弦纹一周。构图奇巧，纹样精美。（宋海洋 / 文并摄影）

一六八 玉佩 西汉后期

通长 9 厘米 瑗形器：外径 7.1 厘米 厚 0.5 厘米 /1975 年北京市西南郊大葆台 2 号墓出土 / 北京市 大葆台汉墓博物馆藏

玉青白色，局部有浅褐色斑。体呈扁平圆形。圆廓外有透雕卷云纹附饰，圆中间镂雕一盘曲螭虎，以阴线刻饰细部，形象生动简朴。瑗边缘阴刻两圈弦纹，中间夹以双弧形纹。（宋海洋 / 文并摄影）

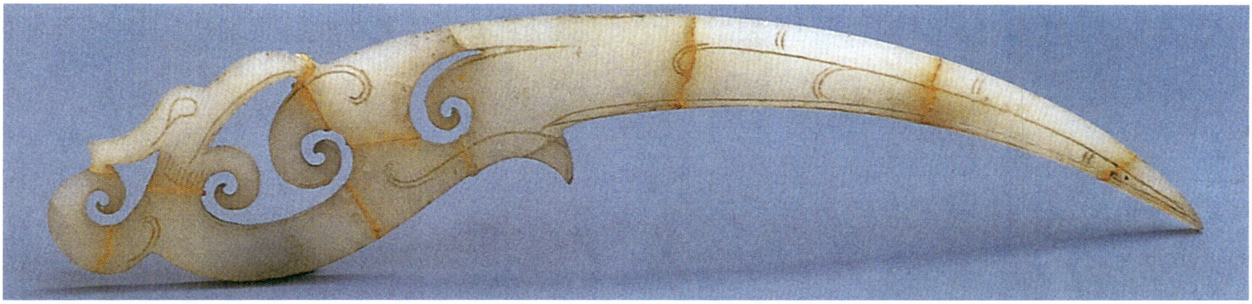

一六九 玉觿 西汉后期

长 12 厘米

1975 年北京市西南郊大葆台 2 号墓出土 / 北京市 大葆台汉墓博物馆藏

玉青白色。体扁平，角形，两面透雕加细线刻回首凤纹，凤尖嘴长尾，尾下垂呈尖状。雕工精巧，形象生动。(宋海洋 / 文并摄影)

一七〇 玉舞人 西汉后期

长 5.5 厘米 /1975 年北京市西南郊大葆台 2 号墓出土

北京市 大葆台汉墓博物馆藏

玉青白色，局部有墨色斑。体扁平，透雕加线刻舞人像，长裙甩袖折腰，形象生动。上、下端各有一个小孔，便于穿系。(宋海洋 / 文并摄影)

一七一 玉螭虎纹饰 西汉后期

长 5.2 厘米 宽 2 厘米 最厚处 1.7 厘米

1974 年北京市西南郊大葆台 1 号墓出土

北京市 大葆台汉墓博物馆藏

玉青白色，局部有褐色斑。体略呈长方形，浮雕一爬伏状螭虎，雕工精巧，玉质细润。(宋海洋 / 文并摄影)

一七二 玉龙纹璜 西汉

长 9.8 厘米 宽 2.7 厘米 厚 0.4 厘米 /1978 年河南省永城县芒山镇保安山汉墓出土 / 河南省 商丘博物馆藏

玉黄白色。透雕两龙体相连成璜形。龙首在两端，前肢蜷曲成卷云形。上部有一长孔，两端各有一小圆孔。制作规整精美。(孙明 / 文)

一七三 玉连体舞人 西汉

长 4.5 厘米 宽 3.95 厘米 厚 0.3 厘米

1978 年河南省永城市芒山镇保安山汉墓出土

河南省 商丘博物馆藏

玉青白色。透雕加阴线刻成两人对舞状，两人一手上举相连，另一手下垂相握，连成一体。线条简朴流畅。（孙明 / 文）

一七四 玉璧 西汉

直径 17.5 厘米 孔径 4.3 厘米 厚 0.5 厘米

1986 年河南省永城市芒山镇僖山汉墓出土

河南省 商丘博物馆藏

玉青绿色。纹饰分为内外两区，外区为夔龙纹，内区为卧蚕纹，两区之间以绚纹相隔。雕琢规整。（孙明 / 文）

一七五 玉蝉 西汉

长 6.2 厘米 宽 3.1 厘米 厚 0.95 厘米

1978 年河南省永城市芒山镇保安山汉墓出土

河南省 商丘博物馆藏

玉青白色，光洁明亮。通体扁长，两眼突出。刀法简洁，形象逼真。（孙明 / 文）

一七六 玉璧 西汉

外径 13.8 厘米 孔径 2.5 厘米 厚 0.3 厘米

1986 年河南省永城县芒山镇僖山汉墓出土

河南省 商丘博物馆藏

玉灰白色。纹饰分为内外两区，外区为变形鸟纹，内区为蒲纹。雕琢规整。（孙明 / 文）

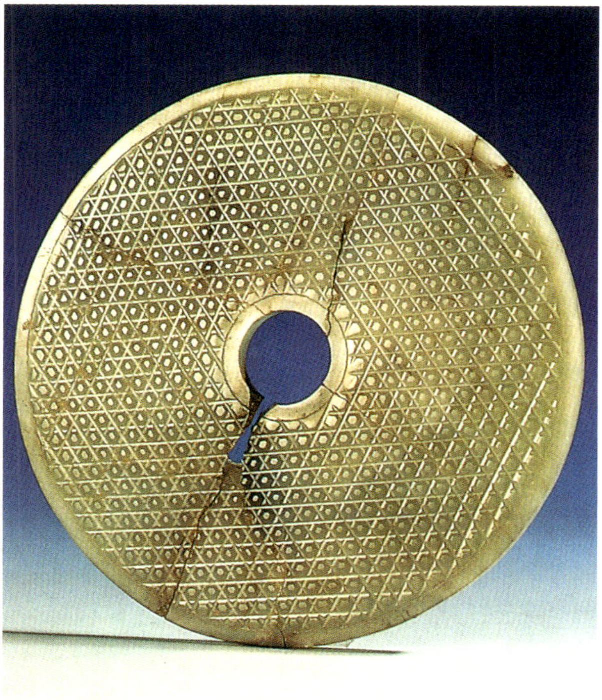

一七七 玉璧 西汉

直径 14.3 厘米 孔径 2.3 厘米 厚 0.6 厘米

1986 年河南省永城市芒山镇僖山汉墓出土

河南省 商丘博物馆藏

玉白色。纹饰为蒲纹。雕琢精细规整。（孙明 / 文）

一七九 玉韘形佩 西汉

长 7.4 厘米 宽 4 厘米 厚 0.5 厘米

1986 年河南省永城市芒山镇僖山汉墓出土

河南省 商丘博物馆藏

白玉琢成。主体作修长椭圆形，中有一圆孔，一面微鼓，另一面稍下凹，以阴线刻饰勾连云纹。两侧为透雕流云纹附饰，细部以阴线刻出卷云纹。纹饰优美，线条流畅。（卢兆荫 / 文）

一七八 玉龙饰璜 西汉

长 7.4 厘米 /1986 年河南省永城市芒山镇僖山汉墓出土 / 河南省 商丘博物馆藏

玉青色泛黄。作璜形薄片状，透雕而成。两端雕成龙首形，上下有卷云纹装饰。（孙明 / 文）

一八〇 玉韘形佩 西汉

长 9.5 厘米 宽 2.7 厘米 厚 0.25 厘米

1986 年河南省永城市芒山镇僖山汉墓出土 / 河南省 商丘博物馆藏

玉白色。器身为修长椭圆形，有圆孔。饰阴线勾连云纹，两侧为透雕卷云纹，一侧伸出呈尖状。这种玉佩似为韘和觿的合体。(卢兆荫 / 文)

一八一 玉韘形佩 西汉

长 10.8 厘米 宽 3.2 厘米 /1986 年河南省永城市芒山镇僖山汉墓出土

河南省 商丘博物馆藏

青玉琢成。中部为心形，上有一圆孔，两侧透雕对称凤鸟，一侧微残。以阴线刻饰凤鸟羽翅及流云图案，线条流畅。(孙明 / 文)

一八二 玉凤形佩 西汉

长 5.4 厘米 宽 2 厘米 /1986 年河南省永城市芒山镇僖山汉墓出土

河南省 商丘博物馆藏

青玉琢成。凤首尖嘴圆眼，尾部上翘，略残。背腹雕出流云，凤呈飞翔状。颈部和尾部各有一小孔。(孙明 / 文)

一八三 玉觿 西汉

长 9 厘米 宽 2.3 厘米

1986 年河南省永城市芒山镇僖山汉墓出土 / 河南省 商丘博物馆藏

玉青色。通体呈獐牙形，一端透雕成凤鸟图案，另一端细尖，稍残。以阴线刻出眼、羽等细部。（孙明 / 文）

一八四 玉舞人 西汉

长 4.65 厘米 宽 2.55 厘米

1986 年河南省永城市芒山镇僖山汉墓出土

河南省 商丘博物馆藏

玉乳白色。双面透雕成舞人形象，以阴线刻出脸部表情及服饰细部。舞人翘袖折腰，形象优美。上下各有一小孔。（孙明 / 文）

一八五 玉舞人 西汉

长 4.66 厘米 宽 2.57 厘米

1986 年河南省永城市芒山镇僖山汉墓出土

河南省 商丘博物馆藏

玉翠绿色。扁平片状，双面透雕成舞人形象，舞姿优美。舞人身着长袖衣，作翘袖折腰之舞蹈，以阴线刻出脸部及衣服细部装饰。上下各有一小孔。（孙明 / 文）

一八六 玉长方形佩 西汉

长 4.8 厘米 宽 2.5 厘米

1986 年河南省永城市芒山镇僖山汉墓出土

河南省 商丘博物馆藏

玉乳白色。圆首，透雕。上部为卷云纹，下部雕刻兽面纹。上下各有一小孔。（孙明 / 文）

一八七 玉猪 西汉

长 11.6 厘米 宽 2.3 厘米 高 2.5 厘米

1986 年河南省永城市芒山镇僖山汉墓出土 / 河南省 商丘博物馆藏

玉黑褐色。长条形，作卧伏状，雕琢简朴。（卢兆荫 / 文）

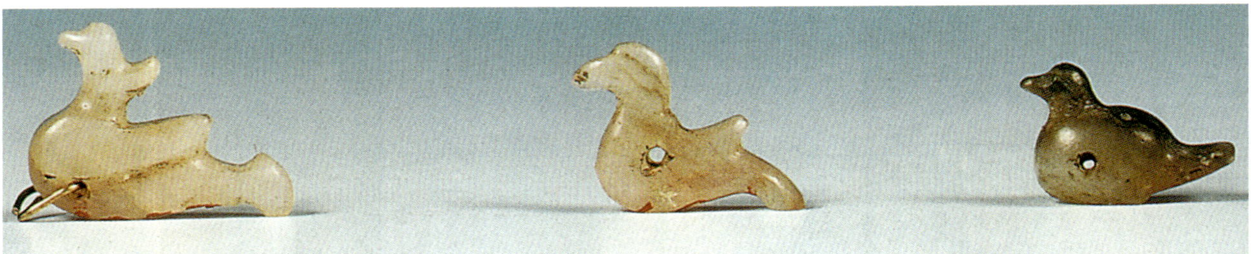

一八八 玉禽 西汉

左：长 1.7 厘米 中：长 1.6 厘米 右：长 1.4 厘米

1986 年河南省永城市芒山镇僖山汉墓出土 / 河南省 商丘博物馆藏

左：玉白色，晶莹透亮。雕成飞翔状鸠形，体略扁，下腹部有小孔。中：玉白色，通体透亮。亦雕琢成飞翔状鸠形，腹部亦有小孔。右：玉白色，半透明。雕琢成鸽形，腹部丰满，小巧精细，形象生动逼真。腹部有小孔，可穿线佩挂。（孙明 / 文）

一八九 玉贝 西汉

长 3 厘米 厚 0.7 厘米

1986 年河南省永城市芒山镇僖山汉墓出土

河南省 商丘博物馆藏

玉青色泛白，有黑斑。两件，大小、形制相同。形状似海贝，正面略鼓，背面较平，中间有锯齿状牙口。（孙明 / 文）

一九〇 玉戈 西汉

通长 18.3 厘米 宽 10.3 厘米 援长 11.3 厘米 厚 0.5 厘米

1986 年河南省永城市芒山镇僖山汉墓出土

河南省 商丘博物馆藏

青玉琢成。援部除中脊及上下刃部为素面外，其余皆饰勾连云纹；除胡部及内的装柲部位为素面外，其余亦饰勾连云纹。戈内和胡部分别有 1 个、3 个长方形小孔。两面纹饰相同。（卢兆荫 / 文）

一九一 玉钺 西汉

残长 9 厘米 残宽 9.1 厘米 銎：长 5 厘米 宽 2 厘米

1986 年河南省永城市芒山镇僖山汉墓出土

河南省 商丘博物馆藏

碧玉琢成，有黑斑。刃部半圆形，光亮照人，已残。銎部长方形，两面阴刻卷云纹，銎孔为长条形。（卢兆荫 / 文）

一九二 玉剑首 西汉

直径 5.2 厘米 厚 0.6 厘米

1986 年河南省永城市芒山镇僖山汉墓出土

河南省 商丘博物馆藏

玉褐色。圆饼状，中央有一球面状突起。饰勾连云纹，周围饰卧蚕纹。背面有 3 个小孔，孔外有一道深槽，与 3 小孔相连。（孙明 / 文）

一九三 玉剑格 西汉

长 5.8 厘米 宽 2.6 厘米

1986 年河南省永城市芒山镇僖山汉墓出土

河南省 商丘博物馆藏

玉白色。正面高浮雕一螭虎，身躯蜷曲，长尾上卷。背面线刻变形兽面纹和云雷纹。（孙明 / 文）

一九四 玉剑格 西汉

长 5.5 厘米 宽 1.9 厘米 厚 2.2 厘米 /1986 年河南省永城市芒山镇僖山汉墓出土 / 河南省 商丘博物馆藏

白玉，有棕红色斑纹，雕琢时采用了俏色的技法。一面高浮雕一螭虎，头部及上身为圆雕，后面有一小熊咬其后腿；另一面剔地、阴线刻出兽面、卷云纹。雕琢精巧，纹样生动，工艺水平很高。（卢兆荫 / 文）

一九五 玉剑珌 西汉

长 7.7 厘米 上宽 5.1 厘米 下宽 6.5 厘米 厚 1.2 厘米

1986 年河南省永城市芒山镇僖山汉墓出土

河南省 商丘博物馆藏

白玉琢成，玉质温润有光泽。珌呈梯形，随形开光，内饰透雕纹样。上部为兽面纹，中部为一螭虎，下部作小熊咬住螭虎尾巴状，周围点缀卷云纹。珌的上端有一长圆形孔，为杆钻而成。纹饰流畅生动，玲珑剔透，是汉代玉剑饰中难得的佳作。（卢兆荫 / 文）

一九六 玉剑珌 西汉

长 6.6 厘米 宽 4.4 厘米 厚 1 厘米

1986 年河南省永城市芒山镇僖山汉墓出土

河南省 商丘博物馆藏

玉白色，局部有褐斑。近似三角形刀尖状，两边有卷云形透雕装饰，沿边为素面，其余饰勾连云纹，接鞘处有一小圆孔。造型奇特，纹样新颖，是汉代玉剑饰中罕见的珍品。（卢兆荫 / 文）

一九七 玉剑珌 西汉

长 6.7 厘米 宽 6.6 厘米 厚 1.6 厘米

1986 年河南省永城市芒山镇僖山汉墓出土

河南省 商丘博物馆藏

白玉琢成。饰变形兽面纹，细部以阴线刻出。剔地雕琢，有浮雕感觉，制作精细。（孙明 / 文）

一九八 玉龙凤饰佩 西汉后期

长 11.9 厘米 宽 4.9 厘米 厚 0.4 厘米

1977 年江苏省扬州市甘泉“妾莫书”墓出土

江苏省 扬州博物馆藏

玉白色，表面光润。扁平片状，采用透雕和阴线浅刻法雕琢而成。中部上方雕饰一凤，两侧各雕饰对称龙首形，龙凤均作回首状，中间雕饰云纹。雕琢精致，造型优美。（徐良玉 / 文）

一九九 玉云龙饰佩 西汉后期

长 10.5 厘米 宽 3.9 厘米 厚 0.4 厘米

1977 年江苏省扬州市甘泉“妾莫书”墓出土

江苏省 扬州博物馆藏

玉白色，表面光润。扁平片状，采用透雕和阴线浅刻法雕琢而成。两侧各雕饰对称龙首形，作回首状，中间上下雕饰卷云纹。雕琢精细，造型优美。（徐良玉 / 文）

二〇〇 玉韘形佩 西汉后期

长 9.5 厘米 宽 4.2 厘米 厚 0.4 厘米

1977 年江苏省扬州市甘泉“妾莫书”墓出土

江苏省 扬州博物馆藏

玉白色，表面光润。双面片雕，采用透雕和阴线浅刻法雕琢而成。主体长条形，中有一圆孔。上部雕饰一龙，作回首状，下部雕饰云纹，一端作尖角状。雕刻精细，造型别致。这种玉佩似为韘和觿的合体。（徐良玉 / 文）

二〇一 玉觿 西汉后期

长 10.7 厘米 宽 3.7 厘米 厚 0.4 厘米

1977 年江苏省扬州市甘泉“妾莫书”墓出土

江苏省 扬州博物馆藏

玉白色，表面光润。双面片雕，采用透雕和阴线浅刻法雕琢而成。一端雕饰龙首形，作回首状，另一端为角形，中部雕饰云纹。雕刻精细，纹饰流畅。（徐良玉 / 文）

二〇二 玉舞人 西汉后期

高 5 厘米 宽 3 厘米 厚 0.3 厘米

1977 年江苏省扬州市甘泉“妾莫书”墓出土

江苏省 扬州博物馆藏

玉白色，表面光润。透雕成舞人形，用阴线浅刻人面和衣纹细部。舞人束腰长裙，腰微弯曲，舞袖绕过头顶。姿态优美，雕刻精致。上下均有穿孔，应为佩饰。（徐良玉 / 文）

二〇三 玉贝 西汉后期

长 1.6 厘米至 1.8 厘米 宽 1.1 厘米至 1.4 厘米 厚 0.2 厘米

1997 年江苏省扬州市甘泉“妾莫书”墓出土

江苏省 扬州博物馆藏

玉白色，有的有褐斑。形似海贝，背面平，正面微凸，中间有一道凹槽，凹槽两侧刻斜线齿纹，上下有穿孔，为装饰品。（徐良玉 / 文）

二〇四 玉璜 西汉后期

长 17.6 厘米 宽 3.2 厘米 厚 0.3 厘米 /1977 年江苏省扬州市甘泉“妾莫书”墓出土 / 江苏省 扬州博物馆藏

青玉琢成。扁平弧形。正面浮雕蚕纹，背为素面。周边有一道弦纹，中部上方有一穿孔。（徐良玉 / 文）

二〇五 玉璧 西汉后期

直径 9.2 厘米 孔径 3.8 厘米 厚 0.35 厘米

1965 年江苏省涟水县三里墩汉墓出土

南京博物院藏

青玉琢成。两面纹饰相同，皆为勾连云纹，内外各有弦纹一周。（刘惠英 / 文）

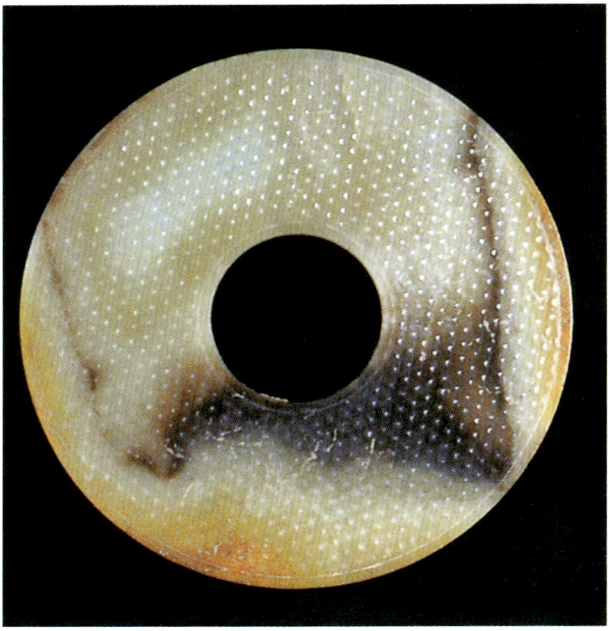

二〇六 玉璧 西汉后期

直径 13.8 厘米 孔径 4.3 厘米 厚 0.4 厘米

1978 年河北省邢台市北陈村刘迁墓出土

河北省文物考古研究院藏

玉青色，局部有黄褐色沁。两面纹饰相同，内外缘各有弦纹一周，内满饰斜方格谷纹。（路遥 / 文并摄影）

二〇七 带座玉琮 西汉后期

通高 8.4 厘米 射径 6.9 厘米 孔径 5.5 厘米

1965 年江苏省涟水县三里墩汉墓出土

南京博物院藏

玉黄色，有褐斑。琮为素面，下面套有鎏金的银底座，底座的四足为展翅银鹰。这件玉琮已非礼仪用玉，而是利用旧玉改制而成的精美工艺品。（刘惠英 / 文）

二〇八 水晶剑首 西汉后期
长 3.5 厘米 宽 2.3 厘米 高 1.6 厘米
1978 年河北省邢台市北陈村刘迁墓出土
河北省文物考古研究院藏
白色。平面似柳叶形，素面。中间圆形凹槽制作工整，内有铁锈痕迹，当为剑柄锈蚀所致。（张羽 / 文并摄影）

二〇九 水晶剑珌 西汉后期
长 3.2 厘米 宽 2.2 厘米
1978 年河北省邢台市北陈村刘迁墓出土
河北省文物考古研究院藏
白色。表面抛光明亮。近似梯形，中间起脊。里面有锈蚀。（张羽 / 文并摄影）

二一〇 玉带钩 西汉后期
长 16.5 厘米 宽 1.4 厘米 高 2.2 厘米
1978 年河北省邢台市北陈村刘迁墓出土 / 河北省文物考古研究院藏
玉白色。呈长条状。钩作龙首形，中后部浮雕二龙，底部有一椭圆形纽，两侧饰云纹。（路遥 / 文并摄影）

二一一 水晶剑璏 西汉后期
长 7 厘米 宽 2.1 厘米 厚 1.7 厘米
1978 年河北省邢台市北陈村刘迁墓出土 / 河北省文物考古研究院藏
白色。俯视为长方形，侧视有扁方孔。素面，边缘棱角圆滑。（张羽 / 文并摄影）

二一二 玉剑璏 西汉后期

长 7.9 厘米 宽 2.65 厘米 高 1.3 厘米

1978 年湖南省长沙市杨家山 304 号墓出土

湖南博物院藏

玉白色，上部有褐色沁，下部粘附铁锈。俯视呈长方形，饰以勾连云纹，一端饰兽面纹。侧视上部呈拱形，下部一端有长方形穿孔。（丁送来 / 文）

二一三 玉剑格 西汉

长 1.5 厘米 宽 5.5 厘米 厚 2.5 厘米

1955 年湖南省长沙市蓉园 13 号墓出土

湖南博物院藏

玉黄白色。侧视呈菱形。中心有椭圆形穿孔，以纳剑柄。正面浮雕一四足卷尾的螭虎，头已断缺。背面线刻云纹。（陈国安 / 文）

二一四 玉剑璏 西汉

长 5.7 厘米 宽 3.3 厘米 厚 1.1 厘米

1955 年湖南省长沙市蓉园 13 号墓出土 / 湖南博物院藏

玉黄白色。长方形。正面周饰阴线弦纹一圈。圈内浮雕螭虎，首、尾突出在外，运用了圆雕和透雕的技法。身躯上阴刻线条装饰。图案突破了长方形画面，具有较强的装饰艺术效果。背面光素无纹，有一长方形穿孔。（陈国安 / 文）

二一五 玉剑珌 西汉

长 5.9 厘米 宽 6 厘米 厚 1.2 厘米

1955 年湖南省长沙市蓉园 13 号墓出土 / 湖南博物院藏

玉黄白色，局部有深褐色沁。器呈梯形。主要纹饰为镂雕的螭虎，身躯局部以阴刻线条勾勒轮廓，双目圆睁，形象逼真。正面饰线刻兽面纹，背面为变形云纹。一端中央有椭圆形孔，以接剑鞘。（陈国安 / 文）

二一六 玉佩 西汉后期
长 4.7 厘米 高 2.8 厘米
1974 年江苏省盱眙县东阳 4 号墓出土
南京博物院藏

羊脂白玉，光滑晶莹。镂雕成夔龙状。龙张口露牙，头上有角，首尾相衔，蜷曲成椭圆形。龙身以阴线刻饰细部。雕琢细腻，玲珑精巧。（刘惠英 / 文）

二一七 玉璧 西汉后期
外径 21.3 厘米 孔径 4.9 厘米 厚 0.55 厘米
1959 年湖南省长沙市五一路 7 号墓出土
湖南博物院藏

玉色青中泛黄，有褐色沁。两面纹饰相同，以斜线组成的圆圈将纹饰分为两组，外圈为龙凤纹，内圈为稍凸的卷云纹。（傅聚良 / 文 陈美如 / 摄影）

二一八 玉蝉 西汉后期
长 4.7 厘米
1974 年江苏省盱眙县东阳 7 号墓出土 / 南京博物院藏

羊脂白玉，滑润光亮。体宽扁，头部双目外突，尾和双翅呈三角形锋尖。正反两面均以阴线刻饰。简朴生动，形象逼真。（刘惠英 / 文）

二一九 玉韘形佩 西汉后期
长 9 厘米 宽 3.7 厘米 厚 0.55 厘米
1959 年湖南省长沙市五一路 7 号墓出土
湖南博物院藏

玉白色，局部有黑色沁。扁平体，俯视略呈椭圆形。主体作心形，中部有椭圆形孔，周边为透雕双螭纹饰。（傅聚良 / 文 陈美如 / 摄影）

二二〇 玉剑格 西汉后期

长 1.9 厘米 宽 5.2 厘米 厚 1.95 厘米

1959 年湖南省长沙市五一路 7 号墓出土

湖南博物院藏

玉青黄色，局部粘附铜锈。格中有穿，穿上部为长方形，下部为菱形，嵌于铜剑上，穿上嵌饰金箔。一面饰浮雕螭虎纹，另一面饰兽面、勾连云纹。（丁送来 / 文）

二二一 镂空蟠螭玉饰 西汉后期

长 7 厘米

1984 年安徽省怀远县皇姑坟汉墓出土

安徽省 怀远县文物管理所藏

玉青灰色，含赭黄色斑。器呈椭圆形，碾琢镂空 3 螭。3 螭扭结盘曲于一块平墩之上，互相嬉咬，生动有趣。（王露 / 摄影）

二二二 玉剑璏 西汉后期

高 2.3 厘米 长 10.2 厘米 宽 2.3 厘米

1959 年湖南省长沙市五一路 7 号墓出土 / 湖南博物院藏

玉青灰色。俯视呈长方形，上饰浮雕螭虎纹。螭虎一大一小，相对戏耍。侧视上部呈拱形，下部一端有长方形穿孔。（丁送来 / 文 陈美如摄影）

二二三 玉剑璏 西汉后期

长 6.7 厘米 宽 2.15 厘米 高 1.2 厘米 /1959 年湖南省长沙市五一路 7 号墓出土 / 湖南博物院藏

玉白色，上部有灰黑色沁，局部粘附铁锈。俯视呈长方形，饰以勾连云纹，一端饰兽面纹。侧视上部呈拱形，下部一端有长方形穿孔。此器与铁刀共出，刀上的玉饰极为少见。（丁送来 / 文）

二二四 玉夔凤形璜 汉
长 9.9 厘米 宽 4 厘米
1983 年陕西省西安市西郊三桥镇汉墓出土
陕西省 西安市文物局藏

玉白色。璜作夔凤展翅飞翔状，双翅弧形下曲，尾部开展，以阴线勾勒细部。造型夸张，构思巧妙。中部及两翼各有一小孔，用于穿系佩挂。（王长启 / 文 罗忠民 / 摄影）

二二五 玉觿 汉
长 10 厘米 宽 3.2 厘米 /1983 年陕西省西安市西郊三桥镇汉墓出土 / 陕西省 西安市文物局藏

玉白色。两件，大小、纹饰相同，扁平片状。一端透雕凤鸟纹，凤回首，长喙高冠，另一端为尖状。细部以阴刻细线勾勒。造型优美生动。（王长启 / 文 罗忠民 / 摄影）

二二六 玉獬豸 汉

高 3.7 厘米 长 4.5 厘米 宽 1.6 厘米

1983 年陕西省 西安市西郊三桥镇汉墓出土／陕西省 西安市文物局藏

玉白色。圆雕作卧状，昂首挺胸，头顶直立一尖角，双耳竖立，圆目长嘴，短尾。以阴刻细线勾勒细部。獬豸是古代传说中的异兽。(王长启／文 罗忠民／摄影)

二二七 玉舞人 汉

长 4.4 厘米 宽 2.2 厘米

1983 年陕西省西安市西郊三桥镇汉墓出土

陕西省 西安市文物局藏

白玉琢成。扁平片状，两件，形制相同。舞人身穿交领长袖衣，腰系带，一臂上扬，长袖过于头顶，一臂下垂，作舞蹈状。眼、鼻、口及服饰，以阴线勾勒。上下各有一小孔，用于穿系佩戴。(王长启／文 罗忠民／摄影)

二二八 玉觿 汉

长 10.2 厘米 宽 1.7 厘米 厚 0.3 厘米／1977 年陕西省西安市北郊红庙坡汉墓出土／陕西省 西安市文物局藏

玉白色，扁平片状。透雕作凤鸟形，尖嘴高冠，回首衔羽毛，尾呈尖状。细部以阴刻细线勾勒。造型优美。(王长启／文 罗忠民／摄影)

二二九 玉猪 汉

长 26 厘米 高 9 厘米 /1980 年陕西省西安市北郊席王村汉城遗址出土 / 陕西省 西安市文物局藏

碧玉琢成，作卧伏状。刻出眼、鼻、嘴、双耳及尾部。雕琢简朴，神态逼真。此器形体硕大，可能是猪形玉枕。（王长启 / 文 罗忠民/摄影）

二三〇

二三一

二三〇 二三一 玉剑珌 汉

高 6 厘米 宽 7.4 厘米

1977 年陕西省西安市北郊汉墓出土 / 陕西省 西安市文物局藏

玉白色，有赭红色斑。略作梯形，一面浅浮雕穿云螭龙，另一面高浮雕双螭龙，一大一小，曲体爬行。3 只螭龙活泼矫健，形态各异。（王长启 / 文 罗忠民 / 摄影）

二三二 玉剑珌 汉

长 8.5 厘米 宽 6.5 厘米

1977 年陕西省西安市北郊汉墓出土

陕西省 西安市文物局藏

玉白色，有赭色斑。采用透雕、浮雕和线刻的技法，雕琢出群螭嬉戏于云间的形像。造型奇巧，构图新颖，画面充满着生命的活力。（王长启 / 文 罗忠民 / 摄影）

二三三 “长宜子孙”玉胜 汉

长 5.5 厘米 宽 3.2 厘米 厚 2.1 厘米

上海博物馆藏

白玉透雕制成。两隔柱前后侧面均刻有：“长宜子孙，延寿万年”篆书 8 字，书体细若悬针，挺劲有力。牌面中央上端琢朱雀，下端雕玄武，玄武是龟蛇相交之形，底部有一鱼形承托。隔柱外侧一边雕苍龙，另一边雕白虎。《三辅黄图》云：“苍龙、白虎、朱雀、玄武，天之四灵，以正四方。”这是汉代东西南北四个方向的象征，又称“四灵”，寓有袚除不祥的意义。（蒋树成 / 文 郭林福 / 摄影）

二三四 玉剑珌 汉

长 5 厘米 宽 4 厘米

上海博物馆藏

玉青色。略呈梯形，采用浮雕、透雕技法，一面琢一浮雕螭龙，另一面琢一浮雕凤，凤首为透雕琢成，造型生动。地纹为阴线刻成的变形云纹。底部有一凹形圆洞，用以纳入剑鞘末端。（蒋树成 / 文 郭林福 / 摄影）

二三五 玉夔凤纹卮 汉

高 12 厘米 口径 6.9 厘米 底径 6.8 厘米 / 故宫博物院藏

白玉，有赭褐色沁。筒状，有鋬，有盖，3 足。卮身雕凤首方折夔纹，并满填勾连云纹及谷纹。口缘及底边各雕勾云纹一道。近足处有兽面纹。圆盖，凸雕 3 鸟形纽，中部镂雕 3 瓣圆顶，周雕谷丁勾连云纹。鋬手环状，雕兽面。玉质优良，雕琢精致，为汉玉珍品。（杨捷 / 文 刘志岗 / 摄影）

二三六 玉剑珌 汉

长 4.9 厘米 宽 7.9 厘米

天津博物馆藏

玉青白色，多褐色沁。器形横长。两面浮雕并阴线刻双螭纹，形象生动活泼。上端面钻 3 孔，中间孔内残留铁痕。（尤仁德 / 文 刘士刚 / 摄影）

二三七 玉韘形佩 汉

长 7.9 厘米 宽 5.8 厘米

天津博物馆藏

玉深褐色。片形镂雕。中间呈鸡心形，两侧有蟠螭与虎相斗纹，旁有一熊。题材富于神话色彩。纹饰繁密，雕琢精细。（尤仁德 / 文 刘士刚 / 摄影）

二三八 玉剑珌 汉

长 6.1 厘米 宽 2 厘米 高 1 厘米 /1955 年安徽省合肥市郊乌龟墩 1 号墓出土 / 安徽博物院藏

玉青白色，局部有白斑。俯视呈长方形，一端饰阴线兽面纹，其余部分满布阴线勾连云纹，间有菱形方格纹。侧视上部呈拱形，下部近一端有长方形穿孔。（苏芸 / 文 杨瑞玖 / 摄影）

二三九 玉璧 东汉
外径 18.8 厘米 孔径 4.2 厘米 厚 0.5 厘米
1959 年河北省定州市北庄汉墓出土
河北博物院藏

玉璧呈淡灰色，两面纹饰相同，纹饰分内外两区，外区用阴线琢出等距离的兽面纹，内区饰涡纹。璧面光洁，线条纤细流畅。（常素霞 / 文 张慧 / 摄影）

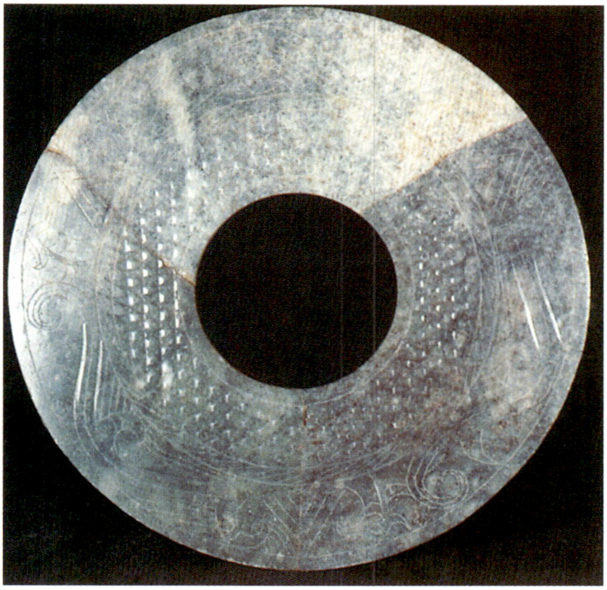

二四〇 玉璧 东汉
外径 19.3 厘米 孔径 6.7 厘米
1959 年河北省定州市北庄汉墓出土
河北省文物考古研究院藏

玉灰色。两面饰纹相同，皆有图案五组。由内向外第一组为阴刻弦纹一周，第二组为蒲纹，第三组是一圈绳索纹，第四组为三只形式相同的鸟纹，最外面一组为阴刻弦纹一周。（张羽 / 文并摄影）

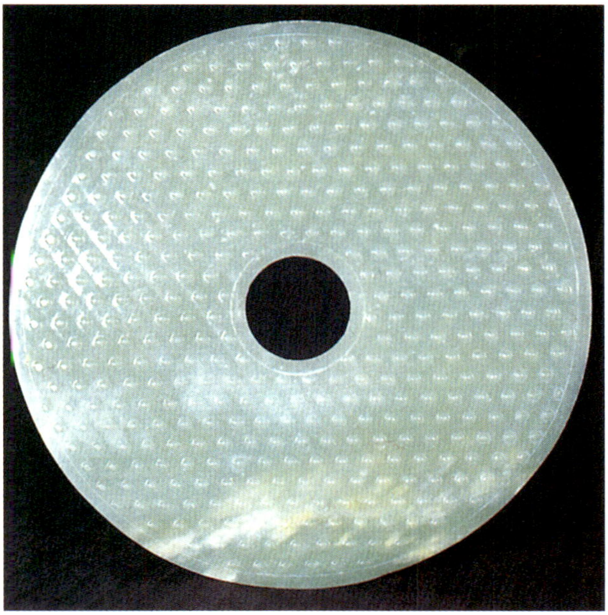

二四一 玉璧 东汉
外径 18.5 厘米 孔径 3.5 厘米
1959 年河北省定州市北庄汉墓出土
河北省文物考古研究院藏

玉白色，温润有光泽。两面皆饰谷纹，内外缘各有阴刻弦纹一圈。（张羽 / 文并摄影）

二四二 玉透雕蟠螭饰璧 东汉
宽 19.9 厘米 厚 0.7 厘米
1959 年河北省定州市北庄汉墓出土 / 河北博物院藏

玉呈青灰色，细洁莹润。璧面满布卧蚕纹，肉、好边缘为素面窄带纹。璧上端有透雕双蟠螭纹附饰，蟠螭曲身相斗。纹饰繁缛，琢磨精致，是汉代玉器中之珍品。（卫慧 / 文）

二四三 玉枕 东汉

长 34.7 厘米 宽 11.8 厘米 高 13 厘米

1959 年河北省定州市北庄汉墓出土 / 河北博物院藏

玉青绿色。长方形，枕面两端隆起，中间微下凹。饰阴刻双线勾连云纹，线条清晰、流畅。此枕系用整玉雕琢而成，在汉代较为罕见。（卫慧 / 文）

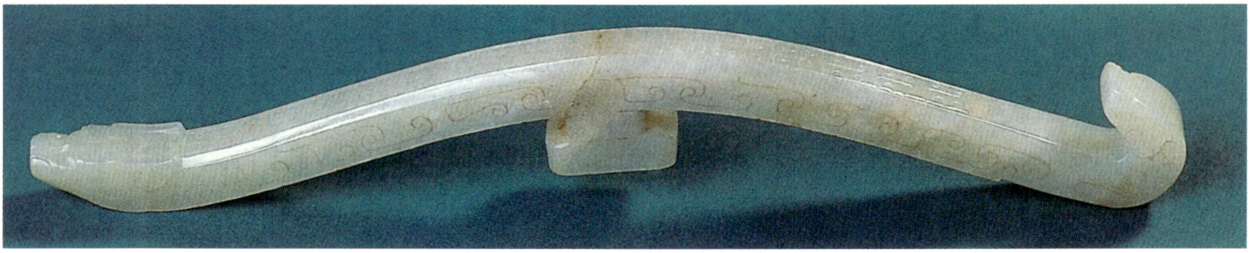

二四四 玉带钩 东汉

长 21.8 厘米

1959 年河北省定州市北庄汉墓出土 / 河北博物院藏

玉白色，光洁晶莹。钩体细长，中部隆起似弓，钩头琢一龙首，尾端雕饰虎头，五官清晰、逼真。钩面及两侧均用阴线刻画勾连云纹。背部有一方纽，饰花叶形图案。（常素霞 / 文）

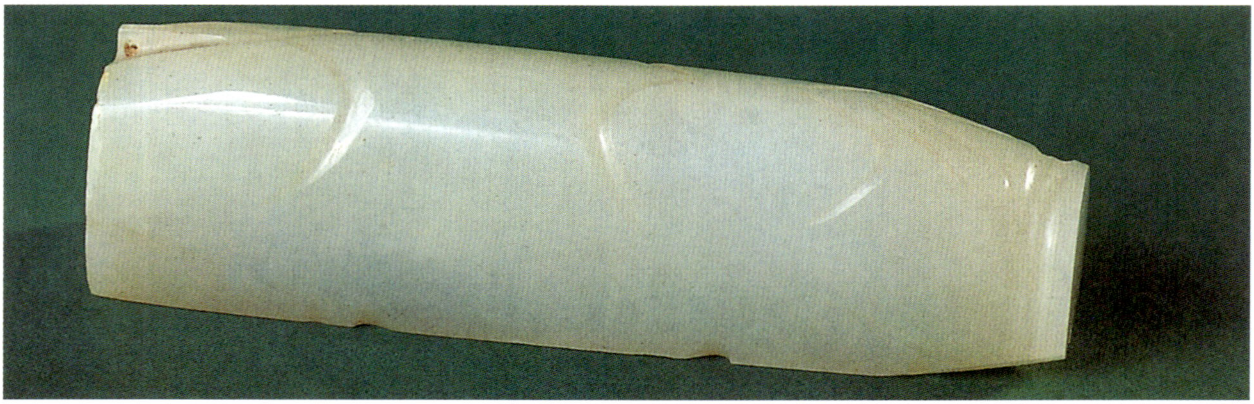

二四五 玉猪 东汉

长 10.3 厘米 宽 2.3 厘米 高 2.8 厘米 /1959 午河北省定州市北庄汉墓出土 / 河北博物院藏

白玉琢成。作卧伏状，以阴刻线琢出猪的双耳、四肢及各部位轮廓，而腹下、嘴及尾部均随形琢成平面。在下颌与尾部顶端各有一细小的横穿圆孔。（常素霞 / 文）

二四六 玉蝉 东汉
长 6.4 厘米 宽 3.3 厘米
1959 年河北省定州市北庄汉墓出土
河北博物院藏

玉白色，细腻光洁，晶莹无瑕。呈扁平状蝉形，中心稍厚，双目外突，以宽阴线分别琢刻出头、胸、腹、背及双翅。造型典雅简朴，形象逼真。（常素霞 / 文 张慧 / 摄影）

二四七 玛瑙剑珌 东汉
长 3.6 厘米 宽 2.8 厘米 厚 2.7 厘米
1956 年湖南省永州市零陵区东门外文庙 1 号墓出土
湖南博物院藏

白色，上部为红色。作菱形，浮雕一盘曲的螭纹，利用原料上的红色，使螭的头、足、尾呈现红色，胸部呈淡红色。与剑鞘相接的一端，中部有两个小圆孔，圆孔两边各有一楔形小孔，甚浅。东汉玛瑙剑珌较为少见。（高至喜 / 文 陈美如 / 摄影）

二四八 玉“宜子孙”璧 东汉

通高 9 厘米 璧：外径 7 厘米 孔径 2.1 厘米 厚 0.45 厘米

1984 年江苏省扬州市甘泉镇老虎墩汉墓出土

江苏省 扬州博物馆藏

玉青黄色。璧为双面透雕，细部纹饰采用浅雕。玉璧出廓部分琢为凤形，其腹下雕一“宜”字；肉部雕一对螭虎，在螭虎的首尾之间雕有“子”“孙”二字。（印志华 / 文）

二四九 玉环 东汉

外径 10 厘米 孔径 4.7 厘米 厚 0.35 厘米

1984 年江苏省扬州市甘泉镇老虎墩汉墓出土

江苏省 扬州博物馆藏

玉乳白色。透雕蟠螭纹，在螭尾上另琢有小蟠螭。构图新颖，纹饰流畅。（印志华 / 文）

二五〇 玉俑 东汉

高 4.1 厘米

1980 年江苏省扬州市甘泉山 2 号墓出土 / 南京博物院藏

玉青白色，微有白色斑，温润光亮。雕刻成侍立形象俑。头顶绾髻，刻出眉、目、鼻、嘴，束腰，长袍拖地不露足。从腰两侧对钻圆洞一个。整个形象系汉俑中常见的造型。（刘惠英 / 文）

二五一 二五二 玉飞熊水滴 东汉

高 7.7 厘米 宽 6 厘米 厚 4.5 厘米

1984 年江苏省扬州市甘泉镇老虎墩汉墓出土 / 江苏省 扬州博物馆藏

玉乳白色。器作飞熊跪坐状，头顶有一圆口，腹中空，上置银盖。飞熊张口、卷舌，背有双翼，右前掌托灵芝仙草，左前掌下垂，后双掌拢于身躯下，底部雕有卷曲的长尾巴。造型奇特，雕琢精细，是一件珍贵优美的艺术品。（印志华 / 文）

二五三 玉剑格 东汉

长 5.6 厘米 宽 2 厘米

1984 年江苏省扬州市甘泉镇老虎墩汉墓出土 / 江苏省 扬州博物馆藏

玉白色，局部有褐斑。扁菱形，一面采用高浮雕和透雕手法，雕琢一蟠螭，蟠螭作回首反顾状，雕琢精细，形象逼真。另一面饰浮雕如意纹。（印志华 / 文）

二五四 玉剑首 东汉

直径 4 厘米 厚 0.5 厘米

1984 年江苏省扬州市甘泉镇老虎墩汉墓出土

江苏省 扬州博物馆藏

玉乳白色，局部有黑斑。圆形，内区纹饰为浅雕勾连云纹，外区为卧蚕纹。（宋志华 / 文）

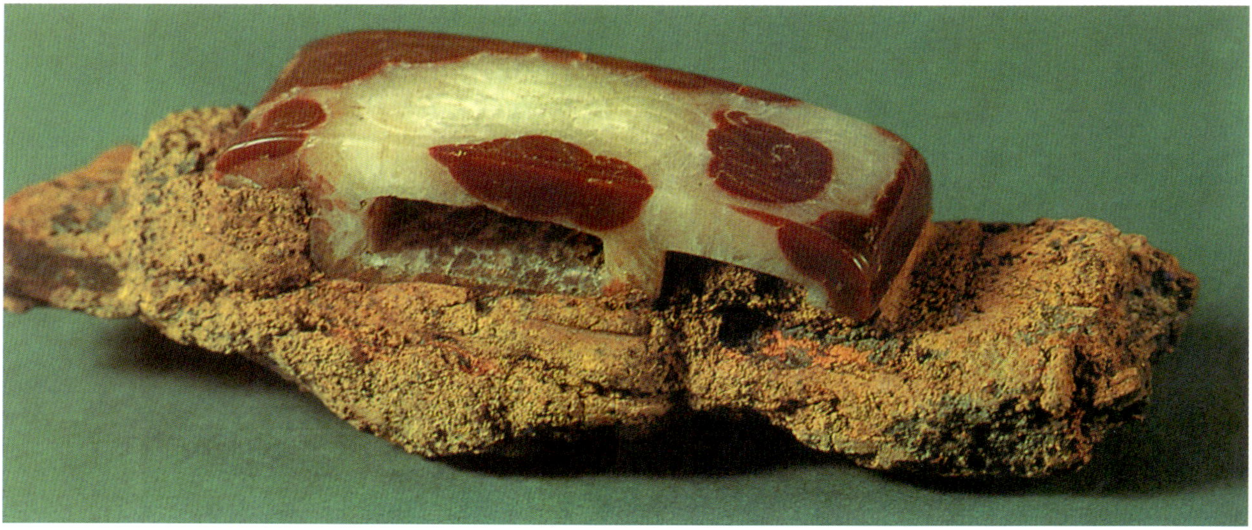

二五五 玛瑙剑璏 东汉

长 6.5 厘米 宽 2.4 厘米 厚 1.5 厘米

1984 年江苏省扬州市甘泉镇老虎墩汉墓出土／江苏省 扬州博物馆藏

白色，有红斑。长方形，正面浅雕盘旋环绕的蟠螭，四周饰有云气纹。（印志华 / 文）

二五六 玉二龙衔环饰谷纹璧 东汉

通高 30 厘米 璧径 24.4 厘米 厚 1.1 厘米

1969 年河北省定州市 43 号汉墓出土

河北省 定州市博物馆藏

玉青灰色，细腻柔润，局部有褐斑。璧之肉、好边缘为素面宽带，内饰规整谷纹。璧上方有透雕的二龙衔环附饰，两侧各透雕一龙为耳。此玉璧制作精湛，庄重华丽，是两汉玉璧中的瑰宝。（卫慧、荀全成 / 文）

二五七 玉座屏 东汉

高 16.5 厘米 长 15.3 厘米 /1969 年河北省定州市 43 号汉墓出土

河北省 定州市博物馆藏

玉黄褐色。玉座屏由 4 块镂雕玉片拼成，两侧支架略呈长方形，上刻蟠龙纹双联璧，中间两屏片略呈半月形，透雕人物鸟兽纹饰。上屏片正中为“东王公”，凭几端坐，旁有凤鸟、狐狸、豹等禽兽；下屏片正中为“西王母”，发后梳，戴胜，亦凭几端坐，旁有跪坐侍者二人，以及熊、龟、蛇等动物形象。此玉屏刻画线条简洁，寓意深奥，主题突出，是东汉玉雕中的杰作。（卫慧、聂瑞军 / 文 胡锤 / 摄影）

二五八 玉扇形佩 东汉

长 15.7 厘米 宽 6.8 厘米

1969 年河北省定州市 43 号汉墓出土

河北省 定州市博物馆藏

玉黄色，边缘有褐斑。主体略呈椭圆形，中有圆角长方形孔。周围透雕独角怪兽和流云纹，形象生动，雕琢精美，玲珑剔透。（卫慧、贾敏峰 / 文）

二五九 玉环 东汉

外径 4.7 厘米 孔径 1.6 厘米

1969 年河北省定州市 43 号汉墓出土

河北省 定州市博物馆藏

玉黄褐色。透雕盘龙纹，并以阴线刻饰细部。纹饰流畅，小巧玲珑。（聂瑞军 / 文）

二六〇 玉觿 东汉

长 10.1 厘米 宽 2.8 厘米 厚 0.3 厘米

1969 年河北省定州市 43 号汉墓出土

河北省 定州市博物馆藏

玉黄褐色。弧形，一端透雕两龙，均作回首状，上部有一小孔，供穿系佩戴用。（聂瑞军、赵振尧 / 文）

二六一 玉璜 东汉

长 10.5 厘米 宽 2.7 厘米 厚 0.3 厘米

1969 年河北省定州市 43 号汉墓出土／河北省 定州市博物馆藏

玉青色，晶莹润泽。透雕左右对称的二龙相戏纹，龙体蜷曲，龙首瘦长，脑后有一长角。细部以阴线刻饰。造型别致，线条流畅柔和，充分显示出匠人的琢玉功力。（刘福珍 / 文）

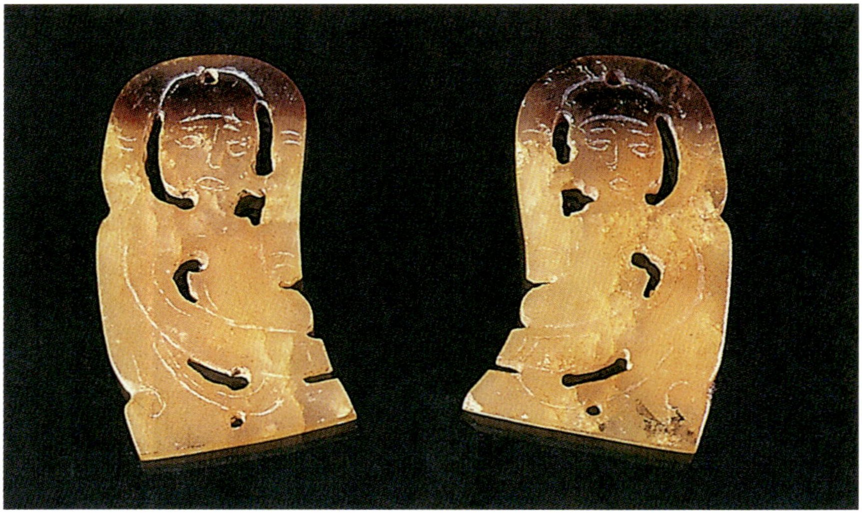

二六二 玉舞人 东汉

高 5 厘米

1969 年河北省定州市 43 号汉墓出土

河北省 定州市博物馆藏

两件。玉黄色，局部呈褐色。透雕作舞人状，舞人一手上举，长袖过于头顶。面部五官及服饰衣纹均以阴线刻出。上下各有一小孔，供佩戴用。（孙彦平 / 文）

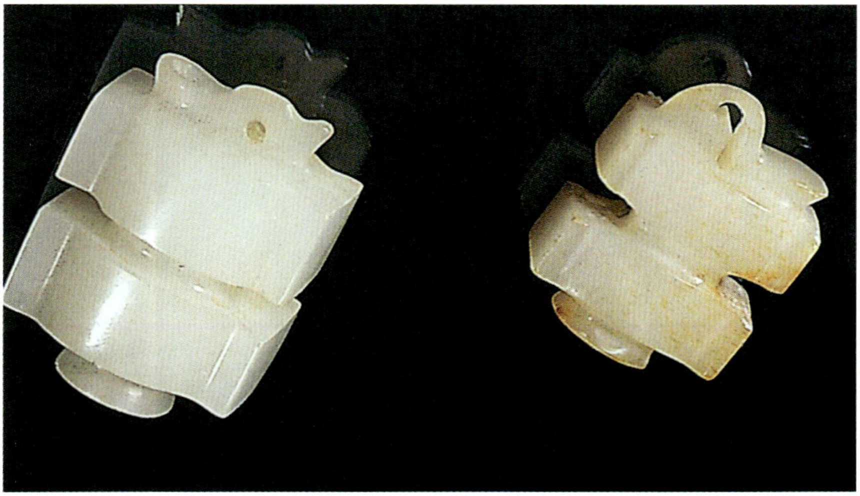

二六三 玉坠饰 东汉

大：高 3 厘米 宽 2.3 厘米

小：高 2.5 厘米 宽 2 厘米

1969 年河北省定州市 43 号汉墓出土

河北省 定州市博物馆藏

两件，大小略有不同。玉色洁白，莹润光亮。玉坠作两长方体相连状，其中一件上端透雕鸟首，另一件上端透雕云纹。两长方体间均有一横穿孔，造型别具一格。（孙彦平 / 文）

二六四 玉辟邪 东汉
高 18.5 厘米 长 18 厘米 宽 6.7 厘米
1978 年陕西省宝鸡市北郊墓葬出土
陕西省宝鸡市博物馆藏

玉青色，略显淡绿，有条纹。圆雕而成，局部已残。辟邪昂首张口，作怒吼状。肩有双翼，周身以阴线刻出细部装饰。背部和头顶有插座，所插之物已失。纹饰细致流畅，造型威武生动。传说这种神兽性凶猛，能驱恶辟邪。（王露 / 摄影）

二六五 玉“宜子孙”谷纹璧 东汉
通高 30 厘米 璧外径 20.7 厘米 厚 0.6 厘米
1986 年山东省青州市马家冢出土 / 山东省青州市博物馆藏

玉白色，有褐斑。上方透雕双龙纽，纽中央镌铭文“宜子孙”三字。璧的内区饰谷纹，外区饰蟠龙纹。线条刚劲有力，高纽碾琢精工，为玉器中难得的佳品。（王露 / 摄影）

二六六 玉双螭饰谷纹璧 东汉
通高 15.7 厘米 璧外径 13.9 厘米
天津博物馆藏

玉灰白色，多黑褐色沁。璧上端边缘为镂雕相对双螭，璧身浮雕排列规整的谷纹。（尤仁德 / 文 刘志岗 / 摄影）

二六七 玉"益寿"谷纹璧 汉

通高 13.2 厘米 璧外径 10.5 厘米 厚 0.5 厘米

故宫博物院藏

玉呈青褐色，局部有深褐色斑浸，体扁平。璧体两面均为谷纹。内缘和外缘凸起，璧的上部透雕一螭一龙环托"益寿"二字。雕工精细，螭、龙形态活泼、生动，栩栩如生。（宋海洋 / 文 刘志岗 / 摄影）

二六八 玉"长乐"谷纹璧 汉

通高 18.6 厘米 璧：外径 12.5 厘米 孔径 2.6 厘米 厚 0.5 厘米

故宫博物院藏

玉呈青褐色，局部有深褐色斑浸。体扁平。两面纹饰完全相同。上部正中透雕篆书"长乐"二字，字体圆润浑厚。字的两侧各有一对称的独角兽环抱，形状古朴，富有动感。璧饰排列有序的谷纹，内外缘各有凸雕弦纹一周。流传至清代时，璧的外圈边沿上阴刻清高宗弘历御题诗一首，为篆书。（宋海洋 / 文 刘志岗 / 摄影）

二六九 玉带钩 东汉

长 11.5 厘米 宽 2 厘米 /1983 年河南省洛阳市瀍河区汉墓出土 / 洛阳市文物考古研究院藏

玉青灰色。钩端为龙头形，颈部突起 3 道弦纹，腹较长，上部作两组三角形鼓起，背部有一椭圆形纽。（叶万松 / 文 申少斌 / 摄影）

二七〇 玉带扣 东汉

长 8.5 厘米 前宽 5.6 厘米 后宽 4.3 厘米

1983 年河南省洛阳市瀍河区汉墓出土

洛阳市文物考古研究院藏

玉灰白色，局部略泛黄色。器前宽后窄，前端为弧形，有一月牙形穿孔。表面浮雕大小两龙及龙翼状纹饰。边缘环绕着 10 对穿线用的针眼。（叶万松 / 文 申少斌 / 摄影）

二七一 绿松石子母鸽 东汉

长 1 厘米

1970 年江苏省徐州市土山汉墓出土

南京博物院藏

圆雕母鸽，背上立一子鸽，母鸽作回首状，正在给子鸽喂食，其首、尾、翅皆刻出羽毛。形状优美，栩栩如生，是极少见的微雕艺术品。（冯少华 / 文）

二七二 玉猪 东汉

长 11.5 厘米 高 2.6 厘米 /1974 年安徽省亳州市董园村 1 号汉墓出土 / 安徽省 亳州博物馆藏

玉墨绿色。猪呈卧伏状，雕琢简朴。（侯永 / 文 杨瑞玖 / 摄影）

二七三 玉坠饰 东汉

长 2.5 厘米 宽 1.9 厘米

1972 年安徽省亳县（今亳州市）凤凰台 1 号汉墓出土

安徽省 亳州博物馆藏

玉白色。作两长方体贯穿状，上端纽部有一小孔，是佩戴的装饰用品。（侯永 / 文 杨瑞玖 / 摄影）

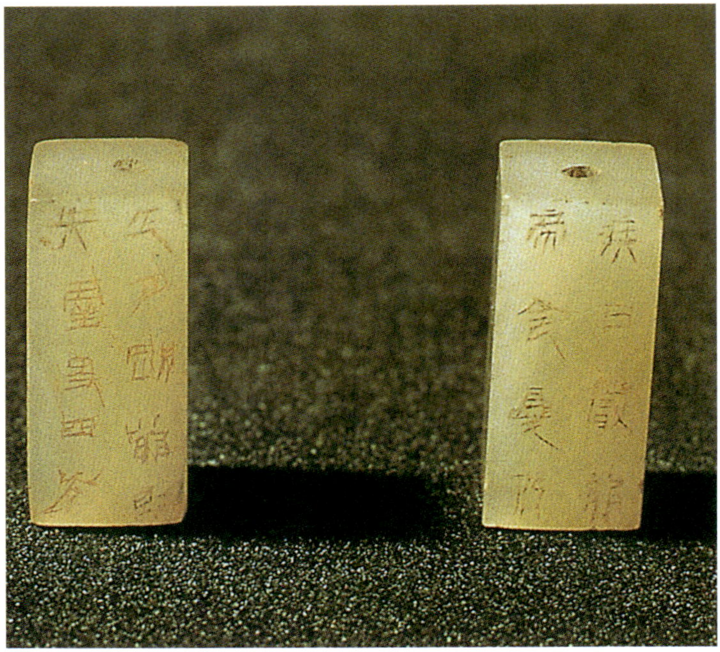

二七四 玉刚卯 东汉

长 2.25 厘米 宽、厚均为 1 厘米

1972 年安徽省亳县亳州市凤凰台 1 号汉墓出土 / 安徽省 亳州博物馆藏

玉白色。两件，刚卯、严卯各一件，大小、形制相同。呈长方体，四面有阴刻铭文。从铭文内容可以看出，是佩戴用的辟邪用玉。（侯永 / 文 杨瑞玖 / 摄影）

二七五 玉剑璏 东汉

长 9.8 厘米

1973 年江西省南昌市塘山乡七里村汉墓出土 / 江西省博物馆藏

玉白色。俯视呈长方形，侧视呈拱形，一端下部有一长方形穿孔。上面饰浮雕大小螭虎各一只，曲身卷尾，侧首相望，作奔戏状，形象生动。（王玉兰 / 文）

二七六 玉龙形佩 东汉

长 6.3 厘米 宽 2.4 厘米

天津博物馆藏

玉白色。龙身弯曲，龙首为独角，无眼，身躯琢成丝束纹，二足，身体中部钻一孔。造型富有动感美。（尤仁德 / 文 刘士刚 / 摄影）

二七七 玉剑珌 东汉

长 5.3 厘米 宽 6.6 厘米

天津博物馆藏

玉青白色。厚片雕，镂雕龙纹，龙有翅翼，龙身浮雕卷云纹。顶端面钻 3 孔。造型独特。（尤仁德 / 文 刘士刚 / 摄影）

二七八 玉琮 六朝

高 6.55 厘米 宽 6.8 厘米 孔径 5.7 厘米

1955 年江苏省南京市幕府山 1 号墓出土

南京博物院藏

玉青白色，有褐斑。玉质晶莹，光滑细腻。矮正方柱体，内圆外方。两端有短射。琮体四面光素无纹，制作简朴。（刘惠英 / 文）

二七九 玉杯 三国（魏）

高 11.5 厘米 口径 5.2 厘米 底径 4 厘米

1956 年河南省洛阳市涧西区魏墓出土 / 洛阳市文物考古研究院藏

玉白色，通体光亮。杯直口，平沿，深腹，圆足。制作精巧，杯壁厚薄均匀，是一件艺术性很高的玉雕工艺品。（叶万松 / 文 申少斌 / 摄影）

二八〇 玉龙凤形佩 六朝

高 5.8 厘米 厚 0.4 厘米

1951 年江苏省南京市邓府山 3 号墓出土

南京博物院藏

玉淡黄色。透雕作环状，通体雕成龙凤纹。龙蜷曲成环形，首弯曲，尾稍残，背上栖一凤，作回首状。造型优美生动，是一件艺术水平较高的装饰品。（冯少华 / 文）

二八一 玉马头饰 六朝

长 4.7 厘米 宽 1.3 厘米 /1956 年江苏省南京市光华门外石门坎六朝墓出土 / 南京博物院藏

玉青白色，局部有白斑。雕琢成马头状，闭口睁目，三角形耳，阴刻象征性的鼻。颈部顶端琢长方形孔，下有一小圆洞。雕琢简朴。（刘惠英 / 文）

二八二 玉蝉 六朝

长 6.4 厘米 /1956 年江苏省南京市光华门外石门坎六朝墓出土

南京博物院藏

玉青白色，有白色浸蚀斑，质温润。雕刻成蝉形，头部双目外鼓，尾和翅尖呈三角形。正面以阴线刻出首和双翅，反面以数道直线刻出腹和尾部。线条刚劲简朴，系汉八刀风格之延续。（刘惠英 / 文）

二八三 玉龙螭纹佩 魏晋
长 9.4 厘米 宽 6.9 厘米
天津博物馆藏

玉灰青色，有墨色斑点。片状，镂雕并阴线刻龙、螭及流云纹，中间为椭圆形孔。龙、螭造型及雕琢技法仍有汉代遗风。（尤仁德 / 文 刘士刚 / 摄影）

二八四 玉龙形佩 魏晋
宽 4.5 厘米 / 天津博物馆藏

玉纯白色。体呈扁圆环状，作盘龙形，首尾相接。龙有双尖角，短脸，有翅，二足，并刻阴线简化鳞纹。（尤仁德 / 文 刘士刚 / 摄影）

二八五 玉兽 魏晋
高 6.2 厘米 宽 7.5 厘米 / 天津博物馆藏

青玉琢成。兽作卧式，小圆眼，宽颈，颈披细毛，无蹄，宽臀，尾贴于臀部。造型简朴，线条简练。（尤仁德 / 文 刘士刚 / 摄影）

二八六 玉璏 西晋
长 10.4 厘米 宽 2.1 厘米 厚 1.9 厘米
江苏省南京市中华门外板桥石闸湖西晋墓出土
江苏省 南京博物院藏

玉呈青灰色。俯视呈长方形，两端下卷。表面满饰兽面纹及卷云纹。下部的一侧有一长方形穿孔，可与剑鞘系在一起。（葛玲玲 / 文）

二八七 玉带钩 西晋
长 4.8 厘米 /1965 年湖北省汉阳县蔡甸 1 号墓出土 / 湖北省博物馆藏

玉灰黄色。钩作龙头形，长颈，用阴刻线条勾画出双眼和嘴。纽大于腹。素面。（陈善钰 / 文 郝勤建 / 摄影）

二八八 玉双螭纹佩 东晋

长 7.1 厘米 宽 4.6 厘米 厚 0.47 厘米

江苏省南京市中央门外郭家山东晋墓出土

江苏省 南京博物院藏

玉青色，经浸蚀而呈灰白色。体扁。正面对角镂雕双螭，一大一小，遥遥相望，中央有一椭圆形穿孔。背面平雕螭身等纹饰。精美别致，玲珑剔透，为魏晋时期玉器中的珍品。（葛玲玲 / 文）

二八九 玉佩 东晋

长 7.8 厘米 宽 3.1 厘米 厚 0.4 厘米

江苏省南京市中央门外郭家山东晋墓出土

江苏省 南京博物院藏

玉青色，光滑润泽。体扁平，似云头状。平素无纹。上部正中和下部两侧各有一圆孔，当用于穿系佩挂。（葛玲玲 / 文）

二九〇 玉螭虎纽印 东晋

通高 1.7 厘米 印身：长 2.4 厘米 宽 2.1 厘米 厚 0.5 厘米

江苏省南京市中央门外郭家山东晋墓出土

江苏省 南京博物院藏

玉青白色。印纽镂雕一螭虎，雕刻清晰、生动。印身为长方形，印面平素无文。（葛玲玲 / 文）

二九一 玉猪 东晋

长 10.6 厘米 高 2.4 厘米

江苏省南京市中央门外郭家山东晋墓出土

江苏省 南京博物院藏

玉青灰色。圆雕而成。猪身长条形，四足前屈作卧伏状，两端平齐。以阴线刻出嘴、眼等细部。（葛玲玲 / 文）

二九二 玉蝉 东晋

长 6.3 厘米 宽 3.1 厘米

江苏省南京市中央门外郭家山东晋墓出土

江苏省 南京博物院藏

玉青白色。蝉身中间厚，两边薄，用阴线刻画出蝉的头、身和翅。尾和翅尖呈三角形锋尖，下腹刻有 7 道横线。纹饰简朴，形象逼真。（葛玲玲 / 文）

二九三 玉佩 东晋

长 7.1 厘米 厚 3 厘米

1965 年江苏省南京市富贵山东晋墓出土

南京博物院藏

玉青白色，玉质细腻晶莹，表面有白色沁斑。体扁平，雕琢成蝙蝠展翅飞翔状。通体光素无纹，制作简朴。下部正中和上部两侧各有一圆孔，可用于穿系佩戴。（刘惠英 / 文）

二九四 玉盏 北燕

高 3.3 厘米 口径 8.6 厘米

1965 年辽宁省北票市西官营子冯素弗墓出土

辽宁省博物馆藏

玉灰黄色。形似浅碗，壁较薄，口沿饰弦纹一周。通体光滑，器壁有微瑕。（李振石 / 文并摄影）

二九五 玉剑首 北燕

直径 4 厘米 厚 1.4 厘米

1965 年辽宁省北票市西官营子冯素弗墓出土

辽宁省博物馆藏

玉棕色。圆形隆顶，雕琢流云纹。底刻一方槽，中心有一圆形穿孔。（李振石 / 文并摄影）

二九六 玉佩 南北朝

上、中：宽 12.8 厘米 高 6.3 厘米

下：宽 13.2 厘米 高 5.5 厘米

1978 年陕西省西安市南郊小寨南出土 / 陕西省西安市文物局藏

三件，片状。青玉琢成，有土沁。其中两件作云头片状，上部当中为三连弧形，两侧圆弧，底部内向作勾云形。上部正中有一小孔，下部有三小孔。光素无纹。另一件近似梯形，上部当中亦为三连弧形，两侧斜直，底平。上部正中有一小孔。素面。（王长启 / 文 罗忠民 / 摄影）

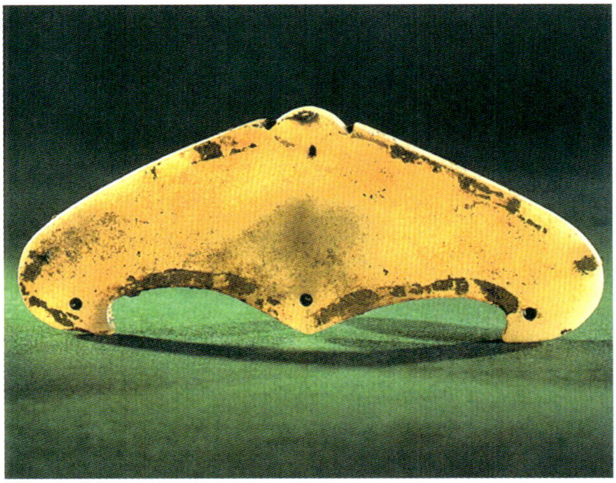

二九七 玉佩 北齐

长 7.9 厘米 宽 4 厘米 厚 0.3 厘米

1980 年山西省太原市南郊王郭村娄睿墓出土 / 山西省考古研究所藏

玉白色，雕琢精细。中部略鼓，四周薄似刃。钻有 4 孔。周缘贴 0.3 厘米宽的金边，亦多脱落。以金镶边，显得富丽、优美。（陶正刚 / 文 李建生 / 摄影）

二九八 玉璜 北齐

外径 5.5 厘米 孔径 2.3 厘米 肉宽 1.7 厘米 /1980 年山西省太原市南郊王郭村娄睿墓出土 / 山西省考古研究所藏

玉白色，细腻光滑。素面。中间略鼓，周平缓。钻有二孔。内外周缘贴 0.3 厘米宽的金边，以包镶金饰增加美感。（陶正刚 / 文 李建生 / 摄影）

二九九 玉佩 北齐
长 9.7 厘米 宽 4.3 厘米 厚 0.4 厘米
1973 年山西省寿阳县贾家庄村库狄回洛墓出土
山西省考古研究所藏

玉乳白色。呈蝙蝠形，扁而薄。正面线刻一展翅欲飞的凤鸟，空间以云纹点缀，背面线雕火焰状的云纹。上部中央有一穿，下部有 3 个小孔。（耿惠 / 文 李建生 / 摄影）

三〇〇 玛瑙狮纹雕饰 北齐
长径 2.7 厘米 短径 2 厘米 厚 0.8 厘米
1973 年山西省寿阳县贾家庄村库狄回洛墓出土
山西省考古研究所藏

紫黑色，中间带一圈天然的白色弦纹。扁薄椭圆形，有宽边，正面中间阴刻一狮，昂首翘尾，作缓行状。（耿惠 / 文 李建生 / 摄影）

三〇一 玉佩 南朝
高 3.5 厘米 宽 10.8 厘米 厚 0.4 厘米
1960 年至 1961 年江西省南昌市京山南朝墓出土
江西省博物馆藏

玉白色，晶莹光洁。上部呈弧形，中间雕琢 3 个小圆弧，并钻一小孔。两端作圆弧状。下部中间及两侧各钻一小孔，以作系佩用。（王玉兰 / 文）

三〇二 玉环 南朝

外径 7 厘米 孔径 3.2 厘米 厚 0.4 厘米

1960 年至 1961 年江西省南昌市京山南朝墓出土

江西省博物馆藏

白玉琢成，玉质细腻。器扁平，素面。两侧外缘各有一长方形突起，造型较别致。(王玉兰 / 文)

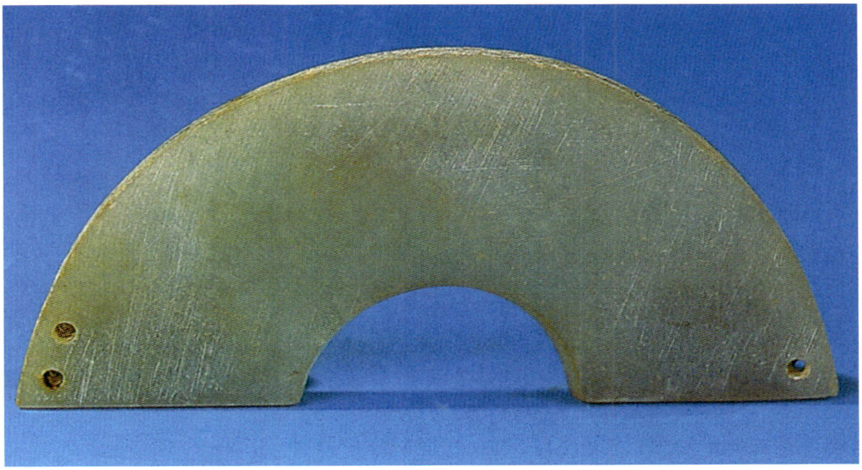

三〇三 玉璜 南朝

高 3.1 厘米 宽 7.2 厘米 厚 0.3 厘米

1960 年至 1961 年江西省南昌市京山南朝墓出土

江西省博物馆藏

玉白色。半璧形，素面。两端均有小穿孔，一端有两个，另一端只有一个。截面为长方形，制作规整。(王玉兰 / 文)

三〇四 玉带钩 南朝

长 9.5 厘米

1960 年至 1961 年江西省南昌市京山南朝墓出土

江西省博物馆藏

玉白色，局部稍有浸蚀。钩首作龙头状，颈部细长，腹下有一椭圆形纽。钩身作六面形。(王玉兰 / 文)

三〇五 玉透雕龙纹鲜卑头

长 9.5 厘米 宽 6.5 厘米

上海博物馆藏

玉白色。扁平，长方形，四边有圆形小孔，通体镂空，上琢一蜷曲匍匐状玉龙，雄浑矫健，龙身饰鳞纹、网纹，运刀娴熟，线条委婉流畅。背面两侧刻有铭文两行：第一行为“庚午，御府造白玉衮带鲜卑头，其年十二月丙辰就，用工七百”。第二行为“将臣范许，奉车都尉臣程泾，令奉车都尉关内侯臣张余”。书体具有南北朝风格，据考证这件鲜卑头为南朝宋文帝的御用物，是皇帝衮服上的玉带头。（蒋树成 / 文 郭林福 / 摄影）

三〇六 黄玉瑞兽 南北朝

高 7 厘米 宽 9.3 厘米

天津博物馆藏

昂首挺胸，头上有一弯角，颌下有毛，肩生双翅，扬卷尾。形态生动，造型与南北朝石雕兽相近。（尤仁德 / 文 刘士刚 / 摄影）

三〇七 青玉异兽 南北朝

高 3.2 厘米 长 6.5 厘米 宽 3 厘米

故宫博物院藏

玉青白色，局部有褐色斑点。圆雕。异兽呈卧伏状，昂首前视，头上有角，张口露牙，两眼突出，前腿有羽翼，尾部下垂。异兽形态逼真，给人一种凶猛感。（宋海洋 / 文 刘志岗 / 摄影）

三〇八 玉九螭纹饰板 南北朝

长 31 厘米 宽 3.1 厘米

天津博物馆藏

玉灰青色，有黑褐色沁。正面浮雕九螭穿云纹，姿态各异，栩栩如生。（尤仁德 / 文 刘士刚 / 摄影）

第五卷 隋唐—明

（图版及图版说明）

本卷主编

杨伯达　故宫博物院

图版摄影

刘志岗　故宫博物院

罗忠民　陕西省碑林博物馆

敦竹堂　河北美术出版社

郭　群　南京博物院

责任编辑

庚　子

一 白玉镂空飞天 唐
高 4 厘米 宽 7.1 厘米
故宫博物院藏

白玉，局部有赭色沁斑。片状，镂空。天女为短披发，上身裸，下着裳，右手执莲花，举于耳侧。左手托一珠。下身呈水平状，裳长似裙托于身后。一长飘带自肩绕于脑后，腹下有三朵云。（张广文 / 文）

二 青玉镂空飞天 唐
高 4.2 厘米 宽 7.2 厘米 厚 0.5 厘米
故宫博物院藏

青玉。片状，镂空。飞天凌空驾云。天女为半躺卧式，三绺发髻高盘于头顶，尖下颌。上半身裸，下身着裳裙，跣足。一宽飘带结于天女背部，并从头后至肩成一环状，再顺两肩飘向足部。身下有流云两朵。右手按云头，左手持一莲花。（杨捷 / 文）

三 青玉飞天 唐

高 3.9 厘米 宽 7.1 厘米 厚 0.7 厘米 / 故宫博物院藏

青玉，局部有浅黄色斑沁。扁平状，镂雕加阴刻琢制一飞天，身着长裙，肩披飘带，下托祥云，均流畅飞动。

飞天的出现与佛教的传入有着重要的关系。早期多作男像，后渐变成娇柔的女性。此件飞天为清宫旧藏，人物体态轻盈，面目慈祥，给人以极其强烈的飘动感，与唐代壁画中的飞天形象极其相似，应为同期产物。（宍海洋 / 文）

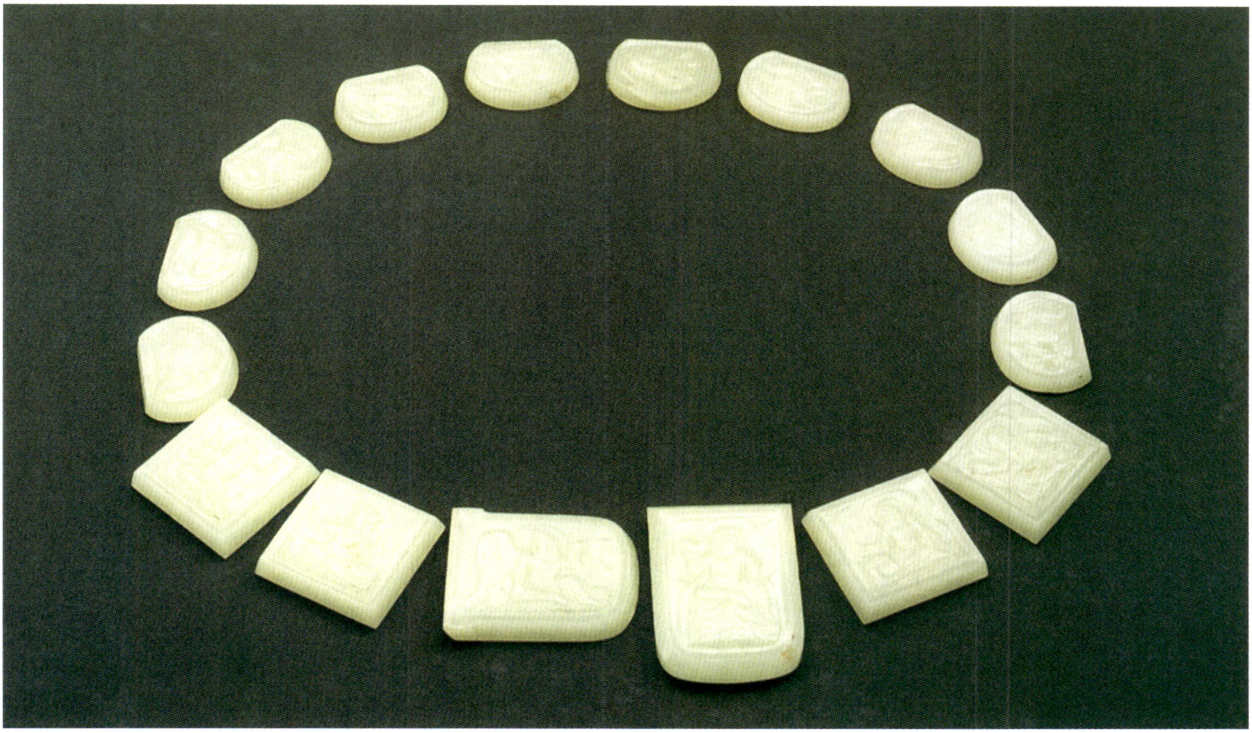

四 白玉伎乐人纹带銙 唐

长 3.5 厘米至 4.5 厘米

1970 年陕西省西安市南郊何家村出土／陕西历史博物馆藏

这组玉带銙出土时装在银药盒内，共 16 枚，失玦，有椭圆形、长方形、正方形几种，玉质洁白细腻，上带酥光，人物形象各异，或奏乐，或舞蹈，生动有趣，以剔地阳起与细线阴刻相结合的手法碾琢完成，具有极高的实用和艺术价值。（李国珍 / 文）

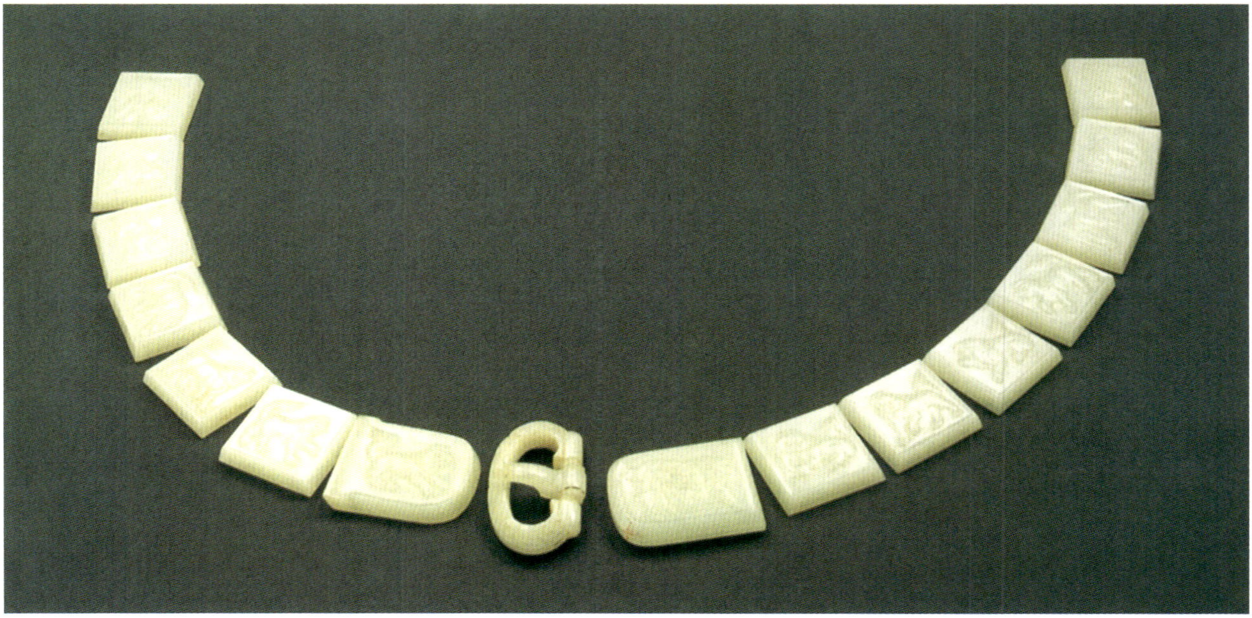

五 白玉狮纹带銙 唐

长 3.5 厘米至 5 厘米 /1970 年陕西省西安市南郊何家村出土／陕西历史博物馆藏

带銙为腰带上的装饰品，这组玉带銙共 16 枚，出土时亦放在银药盒内。玉质纯净晶莹，分别雕有不同形象的狮纹，刀法简洁明快，纹饰微凸，神态娇憨可爱，显露出古朴稚拙的艺术情趣。（李国珍 / 文）

六 青玉花卉纹带板 唐

长 5 厘米 宽 4.8 厘米

1982 年陕西省西安市东郊堡子村出土

西安市文物局藏

青玉，色青黄，正方形，上刻一花朵，四角以小叶陪衬，其花与叶四周压地，突出花与叶，具有立体感。背面四角各有一对孔。（王长启 / 文）

七 白玉云龙纹带 五代

铊尾长 19.5 厘米 宽 6.9 厘米 厚约 0.9 厘米 玉銙 7 方 每方约长 7.4 厘米 宽 8.2 厘米 厚度同铊尾

1942 年至 1943 年四川省成都市外西王建墓出土 / 四川博物馆藏

玉带由红鞓 2 段、镀银铜扣 2 枚、玉銙 7 方及铊尾组成。铊尾浮雕“降龙戏水球”图案。龙尾在上，龙头朝下，姿态矫健。背面阴刻铭文：“永平五年乙亥，孟冬下旬之七日……尾主后宫，是夜火作。”除记载了永平五年（915 年）蜀后宫发生了大火的事件外，同时还记载了制带之缘由及铊尾和玉銙的尺寸。它为研究唐五代的度量及带制提供了宝贵的史料佐证。玉带所刻龙纹极精，是五代时期玉雕的精品。（湛友芳 / 文 申少斌 / 摄影）

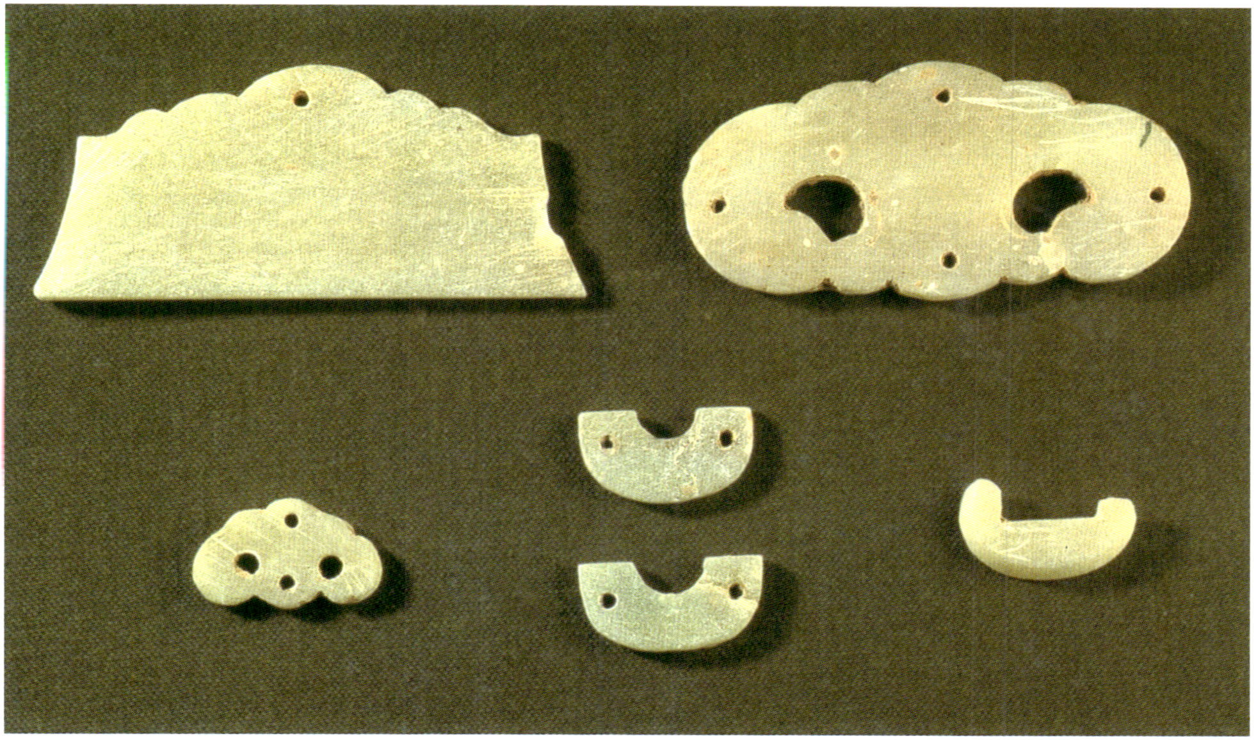

八 青玉佩饰 唐

最大一件宽 6.4 厘米 高 2.8 厘米 各件均厚 0.2 厘米

1972 年陕西省礼泉县兴隆村越王李贞墓出土 / 陕西省昭陵博物馆藏

玉佩共 6 件，皆青玉质。体扁平。左上角一件上窄下宽，上饰云形边，两侧内弧，底边平直。上中部有一圆孔。左下角一件，作云形，上下和两侧各有一穿。其余 3 件形式相似，作半环形，其中两件的两端各有一小圆穿。

六器均光素无纹，琢磨光润，形式多样，代表了当时玉佩的风格。（李国珍 / 文）

九 青白玉飞天纹佩 五代

长 1.2 厘米至 5.3 厘米 宽 3.9 厘米

1951 年江苏省南京市江宁区东善桥祖堂山李昇墓出土

南京博物院藏

青白色，有晕，玉质润滑光亮。两面纹饰近似，甚薄。雕刻一飞天，头戴帽，胖圆脸，浅刻眉目鼻嘴和衣褶纹，上身有长飘带，下身为羽毛状。边沿饰云纹，外有弧形花边，底边下有一圆孔。制作极精巧。（刘惠英 / 文）

十　青白玉佩　五代

长 9.1 厘米　高 4.5 厘米　厚 0.5 厘米

1951 年江苏省南京市江宁区东善桥祖堂山李璟墓出土

南京博物院藏

青白色，玉质光滑晶莹，局部有白色沁斑。扁平较薄，呈梯形。上部有莲瓣形凸花边，两侧边向外斜平直，底边有凹缺口，光素无纹，制作简朴。顶部中央有一圆孔，可穿系。（刘惠英 / 文）

十一　白玉钗　隋

长 8.1 厘米　顶端宽 1.8 厘米

1957 年陕西省西安市李静训墓出土

中国国家博物馆藏

双股，顶端较下端略宽，剖面为圆形，下端出尖，为当时贵族妇女发髻装饰。（马宽 / 文）

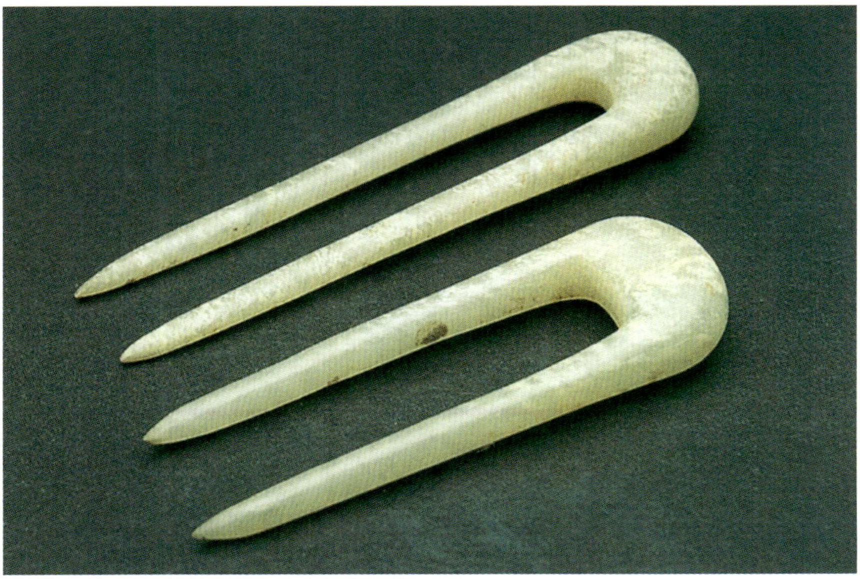

十二　白玉钗　唐

上：长 7.6 厘米　宽 1.7 厘米

下：长 6.7 厘米　宽 1.7 厘米

1976 年陕西省西安市西郊西安电缆厂唐墓出土

西安市文物局藏

两件同型，双股头钗，顶端为拱形，素面，白玉。与 1957 年西安市李静训墓出土雷同。这种形制的玉钗在隋代贵族妇女中就已流行。（王长启 / 文）

十三

十四

十三 十四 白玉钗花饰 唐

长 10 厘米至 11.5 厘米 宽 2.8 厘米至 4 厘米 /1981 年陕西省西安交通大学出土 / 西安市文物局藏

片状，两面雕刻。第一件花叶上琢有鸳鸯鸟，振翅起舞戏玩。鸳鸯是传统装饰，寓意吉祥，羽毛雕刻繁缛、绚丽。第二件在花叶上有一凤鸟，凤鸟为祥瑞的象征，被尊为鸟中之王。其余两对在顶端结有石榴，石榴取其“千房同膜，千子如一”作为“多子”的寓意。上述 3 对玉钗雕刻手法相同，繁而不乱，花叶与鸟纹线条流畅洒脱，图案构思巧妙，排列得当，在小小的玉片上，充分利用空间，鸟纹为花叶衬托，显得丰富而有变化。花饰又称“步摇饰片”，白玉钗花饰是唐代贵妇人步摇的实物，其出土地为原唐兴庆宫遗址内。（王长启 / 文）

十五 青玉花鸟纹钗 唐

长 11 厘米 宽 4.8 厘米 厚 0.3 厘米

故宫博物院藏

玉为青白色，局部有斑沁，器薄透明。此玉钗由两部分组成，一部分为钗插，已残缺，另一部分为玉饰钗头。钗头镂雕两面花纹相同，均为阴线丹凤朝阳纹，下部的牡丹花茎上钻孔两处，可系。

此器采用的丹凤朝阳图案，在唐代乃至以后多作装饰纹样用。（宋海洋 / 文）

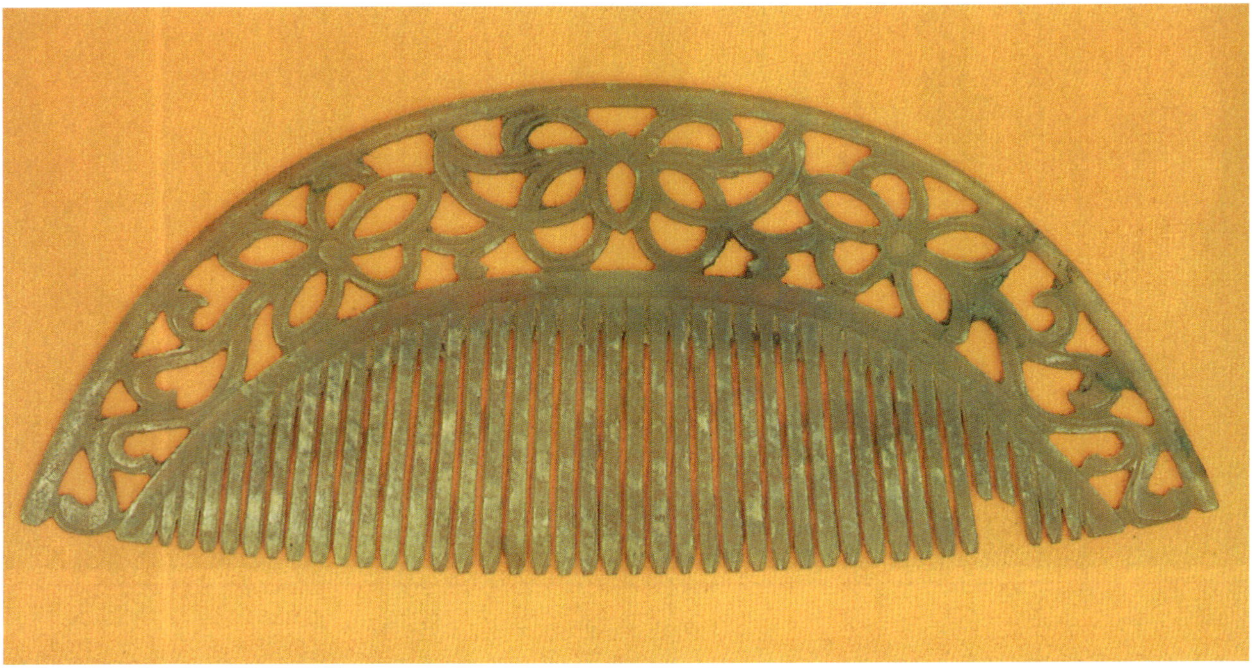

十六 青玉镂空梳 唐

长 8.15 厘米 宽 3.45 厘米 厚 0.1 厘米 / 故宫博物院藏

玉质受沁，片状，半圆形。梳背部分两条弧形线之间镂空勾莲花叶纹，其下雕长短梳齿 40 根，为妇女头饰。（张寿山 / 文）

十七

十八

十七 十八 白玉梳背 五代

长 14.5 厘米 宽 5.7 厘米

1980 年浙江省临安县出土 / 浙江省临安县文物保护管理所藏

整器作半月形，平端有嵌痕，两面刻花。正面上部排列作 3 朵荷花，两侧饰有一对相向而立的鸳鸯，下饰荷花一朵。背面饰半开状荷花，两侧刻一对瑞兽或瑞禽。整器由隐花和阴线组成。（沈岳明 / 文）

十九 白玉花卉纹梳背 五代

长 12 厘米 宽 3.8 厘米 厚 0.2 厘米

故宫博物院藏

玉质有沁色，半透明。片状，璜形，上部呈弧形，下部较宽平，在随形开光内，两面均减地隐起形态不同的 6 瓣花 3 朵。凹雕花瓣，花下及左右对称雕花叶，叶边刻细密整齐的阴线。

梳背下部没有梳齿，而有一长扁且薄的榫，供镶嵌金属梳齿（金银），为唐五代妇女之头饰。（张寿山 / 文）

二〇 白玉双凤纹梳背 五代

长 5.7 厘米 宽 2 厘米 厚 0.2 厘米

故宫博物院藏

玉质青白，半透明。片状，璜形，上边呈弧形，下边宽平，在随形开光内，两面均减地隐起展翅相戏双凤，阴刻三角形眼，有翎羽，阴琢身体各部位的羽毛。

下面的长扁榫，是镶嵌金属梳齿的部位，为唐五代妇女头饰。（张寿山 / 文）

二一 白玉镶金镯 唐

直径 8.1 厘米 /1970 年陕西省西安市南郊何家村出土 / 陕西历史博物馆藏

此镯由 3 节相等的白玉组成，上刻凸弦纹，每节玉端以金兽面包镶连接，内侧用两颗金钉铆接，兽面间有穿孔，加金条扣合，启动灵活。玉镯造型规整，工艺精细，金玉辉映，对比鲜明，光彩夺目。（李国珍 / 文）

二二 玉人鹿图佩 唐

长 7.6 厘米 宽 4.4 厘米 厚 1.1 厘米

1976 年江苏省无锡市扬名乡出土

江苏省 无锡博物院藏

玉饰为椭圆形。中间刻一老者，右手抚于鹿背，左手指着鹿头，似有所言语，左边侍立一童子。玉饰底部刻有缠枝花，由边盘旋而上至顶部。人物神态安详逼真，头发、面容、衣饰均用阴线刻成，线条流畅简练。饰件画面表现出安逸恬静的意境。较为特别的是，作者将饰件正面图案的背后形象，刻于饰件的反面，使整件玉饰产生立体感。（周玲梅 / 文）

二三 青玉鸟衔花佩 唐
长 7.6 厘米 宽 3.8 厘米 厚 0.8 厘米
故宫博物院藏

青玉，局部有褐色斑沁，体扁平。以镂雕加阴刻线琢成一寿带鸟和折枝花叶，寿带鸟口衔花叶，双翼张开，似在空中飞行，翅膀边呈锯齿状，中间阴线。此图案在唐代常见，精美富丽。（宋海洋 / 文）

二四 金扣玉盏 隋
高 4.1 厘米 口径 5.6 厘米 底径 2.9 厘米 /1957 年陕西省西安市李静训墓出土 / 中国国家博物馆藏

圆口，沿平，唇外折，深腹，腹向下敛，底为实足平底，口沿包镶金片。外壁光滑，素面无纹饰，器体有斑点和璺纹。玉质莹润，呈白色，半透明。制作工整，造型精美，在隋代玉器中颇为罕见。（祁玉宽 / 文 孙克让 / 摄影）

二五 白玉八瓣花形杯 唐

高 3.5 厘米 口径 5.5 厘米至 9.9 厘米

1970 年陕西省西安市南郊何家村出土 / 陕西历史博物馆藏

白玉，温润，半透明。为八曲椭圆形杯，侈口，深腹，圈足。外腹遍饰蔓草纹，采用浅浮雕手法，每曲间花纹缠绕勾连，显得活泼奔放，富有活力，器形典雅华贵，达到实用与艺术的完美统一。(李国珍 / 文)

二六 水晶八瓣花形杯 唐

高 2.5 厘米 口径 6 厘米至 9.6 厘米

1970 年陕西省西安市南郊何家村出土 / 陕西历史博物馆藏

此器用莹洁的水晶碾磨而成，光亮澄澈，具有玻璃般的透明度，故有“玻璃羽觞”之称。通体光素，器形呈八曲莲瓣形，每曲凹凸分明，蕴含一种朴素美，犹如一朵绽开的莲花，洁白高雅，惹人喜爱。(李国珍 / 文)

二七 玛瑙椭圆形杯 唐

高 6.6 厘米 长 13.5 厘米

1970 年陕西省西安市南郊何家村出土 / 陕西历史博物馆藏

此杯通体为深褐色，中夹有其他颜色的纹理，纹路自然，似行云流水。光润剔透，五彩斑斓。羽觞为古代的一种酒器，椭圆形，深腹，有耳，亦称耳杯。此器形似羽觞但是无耳，其用途为研药用具。(李国珍 / 文)

二八 玛瑙钵 唐

高 7.5 厘米 口径 13.5 厘米

1955 年陕西省西安市南郊沙坡砖厂出土

西安市文物局藏

敞口，深腹，圆底。深红褐色与白色相间，呈缠丝状，其造型为常见的钵形，可能为医药用品，形制简单，但纹理弯曲多变，层次分明，色泽鲜润，给人以无穷的艺术遐想。

此钵的质地和色泽与西安市南郊何家村出土的唐代玛瑙羚羊首杯为同料所制，魏文帝曾说过，玛瑙出自西域，纹理交错。此钵也应属外来品。唐开元十七年（729 年）吐蕃的赞普曾向唐朝统治者赠送金胡瓶、玛瑙杯等。由此可知玛瑙器属于珍贵礼品，该钵为研究唐代中外文化交流提供了实物资料。(王长启 / 文)

二九 玛瑙羚羊首杯 唐

长 15.5 厘米 口径 5.9 厘米

1970 年陕西省西安市南郊何家村出土

陕西历史博物馆藏

此杯选用稀世的红色玛瑙雕琢而成，在深红色中夹糅淡红、乳白色，质地莹润，流光溢彩。器体采用角杯造型，杯身下端，雕出生动的羚羊首，羊眼圆睁高凸，嘴鼻部另镶金饰，双耳自然贴于脑后，羊角弯曲连接杯口，杯口饰双圈凸弦纹。整个器形似一横置牛角，又如一羚羊平卧，巧致而稳重，集实用与欣赏于一身，不仅是何家村唐窖藏中的精华，也是唐代玉制品中的绝美之作。（李国珍 / 文）

三〇 青玉人物图椭圆杯 唐

高 4.8 厘米 口长 14.9 厘米 宽 8.5 厘米 / 故宫博物院藏

玉料呈青白色，局部有浅黄色斑沁，体呈椭圆形。用阴线单刻六人，人物手中各持器物，似在做器乐表演。杯底勾刻朵云纹及细线。

此杯为唐代具有代表性的三器作品，是兴起于战国，一直沿续至魏晋南北朝的耳杯，而魏晋时又称之为“羽觞”，以至于发展到后来无耳圆形杯的过渡形器。（宋海洋 / 文）

三一 青玉云纹单把杯 唐
高 5.7 厘米 宽 19.9 厘米
故宫博物院藏

玉为青白色，局部有黄褐色斑沁。杯通体浅浮雕云形纹，平底无足，杯口为椭圆形，杯把浅浮雕镂空朵云状纹饰，杯内凹进，光素无纹。这类玉杯仅此一件，它的浅浮雕雕刻方法，与唐代盛行石碑中的浅浮雕朵云纹相同。（宋海洋 / 文）

三二 青玉单耳椭圆花形杯 唐
高 4.3 厘米 长 17.6 厘米 宽 12.2 厘米
故宫博物院藏

青玉，有瑕斑及褐色沁。洗口为海棠式，扁腹，腹内有凸起的两道棱线，将其分为三瓣瓜棱形，口沿一侧为一扁片形柄，柄中部有一孔，无足。（张广文 / 文）

三三 白玉单耳椭圆杯 唐
高 3.1 厘米 口径长 6.9 厘米 宽 5 厘米 足径长 4.4 厘米 宽 2.7 厘米 / 故宫博物院藏

白玉、微带褐斑。椭圆形，直口，腹下部内收，椭圆圈足，通体光素无纹。单环形杯耳，耳上部饰花瓣纹。这件玉杯碾琢精致，壁较薄，表面平滑，光泽细润，表现出较高的加工技术。（张广文 / 文）

三四 白玉莲花杯 唐

高 6.5 厘米 口径 7.9 厘米 足径 4.45 厘米

故宫博物院藏

玉质有横向裂，赭色沁。圆口，圈撇足，口外沿阴刻圈纹和阴刻线各一周，腹部隐起双层莲花瓣，外底中心稍内凹。为清宫陈设中唐代珍贵遗物。（张寿山 / 文）

三五 青玉镂空鸳鸯鎏委角方粉盒 唐

长 4.5 厘米 宽 3.5 厘米 /1969 年陕西省西安市曲江池公社出土 / 西安市文物局藏

青玉泛黄，方形寇角，盖底相同，有子母扣，纹饰也相同，正面刻一莲花，枝叶环绕，外有凸起寇角正方形边框，框边外饰串枝叶，盒顶有一对鸳鸯嬉游，个体虽小，但雕工精细，眼、喙、翅、尾皆清晰可见。从整体看，构思极为巧妙，鸳鸯下面的方盒，刻折枝牡丹花一朵，以象征春暖花开、生意盎然。工匠采用立体雕透雕及浅雕多种治玉工艺，玲珑剔透，生动可爱，是一件实用性与艺术性融为一体的完美工艺品。（王长启 / 文）

三六 青玉立人 唐

高 4.6 厘米 宽 2.1 厘米 厚 0.8 厘米

故宫博物院藏

青玉，黑色片状沁。圆雕立人。目平视，发上拢，头顶方巾，穿交领长袍，腰际悬一带，袖合于腹前，双手隐于长袖之后，领口及袖口饰斜短线纹。（张广文 / 文）

三七 青玉人骑象 唐

高 5.5 厘米 长 7.3 厘米

故宫博物院藏

玉呈青白色，局部有黄色浸斑。体呈长方形。雕刻一跪式象，上有一人，身着窄袖束腰长袍，足蹬长筒马靴，双腿盘姿，侧坐于象背，左手放在膝上，右手举至脑后，形态自然生动，极富生活气息。（宋海洋 / 文）

三八 青玉卧鹿 唐

高 2.8 厘米 长 4.4 厘米 宽 1.8 厘米

故宫博物院藏

玉无杂质，局部有皮色。圆雕，下部雕一周玉片以示土地，鹿卧于地上，身旁有灵芝一株，昂首，闭口，目视前方，四肢屈于腹下，肌体丰满，纹理清楚。利用玉皮巧琢珍珠盘式双角和尾后灵芝，四肢及头部有阴刻毛纹。背中部至腹部有一圆孔，可穿系。为小型陈设，亦可做镇纸或笔架。（张寿山 / 文）

三九 白玉兔 隋

高 2 厘米 长 2.7 厘米

1957 年陕西省西安市李静训墓出土 / 中国国家博物馆藏

玉料呈白色。圆雕。兽昂首，双目前视，尖口，大耳，后有短尾，腰臀部丰满圆滑，四肢弯曲，伏卧在地，似兔形。腹部横穿一孔，可供穿系。（马宽 / 文）

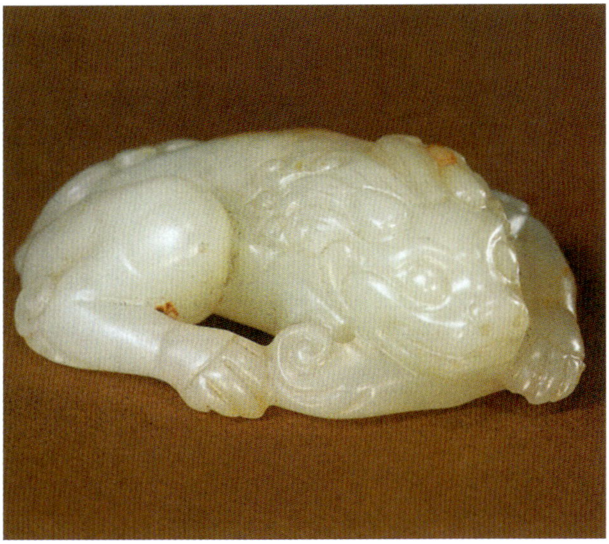

四〇 白玉狻猊 唐

长 5.8 厘米 高 2 厘米

故宫博物院藏

玉为青白色，局部有浅黄色斑点。此器浅浮雕卧状狻猊。鼻子突出，两眼炯炯有神，毛发后披，一前腿置于嘴旁，嘴底衬一朵浮云。狻猊，又称狻麑，合声为狮。古书有记载，此动物平生好坐，今佛座狮子即为其形象。由此可知狻猊是异兽之一。（宋海洋 / 文）

四一 白玉蹲狮 唐

高 3.1 厘米 长 5 厘米 宽 2 厘米

故宫博物院藏

头较圆，短颊，大嘴，双耳内卷，卧伏状，胸前挂一小铃，弓背，四肢屈于腹下，短尾，尾端三歧，两歧卷向两侧，中间一绺较粗大，贴于背部，狮的造型有六朝辟邪之遗风，但头、尾的雕法不同于六朝作品，而为唐代风格。目前唐代玉狮发现甚少，因而十分珍贵。（张广文 / 文）

四三 青玉猪 唐

长 5 厘米

广东省韶关地区罗源洞张九龄墓出土

广东省博物馆藏

玉料呈青白色。立雕，体圆，作伏卧状。以阴线刻猪耳、目、足和尾。

四二 青玉龙首 唐

长 18 厘米 宽 7.5 厘米 高 10.2 厘米

1977 年陕西省西安市南郊曲江池村出土 / 西安市文物局藏

青玉龙首，巨目宽眉，高鼻长嘴，头顶生双长角，耳后抿，嘴后三撮长须，以长方形体势雕刻，顶部有一小孔，底部有凹槽，用于镶嵌在器物上起固定作用。外轮廓方整，细部以粗线勾勒各部位，流畅准确，劲健有力，那欲吼吞噬的神态．给人一种威慑的感觉。（王长启 / 文）

四四 青玉鹰首饰件 唐

长 11 厘米 宽 6 厘米 /1980 年陕西省西安市唐大明宫遗址出土 / 西安市文物局藏

青玉。鹰首体方，突目尖喙，喙部两侧有圆孔，圆孔的后向有长直线。长喙上有两突起的小乳丁为鼻孔，头后有一束束的羽毛卷曲，顶面上有 5 个圆孔，前 4 个孔可能是用于安耳冠饰件的，后一个孔是作固体安装销钉用。背面为大圆孔，是固定在器物上用。雕刻简练，线条粗犷有力，仅在方形体玉轮廓上加工雕出尖喙、利目和数根羽毛，就把鹰的凶猛形象刻画出来。（王长启 / 文）

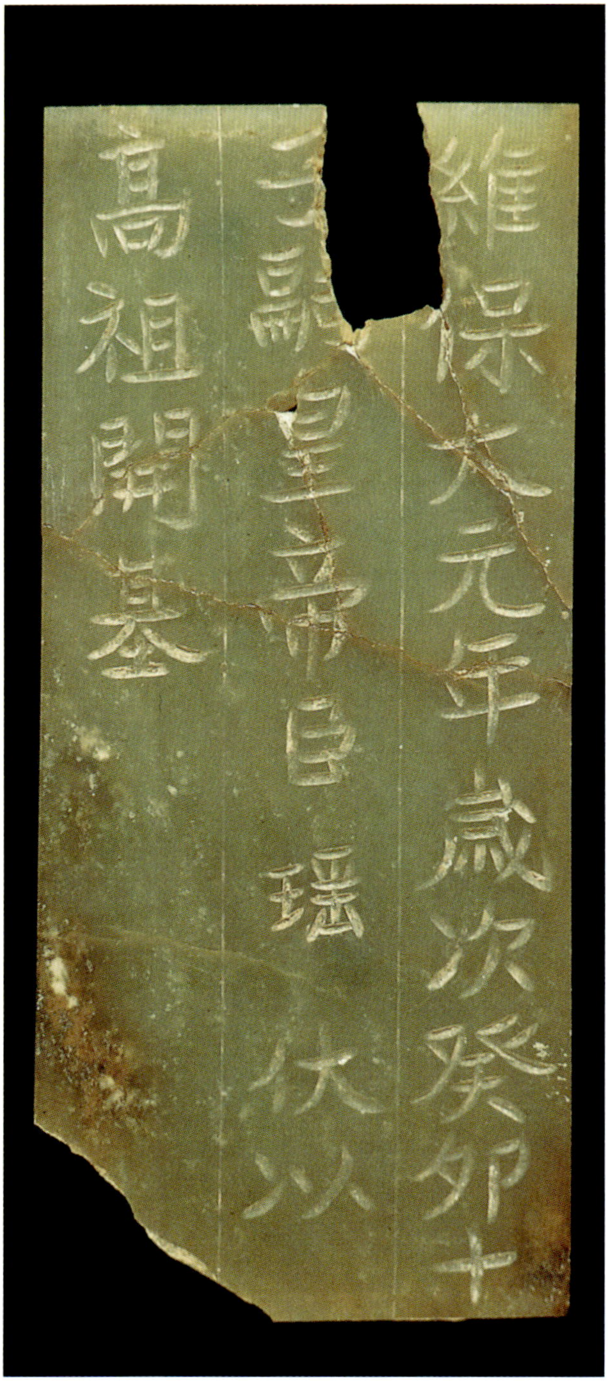

四五 青玉哀册 五代

长 16 厘米 宽 7 厘米 厚 0.3 厘米

1950 年江苏省江宁市祖堂山南唐李昪墓出土 / 南京博物院藏

用和田青玉制成，由 42 片组成一册。每片皆为长方形，精磨抛光。正面刻楷书文字，多则 3 行，少则 1 行，字内填金。背面刻有编号。此“上一”片，刻“维保大元年，岁次癸卯，十子嗣皇帝臣瑶，伏以高祖开基”3 行 22 字。

玉哀册书悼念、赞颂帝王的文辞。此册出土于南唐李昪钦陵中。（苏琼 / 文）

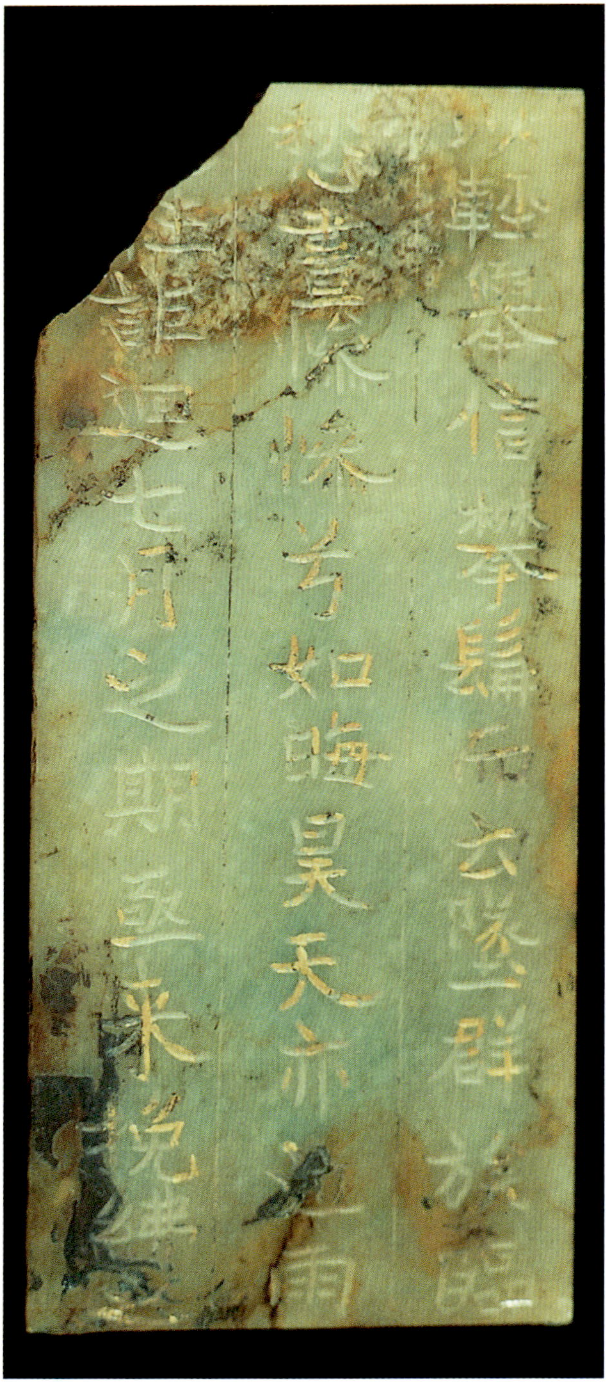

四六 青玉哀册 五代

长 16 厘米 宽 6.9 厘米 厚 0.3 厘米

1950 年 10 月江苏省江宁市祖堂山李昪墓出土 / 南京博物院藏

呈长方形，由硬度较大的浅绿色玉制成，正面刻有 3 行楷书，37 字，字内填金，部分脱落，左上角有缺，背面刻有编号“十七”。正面文字：

“以轻举信攀髯而云坠群族临

愁昼惨惨号如晦昊天亦泣雨

□□讵回七月之期亟来挽绋之”。（冯少华 / 文）

四七 青玉哀册 五代

长 16 厘米 宽 6.9 厘米 厚 0.3 厘米

1950 年 10 月江苏省江宁市祖堂山李昪墓出土 / 南京博物院藏

呈长方形，由硬度较大的浅绿色玉制成，正面刻有 3 行楷书，34 字，字内填金，部分脱落，玉片完整，文字是：

“动不我始貔貅匝野以雾合駿

爵以贵网罗俊彦散金以饵

明视虽刍荛不弃旌逆鳞之”

背面刻有编号“八”。（冯少华 / 文）

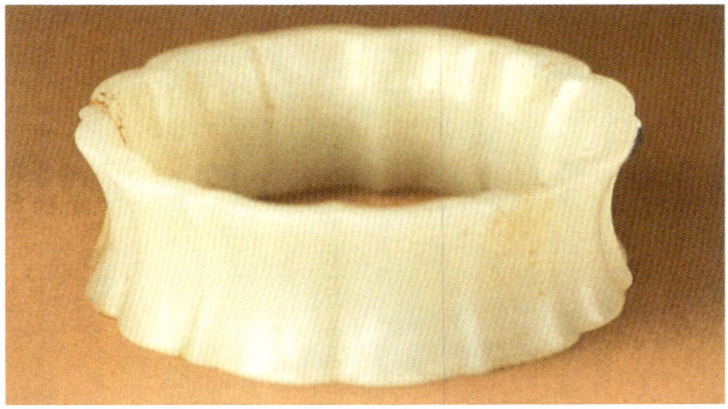

四八 白玉莲花形环 唐

高 2.1 厘米 直径 8.1 厘米 / 天津博物馆藏

体呈内外六瓣莲花形，束腰。刻线刚劲有力。（尤仁德 / 文 李国强 / 摄影）

四九 白玉蕃人进宝带板 唐

长 5.6 厘米 宽 6.2 厘米 厚 0.9 厘米 / 故宫博物院藏

此带板白润，局部有沁斑，呈扁平方长体。浅浮雕一波斯人单腿跪式，双手捧起宝珠盘，作进献状，人物造型准确生动。（宋海洋 / 文）

五〇 白玉蕃人执凤头壶带板 唐

长 6.6 厘米 宽 6.2 厘米 厚 0.9 厘米 / 故宫博物院藏

玉呈白色，为新疆和田玉。器呈扁平的正方形。正面用高浮雕加细密的阴线雕刻出一波斯人盘腿而坐，人物特征鲜明，卷发，高鼻梁，浓眉大眼，身着紧身衣裤，脚蹬长筒马靴，肩披飘带，手执凤头壶，神态自然。背面四角各有两处穿孔，与革带结扎之用。

此器从一个侧面反映出唐代中外友好往来的盛景。（宋海洋 / 文）

五一 青玉弹琵琶胡人带銙 唐

长 3.5 厘米 宽 3 厘米

西安市文物局藏

雕一身着窄袖衣，脚蹬长靴胡人，佩长带，跪坐茵褥上，双手持琵琶演奏。起底雕刻，突出人物。（王长启 / 文）

五二 青玉执凤头壶胡人带銙 唐

长 3.5 厘米 宽 3.2 厘米

1981 年陕西省西安市东郊韩森寨唐墓出土 / 西安市文物局藏

青玉，面刻胡人，双手抱凤头壶，盘腿坐于茵褥上，长带由两侧向上飘动。背面四角各有一对孔。（王长启 / 文）

五三

五四

五五

五三 五四 五五 白玉胡人带銙 唐

边长均为 5 厘米 /1989 年陕西省西安市枣园唐墓出土 西安市文物局藏

白玉带板，均为胡人纹饰，长发卷曲，大眼高鼻，着窄袖衣，蹬高筒靴，跪坐在茵褥上，双手捧物，两侧有飘带，形态各异。雕刻手法为压地隐起，周边下凹，突出人物纹饰，在凸起的纹样上，再以阴线勾勒细部，其人物、衣服、飘带、茵褥用平行的短线刻画装饰。人物形象生动，有浓厚的西域风格。由于唐初期玉带在产地于阗制作，故多带有当地风格。（王长启 / 文）

五六 白玉乐舞胡人铊尾 唐

长 10.3 厘米 宽 5.1 厘米 /1981 年陕西省咸阳市昭陵附近出土 / 西安市文物局藏

白玉。器长方形，圆首，面为压地刻舞人，又以阴刻细线勾勒人物各部位及服饰。胡人长发卷曲，身着圆领窄袖长袍，腰系带，身披长飘带，脚蹬长靴，在茵褥上跳舞。背面四角有四对孔，另一半下凹，凹地平有一对孔。（王长启 / 文）

五七 白玉持杯胡人铊尾 唐

长 4.8 厘米 宽 3.8 厘米 /1989 年陕西省西安市西郊枣园村唐墓出土 / 西安市文物局藏

白玉，面刻一胡人，长发卷曲，大肚，盘腿坐于茵褥上，背靠一大坛，左手置于坛上，右手捧杯。形象生动准确。（王长启 / 文）

五八 青玉献宝胡人带銙 唐

长 5.2 厘米 宽 5 厘米 /1980 年陕西省西安市韩森寨唐墓出土 / 西安市文物局藏

青玉质方形，正面起底，用浅浮雕加细密的阴线纹刻胡人，其人长发中分、大眼高鼻，身穿圆领窄袖袍，脚蹬尖鞋，双手抱物，跪坐在圆形茵褥上，两端有飘带，其人物与飘带上又以阴线勾勒细部，如人物面部，衣服与飘带上的纹饰，形象生动。背面四个角各有对孔。（王长启 / 文）

五九 白玉吹笙人带銙 唐

长 4.9 厘米 宽 4.6 厘米 /1981 年陕西省西安市郭家滩出土 西安市文物局藏

白玉，正方形，面为起底刻，奏乐人，用“阴刻细线”勾勒细部，其发分梳两髻。双手捧笙吹奏，盘腿坐在圆形地毯上，身系飘带。（王长启 / 文）

六〇 白玉蕃人吹奏带板 唐

长 4.1 厘米 宽 4.1 厘米 厚 1 厘米

故宫博物院藏

此带板为扁平正方体，玉质白润，局部有黄褐色沁斑。四边凸起，中减地并浅浮雕加阴线琢刻一少数民族人物，席地盘腿而坐，双手置于嘴前，似在吹奏某种乐器，双目紧闭，神情非常投入。衣纹及身披的飘带，以阴刻线表现，风格简单、随意、朴实。（宋海洋 / 文）

六一 白玉蕃人击鼓带板 唐

长 4.5 厘米 宽 4.5 厘米 厚 1 厘米

故宫博物院藏

玉为白色，局部有黄褐色斑浸，体呈扁平正方体。浅浮雕加细密的阴线纹琢刻一胡人，身着紧衣肥裤，脚蹬长靴，席地而坐。右手持棒，怀抱圆形瓜状鼓。纹饰注重阴线琢刻，风格简单粗犷。（宋海洋 / 文）

六二 白玉蕃人进宝珠带板 唐

长 6.6 厘米 宽 6.2 厘米 厚 0.9 厘米 / 故宫博物院藏

玉料为新疆和阗产白玉，色白无瑕，体呈扁平正方形。带板正面浅浮雕加饰细密的阴线纹，画面为一阿拉伯人，双手托起一放有宝珠的圆盘，呈跪蹲献宝的姿态，人物面部雕刻生动活泼。

带板背后四角有两个对穿小孔，与革带结扎加固之用。此图案的带板，在唐代非常盛行，这是唐代与各国文化交流和友好往来的附助资料。（宋海洋 / 文）

六三 白玉弹琵琶人带板 唐
长 3.8 厘米 宽 3.5 厘米 厚 0.8 厘米
故宫博物院藏

此带板为扁平长方体，局部沁斑较重。四边凸起，中间浅浮雕一女子盘腿跪姿，怀抱琵琶正在弹奏。神情喜悦，面部丰满，具有唐代仕女的典型特征。仕女的衣纹、琵琶的琴弦，用阴线法琢刻，自然随意。（宋海洋 / 文）

六四 白玉嵌金佩 唐
高 4.5 厘米 底边长 4.8 厘米
1980 年陕西省西安市北郊孙家湾唐大明宫遗址内出土 / 西安市文物局藏

牌形饰，近三角形，底平，顶尖有一小孔，两腰为三连弧形，面上镶金形勾连云饰，纹饰纤细规整，在白玉衬托下，显得富丽堂皇。此为宫廷用品饰件。玉嵌金银制品始于战国秦汉，到唐代更为发展，该佩虽是小件，却反映出唐朝嵌金银工艺的水平。（王长启 / 文）

六五 青玉执翎扇人铊尾 唐
长 10.5 厘米 宽 5.3 厘米
天津博物馆藏

长方且下部边缘呈弧形，系带板之铊尾。正面浮雕并细线刻站式道人，长衫，右手持翎扇，右脚旁一鹿头上有二云朵。背面有 5 组穿带孔。（尤仁德 / 文 李国强 / 摄影）

六六 青玉龙首饰 宋
长 17.4 厘米 宽 9.8 厘米
天津博物馆藏

龙首有双曲角，眉毛上飘，圆突眼，上卷鼻，张口，脑后披鬣，颈部有鳞纹。颈部内空，其壁有 6 个穿孔。（尤仁德 / 文 李国强 / 摄影）

六七 青玉云雁纹铊尾 北宋

长 4.7 厘米 宽 2.1 厘米 高 0.9 厘米

1969 年河北省定县（今定州市）静志寺塔基地宫出土河北省定州市定瓷博物馆藏

质地莹润，一端略呈弧形，一端呈方形，并向内凹进长 1 厘米、宽 0.25 厘米的空间。玉饰正面浮雕一展翅大雁飞于云朵之间，雁体肥壮，雁身和翅用细线勾勒，吻细长，引颈作长鸣状，造型精美。呈方形的一端背面有两小圆孔。（贾敏峰 / 文 张惠 / 摄影）

六八 白玉云雁纹饰 宋

长 3.5 厘米 宽 3.5 厘米 /1981 年陕西省西安市长安区韦曲出土 / 西安市文物局藏

白玉，有土沁斑。椭圆形牌，浅浮雕鸿雁，长喙圆目，长颈展翅，在云间飞翔，斜刀刻云朵。牌饰虽小，但雕工精巧，鸿雁周围斜刀碾琢，突出鸿雁，身上的羽毛简单概括，质感很强。结构、动态的表现准确、自然。周围云朵衬托出鸿雁翱翔长空，生动真实。（王长启 / 文）

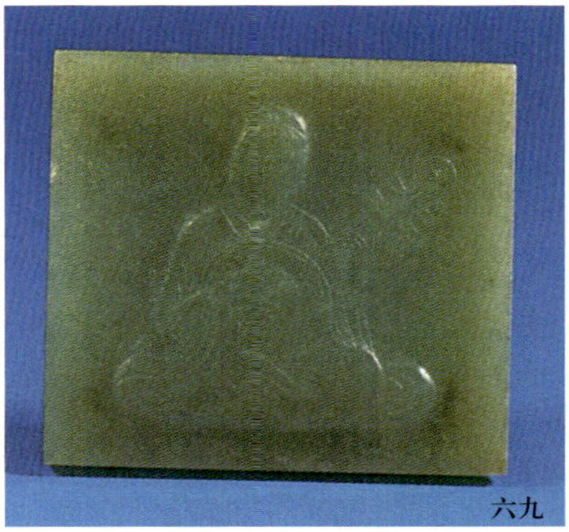
六九

七〇

七一

七二

七三

七四

七五

七六

六九至七六 青玉池面人物带銙 南宋

长 5.1 厘米 宽 4.6 厘米 厚 0.5 厘米

1956 年江西省上饶市茶山寺宋赵仲湮墓出土

江西省博物馆藏

池面人物带銙为从方组成，每方浮雕一人，刻画清晰，制作精细，五官清秀，头结发髻，身穿交领大袖长袍，一人双手捧阮咸琵琶，盘足打坐作弹奏状。一人席地而坐，双手捧一盂，盂内盛物。一人一手搁于腹部，一手捧碗，盘足打坐，作饮茶谈话状。一人盘足打坐，双手捧一果盘，盘中盛寿桃。一人两手摆胸前，盘足打坐作谈话状。一人盘足打坐，手持排箫，作吹奏状。一为长髯老者，盘足打坐，一手搁于胸部，一手捧碗作饮茶状。一为长髯老者，头结发髻，背有包袱，胸前垂一大带，手执一烛状物，作行走状。

人物比例适度，衣纹衣褶线条柔和流畅，刻画制作精巧。（王玉兰 / 文）

七七 玉人物带板 宋

长 6.5 厘米 宽 4.7 厘米 厚 1.2 厘米

故宫博物院藏

玉料经火烧过变黑，局部有鸡骨白色及铁沁斑痕。体扁平呈长方形。四边有框架，中间浮雕一圆圈，圈内浮雕一道人身穿宽松肥大的长袍，盘腿席地而坐，长袍垂地把腿盖住。道人一手持法器，另一手举起，呈读经姿态。道人头顶正上方凸起一圆点。（宋海洋 / 文）

七八 玉人物带板 宋

长 6.5 厘米 宽 4.7 厘米 厚 1.2 厘米

故宫博物院藏

玉料经火烧后变黑，局部有鸡骨白色斑沁。体扁平呈长方形。通体浅浮雕一道人身穿长袍，盘腿席地而坐，长袍垂地把腿盖住，一手持法器，另一手举起，呈读经姿态，外有一浮雕圆圈。四边有凸起框架。（宋海洋 / 文）

七九 白玉镂空云龙带环 宋

高 7.9 厘米 宽 6.7 厘米 厚 1.8 厘米 / 故宫博物院藏

两件为一副，所雕云龙方向相反。皆为白玉，圆形，片状，周缘饰 20 连珠纹，中部镂雕云龙。龙为丹凤眼，上唇长而尖，角短弯至脑后，鬣前冲，颈细长，腹部有节状纹。四足，足四趾，左上肢持一火珠，带饰两侧横贯一扁孔，可穿带，下部有一扁环，以悬挂其他饰件。（张广文 / 文）

八〇 白玉龙纹带环 宋

长 9.1 厘米 宽 5.2 厘米 厚 1.8 厘米

故宫博物院藏

玉呈白色。俯视略似圭形，上弧弯，下有一环。通体镂雕海水云龙戏珠纹饰，周边饰联串的环珠。背部呈长方形圈环，圈面磨平光素，中间凹进，两侧对穿长方形孔，可供腰带穿插之用。（宋海洋 / 文）

八一 青玉镂空折枝花佩 北宋

残长 7.3 厘米 宽 6.5 厘米

1974 年北京市房山区长沟峪石椁墓出土／首都博物馆藏

青玉质。通体镂空一折枝阔叶八瓣花形，器有镂空孔，可供佩，亦可为嵌饰。折枝花枝繁叶茂，琢磨精致。

八二 青玉镂空竹枝佩 北宋

长 6 厘米 宽 5 厘米

1974 年北京市房山区长沟峪石椁墓出土

首都博物馆藏

玉料呈青白色。镂雕一折断并盘卷在一起的竹枝，于一节间雕出 3 片竹叶，形态逼真。此器通体镂空，可系佩，是迄今所知最早以竹为饰的玉器。

八三 青玉双鹤衔芝佩 北宋

高 6 厘米 横宽 8.2 厘米 厚 0.6 厘米

1974 年北京市房山区长沟峪石椁墓出土／首都博物馆藏

青玉质。体扁，略作椭圆形，以镂雕加阴刻线纹制成一对飞鹤。鹤口衔卷草，嘴尖相对，两腿合并且交叉在一起，比翼齐飞，作对称状。饰件正中顶部有镂空的穿孔。

八四 青玉镂空折枝花锁 北宋

直径 7.2 厘米至 9 厘米

1974 年北京市房山县长沟峪石椁墓出土／首都博物馆藏

玉料呈青色。体扁，略作椭圆形，器以镂空加线刻制成两朵折枝八瓣花缠绕交接状。对称平衡，雕镂精巧，为迄今所知最早、最精美的以折枝花组合而成的玉器之一。

八五 青白玉镂空双鹤衔芝佩 宋

长 8.9 厘米 宽 4.6 厘米 厚 0.7 厘米

故宫博物院藏

玉呈青白色，局部有浅褐色斑沁。体扁平。通体镂空透雕加细密的阴刻线纹的双鹤站立在花丛上，嘴嘴相对，共衔一环，作展翅飞舞状。双鹤嘴间的圆环应为佩系之用。（宋海洋 / 文）

八六 白玉镂雕飞鸟衔花佩 宋

长 4.5 厘米 宽 4.6 厘米 /1977 年陕西省西安市南郊曲江池出土 / 西安市文物局藏

白玉质细润。镂空雕一飞鸟展翅，口衔花草，头上花朵盛开，长尾上飘。用阴线刻画羽毛和叶脉，层次明显，质感强。构思巧妙，治玉技艺高超。凤戏牡丹，象征美满和睦、团圆幸福。佩饰玲珑剔透，生动可爱，具有浓厚的生活气息。（王长启 / 文）

八七 白玉镂空孔雀佩 宋

高 4.5 厘米 宽 7.2 厘米 厚 0.6 厘米 / 故宫博物院藏

玉料呈青白色，局部有褐色斑痕。体扁平，呈半圆形。通体镂空透雕，飞鸟口衔花枝，双翼张开，头向侧斜，整体饱满并疏密有致。此佩造型与章法深受宋代画院风格影响，具有典型的宋代特征。（宋海洋 / 文）

八八 白玉镂空牵牛花佩 宋

长7.3厘米 宽4厘米 厚1.8厘米

故宫博物院藏

玉质满黄沁。圆雕，两面琢。折枝形，以透雕法分出梗、叶、花蕾和花朵。深挖阴琢叶脉纹，凸雕花萼、花蕾。布局合理，设计精巧。为宋代造型生动的佩饰或嵌件。（张寿山/文）

八九 青玉镂空凌霄花佩 宋

直径6.5厘米/故宫博物院藏

玉料为青白色，局部有黄色玉皮。体呈扁圆形。通体镂雕一折枝阔叶的凌霄花，花叶饰以细密的阴线纹，琢磨精细。

此器背部为一圆环，两侧各有穿孔两个，可作佩或为嵌饰之用。（宋海洋/文）

九〇 白玉镂空樱桃佩 宋

长7.7厘米 宽5.2厘米 厚0.7厘米

故宫博物院藏

白玉，微有赭色沁。镂雕折枝樱桃，枝上有叶数片，叶之边缘如锯齿，阴线雕叶脉，叶下有樱桃5颗。佩的一端有7孔，可穿带悬挂。镂雕花、鸟、瓜、果的玉佩在宋、辽、金时大量出现，造型简练、雕琢圆润。（张广文/文）

九一 青玉鱼佩 宋

高3.5厘米 宽6.5厘米 厚0.7厘米/故宫博物院藏

青玉，微有土黄色沁。片状，头较小，身向后屈，无鳞。短尾分向两侧，其上有细长的阴线。尾与鳍边缘似锯齿。鱼衔一荷叶，荷叶茎上连有茨菇。鱼腹有一横穿孔，与一上下直穿孔相通。（张广文/文）

九二 白玉镂空竹芝蟠龙佩 宋
长7厘米 宽3.3厘米 厚1厘米
故宫博物院藏

白玉，留有皮色。片状，镂雕一龙穿行于竹丛间，龙上唇较长，圆眼长眉，脑后长鬣随风飘拂，颈细，前肢粗壮有力，足似拳，5爪，佩中部有竹叶数个。龙身细长无鳞，蜷曲于竹叶之后，尾端盘踞于竹叶上，龙尾上端有数朵灵芝式云飘浮。

宋以后，工艺品及玉器中大量出现龙纹，但多与云纹相伴，或为龙穿牡丹，而龙穿竹叶玉佩题材新颖，极为少见。（杨捷 / 文）

九三 白玉瓜坠 宋
长 6.4 厘米 宽 5 厘米 厚 2 厘米
故宫博物院藏

白玉，赭色沁。片状，一面琢瓜叶及瓜 3 个，瓜叶居中，叶上方有瓜两个，下方一个。瓜椭圆，瓜纹、叶脉清晰可见。瓜蔓集一束于左侧，并镂雕一孔，可系挂。另一面较平，琢瓜、瓜叶、瓜蒂等。

以瓜果做佩、坠是宋代玉器中出现的新题材，这类作品既扩大了玉佩的题材，又表现出较浓的生活气息。这种瓜型坠可作玉佩佩戴，也可系于器柄作坠。雕琢圆润，造型浑厚，是宋代玉雕精品。（杨捷 / 文）

九四 水晶项链 北宋
周长 55 厘米
1969 年河北省定县（今定州市）静志寺塔基地宫出土 河北省 定州市博物馆藏

项饰由 90 粒水晶珠组成。晶莹透亮，制作精美，为信徒施舍之物。（刘福珍 / 文 郑名桢 / 摄影）

九五 青白玉环 北宋
外径 7.3 厘米 内径 3.2 厘米 厚 0.45 厘米
1969 年河北省定县（今定州市）静志寺塔基地宫出土
河北省 定州市博物馆藏

玉环呈青白色，有云母片杂质。体扁圆，通体磨光，质朴无纹。（赵振尧 / 文 郑名桢 / 摄影）

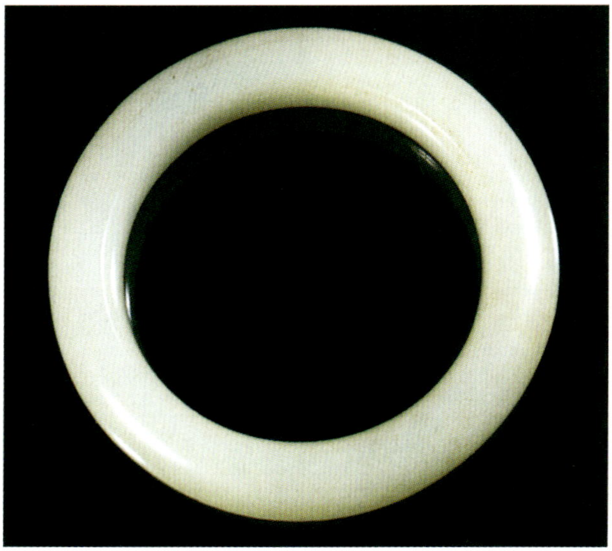

九六 青玉镯 北宋
外径 9.5 厘米 内径 6.7 厘米 厚 2 厘米
1969 年河北省定县（今定州市）静志寺塔基地宫出土
河北省 定州市博物馆藏

青玉制成，玉质莹润。圆环形，素面，内平外圆。造型规整，为北宋装饰之佳品。（孙彦平 / 文 郑名桢 / 摄影）

九七 白玉发冠 宋

冠高 6.5 厘米 长 9.5 厘米 宽 6 厘米 簪长 10.5 厘米

1971 年江苏省苏州市吴中区金山出土

南京博物院藏

冠以羊脂玉雕琢，色白，里微泛灰，玉质温润淳厚。前后左右四面各雕重叠的莲花瓣。顶部中两片莲瓣前后舒卷接合，自然形成冠顶。左右两侧大方中央，各穿凿一圆孔，供簪插入。

簪，碧玉制作，呈圆锥形，质地温润纯净，色泽澄碧。尾端稍作折曲，并琢饰出蘑菇状圆帽。（刘惠英 / 文）

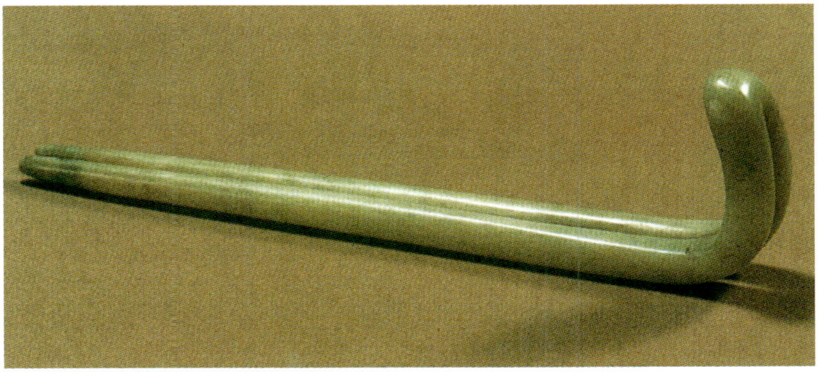

九八 青玉双股钗 北宋

长 15 厘米 宽 1.7 厘米

1974 年北京市房山区长沟峪石椁墓出土

首都博物馆藏

玉料呈青色，局部有褐色浸蚀。体作两股平行的圆柱形，一端尖，一端弯曲并相连。

九九 青白玉孔雀形钗 北宋

高 3 厘米 长 6 厘米 宽 2.2 厘米

1974 年北京市房山区长沟峪石椁墓出土

首都博物馆藏

玉料呈青白色。器上部立雕一长颈、展翅、顶有高冠、缩头弯颈的孔雀，足下延伸一弯曲的尖钗，供插戴。

一〇〇 **水晶孔雀 北宋**

雄孔雀长 7 厘米 雌孔雀长 6.6 厘米

1969 年河北省定县（今定州市）静志寺塔基地宫出土 / 河北省 定州市博物馆藏

水晶，质地晶莹，雌雄两只孔雀，均为 4 片水晶雕琢编缀而成。雌孔雀冠如粟粒直立在头顶，缩颈低首向下观望。雄孔雀冠如一朵鸡冠花嵌在头顶，曲项昂首，双翅翻飞，情意盎然，妙趣横生，充分显示了工匠的卓越技艺。（刘福珍 贾敏峰 / 文 郑名桢 / 摄影）

一〇一 **金扣玛瑙碗 宋**

高 5.9 厘米 口径 13.2 厘米

1972 年安徽省来安县相官乡宋墓出土

安徽博物院藏

体圆，直口，腹下收，平底，镶金口。此器造型古朴大方，未加雕琢，而以玛瑙的自然纹理取胜，是宋代珍贵艺术品。（苏芸 / 文 杨瑞玖 / 摄影）

一〇二 **青玉素碗 南宋**

高 5.8 厘米 口径 10.2 厘米

1952 年安徽省休宁县朱晞颜夫妇合葬墓出土

安徽博物院藏

玉呈青灰色，局部有淡黄色沁斑。体圆，撇口，深腹，圈足。通体光素无文。（苏芸 / 文 杨瑞玖 / 摄影）

一〇三 **玛瑙环耳杯 南宋**

高 2.5 厘米 口径 9.8 厘米

1952 年安徽省休宁县朱晞颜夫妇合葬墓出土 / 安徽博物院藏

体圆，大口，浅腹，平底。口沿一侧雕一新月形耳，耳下镂雕一环形柄。此器壁极薄，无繁缛之饰，使玛瑙的自然纹理得到充分展现，是一件精美的艺术品。（苏芸 / 文 杨瑞玖 / 摄影）

一〇四 青玉兽面纹卣 南宋

高 6.4 厘米 口径 3.2 厘米至 3 厘米 /1952 年安徽省休宁县朱晞颜夫妇合葬墓出土 / 安徽博物院藏

玉料呈青灰色，局部有黄褐色沁斑。体扁圆，直颈，宽腹，圈足，缺盖。颈两侧饰对称的方形龙耳，并有一圆穿。耳下各雕一昂首蜷曲的螭龙。颈正背两面琢回纹凸脊，脊两边饰阴线龙纹，腹下部为剔地兽面纹。

宋代仿古彝器盛极，此器制作规整，纹饰精美，为南宋时期仿古玉器中的代表作。（苏芸 / 文 杨瑞玖 / 摄影）

一〇五 白玉双鸟纹盒 北宋

长 5.2 厘米 高 1.6 厘米

1969 年河北省定县（今定州市）静志寺塔基地宫出土

河北省 定州市博物馆藏

盒上盖阳面浮雕双凤，展翅衔一大花篮，做工细腻；盒下部底面阴刻“千秋万岁”，线条古朴有力。盒呈椭圆体，下侧面微向里凹。（赵振尧 / 文 郑名桢 / 摄影）

一〇六 白玉夔龙柄葵花式碗 宋

高 7.3 厘米 口径 14 厘米 足径 7 厘米

故宫博物院藏

玉质有赭色沁斑点。仿金银器碾琢，葵花式龙柄碗。腹鼓，六瓣花形口、足。口沿弦纹，其下阴刻颠倒山形纹和变形 T 形纹各一周。腹部花瓣式 6 个开光，开光内饰回纹衬底，隐起姿态各异的夔龙纹，四角各雕夔龙，有五子登科意。外壁镂雕一龙，龙爪扶于口沿，尾贴碗壁，呈向上徐爬状。腹底部饰莲瓣纹一周。为宋代传世珍品。（张寿山 / 文）

一〇七 青玉兽耳云龙纹炉 宋

高 7.9 厘米 口径 12.8 厘米 / 故宫博物院藏

玉呈青灰色，曾经火灼烧。体呈圆形，口外撇，圈足。镂雕龙首双耳，在满饰工字形纹地上，浮雕一动感极强的升龙，下衬水波纹，旁饰朵云纹。正背两面纹饰相同。炉内底部阴刻清高宗弘历御题诗一首。（宋海洋 / 文）

一〇八 玛瑙带托葵花式碗 宋
通高 9.5 厘米 口径 15.3 厘米 碗高 5 厘米 托高 5 厘米
故宫博物院藏

碗为花玛瑙，八瓣葵瓣式。小圈足，足内篆“乾隆年制”款。碗内底部阴刻一“甲”字。托子为圆形，其下有大圈足，托子中心有一凸起圆台，以承碗。圆台中部阴刻“乾隆年制”款，托子背面足内阴刻一“甲”字。碗为宋代制品，托子为乾隆时期重新碾治。（张广文 / 文）

一〇九 玉龙耳活环杯 宋
高 2.9 厘米 口径 11.5 厘米 底径 6.9 厘米 / 故宫博物院藏

玉杯经火，呈鸡骨白色。圆雕，扁圆形，圆口，平足，杯体光素。器里底中心凸雕火焰珠。弦月形耳，其上凸雕一行龙，凸眼，粗长眉，上唇翘，张口，鬣上翘，呈戏宝珠状。耳下部为半球形，且套一活环。可做笔洗或饮具。此器上的龙纹和火焰珠，是鉴定宋代器物的标准纹饰。（张寿山 / 文 胡锤 / 摄影）

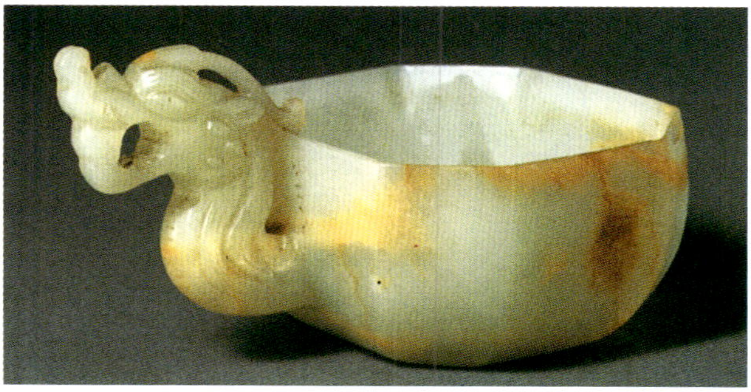

一一〇 青玉龙柄长方折角杯 宋
柄高 5 厘米 口径 6 厘米至 7.7 厘米
故宫博物院藏

青玉，有沁色。长方八折角形，平足，杯体光素。杯里底部和旁边有管钻痕。在长边的一侧凸雕龙首，其颈后、角下及口部为透雕，且钻痕明显。龙唇上翘，口含珠，粗眉，橄榄形眼，单角，颈下阴刻横道节状纹。可做笔洗或饮具。（张寿山 / 文）

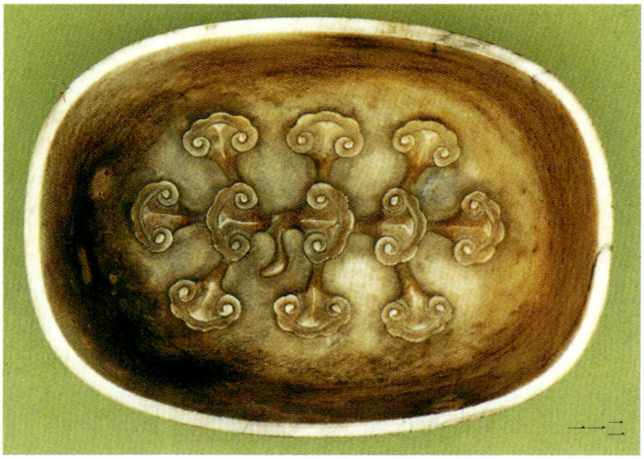

一一一 一一二 白玉鹿纹椭圆洗 宋

高 6.4 厘米 口径 14.5 厘米至 10.7 厘米

故宫博物院藏

玉呈深褐色，局部因经火烧，有黑褐色斑浸。体呈椭圆形，内底部凸雕 11 朵如意头式云纹。碗外口沿刻山水纹，腹部弦纹下浅浮雕形态各异的鹿，鹿行走于云海之间，各鹿均口衔灵芝草。山水寓意“寿山福海”，鹿寓意“禄”，整个纹饰寓意福、禄、寿。（宋海洋 / 文）

一一三 青玉笔山 南宋

高 2.3 厘米 长 10.5 厘米 宽 1.1 厘米 /1974 年浙江省衢州市王家乡瓜园村史绳祖墓出土

浙江省 衢州市博物馆藏

器成长方形，顶端挖有 3 个直径 1.8 厘米的凹形搁笔槽。器身两侧线刻海涛文。（崔成实 / 文 申少斌 / 摄影）

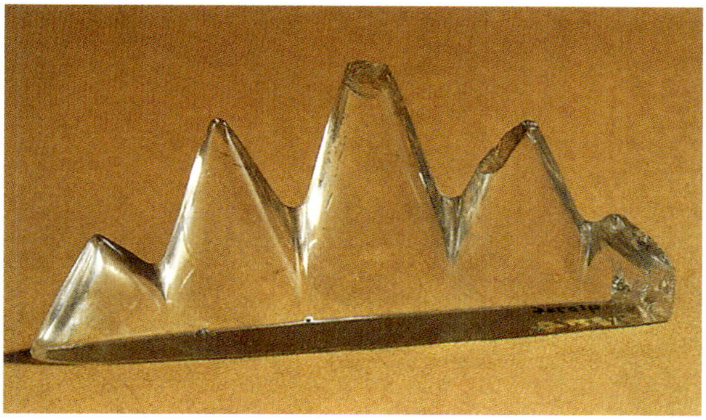

一一四 水晶笔山 南宋
高 6 厘米 长 13 厘米 宽 2.1 厘米
1974 年浙江省衢州市王家乡瓜园村史绳祖墓出土
浙江省 衢州市博物馆藏

整块水晶琢成，五峰挺秀，扁圆锥形，光洁透明。（崔成实 / 文 申少斌 / 摄影）

一一五 白玉兽钮印 南宋
高 3.1 厘米 底边 3.2 厘米
1974 年浙江省衢州市王家乡瓜园村史绳祖墓出土
浙江省 衢州市博物馆藏

纽兽高 2 厘米，呈伏卧状。用简练的阴线刻饰口、目、耳、腿和尾。腹下镂空，纵向有穿孔，可系。（崔成实 / 文 申少斌 / 摄影）

一一六 青玉莲苞瓶 南宋
通高 6.3 厘米
1974 年浙江省衢州市王家乡瓜园村史绳祖墓出土
浙江省 衢州市博物馆藏

器为莲苞形，由盖和瓶两部分组成，内空，平底，盖呈蘑菇状。通体饰鱼鳞纹，底饰菊瓣纹，面刻菊瓣纹。下有 1 厘米长的榫柄，可插入瓶口。瓶口两侧及盖面各钻二孔，可穿线提挂。出土时瓶内盛朱色粉末。（崔成实 / 文 申少斌 / 摄影）

一一七 白玉兔镇纸 南宋
高 3.6 厘米 长 6.7 厘米 宽 2.6 厘米
1974 年浙江省衢州市王家乡瓜园村史绳祖墓出土
浙江省 衢州市博物馆藏

兔作伏卧状，双目前视。以简练的阴刻线刻饰爪、耳、须、目和尾。四足间略饰毛纹，造型生动，是南宋琢制的动物形镇纸的代表作。（崔成实 / 文 申少斌 / 摄影）

一一八 白玉荷叶杯 南宋
高 3 厘米 口径 9.8 厘米至 11.5 厘米
1974 年浙江省衢州市王家乡瓜园村史绳祖墓出土
浙江省 衢州市博物馆藏

俯视呈两片张开的荷叶，大叶为杯身，小叶覆盖把柄。大叶背面雕有盛开的荷花及荷叶。镂雕卷曲的茎为杯足和把。通体阴刻叶脉。设计巧妙，造型生动，为同类作品中时代最早的一件珍贵艺术品。（崔成实 / 文 申少斌 / 摄影）

一一九 青玉人 宋

高 3.5 厘米

1979 年陕西省西安市北郊徐家寨出土

西安市文物局藏

青玉由于长期在地下，被土沁为白斑。刻一人，头戴冠，身穿交领宽袖长袍，手置于胸前，宽袖飘在腹前。其为半浮雕，背平，原可能是镶嵌在器物上的装饰件，人物雕刻简单，在轮廓中勾勒出眉、眼与嘴，用阴刻线刻画衣褶，使造型充满立体感。（王长启 / 文）

一二〇 白玉鸭坠 宋

首高 3.5 厘米 长 3.1 厘米 宽 1.7 厘米

故宫博物院藏

玉质闪青色。圆雕，站立理羽状。弯颈张口，双翅翘起，翅尖并拢。翅面阴琢各部位羽毛，线条整齐细密，羽端呈锯齿状。肥硕圆臀，尾尖上翘且卷，上面阴线条整齐划一。爪雕蹼，背通底一圆穿可穿系。形象生动、可爱。为精致的坠、佩饰件。（张寿山 / 文）

一二一 玉龟、水晶龟 北宋

玉龟：长 2.2 厘米

水晶龟：长 2.2 厘米

1969 年 5 月河北省定县（今定州市）静志寺塔基地宫出土

河北省 定州市博物馆藏

玉龟青白色。圆雕，呈扁圆形。昂首作半缩状，眉目不清，足尾平伸，背阴刻龟甲纹。腹钻两相通小孔，供系佩。水晶龟绿色。造型与玉龟相近，只是显得肥厚些，两眼为相通小孔，亦可供系佩。（刘福珍 / 文 张惠 / 摄影）

一二二 白玉卧鹿 宋

高 3.9 厘米 长 4.8 厘米 厚 1.3 厘米

故宫博物院藏

玉质纯白，局部有黑斑。鹿为卧式。头细长，顶部有花一朵，颈后有镂雕树叶二枚，回首，长身，四肢卧于腹下，头、背、腹之间有一自上而下的扁方穿孔，以备穿带。鹿是宋代玉雕的重要题材之一，或为带钩，或为系纽，还有鹿形陈设，这件玉鹿有上、下通孔，可穿带做佩饰，也可嵌于器皿盖上做纽。（张广文 / 文）

一二三 青玉卧鹿 北宋

高6.5厘米 长10.6厘米 厚约2.2厘米
1962年北京师范大学施工时出土
首都博物馆藏

卧鹿系立雕，鹿角为灵芝状，中药界称为“珍珠盘”。鹿角根部琢两排小圆点，鹿角上部琢一排小圆点，并以短阴刻线示茸毛。鹿抬首前视，双耳贴于角下，短尾，四足收于腹下，呈温顺的跪卧状。背面平素，上下各有3对对穿孔，可做穿系结扎，似做嵌饰用。鹿虽通体光素，但耳、目、角、足比例协调，抛光柔和，更显出和田玉的温润晶莹。(薛婕/文 梁刚/摄影)

一二四 墨玉衔莲鳜鱼 宋

高11.3厘米 宽20.6厘米 厚6.7厘米
故宫博物院藏

玉呈黑色，局部有黄花纹斑浸，体为长方形。此器是一块完整的玉石雕刻而成，一鳜鱼口衔莲花，在水中游戏，鱼尾似来回摆动，富有极其强烈的动感。

此类造型的器物，在宋代非常流行，采用“莲”与“连”，“鱼”与“余”相谐音，寓意“连年有余”，为祝福、吉祥之物。(宋海洋/文)

一二五 水晶鱼 北宋

长8厘米 宽2.5厘米 厚0.5厘米
1969年河北省定县（今定州市）静志寺塔基地宫出土
河北省 定州市博物馆藏

鱼身透明，呈游动状，鱼尾上翘，端部稍向下弯曲，后鳍由两侧向上扇动分开。大圆眼，张口，栩栩如生，水晶鱼象征佛界圣洁如水。此器物选料精良，做工考究，为北宋时期水晶雕刻中的艺术珍品。(苟全成/文 郑名桢/摄影)

一二六 白玉童坠 宋

高 6 厘米 宽 2.5 厘米

故宫博物院藏

青白色玉，表面赭色沁。圆雕一童子攀枝。童子上身赤膊，背后披一披风，手腕带镯，长裤，裤角肥大，屈膝，双臂攀一长枝，枝叶大而长，伸于童子胯下。（张广文 / 文）

一二七 青玉镂空“松下仙女图” 宋

长 9.6 厘米 宽 7.8 厘米 厚 1.5 厘米 / 故宫博物院藏

玉为新疆和田玉，青白色，局部有黄锈色斑浸，体呈椭圆的扁平形。此器镂雕松荫下一仙女，身穿宽袖长裙，旁边立两侍女，分别手持灯笼、托盘，盘中盛满仙桃，侍女脚边立一仙鹤，一幅天宫仙境的景象。象征人间幸福、长寿，吉祥如意。此器背部留有琢痕而无纹，周边有孔，做结系、嵌饰之用。（宋海洋 / 文）

一二八 白玉镂空“福禄寿图” 宋

高 6 厘米 宽 5.5 厘米

1978 年陕西省西安市西安交通大学西侧出土 / 西安市文物局藏

白玉，椭圆形，在山石上有一龟，龟口吐气，徐徐上升，飘向空中形成云朵，两旁长满青竹松树与灵芝，其间有一鹿，回首站立，仰望空中飞翔的鹤，鹤盘绕俯视，雕刻严谨，秀润工整，构成美丽图案。竹子挺拔直立，松树四季长青。鹿音“禄”，鹤有仙意，灵芝为福。这种图案称“鹿鹤同春”，即“六合同春”，万物欣欣向荣。《升庵外集》卷九十四载：“北之语合鹤迥然不分，故有绘六鹤及椿树为图者，取“六合同春”之意。”这件玉饰器，构思巧妙，造型独特，雕琢工艺精湛，巧夺天工，展示了宋代玉雕工艺的水平。（王长启 / 文）

一二九 白玉螭龙穿花图 宋

长 7.6 厘米 宽 6.1 厘米

陕西省西安市东郊田家村出土 / 西安市文物局藏

白玉质细，玻璃感强。椭圆体上镂雕串枝花叶，其枝繁叶茂，两朵鲜花盛开，其间有一螭龙，圆目大鼻，双耳直竖，头须斜飘，匍爬向前。椭圆体的花叶、螭龙为一块玉石镂空雕成，花叶与螭龙为凸起立体透空，背面挖空，可为玉石减轻重量，便于装饰，枝叶相互连接，富有情趣。更令人赞叹的是花叶丛中的螭龙，碾琢得惟妙惟肖，它长伸颈颅，转身慢爬，尾巴托地，准备捕取猎物，具有浓厚的生活气息。（王长启 / 文）

一三〇 白玉佩饰 辽

长 4.9 厘米至 7.5 厘米 / 内蒙古自治区哲里木盟陈国公主墓出土

内蒙古自治区文物考古研究所藏

白玉质。上部饰透花盘长纹玉佩，下部用金丝链连缀玉龙鱼、双鱼、双凤、双龙和鱼等不同形式的透花玉坠各一。碾琢工艺十分精致。辽代玉器传世不多，此玉佩为研究辽代玉器的风格特点提供了重要资料。

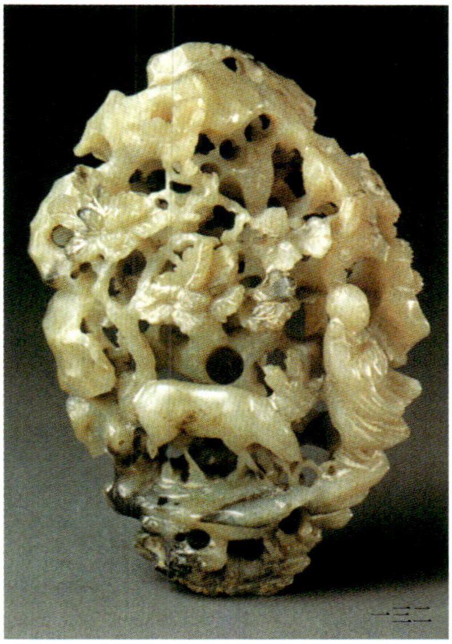

一三一 一三二 青玉人物山子 宋

高 14.9 厘米

故宫博物院藏

玉呈青灰色，局部有褐色斑浸。通体镂空，正背两面饰纹不同。正面雕一长老双腿并齐坐于松树下，手持拐杖，背靠山石，长老头绾发髻，长须，身穿宽松肥大的长袍，两袖筒垂于膝旁。背面一童子身穿肥大长袍呈站立状，身后一鹿紧跟伴随，背部衬以牡丹花及山石。底有孔洞，应为器纽。（宋海洋 / 文）

一三三 青白玉镂空飞天 辽

长 5.2 厘米

1970 年内蒙古自治区翁牛特旗解放营子墓葬出土

内蒙古自治区赤峰市文物工作站藏

玉料作青白色。体扁，略作三角形，镂雕而成。飞天头戴平顶帽，身着短袖衣，长腿裤，肩披飘带，作飞于天际状。身下饰浮动云朵。

玉飞天常见，但出土者甚少。此器琢刻精细，为辽玉代表作。

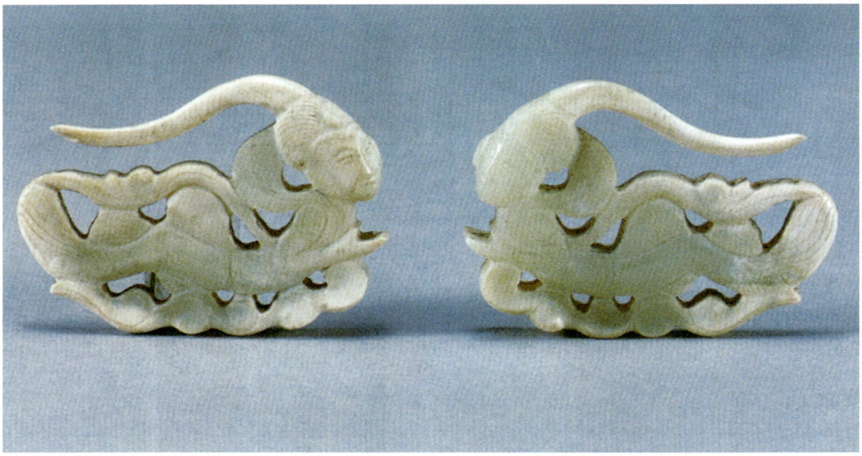

一三四 白玉镂空飞天 辽

长 4.6 厘米 宽 3.5 厘米

1979 年辽宁省喀左自治县白塔子辽墓出土

辽宁省博物馆藏

两件形体一致，透雕飞天，人物俯身，挺胸昂首，双掌合对于胸前，肩披卷云状绸带，脚向后伸出，整个身体由流云托浮，臂有箍，腕戴镯，腰系丝带，发向后，从头顶部伸出一角状物，弯曲向后，飞天面作男相。（李振石 / 文并摄影）

一三五 青玉鱼龙佩 辽

高 3 厘米 长 6.9 厘米

故宫博物院藏

玉呈青白色，局部黄色沁斑较重。体呈扁长方形，龙头飞鱼身，鱼龙口衔一球，鱼身有两翼，作展翅飞翔状，鱼尾阴刻勾线，鱼龙腹中部有两个小洞，为穿系之用。

此器在汉代就已经出现，盛行于辽金时代，这种鱼龙图案，多在铜镜中出现。（宋海洋 / 文）

一三六　青玉迦楼罗神鸟　辽金

长 7.2 厘米　宽 6.1 厘米　厚 1.7 厘米 / 故宫博物院藏

玉质有瑕斑赭色沁。圆形，片状，浮雕。中下部凸雕人首，吊角眼，眼瞳已失，仅存其圆坑。阴刻火焰眉，蒜头鼻，尖喙，两侧有对穿孔，可穿系，阴琢细发并饰发箍，双耳垂饰环。短双臂，四爪趾蜷起置口前。双翅，上饰阴纹羽。扇面形尾，并饰勾形对称翎羽，有透雕 6 孔，翅尖搭在尾侧。背面头下琢圆环，环内呈内凹圆拱形，环边有 3 个等距对穿孔，可嵌连在它物上。

这种图纹的嵌件盛行于辽金时期，神鸟（金翅鸟）可能取威严、护佑、辟邪之意。（张寿山 / 文）

一三七 白玉莲花纹杯 辽

高 3.5 厘米 口径 6.1 厘米 /1967 年辽宁省阜新市塔营子出土 / 辽宁省博物馆藏

白玉雕成。口稍外侈，外腹部雕细线花纹，上部花纹带为细线水波纹，下部花纹为复莲式两层相间排列。圈足外侈，器壁较薄，从内侧可透见外部花纹，制作精巧，为辽塔基内出土，共两件。（李振石 / 文并摄影）

一三八 白玉云龙纹杯 辽

高 3.4 厘米 口径 6.2 厘米 /1967 年辽宁省阜新市出土 / 辽宁省博物馆藏

圆口内侈，无口沿，外腹壁雕细线云龙纹饰，云龙作翻腾状，张口露齿，追吞花球状物，雕刻细腻传神，下部圈足，出土时有两件玉杯，但纹饰不同。（李振石 / 文并摄影）

一三九 玛瑙花式碗 辽

高 5.4 厘米 口径 14.4 厘米 /1950 年辽宁省阜新市清河门出土 / 辽宁省博物馆藏

白色玛瑙，有闪黄丝纹，碗为六花瓣形，别无花饰，碗口和底座都因材施工，不太规整。（李振石 / 文并摄影）

一四〇 青玉双耳鹿纹八角杯 辽

高 5.8 厘米 通耳宽 16.6 厘米

故宫博物院藏

玉料呈青黄色，局部有褐色沁痕。体呈八角形，镂雕双螭纹耳，耳顶作圭形状。杯口外沿饰回纹，底座周边饰山字形纹，杯外各面除有耳的两个平面平素无纹外，其余 6 面在蔓草纹锦地上剔雕出跪卧状长角鹿。鹿下饰如意形云头纹。各组饰纹皆有弦纹环绕，亦可称为“开光”。

一四一 青玉双鹅带盖小盒 辽

高 9.3 厘米 宽 3.8 厘米

辽宁省阜新县清河门出土

辽宁省博物馆藏

盒作双鹅蹲伏状，中间挖空，圆口，内为盒腔，口稍敛，两侧各有一穿绳用的小孔，细线刻出羽毛状，制作精巧。（李振石 / 文并摄影）

一四二 金链白玉竹节盒 辽

高 17 厘米 宽 4.4 厘米 /1967 年辽宁省阜新市塔营子出土 / 辽宁省博物馆藏

白玉琢成的竹节式圆筒形盒，以金链穿系，盒共 6 节，最上节为盖，下 5 节为身，两侧出贯耳，两条金链分穿其中，上以金环总之，链下端各镶一蓝玻璃茄形坠，并包叶状金片。制作精工，独具匠心。（李振石 / 文并摄影）

一四三 白玉兽 辽

长 6.5 厘米 高 3.8 厘米 宽 1.5 厘米

1978 年内蒙古自治区巴林右旗白音汉窖藏出土

内蒙古自治区 巴林右旗博物馆藏

玉料呈白色。立雕，兽短尾长鬃，小耳尖嘴，作躬身伏卧状。以玉料原有褐色巧作鬃毛和尾毛，是辽代玉雕动物中有代表性的作品。

一四四 白玉牡丹花形冠饰 辽

高 2.4 厘米 宽 2 厘米 厚 0.6 厘米

1950 年辽宁省阜新市清河门出土

辽宁省博物馆藏

玉质纯白滋润。雕工精细，一花二叶，透雕 3 孔，花叶上均有精致纹脉，背面板平，分钻可缝穿 3 鼻，似帽上的装饰品。（李振石 / 文并摄影）

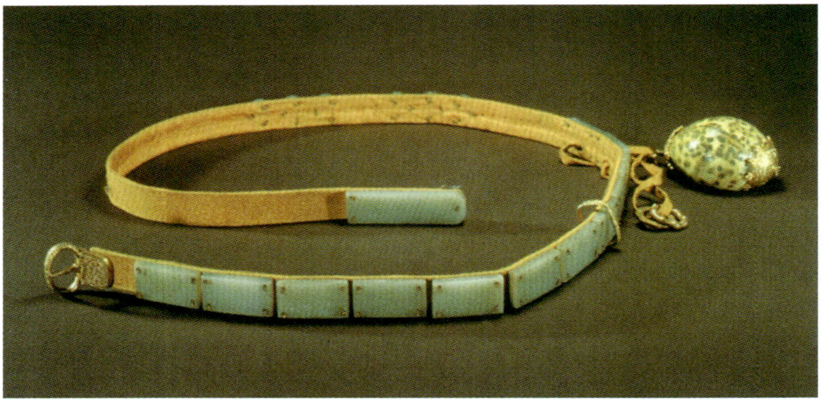

一四五 金扣玉带 金

玉板长 11 厘米

1958 年吉林省扶余市金代墓出土

吉林省博物院藏

带板玉质白色。全带由 18 块长方形光素玉銙和一块玉铊尾用金铆钉连缀于马尾带上，带扣是用黄金制成。带中间佩挂海贝及金环，具有明显的少数民族风格。金墓出土如此完整的玉带尚属首次，极珍贵。

一四六 玉寿带衔花佩 金

长 3 厘米 宽 3.8 厘米 厚 0.5 厘米至 0.7 厘米

1983 年黑龙江省哈尔滨市香坊墓葬出土

黑龙江省博物馆藏

玉料呈黄色。间以阴线点缀，通体镂雕成口衔折枝花、展翅飞翔的寿带鸟，温润可爱。

一四七 白玉寿带啄花佩 金
直径 6 厘米 厚约 0.5 厘米
1980 年北京市丰台区王佐金代乌古伦墓出土 / 首都博物馆藏

佩体呈扁圆形，正面略呈弧形，采用多层镂空技法琢磨。中部饰一只长尾寿带，尾羽分作两股，圆眼、尖喙，侧身回首，以短阴刻线显示丰满的羽毛。寿带两足立于枝上啄花，两侧以枝叶、花卉、花蕾环绕。叶面和花瓣有浅阴刻线，并向里内凹，边缘有锐感。此佩抛光莹润，镂刻精巧，栩栩如生。（薛婕 / 文 梁刚 / 摄影）

一四八

一四九

一四八 一四九 青玉“龟游”佩 金
长 10 厘米 宽 7 厘米 厚约 1.3 厘米 /1980 年北京市丰台区王佐金代乌古伦墓出土 / 首都博物馆藏

佩作椭圆形，成对。正面略呈弧形凹面，镂雕成多层荷叶和水草纹。中间两片硕大的荷叶，单线阴刻叶脉纹理清晰，荷叶中心各凸雕一只伸颈相对爬行的龟，琢双阴刻线为龟背纹。一件为自右向左爬行的龟衔住荷叶，另一件为自左向右爬行的龟衔住荷叶。玉佩造型新奇生动，镂刻精细，是出土的金代玉制品中的代表作。（薛婕 / 文 梁刚 / 摄影）

一五〇 青玉童 金

高 5.1 厘米 宽 1.8 厘米

1973 年黑龙江省绥滨县中兴乡墓葬出土

黑龙江省博物馆藏

玉料呈青色。立雕而成。玉人头戴纱帽，身着短衣长裤，左手执蕉叶背于肩上，右手下垂，颈下佩项链，两腿交叉，作行走状。

玉人似为儿童，刻画生动，为金代玉雕人物的代表作。

一五一 青玉童 金

高 5.8 厘米 宽 3.4 厘米 厚 2 厘米

故宫博物院藏

玉色青白，有沁色及土斑。人为立形，头面较平，五官隐起，3 个丫髻分别于头顶及两侧耳上，衣襟敞开，分向两侧，衣褶简洁。左手握拳，右手托海青鹘。两腿较短，着肥裤，左腿前，右腿后，似行走状。可能是金代童婴。

宋金玉童有较浓厚的生活气息，注重表现生活中的一瞬间状态，神态较真实。这件作品为金代玉童代表作。（杨捷 / 文）

一五二 墨玉藻鱼 金
长 5.7 厘米 高 3 厘米
1973 年黑龙江省绥滨县中兴乡墓葬出土
黑龙江省博物馆藏

玉料呈墨黑色。体扁，鱼似鲤，镂雕成口衔折枝莲荷形，以阴线琢刻鱼鳞及荷叶脉络。雕刻精细，生动逼真。

一五三 玉荷叶鱼坠 金
长 4 厘米 宽 2.7 厘米 /1980 年陕西省西安市谭家乡范家寨出土
西安市文物局藏

青玉由于年久土沁，有一层土斑。荷叶外卷，其上浮游一鱼，嘴衔落在荷叶上的小叶。游鱼圆目长嘴，以平行相交直线为鳞，平行短线为鳍与尾。造型生动自然，构思巧妙，以荷叶表示长满荷叶的池塘，鱼在水中游动，口衔秋风扫掉的树叶游玩。玉坠虽是小件，但题材丰富，气氛活跃，既有自然的变化容姿，又是艺术装饰品。（王长启 / 文）

一五四 青玉镂雕仙人纽 金
高 9.5 厘米 宽 7.5 厘米 厚 3.5 厘米 / 故宫博物院藏

青玉，有大片皮色。立体圆雕山林景观。一面，一棵高大柞树下，一仙人端坐其中，双手执拂尘平放于膝上，一女仙侍立于侧，手托一盘，头上及身后两仙鹤翻飞展翅，女仙脚踏岩石，石下一只乌龟引头伸颈，一头雄鹿立于身后，回首张望。另一面，柞树下两鹿相对，一卧一立，引颈向上，似在观望树顶上两只小猴嬉戏。

这件玉雕采用圆雕和镂空技术，镂空一般用孔钻法，留有孔洞痕迹，直径大小不一。本件作品显然是受宋代镂空玉雕的影响。（杨捷 / 文）

一五五 白玉衔芦天鹅 金

最长 8.7 厘米 最宽 5.3 厘米

故宫博物院藏

白玉，微有皮色。天鹅作衔芦飞行状。鹅圆眼，颈细长，头抬起向上，张口衔芦一枝。双翅展开，琢 4 排羽状纹，背部、尾部琢羽纹，双爪并排屈于腹部。

天鹅题材的玉器在金代大量出现，以“春水”玉最为典型，这件玉鹅在造型及雕琢风格上与春水玉上的天鹅相同。（杨捷 / 文）

一五六 白玉镂雕鹘攫天鹅饰 金

长 5.9 厘米 宽 3.9 厘米 厚 1 厘米

故宫博物院藏

玉白如凝脂。圆雕。背面留有钻痕多处，鹅体肥硕，颈弯，头向上，张口，呈展翅挣扎状。镂雕飞鹘啄鹅头，鹘腿系飘带。以阴纹饰两鸟身、羽翼的纹理。造型生动有力，比例适度，是难得的珍品，是反映北方女真族特点的、形象生动的佩饰、嵌件。（张寿山 / 文）

一五七 青玉鹘攫天鹅饰 金

长 7.5 厘米 厚 2 厘米

故宫博物院藏

玉为青白色，局部有黄锈色斑沁。体呈扁平的椭圆形。正面为弧凸状，通体镂雕一天鹅藏于荷花丛中，一只海青鹘俯冲而下，作追逐状。海青鹘饰阴线纹。

玉佩背部为椭圆环，环两侧有一横穿的孔，可作结扎之用。此器似是腰带或冠帽嵌饰。（宋海洋 / 文）

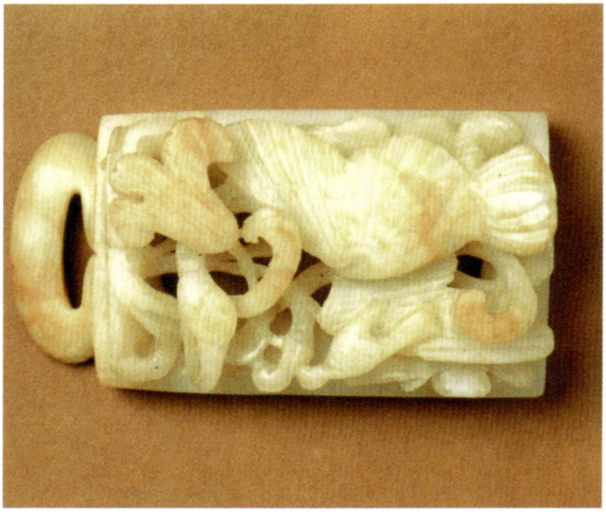

一五八 白玉镂空鹘攫天鹅带环 金

长 8.5 厘米 宽 4.5 厘米 厚 2.2 厘米

故宫博物院藏

白玉，含玉皮之色。长方形，侧面有一横穿可穿束带。下部有一扁环可悬挂物件，带饰表面镂雕鹘捉鹅图案。鹅身硕大，迫于水面，头藏荷叶之下，鹘在鹅头上，欲啄其脑。所饰为女真人春水图案，作品出自金代。（张广文 / 文）

一五九 青玉双鹿带环 辽金
长 5.9 厘米 宽 3.5 厘米 厚 0.8 厘米
故宫博物院藏

玉质深青色。长方形，片状，减地深雕法。两卧鹿昂首，中间一棵柞树，阴刻大叶，一鹿有角，身后琢一小树。器下琢一扁圆套环，可穿戴。背后四角各一对穿孔，可穿系。刀法粗犷有力。这是辽、金秋山玉的最为单纯、简括的作品。（张寿山 / 文）

一六○ 白玉镂雕双鹿牌饰 金
高 3.5 厘米 底宽 3.9 厘米 /1974 年黑龙江省绥化市奥里米古城周围墓葬出土 / 黑龙江省博物馆藏

玉料呈白色。体扁，作三角形，镂雕而成。器两侧边各饰一树，树梢于上角交接。树下立两只马鹿，一只长角躬背，双目前视；另一只回眸凝望，与前述一鹿相呼应。两鹿欲行而止，前雌后雄，成双结对。双鹿头顶饰一只大雁，引颈高飞。

此器以双鹿为主题，以树和飞雁为陪衬，描绘出一派秋高气爽的景象。表现出琢玉匠师高度的概括能力和技术水平。

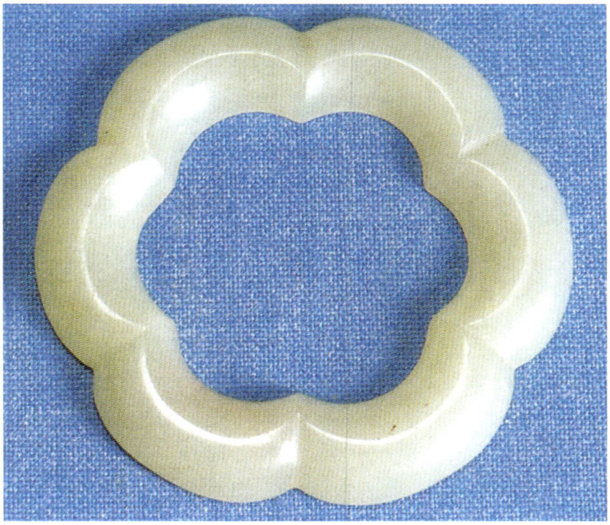

一六一 白玉环 金
外径 4.9 厘米 内径 3 厘米 厚 0.4 厘米
1980 年北京市丰台区王佐金代乌古伦墓出土
首都博物馆藏

环作六瓣形。正面外缘为圆雕，微凸起脊，脊内的缘向里凹，边缘有锐感，背面平光。（薛婕 / 文 梁刚 / 摄影）

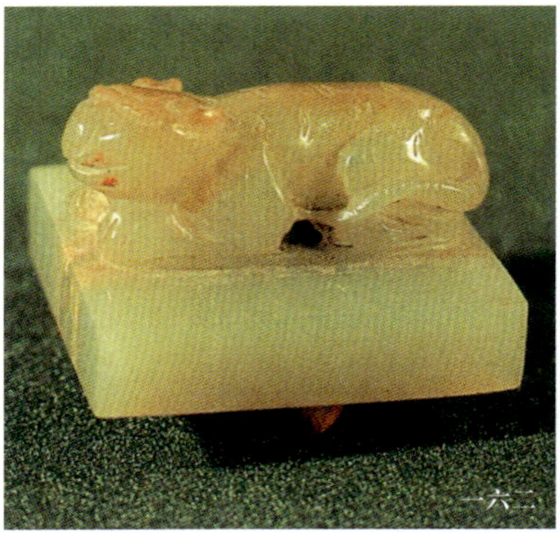

一六二 一六三 玉虎纽押 元

通高 2.7 厘米 边宽 3.5 厘米

1956 年安徽省安庆市范文虎夫妇合葬墓出土

安徽博物院藏

玉呈青色，局部有黄褐色沁斑。纽凸雕一虎，面作方形，上有剔地阳文画押。

押是古代文书契约上签字或代替签字的符号。此押雕工娴熟，形象生动，是元代同形制作品中的珍品。（苏芸 / 文 杨瑞玖 / 摄影）

一六四 青玉龙纽押 元

长 5.8 厘米 宽 5 厘米 纽通高 4 厘米

故宫博物院藏

白玉，边缘有绺，微有沁色。长方形片状。其上有一镂雕龙形纽。龙四足伏于地，躬身，头低垂，长发后披，三歧尾，两歧卷向两侧，中间一绺长而上冲，与顶发相接。押正面有朱文图记。（张广文 / 文）

一六五 渎山大玉海 元

高 70 厘米 口径 135 厘米至 182 厘米 最大周长 493 厘米 膛深 55 厘米 / 北京市团城玉瓮亭内存置

玉质青白中带黑色。体椭圆，内空。体外周身浮雕波涛汹涌的大海和浮沉于海中的海龙、海马、海猪、海鹿、海犀、海螺等，形态各异，栩栩如生。膛内光素无纹，内阴刻清高宗弘历御制诗三首及序，概括了大玉海的形状与经历。其序曰：“玉有白章，随其形刻为鱼兽出没于波涛之状，大可贮酒三十余石，盖金、元旧物也。曾置万岁山广寒殿内，后在西华门外真武庙中，道人作菜瓮。……命以千金易之，仍置承光殿中。”

又据清宫内务府造办处档案载，玉海曾于乾隆十一年（1746 年）、十三年（1748 年）、十四年（1749 年）和十八年（1753 年）进行过 4 次修饰，将原来的纹饰略加修改。

玉海是目前所知最早的一件重达 3500 千克的大型玉雕，作于元至元二年（1265 年），距今已有 700 多年。它的制作，继承和发展了我国琢玉工艺上“量料取材”和“因材施艺”的传统技巧，此外在俏色方面也有独到之处。玉海形体厚重古朴，气势雄伟，雕刻纹饰既粗犷豪放，又细腻精致，具有强烈的神秘感和浪漫色彩，确是划时代的艺术珍品。（张彬 / 摄影）

一六六 青玉莲托坐龙 元早期
通高12.6厘米 底径6.4厘米
故宫博物院藏

玉质暗青。圆雕，龙作坐状，双角，粗长眉，圆凸眼，上唇翘，张口露齿，身饰火焰纹，挺胸，颓尾翘起。一前爪踏宝珠，屈蹲于莲台上，莲台为圆形，束腰，台壁琢4层莲瓣纹，底为侧面荷叶形，琢叶脉纹。底中心并排一大两小圆孔，似为插嵌孔。为珍贵的大型玉雕嵌组。（张寿山/文 胡锤/摄影）

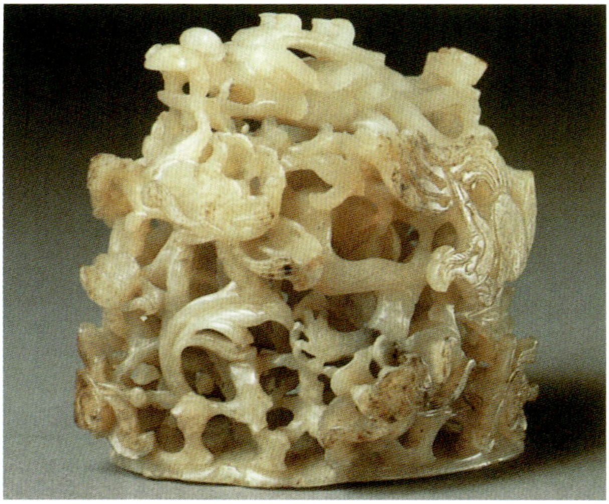

一六七 青玉镂空龙凤纽 元

高 7.5 厘米 底径 7 厘米

故宫博物院藏

玉呈青白色，局部留有原玉璞表面的黄褐色斑痕。体圆，上弧凸，底内凹，并有穿孔可与炉盖结缀。通体为朵云镂雕加线刻饰一龙穿牡丹的造型，龙首在顶部，双角，张口露齿，作在花丛中穿插游玩状。牡丹花枝叶繁茂，或鲜花盛开，或含苞欲放。作者巧妙地利用玉璞原有皮色分别作花、叶，产生了形色兼备、栩栩如生的艺术效果。（宋海洋 / 文）

一六八 白玉苍龙教子带钩 元

长 12 厘米

1976 年陕西省西安市小寨南乡瓦胡同村出土

西安市文物局藏

白玉。琵琶形，一龙首为钩，长眼，粗眉上卷，宽鼻，鼻梁凸起，眼睛下凹，大嘴微张；龇露牙，头顶长双角，三束发须后抿，侧面看颈宽，腹上有一小螭龙，爬行，其周围刻云朵。头额宽阔，眉、眼、鼻、口都集中在面部下方，仅占三分之一，其颈下弯，发须飘拂，身圆，前腿弯曲柔软，后腿一弯一伸，其关节饰卷云纹，双肩也饰云朵，圆背到尾刻有二道阴线及三对横双线，表示脊柱及肋骨，小腿上刻有短横道，使造型矫健有力，姿态美观，其意为苍龙教子。背有钩形钮。（王长启 / 文）

一六九 玉带钩 元

长 7.4 厘米 宽 2 厘米

1960 年江苏省无锡市大浮乡钱裕墓出土

江苏省无锡博物院藏

带钩面上镂雕草卉纹。中间一向内微卷的荷叶，叶茎清晰柔和，线条流畅。下面衬托着繁茂的草卉，一旁伸出一枝荷莲。纹饰刀工精致细腻。（周玲梅 / 文）

一七〇 白玉龙首带钩环 元

通环长 10.5 厘米 高 2.3 厘米 最宽外 3.8 厘米

故宫博物院藏

玉呈鸡骨白色，尾部多黑赭色沁，分钩、环两部分。钩为两角龙首，三绺长发后披，钩尾浮雕加镂刻荷花、荷叶及水纹，上有皮色。背面琢圆形荷叶为脐。环口隐起云纹，高起小钩部分镂雕蟠卷龙纹。刀法粗犷有力，为元代典型作品。（张寿山 / 文）

一七一　青白玉螭纹连环带环　元

通长 12 厘米　宽 5.1 厘米　厚 2.1 厘米

故宫博物院藏

玉质青白，微有沁色。原坯为籽玉，碾琢为由一方环连接的两块方形带饰组成。环上雕灵芝。一侧带饰中心有一孔以供钩扣，四周凸雕一螭。另一侧带饰凸雕一螭，口衔灵芝，背面雕一圆形纽，可接束带。

这类玉带环在目前的元代出土玉器中尚未见到，带环的造型、纹饰、雕琢技法有明显的元代玉器特征，据此定为元代。元代玉器中，较多地出现了螭虎纹样，与汉代螭相比，元螭身细长，动态灵活，这件玉带环亦为元代螭纹的代表作品。（杨捷 / 文）

一七二　青白玉镂空凤穿花璧　元

径 9.3 厘米　厚 0.6 厘米

故宫博物院藏

玉为青白色，局部有黄色斑沁。正面镂雕一展翅飞翔的凤凰，并衬以缠枝牡丹；背面平磨，内外缘各有弦纹一周。雕琢精美，风格华丽。（宋海洋 / 文）

一七三　白玉蟠螭纹带饰　元

高 6.6 厘米　宽 6.3 厘米 / 故宫博物院藏

白玉。厚片状。两侧贯一长方形孔，可穿带。方形委角，正面饰凸起的边框，框内减地凸雕一蟠螭。螭圆眼，“ꩦ”形眉，双耳向内翻卷，独角，脑后两绺长发分向两侧。身饰火焰纹，四肢粗壮，车轮形爪。背面光素无纹。唐代及明代的玉带板，一般都带蚁鼻孔，可缝缀于带上，这种将带自玉中穿过的带饰，主要见于宋、元时期。这件作品玉质优良，雕琢精致，为元代玉带饰的代表作品。（杨捷 / 文）

一七四 玉鱼形饰 元

长 4.7 厘米 宽 2 厘米 长 4.8 厘米 宽 3.2 厘米

1960 年江苏省无锡市大浮乡钱裕墓出土

江苏省无锡博物院藏

鱼形饰为一对鳜鱼。鳞、鳍、尾均用阴线刻成，线条精细，刀法娴熟，形态逼真。鳜鱼产于淡水河流湖泊中，鱼形饰不仅反映了江南水乡的风情，同时谐音又颇具吉祥之意，不失为一对精美的饰件。（周玲梅 / 文）

一七五 青玉佩饰 元

长 5.3 厘米 高 3.2 厘米 厚 1.2 厘米

故宫博物院藏

玉质带黑斑，有烤色。下端平直，上端近似如意形，两面均饰剔地阳文图案，一面雕一虎卧于地，虎身饰虎皮纹，身旁一棵柞树。另一面雕一熊，后足卧地，前足腾起，回首，身后柞树一棵，树上栖一鹰。熊与虎身边缘皆有细阴刻饰线。佩饰中部有一自上而下的扁方孔，可穿带。（杨捷 / 文）

一七六 青玉螭龙圆牌饰 元

直径 3.9 厘米 厚 0.4 厘米 /1965 年陕西省西安市南郊东何家村出土 / 西安市文物局藏

青玉有土沁痕。圆形饰牌，左右各有一长椭圆形孔与一圆孔，面上浮雕螭龙，其盘旋爬行，凸鼻长眼，双耳后抿，长尾卷曲，前腿爬，后腿用力蹬地，雄健有力。（王长启 / 文）

一七七 水晶项链 元
水晶珠直径 0.9 厘米
1960 年江苏省无锡市大浮乡钱裕墓出土
江苏省无锡博物院藏

水晶珠圆润洁净，均匀透亮。串珠中间为一枚精巧玲珑的菱角作挂饰。水晶项链素而典雅。(周玲梅 / 文)

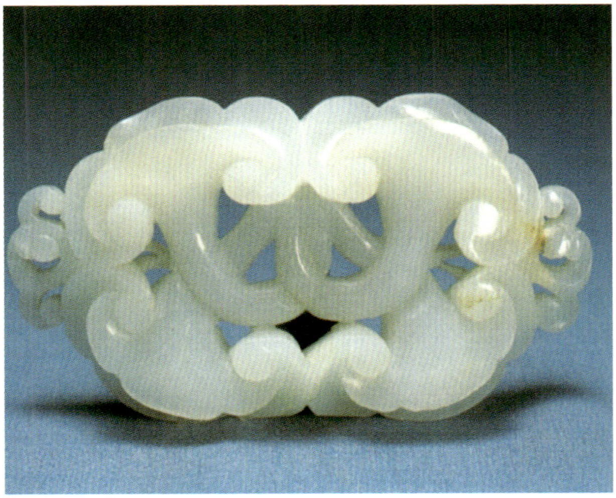

一七八 白玉凌霄花嵌饰 元
长 12.8 厘米 宽 7.4 厘米
1962 年北京市小西天师范大学施工时出土
首都博物馆藏

嵌饰体扁，采用镂雕、浮雕技法而成。正面为 4 朵盛开的凌霄花交叉盘绕，花瓣肥厚微曲，花茎细长，嵌饰两侧各有一组藤蔓。背面光素，中间略凸，并有互相穿连的 6 对小孔，可系结嵌缀。嵌饰色白无瑕，雕琢简练，为同期上乘作品。(薛婕 / 文 梁刚 / 摄影)

一七九 白玉贯耳盖瓶 元
通高 7.1 厘米 口径 3.2 厘米至 2.7 厘米
1956 年安徽省安庆市范文虎夫妇合葬墓出土
安徽博物院藏

玉呈白色。体扁圆，盖面平，上隐起蜷卧虎形纹，有两圆穿孔。颈饰双贯耳，宽腹，圈足，口腹之间隐起 4 圈弦纹。此器纹饰简洁，注意抛光，充分显示了羊脂玉的温润而泽的玉德及其美感。(苏芸 / 文 杨瑞玖 / 摄影)

一八〇 青玉龙纹双耳活环樽 元
高 22.9 厘米 口径 6.4 厘米至 8.2 厘米
足径 6.8 厘米至 9.9 厘米
故宫博物院藏

玉质闪青灰色，有绺纹。立体圆雕。直颈阔腹，长方口、足，口沿外饰弦纹，颈两面浮雕云龙，其下在两组凸起的回纹中间琢一卧“土”夔龙。颈两侧双兽活环耳。腹部回纹锦地并4组重环纹，环上阴刻勾连草纹，足边阴琢回纹。

元代出土和传世的立体玉雕陈设极少，此玉樽可谓绝品。（张寿山 / 文）

一八一 白玉双人耳礼乐杯 元

通耳高 7.5 厘米 口径 10.8 厘米 足径 4.5 厘米

故宫博物院藏

玉质细润，随绺纹有黄褐沁。圆形，内外雕纹饰。内壁至底琢朵云，共4周32个。口沿外阴刻圈纹20个。外壁两面饰阴纹锦地，各凸雕持乐器的女伎乐人5个，衔灵芝鹿1个。杯两侧各一脚踏朵云仙女耳。小圈足外侧阴琢双朵云3组。为元代器皿中的珍品。（张寿山/文）

一八二 青玉火焰珠把杯 元

通耳宽 18 厘米

故宫博物院藏

玉呈青白色，局部有黄色绺纹和条斑沁。杯口作圆形，平足，侧有一环耳，耳面呈三角形，上饰火焰环抱宝珠纹，余皆光素无纹。火焰珠纹，为佛光的标志，故此器可能为一佛教用物。（宋海洋/文）

一八三 青玉雁柄杯 元

高 6.5 厘米 口径 4.5 厘米至 7.4 厘米 / 故宫博物院藏

青玉，杯有沁色。上粗下细，椭圆形口，杯身饰荷叶、荷花、鸳鸯，下部为水波纹平底，底部琢水波卷成的漩涡，杯下部右侧，有一雁首式杯柄，雁颈自杯下角向右伸出，回转成环状，雁回首，头前部接连玉杯。（张广文/文）

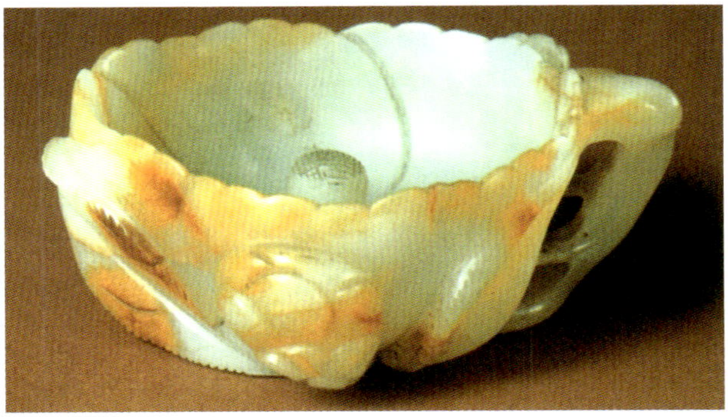

一八四 白玉山茶花杯 元

高 3.75 厘米 口径 6.4 厘米至 6.9 厘米 / 故宫博物院藏

玉质有人为的赭色沁。圆雕，中空，五瓣花形，圆口，口沿带小凸齿。器里中心一圆柱形花芯，顶端阴刻网状纹。以此为中心向里壁阴刻五条花瓣界纹。器外透雕莲花枝作为器柄，并雕花蕾3个花叶4片，向器底延伸，花萼衬底巧妙，构成器足。构思精巧，琢磨圆润。作饮具和精美的陈设品。（张寿山/文）

一八五 青玉十角双耳杯 元

高 4.6 厘米 口径 9.6 厘米 足径 5.6 厘米 对角 10 厘米

故宫博物院藏

青玉，局部光亮，大部分有腻子沁。杯体、足皆作十方形，口沿下一阳弦纹。杯体光素。半圆形夔式耳，下部有尾，外翘。耳的上部与杯口相平，分两层。第一层为镂空蟠螭纹，第二层的边沿各饰5个颠倒灵芝纹。为宫廷珍贵的元代传世陈设品。（张寿山/文）

一八六 青玉龙首柄杯 元

高 4.9 厘米 口径 13.9 厘米 底径 10 厘米 / 故宫博物院藏

玉质青白色。圆形，直口，平底，壁较厚，壁外侧浮雕双龙纹，龙细长颈，发长而后飘，四足短粗，回首状。右侧有一龙首柄，龙首雕琢精致、圆润，似兽头而有角，长发下垂。上唇长，口微张，目视前方。(张广文 / 文)

一八七 白玉葵花杯 元

高 5.1 厘米 口径 8.5 厘米 / 故宫博物院藏

白玉经火，一侧焦黑。杯为六瓣葵花式，圆口。内壁琢秋葵纹，底部凸起五瓣花芯；外壁琢边缘略卷的秋葵花瓣，花瓣上饰细阴线。一侧镂雕缠绕枝叶为柄，杯底一秋葵叶为足。玉杯雕琢，自宋以来大量出现花、果式样，到元代更加兴盛，并运用镂雕技法，表现花枝花叶，这件玉杯在造型设计、枝叶雕镂方面都很成熟，表现出很高的技术水平，为元代玉器代表作品。(杨捷 / 文)

一八八 青玉婴戏坠 元

高 5.8 厘米 宽 3.5 厘米

1979 年西安市北郊六村堡出土

西安市文物局藏

青玉，有土沁白斑。两童子戏玩，大童子跪于地上，小童子爬在大童子背上攀折灵芝。童子穿圆领宽袖长袍，腰系带，生动活泼，天真烂漫。(王长启 / 文)

一八九 青玉桃形洗 元

长 11 厘米 宽 6 厘米 /1960 年江苏省无锡市大浮乡钱裕墓出土 / 江苏省 无锡博物院藏

玉洗为桃形。剖开的半只桃子琢刻成盛水的容器，衬托的桃枝、桃叶镂雕为把手，枝叶蔓延至玉洗底部，起到较好的平稳作用。玉洗的形式和取材的完整巧妙而自然地结成一体，造型新异，枝叶雕刻精细清晰、具有较高的艺术价值。(周玲梅 / 文)

一九〇

一九一

一九二

一九三

一九〇至一九三 白玉雁 元

长 3 厘米至 5 厘米 /1965 年陕西省西安市南郊东何家村出土 / 西安市文物局藏

白玉。玉刻鸿雁 4 只，姿态各异，或伸颈前行，或回首向前行走，或振翅回首欲飞，或伸着长颈展翅飞翔准备落地。4 只均为尖喙圆眼、长颈短尾。其身体上用“阴刻细线”勾勒羽毛及其各部位的细部。其手法为浮雕，玲珑精巧，生动可爱。它们原镶嵌在器物上，构成一幅图，相互呼应。寓意吉祥如意，幸福美好。

从这 4 只鸿雁雕琢看，既注重雕刻技法，又重视写实，如回首行走鸿雁，颈曲腿微曲，前身微下低，把其形态与神态真实地表现出来，这是艺术匠人认真观察事物，准确地表现，以内在情感通过雕琢艺术表达的结果。（王长启 / 文）

一九四 玉鱼 元

高 4.3 厘米 长 7.3 厘米 厚 2 厘米

故宫博物院藏

玉质三分之二呈黑色。圆雕，鳜鱼形，重环眼，张口，收腹鳍，摆尾，呈游水状，身两侧阴琢细密的网格纹以示鳞。鳍、尾阴刻细长线，背鳍雕出鳍骨纹。口下通口内一穿孔，腹部前后对穿 4 孔，均可穿系。为佩、坠饰。寓“富贵有余”意。（张寿山 / 文）

一九五 白玉鱼藻佩 元

长 7 厘米 高 3.2 厘米 厚 1.5 厘米 / 故宫博物院藏

白玉，有浅赭色沁。鲤鱼形，翘尾，口衔荷叶梗。身上部雕一荷叶，并阴刻叶脉，鱼身满布阴刻竖线及斜线，以示鱼鳞。背正中上下一贯孔，口部横穿一孔。形象生动，栩栩如生。从出土和传世品看，各种质地的鱼形器，为宋、辽、金、元时期盛行的佩饰件之一。（张寿山 / 文）

一九六 白玉独角兽 元

高 4.8 厘米 长 4 厘米 宽 1.5 厘米

1978 年陕西省西安市北郊六村堡出土 / 西安市文物局藏

白玉。独角兽挺胸昂首，突目大鼻，独角后抿，张口龇牙。下颌一束卷须，背部双翼上卷，屈卧于地上。其也称辟邪、天禄、麒麟。身形如虎或狮，体态矫健，充满阳刚之气，飘起的卷须显得威武，上翘的双翼给人以动感。在雕琢手法上简洁洗炼，删繁就简，对细部没有过多的刻画和修饰，显得古拙、粗犷，奔放有力。辟邪早在汉代就以石刻置于墓前，它是由西域传入中原，以狮子造型为蓝本，加上人们的想象塑造的，历代都有，略有差异，各有特点，人们将其神化，成为“神兽”“瑞兽”。（王长启 / 文）

一九七 “春水”玉饰 元

长 8.3 厘米 宽 6.7 厘米 厚 2.2 厘米 /1960 年江苏省无锡市大浮乡钱裕墓出土 / 江苏省 无锡博物院藏

以鹘攫天鹅为题材，正面镂雕荷莲、草卉为背景，中间一只白天鹅张口展翅，潜入荷丛之中，上方一只海东青鹘飞于荷上，正回首寻觅，伺机攫捕。背面以椭圆形环衬托，表现出淳朴的山林野趣和浓郁的北国情调。图案的设计，作者一反常见的“鹘啄天鹅头颅”的表现手法，采用鹘飞于荷上回首寻觅的瞬间，扩大了表现空间，富有感染力。玉雕在形制上比传世金代“春水”玉更趋于复杂。天鹅羽毛用阴线刻饰，形象逼真，制作技艺娴熟。“春水”玉饰，设计之巧妙，雕刻之精细，堪称元代玉雕工艺中的精品。（冯普仁 周玲梅 / 文）

一九八 白玉镂雕双虎环佩 元
直径5.4厘米 厚1.2厘米
故宫博物院藏

白玉，片状，带有皮色。镂雕山石、树木，其下伏子母二虎，大虎后足坐卧，前足撑于地，低头舔幼虎，幼虎蜷于大虎头下，二虎身皆饰虎皮纹。玉佩下部承一圆环，环两侧的空隙可穿绦带。（张广文 / 文）

一九九 白玉镂空云龙玉带铐 明初
长8.9厘米 宽7.4厘米
1970年江苏省南京市张家洼村汪兴祖墓出土
南京博物院藏

以新疆和田出产的软玉上品——羊脂白玉精工琢成，呈半透明油脂光泽。形体扁圆，葵瓣状，附一半圆形环。正面弧凸，镂雕游龙戏珠，间缀云纹，剔透玲珑，工艺精湛。背面托以金片，金玉相衬更为珍贵。

整副玉带由葵瓣形铐4块、半葵瓣形铐8块、圭形獭尾2块，共14块饰件缀接而成，出土时鞓带已朽。此系明代开国皇帝御赐功臣汪兴祖之物，系明初制品，有宋元遗风。（苏晖 / 文）

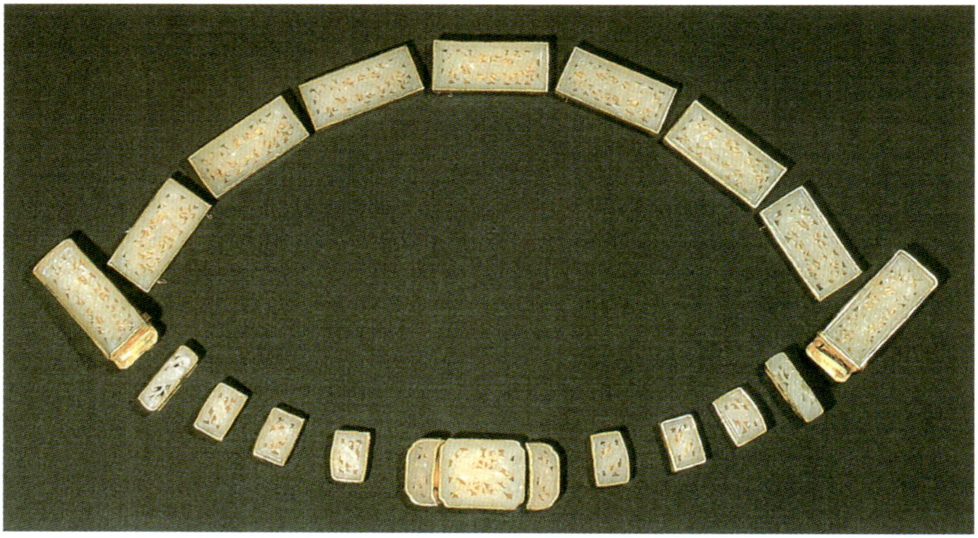

二〇〇 金镶白玉带板 明

铊尾长 7.6 厘米 宽 3.2 厘米 厚 1.8 厘米 /1971 年山东省邹城市朱檀墓出土 / 山东博物馆藏

玉带板由 20 块白玉銙组成，玉銙多作长方形，铊尾最长，全部透雕灵芝纹，并由金片包镶，金片也镂雕花纹。另有金带扣两个。玉銙背面用铁丝固定在带上，带已朽。（白云哲 / 文 王书德 / 摄影）

二〇一 白玉镂雕蟠龙带板 明早期

铊尾：长 7.6 厘米 宽 4 厘米 大长方带板：长 6.4 厘米 宽 4 厘米 小长方带板：长 4.3 厘米 宽 1.8 厘米 桃形带板：长 4 厘米 宽 3.5 厘米 / 故宫博物院藏

白玉。带板共计 20 块，其中长方铊尾 2 块、大长方形 8 块、小长方形 4 块、桃形 6 块，均透雕蟠龙、祥云、海水及山崖。龙圆眼，上唇及鼻上卷，毛发后飘，身满饰鳞纹。四爪均搭于山崖之上。

明代玉带有较固定的样式，一般为 20 块一套，由方形、长方形、方条形、心形玉带板及铊尾组成，图案有龙纹、动物、人物、花鸟等。云龙纹为最高档次，多用上等白玉制成，并用镂雕、透雕技法。这件带板玉质精良，从纹饰看为永乐前后作品。（杨捷 / 文）

二〇二 墨玉圭 明
长 29.6 厘米 宽 6 厘米 厚 1 厘米
1971 年山东省邹城市朱檀墓出土
山东博物馆藏

墨玉，尖部青白。器作扁平状，上端作尖状，下端及两侧平直。厚薄均匀，琢磨光滑。（白云哲 / 文 王书德 / 摄影）

二〇三 白玉圭 明
长 25.4 厘米 宽 6.2 厘米 厚 1.35 厘米
1971 年山东省邹城市朱檀墓出土
山东博物馆藏

上部白色，下部墨色，有绺裂沁色。扁平状，上端作尖状，下端及两侧平直。厚薄均匀，琢磨平滑。（白云哲 / 文 王书德 / 摄影）

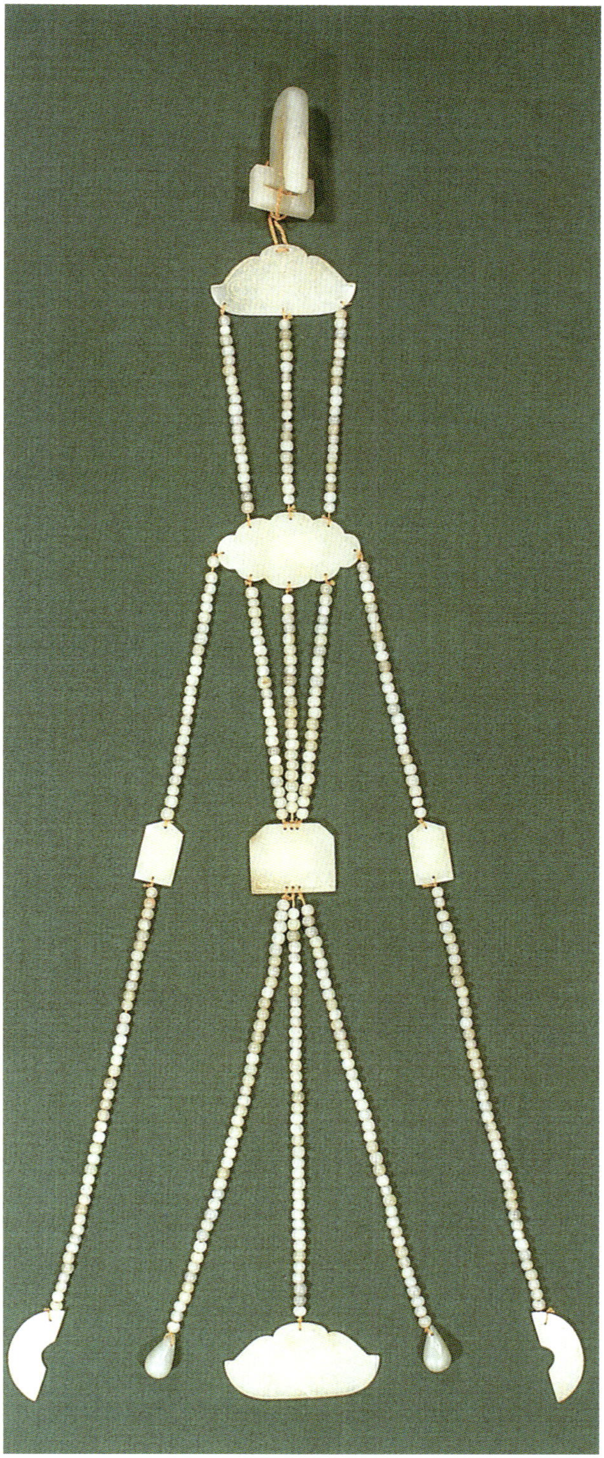

二〇四 青玉金龙纹佩 明
长 7.6 厘米 宽 4 厘米 厚 0.3 厘米
1971 年山东省邹城市朱檀墓出土 / 山东博物馆藏

一副两件。每件由珩、瑀、琚、玉花、滴、璜及玉珠若干用丝线串连而成。正面浅刻云龙纹并描金。由青玉钩将成组玉佩系起，挂于腰部两侧带上。（白云哲 / 文 王书德 / 摄影）

二〇五 白玉镂雕蟠龙纹带环 明初

外径 8.6 厘米

故宫博物院藏

玉呈青白色，局部有浅褐色皮斑痕。体扁圆，通体镂雕一团龙，身体盘绕成圈环形，头正视，双角后背，双眼上翘，如意嘴，长须，两龙爪向两侧伸张，神态威猛。雕琢圆润华美，颇具宫廷风格。背面有一环扣。（宋海洋 / 文）

二〇六 青玉砚 明

通高 4.2 厘米 长 16.2 厘米 宽 9.2 厘米

1971 年山东省邹城市朱檀墓出土

山东博物馆藏

青玉琢成。长方形，前端作弧形，椭圆形砚池。砚底四角凿有穿鼻，用铁丝固定在木雕的须弥座上。座刻莲瓣纹，并贴金。（白云哲 / 文 王书德 / 摄影）

二〇七 白玉葵花杯 明
高 3.2 厘米 口径 7.3 厘米
1971 年山东省邹城市朱檀墓出土
山东博物馆藏

白色。器形为一盛开的葵花。杯内凸雕 5 瓣小花蕊，杯外镂雕折枝秋葵花枝叶构成杯柄和杯托。雕刻精细、圆润，为朱檀墓乃至明初墓葬中最精美器物之一。（朱振华 / 文 王书德 / 摄影）

二〇八 白玉飞雁穿花椭圆牌 明早期
口径长 6 厘米 宽 5 厘米
1981 年陕西省西安市征集
西安市文物局藏

白玉细润。在椭圆形环内大雁穿花飞翔，景象安谧。为透空镂雕。在环内雕有繁茂的荷花丛，大雁展翅由上向下曲颈抬头欲飞，张口嘶鸣，形象准确，灵活生动，腹毛分翅羽刻画为鳞形，简练概括，极富质感。此穿花可能为金代春水玉演绎而成。（王长启 / 文）

二〇九 白玉雁坠 明初
长 5 厘米 宽 4.2 厘米 /1978 年陕西省西安市征集 / 西安市文物局藏

玉白质润，在荷花丛中游一大雁，雁身压荷叶，嘴衔荷叶茎，身旁莲蓬挺立，背面长满荷叶与荷花，荷叶上站立一对鸿雁，口衔莲蓬。荷叶脉、雁的羽毛以阴线勾勒。在小小的玉坠饰上，玉匠精心构思，以高超的治玉技艺，表现出只鸿雁的不同形态，荷花丛密而不繁，显得自然生动。（王长启 / 文）

二一〇 青玉“羲之爱鹅”图饰 明
长 13.4 厘米 宽 6.9 厘米 厚 0.8 厘米
故宫博物院藏

玉为青白色，通体有黑色斑点。体呈扁平的长方形，四角委角。图案以“羲之爱鹅”的故事为题材，王羲之端坐观鹅，身边一童子抚摸鹅颈，肥硕的大鹅昂首翘尾，似在讨好王羲之。背后以松树、松枝为衬。整个嵌饰构图饱满，刻线流畅。（宋海洋 / 文）

二一一

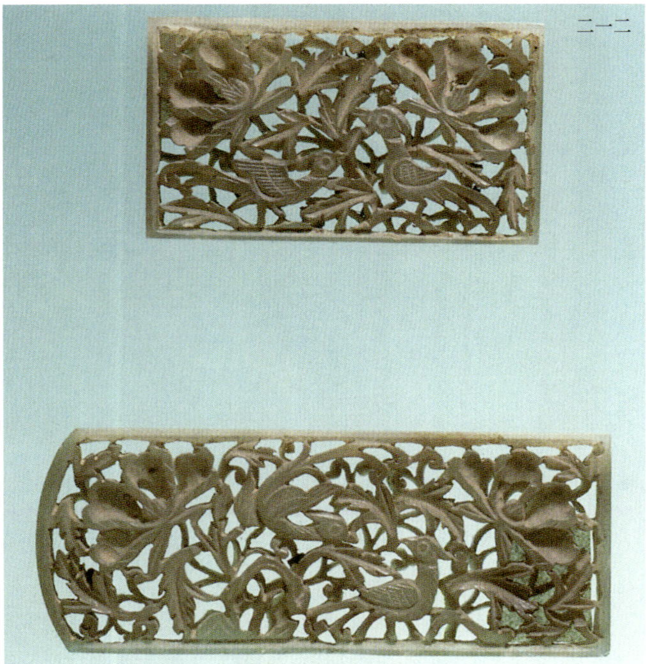

二一二

二一一 二一二 青玉花鸟纹带板 明中期

最大一块长 7.8 厘米 宽 3.3 厘米 厚 0.6 厘米

1955 年甘肃省兰州市上西园彭泽墓出土

甘肃省博物馆藏

这是明代兵部尚书彭泽夫人的玉带板。现存 18 块，其中圭形 2 块、长条形 12 块、桃形 4 块，都是扁平状，透雕花鸟纹，但稍有差别，圭形和长方形板各雕两只凤鸟，桃形板只有一只凤鸟，长条形板有花无鸟。雕琢都很精细。（陈炳应／文 蔡义选；摄影）

二一三 青玉螭纹带板 明中期

长 6.2 厘米 宽 5.3 厘米

1981 年陕西省西安市征集

西安市文物局藏

白玉质细腻。长方形，委角，面凸起，上浮雕双螭龙纹，大螭龙口含灵芝，回首观顾小螭龙，四肢用力攀登，长尾上卷，如腾云向上，小螭龙跟随在后，腾空而跃，争抢灵芝，嬉戏玩耍。寓意“苍龙教子”。其为减底凸雕，立体感强，螭龙体呈 C 形，两只围绕一圈，充满活力，长长的大尾，显得体姿优美。(王长启 / 文)

二一四 青玉提头 明中期

长 14.7 厘米 宽 2.8 厘米 厚 0.6 厘米 /1955 年甘肃省兰州市上西园彭泽墓出土

甘肃省博物馆藏

一对两件。玉提头为玉佩上端之饰，圆雕成荷叶形，两面纹饰完全相同。上边有两个穿孔，可以系结于服饰上。下边有 4 个穿孔，当是系结丝穗或其他佩饰之用。(陈炳应 / 文 蔡义选 / 摄影)

二一五 青玉圭 明

长 15.2 厘米 宽 5.1 厘米 厚 0.8 厘米

1972 年江西省南城县洪门乡朱祐槟墓出土

江西省博物馆藏

刻谷纹 5 行，为乳丁状。呈扁长条形，上端为尖状。(王玉兰 / 文)

二一六 白玉回首卧羊 明

长 6.7 厘米 /1972 年江西省南城县洪门乡朱祐槟墓出土

江西省博物馆藏

白玉，入土被浸蚀，羊身布满褐色斑点。造型呈回首卧伏状，短尾，竖耳，圆眼，张嘴。脊背钻一小圆孔，可作佩镶之用。(王玉兰 / 文)

二一七 白玉童 明

高 6.4 厘米

1972 年江西省南城县洪门乡朱祐槟墓出土 / 江西省博物馆藏

白玉质，局部有浸蚀的褐色斑。光头婴儿，体形略肥胖，两腿交叉，双手执一笏状物。笏顶处钻有一孔，用作串挂。(王玉兰 / 文)

二一八 白玉戒指 明
最大者直径 2.2 厘米
1969 年上海市陆氏墓出土 / 上海博物馆藏

戒面有长方形的，旁刻一对麦纹；也有凹弧形的，其下有两对麦纹。（周丽娟 / 文 郭林福 / 摄影）

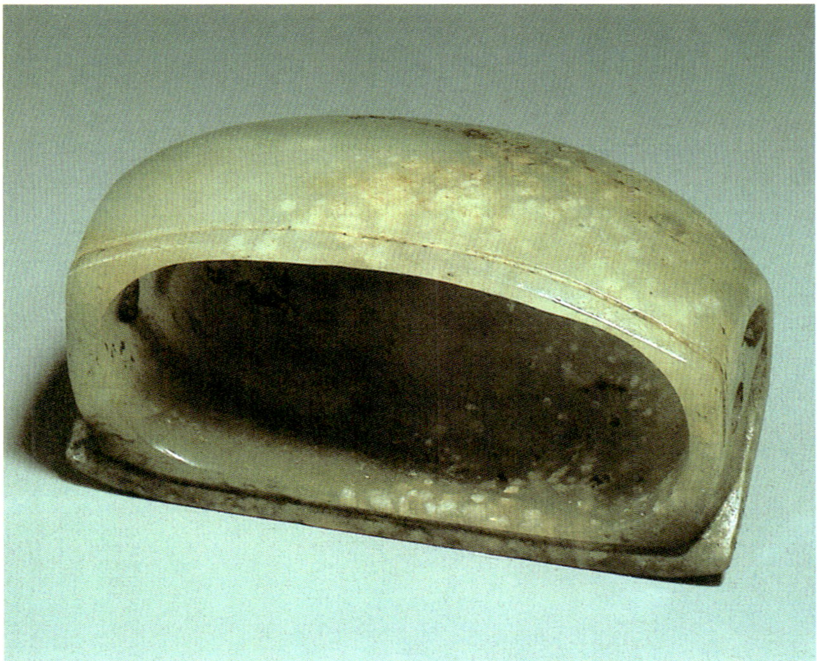

二一九 白玉发冠 明
长 5 厘米 宽 2.8 厘米 高 3.1 厘米
1969 年上海市陆氏墓出土 / 上海博物馆藏

冠面内外平滑光泽，侧面有 3 对不同形状的贯孔，其下孔为圆形，内可插发簪。（周丽娟 / 文 郭林福 / 摄影）

二二〇 白玉簪 明
长 11 厘米 /1969 年上海市陆氏墓出土
上海博物馆藏

簪体为方形，四面均阴刻螭龙纹，有铭文“寿比南山，福如东海”各在一簪体上。顶端浮雕麒麟，作回首状。底座细刻窗棂纹。（周丽娟 / 文 郭林福 / 摄影）

二二一 白玉观音插扦 明中期

玉观音高 5.5 厘米 长 10 厘米 宽 3 厘米

1969 年上海市陆氏墓出土／上海博物馆藏

白玉观音，以金质莲座托之，右手在胸前执一云帚，神态肃穆，衣着飘然，胸前用金丝缠绕并嵌宝石一颗。(周丽娟/文 郭林福/摄影)

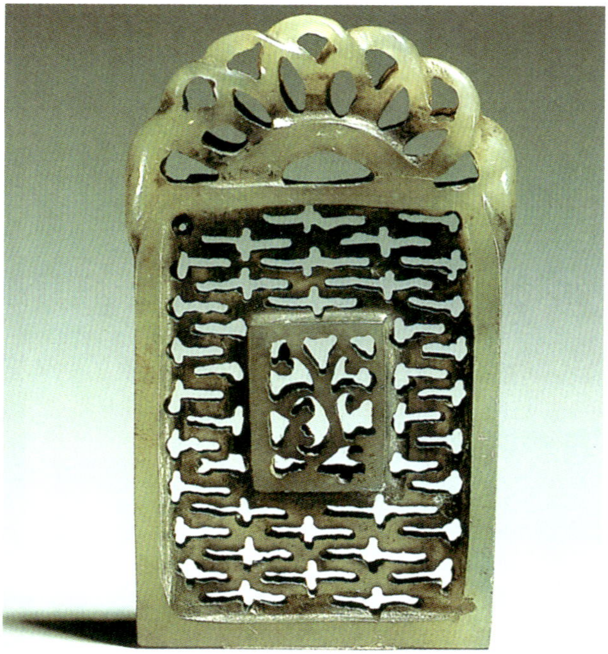

二二二 白玉镂空佩 明
长 4.1 厘米 宽 2.4 厘米
1969 年上海市陆氏墓出土
上海博物馆藏

白色。透雕拱形绦环及灵芝流云窗棂纹。（周丽娟 / 文 郭林福 / 摄影）

二二三 白玉童佩 明中期
高 3.8 厘米
1969 年上海市陆氏墓出土 / 上海博物馆藏

玉质晶莹。儿童发式，五官布局合理，形态逼真而显得自如。左脚独立，右腿屈膝欲登步，腿上伏一螭虎，左肩上有一鸟，衣襟飘然。脑后有一穿孔，可系绳佩挂。（周丽娟 / 文 郭林福 / 摄影）

二二四

二二五

二二四 二二五 白玉鱼佩 明中期
长 6.4 厘米 宽 2.7 厘米 /1969 年上海市陆氏墓出土
上海博物馆藏

玉质润净。鲤鱼嬉莲，大圆眼，菱形鳞，鱼尾侧而劲。旁有莲叶，鱼浮游作贯茎状。（周丽娟 / 文 郭林福 / 摄影）

二二六 玉菊花牌片 明
直径 5.5 厘米 厚 0.7 厘米 / 江苏省 无锡博物院藏

牌片正面以琢挖法琢成菊花形状，16 花瓣。中间饰有五瓣花，在花的中间为花蕊。背面以阴刻线条在每片花瓣上饰菊花叶，筋脉剔透，线条简练，具有较强的艺术性。（陈瑞农 / 文）

二二七 玉龙钩 明中期

长 11.7 厘米 宽 1.8 厘米 高 1.8 厘米

江苏省 无锡博物院藏

带钩头部饰以龙头，龙角、龙眉突出，线条清晰有力，龙首一部为一蟠螭，呈盘曲状，毛发飘拂，镂雕精细，造型美观。（周玲梅 / 文）

二二八 玉龙钩 明中期

长 12.5 厘米 宽 2.6 厘米 高 2.6 厘米

江苏省 无锡博物院藏

此件琢刻线条有力明朗，钩面饰龙形，毛发上冲，呈飘拂状，钩上部为蟠螭，盘曲而伏，圆眼细眉，腿部线条弯曲。作品气势磅礴，形态美观。（陈瑞农 / 文）

二二九 玉刚卯 玉严卯 明中期

左：长 2.2 厘米 宽 0.3 厘米 右：长 2.1 厘米 宽 1.1 厘米

1969 年上海市陆氏墓出土 / 上海博物馆藏

仿汉作品，左为八面体刚卯。铭文为“疾日刚卯，帝令尊化，顺尔固化，伏兹灵殳，既正既直，既觚既方，庶使刚瘅，莫我敢当”；右为四面体严卯。铭文为“疾日刚卯，帝令尊化，顺尔固化，伏兹灵殳，既正既直，既觚既方，庶使刚瘅，莫我敢当”。（周丽娟 / 文 郭林福 / 摄影）

二三〇 二三一 白玉幻方 明中期

长 3.6 厘米 通高 3.5 厘米 厚 0.75 厘米

1969 年上海市陆氏墓出土 / 上海博物馆藏

长方形，上有两贯耳可系绳佩挂。正面为一圆凸面，阴刻阿拉伯文字“万物非主，唯有真宰，穆汗默德，为其使者”的清真言。反面方框 4 行 16 格，每格内填一阿拉伯数码字，数字形体是 13 世纪时的阿拉伯文，隶定为现代通用数码字，是继元代安西王府出土铁幻方后的又一重要发现。由于幻方具有一定的神秘性，所以成了伊斯兰教徒佩以护身的信念物。（周丽娟 / 文 郭林福 / 摄影）

二三二 青玉花卉灵芝耳杯 明

高 5.8 厘米 口径 11 厘米

故宫博物院藏

青玉，有赭色丝状沁。圆形，撇口，双灵芝耳，腹部微凸。一面浅阴线雕缠枝莲，另一面雕万寿菊并缠枝莲。图案结构简练，大花大叶，疏密得体，具有明中期玉器风格。（张广文 / 文）

二三三 青玉螭耳杯 明

通耳高 6.7 厘米 口径 7.1 厘米

足径 4.9 厘米

故宫博物院藏

青玉，玉质较纯，玻璃光强。圆撇口，颈部微收，鼓腹，圈足。两侧镂空双螭耳，螭头及前爪伏于口沿，尾分两叉贴于杯壁，一后足蹬尾。

螭为传说中无角的龙。是战国至清代传统的重要装饰纹。此杯既能实用，亦可作精美的陈设品。（张寿山 / 文）

二三四 碧玉螭耳杯 明

高 10 厘米 宽 15.6 厘米

天津博物馆藏

椭圆杯，腹部与口部浮雕、镂雕 4 螭，其中两侧二螭为耳。椭圆圈足。（尤仁德 / 文 李国强 / 摄影）

二三五 青玉乳钉纹双耳杯 明

高 3.4 厘米 口径 6.8 厘米 足径 4.35 厘米 / 故宫博物院藏

青玉，玉质显旧，足有沁色，一耳局部有皮色。杯体较矮，圆直口，圈足。双夔式耳，平顶，上面浅凸雕连体勾连纹，下有外翘尾。腹部凸雕 3 周乳钉纹，地子不平。这种造型和纹饰的玉杯，为明代典型器物，故宫藏有多件，为饮具和陈设品。（张寿山 / 文）

二三六 青玉竹节式执壶 明

高 12.4 厘米 口径 8.5 厘米 / 故宫博物院藏

玉质青色，微透明。壶体为 3 节竹节式。5 节竹节式壶嘴。壶柄为双竹枝交错盘扭。圆形平盖，盖纽为一坐式老人，老人一手扶膝，一手执灵芝，背靠山石。平壶底，无足。（张广文 / 文）

二三七 白玉兽面纹兽耳炉 明

高 7.9 厘米 口径 8.8 厘米 足径 7.1 厘米 / 故宫博物院藏

青玉赭色沁。簋式，圆形侈口，口沿下饰夔龙纹及凸雕兽面。炉腹凸雕兽面纹。炉两侧各一兽头，兽口吞夔式耳，夔身饰仿古勾云纹。圈足，足外 4 出戟，浅浮雕夔龙纹。（张广文 / 文）

二三八 墨玉龙纹兽耳簋 明中期

高 10.7 厘米 口径 11.7 厘米 / 天津博物馆藏

仿西周青铜簋造型。口沿下为龙纹、兽面纹，龙首耳，耳下附珥，腹部为凸突直线纹，圈足亦刻龙纹。（尤仁德 / 文 李国强 / 摄影）

二三九 青玉兽面纹冲耳炉 明中期

通耳高 14.7 厘米 口径 11.95 厘米

足距 5.4 厘米

故宫博物院藏

青玉，玉质显旧，表面玻璃光较强。圆形，直口，三足鼎立，双冲耳，耳部中间一拱形孔，其外侧网纹地上浅雕相对螭纹。口边出沿，外侧阴刻山字形纹。腹部回纹地浅浮雕 3 组兽面纹，兽口各吞一立柱形足，足外侧琢变形蝉纹。炉底部内凹成 3 等份，底里起脊，似 3 兽首组合体。紫檀木盖，鸳鸯衔莲盖纽。系明代仿古陈设，供器。（张寿山 / 文）

二四〇 青白玉夔凤纹樽 明

高 15.9 厘米 口径 6.2 厘米 / 故宫博物院藏

玉料呈青白色，局部有褐色斑沁，体为圆柱形，樽由盖和体两部分组成，盖面呈弧形，上立雕三兽纽，并饰浅浮雕漩涡纹，边沿饰凸出的变形夔龙纹。樽周身饰变形龙凤纹 3 组，一侧中腰镂空一云形环状把，底平，有 3 个兽蹄状足等距分立。

此器最早出于汉代，这件为明代仿古。（宋海洋 / 文）

二四一 青玉云纹螭耳匜 明中期

高 13.3 厘米 宽 10.3 厘米

天津博物馆藏

口沿刻方折式云纹，身刻勾云纹，镂雕一螭为耳，螭头伸出口沿。椭圆圈足。（尤仁德 / 文 李国强 / 摄影）

二四二 黄玉觚 明中期

高 13.1 厘米 口径 6.6 厘米

天津博物馆藏

体呈海棠花形。中腰处浮雕一蟠螭。（尤仁德 / 文 李国强 / 摄影）

二四三 青玉狗 明

长 7.3 厘米 宽 2.4 厘米 高 3 厘米

故宫博物院藏

玉呈青白色，局部有褐色斑沁。圆雕一伏卧状狗，两只前爪前伸，回首后视，两耳下垂，颈部系一铃铛，后爪屈卧，卷尾。采用写实的艺术手法，形态准确，自然逼真。（宋海洋 / 文）

二四四 青玉卧马 明中期

高 4.5 厘米 长 8.3 厘米 宽 3.3 厘米

故宫博物院藏

马为回首卧伏状，头较短，阴刻线勾出菱形眼，小耳，额头两绺长发，分向两侧，颈后长鬣下垂。胸部与臀部较圆，背部凸起脊线，右前足踏地，余三足卧于腹下，长尾，弯于身体右侧。此玉马造型准确，雕琢细致，唯眼部刻画简练。用于书镇或陈设。（张广文 / 文）

二四五 青玉驼 明中期

长 9 厘米 宽 3.3 厘米 高 6 厘米 / 故宫博物院藏

青玉有瑕。驼为卧式，仰首，双目平视，下巴一绺胡须搭于胸前。双耳贴于头两侧，垂至颈部。两驼峰耸起，身两侧肋骨清晰可见，腿部肌腱凸起。四足屈于身下，小短尾。驼之头、胸、峰、尾、足等部饰有细密的短阴刻细线。雕刻有力，做工细腻。

明代玉兽是在汉代兽形玉镇、玉水丞的传统上发展起来的，有仿古与写实两种风格，这件玉驼形态真实生动。（杨捷 / 文）

二四六 青玉紫沁狗 明中期

长 14 厘米 宽 5 厘米 高 6 厘米

故宫博物院藏

玉表面带有黑色及紫色沁色。随玉材之形，雕一卧兽，兽头低俯，圆眼，阔嘴，耳下垂，头部雕琢细致，体肥肿，四肢伏于地，长尾贴于右腿内侧。作品造型为写实风格，头部刻画细致而形体简练，为明代玉兽的风格，可用作镇纸。（张广文 / 文）

二四七　青玉甪端香薰　明

高 17.8 厘米　口 5.6 厘米／故宫博物院藏

玉呈青白色，局部有深褐色斑沁及绺纹。独角，昂首，颈系领，张口露齿的甪端首为薰盖，四足正立，前两足有羽翅，身披龙鳞。内空，可贮香料，透过兽嘴散发器外。（宋海洋／文）

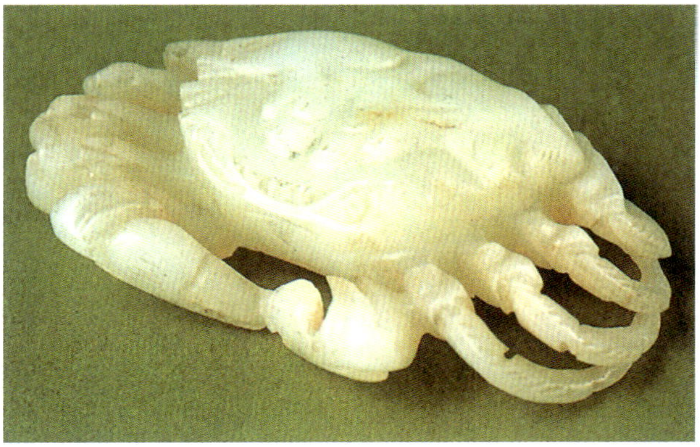

二四八 白玉蟹 明中期

高 2 厘米 长 7.3 厘米 宽 5.2 厘米 / 故宫博物院藏

玉质洁白无瑕，蟹呈静止状。身两侧各出四腿，腿部相连，并琢阴刻线，两蟹钳相交于蟹头前部。背壳两侧及嘴部各雕 4 个凸齿，两眼上挑。腹部团脐，脐上琢阴线波状纹。

明代玉蟹较多，一般都较扁，有的用作书镇，有的在腹部做脐，可套绳绦，用作带扣。（杨捷 / 文）

二四九 青玉龙首龟 明中期

长 5.7 厘米 宽 3.7 厘米 / 故宫博物院藏

青玉，有大面积的黑色沁。立体圆雕，龟为龙首，向后作回顾状，下颌与胡须抵龟背，鼻上翘，双角盘于头顶。背饰六角形龟背纹，中间一凸脊。右侧两足踏地，左前足前伸，左后足屈起收贴于腹壁。四肢均饰鳞纹。尾分三杈，上翘回卷，搭于龟背上。腹琢“关”形纹。（杨捷 / 文）

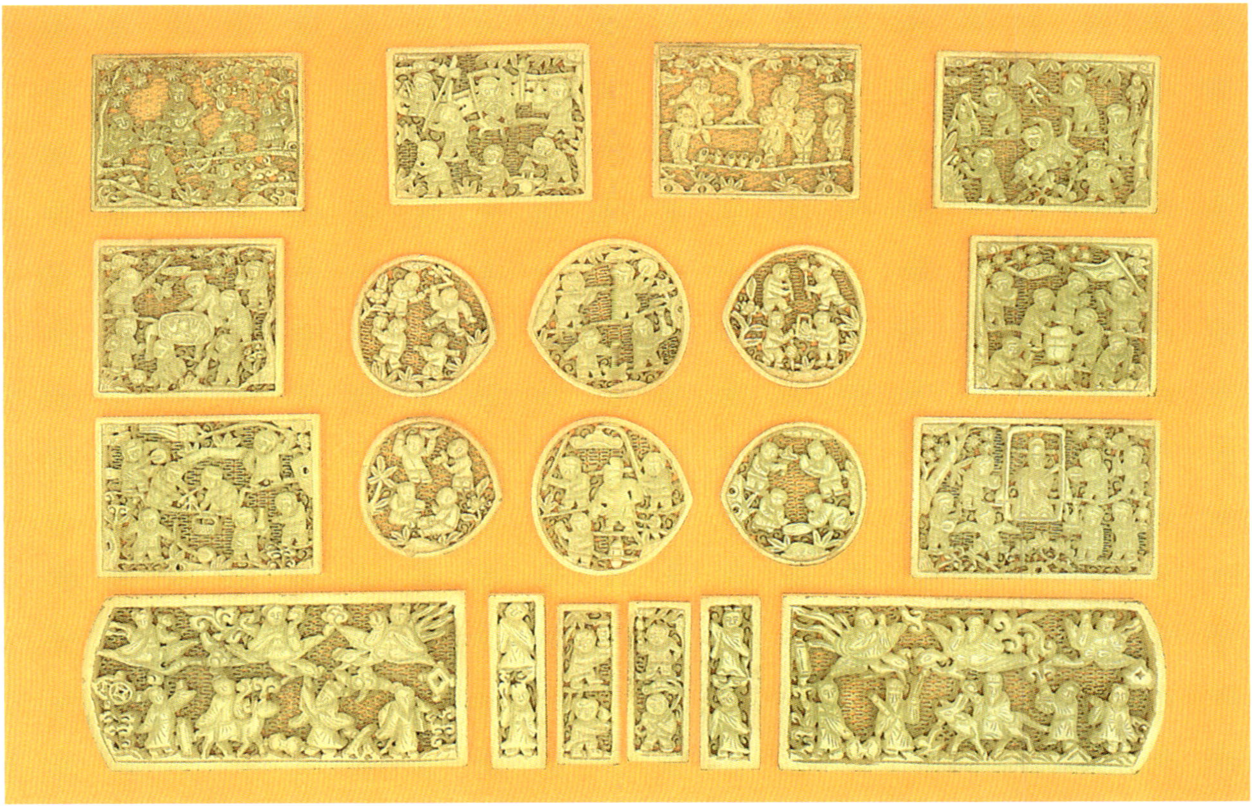

二五〇 青玉镂空人物带板 明晚期

桃形：径5.1厘米（4块） 径5.6厘米（2块） 桃形：径 5.1 厘米（4块） 径 5.6 厘米（2块） 细长条形：长 5.7 厘米 宽 2.2 厘米（4块） 长方形：长 7.2 厘米 宽 5.6 厘米（1块） 长 7.8 厘米 宽 5.8 厘米（2块） 长 8.7 厘米 宽 5.2 厘米（1块） 长 7.7 厘米 宽 7.5 厘米（1块） 长 6.7 厘米 宽 5.7 厘米（2块） 长 7.1 厘米 宽 5.7 厘米（1块） 铊尾：长 13.3 厘米 宽 6.3 厘米（2块）/故宫博物院藏

白玉制，全套 20 块。其中桃形 6 块，细长条形 4 块，长方形 8 块，铊尾 2 块，皆镂雕锦纹地子。两块铊尾及两块小条为仙人图，16 块为婴戏图，分别为戏猫、持枪、叠罗汉、吹笛、蹴球、锣鼓戏等。全套带饰纹饰风格不一，似后配套。（张广文 / 文）

二五一 白玉镂空龙纹带板 明晚期

边长 7 厘米 宽 4.5 厘米 /1979 年陕西省西安市征集 / 西安市文物局藏

白玉润泽。长方形框内双层透空雕刻龙纹，其巨目，长嘴，龇牙，双耳，长须向上飘动，体盘旋成 S 形，遍体刻鳞纹，张牙舞爪，凶猛异常，上有飞鸟，下有山石，表示在山林上空飞腾、起升。下层有几何纹为底，具有立体效果。这种透雕，既有装饰效果，同时作为带板也轻巧。(王长启 / 文)

二五二 白玉镂空龙纹带板 明晚期

边长 7 厘米 宽 5.5 厘米

1978 年陕西省西安市征集 / 西安市文物局藏

白玉。长方形龙纹，镂空透雕，龙在空中张牙舞爪，体呈 S 形，其旁飞鸟展翅飞翔。底形为透雕几何形。(王长启 / 文)

二五三 白玉镂空龙纹带板 明晚期

边长 6.3 厘米

1983 年陕西省西安市征集 / 西安市文物局藏

白三。正方形框内雕龙纹，周围饰花卉纹，卷草纹为底层。(王长启 / 文)

二五四 白玉镂空桃形龙纹带板 明晚期

径长 5.8 厘米 宽 5.5 厘米

1987 年陕西省西安市南廓门出土

西安市文物局藏

白玉。外刻桃形边，内刻龙纹，两层纹饰，底纹为卷叶纹，嵌于铜板上。（王长启 / 文）

二五五 玛瑙发冠 明

高 3.5 厘米

1979 年江西省南城县岳口乡七宝山明益宣王墓出土

江西省博物馆藏

冠顶雕琢 7 梁，两侧雕卷云状，在卷云纹中有一圆孔，以备插簪栓。（王玉兰 / 文）

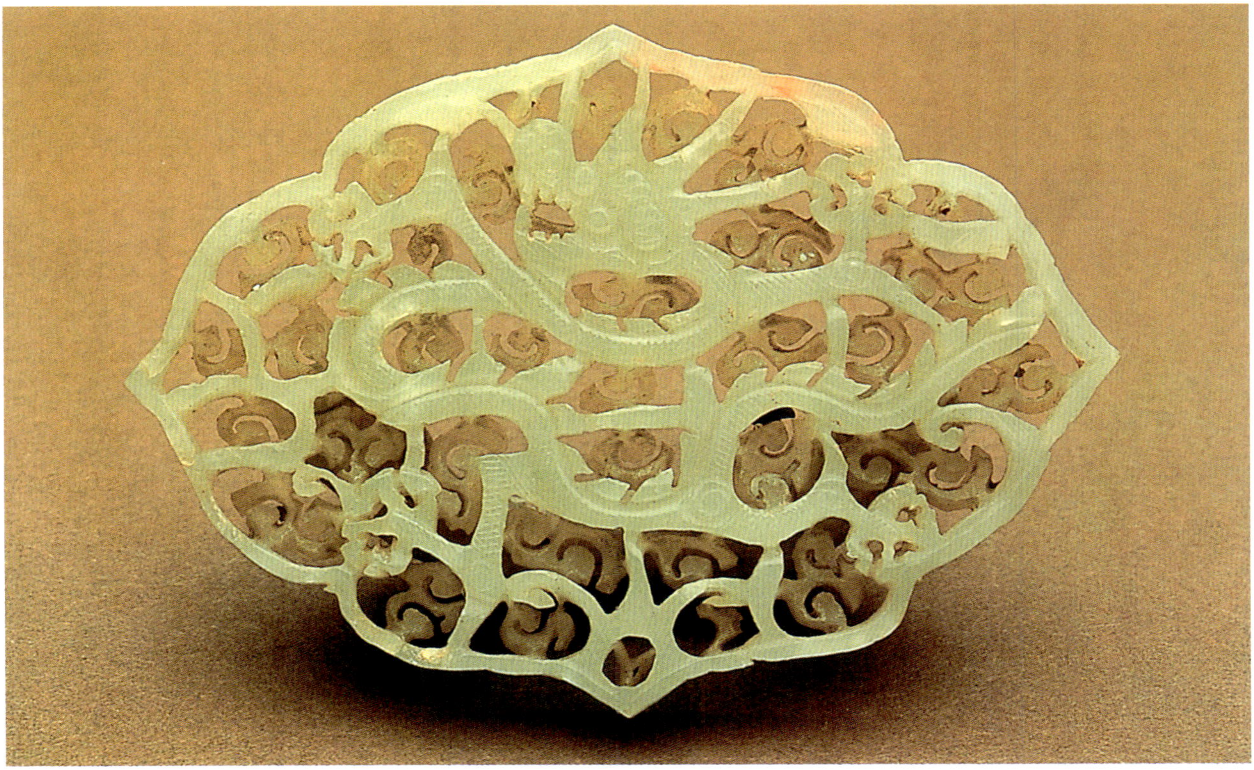

二五六 白玉镂空菱花形龙纹带板 明晚期

径长 6.5 厘米 宽 4.8 厘米 /1981 年陕西省西安市征集 / 西安市文物局藏

白玉。外为菱花形，内龙纹，卷叶纹为底层。（王长启 / 文）

二五七 玉佩 明

通长 66 厘米

1979 年江西省南城县岳口

明益宣王墓出土

江西省博物馆藏

玉佩两副（一套）饰件共 22 件。其中：银钩 2 件、珩 2 件、瑀 2 件、琚 2 件、璜 4 件、冲牙 2 件、玉坠滴 8 件、玉珠 604 颗，分段贯串缀联成玉佩。玉珩上刻纵横各 5 行圆泡形，其他玉片上刻有变体凤凰图纹等。系用旧玉改制。（王玉兰 / 文）

二五八 青玉猪 明

长 10.5 厘米 高 2.7 厘米

1979 年江西省南城县岳口七宝山明益宣王墓出土

江西省博物馆藏

玉质光润。通体素面，为长条俯卧状，圆浑肥壮，平嘴，上唇略翘，用阴刻线刻画圆眼、竖耳。（王玉兰 / 文）

二五九 二六〇 白玉镂空鸳鸯戏莲 明

长 5.3 厘米 宽 3.3 厘米 高 4.2 厘米

1979 年江西省南城县岳口七宝山明益宣王墓出土 / 江西省博物馆藏

全器色泽莹润，雕琢精细。镂雕作鸳鸯戏莲状，鸳鸯头顶有一长翎，头侧有羽佩，张翅作凫游状。嘴衔玲珑透雕缠枝莲，缠枝分布在鸳鸯两侧，两侧还有镂雕的莲花和荷叶。此玉雕上部和鸳鸯全身为褐色，其他部位为白色，底部呈椭圆形，有两对对穿斜孔，以备攒缀之用。（王玉兰 / 文）

二六一 **描金玉佩 明**

通长 49.4 厘米

1958 年北京市昌平区十三陵定陵出土

北京定陵博物馆藏

顶有金钩。玉珩顶有两孔与金钩相系，下有 5 孔分别组系，中间一行穿 9 珠，下系瑀，瑀 4 孔分别与上、下、左、右玉珠相连，最外两侧各系一琚，琚 3 孔与上、下及左、右两侧玉珠相连。瑀下穿 9 珠又系一玉花，玉花 4 孔，分别与上左右两侧玉珠相连，又下系 9 珠为第 4 排玉饰，形制与第 2 排相同。再下穿 9 珠为第 5 排玉饰，中间系珩形饰 1 件，次两侧各系冲牙 1 件，最外两侧各系玉滴一件。整个玉佩共用玉珠 236 颗。

在玉珩、玉花、珩形饰上有描金正面龙纹，其他玉饰上饰描金花朵及卷云纹。

此佩出自随葬物品箱内。（宋磊 / 文 姜言忠 / 摄影）

二六二 **白玉垂导宝石花佩 明**

通长 61 厘米

1958 年北京市昌平区十三陵定陵出土

北京定陵博物馆藏

顶端为璜形鎏金铜提头，两面均浮雕有二龙戏珠纹，每面各嵌红宝石 2 块、蓝宝石 3 块，上部正中有环鼻 1 个与带环挂钩相连，下部有 4 环鼻分别系黄色丝组穿玉饰件。

共有 10 排：1、3、5、7、9 各排，每组系叶形玉饰 2 片，玉叶上部穿系黄丝穗 1 个（多数已腐朽不存）。2、4、6、8、10 各排穿系不同质料的饰件：第 2 排为碧玉花和水晶花各 2 朵；第 4 排为白玉花 4 朵；第 6 排为红玉桃 2 个、绿玉花 2 个；第 8 排为红玉髓、铁蓝石鸳鸯各 1 件，铁蓝石、绿松石慈姑叶各 1 件；第 10 排为碧玉蝉、蟾蜍各 1 件，白玉鸳鸯、鱼各 1 件。另外在第 4 排玉饰下有扁长条形玉横饰 1 件，上有 4 孔，分贯 4 组。

照片上 2 件玉佩为 1 副，均出自随葬器物箱内。

2 件大小相同，只是第 6、8 排所系玉饰件稍有不同：其中 1 件第 6 排为红玉桃 2 个、绿玉桃 1 个、碧玉花 1 个；第 8 排为白玉花 1 朵、铁蓝石鸳鸯 1 个、慈姑叶 2 片。（宋磊 / 文 姜言忠 / 摄影）

二六二

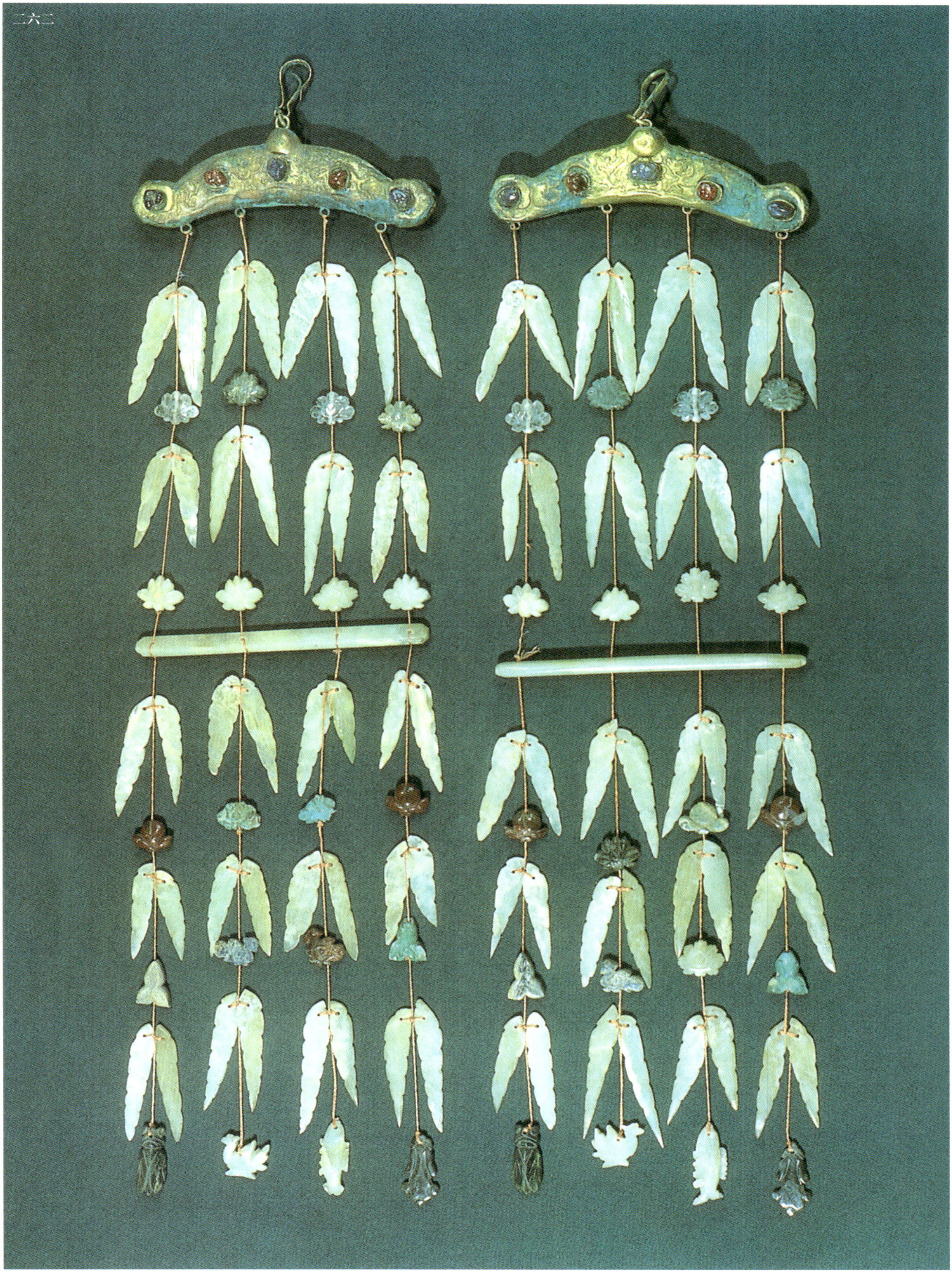

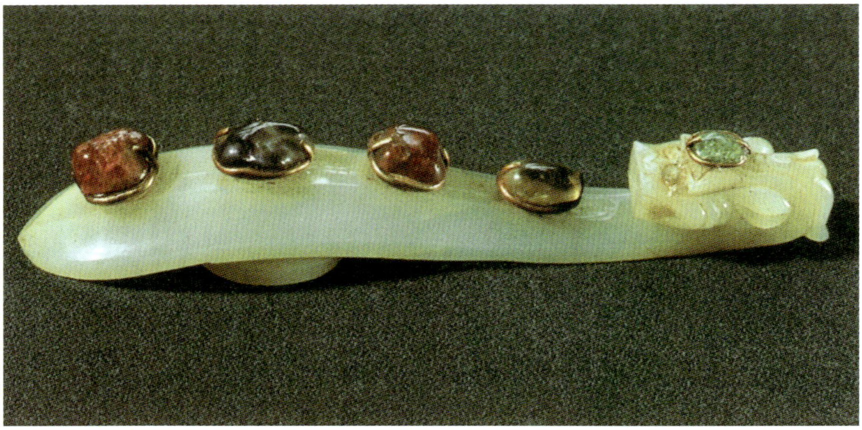

二六三　白玉龙首嵌宝石带钩　明

通长 14.2 厘米　钩长 3.6 厘米　腹宽 2.5 厘米

1958 年北京市昌平区十三陵定陵出土

北京定陵博物馆藏

玉带钩雕作龙首形，背部有一椭圆形纽。龙额嵌绿宝石一块，龙睛镶猫眼石（尚存一块），腹部嵌红宝石两块、蓝宝石一块、黄宝石一块。此玉带钩出自万历皇帝棺内。(宋磊/文　姜言忠/摄影)

二六四　玉带钩　明晚期

纵 5.2 厘米

1966 年江苏省苏州市虎丘乡新庄王锡爵墓出土

江苏省　苏州博物馆藏

玉质呈青白色。钩部作鸭首形，俯视呈螳螂肚状。光素无纹，腹下一长方纽，此器小巧，光洁温润，出土于明代王锡爵墓，是了解明代玉器的实物资料。(陈军/文)

二六五

二六六

二六五至二七四　白玉透雕麒麟花卉纹玉带板　明

长 9.3 厘米　宽 6.5 厘米　厚 0.7 厘米

1982 年江西省南城县岳口乡游家巷明益定王朱由木墓出土

江西省博物馆藏

整个玉带由 17 块组成，二六五至二七四图为其中 10 块。这两块獭尾呈长方形，一端呈弧弯，边框和里面的花纹平齐，两层透雕带翼麒麟，张嘴，上唇略上翘，露齿，身上有方格纹饰，尾梢两侧均刻卷云纹，站在山石上呈向前奔走状。麒麟四周透雕山水、松枝、梅花等图案。4 块銙呈长方形，两层透雕带翼麒麟；4 块銙呈桃形，两层透雕带翼麒麟。(王玉兰/文)

二六七

二六八

二六九

二七〇

二七一

二七二

二七三

二七四

二七五 白玉镂空寿字镶宝石金簪 明

通长 13.5 厘米 顶长 9.3 厘米 宽 6 厘米

1958 年北京市昌平区十三陵定陵出土

北京定陵博物馆藏

扁锥形。顶部附有白玉雕“寿”字及花形玉饰，其上镶以金托，内嵌红宝石 4 块、蓝宝石 3 块、绿宝石 1 块、猫眼石 3 块。簪背面中部刻铭文“万历戊午年造”。此簪为孝端皇后棺内出土物。（宋磊 / 文 姜言忠 / 摄影）

二七六 镶珠宝玉花金蝶鎏金银簪 明

左：通长 27.3 厘米 顶长 5.3 厘米 宽 9.9 厘米

右：通长 25 厘米 顶长 4 厘米 宽 9.8 厘米

1958 年北京市昌平区十三陵定陵出土 / 北京定陵博物馆藏

簪下部呈半圆弧锥形。顶部焊接有葵花、灵芝和云头形托，托上花蝶分两部分：一部分为白玉雕成的双层菊花，两层之间嵌红、蓝宝石一周，顶心嵌红宝石一块；另一部分下层在碧玉托上嵌红蓝宝石，云形托上嵌珍珠，上层为一花丝蝴蝶，蝶背嵌猫眼石一块，蝶须各系珍珠一颗。在蝶花之间及蝶后部插有鎏金银制花枝。此簪为孝靖皇后棺内出土物。（宋磊 / 文 姜言忠 / 摄影）

二七七 白玉累金丝镶宝石鎏金银簪 明

通长15厘米 顶长8.1厘米 宽5.7厘米

1958年北京市昌平区十三陵定陵出土

北京定陵博物馆藏

扁锥形。顶部焊接有花丝制作的佛光背托及"八宝"（轮、盘长、方胜、云头）和莲花组成的底托。中间镶白玉雕佛像一尊。佛像直立，面目清秀，头顶有乳髻，袒胸、跣足。左手弯曲于胸前，掌心向上；右手平伸，掌心向前。头戴宝冠。冠顶又有一坐佛，双手合抱于胸前，下有莲花座。冠两侧有宝缯下垂。立佛身着宽袖长衣，下部有密集的衣褶。两侧原各有梵文咒语3字，右侧现缺一字。莲花托下部嵌红宝石3块、蓝宝石3块。（宋磊／文 姜言忠／摄影）

二七八 白玉兔金镶宝石耳坠 明

通长 5.8 厘米 环径 2.5 厘米 兔高 2.4 厘米

1958 年北京市昌平区十三陵定陵出土／北京定陵博物馆藏

金耳环，圆形，下系白玉兔耳坠。玉兔呈直立状，竖耳，两前肢抱玉杵，下有臼，作捣药状。兔顶系红宝石一颗，两眼各嵌红宝石一颗，下部有云头形金托 3 个，中心嵌猫眼石，两侧各嵌红宝石。正、背两面镶嵌相同。此物出自孝靖皇后棺内头北部。（宋磊／文 姜言忠／摄影）

二七九 弯头玉簪 明

长 11.9 厘米

1958 年江苏省无锡市龚勉墓出土／江苏省 无锡博物院藏

玉簪王质柔润细腻，通体素面。顶部饰圆形簪头，制工规整。（陈瑞农／文）

二八〇 白玉镂空麒麟纹椭圆牌 明晚期

长 6 厘米 宽 4.5 厘米

1983 年陕西省西安市南郊三爻村出土／西安市文物局藏

白玉有土沁。椭圆形，中部镂雕一麒麟，回首观望，三角形眼，长嘴上翘，头顶有角，长须上飘，尾上卷，斜方格为鳞纹，肩有火焰纹，行走于山上，兽大山小，突出兽纹，周围是透孔花叶。（王长启／文）

二八一 白玉镂空福寿方形牌 明

长 5.7 厘米 宽 4.5 厘米

1982 年陕西省西安市征集／西安市文物局藏

长方形镂空牌中部一“寿”字，其旁有蝙蝠飞翔，以串枝叶、梅花、竹叶衬托，外围是竹节形方框。寿字寓意长寿吉祥，蝙蝠之“蝠”与“福”字同音，即“福寿”。竹子一尘不染，不畏严寒，梅花为伴，梅花严冬风雪天，依然开放，把竹梅作为纯洁的象征，将此雕琢在同一牌饰上，其构思巧妙，治玉技高。质白细腻，玻璃感强。（王长启／文）

二八二 白玉镂空圆形梅花牌 明晚期

直径6厘米

1981年陕西省西安市征集／西安市文物局藏

白玉细腻，晶莹鲜润。牌饰中间为一朵梅花，周围5朵小梅花，以花枝串连为一组，每朵梅花中都有一小孔，可能为镶嵌宝石用。构图巧妙，牌外形又似一朵梅花，精工细雕，纤巧华丽，有宋玉遗风。（王长启／文）

二八三 玛瑙镂空椭圆形牌 明

长9.8厘米 宽5.7厘米 厚1厘米

1955年浙江省临海市王士奇墓出土／浙江省博物馆藏

器作椭圆形，透雕出图案。（沈岳明／文 申少斌／摄影）

二八四 青玉福禄寿三星饰 明

长6.3厘米 宽5.9厘米 厚0.8厘米

故宫博物院藏

玉为青白色，体扁平。在一块云状随形玉上，浅浮雕一寿星，一手执仙杖，一手拿灵芝；身后蝙蝠飞舞，身旁一鹿驻足回首。

以蝙蝠、寿星和鹿的图案取其谐音，象征“福”“禄”“寿”，至明、清大量应用。（宋海洋／文）

二八五 金托玉执壶 明

通高 26.5 厘米 口径 5.3 厘米 盖口径 4.4 厘米 盖高 6.8 厘米 足径 7 厘米

1958 年北京市昌平区十三陵定陵出土 / 北京定陵博物馆藏

此壶出自万历皇帝棺内。子母口，细长颈，腹稍扁，椭圆形圈足，倒龙首形细长流，稍外倾，流上部与壶颈相连，耳形把。盖为覆盆形，顶部有圆形纽，纽套一 8 字形圆环与壶把以链相连。链索为 16 环，长 18 厘米。

腹两侧浅雕出寿桃形，桃内下部雕有海棠花，枝叶繁茂，对称分布，上部正中刻一“寿”字，两边各刻一“卍”字，寓意“玉堂万寿”。壶底有一椭圆形金托，敛口、鼓腹、平底。（宋磊 / 文 姜言忠 / 摄影）

二八六 金托玉爵 明

高 11.5 厘米 径 13.2 厘米 宽 5.6 厘米 腹深 5.8 厘米

1958 年北京市昌平区十三陵定陵出土

北京定陵博物馆藏

爵身呈元宝形，深腹，圆底，两柱蘑菇形，顶刻涡纹。三柱足，一侧附透雕龙形把，龙作攀附状，弓背，两足前爪抓在爵沿部，口与柱根相接，后爪立于爵腹，尾上卷，龙腹与爵壁之间有空隙，恰好容一指插入，便于持爵，形象颇生动。

爵流及尾的外壁各刻一正面龙纹，龙的两只前爪上托一字，流的部位为“萬”字，尾的部位是“寿”字。两龙间刻一组四合如意云纹。三柱足根部各刻一如意云纹。整个爵身布满云龙纹，构图庄严对称，气魄雄浑，雕刻线条圆滑流利，而且富于流动感。

爵下有一金托盘，外折平沿，沿边内卷，浅弧腹。盘中部为一树墩形柱，上有3孔，底部以3个铆钉与盘底铆在一起，3孔中部有古钱形横膈，3爵足插入。

盘沿刻勾连云纹，盘内为沙地，由外壁向内压出浮雕式纹饰，主纹为“二龙戏珠”，下部为“海水江崖”，上部为云纹。树墩形柱下雕刻出起伏重叠的山峰。整个纹饰取意“寿山福海”。

此物出自万历皇帝棺内西北部。(宋磊 / 文 姜言忠 / 摄影)

二八七 白玉盂 明

高 4.2 厘米 口径 10.8 厘米 底径 10.4 厘米 /1958 年北京市昌平区十三陵定陵出土 / 北京定陵博物馆藏

玉盂：敛口，圆鼓腹，平底。腹部饰变形凤纹，爪持灵芝。盂底有圆形木托。盂与托均置于金盒内。

金盒：子母口，弧腹，平底，圈足。口下部一周为累丝花纹带，上嵌花丝二龙戏珠纹饰两组，腹部刻“云龙赶珠”及“海水江崖”纹，圈足上刻海水江崖纹。

盖：覆盆形，全部以累丝镂空制成。纹饰分为3组：口部一周花纹带与盒口部花纹带纹饰相同。腹部饰龙赶珠纹，顶部嵌一正面龙及云纹。

此物出自万历皇帝棺内。(宋磊 / 文 姜言忠 / 摄影)

二八八 金盖托白玉碗 明

通高 7 厘米 直径 15.2 厘米 圈足径 5.9 厘米

1958 年北京市昌平区十三陵定陵出土 / 北京定陵博物馆藏

玉碗玉质细腻、莹润，洁白无瑕。敞口，弧腹，圈足。

镂空金盖：弧面形，短沿外折子母口，从沿到顶呈阶梯状分作 3 层，顶部饰一莲花形纽，连云纹圆纽座，纽中心嵌红宝石一块。沿上浅刻莲云纹一周，盖面以镂空云纹为地，下层饰三龙赶珠纹，中层及上层各饰二龙赶珠纹。龙姿矫健优美，作腾空飞跃状。

金托盘：口沿边外卷，浅弧腹，平底。底部正中由外壁向内压出一圈足形碗托。玉碗置其上。

盘腹内壁刻 8 组整齐的云纹图案，底为沙地纹，刻二龙赶珠及云纹，正中碗托内刻云纹，托外饰浮雕式连续状云纹一周。

此物为万历皇帝棺内出土。（宋磊 / 文 姜言忠 / 摄影）

二八九 青玉英雄合卺杯 明

高 9.9 厘米 双筒宽 8.4 厘米 单口径 4 厘米 足径 7.5 厘米

故宫博物院藏

青玉，玉质显旧，微有沁色。双筒相连式，均圆口，圈足。口边阴刻回纹。腹部饰带尾的谷纹，下部为仿战国漆器云纹和斜线加勾纹。鹰熊夹于双筒之间，鹰在上，熊在下，熊四肢着地，垂首。鹰双爪攫熊耳，双翅分开贴于两侧筒壁，鹰双角，双耳，尖喙，尾于杯后，尾之上又透雕一兽首，其下为分开的带式纹并与熊尾相连。

《礼记·昏义》载：“共牢而食，合卺而酳。”又称“合瓢”。器物上的“鹰”“熊”为主纹饰，寓“英雄”吉意。至明清时期，此种器物已成为宫廷珍贵的陈设品。（张寿山 / 文）

二九○ 青玉莲瓣壶 明

通高 16.1 厘米 口径 7.8 厘米 足径 6.9 厘米

故宫博物院藏

青玉，局部浅褐色。圆口，圈足。荷叶莲瓣式盖，鸳鸯衔莲纽。壶体为球形，凸雕双层莲瓣，外层雕有“寿”字，两面各 3 瓣，兽吞式流，流外雕云纹。镂雕双枝缠绕式壶柄。（张广文 / 文）

二九一 二九二 青玉婴戏图执壶 明

高 12.3 厘米 口径 3.8 厘米至 6.1 厘米

故宫博物院藏

青玉质。壶体四方抹角形，弧形柄，曲流。腹部两侧开光内饰婴戏图。柄和流琢花果图案。口上有盖，盖上琢立狮纽。纽与盖系分别碾琢，之后粘连而成。狮纽的下方镌“子刚”二字款。图案碾琢比较繁缛细腻，线条刚劲有力。陆子刚，祖籍松江，后迁往苏州从事琢玉业，成为一代名师。据传曾被征入内府琢玉。此壶系宫廷旧存，名款琢于盖纽之下，如不是盖纽日久脱离，将无法发现。这种隐秘暗款的处理方法，表现出作者难言的苦衷。

二九三 青玉八仙图执壶 明

通高 27 厘米 口径 6 厘米至 7.8 厘米 足径 6.5 厘米至 8.2 厘米 / 故宫博物院藏

玉质闪青。有锦纹，中空，细颈阔腹，椭圆口、足。盖顶为镂空骑鹿老人，斜面为三云鹤纹，边沿及壶口为俯仰“山”字纹。颈两面草书诗句两首，并阴纹“长春”“永年”二方印，腹两面各隐起姿态各异 4 仙人。夔式柄，柄顶站立一兽。兽吞式流与壶颈之间镂雕灵芝纹。高足边沿阴琢山字纹，其上弦纹两周。

设计精巧，造型庄重，做工粗犷有力。为明代陈设（可实用）品中之珍贵的玉器。（张寿山 / 文 胡锤 / 摄影）

二九四 青玉螭耳杯 明

高 7.5 厘米 口径 7.1 厘米 / 故宫博物院藏

玉呈青褐色，局部有青白色斑沁。杯口呈圆形斗式，周身阴线刻细密的梅、竹、松花纹，杯把镂空雕大小各一螭，螭均前爪攫口，后肢盘抓杯身，头视杯内，十分生动。杯底圈足。（宋海洋 / 文）

二九五 青玉连枝桃式杯 明晚期

长 15 厘米 高 5.2 厘米 口径 7.9 厘米至 9.5 厘米

故宫博物院藏

杯为桃式，胎极薄。杯柄为镂雕桃花枝叶，桃花中心嵌一蓝玻璃珠，枝叶缠绕伸展过杯底，底中部为桃花形足。（张广文 / 文）

二九六 青玉菊花耳葵花菊瓣杯 明中期

高 6.2 厘米 口径 10.3 厘米 长 16.2 厘米 / 故宫博物院藏

青玉，黄色土沁。杯为圆形，直口，圈足。上部为 28 瓣菊瓣，下部为 6 瓣葵瓣式。杯内底部雕梅花一朵。镂雕双菊耳，耳顶部为开放菊瓣，其下镂雕枝叶。（张广文 / 文）

二九七 青白玉梅花杯 明晚期

高 3.4 厘米 口径 10.5 厘米 /1981 年陕西省西安市征集 / 西安市文物局藏

青白玉，玻璃光泽较强。梅花杯造型独特，构思巧妙。在枝叶上开有 6 朵梅花，其中一朵特大的为口杯，其余 5 朵在其周围绕枝叶开放，枝叶既装饰了梅花杯，又成为“把柄”与“杯座”。该玉杯以梅花为体裁，耐寒傲雪霜，是高贵品质的象征。（王长启 / 文）

二九八 青玉镂空葵式杯 明

高 7.4 厘米 长 17 厘米

故宫博物院藏

青玉质，微有褐色沁。杯为葵花式，内壁琢 4 瓣葵花，花蕊高凸。杯外壁镂雕花枝、花叶及花朵，枝叶相连，缠绕于杯外壁四周。一处枝叶稍少，露出杯口，以便使用。杯底以镂雕枝叶为足。（杨捷 / 文）

二九九 青玉桃式杯 明晚期

高 6.1 厘米 口径 9.5 厘米至 10.3 厘米 / 故宫博物院藏

青玉质，内含成片黑点和黄褐色沁斑。杯为桃形，镂雕枝叶为柄，部分枝叶缠绕于杯身并作圈足。口沿下阴刻篆书四言诗 4 句：“君颜如桃，挹而饮之，似盛甘醪，断瑕甚璧。”底篆阴文“子冈制”3 字款。陆子刚（或陆子冈）是明晚期的琢玉能手，制玉技压群工，受到人们的赏识。传世品中（包括故宫收藏）的子冈款玉器风格不一，优劣悬殊，其中有一部分可能出自陆子刚之手，但绝大多数是后人仿制的。（杨捷 / 文 胡锤 / 摄影）

三〇〇

三〇一

三〇二

三〇〇至三〇三 青玉环把有盖樽 明晚期

通盖高 10.5 厘米 口径 6.8 厘米 /1962 年北京市小西天师范大学施工时出土 / 首都博物馆藏

杯体圆，由器和盖两部分组成。盖顶正中有一圆形平顶纽，上饰水涡纹，纽与盖之间有一圆孔。盖的外沿有 3 个昂首卧狮，间距相等，每两狮间各琢一兽面，盖沿饰云龙纹。杯外腹满以蚕纹为地子，上隐起螭虎纹和 3 个夔凤纹。杯内壁为直筒形。杯底平，外侧有 3 个兽首吻向下为足。杯侧有一环形把，把上有凸出的象形纽饰，象鼻自然内弯成一孔，可系。把内有剔地阳文篆书“子刚”两字。纽顶和把上的圆孔似作穿嵌活环套链用，惜原活环套链出土时就没有。玉器上款署琢玉者姓名，在我国玉器中极少见，况且陆子刚又是明代苏州著名的琢玉名师，非好玉不琢。此杯虽经入土，但仍光亮鉴人，是迄今所知“子刚”款玉器出土器物中极难得的一件。墓主“黑舍里氏”，夭亡时年仅 7 岁，其父为清代一品官索额图，其祖父为康熙时的四大辅臣之一的索尼。（薛婕 / 文 梁刚 / 摄影）

三〇三

三〇四 白玉云鹤纹小壶 明晚期

通高 12.7 厘米 通体长 10.3 厘米 口径 4.4 厘米

1962 年北京市小西天师范大学工地出土

首都博物馆藏

壶体为圆形，由盖和器两部分组成。盖顶雕一只站立的鸳鸯为纽。壶身斜肩，腹内收。壶的肩部凸雕两个螭虎头，螭虎头之间琢有两只伫立水中觅食的仙鹤，仙鹤颈部下曲，两翼微张，壶的腹部琢满水波纹，二尾鲤鱼跃出水面，意喻鲤鱼跳龙门。镂空龙形把，直流，底有 3 个水涡纹形足。（薛婕 / 文 梁刚 / 摄影）

三〇五 青玉镂雕灵芝式花插 明

高 24 厘米 长 10 厘米 宽 9 厘米

故宫博物院藏

青玉，圆筒状。上半部为一灵芝形花杯，花杯外表浮雕灵芝 4 朵，水仙叶及花 2 朵，并有丝蔓盘绕。下半部镂雕竹节及灵芝枝叶。花插枝叶镂雕精湛，为明代镂雕玉器代表作品。（张广文 / 文）

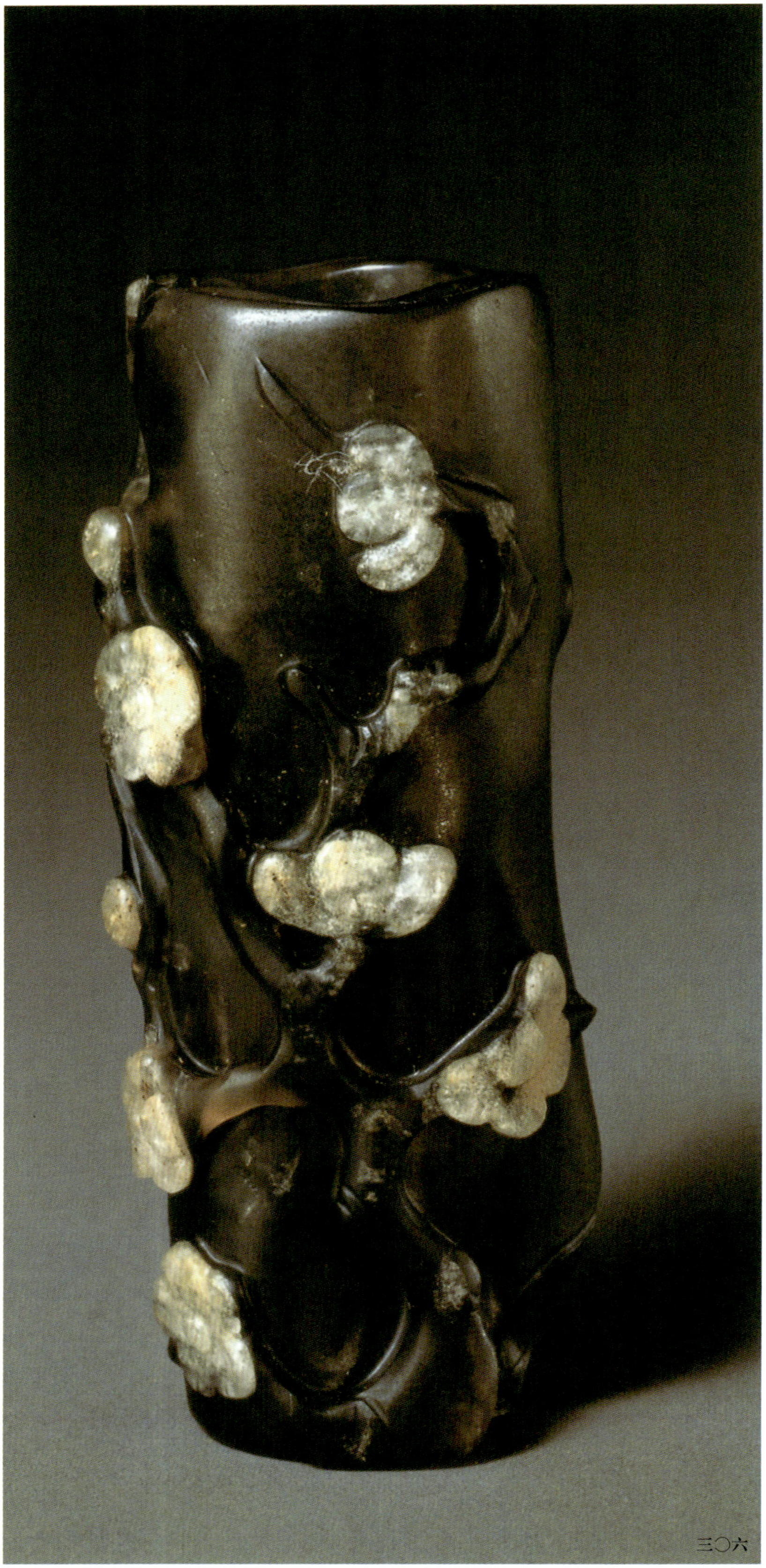

三〇六

三〇六 三〇七 茶晶梅花花插 明

高 11.4 厘米 口径 4.2 厘米 足径 3.8 厘米

故宫博物院藏

通体茶色，局部表面留有白色天然体。圆雕，粗梅桩形，中空，可插花，随形圆口，木纹，平底足。外表凹凸不平，呈自然树桩状。底和口部凸雕梅枝，将天然白色部分琢出盛开的梅花，生动、自然、形象，系素白水晶俏色的佳作，明代水晶器中也是罕见的。在新枝之间琢双竖行阳文草书“疏影横斜，暗香浮动”8字，并署阴纹“子”“冈”一圆一方印，为琢有“子刚”款的珍贵玉器。（张寿山 / 文）

三〇七

三〇八 青玉兽面纹八出戟方觚 明

高 23.8 厘米 口：长 8.7 厘米 宽 8.4 厘米

足：长 6.4 厘米 宽 6 厘米 / 故宫博物院藏

青玉，微有黄色沁，表面玻璃光。方形口、足。上下为 8 出戟，腹部 4 出戟。口沿饰回纹一周，颈部饰蕉叶纹及锦地双夔龙。腹部四面凸起，饰兽面纹。腹下饰蕉叶纹。足外饰多层“人”字纹。足下有榫。（张广文 / 文）

三〇九 青玉龙把匜 明

高 7.8 厘米 长 5.8 厘米 宽 3.6 厘米 / 故宫博物院藏

玉呈青绿色，局部有褐色绺斑浸。匜呈长口，长方形圈足，口略外撇口，把镂雕一变形古式螭龙，腹部浮雕凤鸟纹，凤鸟呈站立行走状。镂琢细腻，简朴生动。（宋海洋 / 文）

三一〇 三一一 青玉荷叶洗 明

高 8.5 厘米 宽 17.6 厘米

故宫博物院藏

玉呈青灰色，褐色斑沁较重。以一卷式形荷叶作洗身，洗内外均刻琢凸起的叶脉，洗内底部高浮雕一青蛙，外有凸雕的枝、叶，以一束荷茎作洗柄，琢磨圆润，生动逼真。（宋海洋 / 文）

三一二 青玉童子卧马 明

高 4.7 厘米 长 6.5 厘米 宽 3 厘米 / 故宫博物院藏

玉质青色，有瑕斑。马为卧式，头微微抬起，双眼圆瞪，马鬃前冲，两道马缰绳顺嘴而下至胸前，又飘向颈后。四足屈于身下，长尾前飘。一牧童坐于马侧，背靠马身，牧童头右歪，双手抱瓶，右足踏地，左足后翘。长衣束带，衣裤当风飘舞。

这件作品重心较低，可用作镇纸，低凹处又可架笔、是文房用具。（杨捷 / 文）

三一三 青玉麒麟 明晚期

高 9.7 厘米 长 14.3 厘米

前足宽 5.6 厘米

故宫博物院藏

玉质有深紫色沁。圆雕，站立吼状，张口露齿，凸眼圆睁，两短角，双耳下垂，背及四肢琢鱼鳞纹，3 绺短尾上翘，鹿形蹄。造型雄劲，刀法有力，为明代动物类陈设精品。

麒麟，古代神话中的仁兽名。《索隐》引张揖："雄曰麒，雌曰麟，其状麇身，牛尾，狼蹄，一角。"后来成为颇受人们喜爱的瑞兽，如"麒麟送子"。因是仁兽，又借喻杰出的人物。唐代武官（左右卫）着绣有麟麟图形的袍。至清代，有的宫殿门之两侧置铜镀金麒麟以显威武。（张寿山 / 文）

三一四 青玉菩萨 明晚期

高 11.5 厘米 底长 8.1 厘米 宽 5.2 厘米

故宫博物院藏

玉质暗青色。圆雕，兽卧莲台，菩萨坐于兽背，眼半闭，耳轮垂肩，高鼻梁，小口半张，脸面光润丰满，头戴斜冠。一足踏莲台，一足抬起踩在兽肩部，右手放于膝盖，左手扶兽臂。身着长衣长裤，衣纹较粗，显生硬，胸前、腰下饰凸起的璎珞。兽首向后昂起，凸眼粗眉，短鼻。数绺长毛发后披，长尾在菩萨足边，张口，呈鸣叫状。莲座壁饰莲花瓣纹一周。琢工粗犷，刀法有力。

为佛堂（或室内）供器之偶像，也可作陈设。金、银、铜、玉、石、翠、木、竹等质地的都有，至清代更为盛行。（张寿山 / 文）

第六卷 清

（图版及图版说明）

本卷主编

李久芳　故宫博物院

图版摄影

刘志岗　故宫博物院

申少斌　河北美术出版社

一 和田青玉花蝶执壶 清中期

通高 12.1 厘米 口径 5.6 厘米 足径 5.1 厘米

故宫博物院藏

青玉有瑕斑。壶盖为半球状，花蕾式纽，环纽饰 8 莲瓣。壶体似球形，腹上下各有一周云带灵芝纹。其间琢凸起的巨型花蝶，蝶身由 5 小瓣拼成，瓣上有不同的花饰。蝶旁琢缠枝莲花，壶柄似由双夔并成，夔首尾两端各有一团“寿”字。矮圈足，无款。

二 和田玉扁圆式执壶 清中期

高 12.6 厘米 口径 3.3 厘米至 4.6 厘米／故宫博物院藏

青玉。扁圆形，盖为倒覆斗式，盖外饰云雷纹及 4 夔纹，椭圆形环纽。壶体为短颈，椭圆形口，口沿饰雷纹一周，腹上雕饰纹四周，为云雷纹、勾云纹及细密的折角变形雷纹，云纹及多层的云雷纹、回纹。流为方楞形，流外雕云纹及三角雷纹，壶柄为一夔，柄上部为一兽头，椭圆形足，足外饰回纹一周。

三 和田青玉凤柄执壶 清中期

通高 22.1 厘米 腹宽 8.8 厘米 口径 4.8 厘米至 5.8 厘米 足径 4.5 厘米至 5.4 厘米／故宫博物院藏

青玉，显蛋青色，质地纯，无杂质。扁圆形体，椭圆口、足。镂雕云头式盖顶，并套两活环。盖面上部浮雕花瓣纹一周。颈部花束纹两个。腹部两开光，均凸雕牡丹、山石、灵芝等纹。镂雕回首凤为柄，其尾端套一活环。兽首吞物式流，颈流之间镂一“云托阴阳八卦”纹。设计新颖．琢磨精细。光泽很强，没有使用痕。

四 和田玉葫芦式执壶 清中期

通高 20 厘米 最宽处 15 厘米 宽 7 厘米

故宫博物院藏

青玉，有瑕斑及皮色。束腰葫芦形，葫芦顶部为壶盖，盖表面光素无纹，半圆形纽，纽上套一活环。壶颈及腹饰浅浮雕葫芦藤叶，藤叶曲折蔓延，布于壶的两侧，藤上结小葫芦 6 个，垂垂欲坠。流较长，根部饰一兽头，嘴似鸟，环眼，顶发沿壶流上冲。壶柄为变形勾云式，圈足，足外撇。

五 和田玉三鸠纹执壶 清中期

通高 11.7 厘米 长 16 厘米 宽 3.5 厘米

故宫博物院藏

青玉。壶形似鸠，较扁。盖顶雕云形纽，纽后雕一卧鸠，纽前雕一荷叶。壶口椭圆，细颈，腹似鸠身，两侧雕翅，翅的前部饰螺旋纹，后部雕羽毛。腹部前端雕一鸠，昂首，凸胸，翅分向壶口两侧，腹之上部又立一鸠，姿式与前鸠相同，柄作方折集束式，其上雕一荷叶。椭圆足。

六 和田玉活环凤柄执壶 清中期

通高 17.9 厘米 口径 5.6 至 7.6 厘米 长 10 厘米／故宫博物院藏

青玉。筒形，上部略宽，盖顶多层环形纽，纽旁饰一鸠，近流之鸠，卧于一凤头上。壶口饰雷纹一周，腹部凸雕宽带一周，其上琢兽面纹 4 组，流上下垂直，紧贴壶颈。下部雕一兽面，兽鼻极大，似钩。鼻上套一活环，柄为一圆雕夔凤。壶下 3 兽足，皆作团身卧伏状。兽身有翅，翅窄而长，饰小勾云纹。此壶盖顶之鸠，足部之兽均仿汉代风格，造型在仿古的基础上又有变化。

七 和田玉僧帽式执壶 清中期

通高 14.2 厘米 长 11.5 厘米 宽 8 厘米

故宫博物院藏

白玉，质地细腻。圆形盖，盖上雕 4 个垂云式瓣，其上饰仿古勾云纹，云瓣之间又有蕉叶相隔，圆形盖纽。壶体长颈，颈外雕变形蝉纹，间错有蕉叶纹。腹上部雕一周宽带纹，带上饰涡纹，下部饰 4 组变形兽面。流短，位于壶顶部，流下套双连活环。夔形柄，圆形足，足外撇。

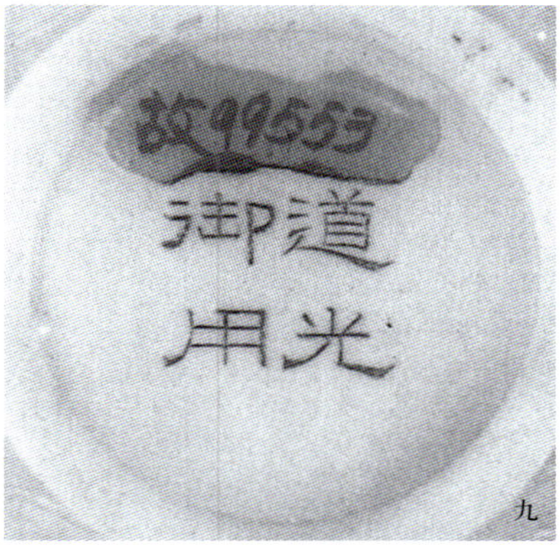

八 九 和田玉龙柄执壶 清道光

通高 10.4 厘米 长 17.2 厘米 宽 10.5 厘米

故宫博物院藏

白玉，略带人工染色。壶盖棱瓣形纽，环纽饰一周莲瓣纹。壶口四周亦琢四连弧纹，与壶盖纹饰相对，弧内琢缠枝莲纹，腹部饰勾连相接的双身龙，头似螭，嘴朝下，身如带，盘绕于壶体，壶柄由双夔龙杩并而成，龙头为长唇、独角，龙身饰小勾云纹。圆形圈足，壶底阴刻隶书“道光御用”4字。

清代玉器中，带有“道光”款识的器物极罕见，因而这件玉执壶很珍贵。

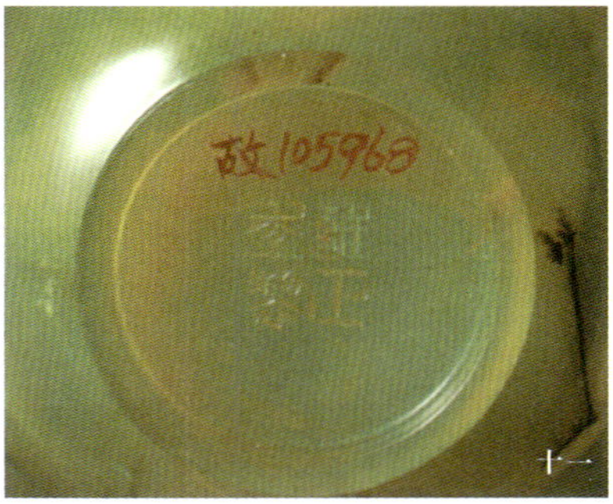

十 十一 玛瑙光素杯 清雍正

高 6.7 厘米 口径 10.5 厘米 足径 4.2 厘米

故宫博物院藏

暗白色，透明，纹理明显。并有黑、褐、黄等色斑和纹带。器圆形，撇口，小圈足，通体光素无纹饰。壁薄，器型规矩，琢磨圆润。足底中心阴刻双竖行“雍正年制”4字篆款。

十二 玛瑙八方杯 清乾隆

高 5.3 厘米 口径 8.5 厘米 足径 2.4 厘米

故宫博物院藏

花玛瑙质地，通体有浅酱色云带纹，主体呈米汤色，透明。杯口外撇，呈八角状，光素无纹，双灵芝形拱耳，底部在八角形座上又凸琢一小圈足。底中心阴刻双行“乾隆年制”4字隶书款。

耳部云芝纹雕琢粗糙，但刀法有力，一耳下尚留有刀痕，未经细磨。座上琢足，乾隆时亦少见。当为乾隆时期改制的作品。

十三

十四

十三 十四 水晶八方杯 清乾隆

高 6.1 厘米 口径 9.7 厘米、9.4 厘米 足径 4.6 厘米至 4.7 厘米

故宫博物院藏

质地无色透明。体呈八角形，夔式双耳，尾翅。底中心阴刻双竖行“乾隆年制”4字篆款，为乾隆早期的饮用器。

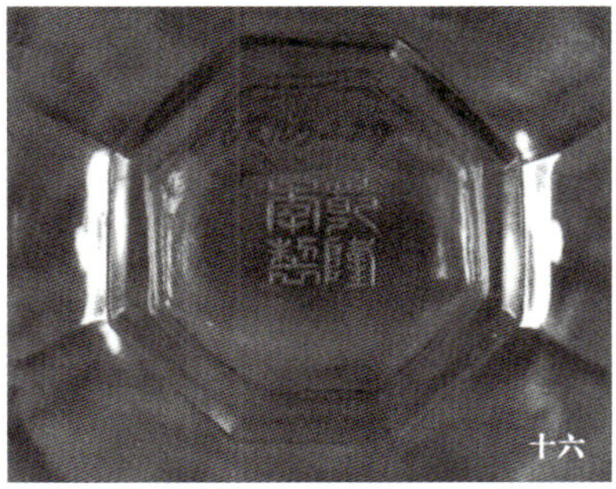

十五 十六 水晶八方杯 清乾隆

高 5.7 厘米 口径 8.7 厘米 足径 3.6 厘米

故宫博物院藏

质地无色透明。体呈八角形，口外侈，龙首吞花式耳。底中心阴刻双行“乾隆年制”4 字篆款。为乾隆初年水晶器皿珍品。

十七 芙蓉石光素盖碗 清中期

通高 9.2 厘米 口径 12.3 厘米 足径 6.1 厘米

故宫博物院藏

质地呈浅粉色，透明，内里含不规则的浅粉色丝状纹理，侧光视可看出闪亮晶体。器圆形，有盖，撇口，圈足。通体光素，碾磨圆润，光泽强，没有使用痕。

芙蓉石产自福建省芙蓉山。颜色粉红，近似芙蓉花色。因材料稀少，色鲜艳，故较珍贵。

十八 和田玉花瓣盖碗 清中期

通高 8.8 厘米 口径 13.5 厘米／故宫博物院藏

青玉质。琢磨极薄，似仿痕都斯坦玉器。圆形，有盖，盖顶稍平，圆环形纽，顶心琢双层菊瓣纹，环纽琢一周花瓣纹，与盖沿所琢花瓣纹相对，花瓣纹间琢细密而凸起的长条纹。碗口外撇，口沿及碗足外侧，各有一周花瓣纹，其间为细密的长条纹。足外撇，足心琢双层菊瓣纹。

十九 和田玉菊瓣盖碗 清中期

通高 8.2 厘米 口径 12.2 厘米

足径 5.5 厘米

故宫博物院藏

青玉，纯净无杂色。碗胎薄如纸，微透明。圆形菊瓣盖，盖顶菊瓣式纽，碗口微撇，深腹，由 64 瓣菊瓣相接而成，组成一朵菊花式外缘。碗底亦为菊瓣式，足心为网格式花蕊，花心外展开两重菊瓣。

二十 和田玉光素盖碗 清中期

通高 9.5 厘米 口径 12 厘米 足径 5.5 厘米

故宫博物院藏

白“籽”玉，略闪青白色，无杂质。圆球状，侈口。通体光素无纹。器型规矩，琢磨圆润，闪玻璃光泽。为清中期同类器中之精品。

二一

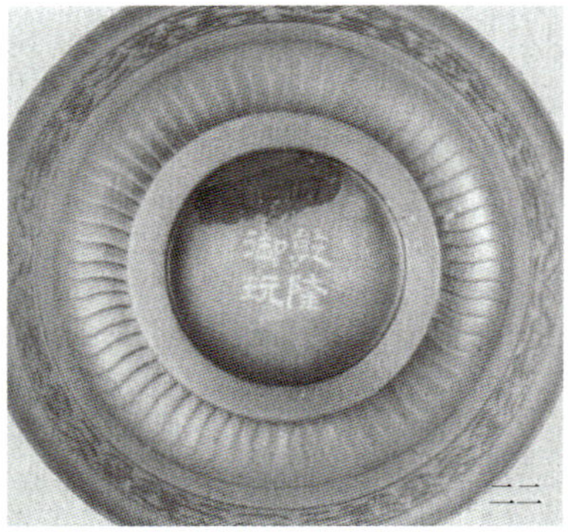

二二

二一 二二 和田玉兽面纹盖碗 清乾隆

高 12.4 厘米 口径 17 厘米

故宫博物院藏

青玉，略有白色斑。圆形，撇口，平盖顶，盖中部凸起环形纽，缘纽琢一周菊瓣纹，菊瓣层层叠压。盖面琢变形兽面纹及云纹。盖上有绺缝一道，盖内面缘绺处琢一枝竹枝。口沿琢雷纹一周，外壁琢两道弦纹，其间琢变形兽面纹4组，环形足，近足处琢菊瓣纹一周，菊瓣层层叠压，碗盖及底中部阴刻隶书“乾隆御玩”4字。

二三

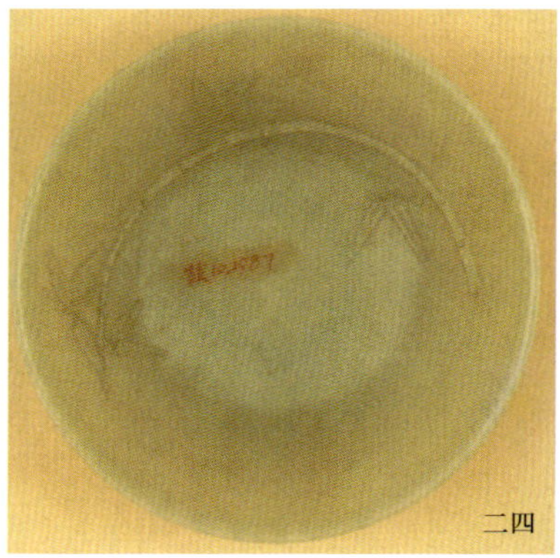

二四

二三 二四 和田玉光素碗（一对）清中期

高 5 厘米 口径 9.5 厘米 足径 3.6 厘米

故宫博物院藏

玉质呈栗子黄色，材料珍贵。圆侈口，腹微鼓，高圈足。器型秀气，光素规圆，琢磨圆润，器小成对，实为酒器。为清中期的风格。

二五 和田玉菊瓣纹高足杯 清中期

高 11.1 厘米 口径 14.7 厘米

足径 4.1 厘米

故宫博物院藏

玉呈蛋青色，无杂质。圆形，高足，侈口，小圈足，口缘凸齿，内壁光素莹润。口沿外隐起如意云纹一周，外壁琢隆起的竖道条纹，高足上端琢兽面纹 4 组，下饰蕉叶纹。足边回纹。

二六 二七 和田青玉刻诗碗 清乾隆

高 8.7 厘米 口径 24.1 厘米 足径 11 厘米

故宫博物院藏

青籽玉制成。圆侈口，圈足，通体光素无纹饰。与四七为一对，此器琢序文，四七琢诗文。器外壁阴文楷书为："御制诗咏和阗大玉碗六韵有序'判山水之元苍，材非择地。丽重连之璧璐，质并成规。制器宜露沃蔗浆，涉远共河流桃核。二万里溯勤拓地，德昭宵旰之筹；三十年久效捞波，心底春秋之贡。惩营私而庸臣抵罪，牟重利而市贾争趋。维淮何必谨于岩关，而甲乙究归于天府。近蠲税半，新获环双。径可得周尺而赢，制不藉汉京以上。云雷错彩，何如太璞能完。水月同圆，恰以重规相印。美知必合，比肩盘托之两吟。句不须联，具体瓮盂之七字。那数青浮槐饼，煎茶禁玉局之三。漫同白映车渠，赋侈建安之七'。"外底中心琢双竖行阴文隶书"乾隆年制"4字款。

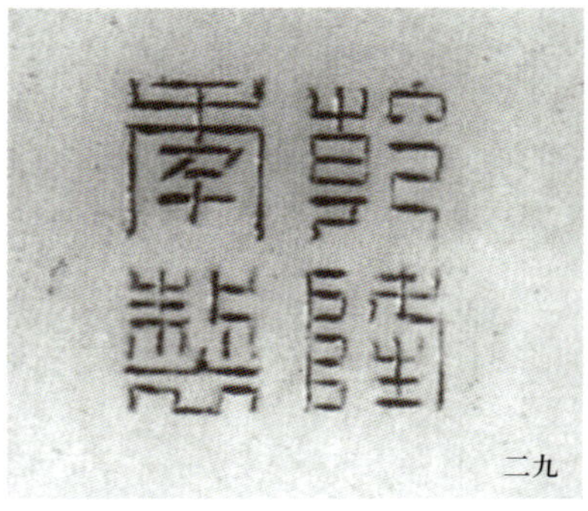

二八 二九 和田玉三螭纹盏 清乾隆

连托高 7 厘米 盘：直径 15.5 厘米 宽 12 厘米 托：长 8.5 厘米、宽 6 厘米／故宫博物院藏

白玉，略有皮色。由盏托及盏两部分组成。托为椭圆形，中心凸起盏座，座饰连瓣纹与乳丁纹。缘托外雕镂 3 螭，两螭较大，位于托两端，螭脸部近似方形，长尾分叉，与对面螭尾相绕，两螭间有一小螭伏于托沿，似与大螭相视，盏托底篆"乾隆年制"款。盏为圆形，敞口，凹足，盏外侧雕镂 3 螭，两大螭伏于盏口两侧，小螭头似鼠，无后足，尾似凤，前足伏于盏口，位于一大螭旁。盏底镌"乾隆年制"4 字款。

三〇 三一 三二 **和田玉龙纹盏 清乾隆**

盏：长 11 厘米 宽 6.3 厘米

托：长 17 厘米 宽 17 厘米／故宫博物院藏

碧玉，局部色较淡。分为托与盏两部分。托为椭圆形，中心凸起圆座，座外侧饰俯仰莲瓣纹及乳丁纹，底部琢凸双龙，首尾相对，各抓一宝珠。盏托底部椭圆形圈足，中心浅刻隶书“乾隆御用”。盏为圆形，浅腹，双龙耳，龙为双角，身细长，饰鳞纹，两前肢伏于盏口，圈足外撇，底阴刻隶书“乾隆御用”4字。

三三　和田碧玉架白玉杯　清中期

通高 19.3 厘米　杯高 3.7 厘米　径 13.5 厘米

故宫博物院藏

杯质纯白，座质碧绿。杯为圆形，左侧三分之二凹下，为如意形膛，右侧三分之一为一平台，台面上浮雕篆书“寿”字，平台下有柄，杯底有如意形矮足，下置一青玉托，作如意形，顶面微凸，可与杯足合榫，中心镂雕“寿”字，两旁各有一株灵芝，托下似有3足，足间有镂雕勾云纹相连。托右侧为柄，柄下阴刻楷书“乙”字，为宫廷收藏所定等级，托下为碧玉座，圆形，几式。座面上凸雕如意形榫，可与杯托榫合，座下为6夔首，各吞一座足，座足较高，底部向外翻卷，6足间有一圆屉，其上镂雕“寿”字。座上“寿”字与杯上“寿”字相合，有“寿上加寿”之意。

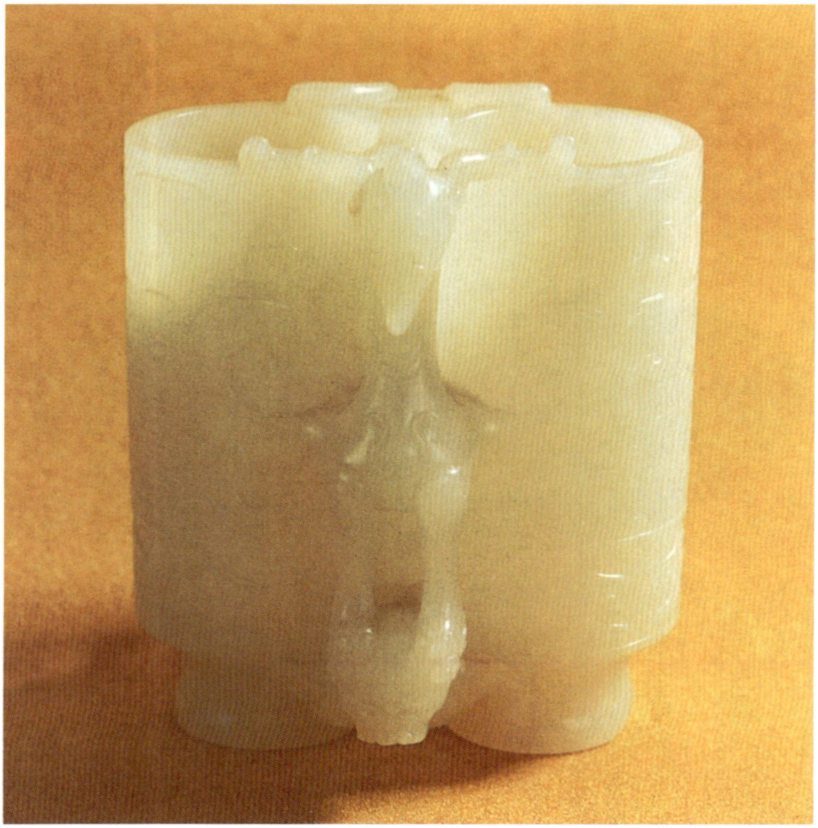

三四　和田玉鹰熊合卺杯　清中期

高 8.6 厘米　宽 8.2 厘米

天津博物馆藏

玉质纯净莹润，系新疆和田美玉。两筒形瓶相连，瓶身阴线刻龙纹、云纹，两杯相接处镂雕鹰、熊及一兽首。两杯口间阴刻篆文“子孙宝之”方章。二圈足。造型别致，工艺玲珑、巧妙，为同类器之精品。(徐春苓／文)

三五 和田玉龙首觥 清乾隆

高24.6厘米 长17.4厘米 宽8.2厘米／故宫博物院藏

碧玉，有瑕。器型依玉材之形稍加变化，上部宽，曲口，下部较窄。觥口饰回纹一周，其下有仿古勾云纹及一周绳绚纹。腹部流口下凸雕龙首，口朝上，发在下，似倒置，两腮分于觥用两侧，腮部向外有较长的卷云。颈较短，雕3层鳞片，其上琢阴线网格纹。龙首及觥腹间隙饰仿古勾云纹，觥口内隶书“乾隆年制”横排款。

三六 玛瑙凤首觥 清中期

高 10.3 厘米 长 13.8 厘米 宽 7.5 厘米

口径 8.3 厘米至 10.3 厘米

故宫博物院藏

红缟质地，两侧有白色带状纹带，为最珍贵的玛瑙品种。体为夔凤负杯式，桃式口。夔凤大眼，鹰喙，鸟鼻，兽耳，双角，长发分两侧贴觥壁。低首，挺胸，屈腿，呈卧状，两翅上翘抱觥壁。夔凤首两侧各凸雕一螭龙，一条已爬上觥口，一条欲未爬至，形象生动可爱，实为仿古器物之珍品。

三七 和田玉凤饰龙柄觥 清中期

高 16.6 厘米 长 18 厘米 宽 7.9 厘米

故宫博物院藏

青玉、有瑕斑及烤色。仿古彝器，扁筒式，口稍敞，椭圆圈足，方折拐子形柄，一龙自柄部钻过，前肢及头伏于器口，后肢与尾居柄之右侧，一足蹬于觥腹，一足踏觥柄，龙之两肋有流云飞出，似翅。短流，流之下圆雕凤首，颔下有翎，套一活环，挺胸，双翅浮雕于觥腹两侧。

三八

三九

三八 三九 和田玉单柄匜 清乾隆

通高 10.2 厘米 长 15.5 厘米 口径 6.6 厘米至 13.2 厘米 / 故宫博物院藏

青玉。仿古彝器。匜之口缘甚曲，流槽阔而短，深腹，椭圆形足，后部方折夔龙鋬，虎头式盖，盖前端为兽面，粗眉，环眼，阔鼻，颇有神采，兽面上部稍向后有蘑菇形双角，双角之后，雕一伏虎形盖纽。盖内雕楷书乾隆御制诗："和阗玉来多，巧制颇纷如。渐欲引之古，庶几返以初。为匜肖周代，作器戒虚车。流鋬考二合，敦牟介绍渚。"末署"乾隆丙申新正上澣御题"。匜身较浅，圈足，配有紫檀木座，座背面阴刻填金隶书。乾隆题诗，诗与器盖刻诗同。

四〇 和田玉夔龙纹觥 清中期

高 14 厘米 口径 5.2 厘米至 9.6 厘米 长 13.5 厘米／故宫博物院藏

白玉，有瑕斑及烤色。椭圆形，口稍敞。上部饰雷纹一周，腹以两道雷纹为界，分为三部分：上部较窄，光素无纹，中部凸起弦纹两道，其间琢交错的夔龙纹，至流一侧，夔龙变形构成兽面。下部以空白地为主。流的一端有一兽面，其下琢方折拐子以示兽身。觥柄为一螭，前足及头伏于觥口，后足踏觥腹，长尾分叉卷向两侧。短流，流下雕一凤头，头侧有双翅，头下有一活环。

四一 和田玉龙首觥 清中期

高 23.2 厘米 口径 3.2 厘米至 9.3 厘米 宽 10.5 厘米 / 故宫博物院藏

黄玉，有瑕斑，局部呈糖梨色。体细长，扁宽口，腹部琢凸起的仿古勾云纹，云中现出兽眼及足，似有飞龙隐于云中。觥下部为一倒置龙头，龙头较大，球形眼，尖鼻，长须发，颈部有鳞，镂雕双角向后倒卷，于觥之下部以为器足，流处镂雕一螭龙，双足及头伏于流口，似欲饮，长尾分叉卷向两侧并与觥腹相接，觥口另一侧有一火珠。

四二 和田玉兽面纹兕觥 清乾隆

通高 18.7 厘米 口径 7.4 厘米至 15.8 厘米 足径 4.2 厘米至 7.7 厘米 / 故宫博物院藏

碧玉，微透明，局部色深。体扁圆形，上部大且宽，下部窄小，似倒置的角形体。素拱形盖顶并套一圆环。盖为卧兽形，头在流上，尾在柄端，前肢不显，后肢呈卧状，身饰夔纹和勾云。腹部对称凸戟纹 4 组，中间以凹弦纹隔开，上部浅浮雕相对夔龙纹，其下为兽面纹。高椭圆足，上部琢蕉叶纹一周。柄为兽首吞夔式。足底阴刻竖行“大清乾隆仿古”6 字隶款。

“兕觥”为古代酒器，这件兕觥的造型、纹饰都是仿青铜造型，为乾隆仿古器物中之珍品。

四三 和田玉兽形匜 清中期

通高 21.5 厘米 宽 18.3 厘米 / 天津博物馆藏

灰白色。盖有套环纽，兽首张口为流，其下套一活环，双圆柱并连作柄。盖、身均饰龙纹，4 兽蹄形足。质地纯洁无瑕，造型奇特，工艺精美。（徐春苓 / 文）

四四 水晶匜 清中期

通高 20.4 厘米 宽 14.8 厘米

天津博物馆藏

通体无色，晶莹透明。盖有双狮衔球纽，镂雕双耳，流下有一活环，身浮雕双螭纹，底为镂空山石、灵芝。整个器物玲珑剔透。（徐春苓 / 文）

四五 水晶兕觥 清中期

通高 22.6 厘米 口径 6.5 厘米至 12 厘米 腹宽 8.5 厘米 足径 4.5 厘米至 5.5 厘米 / 故宫博物院藏

质无色透明，光洁纯净，材料难得。椭圆形体，有盖，通体光素。盖面前端为一双角兽首。器口前高后低，呈坡状。椭圆高足。觥后侧中部透雕夔式柄。

此器雕琢精美，是清中期少有的水晶制珍品。

四六 和田玉缠枝莲纹高柄杯 清嘉庆

通高 17.9 厘米 口径 7.9 厘米

足 6.7 厘米

故宫博物院藏

碧玉有瑕斑，两件一对，由杯与杯柄两部分连接而成，杯柄下部为双层圆座，座下有 6 矮足，下层圆座饰 3 组兽面纹，兽面间有勾云。第二层座为莲瓣式，座上有束腰葫芦式柄，其上雕藤、蔓及小葫芦，柄上部又有一俯仰莲瓣形座，杯接于座上。杯为圆形，撇口，口沿饰雷纹一周，杯腹浅浮雕缠枝莲。高足，足外饰莲叶纹。

四七

四八

四七 四八 和田青玉刻诗碗 清乾隆

高 8.7 厘米 口径 24.1 厘米 足径 11 厘米／故宫博物院藏

实地青翠、纯净。圆侈口，圈足。里壁光洁无纹，外壁琢楷书乾隆御题诗：“谁云山玉逊水玉，看此双盂本一盂。质拟羊脂昆峤韫，珍因鼠窃峪关趋。市讥薄示叔怀罪，庭献那忧卞泣诛。吴匠不教施俗样，考工聊命述淳模。水天圆月光相暎，樽俎宾筵礼或殊。读史误如浮大白，定当持赠蜀人苏。”“乾隆岁次戊申仲春中澣御笔”并镌阳文“古稀天子”、阴文“犹日孜孜”二印。底中心琢隶书“乾隆年制”4字款。此器与图版二六、二七为一对，系一块材料琢成。

两器琢成后，乾隆皇帝非常喜爱，特命玉匠琢款，并作序题诗琢于碗上，一碗琢序文，一碗琢诗文。为宫廷珍贵文物。

四九

五〇

四九 五〇 和田玉碗 清乾隆

高 7 厘米 口径 16.7 厘米 足径 7.1 厘米／故宫博物院藏

玉质近似葱绿色，有墨绿色斑点及淡乳色斑环。圆形，撇口，圈足，深腹。足心篆刻隶书“乾隆年制”4 字双行竖排款。清代宫廷所制碧玉碗多带有乾隆年款，这件玉碗为代表作。

五一

五二

五一 五二 和田玉题诗碗 清乾隆

高 5.9 厘米 口径 13.2 厘米 足径 4.9 厘米／故宫博物院藏

碧玉，微有瑕斑。圆形，撇口，口沿雕一周细密的雷纹地，其上雕 8 组兽面纹，近足处亦雕一周雷纹地，上压兽面纹 4 组，碗外侧阴刻隶书乾隆题诗一首：“于阗何必购瓮环，通贡薄来每厚还。保定不期致远域，琢磨亦复藉它山。示祯碧落星辰表，延喜明廷樽俎间。洒雪浮香真恰当，思推解渴福区寰。”末署“乾隆戊寅仲夏御制”，有阴文“会心不远”、阳文“德充符”二方印。圈足较高，足内碗底减地阳文“乾隆御用”4 字。

五三 和田玉圈足碗 清乾隆

高 6.4 厘米 口径 14.1 厘米

足径 6.6 厘米

故宫博物院藏

青玉，玉质细腻温润。圆形，撇口，高足。碗外素而无纹，阴刻隶书乾隆题诗一首："昆冈孕瑞产精瑜，岁以为常贡外区。作器真看凝素液，宜人惟是发华腴。抚辰用惕民犹水，取象宛呈震仰盂。大白从来凛戒旨，赐茶广殿乃时须。"末署"乾隆乙未春御题"，有阴刻"德充符"一小方印。足底心阴刻篆书"乾隆年制"4字款。

玉碗之外不琢纹饰，突出了质地精美。由乾隆题诗可知，乾隆帝对此碗异常喜爱。

五四 和田青玉菊瓣碗 清中期

高 5.7 厘米 口径 14.8 厘米 足径 6.4 厘米

故宫博物院藏

玉质青色，有瓤性。圆形，菊瓣式。通体两面雕纹。里底琢一朵4层菊花，中心刻小格纹花蕊。里壁阴刻3层菊瓣，每一菊瓣呈浅凹形。外壁凸琢3层瓣纹，每一菊瓣之间深琢竖阴线。足为一朵菊花形。整个器形似一朵盛开的菊花，在清代同类器型中较少见。

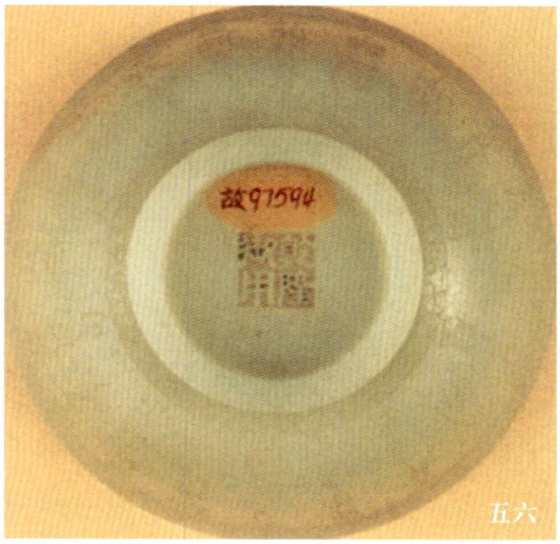

五五 五六 和田玉碗 清乾隆

高 5.7 厘米 口径 13.8 厘米 足径 6.7 厘米／故宫博物院藏

青玉，玉质极佳。圆形，撇口，口沿饰一周细密的雷纹地，上压8组变形兽面纹。碗下近足处亦饰雷纹地并饰4组兽面纹，碗壁阴刻乾隆御题七言诗一首："和阗包贡岁频来，希致如脂生碗材。成器明廷襄大典，掞毫丽句泐奇瓌。无纤瑕亦瑜无掩，有足受斯量有恢。奕叶子孙永保用，赤刀弘璧等珍推。"末署"乾隆乙酉季夏月上澣御题"，有阴刻篆书"得佳趣""几暇怡情"二方章。圆形碗足，足较高，足内减地阳文隶书"乾隆御用"4字。

五七 和田玉刻诗葵瓣纹碗 清乾隆

高 6.7 厘米 口径 15 厘米

足径 6.7 厘米

故宫博物院藏

白玉，底部有白色瑕斑。碗作六出葵瓣式。盘内底部为花蕊，其外有六小瓣花叶或花萼，上面分别刻花卉一株。碗壁花瓣上隶书与下面刻花相对应的御制剪秋萝诗、鸡冠诗、万寿菊诗、牵牛花诗、玉簪诗、蓝菊诗。碗外侧下部为花萼，碗壁亦为六瓣形，三瓣雕花卉，三瓣雕与之相对应的御制咏花诗，分别为菊花诗、秋海棠诗、老少年诗。碗底矮圈足。此碗为宫廷之中所用，刻线内均填金，诗、画绘制极精。

五八 和田碧玉托青玉夔龙碗 清乾隆

高 5.6 厘米 口径 13 厘米

故宫博物院藏

青玉。圆形，撇口。碗口之下有一周凹槽，槽内凸雕 5 个虎面，碗外壁凸雕夔龙 5 组，每组两只夔龙，头相背，并以绳绹纹将颈相连，夔身分别向两侧曲折延伸，与另一组夔尾相钩。凹槽中的虎面，与双夔头的正中相对。矮平足，足心微凹，雕 7 瓣葵花，又饰葵瓣一周。碗内底部阴刻隶书“乾隆年制”4 字。碗下附碧玉莲瓣托，托下部为莲瓣形座。

五九

六〇

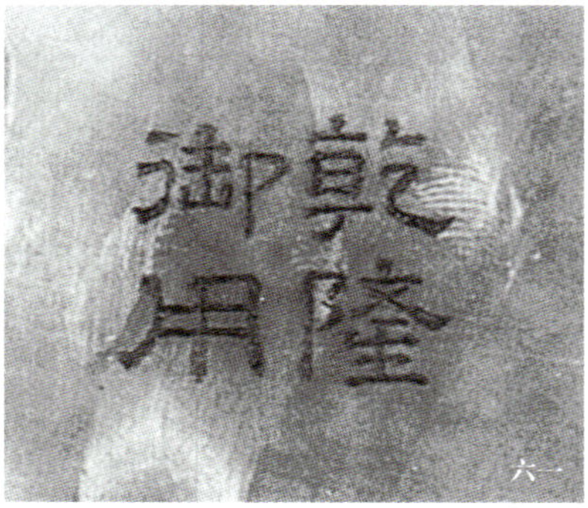

六一

五九 六〇 六一 和田白玉错金嵌宝石碗 清乾隆

高 4.8 厘米 口径 14.1 厘米 足径 7 厘米

故宫博物院藏

玉质洁白无瑕。圆形，撇口，桃实双耳，花瓣式底足。外腹下嵌金片为枝叶，在大小花朵上镶嵌红色宝石180粒，足内嵌金片花卉纹。碗内壁琢楷书乾隆御制诗："酪浆煮牛乳，玉碗似羊脂。御殿威仪赞，赐茶恩惠施。子雍曾有誉，鸿渐未容知。论彼虽清矣，方斯不中之。巨材实艰致，良匠命精追。读史浮大白，戒甘我弗为。"并署"乾隆丙午新正月""御题"及"比德"一印。里底中心琢隶书"乾隆御用"4字款。

此碗系仿痕都斯坦玉器而作，于乾隆五十一年（1786 年）制成，为乾隆皇帝在举行重大庆典时御殿赐茶之用。

六二 六三 玛瑙光素盘 清雍正

高 4.4 厘米 口径 15.1 厘米

故宫博物院藏

酱斑玛瑙，含有美丽的纹理。器矮墩式，圆直口，釜底，无足。通体光素无纹。外底中心阴刻竖排双行“雍正年制”4字篆书款。为雍正时期珍贵的宫廷用品。

六四 和田玉花瓣盘 清乾隆

高 4.6 厘米 口径 23.7 厘米 底径 14.7 厘米

故宫博物院藏

白玉，闪浅青灰色，无杂质。整器雕为4瓣葵花形，圆侈口，葵瓣卷边底。器里和外底中心琢相同的4大瓣、8小瓣的花卉纹。在器外壁凸棱上，琢楷书乾隆御题：“廊庙自有宝，端惟席上珍。弼予纠愆谬，赞化协星辰。讵日诸员备，宁夸万国宾。何来盈尺碗，制自远瀛人。丰剑依前偶，合珠联旧循。宿分廿八妥，位占四方匀。妙理未闻古，鸿工总发春。璇玑调橐籥，玉律代新陈。显彩英而素，葆光丽且淳。对增心穆穆，仰似德恂恂。欲咏仍惭叠，言捐又惜频。不招还不拒。商贾任其辏。”末署“乾隆四十七年岁次壬寅新春月上浣御题”。有雕减地阳文“古稀天子”、阴刻“犹日孜孜”二印。为仿痕都斯坦玉器制作。

六五 和田玉葵花式盘 清中期

高 4 厘米 口径 18.5 厘米 足径 12.2 厘米

故宫博物院藏

青玉质，近似白玉。圆形，壁部雕作六出葵瓣式，平底，底部琢凸起的万寿菊一株，其上菊花两朵，盛开状。菊旁又有两只蝙蝠，展翅而飞。圈足，足亦为六葵瓣式，足心为网格状花心。

清代宫廷使用的圆形玉盘较多，但盘内底部带有凸雕图案的较少，若将盘内贮入清水，图案则更为生动。

六六 和田青玉菊花盘 清中期

高 2.3 厘米 口径 11.2 厘米 足径 6.9 厘米

故宫博物院藏

青玉质，和田籽玉制成。器圆形，菊瓣口、足。器及底凸雕3层未开放的菊瓣纹，盘心阴刻小方格纹圆花蕊。整个器型似俯仰开放的浅白色菊花。新颖别致，雕琢精致。

六七 和田玉菊瓣盘 清中期

高 3.7 厘米 口径 23.7 厘米 底径 18.4 厘米／故宫博物院藏

碧玉质，内含不规则的苔藓纹片。圆形，侈口，平底，壁薄。器里底中心凸起菊花蕊。以此为中心向上展开8层菊瓣。外壁光素。器底满雕一朵菊花。整器以凸雕、凹雕加阴刻的方法琢成俯仰菊花式。设计别致、新颖，为清中期精品之代表作。

六八 和田玉花瓣盘 清中期

高 3.8 厘米 口径 16.8 厘米

足径 10.3 厘米

故宫博物院藏

青玉质，圆形，花瓣纹口，里底中心雕斜方格纹花心，周围凸雕花瓣，每片花瓣上琢细密的竖阴刻脉络。内壁以浅凹法雕对称束叶纹。外底雕法与内底同，且以最外层花瓣翘起为盘足。这件玉器以浅凸、打凹、阴刻等技法，将花、叶的形态刻画得淋漓尽致，是难得的仿痕都斯坦玉器。

六九 翠太极图盘 清中期
高 3.4 厘米 口径 17.45 厘米
足径 10.3 厘米
故宫博物院藏

翠质绿色均匀，内含闪白色晶体。体圆形，口沿外侈，圈足。里底中心，在双弦纹内隐起太极图。里壁蜿蜒隐起灵芝式叶纹 8 组，与外壁纹饰相同，但方向相反。在圈足上凸雕展翅蝙蝠 5 只，其间饰变形小蝙蝠 5 只。装饰纹样奇特，为清代器皿类之珍品。

《易·系辞》上："易有太极，是生两仪，两仪生四象，四象生八卦。"气运动而分阴阳，由阴阳而生四时，因而出现天、地、风、雷、水、火、山、泽 8 种自然现象，推衍为宇宙万事万物。《易·系辞》又说："八卦定吉凶，吉凶生大业。"宋朱熹以为太极即是理。总天地万物之理，便是太极。故八卦图成为工艺美术传统的图案之一。

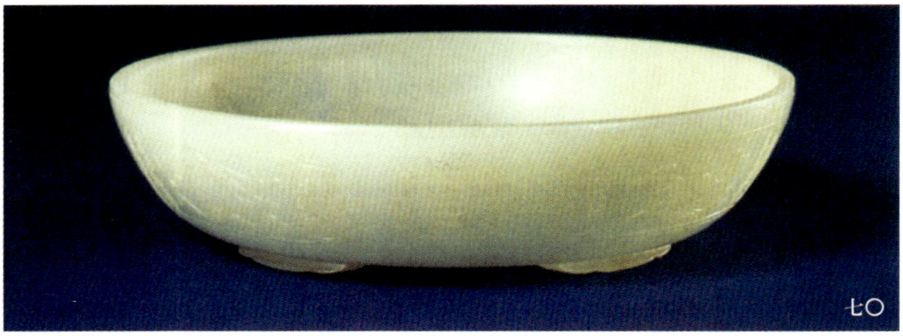

七〇

七一

七〇 七一 和田玉八宝纹盘 清中期
高 3.9 厘米 口径 16.2 厘米
故宫博物院藏

青玉，有绺纹一道。圆形，膛较浅，盘内凸起灵芝、万年青各一株，叶细而长，脉络清晰可见，其上有虫蚀之斑痕，愈显逼真。盘外 4 开光，内琢凸起的花、华盖、双鱼、罐四杂宝，相间又有 4 小开光，分别凸雕篆书"吉""祥""如""意"4 字，盘底 4 小如意足。盘内原有银镀金如意一柄，如意柄上阴刻楷书"福寿双喜"4 字。柄之背面錾刻"义和""聚华"银铺字号，当为清晚期置入盘内。

七二 和田玉菊瓣盘 清中期

高 6.3 厘米 口径 22.5 厘米 底径 13.9 厘米

故宫博物院藏

碧玉质。盘壁极薄，圆形菊瓣式，直口，器体雕作四重菊瓣，底为三重，盘壁为一重，菊瓣四边向盘内方向凸起，盘中心结为花蕊。菊瓣式圈足。

这件菊瓣盘边壁极薄，又雕成细密的凹凸菊瓣状，表现出极高的加工技巧，是清代制玉工艺的代表作品。

七三 和田玉果盘 清乾隆

高 5.5 厘米 口径 27.5 厘米 底径 20.8 厘米

故宫博物院藏

碧玉质，内含深绿和墨斑点。圆形，厚壁，深沿，口外侈，底足外平内凹。里底凸雕燕子、莲实、海棠、蜻蜓，为“海宴河清”图意。凹底中心琢阴文双行“乾隆年制”4字隶款，底边上阴刻隶书“乙”字。果盘之大，雕刻之精，玉质之好，为乾隆时期同类器型中的精品。

七四

七五

七四 七五 和田玉菊瓣花耳盘 清乾隆

高 6.7 厘米 长 30.5 厘米 口径 22.4 厘米／故宫博物院藏

碧玉。圆形，口微敛，盘中心为圆形开光，雕细密的网格纹，盘心向外雕 4 层菊瓣，菊瓣边缘凸起，中心凹下，整体形成菊花式。盘两侧各雕菊花以为耳，下置紫檀木镂雕花叶圆座，座中心隶书揩金乾隆题诗一首：“樊桐昆峤原一脉，流入和阗产玉精。试问相咨定谁氏？西梁北谷述仙情。”末署“乾隆乙卯夏御题”，有减地阳文“八征耄念”小方印。

七六

七六 七七 和田玉光素盘 清

高 10.3 厘米 口径 66.6 厘米 足径 27.4 厘米 重 21.25 千克

玉质浅碧色，由新疆玉匠琢制而成。扁圆形，胎体厚重。扳沿口，通体光素。里底琢阴文乾隆隶书诗文："与昔获盘符寸尺，只复成双补阙益。忽分忽合无情石，犹觉愉焉色润碧。却似延津龙跃泽，是宜有诗纪其迹。出师昔岁略昆仑，五载功成咸来宾。天方默克西瀛津，或贡锁甲或玉镈。付之有司武库存，精金华服彩帛完。薄来厚往已数年，物固有幸奇联偶。伊犁扼要轮番守，储胥讵藉边内取。哈萨布露胥地丑，敢萌觊觎市易走。垦耕忽见此盘有，驿致同旧列左右。绝域秋登万宝滋，既足食矣还足衣。喜固在彼斯非奇，敢因志满不戢师。天庥敬奉戒恬熙，福谦保泰永志之。向欲速矣思增惟。"署"乾隆壬午御题叠前韵"并阳文篆书"乾隆宸翰"、阴文篆书"得象外意"二印。

还有一件与此玉质、形制一样的大玉盘，高 9.6 厘米、口径 65.3 厘米、足径 25 厘米，重 15.5 千克。里底琢有乾隆皇帝记载当时获得此盘的诗文。这两件作品均展现出新疆琢玉粗犷奔放的艺术风格。两件作品均收藏于故宫博物院。

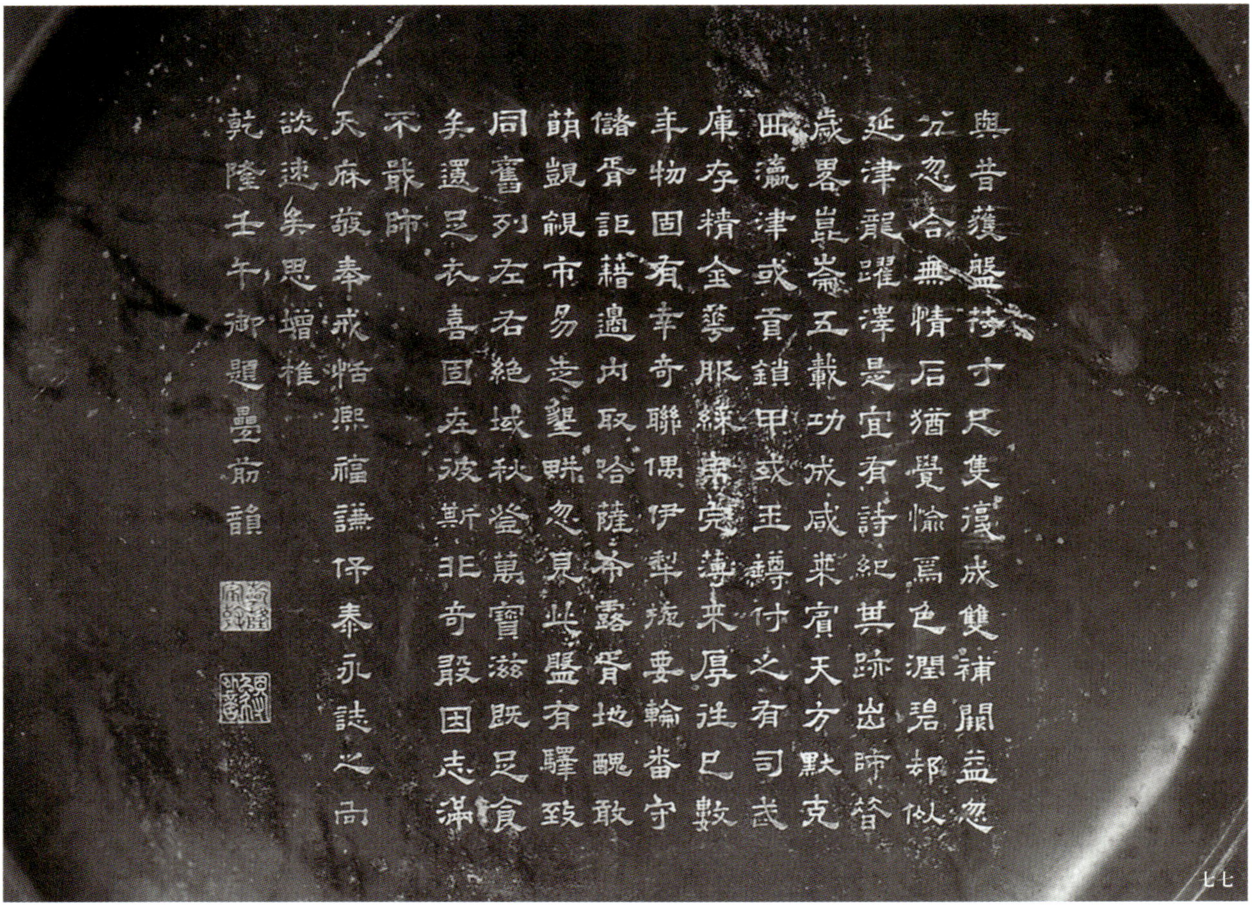

七七

七八　和田玉莲瓣高柄托　清中期

通高 16.8 厘米　直径 17.4 厘米　底径 6.2 厘米

故宫博物院藏

碧玉。3 层莲瓣式，其间有柱，柱较短，中心似球，饰俯仰莲瓣纹。最下层为俯仰莲瓣式座，座下为一圆形座础。中层为一双叠莲瓣式盘，最上层为莲蓬式托，边缘雕俯仰莲瓣，这件玉托可置放物品。

七九　和田玉镂雕螭凤牡丹花薰　清中期

通高 12.3 厘米　口径 15.5 厘米　底径 8.4 厘米

故宫博物院藏

白玉质，有绺纹。圆盖碗形，分盖、器两部分。盖顶平，其上镂雕翔凤穿牡丹纹，盖面镂雕 3 条螭龙穿牡丹，盖口和器口均浅浮雕卷连叶纹。器壁镂雕 3 个翔凤穿牡丹花丛。平底，凸雕成向上下开放的牡丹花。设计精美。在镂雕的基础上，又采用深雕、阴雕、平雕、凸雕等技法，使龙凤花叶栩栩如生，极为形象、生动。此花薰列同类器中之榜首。

八〇　和田玉镂雕花薰　清乾隆

通高 10.2 厘米　口径 18 厘米　足径 9.5 厘米／故宫博物院藏

碧玉，有深色绿斑，薰形似碗，通体镂雕，圆形，平盖顶，镂雕缠枝花叶，中心凸起菊花 3 朵。盖面凸雕花 6 朵，并镂雕缠枝花叶。薰口外撇，宽沿，镂雕如意花瓣纹 14 瓣，薰腹镂雕缠枝莲及垂云纹，腹下部饰莲瓣纹 18 瓣。圆形足，足外撇。

这件花薰镂雕层次简练，多为平面穿透，图案组织细密，应是乾隆早期作品。

八一　和田玉镂雕牡丹花薰　清中期

通高 10.2 厘米　长 20 厘米　宽 14 厘米／故宫博物院藏

青玉。圆形，浅腹，盖顶部凸起圆形盖纽，琢牡丹 4 朵并镂雕花叶，盖面饰牡丹 6 朵。腹部雕牡丹 6 朵，周围皆镂雕花叶。圈足，稍外撇，足上镂雕连环纹，环内有小花蕾。薰两侧有镂雕牡丹花形耳。底部为圆形平面，其上勾勒牡丹一株。

这件花薰通体镂雕，花上压花，多有层次，表现出极高的镂雕技术。

八二

八三

八二 八三 和田玉镂雕八宝纹花薰 清乾隆

通高 20.8 厘米 口径（腹径）14.1 厘米 足径 8.3 厘米

故宫博物院藏

玉质深碧色，并显绿斑。体呈圆塔形，上尖，腹部圆阔。盖分 5 层：盖顶为圆花蕾形；其下两层均镂雕牡丹花；第四层较平，里圈为卷连草叶，外缘饰莲瓣纹一周；盖面为镂空卷草纹和牡丹花。器体镂雕纹饰以莲花、牡丹，杂以轮、螺、伞、盖、花、罐、鱼、长八宝纹组成图案。圈足镂雕牡丹花纹。

此器附铜镀金里和镂空白玉托。下置造型别致的掐丝珐琅座。为乾隆时期难得的宫廷中用品。

八四 和田玉镂雕山水人物花薰（一对）清乾隆

高 2[illegible].5 厘米 口径 4.1 厘米至 4.5 厘米 底径 4.9 厘米

故宫博物院藏

青玉琢制。立体镂空，长方筒形，有盖，上下均有孔。两件尺寸相同。一件器身镂雕树木、山石，小桥、流水，间有樵夫和垂钓者。另一件镂雕山水、树木、亭台房宇，间有耕田和读书者。两件花薰合为渔、樵、耕、读题材。为乾隆初年琢制的宫廷用品。

八五 和田玉镂雕山字花薰 清中期
通高12.6厘米 玉高5.3厘米
直径7.6厘米
故宫博物院藏

青玉，局部微有黄色。圆筒形，上下口沿各饰一周勾云纹。圆筒分为两截，各有5个“山”字形榫，相互交错套连，均可活动，而不能将两截分开。花薰之下为镂雕紫檀木圆座，上部有镂雕紫檀木盖。这件花薰设计巧妙，造型别致，是清代工艺精品。

八六 和田玉兽面纹香薰 清中期

通高 21.8 厘米 口径 21.6 厘米 足径 16.6 厘米

故宫博物院藏

碧玉，内含细墨点，质地莹润。圆形体，镂空盖，圆口，圈足。盖顶镂琢蟠龙握珠纹，龙视前方，周围托云纹，盖面镂空缠枝莲纹。口阔，唇厚。腹部在减地回纹锦地上，凸起兽面纹。高足外撇，上部隐起俯式双层花瓣纹。朝冠耳，耳中间各探出一条螭龙，呈相望状。器形高大，琢刻精致，为清代同类器中的精品。

八七 和田玉八卦纹香薰 清中期

通高 11.9 厘米 腹径 11.7 厘米 口径 10.5 厘米 足径 8 厘米

故宫博物院藏

青玉质，有赭红烤色。体圆，双耳，圆口，鼓腹，圈足。透雕云龙盖顶。盖面琢凸起的云纹，镂刻八卦纹。口厚唇，颈微收。腹部在回纹地上隐起夔龙纹两组。耳为衔口边的卷尾龙。器厚重，雕工粗糙。

八八 和田玉缠枝莲香薰 清乾隆

通高 9.5 厘米 口径 12 厘米 足径 6.4 厘米／故宫博物院藏

玉质呈蛋青色。圆形，双耳活环，平足。盖面镂雕缠莲纹，上起 3 层花瓣菊花纽。口内外雕凹凸条纹，口外两侧凸雕莲花一朵。鼓腹，隐起缠莲纹，腹下菊瓣纹一周。足凸起圆饼形，阴刻方格形花蕊，周围两层菊瓣纹。为乾隆时期苏州仿痕都斯坦典型作品。

八九 九○ 和田玉四管式炉 瓶 盒 清中期

炉：高 15.2 厘米 长 14.9 厘米 宽 8.2 厘米

瓶：高 13.1 厘米 长 4 厘米 宽 4 厘米

盒：高 4.2 厘米 长 7 厘米 宽 6 厘米

故宫博物院藏

由炉、瓶、盒组成的薰香用具，俗称“三事”。炉为四管相连，盖顶镂雕蟠龙纽，龙的四爪伸向盖的四角，四角各雕一小螭。炉上饰横向交错的夔龙纹，共有 9 头 26 个，皆上仰，龙身细长，微屈，无足。下部两面各雕一篆书“寿”字，四管之上亦各雕“寿”字。两旁饰夔凤，镂雕双龙耳，耳下有一活环。

瓶亦为四管相连式，圆口，口沿饰四如意纹，瓶颈细长，上部饰四蝉纹，瓶腹四角处各雕琢二龙，龙身作“弓”字形，上下交错。

盒为方形，四角外凸，盖面四角饰环状双钩纹，中部饰对称的变形蔓草纹。矮足。

八九

九○

九一 和田青玉夔龙纹香薰 清乾隆

通高 13.4 厘米 外口径 22.1 厘米 内口径 15.5 厘米 足径 8.3 厘米

故宫博物院藏

青玉，局部有白色云状纹理。体圆形，大侈口，小圈足。盖顶作两层莲瓣包莲实式。盖面上部光素，下部镂空缠枝莲纹。子口外缘侈，周边镂雕缠枝莲纹。腹外壁凸雕带方座的方齿纹一周，其下琢凸起的夔龙缠绕纹4组。器型别致、秀气，为乾隆玉雕器物中的珍品。

九二 和田玉兽面纹炉 瓶 盒 清中期

炉：高 12.2 厘米 长 8.5 厘米 宽 10.7 厘米

瓶：高 9.7 厘米 宽 4.5 厘米 厚 2.3 厘米

盒：高 2.6 厘米 口径 6.8 厘米 足径 5.2 厘米／故宫博物院藏

炉，圆形，盖顶镂雕蟠龙一条，龙头居中，身盘于四周，顶部有孔，通于炉内。缘盖琢变形兽面纹一周。炉腹较浅，腹外浅浮雕兽面纹一周。炉底3足，皆为狮头，口朝下，各衔一球。炉耳亦为狮头，口中衔柱，接于腹，其上套一活环。

瓶颈细长，两侧各有一贯式耳，扁腹，两面各雕兽面纹。凹足，近足处有一周莲瓣。

盒为扁圆形，盒身与盖，口沿各饰一周雷纹，盖面圆形开光，阴刻“卍”字地，上压变形双螭，中心一团“寿”字。

九三

九四

九三 九四 和田玉嵌宝石炉 瓶 盒 清中期

炉：高 10.5 厘米 口径 8 厘米至 10.5 厘米

瓶：高 11.8 厘米 口径 1.9 厘米至 2.6 厘米

盒：高 3.8 厘米 口径 6.5 厘米／故宫博物院藏

由炉、瓶、盒 3 件组成一组。皆青玉嵌宝石。

炉为长方形，仿古式。炉盖饰椭圆形环式纽，纽外嵌红宝石一周，盖外 8 出戟，琢一周条带，其上饰云雷纹地压 8 夔纹，盖外缘嵌红宝石一周。炉口椭圆，束头，凸腹，椭圆足，缘腹凸雕一周条带，其上 8 出戟，饰雷纹地，压 8 夔龙纹，口及足各嵌一周红宝石，双夔龙耳，两首相背，以翠为眼，又嵌红色眼球，夔身两侧亦嵌红宝石。

瓶较扁，细颈，颈上盘绕一螭，螭眼嵌红宝石两粒。瓶肩略宽，双兽首衔环式耳，腹部凸雕双头螭纹一周，螭纹上下各有红宝石一周。

盒为圆形，盖中心雕一小圆环，嵌红宝石一块，周围雕 10 莲瓣纹，莲瓣上各嵌红宝石一粒，盒盖外缘及盒身分别嵌红宝石一周。盒底圆形矮圈足。

九五 青金石条纹炉 瓶 盒 清中期

炉：通高 7.8 厘米 口径 9.9 厘米 足径 6.9 厘米至 7 5 厘米

瓶：高 12.9 厘米 口径 2.7 厘米至 3.6 厘米 足径 2.5 厘米至 2.9 厘米

盒：通高 5.6 厘米 口径 5.6 厘米至 5.2 厘米 足径 4.7 厘米至 5 厘米 / 故宫博物院藏

青蓝色，内含金星，局部有白斑。炉体圆形，圆侈口，双螭衔口边耳，椭圆足。炉耳石质部两侧凸雕 3 组戟纹，间浮雕夔龙纹。腹微鼓，满凸雕竖条纹。足上 6 个凸戟纹。瓶为椭圆口、足。素颈两侧透雕双螭耳。肩宽下腹窄，器身布满竖条纹。盒椭圆形，盖面中央开光，其内浮雕蟠夔，斜盖面上及器腹部均琢竖条纹。

此三事为清中期物，均附錾胎珐琅座。炉盖为镂空錾胎珐琅，顶嵌粉色碧玺纽。青金石是由青金矿物组成，质地呈独特的蓝色，分为深蓝、淡蓝及纯青色，不透明，有玻璃、油脂光泽，硬度似玉，多产于阿富汗、俄国、加拿大、智利等国。据记载，阿富汗、俄国贝加尔湖地区所产的青金石，都曾输入过中国。

九六

九七

九六 九七 和田玉双擎烛台 清乾隆

高 34.4 厘米 盘径 20.8 厘米至 28.7 厘米

故宫博物院藏

碧玉琢成。立体圆雕双擎式。其上浮雕花卉纹，底盘为海棠式，两面琢刻菊瓣纹。在花形底足间，阴刻篆书“大清乾隆年制”6 字填金款。

烛台样式新颖美观，是在西方艺术风格影响下的新品种。

九八 九九 和田玉蟠龙纹盒 清中期

通高 16.5 厘米 口径 19.4 厘米 足径 11.4 厘米

故宫博物院藏

青玉，质纯净。圆形，盖顶微凸。顶部圆形开光，光内凸雕一蟠龙，龙头为正面形象，宽额阔嘴，双角直立，长发、长须分向两侧，龙身饰鳞纹及火焰纹，缘盖顶蟠作环形，足三趾。龙头前有一火珠，火珠恰于盖顶中部。龙身旁雕八宝，排序为：轮、螺、花、伞、盖、罐、鱼、长。盖顶开光外及盖口各饰一周垂云纹。盒身饰纹简单，于子口之外凸雕一道弦纹，弦纹下亦有一周垂云纹。平底，底下有圆形圈足。

一〇〇 和田玉团花盖纹罐 清中期

通高 15.5 厘米 口径 12.9 厘米 足径 6.7 厘米

故宫博物院藏

白玉质。圆球形，直口，高圈足。盖顶为莲瓣纹，中一圆孔。盖面饰梅、牡丹、灵芝、万年青、水仙、竹等团花，间有蝠衔磬、蝠衔“卍”字和 5 个团“寿”字。腹部饰瓜蝶、葫芦、葡萄、佛手、谷穗、荷花、蝠桃、石榴等，间有蝠衔灵芝、蝠捧寿等图案，寓意吉祥，为清中期玉雕陈设的新品种。

一〇一 和田玉嵌白玉龙纹盒 清中期

通高 17.5 厘米 口径 21.3 厘米／故宫博物院藏

碧玉，有浅斑。胎极薄，微透明。盒体近似球形，盒身与盖皆似半球，由子母口相扣合。盖顶稍平，嵌白玉圆片一块，其上镂雕云龙纹，龙头在中部稍上位置，正面，双角，宽额，窄嘴，腮两侧有长锯齿纹，须及长发分向两侧，龙身细而长，曲折蟠绕于龙头下方，身有鳞及火焰纹，四足，足五趾。龙头前有一火珠，身旁有云纹相绕。盖表面浅浮雕缠枝莲。盒身较深，其外亦雕缠枝莲，平底，圆形圈足，足外撇。

一〇二 和田玉五蝠团寿圆盒 清中期

通高 8.6 厘米 口径 14.7 厘米 足径 11.1 厘米

故宫博物院藏

玉质洁白，微有黄斑。圆形，有盖，平盖顶。盖顶凸雕圆形开光，开光边缘雕雷纹，光内中部雕团“寿”字，“寿”字周围雕五蝠，寓“五福捧寿”之意。开光之外凸雕缠枝莲，口沿雕一周雷纹。盒身较浅，有一周子口，子口之下亦为一周雷纹。盒外凸雕缠枝莲一周，系仿痕都斯坦玉器图案的风格。盒底为圆形圈足。

一〇三 和田玉五蝠捧寿圆盒 清中期

通高 7.3 厘米 口径 13 厘米 足径 9.4 厘米

故宫博物院藏

青玉质。圆形，稍矮，盖顶微隆起，圆形开光内浅阴线雕菱形云纹地，中心有一团“寿”字，寿字旁有五个蝙蝠。盖面雕雷纹锦地，上压 4 个海棠式开光，光内分别琢盖、罐、伞、花四宝。盒身较浅，外侧雕雷纹锦地，亦压四海棠式开光，光内琢轮、长、螺、鱼四宝。盒底圆形圈足。这件玉盒以五福捧寿为主要图案，辅以八宝图案，有强烈的宫廷玉器色彩。

一〇四 和田玉嵌白玉龙凤纹盒 清中期

通高 12 厘米 口径 22.2 厘米 足径 15.7 厘米

故宫博物院藏

碧玉，有瑕斑。圆形，盖顶嵌镂雕圆形白玉一片，玉片中心凸雕一龙，自牡丹丛中穿过。龙头较大，身饰细密的网格纹，头前有一小火珠，玉片边缘处雕有少许山石，并琢凤凰、孔雀、雉鸡、绶带、鹭鸾五禽。盖面凸雕云带纹，口沿饰雷纹。盒身饰云带纹，口沿及足旁各雕一周雷纹，圆形足。

一〇五 和田玉嵌白玉菊瓣椭圆盒 清中期

通高 7.4 厘米 长 12.8 厘米 宽 11.3 厘米 / 故宫博物院藏

碧玉，有白色斑点。椭圆形，盒与盖皆琢变形菊瓣纹 32 瓣，盖顶微凸，嵌白玉一片，玉中部琢一变形菊花，缘菊花雕莲花 4 朵，莲花周围有缠枝相绕，盒底椭圆形足，紫檀木莲瓣纹座，座底刻一楷书“乙”字。

这件玉盒为椭圆形，雕作菊瓣式，式样别致，碧玉之上嵌白玉，色彩鲜明、夺目。

一〇六 和田玉鹌鹑盒 清中期

通高 6.6 厘米 长 12 厘米 宽 5.5 厘米

故宫博物院藏

青玉。卧形鹌鹑式，鹌鹑身上琢有长短不一的翎毛，鹌鹑身内掏为空膛，并于翅下有一周子母式盒口，可开启。鹌鹑是宫廷常用的图案和器物造型，含有平安之意。

一〇七 和田玉团花纹五环罐 清中期

通高 17.7 厘米 口径 13.8 厘米

天津博物馆藏

青白色，玉质洁美。体呈球形，盖纽为镂空五蝠，肩部有五环。盖、身均琢凸起的圆形双蝶、福字、蟠桃、花卉等纹饰。圈足。団花形纹饰别致少见。（徐春苓 / 文）

一〇八 和田碧玉勾莲纹瓜棱盖罐 清中期

通高 11.2 厘米 里口 8.6 厘米 里足 7.4 厘米

故宫博物院藏

碧玉，内含深绿色斑。圆瓜棱式形体。口随形内收，足内凹。盖顶镂三幼瓜及叶、蔓。器体分六瓣瓜棱，瓜棱上减地凸雕莲花纹。口及足边间饰俯仰莲枝纹。造型新颖别致，琢刻技艺高超，为清中期新创品种。

一〇九

一一〇

一〇九 一一〇 和田玉菊瓣盖罐 清乾隆

通高 12.8 厘米 口径 15 厘米

故宫博物院藏

碧玉，有瑕斑。圆形，菊瓣式，直口，罐盖顶部为 4 层菊瓣组成。菊花式纽，菊花之下镂雕花叶，罐纽以榫连于盖上。盖面雕作 32 瓣菊瓣纹，环纽处圆雕菊花 4株。罐体为36瓣菊瓣组成，缘罐沿雕4株菊花以为耳，菊花之下有镂雕花枝、花叶。圆形平足，足底雕双重菊瓣，底心阴刻隶书“乾隆年制”款。

菊瓣形玉器在乾隆时期大量出现，这类器皿不仅美观大方，且需较高的制造技术。

一一一 和田玉龙耳活环瓜棱盖罐

清中期

通高 22.1 厘米 腹径 14 厘米 口径 7.1 厘米 足径 7 厘米

故宫博物院藏

碧玉，内含深绿斑。瓜形，圆口，阔腹，倭足。盖顶中央一幼瓜，周围透雕叶纹，盖面凸雕瓜叶纹和垂云纹一周。口外侈。肩部云头式开光内饰减地对称小花。器体外壁饰凹凸瓜棱纹。颈两侧镂空龙首套环耳。造型秀雅，为乾隆时期代表作之一。

一一二 和田玉三鸠罐 清中期

高 7.1 厘米 口径 4.3 厘米 足径 5.3 厘米

故宫博物院藏

玉质青色莹润，有光泽，局部内含黑斑。圆球瓜棱形，圆口，圈足，无盖。颈至肩部光素无纹，外壁等距凸雕三鸠。小钩喙，圆眼，眼角分明，头顶有翎，向后与外口相连，其下镂空，以示三耳，可以穿系。三鸠翅边相连与外壁形成一体。翅上饰双线勾云纹，两爪在器足边沿呈半张状，系仿汉鸠的式样。

一一三

一一三 一一四 玛瑙花鸟纹罐 清乾隆

高 7.1 厘米 口径 4.1 厘米 腹径 8 厘米

底径 5.8 厘米

故宫博物院藏

一一四

玛瑙为酱色并有两条白色带纹，系缠丝之一种。圆形体，腹大，有肩，小圆口。肩部的两周凸弦纹内浅浮雕俯仰花卉纹。腹部在凸起勾连开光之内，雕琢对称花、鸟、云等纹，腹下起拐子龙纹6组。底部凸琢几何图案，中心琢阴文双行“乾隆年制”4字篆款。为乾隆仿痕都斯坦玉的优秀作品。

一一五

一一六

一一七

一一五 一一六 一一七 和田玉天鸡罐 清乾隆

通高 9.7 厘米 口径 6.5 厘米 足径 6.5 厘米 / 故宫博物院藏

青玉。圆形，小口，束颈，口上盖一玉片，上有 16 个小孔，状若莲蓬。罐腹为球状，饰仿古勾云纹地，腹外浮雕 3 只天鸡，面颊两侧饰勾云纹，头顶一根长翎接于罐口，喙微张，衔一珠。天鸡无后身，前身站立紧贴罐腹，双翅展开，3 鸡翅环罐腹相连，罐足呈环形，有 3 透孔鸡爪立于足上，罐底篆书“乾隆年制”4 字描金款。这件玉罐已有 3 透孔，可穿系悬挂。

一一八

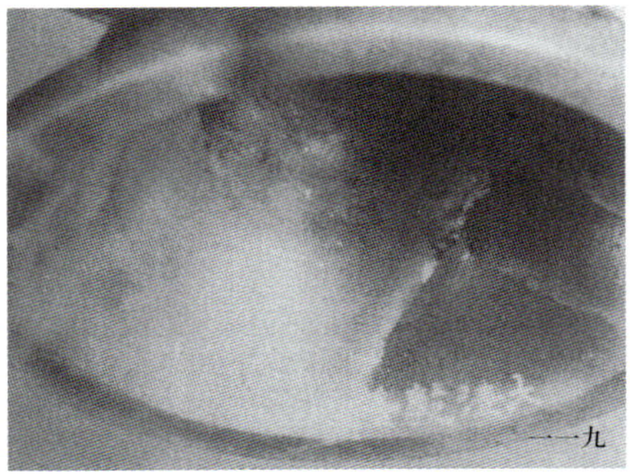

一一九

一二〇

一一八 一一九 一二〇 和田玉仿古豆 清乾隆

通高 25.15 厘米 宽 20.9 厘米 口径 15.8 厘米

故宫博物院藏

碧玉，显青色。仿古彝器，豆盖为圆形，环形纽，纽上琢四夔凤，盖面凸雕人物、飞禽走兽。豆口圆而稍敛，口两侧各有一圆环式耳，腹外凸雕人物、飞禽、走兽。高足，下部外撇，足外侧雕飞禽走兽纹，足内侧阴刻“大清乾隆仿古”隶书款。豆盖内刻乾隆题诗：“和阗绿玉中为豆，命工追琢成百兽。四足双翼无不有，奇形诡状难穷究。较之夏楬胜其质，等已商玉如其旧。式取西清周代图，想侧边左俎之右。意复存古去华器，鄙哉时样今犹富。”末署“乾隆丁未御题”，有“古稀天子”“犹日孜孜”二方印。

一二一 和田玉莲花盒 清中期

通高 9.9 厘米 口径 11.1 厘米／故宫博物院藏

白玉，有瑕斑。圆形，敞口，盒及盖外皆饰双层莲花，每层 9 瓣，盖顶有镂雕盖纽，纽中部为圆柱，柱顶雕一朵小花，花蕾绽裂，欲开未放，旁又有镂雕花叶 4 片，底端连盒盖，并各套一活环。莲花式盒，圆形足。紫檀木雕莲瓣座，座中心为一莲蓬，盒可坐于莲上。

这件玉盒的纽、盖、盒身、木座皆以莲花为型，浑然一体，含“一品清廉”之意。

一二二　和田羊耳奁　清中期

通高 9.9 厘米　口径 8.8 厘米　足径 7 厘米

故宫博物院藏

白玉质，微泛青色。圆形，浅腹，有盖，盖纽为 8 瓣莲台，台上雕卧羊一只，羊头较大，两弯角，短身，垂云式尾，下身似水花，无足。盖面雕作八棱形，棱缝中有变形蕉叶纹。奁为敛口，一侧雕一变形羊头，羊角长而下弯，节棱似绳绹，面部平而短，颌下有须。相对一侧雕一垂云，以为羊尾。奁外琢凸起的卷云形翅，其上有小勾云纹。奁底圆形圈足，足外有 4 组凸齿。玉奁前有羊头，后有羊尾，奁体为羊身，外饰双翅，寓吉祥高照之意。

一二三　和田玉梅竹纹奁　清中期

通高 12.5 厘米　口径 22.5 厘米　口径 17.6 厘米

故宫博物院藏

白玉，有瑕斑及绺。圆形，有盖，盖纽为 12 菊瓣形，灵芝、云头交错排列。盖面浅浮雕梅花、水仙、竹枝各一，竹根部长出灵芝一株。奁为宽沿，颈部微束，两侧各有一龙形耳，龙头为仿汉兽面形，脑后有一独角，长发分向两侧，头两侧有双翅，龙身似方柱，下抵奁腹，上套一活环。腹前后两面分别雕梅花、水仙。奁底为圆形凹足。这件玉奁以梅、竹为饰，造型端庄，纹饰淡雅，是宫廷重要陈设。

一二四　和田白玉六环奁　清中期

通高 11.9 厘米　口径 13.7 厘米　足径 8.2 厘米 / 故宫博物院藏

白玉质，有瑕斑。圆形，有盖。圆环形盖纽，纽外缘又有 3 个小环，其上各套一活环，盖面素地，琢凸起的灵芝两株、万年青两株，交错排列。奁为圆口，束颈，大折边式口沿，口沿雕小如意头 20 个。奁腹微凸，琢凸起的灵芝二株、万年青二株，与盖面纹饰相对应。圆形矮足，其下附紫檀嵌檀香木镂雕座。

玉奁的设计重点在盖纽，中部为图形，周围三立环，内套三活环，具有较高的设计技巧。

一二五　和田玉夔凤龙耳奁　清中期

通高 11.5 厘米　口径 15.7 厘米　足距 3.4 厘米

故宫博物院藏

玉质青白，纯无杂质。圆形，有盖，折边口，凸雕龙衔活环耳，4 兽首足。盖顶为高颈圆环式，盖面浅浮雕夔凤纹两组。腹部上下凸起弦纹，内饰隐起夔凤纹两组，凤身琢阴线回纹，为清中期玉雕器仿汉纹饰之精品。

一二六 和田玉十二辰活环奁 清中期

通高 12.8 厘米 口径 14 厘米 足径 7.1 厘米

故宫博物院藏

青玉。圆形，盖纽如花瓣，向外出6角，并套6活环，盖外6开光，内雕囍字。器口较厚，口部内收，口沿凸雕六个变形花叶纹，腹部6开光，自右向左分别雕鼠、牛；虎、兔；龙、蛇；马、羊；猴、鸡；犬、猪十二辰像。圆形足，奁内可盛物。

一二七 和田玉勾莲纹活环奁 清乾隆

通高 10.2 厘米 宽 16.8 厘米 口径 10 厘米 足径 7.2 厘米

故宫博物院藏

玉质青色，内含细墨点。体圆形，花耳活环，有盖。盖顶为深琢莲花，盖面为凸雕和浅浮雕莲花纹。鼓腹，上雕减地勾莲纹。外撇足，雕俯仰莲花瓣纹。此器纹饰层次分明，形态逼真，为乾隆时仿痕都斯坦玉器之精品。

一二八 和田玉四蝶耳活环奁 清中期

通高 12.2 厘米 口径 13.8 厘米 足距 2.1 厘米 / 故宫博物院藏

和田籽玉，色青无杂质。圆形。盖顶为四如意团抱对称卷草纹，每一如意头各琢两个圆孔，四角各套活环。盖面雕八个海棠花形饰，间隔处浅浮雕花、罐、鱼、盖纹并四个双夔龙捧“喜”字。在厚唇口上琢四蝶套活环耳。腹上下琢八个海棠花形饰，间隔处雕轮、螺、伞、长纹和四个双夔凤捧“喜”字。底凸雕四个灵芝形云头足。这种积“八宝”“八喜”“八如意”“八活环”于一器之上，是乾隆时期极少有的纹饰。

一二九 和田玉莲花四环奁 清中期

通高 13.5 厘米 腹径 14.9 厘米 口径 14.1 厘米 足径 7.4 厘米

故宫博物院藏

和田上等籽玉琢制，玉质洁净莹润，局部有皮色。球形体。圆口圈足。盖顶雕莲实，周围包两层花瓣，四角在半圆形饰上各套活环。盖面凸雕莲瓣九个，其上各琢“喜”字。器体以俯仰莲瓣包起，在腹部凸起的莲瓣上，饰蝙蝠、“卍喜”“卍福”纹。足底心鼓起。碾琢精美，显系出自名匠之手。

一三〇 和田玉雕龙凤纹唾盂 清中期

高 6.9 厘米 口径 11.2 厘米 足径 4.8 厘米

故宫博物院藏

青玉，有瑕斑。圆形，撇口，口极阔，短颈，颈部饰弦纹一周。凸腹，腹外琢凸起的夔龙、夔凤各一，龙为独角，兽身，身饰火焰纹，四足，尾细长分叉，卷向两旁。夔凤形象奇特，长颈，尖喙，头顶有冠，兽形身，四足。龙与凤皆作行走状，身旁雕有浮云，龙、凤头相对，共戏一火珠。这种腹外凸雕龙、凤纹饰的唾盂极其罕见。

一三一 和田玉兽面纹唾盂 清中期

高 5.2 厘米 口径 9.7 厘米

故宫博物院藏

白玉，有绺，缘绺纹烤色。圆形，撇口，短颈，圈足，颈外缘琢变形蝉纹 12 个，腹部琢半圆开光 4 个，开光内浅浮雕变形兽面纹，兽面为多重环形眼，面部饰勾云纹，额顶中部为一如意头。足外凸起窄圈一周。

一三三 和田玉菊瓣纹唾盂 清中期

通高 7.7 厘米 外口径 11.8 厘米 内口径 6.9 厘米 足径 5.9 厘米

故宫博物院藏

青玉质。圆形体，有盖。盖顶为欲开的菊花形，高盖面浮雕长短两周菊瓣纹，外侈，宽沿，无纹饰，圆腹外壁隐起四组相对双夔纹。矮圈足。

一三二 和田玉莲瓣纹唾盂 清中期

高 15 厘米 口径 14.2 厘米 底径 7.8 厘米 / 故宫博物院藏

青玉，有瑕斑。仿古彝器。长颈，撇口，颈部琢仰形莲瓣 6 个，莲瓣上又雕小形花瓣纹。莲瓣间饰变形万年青 6 簇，颈下部为一周勾云纹。腹外凸，上部有勾云纹一周，一部有 6 莲瓣及 6 簇万寿菊相错排列。足较高，圆形，外表饰勾云纹一周，足内掏空，足的最下部有一水平封板，封板中心为一孔，缘孔有垂云式菱瓣六瓣，其间又有 6 个小花瓣。这件玉唾盂的足较一般唾盂的足矮，是室内陈设品，又可实用。

一三四

一三五

一三四 一三五 和田玉烟壶 清乾隆

通高 7.8 厘米 口径 0.5 厘米 / 故宫博物院藏

白玉雕琢。茄形，圆口处嵌碧玉茄蒂，蒂上之系作盖纽，为带皮色的糖玉琢成，下连竹匙。式样小巧玲珑，生动逼真。

和田玉簸箩纹烟壶

通高 5.7 厘米 外口径 1.65 厘米 / 故宫博物院藏

羊脂白玉琢制，扁圆形。口、颈及足缘各缠一周绳纹，余皆饰似柳条编的簸箩纹。紫宝石盖纽，下连牙匙。纹饰古朴，喜人。

和田玉勾云纹烟壶

通高 6.7 厘米 口径 1.6 厘米 / 故宫博物院藏

白玉略闪青色。扁圆形。圆口，平肩，椭圆圈足。腹部减地雕琢对称的勾云纹饰，肩下两侧琢兽首衔环耳。珊瑚盖纽，下连牙匙。琢制精巧。

和田玉夔凤纹烟壶

通高 8.1 厘米 宽 5.3 厘米 厚 3.2 厘米 外口径 2.1 厘米

故宫博物院藏

白玉略泛淡黄色。扁圆体。圆口，椭圆足。腹两侧隐起俯仰双夔凤纹。红宝石盖纽，下连牙匙。

以上均为清乾隆时物。

以故宫博物院藏品为准，鼻烟壶从康熙时期进入宫廷，有玉、水晶、玛瑙、松石、翡翠、青金石、金、玻璃、珐琅、漆、匏、木、竹、牙、陶瓷等等。品类繁多，式样复杂，是具有综合性特点的工艺门类。

一三六 **和田玉佛手式花插 清中期**

高 16.1 厘米 口 4.5 厘米至 8.2 厘米

故宫博物院藏

黄玉，质极佳，局部有赭色晕。器主体为一立形佛手，由 16 指拢成，中空。佛手外侧雕枝叶，大枝盘于器底以为花插之足。佛手是清代宫廷玉器常见的题材，唯此件雕得生动自然。

一三七 **玛瑙三果花插 清中期**

高 13.2 厘米 宽 16.4 厘米 厚 7.5 厘米

故宫博物院藏

红白玛瑙，色泽分明，材料珍贵。三果连体扁呈圆形。红色部分凸雕大小石榴两个并佛手一个，大石榴上面有一圆孔可插花。其口上侧并雕桃实两个。白色部分雕大小佛手两个，大佛手有一随形孔可插花，口边凸雕一蝙蝠。三果周围以盘绕枝干相连，红白相映，形象美观自然。石榴、桃实、佛手、蝙蝠，寓多子、多福、多寿之意，统称“三多”，是清代普遍应用的吉祥图案。

一三八 **和田玉三羊芭蕉双孔花插 清中期**

高 10.4 厘米 长 15.8 厘米 宽 5 厘米

故宫博物院藏

青玉，带有墨玉斑。花插下部为镂雕的层叠湖石，石缝中长出灵芝、小草，石上卧三羊，中间一只羊较大，侧卧状，直颈，双角前弯，角上有节棱，面朝左，与另一只对视。左侧之羊头稍仰，双角亦前弯，与大羊相视，大羊身后一小羊，无角，卧眠状、三羊中间可架笔，湖石左侧相并两株芭蕉树，树心中空．可插花。花插造型含“三阳开泰”之意。附紫檀木雕叠石灵芝座，座底刻楷书“丙”字。

一三九 和田玉白菜花插
清中期
高 16 厘米 长 12.2 厘米
宽 6.1 厘米
故宫博物院藏

青玉，下部琢一扁三角形底托，表面凹凸不平，中心长出一株白菜，白菜为束颈，外周菜叶弯向外侧，内周菜叶竖直向上，菜叶阳面用阴刻线，阴面用凸线雕出叶脉，白菜中空，用以插花。

这件花插所选玉材青色中泛有碧色，极似白菜的颜色，造型又很准确，是一件不可多得的艺术品。

一四〇 玛瑙松桩双孔花插 清中期

高 18.2 厘米 宽 16.5 厘米 底长 12.8 厘米 宽 4.5 厘米

故宫博物院藏

玛瑙质地，"苔藓"纹理交错，名为"苔藓玛瑙"。透明度强，有玻璃光泽，是较珍贵的品种。扁圆双连体，随形口、足。一侧雕大松桩，中有扁圆孔可插花。一面凸雕松枝与一深烟色头的蝙蝠。一面利用玛瑙的赭色、白色饰树皮、松枝，并凸琢梅枝花纹及水仙花一株。另一侧为梅桩，中有扁圆孔可插花。一面凸雕梅花和灵芝纹，一面凸雕竹纹。两桩之间透雕一鹿，口衔灵芝呈上望态。从纹饰可看出有"三友图"和"福禄寿"的吉祥意。此器为清代吉祥图案的代表作。

一四二 玛瑙桃桩双孔花插 清中期

高 19.3 厘米 宽 22 厘米

故宫博物院藏

红、白、粉三色玛瑙一体。立体圆雕。白色质地雕为桃树古干形，中有随形扁圆孔，树干分杈上亦有一浅插孔。一白色立凤站在山石上。花插前后和一侧以粉色质地凸透雕桃实和山石，花插倚靠在山石上。上部和周围，以红色部分巧琢蝙蝠和灵芝 纹，似为"福寿之地"，为清中期玛瑙俏色作品之典型。

一四一 翡翠丹凤花插 清中期

高 25 厘米 口径 5.9 厘米至 8.6 厘米 足径 5 厘米至 7.3 厘米／故宫博物院藏

翡翠质，有赭红皮包，绿色深浅不一。巧琢古树干形，中有孔可插花。主干上下左右镂雕新生枝干和凸雕牡丹花。上面枝头卧一小鸟，下立一鹤，山石上镂雕一立凤。另一侧花卉中雕一对交颈鸟，下方一对青蛙栖于花叶上。其色彩俏丽，是清代俏色作品之佼佼者。

一四三 和田玉龙凤花插 清中期

高 16.3 厘米 宽 20.5 厘米 厚 4.1 厘米／故宫博物院藏

碧玉，质地纯正，微透明。立体镂空，连体花插形。一侧为扁圆瓶，有盖。盖顶蟠螭纹，瓶体素身，椭圆足，颈部两侧为兽首吞式耳。瓶侧镂雕腾云龙戏珠纹。另一侧梅桩花插形，中有深孔。一立凤口衔灵芝回首望龙。盛开花朵的弯曲梅枝将两器相连。设计精巧绝妙，琢磨技艺高超。

一四四 水晶双鱼花插 清中期

高 14.8 厘米 内口径 1.8 厘米 底径 3 厘米至 5 厘米

故宫博物院藏

质地无色透明，立体圆雕，连体双鱼式。鱼身均雕琢鳞纹，鱼尾相搭，鱼鳍相扶，张口，腹空。底为水座。可谓匠心独具。用以插花。

一四五

一四六

一四五 一四六 和田玉龙纹花插 清乾隆

高 14.4 厘米 口径 5 厘米至 6.6 厘米

足径 3.5 厘米至 6 厘米／故宫博物院藏

玉呈粟子黄色，无杂质，材料名贵。体方斗形，长方口、足。器四周阴刻回纹相间，上下光素，中间满琢减地乳丁纹。一侧一条飞龙，两爪扶口沿，闭口，瞪目注视前方，呈攀附状。外底里从右至左一行阴刻“乾隆年制”4字篆款。

一四七 和田玉蟠龙出戟花插 清中期

高 22.1 厘米 足长 13 厘米 宽 7.8 厘米

故宫博物院藏

青玉，有瑕斑及绺。仿古彝器。花插身较高，分为4面，截面为海棠式，每面中部出戟，敞口，缘口镂雕一龙，龙为双角，长须，四肢饰鳞纹及火焰纹，身细长，缘花插口弯作C形，花插颈外侧饰4组变形蝉纹，腹部凸起，两面饰双夔凤纹，腹两侧饰双夔龙纹。高足，足外撇，表面饰变形蝉纹。

一四八 和田玉螭柄花插 清中期

高 32.2 厘米 宽 14 厘米 厚 5.4 厘米

故宫博物院藏

青玉。方形，仿古觯式，上端略宽，花插口及底沿各饰雷纹一周，腹部锦纹地，其上浮雕双夔纹，镂雕螭龙柄，螭龙为独角，细腰，长尾分叉卷向两侧，一叉稍长，与下部一小螭尾相钩，小螭作曲身回首。花插足较高，方形。

一四九

一五〇

一四九　一五〇　和田玉海棠式觚　清中期

高 33 厘米　宽 19.6 厘米　厚 11.8 厘米

故宫博物院藏

碧玉，有黑色斑点。器型仿古彝器，略有变化。横截面为菱花形，稍扁。长颈，阔口，颈两侧各饰一龙头，龙之额稍阔，球形眼，眉毛拧作螺旋形，耳若巨叶，两侧向内卷，双角，卷作勾云形。面部修狭，鼻似鹰喙，有钩，颈为柱形，接瓶颈，其上套一活环。觚腹较短，上下内敛似鼓式。足形与觚颈同，略矮。这件作品的造型，在仿古的基础上稍加变化，显得端庄、大方。

一五一　和田玉花叶纹梅瓶　清中期

高 26 厘米　口径 6.2 厘米　足径 8.9 厘米

故宫博物院藏

碧玉，有瑕斑。圆筒形，短颈，小口，削肩，凹足。瓶外琢凸起的缠枝莲及花卉，莲花为多瓣，花心作莲蓬形。花叶较大，向外翻卷，叶脉粗且长，自叶中分向两侧。梅瓶是中国传统造型，图案采用大花大叶结构，却是受了外来艺术风格的影响。

一五二　和田玉三羊尊　清中期

高 14.3 厘米　口径 7.8 厘米　足径 7 厘米

故宫博物院藏

黄玉质，微闪浅绿，有皮色和绺纹。侈口，圆腹，膛直且深。颈部凸雕环纹，腹部等距凸雕 3 羊首，羊的腿部与圆底托相连，使该器呈 6 足形。凸雕 3 羊首，有“三阳开泰”之意。

一五三　和田玉龙纹蝶耳尊　清中期

高 16.3 厘米　口径 9.5 厘米至 16.1 厘米 / 故宫博物院藏

青玉。撇口，横截面呈椭圆形，颈上部四面各镂雕一花蝶耳，蝶伏花上，头朝上，展翅，尾接一柱，耳上套一活环，颈部浅浮雕变形夔纹，腹前后各凸雕一龙，龙双角曲身，身旁有缠枝莲。腹部两侧各雕一螭，椭圆形足，足外饰 12 条垂云纹。

一五四　和田玉兽耳活环瓶　清中期

高 13 厘米　宽 16.2 厘米　厚 6.5 厘米

故宫博物院藏

青玉有瑕斑。敞口，束颈，矮足，器型较扁。横截面为四瓣海棠式，颈较短。两侧为兽首式耳，兽首造型奇特，自鼻两侧各出两道长须卷向额顶及脑后。兽口中出一弯柱连瓶腹，上套活环。

一五五 和田玉八宝纹提梁花篮 清中期

高 17.2 厘米 长 18.8 厘米 宽 12.3 厘米

故宫博物院藏

青玉。长八方形，双绳盘绞式提梁，小口，口沿薄而宽，浅浮雕 10 支如意头，沿篮口排列。凸腹，腹为八棱形，八开光，内琢八宝图案，自左至右为轮、伞、长、鱼、华盖、螺、罐、花。八方形圈足，足外撇。花篮内膛较大，可贮水。

一五六 和田玉镂花盖龙首花浇 清中期

通高 7.3 厘米 内口径 6.5 厘米 足径 6.5 厘米

故宫博物院藏

青玉质。立体圆雕，圆口，圈足。龙柄，扁宽型龙首流。盖顶似刚开放的小花，花瓣向内，中间有圆孔。盖面镂 4 条蟠卷螭纹。腹部隐起变形夔纹。造型别致，琢磨精细，在花浇类器物中极为少见。

一五七 青玉天鸡尊 清晚期

高 21 厘米 长 17 厘米 宽 7.5 厘米

口径 5.5 厘米至 7.9 厘米

故宫博物院藏

青玉质，闪淡碧色。立形天鸡负樽式。樽置于天鸡背上。颈部仰雕蕉叶纹，腹两侧减地浮起兽面纹。天鸡纹饰别具风格：鸡冠镂空，口衔花与两翎羽相同，胸部饰垂云纹，身满琢麒麟纹。器身很重，刀法较粗。这种风格在清中期以前是很少见的，作品时代当为清代晚期。

一五八 和田白玉鸡心佩 清中期
长 8 厘米 宽 5.7 厘米
1962 年北京市北京师范大学出土
首都博物馆藏

玉质洁白。扁平体，镂雕流云纹，系仿汉代鸡心佩的形制。康熙时期玉器，极罕见，此为康熙时期墓葬出土，极珍贵。

一五九 和田碧玉鸡心佩 清中期
长 7.7 厘米 宽 4.6 厘米

玉质深碧色。仿汉玉佩式样，镂雕云蝠和鸳鸯戏水，工艺精巧，展现出清初琢玉的水平。

一六〇 和田玉镂雕夔龙佩 清中期
长 6.5 厘米 宽 4.3 厘米 厚 0.5 厘米
故宫博物院藏

白玉，镂雕双夔，首似鸟，钩喙。夔身似蛇，饰柳叶纹，相互交错，作螺旋形缠绕，佩上部有孔可穿系。

一六一

一六二

一六一 一六二 和田玉镂雕子辰佩 清中期
高 7 厘米 宽 5 厘米 厚 0.8 厘米
故宫博物院藏

白玉。方形，上半部镂雕云龙。龙曲身，回首，身前为连云，右侧云中，雕一小童，佩中部为一圆光，光内凸雕篆书“宣和年制”款，光下为一兽面，背面中部亦为圆光，光中部为一太极阴阳鱼，环太极图雕“一元开太极，风云现龙光”10 字。

一六三 和田玉蟠螭佩 清中期
长 7.3 厘米 宽 6.3 厘米 高 1.8 厘米
故宫博物院藏

白玉，局部有烧古色。仿古玉器。圆雕一螭，身绕头，盘作环形，回首状。大头，上唇较长，张口，四犬齿。长身，背部凸起脊线一条，身侧出鳍，四足屈于身下，左前肢踏尾，尾粗而长，尾端卷作螺旋形。清代制造的蟠螭佩极多，但多为扁片型，这件玉佩雕立体蟠螭，工艺精细。

一六四 和田玉镂雕双凤佩 清中期

高 7.1 厘米 宽 3.9 厘米 厚 0.5 厘米

故宫博物院藏

白玉。中部雕一椭圆形饰，其上细阴线雕对称云纹，两侧各镂雕一凤，两凤相对，皆为立形，喙衔灵芝，长尾下垂，尾端上卷，足踏于尾上，凤颈后饰长翎，身饰鳞纹，翅下垂，由三羽组成，佩上部凤冠相对间有一空隙，以备穿系。

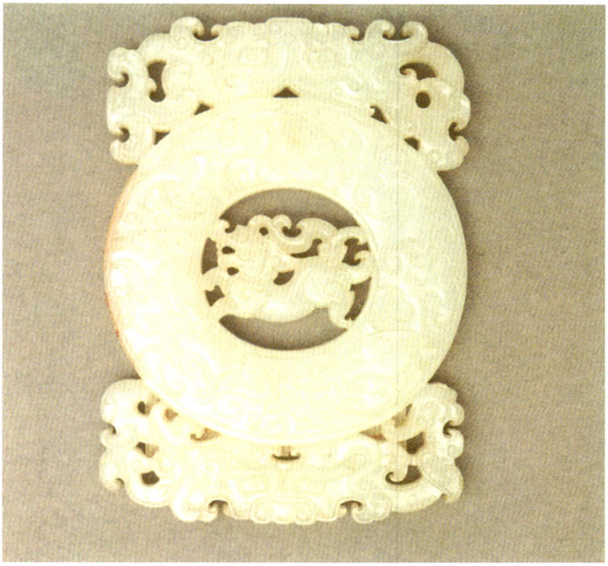

一六五 和田玉镂雕蟠螭佩 清中期

长 8.1 厘米 宽 5.1 厘米 厚 0.7 厘米

故宫博物院藏

白玉，闪浅青色。两面雕，片状。中间呈环形，中心镂雕一奔兽负一螭。环形两面浮雕朱雀盘绕，间饰勾云纹。上下两端透雕俯仰兽面，两侧琢夔龙、夔凤纹。制作精致，刻道极细，为乾隆仿汉饰。

一六六 和田玉镂雕双龙佩 清中期

长 7.9 厘米 宽 5.9 厘米 厚 0.8 厘米

故宫博物院藏

白玉质，微有烤色。雕二龙对顶，龙头在佩的中部，左右错开，发部相连。龙为粗眉，独角，上唇厚而长，且上卷。龙身细长似绳，身上有绳绚纹，绕龙头而盘成环状，两龙之身相交错，龙身无足，仅有小鳍 4 个，龙尾分叉，尾端微卷。这件作品采取了大面积镂空的方式，仅留绳状龙身，非好玉不能制。

一六七 和田玉云纹鸡心佩 清中期

长 7.4 厘米 宽 5.4 厘米 厚 0.8 厘米 / 故宫博物院藏

白玉如脂，表面似玻璃之光亮。长方形，片状，表面浮雕勾连相绕的云气纹，边缘镂雕云气纹上，又用极细的浅阴线琢出小勾云纹，其雕法和式样是仿照汉代韘形玉佩，佩中部为一圆孔，孔内有镂雕的云头。古人有佩韘之习，韘形玉佩产生得极早，到了汉代品种骤增，清代作品孔变小，而孔外装饰变得复杂精致，宫廷使用的鸡心佩极多，有的完全仿汉代作品，有些则是在汉代作品基础上加以变形，这件玉佩为宫廷仿汉代作品。

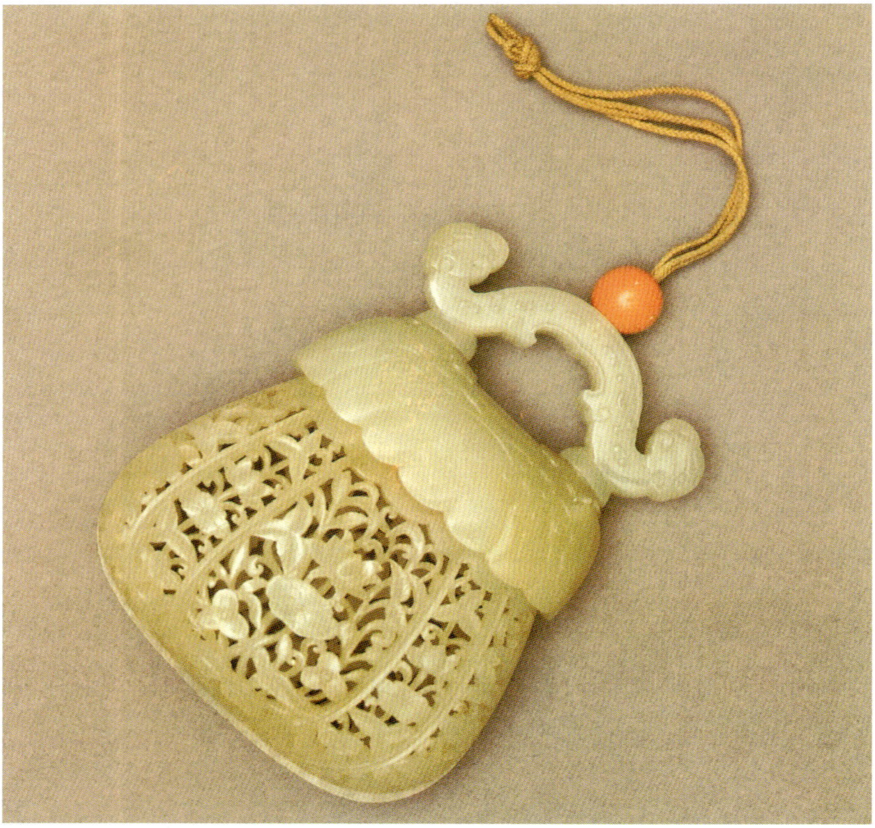

一六八 和田玉镂雕荷莲纹香囊 清中期

高 8.1 厘米 长 6.8 厘米 厚 2.7 厘米

故宫博物院藏

青玉。上部为横梁，近似璜形，两端各有一螭头向上勾回，横梁上雕勾云纹，下端有两榫，插入盖内，横梁内镂空，系绳自顶端贯入，在横梁内分向两侧，穿过香囊囊盖，系于香囊上。香囊之盖为 12 瓣形，罩于香囊口外，两端雕二兰花，香囊为两半合并而成，镂雕荷叶、荷花、慈姑、水草等纹饰。

一六九

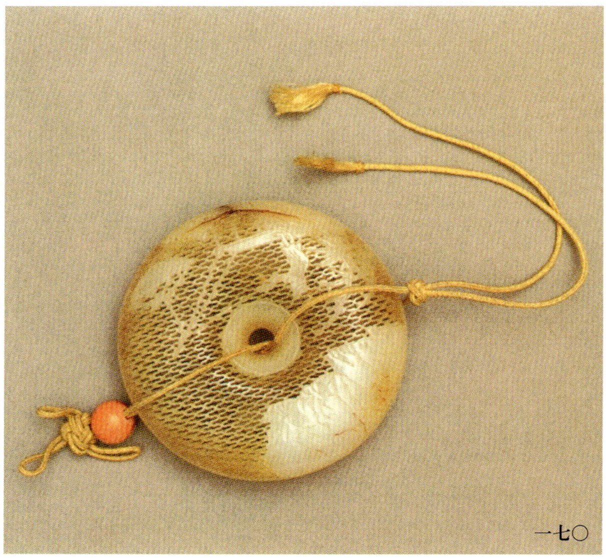

一七〇

一六九 一七〇 和田玉镂雕山水人物香囊 清中期

直径 7.1 厘米 高 2.3 厘米／故宫博物院藏

白玉，有人工染色。器若环形盒，中部有一通孔。一面镂雕锦文以示天、水，下部为水畔之坡，坡上梅花二株，疏影横斜，其上各有梅花两朵，花蕾匀缀，一老人横卧坡上，仰望长空，空中一鹤飞来，似鸣似唳。另一面镂雕锦文以示湖水，水畔有芦苇及一平台，台上立一渔者，头戴斗笠，用竹竿吊网捕鱼。香囊以黄色丝绳穿系，并结有一珊瑚珠。香囊的外壁极薄，所雕图案为山水题材，构图简略，碾琢精致。

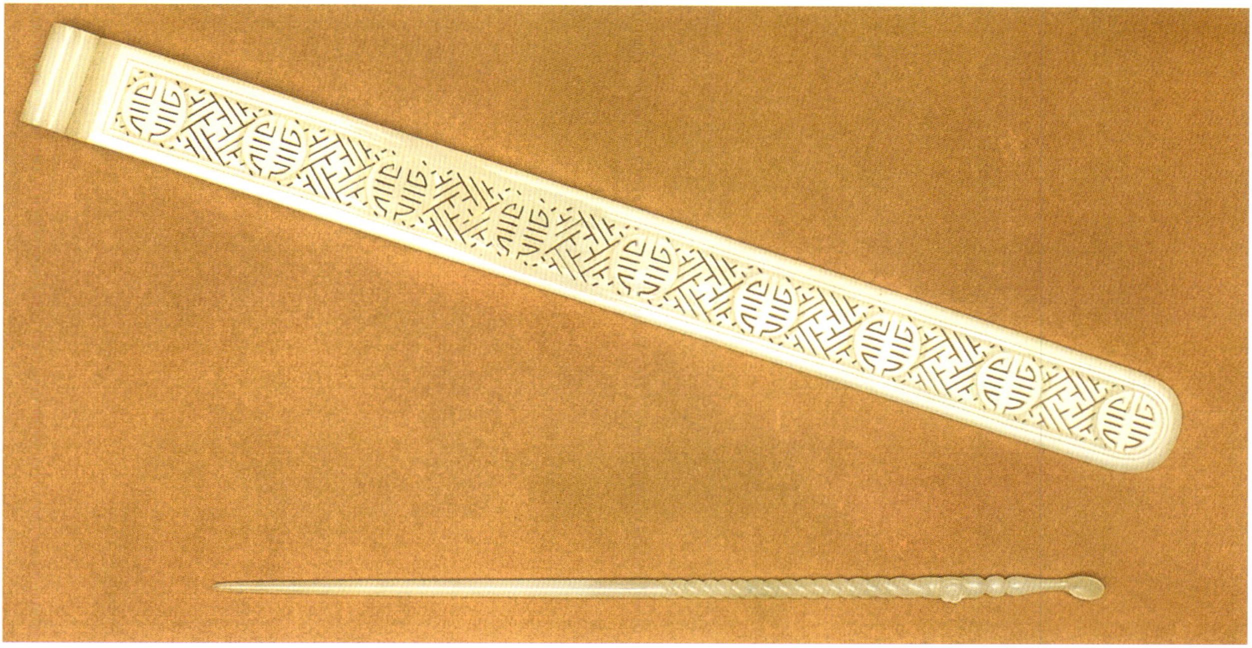

一七一 和田玉万寿扁方／清中期

长 32.1 厘米 宽 2.95 厘米 厚 0.3 厘米

故宫博物院藏

白玉。扁长形，一端为圆弧状，另一端卷边似顶，卷边的截面为梅花形。扁方上面镂雕“卍”字纹，中部饰 9 个团形“寿”字，一线排列。扁方是清代妇女用以插发的头饰，宫廷中所用多为玉制，也有珊瑚、翠玉等制品，有的玉制扁方上还嵌有宝石、碧玺、翡翠组成的各种图案，这件扁方采用了复杂的镂雕技术，碾磨极薄，是一件珍贵的头饰。

和田玉簪 清中期

长 23.8 厘米 直径 0.5 厘米／故宫博物院藏

白玉。长针状，上部雕作双股绞丝形，近端部有梅花一朵，顶部为掏耳勺。玉簪是清代贵族妇女插发的头饰，造型细长，工艺精湛，需选用直径较大的优质玉料制造，极珍贵。

一七二 和田玉镯 清中期

长 7.7 厘米 宽 7 厘米 高 1.4 厘米

故宫博物院藏

两个一副，皆为白玉。椭圆形，环内侧为光素平面，两侧各雕雷纹一周，环外侧微凸，呈半弧状，其上浅浮雕牡丹花叶纹一周。花叶分作 6 组，每组纹饰中心为一朵盛开的牡丹花。此镯玉质光洁细腻，纹饰精致，为后妃佩戴之物，极珍贵。

一七三 碧玺松鼠葡萄佩 清中期

长 4.1 厘米 宽 3.7 厘米 厚 0.9 厘米／故宫博物院藏

碧玺粉紫色。扁圆片状，两面透雕。此佩为巧做。松鼠为粉色，葡萄为紫色。一只松鼠头朝上，一只松鼠头朝下，作回首偷吃葡萄状，葡萄大小共 9 粒。背面雕有阴脉的葡萄叶，旁边碾葡萄 3 粒。在叶颈处有一穿孔，并系翠珠一粒，米珠两组 20 粒。

碧玺属宝石类，硬度 7 至 7.5，比重 2.98 至 3.05，晶体呈柱状，断面为球面三角形，晶面上有纵纹。新疆阿勒泰所产的碧玺最有名。

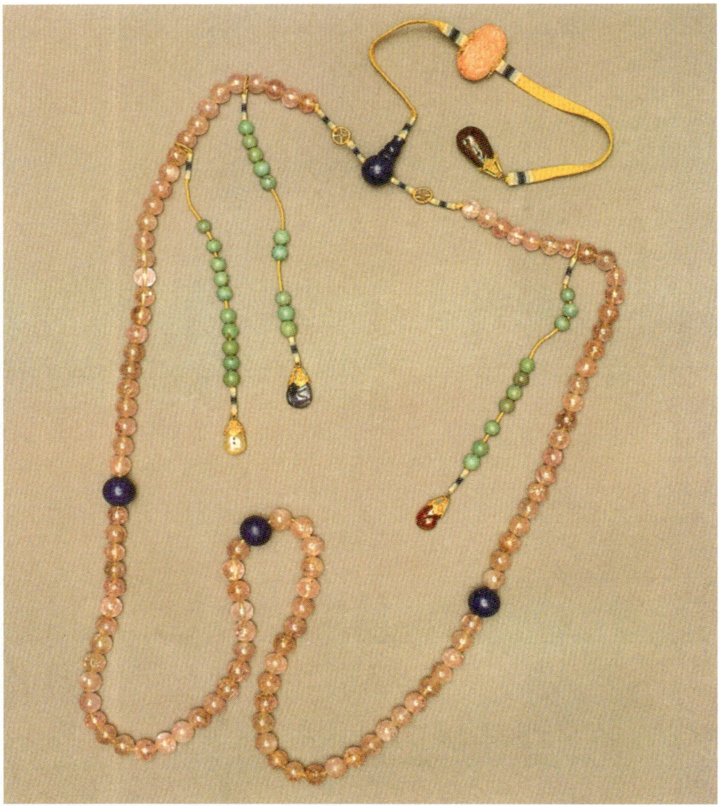

一七四 碧玺朝珠 清中期

周长 142 厘米

故宫博物院藏

碧玺粉红色，光洁透明，内含绵状纹理。由 108 粒圆珠穿系而成。朝珠上端有红宝石坠角，珊瑚雕花背云和青金石佛头。3 颗青金节珠。并饰 3 串记念，每串记念由 10 粒绿松石组成，底端分别饰以红、蓝、白色宝石坠角。琢制精致。

一七五 青金石朝珠 清中期

周长 235 厘米

故宫博物院藏

宝蓝色，纯净无瑕。由 108 圆珠穿系而成，背云饰黄碧玺及绿松石佛头。节珠为 3 颗绿松石。记念各以 10 粒红珊瑚豆组成。琢磨精致。

以上两串朝珠，均为清乾隆时期的作品。朝珠系帝后上朝、庆典和大的节日穿朝服时佩戴的。不同颜色的朝珠，用途不同。

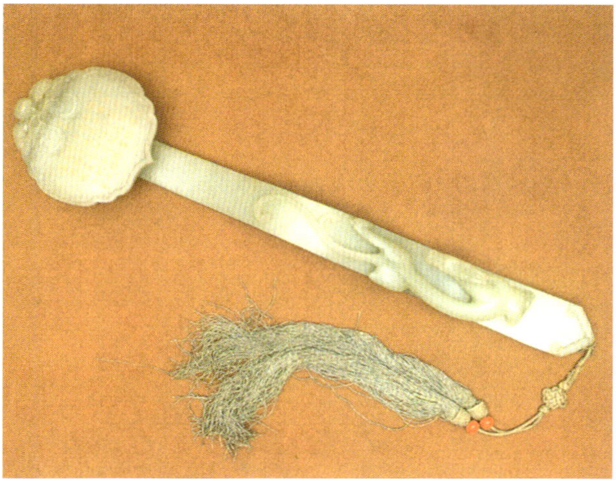

一七六 和田玉螭纹如意 清中期

长 44 厘米 宽 10.3 厘米 高 5.3 厘米

故宫博物院藏

青玉质，有瑕，如意柄自然弯曲，上伏一螭，回首，目视如意头，如意头近似椭圆形，上部有一宝珠，与龙头相对，下部阴刻戗金楷书御制诗一首：“巧匠琢荆玉，雅堪号握君。含章洵远俗，特达迥超群。味道如可挹，葆光意不纷。奚称韦刺史，藉用指三军。”并“御制”二字，如意柄下端有孔，穿有丝绦及穗，柄背面刻有“臣三宝恭进”字样。

一七七 和田玉刻诗如意 清嘉庆

通长 41.5 厘米

故宫博物院藏

玉质黑色。曲柄、鼓背、光素无纹，云头式首。首面随形挖槽镶嵌镂雕青玉蟠龙，柄面中间琢楷书填金御制诗句。柄尾镶嵌青玉一块，上面凸雕一回首螭。其身中部镂空处系丝穗，并附松石珠两粒。御制诗为：“竹化分真幻，铜函阅古今。清谈常在手，乐志每如心。系处珊瑚碎，挂来萝薜深。握君曾得号，禅德亦留吟。贞素标琼质，指挥延藻襟。休征愿时若，讵为宝球琳。”穗上系墨书黄条“嘉庆五年十月初七日收包衣昂帮呈览乌玉厢白玉诗意如意一柄”。

一七八 玛瑙灵芝式如意 清中期

通长 33.5 厘米

故宫博物院藏

玛瑙质，有酱色花斑和细丝纹带。以 5 块石料拼接而成。镂空灵芝柄，中部稍拱。首部一大灵芝并透雕两个小灵芝。酷似深山老林中生成，极为生动。

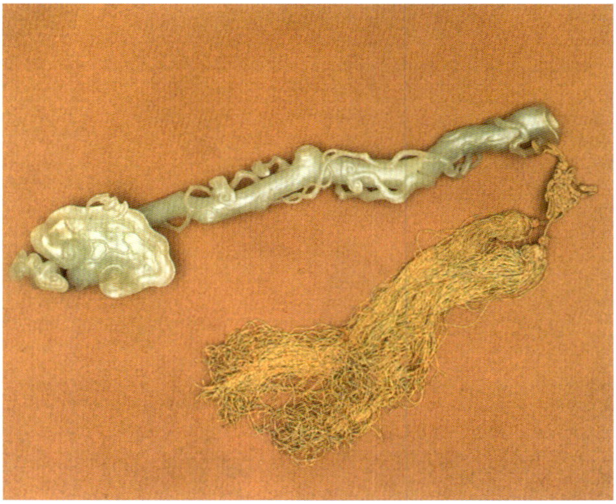

一七九 和田玉镂雕灵芝如意 清中期

长 39.2 厘米 宽 7.9 厘米 高 4 厘米

故宫博物院藏

青玉，有瑕斑。如意柄形如树干，旁生小枝，枝上结灵芝和细藤，藤自柄下缠绕而上，直达如意上端。如意头为灵芝状，上部附有两片小灵芝，一蝙蝠附于如意头上，似绕灵芝飞行。如意下部有丝绦及穗，如意及绕干的细藤，皆用镂雕手法雕出，表现出较高的琢玉技巧。

一八〇 和田玉兽面纹出戟瓶 清中期

通高20.2厘米 宽10.6厘米 厚6厘米

故宫博物院藏

黄玉，局部带褐色。仿古彝器，盖形如倒斗，8出戟，每面浅浮雕两个小夔龙。瓶腹、足皆八出戟，颈短而方，四面各雕一兽面，上部正背两面各饰半圆雕兽头，兽头两侧各有一侧形兽面。腹中部亦雕兽面纹，接下部变形蕉叶纹。方形足，足外8出戟，每一面雕二小夔龙，与瓶盖相对应。

一八一

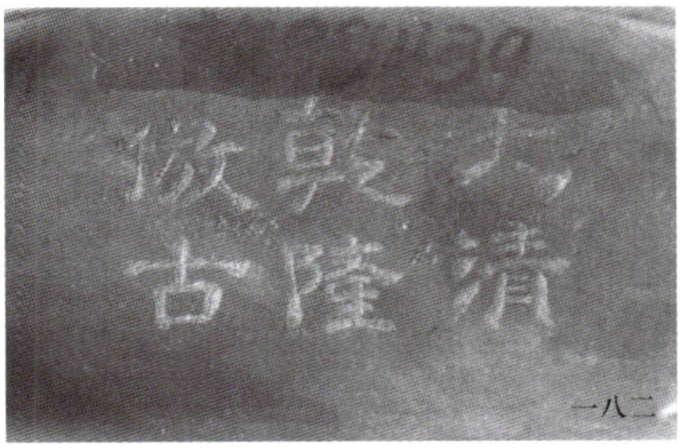

一八二

一八一　一八二　和田玉兽耳活环瓶　清乾隆

高 25.5 厘米　宽 13 厘米　口径 4.2 厘米至 6.5 厘米

故宫博物院藏

青玉，有瑕斑。扁形，仿古彝器，椭圆形盖，盖外饰雷纹一周并双身龙纹，球形盖纽，纽外雕4垂云。瓶口外撇，口沿饰雷纹一周，瓶颈饰兽面及涡纹，颈两侧各饰一圆雕兽头形耳，下套一环，腹雕阴线雷纹地，上压双身龙及单身龙，龙身或长或短似带状，相互缠绕，每面各4条。椭圆形足，足底阴刻隶书“大清乾隆仿古”款。

一八三　和田玉兽面纹出戟方壶　清中期

通高 24.7 厘米　宽 14 厘米　厚 6.5 厘米　口径 5.4 厘米至 8.5 厘米

故宫博物院藏

青玉。仿古彝器，顶盖4出戟并饰兽面纹，方口，短颈，颈外浅浮雕变形蝉纹，两侧为兽头式耳，兽头扁而宽，自眼部向外有勾云飞出，张嘴，口中吐变形勾云，壶颈及腹中部亦出戟，腹部浅浮雕兽面纹。兽面之下饰变形勾云纹。长方形足，足外出戟并饰变形蝉纹。

一八四　和田玉云带纹兽耳活环瓶　清乾隆

通高 26.5 厘米　宽 16 厘米　厚 5 厘米

故宫博物院藏

青玉，有瑕斑。椭圆形扁瓶。矮盖，盖外饰三角形几何纹，盖纽雕双层菊瓣。瓶口、颈、肩、足共饰带纹4道，口沿下雕一周几何纹，颈雕云带纹，两侧有双兽面耳，耳下套活环，瓶腹浅浮雕勾连相绕的夔龙纹，两面各有龙头5个，瓶两侧肩部各有龙头一个。足近似长方形，足底阴刻楷书“大清乾隆仿古”6字。

一八五　和田玉四环耳壶　清乾隆

通高 29.5 厘米　腹宽 13 厘米　口径 4.5 厘米至 7.8 厘米　足径 4.6 厘米至 7.5 厘米

故宫博物院藏

青玉，闪蛋青色，质地纯正。扁圆形体，椭圆口、足。盖顶上浅雕变体夔龙4组，盖面涡纹6个。颈上部有乾隆丙申（1776年）仲春御题：“和阗采玉春秋贡，琢器频翻博古图。时样颇嫌巧乃俗，周壶犹近古之模。乾龙为玉魑似矣，帝乐鸣球夔戛乎。设更因文思敬义，丹书语敢忘斯须。”其下对称凸雕兽首吞耳套活环，间饰涡纹。腹部两面纹饰相同，均减地琢相对夔凤和变体夔纹。为乾隆四十一年（1776年）标准仿古器物。

一八六

一八七

一八六 一八七 和田玉兽面纹兽耳活环壶
清乾隆

通高 27.9 厘米 腹径 13.5 厘米 口径 7.2 厘米 足径 8.4 厘米

故宫博物院藏

碧玉质，内含小黑点，颜色纯正，圆盖，瓶式。圆口，圆腹，圈足。盖顶饰外翻式花瓣，颈部仰雕 6 出蕉叶纹，内饰双鱼纹。肩、腹中部各饰对称的 4 组龙纹，其间饰 4 大 4 小兽面纹。腹下俯琢蕉叶纹一周，叶纹内各饰一对夔龙纹。肩两侧琢兽吞耳套活环。底中央阴刻竖行隶书“大清乾隆仿古”6字款。此器花纹上下左右对称，琢磨精致，是清乾隆时期难得的仿古器物。

一八八

一八九

一八八 一八九 和田玉雷纹兽耳活环壶
清乾隆

高 32.5 厘米 宽 18.8 厘米 厚 11.5 厘米

故宫博物院藏

碧玉，仿古彝器，细颈，敞口，颈部饰变形蝉纹 8 组，腹微扁，腹外凸起 5 道弦纹，弦纹间雕细密的云雷纹，双兽头式耳，兽耳上翘，球形眼，兽口衔一柱，接于壶腹，其上挂一活环。椭圆形足，微外撇。壶底刻“乾隆年制”篆书款。

一九〇 和田玉兽面纹夔耳活环壶 清乾隆

高 11.6 厘米 口径 4.4 厘米至 5.9 厘米 足径 4.6 厘米至 5.9 厘米 / 故宫博物院藏

玉呈栗子黄色，质地纯正，较珍贵。圆雕，无盖，椭圆口、足，颈稍收，鼓腹。通体满饰方棱形锦纹地，颈部浮起蕉叶纹，间饰蝉纹。肩部饰夔纹 4 个，腹部两侧浮雕兽面纹两个，其下琢夔纹 4 个。足边阴刻回纹。颈两侧透雕夔龙纹并套以活环。玉质莹润，琢磨精细，技艺精湛，系乾隆仿古器之精品。

一九一

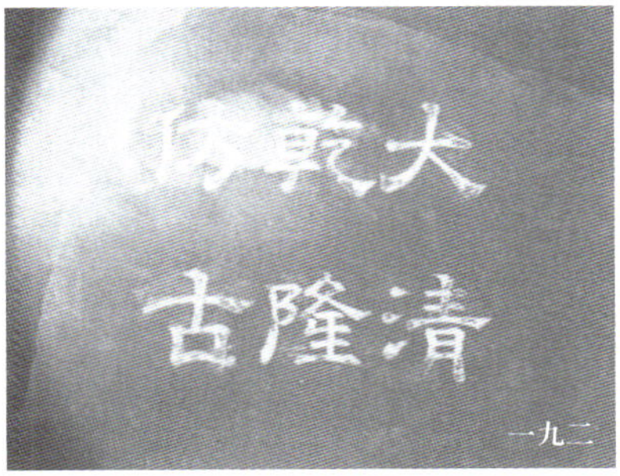

一九二

一九一 一九二 和田玉鱼鸟纹壶 清乾隆

高 42.6 厘米 口径 13 厘米 足径 12.7 厘米

故宫博物院藏

青玉，有绺及白色瑕。仿古彝器。细颈、颈部凸起 3 道弦纹及蟠夔纹一周，并有细线阴刻云雷纹一周。壶腹较圆，上部凸雕 3 周带纹，带纹间浮雕鱼、鸭、龟。壶上部两侧各凸雕一兽首衔环耳，环上套一活环。壶下部两侧又各雕一兽衔环耳，环上亦套活环，下部两耳连线与上部两耳连线垂直。圆形足。壶底阴刻隶书“大清乾隆仿古”款。壶颈雕隶书七言诗一首：“和阗绿玉尺五高，缠头岁贡阕以包。玉人琢磨精厘毫，汉铜凫鱼壶制标。鱼泳凫翔围腹腰，不惟其肖其神超。文已丙辰相为曹，事不师古厥训昭。无能掷山学神尧，热海砂砾间弃抛。来宾剪拂成珍瑶，席上之珍何独遥。”末署“乾隆壬午御题”，阳文“会心不远”阴文“德充符”二方章。

一九三

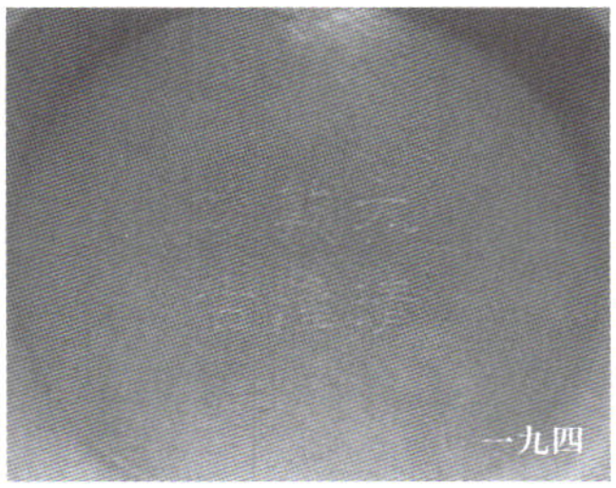

一九四

一九三 一九四 和田玉兽耳活环壶 清乾隆

高 31 厘米 宽 18.5 厘米 口径 10 厘米

故宫博物院藏

青玉，有瑕及绺。仿古彝器。圆形，直口，壶颈稍细，颈两侧各有一圆形兽头，兽口衔柱，柱中间起脊。脊两侧凸雕云纹，端部接壶肩，其上各套一活环。壶腹近似球状，腹上下各凸起一周宽带。圆形圈足，足外撇。底心阴刻隶书“大清乾隆仿古”款。

一九五 和田玉绳纹活环耳壶 清中期

高 17 厘米 口径 6.5 厘米 腹径 11.2 厘米 足径 6.7 厘米

故宫博物院藏

青玉、有皮色。圆形体，无盖，阔腹，束颈，圆口，圈足。颈部浅浮雕俯仰夔风纹，下饰蕉叶和回纹。腹部带皮色，凸雕双层方格的绳绚纹，器体似绳纹“捆扎”。肩两侧凸起活环双耳。敦实浑厚，系乾隆仿古器物。

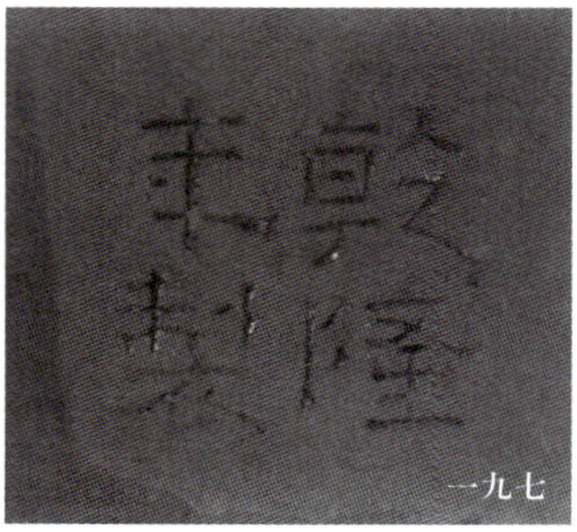

一九六 一九七 和田玉蚕纹宝月瓶 清乾隆

高 18.3 厘米 宽 14 厘米 厚 4.4 厘米

口径 3.8 厘米至 5 厘米

故宫博物院藏

青玉。腹圆，似满月。口微撇，口外饰“工”形连续纹。短颈，颈两侧饰叶形耳。瓶腹圆形开光，光内交错分割成数个长方形格，格内琢阴线仿古蚕纹，椭圆形足，足底“乾隆年制”隶书4字竖排款。

一九八 一九九 和田玉方壶 清乾隆

通高 24.5 厘米 腹径 10.7 厘米至 11.6 厘米

口径 6.8 厘米 足径 6.3 厘米

故宫博物院藏

青玉质，一侧有浅赭色斑。方形壶体，方口，方足。盖顶微凸，盖面光素，在四角斜棱上，凸起鸟首形饰。壶体光素无纹。腹部一侧琢刻隶书乾隆丙午年（1786 年）御题诗 98 字。底部中央浅刻竖行“大清乾隆仿古”6 字隶书款。颈两侧为兽首耳套活环。

按乾隆御题诗，此器为苏州专诸巷玉匠仿汉铜壶式样制成。器型庄重，制作规矩，比例恰到好处。为乾隆仿古器之代表作。

二〇〇 和田玉兽耳方壶 清中期

通高 11 厘米 口径 3.5 厘米 足径 3.5 厘米

故宫博物院藏

玉系栗子黄色，质地纯正，是较珍贵的玉种。方形立体，通体光素。此器系仿汉壶形，方口，阔腹，颈稍敛，方足。在斜边平盖顶上，凸雕 4 个中有圆孔的鸟首饰，嘴尖上翘各向一方。口边浮起方形弦纹，与盖边平，颈部两侧隐起暗兽衔环耳。

造型秀雅别致，各部比例适度，莹润光亮，是清中期优秀陈设品。

二〇一 和田玉兽面纹双耳活环壶 清乾隆

通高 24 厘米 口径 7.8 厘米 足径 8 厘米

故宫博物院藏

碧玉，内含细墨点，局部闪白，质地莹润。器呈方形，收颈，大腹，方足。平盖顶，其上减地四兽面，斜坡四边各琢 3 个垂云纹，四角凸起带尾圆环饰。颈部俯仰蕉叶纹，中间云带纹，两侧兽耳套环。腹部四面减地兽面纹，纹饰极为精细。方足中央 3 行竖排“大清乾隆仿古”6 字隶款。为宫廷陈设品。

二〇二 和田玉夔纹双耳扁壶
清中期

通高25.7厘米 腹宽17.2厘米 口径5.4厘米至8.5厘米 足径3.9厘米至10.15厘米

故宫博物院藏

青玉质，蛋青色。器作椭圆口，短颈，扁圆腹，长方足。盖面光素，左右凸雕镂空半圆夔形纽，上套活环。盖及口边饰阴线回纹。颈两面浅浮雕相对回首龙纹。腹部两面圆开光内阴刻回纹锦地，其上浮雕一兽面纹，周围满饰卷曲相连的夔龙纹。肩两侧为凸雕兽面衔环耳。器型和纹饰均仿青铜器。

二〇三 和田玉象首足壶 清中期

高21厘米

口径6.9厘米至9.8厘米 底径3.2厘米至7厘米

故宫博物院藏

白玉闪浅青色，无杂质。椭圆形，呈象首倒置状。在椭圆形盖面上隐起变形兽面纹两个，其鼻向上翘起，器体上部有两段变形兽面纹。下部凸雕成象首形，两牙向前，长鼻向后卷，呈三点鼎立支撑壶体。纹饰仿古，造型别致。

二〇四

二〇五

二〇四 二〇五 和田黄玉兽面纹双耳瓶
清乾隆

通高16.1厘米 腹宽7.6厘米

口径4.9厘米至3.3厘米

足径3.4厘米至5厘米

故宫博物院藏

玉栗子黄色，极珍贵。体扁圆形，椭圆口、足，卷草形夔式耳。盖顶为勾云形，盖面阴刻锦纹地上隐起云头纹一周。盖口和器口外缘阴刻回纹。颈至肩部在细密锦纹地上仰雕蝉纹6个，其下分布两周变体勾连云纹。腹部在锦纹地上凸起兽面纹，其下分布涡纹、蕉叶纹、回纹各一周。凸足边分布回纹。足底中央阴刻双竖行“乾隆年制”4字篆款。此器为乾隆时期仿古纹饰之精品。

二〇六 二〇七 和田黄玉兽面纹双耳瓶
清乾隆

通高 23.3 厘米 宽 7.5 厘米 厚 3.5 厘米
故宫博物院藏

黄玉，局部呈糖玉色。瓶口椭圆形，有盖，盖面光素无纹，平顶，顶上镂雕一几，几上伏一小兽。瓶口微撇，细颈，颈两侧各有一镂雕夔式耳，耳上套一活环。瓶腹椭圆，稍扁，两面浅浮雕变形兽面，纹饰间雕小勾云纹，兽面整体近似圆形，瓶底椭圆形圈足，底心阴刻篆书"乾隆年制"横排款。

二〇八 和田玉鹤鹿纹双耳活环瓶
清中期

通高 26.5 厘米 宽 16 厘米 厚 7 厘米
故宫博物院藏

白玉，含少量瑕斑。椭圆形口，粗颈，坡肩，圆腹，瓶耳为变形飞兽，兽首似螳螂之头，长耳双角。瓶腹凸雕松鹤纹，松下水中，突起巨石，石上立一鹤，回首与松枝上栖鹤相顾望，一蝠飞于空中，瓶腹另一面雕双鹿立于山崖之上，一鹿卧而回首，另一鹿仰望空中，两鹿耳后为一巨树，空中亦有一蝠飞绕。

二〇九 和田玉花卉纹龙耳活环瓶
清中期

通高 27 厘米 宽 16.5 厘米 厚 5 厘米
故宫博物院藏

青玉，表面光泽极亮。扁圆形，盖外四面分别雕莲花及方折拐子纹，多层重叠形盖纽，瓶颈较短，两侧圆雕双飞龙耳，耳下垂一活环。圆形腹，浅浮雕莲花、荷叶及水草，空中一燕飞行，瓶腹两面图案相同，含"海晏河清"之意。瓶足近似方形，下部微向外撇。

二一〇 和田玉古松纹如意耳活环瓶 清乾隆

通高25.3厘米 宽11.8厘米 厚5.7厘米

故宫博物院藏

碧玉，有瑕斑。扁方形，光素盖，长方形叠层纽，口微敞，颈两侧各有一如意式耳，耳下套一活环。腹近似梯形，开光内凸雕岩石、灵芝、古松，正面雕古松3株，另一面雕古松2株，树干皆曲折。两面共雕古松5株，似取“五大夫松”之意。方形足，足内侧阴刻隶书“大清乾隆仿古”款。

二一一 和田玉缠莲纹双耳瓶 清乾隆

通高19厘米 最宽处8.1厘米 口径4厘米至5.8厘米 足径4.4厘米至5.9厘米

故宫博物院藏

青玉，质纯。扁圆形，有盖。椭圆口、足。盖顶两层上卷菊瓣纹，其下阶式弦纹，并衬菊瓣纹一周。器体满雕减地缠枝宝相花纹。刀法细腻。足外撇，边缘饰回纹。颈两侧镂空夔形耳。底中央阴刻隶书“乾隆年制”4字款。

二一二 翠虎面纹双耳活环瓶 清中期

高20厘米 腹宽12厘米 口径4.5厘米至7.2厘米 足径3.5厘米至6.5厘米／故宫博物院藏

翠质。白和翠绿色分布不匀。体扁圆形，椭圆口、足，无盖。外口缘阴刻回纹一周，腹部开光内饰席纹锦地，隐起变形张口虎面纹，足外侧阴雕回纹一周，颈两侧凸雕象首双耳并套活环。雕琢精细，抛光圆润。

二一三 和田玉龙纹蝶耳活环瓶 清中期

高21.2厘米 口径4.3厘米 腹宽12.2厘米

故宫博物院藏

碧玉。圆腹，长颈，颈外饰变形蝉纹6组及圆形蝶耳，耳下各垂一活环。瓶腹浅浮雕穿花龙图案，龙长须，阔嘴，兽腿鸟足，身无鳞，尾端分叉，卷向两侧。龙身旁有花枝缠绕。瓶底圆形圈足。

二一四 和田玉菊瓣纹天鸡活环耳瓶 清中期

通高30厘米 宽12.5厘米 口径6.5厘米至8.6厘米 足径5.7厘米至8.5厘米

故宫博物院藏

青玉，有皮色。立体圆雕。椭圆口、足，腹上较宽。盖顶椭圆形，两侧夔式套活环。瓶体满琢菊瓣式条纹。颈部两侧镂雕展翅天鸡耳，并套以绳纹活环。琢制精细。

二一五 和田玉瓜棱纹蜻蜓耳活环盖瓶 清乾隆

通高 23.7 厘米 腹宽 10 厘米 口径 4.4 厘米至 6.2 厘米 足径 3.8 厘米至 5.8 厘米

故宫博物院藏

白玉，微闪淡青色，局部含黝色白斑。扁圆形体，椭圆菱花式口、足。盖浅浮雕双云蝠捧双桃纹，为福寿意。从盖面至瓶体随形凹凸琢瓜棱纹。瓶颈两侧透雕蜻蜓展翅耳并套活环。在内缩矮足中央阴刻两竖行“乾隆年制”4 字篆款。造型秀气新颖，玉质洁净，琢磨莹润。为乾隆时期宫廷陈设之精品。

二一六 和田玉谷穗鹌鹑双耳活环瓶 清中期

通高 25.7 厘米 宽 12.8 厘米 口径 5.1 厘米至 7.2 厘米 足径 5.3 厘米至 7.7 厘米

故宫博物院藏

青玉质，略呈蛋青色，质地纯正。扁圆形体。盖顶镂空对称 5 个灵芝，盖面光素。腹部一面隐起两个谷穗，其间雕鹌鹑 5 只，姿态各异；另一面琢谷穗 3 个，鹌鹑 4 只，局部施以烤色。颈两侧各镂空灵芝耳并套以活环。

谷穗和鹌鹑，寓“岁岁平安”之意，是清代常用的吉祥图案。

二一七 和田玉茶花山雀宝月瓶 清中期

通高 18.5 厘米 宽 14.8 厘米 厚 4 厘米 口径 3.3 厘米 / 故宫博物院藏

青玉质，内含白斑，有绺纹。作扁圆壶形。体厚重，直口，厚唇。颈较长，两侧双弧耳。瓶面减地凸雕山茶花，枝上落一山雀。底部平倭足。比例适度，图案素雅，为宫廷陈设品。

二一八 二一九 和田玉山水兽耳瓶 清乾隆

通高 31.2 厘米 宽 17.9 厘米 厚 6.1 厘米 / 故宫博物院藏

青玉。瓶体横截面为海形，盖稍尖，盖顶雕连珠及锦带纹，长方形纽。瓶口宽唇，饰回纹两周，短颈。腹一面阴刻戗金兰亭修禊图：高山之下，翠竹丛中，有一小亭，亭中端坐一人，亭外二人对语，8 人列坐曲水之旁以待流觞。水旁有崖石高树，草茂如毯。瓶腹另一面镌乾隆御笔《兰亭序》，上部有“时和笔畅”4 字及“乾隆宸翰”篆书印，皆阴刻填金。矮足，足外撇。双兽首耳。

二二〇 和田玉龙纹宝月瓶 清中期

通高 15.3 厘米 口径 2.4 厘米至 3.6 厘米 足径 5.7 厘米至 1.9 厘米

故宫博物院藏

青玉，内含白斑。扁圆体，椭圆口、足。盖顶镂雕蟠龙。腹部两面开光内，各浮雕正面三爪蜷曲舞龙，其周围饰云纹。龙张口，两绺粗发向侧后飘。肩之两侧镂雕行龙各一，上唇与口侧边相连，其孔之间可以穿系。

二二一 和田玉梅花纹兽耳活环瓶 清乾隆

通高 23.7 厘米 口径 3.6 厘米至 6.8 厘米 宽 13 厘米

故宫博物院藏

青玉，有瑕斑。方口，斜肩，瓶腹近似梯形，双兽头耳，耳上各有一环。方斗形盖，盖顶镂雕梅枝、梅花。瓶腹浅浮雕梅雀图，双雀立于梅枝上相对鸣叫，梅下竹石抱立，空中一轮圆月，流云飘动。瓶背面浅浮雕御制梅花诗："冰作精神玉作花，疏英点古干槎丫。枝头麻雀双栖处，香梦初醒月欲斜。"

二二二 和田玉莲瓣羊首耳瓶 清中期

通高 27.5 厘米 宽 13 厘米 厚 10 厘米

故宫博物院藏

白玉，有玉皮色。近似葫芦状，椭圆形顶盖，口沿饰回纹一周，回纹下有变形夔纹，其下又有一周浅浮雕勾连拐子纹，颈两侧各圆雕一羊头为耳，羊角极长，角上分节。束腰，腰下雕长莲瓣纹 12 瓣，每道莲瓣中心有一道凸起的脊线。椭圆形圈足，足外饰回纹一周。

二二三

二二四

二二三 二二四

和田玉钟表纹六方瓶

清乾隆

通高 28.8 厘米 宽 14.5 厘米 厚 5.5 厘米

故宫博物院藏

青玉。扁六方形。盖近似三角形，颈的前后两面凸起圆形开光，光内凸雕"卍"字纹。瓶腹浅浮雕钟表纹，瓶体横向转折处 6 出戟，戟为镂雕双夔凤连成，瓶两侧有镂雕凤栖牡丹形耳。高足，足外凸雕圆光，光内饰变形"寿"字。足底部饰回纹一周，足内刻"大清乾隆仿古"款。铭文标明仿古，钟表图案却是新的借鉴。

二二五 玛瑙螭耳扁方瓶 清乾隆

高 18 厘米 腹宽 11.7 厘米 口径 4.8 厘米至 6.8 厘米 足径 4 厘米至 6.9 厘米 / 故宫博物院藏

玛瑙质，微透明，呈淡灰和浅酱色。通体有浅酱色云纹，局部有酱斑。属酱斑玛瑙，为玛瑙类中之上品。体扁方形，无盖。长方口、足。口外缘在两条阴弦纹之间，阴刻回纹一周。颈、肩、腹部光素无纹。颈两侧透雕螭纹耳。在方足内横排阴刻“乾隆年制”4 字篆款。器型素雅，光泽强。为乾隆时期优秀陈设品。

二二六 和田玉蟠螭纹斜方瓶 清中期

高 27.2 厘米 口径 4 厘米至 6.4 厘米 宽 6 厘米

故宫博物院藏

青玉，有瑕斑。横截面为斜方形。斜方形莲瓣纹盖，长颈，颈外凸雕 3 螭，肩饰一周如意形云纹，腹上部略宽，上下饰俯仰莲瓣纹，腹中部以折棱为中线，浅浮雕兽面纹，小斜方足。

二二七

二二八

二二七 二二八 和田玉雕婴戏夔耳瓶 清中期

通高 19 厘米 宽 11 厘米 瓶高 5.4 厘米 / 故宫博物院藏

黄玉，有皮色。中部雕一宝瓶，盖及瓶身皆光素，双夔耳，盖顶雕卧兽纽。腹伏一小螭，瓶后雕一立龙，龙爪及尾支于山崖上，瓶前左侧立一童子，博衣肥裤，肩负一小童，小童左手持磬，右手持戟，作挥舞状，瓶右侧雕一人骑异兽，兽似麒麟，其人手持一柄如意，笑容可鞠。这件作品为吉祥图案题材，含有“平安”“吉庆”“如意”之意。

二二九 和田玉龙凤纹瓶 清乾隆

通高 19.3 厘米 口径 2.8 厘米至 4.6 厘米 底径 2.1 厘米至 10.7 厘米 / 故宫博物院藏

青玉质。立体镂空。风驮瓶式。盖顶凸雕蟠螭纹，瓶素身，扁圆形，透雕双夔耳。一龙立于瓶侧，后肢踏凤尾，凝视对面宝珠。瓶下镂空夔凤，口衔圆环。造型奇特别致。瓶足外侧横排阴琢篆书“乾隆年制”4 字款。

二三〇 **黄玉番人骑狮双耳盖瓶 清中期**

通高 14.1 厘米 宽 11.8 厘米

天津博物馆藏

深黄色。瓶身刻兽面纹、蕉叶纹等。瓶左侧一番人骑狮作舞蹈状，右侧一童子手持绣球与舞者对应。（徐春苓 / 文）

二三一 **玛瑙天鸡纹瓶 清中期**

通高 14.3 厘米 宽 8 厘米 厚 5.8 厘米 底径 4.1 厘米至 4.7 厘米

故宫博物院藏

玛瑙呈浅粉色，底前部颜色较深，材料难得。器体为天鸡负瓶形。主体光素，没有细纹。盖顶凸雕一夔凤，回首相望。颈部夔式双耳，底为卧式天鸡，圆眼，鸡喙，狮耳，独竖弯角，发分两侧贴瓶，口部套一活环。两翅和尾均翘起，呈扶瓶状。胸前凸雕一如意头形云纹，两爪双足踏地，呈卧形。天鸡负瓶为进宝意。

二三二 **和田玉双连天鸡瓶 清中期**

通高 22.5 厘米 宽 15.9 厘米 厚 7.2 厘米 / 故宫博物院藏

墨玉，一半含青色杂质。呈扁圆连体瓶状。一侧墨色较纯，天鸡与瓶连体立于几形座上。天鸡背部一圆孔，可贮水。瓶之盖顶为回首卧鹿纽。夔式双耳。腹部浅浮雕云龙蝙蝠纹，另一侧镂琢天鸡负尊形，与几相连。盖顶为鸟纹。单夔式耳。腹饰羽纹，镂空长尾从两腿间弯至胸下。图案设计精巧，为清中期巧做器物之典型。

二三三 **和田玉花卉纹双耳瓶 清中期**

通高 23.2 厘米 口径 3.4 厘米至 5.5 厘米 底径 3.9 厘米至 13.4 厘米 / 故宫博物院藏

青玉。圆雕，扁圆形。连山石座，盖顶 3 层，凸雕光素盖面上部浅琢菊瓣纹一周。颈饰垂云及蕉叶纹，肩下隐起菊瓣纹一周。腹部镂雕芍药花及枝叶连至底座并粘贴云蝠纹。颈两侧为夔形耳。系宫廷陈设品。

二三四 玛瑙龙凤瓶 清中期

通高 18.1 厘米 宽 25 厘米 口径 4 厘米至 6.5 厘米
足径 7 厘米至 19.1 厘米 / 故宫博物院藏

玛瑙质地，一边深黄，一边赭红色，并含白、粉花斑。扁圆形，长方体。圆扣形顶，椭圆口、足。盖及口外缘阴刻回纹，夔式双耳。盖一侧凸雕灵芝形水池，旁镂雕一衔灵芝立凤，另一侧凸雕松桩花插，中有随形圆孔。底部琢灵芝。瓶、插之间透雕一螭龙纹。取龙凤呈祥意，为清宫中玛瑙陈设之精品。

二三五 和田玉象驮宝瓶 清中期

通高 10.5 厘米 宽 8.2 厘米 口径 2.2 厘米至 4 厘米 / 故宫博物院藏

黄玉，内闪淡绿，局部有浅暗色。圆雕，卧象驮方瓶。盖顶凸雕一坐人，闭口前视。瓶腹部四面各隐起兽面纹，瓶颈之两侧透雕夔式耳，瓶与象连体，象呈卧姿歇息状。寓“太平有象”之意。

二三六 青玉凤螭纹双连瓶 清乾隆

通高 16.3 厘米 宽 16.7 厘米 / 天津博物馆藏

圆雕一立凤，羽翼丰满，姿态端丽，雕技凝练，形象传神。凤身驮小瓶与一旁大瓶相连，两瓶皆雕螭纽，身浮雕螭纹。大瓶底阴刻“乾隆年制”篆书款，为清代玉雕之上品。（徐春苓 / 文）

二三七 和田玉镂雕梅花瓶 清中期

通高 24 厘米 腹宽 12 厘米 口径 4.5 厘米至 7 厘米 底径 4.8 厘米至 6 厘米

故宫博物院藏

玉质闪青白色。体扁圆形，有盖。瓶体无纹，底部一侧凸雕山石；一侧凸雕梅树两主干，使其自然盘绕瓶体。凸雕梅花和花蕾纹。纹饰自然，器型素雅秀气。

二三八 和田玉镂雕梅花纹瓶 清中期

通高 27 厘米 宽 13 厘米 厚 5.5 厘米

故宫博物院藏

青玉，有白色瑕斑。瓶较扁，椭圆形口，短颈，平肩，瓶腹部上宽下窄，瓶外两侧镂雕老梅，瓶下雕岩石。作品将瓶置于梅花丛中。瓶体素，唯瓶盖上浅浮雕梅枝、梅花纹。

二三九 和田玉龙戏珠瓶 清中期

通高 18.1 厘米 腹宽 10.7 厘米 口径 3.5 厘米 底径 2.4 厘米至 3.9 厘米

故宫博物院藏

青玉，无杂质。扁圆形体，圆口，椭圆足，肩和颈部凸雕蟠龙戏珠纹。龙闭口，圆眼凸睛，注视火珠。一绺发，脊凸起，四肢隐起鱼鳞纹，造型生动。

二四〇 **和田玉蟠龙戏珠贯耳瓶 清乾隆**

高 29.7 厘米 宽 14 厘米 厚 7.7 厘米

故宫博物院藏

青玉。瓶颈细长，口沿阴刻回纹一周，颈两侧为圆柱状贯耳，圆柱中空，柱外浮雕变形兽面及双夔龙，瓶外高浮雕蟠龙 3 条，一龙蟠于瓶颈，戏一火焰宝珠，另二龙雕于瓶腹，身蜷曲，头朝上，目视宝珠。三龙皆短身、长发、双角，作起舞状。身旁有浅雕浮云，椭圆形圈足，器底篆“大清乾隆仿古”6 字款。

二四一 **和田玉兽面双耳瓶 清乾隆**

通高 16.2 厘米 口径 2.8 厘米至 3.5 厘米

足径 3.1 厘米至 3.7 厘米

故宫博物院藏

玉质呈秋葵黄色，局部略显淡赭，材料珍贵。瓶体扁圆形，椭圆口、足，长颈，腹部稍阔。盖顶呈椭圆状，其下凸雕绳弦纹一周。通体光素无细纹，双夔耳。腹部凸雕 3 条螭纹，下面一条口衔灵芝，呈追逐嬉戏状。底中央阴刻双行篆书“乾隆年制”4 字款。

二四二 白玉兽面纹双耳盖瓶 清中期
通高 24.5 厘米 宽 14.4 厘米
天津博物馆藏

瓶盖雕菊瓣纹，四方尖顶纽，双耳有云纹。腹部阴线刻兽面纹、蕉叶纹，瓶旁有一圆盒，瓶与盒皆置于镂雕松根座上。造型端庄，工艺严谨，是该器的艺术特点。（徐春苓 / 文）

二四三 和田玉双连瓶 清中期
通高 16.3 厘米 长 9.2 厘米 宽 3 厘米
故宫博物院藏

青玉，带皮色。雕双莲方瓶，有盖，长方形，盝顶，两盖间有一小纽相连，盖上镂雕穿带式纽。瓶口有两道弦纹，弦纹之下有重叠相套的椭圆环状纹及变形蕉叶纹。两瓶相连处有间隙，瓶上下各雕双夔龙，夔龙尾及颈相连，两瓶各有一长方形足，其下配有铜镀金錾花镂空座。宫廷制造的双连瓶以圆筒或方筒状最常见，含有合卺之意。这件玉瓶配有铜座，是陈设品。

二四四 和田玉鹰熊双连瓶 清乾隆
通高 19.9 厘米 腹宽 8.7 厘米 单口径 4.2 厘米 足径 6.3 厘米至 8.7 厘米 / 故宫博物院藏

青玉质地。体扁圆形，双筒相连式，盖为凸雕云螭纹。器正面为鹰踏熊首形，双翅抱瓶，口衔活环。器背面上部透雕“X”纹，四角连瓶，下琢变形熊尾。瓶底阴刻双行“乾隆仿古”4 字隶款。鹰熊是“英雄”的谐音。

二四五 水晶夔纹活环瓶 清中期
通高 19.3 厘米 口径 6.4 厘米 足径 5.5 厘米 / 故宫博物院藏

无色水晶，口沿及足部有少量绵纹。仿古彝器，圆形，有盖。盖顶雕一花形纽，环纽出 4 象鼻形耳，耳上各套一活环。口沿有雷纹一周，器口亦饰雷纹一周，并有 4 象形耳，耳上各套一活环。瓶颈略细，缘瓶颈饰倒置蕉叶纹 4 组，瓶腹饰两周云雷纹，其间浅浮雕 4 组双夔纹，分别作相对状。近足处雕莲瓣纹。

二四六 和田玉兽面纹提梁卣 清中期

通高 29.5 厘米 宽 9.5 厘米 厚 6.5 厘米／故宫博物院藏

青玉，玉质微带墨斑。器型系仿古彝器，盖外饰锦纹地压 4 个夔纹，半球形盖纽。口呈椭圆形，口沿下横向排列 10 个变形蝉纹，腹部饰回纹地，正背两面各雕一变形兽面纹。椭圆形圈足，足外饰一周云雷纹，双夔耳并套以活环与顶端提梁相连。

二四七 水晶活练花篮 清中期

高 5.1 厘米 通链高 12.7 厘米 口径 2.8 厘米至 5 厘米（内）6.1 厘米至 8.3 厘米（外） 足径 2.4 厘米至 3.1 厘米／故宫博物院藏

质地无色透明。体呈海棠花形。口外缘凸起。腹部随形琢 4 个开光，开光内隐起梅花、水仙、海棠、竹、灵芝四季花卉。口沿两侧凸起冲耳，各套 6 个活环，上端连接横梁，梁正中套一夔龙环。系一块整料琢成。设计精巧，琢磨圆润。为水晶佳品。

二四八 和田玉夔凤纹提梁卣 清中期

通高 27.3 厘米 腹径 10.6 厘米 口径 4.5 厘米至 6.4 厘米

足径 4.3 厘米至 7.2 厘米

故宫博物院藏

白玉，为和田籽玉，质地纯正，没有杂质，光泽强。器扁圆体。颈长，下腹大，椭圆口、足，光素椭圆盖顶。盖面中部一周弦纹，其下两侧中央各一兽面纹，旁边相向一夔一凤纹，盖口外边和口缘均阴刻回纹。颈部隐起蕉叶纹一周。颈两侧在耳内套以光素提梁。此器为仿商代青铜卣制成，是由一块玉材制成的珍贵宫廷陈设。

二四九 玛瑙活练瓶 清中期

高 10.5 厘米 链长 15.2 厘米 口径 2.5 厘米至 3 厘米 足径 2.1 厘米至 3.6 厘米

故宫博物院藏

黄玛瑙，近似米黄色，质纯无杂色，较珍贵。扁圆体，有盖，腹部宽，椭圆口、足。圆盖顶，盖面回纹、云纹各一周。腹部一面为线刻加浮雕的“海屋添筹”图；另一面为楼阁、树、水、人物和“神马渡海”图。均为“长寿”之意。耳为透雕夔龙套连链环。作品构图细致，刀法圆润，器形秀气，为雕琢链饰的典型作品。

二五〇

二五一

二五〇 二五一 和田玉龙凤纹连环璧 清中期

外径 13.7 厘米 通长 35.6 厘米
中间（环）厚 2.7 厘米
故宫博物院藏

玉栗黄色，下部有赭色沁。连环形，以中间方形套环为轴，连以左右两龙身，龙呈回首相望状。一璧正面浅浮雕两爪腾云龙，好内镂雕云纹托太极图；另一璧面浅浮雕云凤纹，好内镂空云纹托“亞”图，意为“龙凤合璧”。璧的另一面均凸雕谷纹。

二五二 叶尔羌玉云龙纹瓮 清乾隆

高 60 厘米 宽 135 厘米 深 34.5 厘米 连座高 134.5 厘米 / 故宫博物院藏

玉质碧绿色，有绺纹。圆雕，巨瓮形。器外凸凹不平，随形口上凸琢云纹，外壁满琢云纹海水，并凸雕 9 条姿态各异的巨龙，出没于云水中。下承紫檀雕水纹木座。

玉瓮内壁光素，里底阴镌于敏中楷书、乾隆御制“玉瓮联句有序”[乾隆三十五年（1770年）]及茶宴廷臣、内廷翰林等联句近2000字。序和诗中颂咏了玉材从新疆叶尔羌运来，历经千辛万苦。造办处玉匠于癸未（1763 年）冬开始制作，至己丑夏（1769 年）完成，历时 6 年时间。各廷臣、翰林赞颂大玉瓮玉质之美、工程之巨，可与团城承光殿前元代渎山玉海媲美。乾隆最后说：“……希珍奕叶蕲永保，慎德名言味最长。”末镌“臣于敏中奉旨”款，有“臣敏中”“敬书”二小篆印，并书“小臣朱永泰恭镌”。

玉材大且重，但雕琢精细，是清宫中几件巨型玉器中琢制最早的一件。代表了乾隆时期造办处琢玉的工艺水平。与乐寿堂大玉瓮雷同，但制作时间较之早 10 年。

二五三

二五四

二五三 二五四 叶尔羌玉“秋山行旅”图山 清乾隆

高 130 厘米 底宽 70 厘米 厚 30 厘米 铜座高 25 厘米

故宫博物院藏

玉质青白色，绺纹多，并夹杂黄色斑。圆雕，高山状。玉匠因材施艺，琢为“深秋之山林”景色。以淡黄色的瑕斑，琢饰秋天的草木和山中的落叶林；以材料起伏纵横的绺纹，巧雕耸立的山峰、陡坡峭壁，颇显山势险峻。山脚下和山腰上一队队的行旅，驮物的骡、马、驴正艰难地穿越盘旋崎岖的山路、栈道。整个构图层次分明、曲折有序，高深远近比例适当，透视感强。玉山表现出玉匠的高超技艺，具有很强的艺术感染力，是件杰出的作品。

乾隆皇帝非常赞赏这件玉山的艺术成就，曾两次写诗赞颂。乾隆三十五年（1770 年）写道：“和阗贡玉高逾尺，土气外黄内韫白。量材就质凿成图，不作瓶罍与圭璧。关山行旅绘廷标，峰岭叠叠树萧萧。画只一面此八面，围观悦目尤神超。岩龃之处路疑断，云栈忽架接两岸。策驴控马致弗同，跋涉艰劳皆可按。大蒙至此万里余，图中隐括殆尽诸。各有恒情每仅彼，不宝异物徒惭予。”

“关山行旅”即“秋山行旅”。画稿是清宫内著名画家金廷标绘制而成。根据清宫造办处档案记载：玉材来自新疆山料，乾隆三十一年（1766 年）十一月十三日开始在北京琢制，因进度缓慢，运往扬州继续加工。4 年后完成，水路运回北京。原陈设于清宫乐寿堂西暖阁。

二五五 叶尔羌玉“大禹治水图”山
清乾隆

高 2.24 米 宽 0.96 米
错金铜座高 0.6 米
故宫博物院藏

玉质青色，山料，绺纹多。体圆雕，陡峭险峻的大山形。作者随形施艺，凸雕耸立的山峰、树木和悬崖绝壁；深雕山洞、山道和凸出空间的巨石；以立雕表现人物的不同动作和姿态。利用玉料本身的绺纹和色泽，表现嶙峋的巨石、光线的明暗和层次的远近，显得十分明快，描绘得淋漓尽致。开山治水的民工们，用原始的工具凿石开山，展现出艰巨、紧张、壮观的劳动场面，气势磅礴。

正面山巅刻“五福五代堂古稀天子宝”一方印，左有“天恩八旬”一圆印。背面上方刻“古稀天子”一圆印，正中琢双行隶书大字“密勒塔山玉大禹治水图”。其下镌乾隆戊申年（1788 年）题诗纪事：“神禹敷土定九州，帝都之地冀州始……兹得密勒塔巨材……其高七尺博三尺，卓立如峰之岃崺。正中尊罍中图画，石渠古轴传治水……功垂万古德万古，为鱼谁弗钦仰视……作歌敬志神禹神，毛晃指南诚小耳……”共 322 字的诗句，赞颂了大禹治水的功德。

这件世界闻名的特大玉山，玉材原重超过 5 吨。根据宋人画稿，费时 6 年（1781 年—1787 年）在扬州琢成，又经水运至皇宫中乐寿堂内，并由朱永泰等玉匠镌字，加上玉料运输的时间，前后共用时 10 年。

二五六 叶尔羌玉“会昌九老图”山 清乾隆

高 114.5 厘米 最宽 90 厘米 厚 65 厘米 铜座高 41 厘米
故宫博物院藏

玉质青色，山料，有绺纹。圆雕，仙山形。作者运用凸雕、透雕、平雕等技法，按高低远近的比例，雕琢出老者品茶、下棋、抚琴、观鹤等图案。间以桐荫、亭台、侍童、花草树木衬托，景物纵深、高远，是大型玉雕中珍贵的作品。

山顶处有“古稀天子”阳文图印。正面山崖有填金隶书“乾隆丙午年制”6镌字，左上琢“会昌九老图”5字。背面刻乾隆丁未新正月（1787年）御题：“和阗质写会昌宴，雅称皤然眉与须。七益二来成九数，三山五竺拟多娱。秘书府尹岁未至，李老满公格略粗。我亦祝厘鸳集侣，独嘉赓韵鹿为扶。赢其翰墨徒成画，视此琢磨重作图。欲问清通裴叔则，玉人交此可能无。”下署“古稀天子之宝”“犹日孜孜”二印。

内容描绘唐代会昌五年（845年），白居易、胡杲、吉皎、郑据、刘真、卢真、张浑、李元爽、释如满9位文人士大夫，在今河南洛阳香山聚会宴游的情形。

二五七

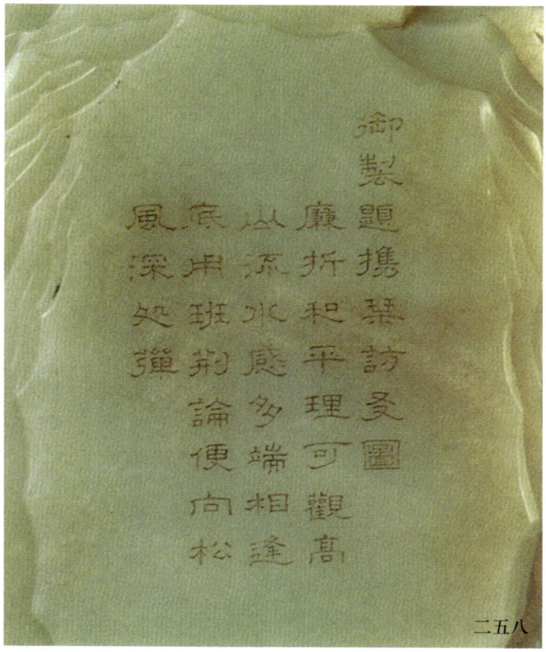

二五八

二五七 二五八 和田玉携琴访友图山子 清乾隆

高 24.3 厘米 长 20 厘米 宽 9 厘米 / 故宫博物院藏

青玉，有瑕斑。圆雕山形。山前崖上设一亭，亭内一老翁凭栏而坐，似观崖下，亭后苍松繁茂，亭前石阶通于山下，一老翁持杖，登阶趋亭，后一童子怀抱古琴相随，崖下流水湍急。山背雕3株松树，平面处刻隶书“御题携琴访友图”“廉折和平理可观，高山流水感多端。相逢底用班荆论，便向松风深处弹”。

二五九

二六〇

二五九 二六〇 翡翠鹤鹿同春山子 清中期

高 29.5 厘米 长 57.8 厘米 厚 19.5 厘米 / 故宫博物院藏

翠绿色，有赭红皮。呈多山峰形。正面凸雕一对仙鹤、双鹿和松树，寓“鹤鹿同春”意。高峰两侧一边是云托日，一边是云托月，为“日月同辉”意。山另一面琢枫树、塔松、竹、灵芝、瀑布等，环境幽静。工匠巧妙地利用赭红皮色，视之似霞光洒满山峰，分外生动，为宫廷珍贵陈设品。

二六一 翠雕人物山水图山子 清中期

高 16.1 厘米 长 24.7 厘米 宽 10.5 厘米

故宫博物院藏

翠含绿白两色，质地分明，色彩鲜艳。呈立体山形。一面利用皮色，以深雕、凸雕等技法琢成山石、流水、松树、飞鹤、双鹿等纹，寓“鹤鹿同春”之意。皮色似霞光映照，古朴雅致。另一面按翠色深浅琢为山亭、松树、流水，并凸雕二老人和一童子，作采药图意，高矮远近，比例恰当，透视感强，为珍贵的山形陈设品。

二六二

二六三

二六二 二六三 青金石观瀑图山子 清中期

高 14.5 厘米 宽 19 厘米 厚 8.6 厘米／故宫博物院藏

石色深蓝，带有自然铜斑及白线。整体雕作山形，近山顶处有一亭，一蹊石径自亭通于山下。山下有古松、瀑布，二老人背对瀑布而立，一人手指山上松树与另一人语，二老脚踏巨石，瀑布之水自巨石下流过。山背面雕松树、藤萝，并于中上部设一亭，结构与前面之亭相同，山顶有流云飘绕。

清代宫廷制造的山形景观极多，但青金石作品很少，这件作品选料优良，色蓝如靛，不杂白石，极其珍贵。

二六四 和田玉牛 清中期

长 11.5 厘米 宽 4.5 厘米 高 8 厘米

故宫博物院藏

青玉，玉质纯净。牛为立形，低头觅食状，头较大，角上有凸起，眉、鼻梁及嘴旁饰阴线刻细毛纹。一长绳从牛鼻中穿过，绳端盘于牛背。牛四肢较短，大蹄，短尾下垂，尾端向左侧前摆。玉牛的造型注重肌肉表现，尤其是四肢及与其相连的躯体肌肉群，肌腱隆起，充满力度。

二六五 和田玉牛童 清中期

高 14.7 厘米 宽 15 厘米

天津博物馆藏

玉质洁白莹润。圆雕。牧童左手挚鸟，右手持笛，侧骑牛背，牛首微仰，俨然一幅春牛图意，形象生动、可爱。（徐春苓 / 文）

二六六 翠卧牛 清中期

高 6.6 厘米 长 15.1 厘米 宽 7.7 厘米 / 故宫博物院藏

翠质，带皮色，底部绿色较重。圆雕，牛昂首伏卧状。头、角及臀部一侧为深黄色，恰似朝阳映照，黄绿相衬，色泽极美。虽然素身但肌理明显。卧牛目视前方，神态生动，栩栩如生，显示出工匠的高超技艺。

翠为硬玉，多不透明，个别半透明，有玻璃光泽。按颜色和质地分，有宝石绿、艳绿、黄阳绿、玻璃绿、鹦哥绿、阳俏绿、浅水绿、浅阳绿、菠菜绿、瓜皮绿、蛙绿、蓝绿、梅花绿、灰绿、油绿等 20 多个品种。因硬度大，工艺过程比玉器难雕琢，加之材料稀有，故极珍贵。

二六七 和田玉卧马 清乾隆

长 13.8 厘米 高 7.8 厘米 宽 8.3 厘米

故宫博物院藏

青玉，质纯净光润。马为卧形，右侧双肢屈于身下，左后肢于身侧踏地，左前肢后屈，头向左作回首状。睁眼，闭嘴，脸贴于背，头顶部及后项有长鬃，分垂两侧，马尾较长，自身后弯向左后肢。马腹部阴刻篆书“乾隆年制”4字款。

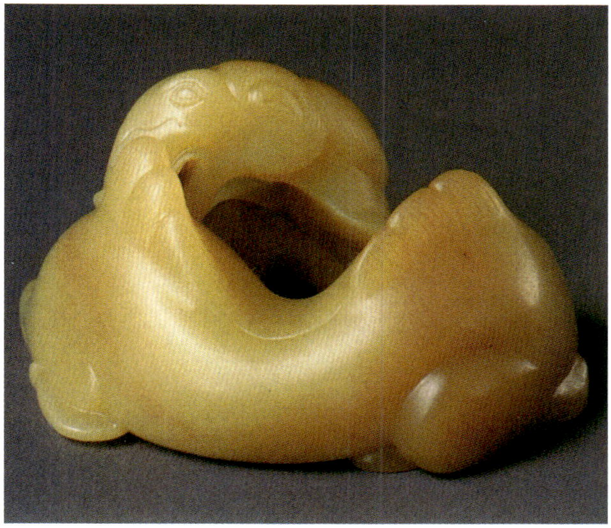

二六八 和田玉驼 清中期

高 6 厘米 底径 8.2 厘米至 11.4 厘米

故宫博物院藏

玉栗子黄色，局部有浅赭色斑，质地纯净，材料珍贵。圆雕，卧状。修长身躯，前蹄外露，两后蹄压在身下。尾端在右后肘和右前蹄之间。回首用嘴触及驼峰，双耳后抿。两峰之间凹度很大，写实感强。

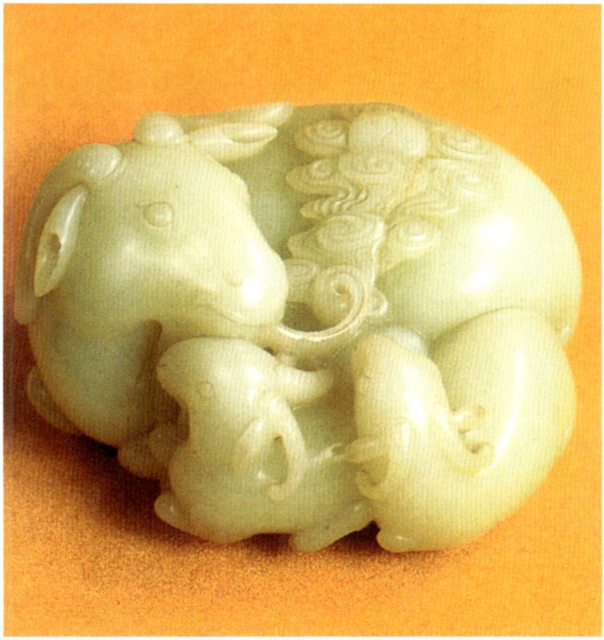

二六九 和田玉三羊 清中期

高 7.7 厘米 宽 13.4 厘米 / 天津博物馆藏

以新疆和田“羊脂玉”圆雕而成。三羊相倚而卧，一大两小。大羊口吐流云及阴阳鱼。造型敦厚，形制规整，工艺精湛，是清中期的典型作品。

“羊”“阳”谐音，以“三羊”取意于“三阳开泰”，是清代盛行的吉祥图案。（徐春苓 / 文）

二七〇 和田玉立象负双童 清中期

高 12 厘米 长 13.5 厘米 宽 4.4 厘米 / 故宫博物院藏

青玉制成，质地优良。圆雕立象负双童进宝。立象呈慢行态，有双牙，长鼻甩至一侧，鼻端上卷。细长竖眼，两大耳贴身，头及臀部琢饰璎珞纹。粗短肢，椭圆足，五趾，长尾。背上凸琢毡毯纹，毯上饰蝙蝠、江崖、海水及云纹。背上端凸起透雕半跪状双童共扶一宝瓶。寓“太平有象”意。

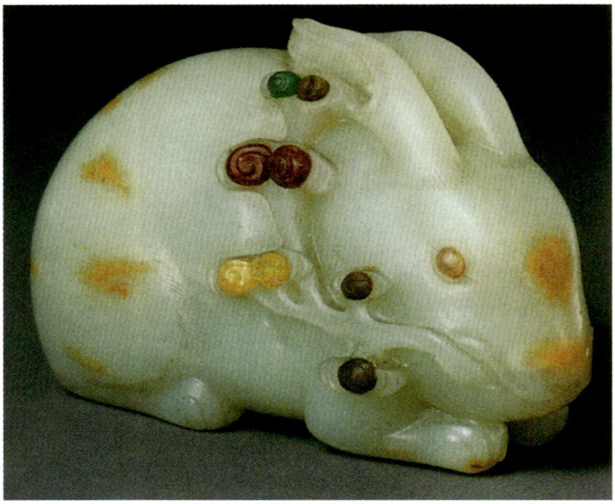

二七一 和田玉嵌宝石卧兔 清中期

高 8.5 厘米 长 13.3 厘米 宽 5.1 厘米

故宫博物院藏

青玉琢成，有皮色。圆雕，兔呈抿耳静卧状。身躯基本光素无纹，局部阴刻细毛，起到画龙点睛的作用。兔口中衔一整枝灵芝，枝杈上镶嵌各色宝石 8 颗。兔眼以粉碧玺镶嵌而成，极为形象、生动。

二七二 青金石牧童骑牛 清中期

高 4.4 厘米 长 6.5 厘米 宽 5.3 厘米

故宫博物院藏

颜色深蓝，有金星斑。雕卧牛，四肢屈于腹下，颈及肩部向右转，挺胸、昂首。双角有棱节，后弯贴于颈，一缰绳自鼻隔穿过。短尾，尾端有长毛一撮贴于右胯。一童子伏于牛背左后部，童子头绾双髻，身着短衫、肥裤，右足踏地，左足高抬，左手持缰绳之端，右手拿一拨浪鼓，欲攀牛背。作品造型生动自然，生活气息浓厚。

二七三 和田玉双蝠葫芦 清中期

高 21 厘米 长 11.7 厘米 厚 6 厘米

故宫博物院藏

青玉。雕扁形束腰葫芦，顶部接藤，藤沿葫芦下垂，其上结蔓，叶及小葫芦 4 个，皆附于大葫芦之上。葫芦蔓细长，相互缠绕。又有蝙蝠两只分于两面。这件作品以大小葫芦其叶蔓表示“子孙万代”之意。

二七四 和田玉船 清中期

高 8.5 厘米 最长 18.7 厘米 宽 7.2 厘米

故宫博物院藏

青玉泛白。立体镂雕。大小船并泊状，大船顶前至中部饰木纹，后部饰席纹，桅杆和帆放倒于船篷上。船舷两侧透雕窗棂。船头两侧各立一人，一人手中持物，一人手扶扫把目视前方。船尾一侧，一人伏在桨上作观望状。小船在大船一侧，透雕席篷，船工坐伏桨上倦睡。两船下均琢水纹。大小船比例适度，雕琢精细。

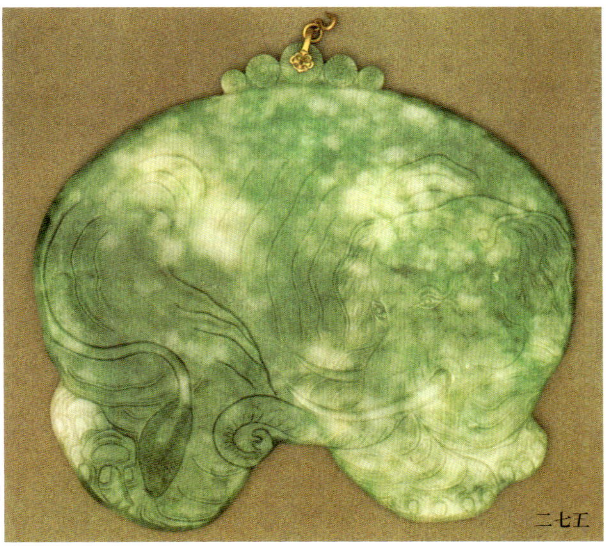

二七五 二七六 翠“太平有象”磬 清中期

高 24 厘米 长 26.5 厘米 厚 0.7 厘米 / 故宫博物院藏

翠绿色，局部略显青白。片状。一面随形浅浮雕巨象，向右回首状，长鼻、长牙抵于臀部。象尾细而短，甩向右前方。象腿短矮，前腿向前，后腿向后，似奔跑。翠磬背面雕云纹，中部凸起一圆形圈，圈内凸雕篆书“太平有象”4 字，以释正面图意。磬上部雕 5 个松球，中心一松球有孔，穿铜环及挂钩。“太平有象”是清代宫廷玉器最常用的题材，大臣贡入宫廷的玉器，常用这一题材赞誉朝廷。

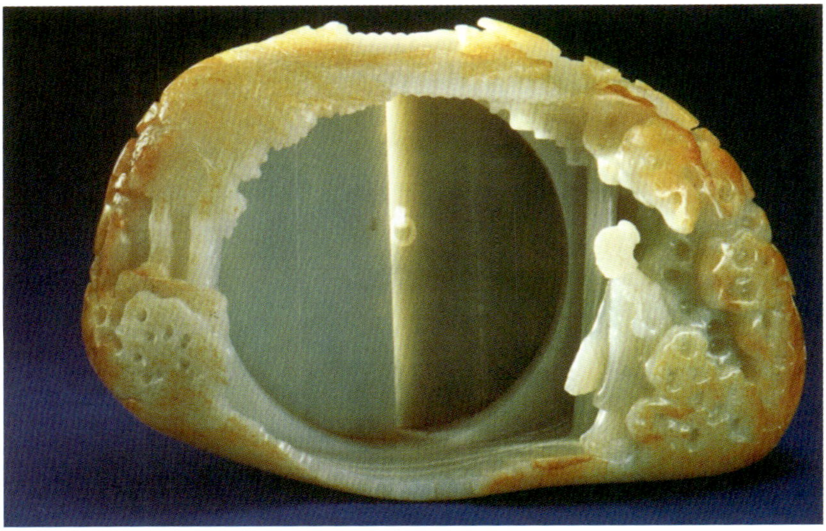

二七七 和田玉桐荫仕女图山 清乾隆

高 15.5 厘米 长 25 厘米 宽 10.8 厘米

故宫博物院藏

玉质白，带皮色。立体圆雕，庭园状。圆门洞，两扇活门，一扇掩闭。门内外各一仕女，一人以手折花，一人双手捧物，相互窥望。作品利用皮色雕成桐树垂檐、湖石抱柱，山背芭蕉丛生。蕉荫下有石台、石座。设计巧妙，比例适度，立体感强，成功地描绘出了江南优美的庭园景色。

在山石的另一侧有乾隆皇帝的御识和题诗：“和阗贡玉，规其中作碗，吴工就余材琢成是图。既无弃物，且完璞云。御识。”乾隆三十八年（1773 年）御题：“相材取碗料，就质琢图形。剩水残山境，桐檐蕉轴庭。女郎相顾问，匠氏运心灵。义重无弃物，赢他泣楚廷。”从乾隆诗文中得知，是利用玉材中心挖去碗后的剩料，由苏州玉工琢制而成。乾隆帝对其艺术成就和利用“余材”的做法大加赞赏。

二七八 二七九 和田玉三友图笔筒 清乾隆

高 14.6 厘米 口径 12.4 厘米 / 故宫博物院藏

青玉。玉质极佳，圆形，下部高浮雕湖石泉水，湖石上有松、竹、梅、桃，梅花正开，桃已结果，空中飞一蝙蝠，口衔灵芝，笔筒底部篆书“乾隆御制”款。

二八〇 和田玉渔家乐图笔筒 清中期

高 14.8 厘米 口径 12.9 厘米

故宫博物院藏

碧玉，有瑕斑及暗黑色墨点，筒外高浮雕山水鱼舟图；山下水中泊一小舟，一渔夫头戴竹笠，扶橹小息，水畔芦苇蓼花丛生，临水有一草亭，一老翁携童子沿水畔缓缓登山，童子背负小罐，似来水旁汲水。山上古松藤萝，草木繁茂，空中有流云飞鹤。笔筒采用多层次雕法，细致入微。

二八一 和田玉山水人物笔筒 清中期

高 12.9 厘米 口径 13.9 厘米

天津博物馆藏

玉料纯正。筒身浮雕山峰峭立，亭阁竞秀，一童子捧灵芝献予策杖老人，其间点缀飞蝠、站鹿，宛如一处仙境，寓“福禄寿”吉祥意。（徐春苓 / 文）

二八二 和田玉山水人物方笔筒 清中期

高 16.7 厘米 宽 15.1 厘米 长 15.1 厘米

故宫博物院藏

碧玉。方筒形，上部较下部稍宽。四面开光，内高浮雕山水人物。四面图案皆作山环水绕，翠松流云。共雕老人 9 位、童子一人。筒中另附玉笔二枝，小如意一个。

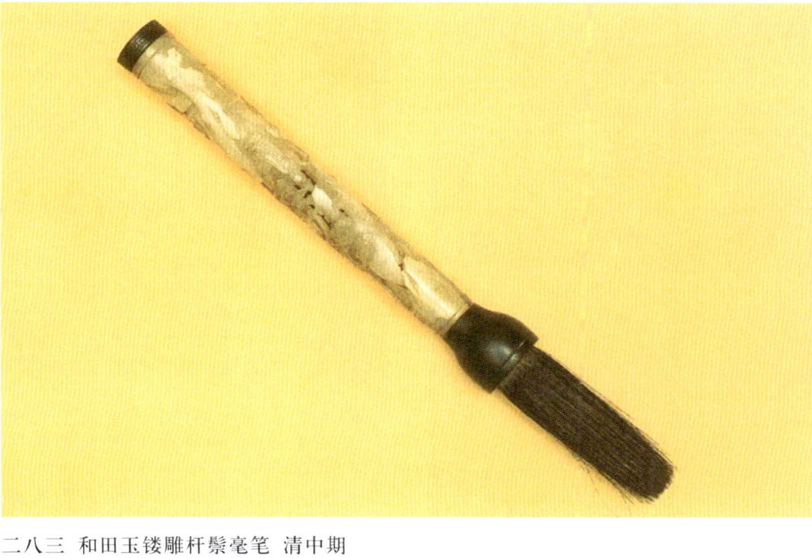

二八三 和田玉镂雕杆鬃毫笔 清中期

长 30 厘米 杆及斗长 21.4 厘米 杆径 2.5 厘米 / 故宫博物院藏

笔杆为白玉。中空，杆上镂雕山林景色，巨石嵯峨，古树参天，一湾泉水自山涧淌下，一童子跪于泉旁，似在洗砚。一老人立于童子身后山石之上，一手持笔，欲题诗岩壁。山崖顶部有流云盘绕。笔杆上端嵌碧玉顶，边缘阳刻回纹，下端为碧玉斗，扎鬃毫笔头。

二八四 和田玉梅花笔筒 清中期

高 15 厘米 口宽 13.5 厘米 底宽 13.9 厘米

故宫博物院藏

青玉质，有瑕斑。笔筒外凸雕山石梅花两组。梅花主干雕于玉绺处，沿绺缝进行人工染黑色，以为巧作。

二八五 和田玉松鹤笔筒 清中期

高 22.2 厘米 宽 14.4 厘米 长 9.4 厘米

故宫博物院藏

青玉，外表有烤色。笔筒形如一段松桩，高浮雕松鹤纹，下部雕琢一土坡，坡上长巨松一株，松干横卧又上曲。松下一卧鹤，回首而望，空中又一鹤，绕松而飞。松皮有瘿，口沿处有松枝垂下。

二八六 和田玉桥形笔架 清中期

高 8.2 厘米 长 18.5 厘米 宽 5.4 厘米

故宫博物院藏

玉质青翠。立体琢刻拱桥形。桥面上下横竖刻木纹，似两层木料搭成。桥上行人，或骑驴，或挑担，或背物。一人坐布袋上小憩，形象逼真。岸边精镂细琢浓密的松树、阔叶树和花草。桥下有两排木桩支撑。一条小船乘坐两人，行驶在一排木桩支架的旁边。画面生动，布局自然。表现了我国南方乡间的生活景象，是难得的清中期文房用具。

二八七

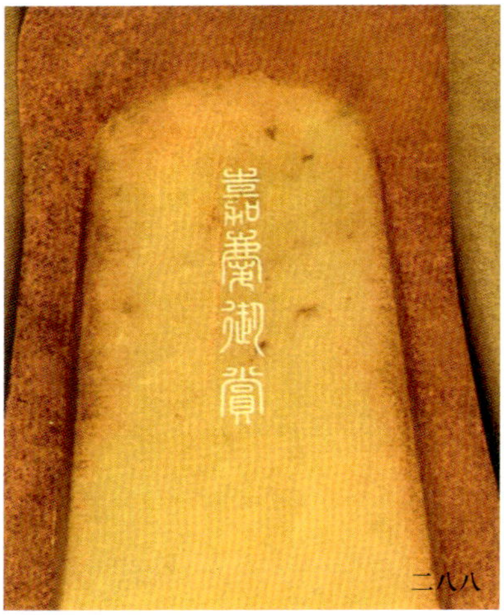

二八八

二八七 二八八 和田玉砚 清嘉庆

长 13.3 厘米 宽 9.5 厘米 高 2 厘米

故宫博物院藏

青玉，沁染旧玉颜色。形如“风”字，砚面边棱凸起，并有凹槽，砚堂极浅，近似椭圆。砚池近似长方形，砚底有槽形抄手，内刻篆书“嘉庆御赏”4字。这件玉砚仿唐“风”字砚形，并进行了人工做旧，端庄古朴，优雅大方，既可实用，又有很高的陈设价值。

二八九　和田玉松鹤图砚屏　清中期

长 30.4 厘米　宽 26.7 厘米　厚 2.3 厘米

故宫博物院藏

碧玉，有浅绿及深色斑纹。长方形，表面凸雕水畔石崖，崖下有松树 5 株，溪水散漫横流，水波微兴，岸旁杂生嫩竹水草。两鹤立于水中岩石之上，一鹤单腿而立，挺胸回首，口衔万寿菊一株；另一鹤俯身，欲采啄崖缝中的灵芝，画面上部凸雕流云，山崖上有青藤垂下。砚屏以“松鹤延年”为主题，又雕万寿菊、灵芝、嫩竹，有长寿之意。

二九〇　翠玉福禄寿砚屏　清中期

长 17.5 厘米　宽 13.4 厘米　厚 1.5 厘米

故宫博物院藏

翠质浅绿，色泽匀布，内闪白色晶体。平面雕，长方形。一面雕山石、流云、瀑布、流水和松树，三老寿星手中各执灵芝、如意和桃实，作问候行走状，寓“福、禄、寿”意。一面琢填金楷书“御制福禄寿三星赞”词。

二九一　和田玉鸭衔鱼水丞　清中期

长 10.2 厘米　宽 7.1 厘米　高 10.2 厘米

故宫博物院藏

青玉，玉色微白。雕一立鸭，鸭头较小，身体肥硕，口衔鱼一尾。鸭腹掏空以贮水，水丞之口开于鸭背，双翅相连且微张，为水丞之盖，能开启，以榫插于鸭背。

二九二　和田玉鹅式水丞　清中期

长 15 厘米　宽 7 厘米　高 9.5 厘米

故宫博物院藏

玉质洁白，雕一立鹅。鹅身肥硕，口衔嘉禾、谷穗，曲颈回首。鹅的双翅下垂，翅间有嘉禾一株，为盖纽，其下有一圆盖盖于水丞口上，水丞之口开于鹅背，鹅腹内为空膛以贮水。

二九三 和田玉花瓣式洗 清中期

高 5.5 厘米 口径 11.3 厘米至 14.4 厘米 足径 5.4 厘米至 5.8 厘米

故宫博物院藏

玉质微闪淡绿。卷柄花瓣式，里外两面雕。器壁琢为凹凸棱形，柄端自然弯曲，并雕花托纹。叶脉凸起，极为形象。外底琢成两层开放的莲花瓣形，中心阴刻花蕊纹。造型新颖，琢磨圆润，为清中期一新品种。

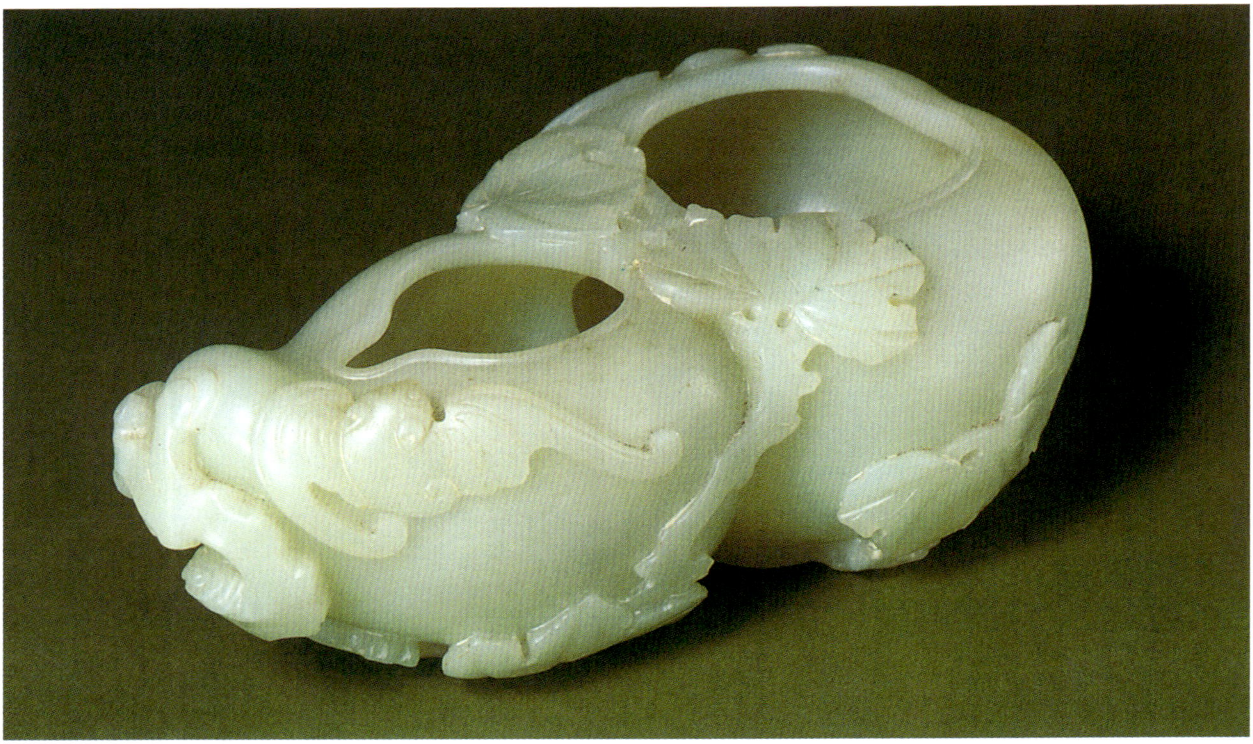

二九四 和田玉葫芦式洗 清中期

高 7 厘米 长 19.5 厘米 宽 11.5 厘米／故宫博物院藏

青玉。扁束腰葫芦式，葫芦蔓自顶部缘葫芦曲折垂下，其上有 6 片葫芦叶，大小不一，形态各异，部分葫芦蔓盘于器底为足。葫芦上下两端各凸雕一蝠，遥相对望。洗内分大小两池以贮水，两池间有孔，水可流通。

二九五 和田玉蟹篓式水丞 清中期

高 7.8 厘米 口径 2.6 厘米至 4 厘米 底径 7.3 厘米至 11 厘米
故宫博物院藏

青玉，显蛋青色，质地莹润，光泽强。扁圆蟹篓式，下连水座。椭圆口，口缘饰绳索捆扎纹，器外壁凸雕 4 只螃蟹，两只刚冒出水面，两只已爬至蟹篓壁上，其中一只身带水草。蟹纹形态生动，栩栩如生。此器为水丞中之精品。

二九六 和田玉鱼螺荷叶洗 清中期

高 8.1 厘米 长 8.8 厘米 宽 6.9 厘米／故宫博物院藏

白玉。束敛荷叶形，荷叶极薄，叶脉布于洗外侧，镂雕莲梗水草为洗足，莲梗共 3 枝，一端用盘带束扎，一梗接洗底中部，一梗顶端结一小莲蓬贴于洗壁，另一梗上端分为多梗，顶端分别生荷叶、莲花。洗外缘雕一鱼一螺，鱼身饰※形纹，潜水下行状，螺吸附于洗壁。此洗雕镂精致，为玉器之上品。

二九七 和田玉海棠式羊首洗 清中期

高 5.4 厘米 口径 9.5 厘米至 15 厘米 足径 7.8 厘米至 6.2 厘米
故宫博物院藏

羊脂白玉。口、足均呈海棠花式，通体光素。器一侧凸雕一羊首为柄，羊闭口，两眼视前方，耳贴器壁。凸雕双角随器口之弯度搭于口沿上，角尖向里弯成钩状。角根后一圆饰凸入洗池，上琢细毛纹。羊首雕琢极为形象。

羊为“祥”或“阳”音，有高瞻、远望之意。

二九八 和田玉凤首洗 清中期

高 5.9 厘米 长 13 厘米 宽 9.8 厘米
故宫博物院藏

白玉，有瑕斑及黑色墨线。十瓣瓜棱式，近似椭圆。瓜棱表面雕花瓣纹，瓜棱衔接处饰变形蕉叶纹，足为花瓣形，洗一侧雕凤首形流，凤首弯向左侧，喙部为流口，水可自凤嘴倾出。

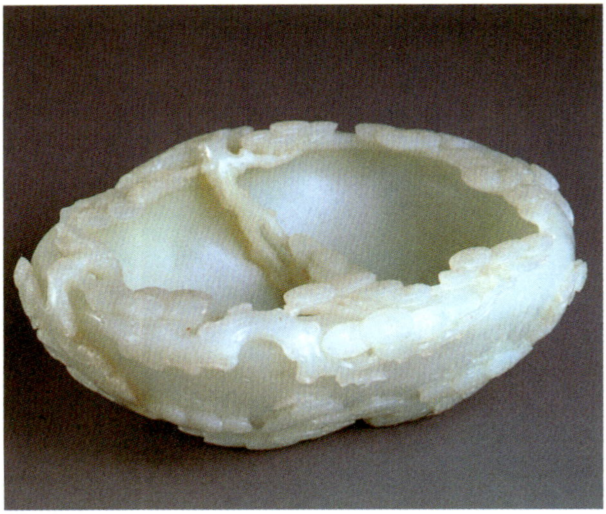

二九九　和田玉五松洗　清中期

高 8.2 厘米　长 22 厘米　宽 18 厘米

故宫博物院藏

青玉。依玉材形状成形，略呈椭圆。洗外侧浅雕土丘、流云和 5 株松树，松树皆用高浮雕，主干曲折盘旋，3 枝盘至器底，以为洗足。两株树根生于洗的口部，一株缘口沿伸展，一株自洗口伸向洗内，并在底里凸起数层松枝，雕镂极精。

三〇〇　玛瑙梅花灵芝洗　清中期

高 7.6 厘米　口径 7.8 厘米至 9.7 厘米　足径 2.5 至 6.5 厘米

故宫博物院藏

质地酱斑色，半透明。巧作随形椭圆直口，不规则平足。呈古梅树根形。中琢一上大下小的圆孔。外壁浅刻树皮纹，其上凸雕梅树枝杈和 3 枚灵芝纹，并利用赭白皮色巧琢开放的梅花和欲开的花蕾，颇有古雅清香之意味。

三〇一　三〇二　和田玉连环镇纸　清乾隆

直径 7.2 厘米　高 11.8 厘米

故宫博物院藏

白玉质。圆环形，环侧切为二，两环相套可错可合，环外雕 4 蝉首及两组变形兽面纹，环内侧阴刻楷书戗金诗句：一、“合若天衣无缝，开仍蝉翼相连”；二、“乍看玉人琢器，不殊古德澹禅”；三、“往复难寻端尾，色形底是因缘”；四、雾盖红尘温句，可思莫被情牵”。四合榫处分别有“乾”“隆”“年”“制”4 字。这件镇纸为仿古制品，似以良渚文化的玉环为本，稍加变化。

三〇三 三〇四 和田玉竹节臂搁 清晚期

长 18.6 厘米 宽 8.1 厘米 高 1.4 厘米

故宫博物院藏

青玉，有绺。形如竹板，上下分 3 竹节，下部横排一行乳突，表示折断之竹根，自下部向上，雕小竹一枝，枝上生出细小枝叶。背面雕一小竹枝自边部伸入，其上立一凤，凤顶翎及尾颇长，回首，口衔灵芝。图案所示为“鸣凤在竹”之意。

臂搁是文房用具，写字时置于腕下。

三〇五 和田玉双螭镇尺 清中期

长 24 厘米 宽 2.5 厘米 高 1.6 厘米 / 故宫博物院藏

青玉，方条形，两个一副。上雕双螭，作一前一后状，前螭较小，小耳无角，爬行状，回首，似观后螭。后螭较大，头横宽，胁下出一独翅，头朝前，似追前螭。镇尺为文房用具，用以压书卷。

三〇六 和田玉双狮镇纸 清中期

高 8.9 厘米 长 14.5 厘米 宽 10.5 厘米

故宫博物院藏

白籽玉琢成，闪青色。圆雕大小双狮，皆卧状。大狮张口露齿，两耳侧垂，脊骨凸起，尾上翘。小狮一前爪搭于大狮后肢侧，抬头张口，眼望大狮，呈戏耍状。雕琢精致。

双狮陈设，寓太师、少师之意。“太师、少师”本为古代官职称谓，为清代各类工艺品中常见的图纹。

三〇七 和田玉三羊开泰镇纸 清中期

高 10.3 厘米 长 16.6 厘米 宽 16.2 厘米

故宫博物院藏

玉质青色，有绺纹，底部有玉皮色及烤色。体圆雕，三羊伏卧状。两羊头相对，另一小羊负于大羊背上。底部减地凸雕荔枝纹。

“羊”为“阳”的谐音。《易经》载：“正月为泰卦，三阳生于下。冬去春来，阴消阳长，有吉亨之象。”故旧时以“三阳开泰”或“三羊交泰”为一年开头的吉祥语。明张居正《张文忠集·十三》《贺元旦表》中云：“兹者，当三阳开泰之候，正万物出震之时。”三羊纹饰在清代较普遍应用，取吉祥意。

三〇八 和田玉双蟹镇纸 清中期

高 3.6 厘米 长 11.2 厘米 宽 16.8 厘米

故宫博物院藏

白玉。镂雕。两蟹相对，蟹壳微隆，壳上起伏依形，8 足伸屈各异，钳微张，蟹身下有芦叶、芦花。作品以二蟹为二甲，含有“二甲传胪”之意。清代称二甲第一名为“传胪”。

三〇九 水晶蛙形镇纸 清中期

高 1.8 厘米 长 4.4 厘米 宽 2.7 厘米 / 故宫博物院藏

质地透明，略显乳白色浑光。圆雕。幼蛙蹲伏状，圆眼，闭口，脊背凸起。碾磨圆润光亮，形象可爱。

三一〇 和田玉双鱼吉庆洗 清中期

高 7.9 厘米 长 22.7 厘米 宽 17.4 厘米 / 故宫博物院藏

青玉。圆形，器外光素无纹饰，圆形圈足，圆雕飞龙身，龙头较大，独角，身短小，沿洗外侧下垂，生双翅，连于洗之口沿。洗内底部凸雕双鲶鱼，鱼尾相交，鱼头前有一飞蝠，口衔玉磬。图案寓“年年吉庆”之意。

三一三 和田玉蟠龙耳洗 清中期

高 9.5 厘米 口径 16.5 厘米 足距 5.8 厘米 / 故宫博物院藏

质白细腻，无杂色。圆形，4 兽首足。圆口上凸雕相连的灵芝形云头 26 个，器内外光素。在凸琢方形耳上，镂雕一整体龙，龙从耳中穿过，两爪扶口沿，头高于口缘，作窥望状。外底中心凸琢方章形，其周浮起编织绳纹，4 兽首足作口衔绳环状。设计新颖。

三一一

三一二

三一一 三一二 和田玉牡丹纹四螭耳洗

高 6.1 厘米 口径 15.4 厘米 宽 20.2 厘米 / 故宫博物院藏

白玉微泛青色。圆形，口稍撇，口下一周凹槽。洗内底部浅浮雕牡丹一株，花朵盛开，枝叶茂盛，近根部之叶极其巨大。洗有 4 耳，两侧之耳稍大，耳下部向外平出半环，环外侧雕卷草纹，环上侧立一螭，横身，右后足踏环，左后足抵洗沿，口衔灵芝一株，右前足及口接于洗沿之上，螭之尾极大，分叉外卷。洗之另外两侧各有一小耳，构造与大耳同，所雕瑞兽与大耳所雕颇殊。一为双角龙，长须、短角，戏一火珠；一为方头螭，衔一嘉禾。洗腹 4 耳之下各浅浮雕一变形兽面，兽面抵器底，各衔一洗足。制作年代待查。

三一四

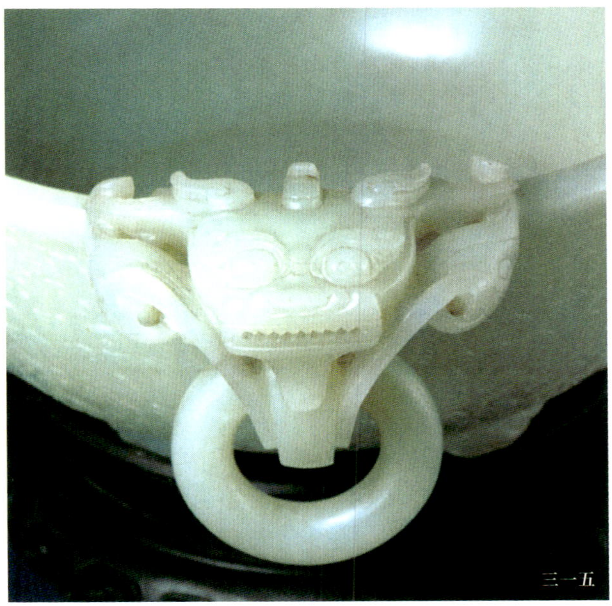

三一五

三一四 三一五 和田玉蝠莲纹兽耳活环洗 清中期

高 8.5 厘米 口径 18.6 厘米 / 故宫博物院藏

青玉、有瑕斑。圆形，双兽首耳，兽首两侧有卷叶形飞翅。洗外 12 开光，开光相接处微下凹，并饰蕉叶纹，开光内浅浮雕莲花蝙蝠纹。蝠头朝下，双翅展开，似倒挂于洗沿，莲花在下，蝠嘴紧衔莲心，洗底 6 垂云足，微外撇。

三一六　和田玉龙首耳活环洗　清中期

高 6.3 厘米　长 22.2 厘米　宽 17.3 厘米

故宫博物院藏

圆形，浅腹，腹外侧饰 3 道凸雕弦纹，下雕四方连续斜方格。内凸雕变形“卍”字，雕龙头式双耳。龙头两侧各有一翅，翅端连于洗沿。颌下一长柄接于腹部，内套活环，底里凸雕莲花、荷叶及水草。洗底凸雕流云纹，4 蝠飞翔其间，4 矮足。

三一七　和田玉四花耳活环洗　清中期

高 3.7 厘米　口径 10.2 厘米　足径 6.3 厘米

故宫博物院藏

玉质闪白。圆形，薄壁，圆口，里外雕刻纹饰。凸雕 4 花耳，菊花瓣足。里底琢两周菊花瓣纹，中心阴刻小方格为花蕊。里壁等距隐起 4 落叶，洗外雕 4 凌霄花耳，并套有活环。4 耳间浅浮雕莲花枝叶。外底凹雕 3 周菊花瓣纹，中心方格式花蕊。外层花瓣尖端翘起，构成足边。洗的造型别致，刀法精细。

三一八　和田玉五蝠纹洗　清中期

高 5.1 厘米　长 15 厘米　宽 12.2 厘米

故宫博物院藏

青玉。变形海棠式，洗外一侧雕一变形巨蝠，蝠身饰细密的方格及勾云纹。蝠头向上，口衔一环，环上接一磬，蔽洗口一侧。磬饰双夔纹，磬端连穿带，接于另侧口沿。巨蝠两侧各饰两小蝠，共为 5 蝠。洗底 4 垂云式足。

三一九　和田玉方胜式活环洗　清中期

高 4.8 厘米　口径 11.8 厘米至 16.7 厘米　足距 4.1 厘米至 11.7 厘米

故宫博物院藏

白玉，方胜式，形如两个方斗交叉，外侧雕回纹锦地，腰两侧各雕一如意形耳，耳上部阴刻“寿”字，耳下各垂一活环。平底，底下为 4 垂云式足，洗内 3 池互不相通，可贮水。

三二〇 **和田玉海棠式双蝠耳活环洗 清中期**
高 8 厘米 长 22.7 厘米 宽 14 厘米
故宫博物院藏

青玉，绺纹处施人工烤色。变形海棠式，腰部较窄，圆雕双蝠耳，耳下各悬一活环。洗外侧光素无纹。平底，底下有 4 垂云式足，足较高，外撇。

三二一 **和田玉瓜式洗 清中期**
高 4.1 厘米 长 11 厘米 宽 8.9 厘米
故宫博物院藏

青玉，似瓜纵向剖开，5 瓣瓜棱。柄部镂雕瓜藤，藤上生大小瓜叶 5 片，叶片曲卷折叠，形态各异，叶脉分明。一大叶贴于洗底以为器足，藤上生瓜蔓及一小瓜，小瓜顶花未谢。洗的造型寓“绵绵瓜瓞”之意。

三二二 **和田玉蝠耳桃式洗 清中期**
高 8.6 厘米 长 21.2 厘米 宽 14.3 厘米
故宫博物院藏

白玉。桃形，外侧雕桃枝，一枝直延洗底，一枝掩于洗口，几将口部遮去三分之一，桃两侧圆形双蝠耳，蝠翅与下颌连于洗，耳下各垂一活环。洗底 4 垂云式足，足外撇，此洗以桃为形，蝠为耳，寓“福寿”之意。

三二三 **和田玉双蝠活环洗 清中期**
高 5.4 厘米 长 12.6 厘米 宽 8.3 厘米
故宫博物院藏

白玉，有瑕，表面光泽甚亮。椭圆形，两端各雕一蝠，蝠颈自洗口沿向上雕出，以为洗耳，颈上部为头，扁平形，如汉代兽面风格，颈下悬一活环。蝠身浅浮雕于洗上，略有变形，兽形巨足，足端两趾，翅细且长，分向两侧，翅端下卷，似卷云。翅上有横排阴刻短线，翅边缘饰短阳刻斜线，仿汉代玉雕风格。椭圆形凹足，足极浅。

三二四　和田玉双童耳洗　清中期

高 7.9 厘米　口径 10.7 厘米　足距 2.3 厘米／故宫博物院藏

白玉，有瑕斑。圆形似缸，敛口，腹稍外凸，洗内底心凸雕一侧身蝙蝠，为展翅飞翔状。平底，器底雕 4 蝙蝠式足。洗两侧各有一圆雕童子，童子耳侧双髻，身着交领长衫，下摆过膝，肥裤，赤足，双足踏于洗之腹下，双手紧攀玉洗口沿，身欲后仰。一童左手持灵芝一株，一童右手持万寿菊一株，两童之头侧向同一方向。这件作品以双童为耳，别有情趣。

三二五　和田玉双婴耳洗　清中期

高 4.2 厘米　长 9.5 厘米　宽 8.2 厘米／故宫博物院藏

碧玉，色稍浅。洗作荷叶形，边缘甚曲。一侧雕一束绳扎荷梗，沿洗底缠绕，梗端雕荷叶、荷花、莲蓬。一只小蟹攀于洗壁。圆雕二童子作洗耳，童子短颈，头顶一撮短发，着短衣，长袖当风，衣上有 ※ 形纹饰、双手扶于洗口，手腕带镯。

这件玉洗以童子为耳，神态活泼自然，造型设计较随意。

三二六

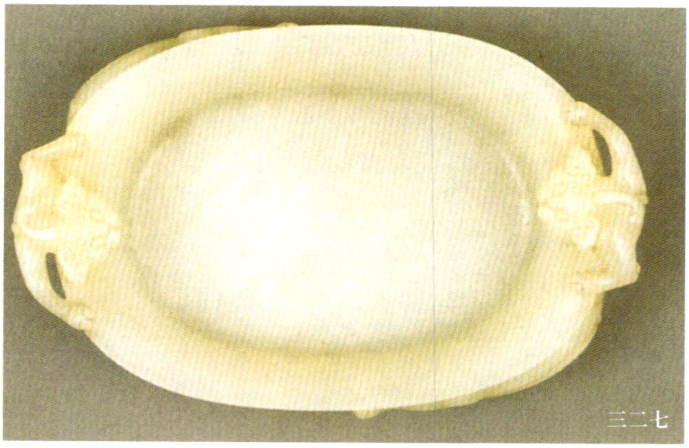

三二七

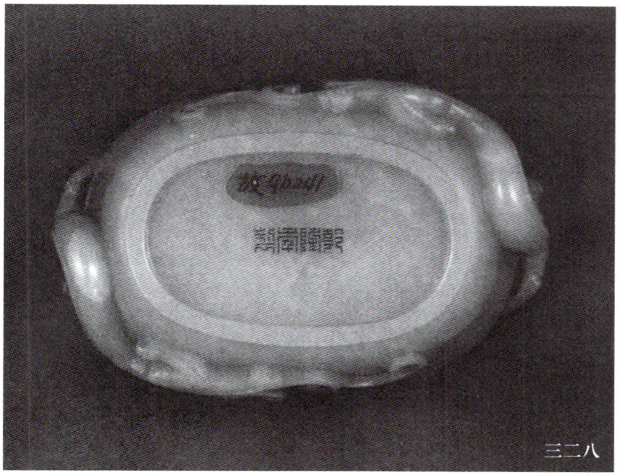

三二八

三二六 三二七 三二八 和田玉双螭洗 清乾隆

高 3.8 厘米 长 13.3 厘米 宽 8.4 厘米

故宫博物院藏

玉质洁白无瑕。椭圆形，浅腹，撇口，两端各雕一螭。螭头短而宽，小眼，大耳，独角，四肢极短。前肢及头伏于洗口，后肢一前一后，如爬行状。身极长，曲如S形，有凸脊一道，长尾分叉，卷向两侧。两螭形体相同，分别于洗之两侧。椭圆形足，足底阴刻篆书“乾隆年制”4字横排款。

三二九

三三〇

三二九 三三〇 和田玉十二佛莲花洗 清中期

高 5.1 厘米 内口径 10.8 厘米 足径 8 厘米

故宫博物院藏

青玉质。莲花式，花瓣口，平足。器为3层莲花瓣组成。里底中心凸起一蟠龙。器外壁在12片莲瓣上琢凸起坐佛。为清中期玉雕陈设。

三三一 和田玉鱼莲荷叶式洗 清中期

高 6.1 厘米 长 13.6 厘米 宽 9 厘米

故宫博物院藏

青玉，雕一巨型荷叶，底部雕一束荷梗，荷梗末端用飘带缠绕，顶端各有小荷叶及荷花，紧贴大荷叶背部。荷叶背面凸雕叶脉，叶之边缘甚曲。缘荷叶之边圆雕莲蓬、荷花、河螺、青蛙、螃蟹。蛙伏于莲叶上，似为鼓噪之鸣；蟹八足皆折屈，双钳叠放于眼前，似为小憩；蟹甲凹凸，额顶及钳上以阴线雕刻绒毛，雕工精致。

三三二 和田玉荷莲洗 清中期

高 12.6 厘米 口径 12.1 厘米 长 22.5 厘米

故宫博物院藏

青玉，一面微有瑕。左侧镂雕一湖石，石下流水漫绕，水花四溅，莲蓬、荷花、水草、荷叶钻出水面。莲蓬紧靠湖石，顶部凸起 7 粒莲子。其旁花蕾乍放，花梗旁有几叶水草，荷叶边沿微敛，叶筋脉络隐约可见。口沿之侧凸雕一雀，展翅飞翔，荷叶下部盛开一朵荷花，花上立一小雀，回首昂头，目视飞雀。

这种洗以湖石、莲雀为题材，结构巧妙，在木竹雕刻中也有同样作品。

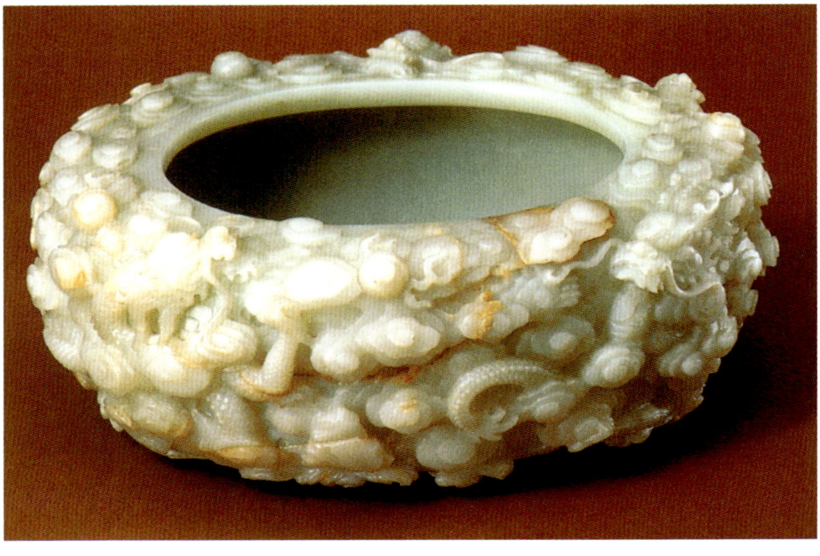

三三三 叶尔羌玉云龙洗 清中期

高 14.8 厘米 长 36 厘米 宽 31 厘米

故宫博物院藏

青玉，有绺，沿绺染赭色。椭圆形，敛口，洗外高浮雕云龙纹。龙共 5 条，头皆在洗身上部，头较大，龙身于云中隐显。身较长，脊部有一条由连珠纹组成的脊线，龙头前方各有火珠，灵芝式云层层叠起。洗底较平，雕水涡纹，外缘雕浪花。这件云龙洗较一般玉洗为大，其外满布凸雕纹饰，制作颇精。

三三四 和田玉坐佛像 清中期

高 13.6 厘米 底宽 8.3 厘米 厚 4.1 厘米

故宫博物院藏

青玉，质地优良。体圆雕，呈盘膝静坐状。身着长宽衣，肩披巾，胸部饰璎珞及飘带。满头卷发，头顶一圆饰。眼睑下垂，似闭目，两手相搭，手腕戴镯。两脚心向上并露五趾，坐在须弥座上。

比例适度，衣纹潇洒飘逸。为清中期高手琢制。

三三五 和田玉罗汉像 清中期

高 18 厘米 宽 7.3 厘米 厚 4.5 厘米

故宫博物院藏

青玉质，有瑕。罗汉脚踏方头鞋，身穿僧衣，腰系绳带，右手扶带头，左手抬于胸前，持万年青一束。秃头，前额凸起一肉瘤，长眉，眼眯成缝，脸有皱纹，两耳垂，似一慈祥老人模样。

三三六 和田玉观音像 清中期

高 28.8 厘米 宽 10.7 厘米 底厚 4.8 厘米

碧玉，内含黑斑。圆雕。呈站立状，赤足，着长衣，宽袖垂至膝下，一手搭于另一手背，一手半握念珠。头披发巾，在发结中间饰一盘坐在莲花台上的坐佛。眼睑下垂，胸前饰璎珞。各部衣纹深浅适度，为佛堂陈设。

观音，亦称观自在菩萨，侍阿弥陀如来左右。

三三七

三三八

三三七 三三八 和田玉五供 清中期

炉：通高 25 厘米 口径 12.9 厘米 腹径 15.5 厘米 足距 6 厘米

蜡台：高 48.3 厘米 中间盘径 16 厘米 底径 12.6 厘米 故宫博物院藏

花觚：高 28.7 厘米 口径 15.9 厘米 底径 9.5 厘米

故宫博物院藏

均青玉，蛋青色，质地纯正，标准和田籽玉。五供为佛前供器。由一炉、二蜡台和二花觚组成。这份五供以兽面纹、蕉叶纹、云纹“卍”寿、“蝠”寿等纹饰为主，雕工细腻。均附掐丝珐琅座。为成组五供之中很难得的精品。

三三九　和田玉莲纹三足炉　清中期

通高 22.5 厘米　宽 21.5 厘米　口径 12.6 厘米

故宫博物院藏

碧玉，有黑色墨斑。六瓣形盖，瓣上浅浮雕缠枝莲纹。纽为莲花形，外缘有两周俯仰莲瓣。炉口微撇，束颈，腹亦为六瓣，其上凸雕缠枝莲纹。三足，足细且高，上部饰俯仰莲瓣形。双朝冠耳，耳根凸雕莲花，炉下有铜錾胎镂空珐琅座。炉体为六瓣形，又采用了三高足，在清代玉器皿中独树一帜。

三四〇　和田玉兽面出戟长方炉　清中期

高 10.4 厘米　长 10.5 厘米　宽 7.5 厘米

故宫博物院藏

青玉。长方形，厚沿，冲耳。四角及中部出戟，腹上部为双夔龙纹，作相对状，腹下部浅浮雕兽面纹，四面纹饰相同。四足，足较高且外撇，扁平状，边缘甚曲，两面雕变形夔纹。

三四一

三四二

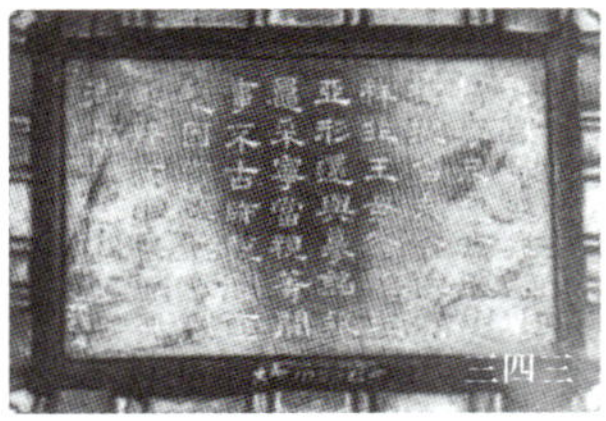

三四三

三四一　三四二　三四三　和田玉仿古召夫鼎　清乾隆

高 25.15 厘米　长 20.9 厘米　宽 13.8 厘米

故宫博物院藏

青玉。长方形，口沿有唇，外饰一周雷纹，口沿上有双立耳。腹部四角及两宽面中央皆出戟，四面饰变形兽面纹。四足如柱，足外侧饰变形蝉纹。鼎内底刻乾隆题诗："和阗贡玉来虽多，博厚尺盈亦致艰。材拟召夫今作鼎，祥非王母昔贻环。亚形还与摹铭款，黾采宁当视等闲。事不师古说闻匪，惭因赏并把吟间。"末署"乾隆丙申春正日御题"，有"几暇怡情""得佳趣"二方章。鼎内侧壁上仿刻古铭，外底阴刻"大清乾隆仿古"款。

三四四 三四五 和田玉仿古簋 清乾隆

高 15.2 厘米 口径 21.6 厘米 宽 31.5 厘米

故宫博物院藏

青玉，有瑕斑。仿周代簋式。圆形、束颈，口稍撇。口外饰云雷纹一周，颈部雕夔凤纹及勾云纹地，腹部出戟，雕雷纹锦地及变形兽面纹。矮圈足，底心阴刻隶书“乾隆仿古”4字。簋两侧各有一兽首形耳，兽口连于簋之口沿，颈连簋腹，上套活环。玉簋配以紫檀木盖，盖内雕一“甲”字。这件玉簋是乾隆年间制造的重要仿古彝器。

三四六 和田玉仿古簠 清中期

通高 9.6 厘米 长 13.5 厘米 宽 6 厘米 / 故宫博物院藏

青玉，有瑕斑。仿古彝器。长方形扁盖，平盖顶，盖外缘饰一周重环纹及两周横条瓦纹，四角斜出4纽，纽外侧雕卷草纹。炉口微敛，口沿饰一周重环纹，其下有长条瓦纹9周，长方形足，微外撇，足外雕蕉叶纹，两侧圆雕兽头，兽头之下夬夔式耳。

这件玉簠是宫廷玉雕仿古彝的代表作品。

三四七 和田玉朝冠耳炉 清中期

通高 14.9 厘米 口径 13.2 厘米 宽 19.9 厘米 / 故宫博物院藏

白玉质。圆形，浅腹，有盖。盖顶镂雕一蟠龙，龙头较大，窄而长，头前有一火珠，龙身细小，蟠于龙头之下。盖面凸雕3只小螭，皆团作圆形，分别于炉纽三面。盖面近边缘处又有3道弦纹，两侧雕双朝冠耳。圆形炉底，3足皆为兽吞式，3足间有相互勾绕的带状纹。玉炉以弦纹为腹部装饰线，与垂直的朝冠耳形成水平方向的均衡。

三四八 和田玉仿古兽面纹簋 清中期

通高 12.7 厘米 长 22.5 厘米 宽 14.6 厘米

故宫博物院藏

碧玉，有深绿色斑点。器型仿古彝器，盖为圆形，似倒扣之碗，饰矮环式纽。盖面四出戟，雕 4 兽面纹，兽面两侧饰雷纹。炉口沿饰一周雷纹。束颈，颈部 4 条出戟，并浅浮雕两兽头。腹中部凸雕兽面纹，兽面两侧饰云雷纹。圈足，足外阴刻雷纹，口沿两侧各雕一兽头，口衔夔式炉耳。

三四九 和田玉条纹兽耳活环炉 清中期

通高 12 厘米 口径 16.2 厘米 足距 5.3 厘米

故宫博物院藏

玉质深碧色。体圆形，厚唇，四矮足。盖顶为 4 个如意云头包围一朵团菊。盖平面处隐起勾连云纹一周，其斜面凸雕菊瓣纹。盖里顶部深雕“卍”字纹。腹部凸琢菊瓣纹。口沿凸出 4 兽首各套活环。

三五〇 青金石兽耳活环炉 清中期

通高 13.4 厘米 腹径 11.4 厘米

口径 11.1 厘米 足距 4.8 厘米

故宫博物院藏

质地深蓝色，内含白斑并闪金星。圆形，圆口，双耳，3 柱形足。盖顶之上浅浮雕莲瓣纹一周，盖面减地兽面纹，间凸雕 6 条出戟。器口微侈，厚唇。腹部微鼓，减地兽面纹间 6 条出戟。兽首吞物式短足。兽首双耳，各套活环。此器为清中期青金石工艺品之佼佼者。

三五一

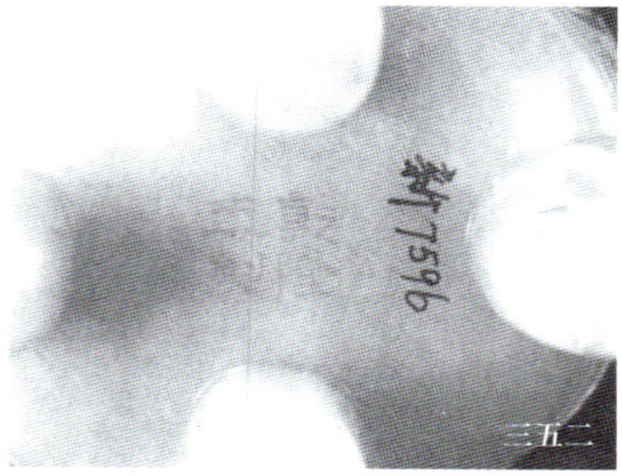

三五二

三五一 三五二 和田玉兽面纹双耳炉 清乾隆

通高14.1厘米 腹径8.5厘米至10厘米 口径7.7厘米 足距8厘米至9.5厘米

故宫博物院藏

青玉，质地纯正莹润无杂色。椭圆形体，双耳、四兽首吞足。盖顶为镂雕蟠螭龙衔莲花。盖面回纹锦地，上压隐起兽面纹，并凸雕三蟠螭纹。器口不规整，厚唇。腹部回纹锦地，上压凸雕兽面纹。颈两侧凸起透雕兽耳，口衔带式纹。底中央阴刻双行隶书“乾隆年制”4字款。此器玉质好，雕琢精细，为同类器中之精品。

三五三 和田玉夔纹炉 清中期

通高9.8厘米 口径8.4厘米 长11.8厘米

故宫博物院藏

白玉圆形，盖顶作圆环式纽，其下饰8组夔龙，炉腹中部3道横条瓦纹，上有一周夔龙纹，下为变形兽面纹。双重足，内为矮圈足，外为三兽面足，双兽头耳，兽口中有流云吐出，接于炉腹。

三五四 和田玉云带纹双耳炉 清中期

通高15.5厘米 内口径11厘米 腹径16.5厘米 足距5.8厘米

故宫博物院藏

玉质深碧色，内含墨点。圆形，敛口，鼓腹，双朝冠耳，三矮足。盖顶呈喇叭口形，盖面上部凸雕三个环饰。盖及口沿外侧均阴刻回纹，腹部减地起伏盘云纹一周，双耳阴刻回纹，耳与器之间透一管形器相连。

三五五 和田玉兽面纹双耳炉 清中期

通高 11.5 厘米 腹径 15.1 厘米 口径 13.6 厘米 足距 5.6 厘米

故宫博物院藏

玉质青白色，洁净无瑕。圆形，有盖，鼓腹，双朝冠耳，三矮柱足。盖顶圆形，光素，中有圆孔。盖面上等距凸雕三蟠螭，其下减地雕尾部相对的夔龙纹两组及变形蝠纹两组。腹部减地雕兽面纹。此器玉质及雕工均属上品。

三五六 翠兽面纹双耳炉 清中期

通高 10.3 厘米 口径 9.2 厘米 足距 3.1 厘米

故宫博物院藏

翠质绿色分布不匀。体圆形，有盖圆直口，三矮足，荷花托莲实盖顶。盖面在两周凸弦纹之间，隐起兽面纹。口外缘阴刻回纹。腹部在两周阳弦纹之间，浅浮雕兽面纹。透雕夔凤耳。为宫廷用品。

三五七 和田玉兽面环纽炉 清中期

通高 14 厘米 口径 15.4 厘米

故宫博物院藏

青玉，有烤色。圆形，盖较高，盖顶空心莲瓣纽，纽周围饰五环，盖外浅浮雕兽面纹，炉口外有凹槽一周并五环形饰，相邻两环间各雕一篆书“寿”字，“寿”字两旁各雕一侧面夔龙，共 5 组，近底处有变形蕉叶纹，器底 5 矮足，足外侧饰兽面纹。

三五八 和田玉莲花雀耳炉 清中期

通高 10.5 厘米 口径 12.4 厘米／故宫博物院藏

青玉略显白色，有瑕斑。炉作莲花形，有盖，盖顶雕莲花为纽，纽上有 3 层莲瓣，每层皆为 10 瓣，花心为一结籽莲蓬。盖面浅浮雕双层莲瓣，每层为 10 瓣。炉口外撇，雕作 12 瓣莲花形，炉两侧各雕一荷叶耳，上缀一朵荷花，荷花上卧一小雀，荷花与炉之间镂空。炉底雕一周莲瓣为足，足亦 12 瓣。

三五九 和田玉龙耳四足炉 清中期
通高 13.9 厘米 口径 19.3 厘米 足距 5 厘米
故宫博物院藏

玉质微显青色，近似白玉，圆形，有盖，盖顶为圆饼式，盖面雕双起线兽面纹。器身较浅，腹外雕兽面纹，双龙首耳，耳下各有一活环，五垂云足。

三六〇 和田玉八宝莲花炉 清中期
通高 10.8 厘米 口径 11.3 厘米 足径 8.5 厘米／故宫博物院藏

青玉质。圆形，有盖。盖顶嵌一莲花形纽，纽下部为俯仰莲瓣纹，上部有莲瓣一周，如伞张开，莲瓣内雕 3 层花瓣，紧簇花心。盖面雕 6 个莲瓣形开光，光内饰七宝，为轮、盖、鱼，罐、伞、长、螺，与盖纽共为八宝。炉身雕内外双层莲瓣，外层莲瓣共 7 瓣，各瓣之上皆雕一佛，趺坐于莲台之上，双手置腹前，左手压右手，掌心朝天。炉足较高，如倒扣之碗，足外雕大小 3 层莲瓣，大莲瓣一周 14 瓣，小莲瓣一周 28 瓣，这件盖炉以莲花、八宝为主要装饰，主要用作佛堂供器。

三六一 和田玉兽面出戟觚 清中期
高 22 厘米 口宽 7.6 厘米 足宽 5.4 厘米
故宫博物院藏

青玉，四方形，仿古彝器，颈、腹、足，转角处镂雕蔓草形戟，四面中部凸出连续银锭形戟，细颈，敞口，口沿阴刻三角雷纹一周，颈下中心戟之两侧雕变形蝉纹，上部雕蕉叶纹，觚腹雕兽面纹。高足，饰蝉纹及蕉叶纹，足底部略宽，饰一周三角雷纹。

三六二 和田玉兽面纹出戟觚 清中期
高 24.6 厘米 口径 8.3 厘米至 11.6 厘米
故宫博物院藏

青玉有瑕斑。仿古彝器，略有变化。觚身分为上、中、下三部分，8 出戟。觚颈细而长，四面戟上各雕弯钩 7 个，以戟为中心雕蕉叶纹 8 组，蕉叶纹下端饰勾云纹及变形雷纹。觚腹上下端微敛，中部略凸，饰变形云纹，四面戟上各雕 6 倒钩。足较高，外撇，足外饰变形蝉纹 8 组，戟上各雕 4 凸起。

三六三　和田玉兽面纹斜方式觚　清中期

高 20.9 厘米　口径 6.6 厘米至 15.1 厘米

足径 3.5 厘米至 9.3 厘米

故宫博物院藏

青玉，含淡白色斑点，觚身为四方扁菱柱形。分为上、中、下三部分，上部为颈，饰四组变形蝉纹，上口饰雷纹一周，转角处出齿形戟。中部为觚腹，饰细密的雷纹地，上压兽面纹三组，每组兽面横跨觚的两面。兽眼极度夸张，雕作平行四边形，面颊雕变形勾云纹，斜方形足，足较高，亦饰四组变形蝉纹。这件玉觚在仿古的基础上稍加变化，主体外为扁菱柱形，颇具特色。

三六四　和田玉莲花八宝纹炉　清中期

通高 15.5 厘米　口径 13.3 厘米

故宫博物院藏

青玉，足部为糖梨色。圆形，莲瓣式，盖外饰双层莲瓣纹，下层莲瓣上浅浮雕云雷纹，顶嵌翠珠 7 枚以示莲子。炉外侧雕 9 个莲瓣，其中一莲瓣上雕一莲花座，上趺坐一佛，其他莲瓣饰八宝纹，自左向右分别为轮、长、伞、螺、花、罐、鱼、盖。足外撇，饰莲瓣纹。

三六五 雕漆嵌玉屏风宝座 清中期

宝座：高 115 厘米 宽 127 厘米 纵 91 厘米

屏风：高 271 厘米 连座高 314 厘米

故宫博物院藏

宝座和屏风的座架边框，均为红雕漆制作。宝座靠背和屏风心用白玉、碧玉等嵌成荷塘春燕图。花筋叶脉，反正转折，清晰自然，春燕腾飞活泼可爱。整幅图画呈现出清新典雅的意境。屏风是置于宝座后面的屏障，宝座专为皇帝御用。

三六六 “沧浪亭图”挂屏 清中期

连木框高 74 厘米 宽 106 厘米

故宫博物院藏

挂屏为紫檀边框，长方形。顶端有镂空铜环，可悬挂。正面髹黑漆地，嵌以青、白、碧、墨、黄、绿等色玉琢成的亭台、殿阁、山石、花树构成的庭园景色。此图刻书的是江苏吴县著名的“沧浪亭”，该处是宋代人苏舜钦隐居之地。由飞虹桥、濯缨亭、清香馆、翠玲珑、瑶华境界等景物组成。画面上展现出云烟叠翠般美丽的江南园林景色。

三六七 和田玉角端（一对） 清中期

高 21.2 厘米 长 20 厘米 口径 5.5 至 6.7 厘米

故宫博物院藏

玉质深碧色。圆雕，独角立兽形。头部可取下，背中深挖一椭圆洞，可贮香料。张口露齿，吐舌。喉部一圆孔通腹内。眼上望，4绺卷眉，独角向后，多绺长发后披。颈部饰项圈，胸前凸琢3铃。胸及后肢外侧饰飘动式火纹。据传角端是神兽，能日行一万八千里，晓四方之语，能将天下事传送给君王，故成为皇帝宝座两侧不可缺少的装饰器物。

图书在版编目(CIP)数据

中国玉器全集：普及版. 秦汉-明清 / 杨伯达主编. -- 2版. -- 石家庄：河北美术出版社, 2024.9
ISBN 978-7-5718-2374-0

Ⅰ. ①中… Ⅱ. ①杨… Ⅲ. ①古玉器—中国—秦汉时代-明清时代—图集 Ⅳ. ①K876.8

中国国家版本馆CIP数据核字(2023)第178836号